I0030573

Заключительный отчет Тридцать восьмого Консультативного совещания по Договору об Антарктике

КОНСУЛЬТАТИВНОЕ СОВЕЩАНИЕ
ПО ДОГОВОРУ ОБ АНТАРКТИКЕ

Заключительный отчет
Тридцать восьмого
Консультативного
совещания по Договору
об Антарктике

София, Болгария
1 - 10 июня 2015 г.

ТОМ II

Секретариат Договора об Антарктике
Буэнос-Айрес
2015

Издатель:

Secretariat of the Antarctic Treaty
Secrétariat du Traité sur l' Antarctique
Секретариат Договора об Антарктике
Secretaría del Tratado Antártico

Maipú 757, Piso 4
C1006ACI Ciudad Autónoma
Buenos Aires - Argentina
Tel: +54 11 4320 4260
Fax: +54 11 4320 4253

Данный документ также можно получить по адресу: *www.ats.aq* (цифровая версия) и экземпляры, приобретенные через Интернет

ISSN 2346-9919
ISBN 978-987-4024-03-9

СОДЕРЖАНИЕ

ТОМ I

Акронимы и сокращения

ЧАСТЬ I. ЗАКЛЮЧИТЕЛЬНЫЙ ОТЧЕТ

ЧАСТЬ II. МЕРЫ, РЕШЕНИЯ И РЕЗОЛЮЦИИ

Мера 10 (2015 г.): Особо охраняемый район Антарктики № 153 «Восточная часть бухты Далльманн»: пересмотренный План управления

Мера 11 (2015 г.): Особо охраняемый район Антарктики № 155 «Мыс Эванс» (остров Росса): пересмотренный План управления

Мера 12 (2015 г.): Особо охраняемый район Антарктики № 157 «Бухта Бакдор» (мыс Ройдс, остров Росса): пересмотренный План управления

Мера 13 (2015 г.): Особо охраняемый район Антарктики № 158 «Мыс Хат» (остров Росса): пересмотренный План управления

Мера 14 (2015 г.): Особо охраняемый район Антарктики № 159 «Мыс Адэр» (Берег Боркгревинка): пересмотренный План управления

Мера 15 (2015 г.): Особо охраняемый район Антарктики №163 «Ледник Дакшин Ганготри» (Земля Королевы Мод): пересмотренный План управления

Мера 16 (2015 г.): Особо охраняемый район Антарктики № 164 «Утесы Скаллин-Монолит и Марри-Монолит» (Земля Мак-Робертсона): пересмотренный План управления

Мера 17 (2015 г.): Особо охраняемый район Антарктики № 168 «Гора Хардинг» (горы Гров, Восточная Антарктида): пересмотренный План управления

Мера 18 (2015 г.): Особо управляемый район Антарктики № 2 (Сухие долины Мак-Мёрдо): пересмотренный План управления

Мера 19 (2015 г.): Пересмотренный Перечень Исторических мест и памятников Хромоногая хижина на болгарской станции Святой Климент Охридский (остров Ливингстон (Смоленск)) и тяжелый гусеничный снегоход «Харьковчанка», эксплуатировавшийся в Антарктике с 1959 по 2010 гг.

Приложение: Пересмотренный Перечень Исторических мест и памятников

2. Решения

Решение 1 (2015 г.): Пересмотренные Правила процедуры Консультативного совещания по Договору об Антарктике (2015 г.): Комитеты и Рабочие группы

Приложение: Пересмотренные Правила процедуры Консультативного совещания по Договору об Антарктике (2015 г.)

Решение 2 (2015 г.): Меры по оперативным вопросам, определенные как утратившие актуальность

Приложение: Меры по оперативным вопросам, определенные как утратившие актуальность

Решение 3 (2015 г.): Отчет, Программа и Бюджет Секретариата

Приложение 1: Проверенный Финансовый отчет за 2013-2014 гг.

Приложение 2: Предварительный Финансовый отчет за 2014/15 г.

Приложение 3: Программа Секретариата на 2015-2016 гг.

Решение 4 (2015 г.): Многолетний стратегический план работы Консультативного совещания по Договору об Антарктике

Решение 5 (2015 г.): Материальная ответственность, возникающая в результате чрезвычайных экологических ситуаций

Решение 6 (2015 г.): Обмен информацией

    Приложение: Требования к обмену информацией

3. Резолюции

Резолюция 1 (2015 г.) Кооперативная система воздушных перевозок

Резолюция 2 (2015 г.) Антарктические системы информационных и телекоммуникационных технологий (СИТТ)

Резолюция 3 (2015 г.) Портал окружающей среды Антарктики

Резолюция 4 (2015 г.) Рабочая программа ответных мер в отношении изменения климата КООС

Резолюция 5 (2015 г.) Ключевые орнитологические территории в Антарктике

Резолюция 6 (2015 г.) Роль Антарктики в процессах глобального изменения климата

Фотография глав делегаций и схема

ТОМ II

Акронимы и сокращения

Акронимы и сокращения

АКАП	Соглашение о сохранении альбатросов и буревестников
ОУРА	Особо управляемый район Антарктики
АСОК	Коалиция по Антарктике и Южному океану
ООРА	Особо охраняемый район Антарктики
СДА	Система Договора об Антарктике или Секретариат Договора об Антарктике
КСДА	Консультативного совещания по Договору об Антарктике
СЭДА	Совещание экспертов Договора об Антарктике
ВР	Вспомогательный документ
АНТКОМ	Конвенция о сохранении морских живых ресурсов Антарктики и (или) Комиссия по сохранению морских живых ресурсов Антарктики
КОАТ	Конвенция о сохранении тюленей Антарктики
CCRWP	Рабочая программа ответных мер в отношении изменения климата
ВООС	Всесторонняя оценка окружающей среды
КООС	Комитет по охране окружающей среды
КОМНАП	Совет управляющих национальных антарктических программ
ОВОС	Оценка воздействий на окружающую среду
СЭОИ	Система электронного обмена информацией
ИМП	Историческое место и памятник
МААТО	Международная ассоциация антарктических туристических операторов
ИКАО	Международная организация гражданской авиации
МКГ	Межсессионная контактная группа
ПООС	Первоначальная оценка окружающей среды
МГО	Международная гидрографическая организация
ИМО	Международная морская организация
МОК	Межправительственная океанографическая комиссия
Фонды IOPC	Международные фонды для компенсации при загрязнении нефтью
IP	Информационный документ
МГЭИК	Межправительственная группа экспертов по изменению климата
МСОП	Международный союз охраны природы
МОР	Морской охраняемый район
НКО	Национальный компетентный орган
ЦКСО	Центр координации спасательных операций
ПСО	Поисково-спасательные работы
СКАР	Научный комитет по антарктическим исследованиям
НК-АНТКОМ	Научный комитет АНТКОМ
ВГПУ	Вспомогательная группа по планам управления
СОЛАС	Международная конвенция охране человеческой жизни на море
СНЮО	Система наблюдения за Южным океаном
SP	Документ Секретариата
БПЛА	Беспилотный летательный аппарат
ЮНЕП	Программа ООН по окружающей среде
РКИК ООН	Рамочная конвенция ООН об изменении климата
ВМО	Всемирная метеорологическая организация
Рабочий документ (WP)	Рабочий документ
ВТО	Всемирная туристическая организация

ЧАСТЬ II

Меры, Решения и Резолюции (продолжение)

4. Планы управления

План управления Особо охраняемым районом Антарктики № 101

«ГНЕЗДОВЬЕ ТЕЙЛОР» (ЗЕМЛЯ МАК-РОБЕРТСОНА)

Введение

Гнездовье Тейлор – это колония императорских пингвинов (*Aptenodytes* forsteri), расположенная на восточной стороне ледника Тейлор (Земля Мак-Робертсона, 67°27' ю.ш., 60°51' в.д.; карта А). Первоначально оно было определено в качестве Особо охраняемого района № 1 на основании Рекомендации IV-I (1966 г.) по предложению Австралии. План управления Районом был принят на основании Рекомендации XVII-2 (1992 г.). В соответствии с Решением 1 (2002 г.) эта территория была повторно определена и перенумерована как Особо охраняемый район Антарктики (ООРА) № 101. Пересмотренные планы управления ООРА были приняты на основании Меры 2 (2005 г.) и Меры 1 (2010 г.). Гнездовье Тейлор было определено в качестве ООРА для защиты крупнейшей из известных колоний императорских пингвинов, расположенных только на суше.

1. Описание охраняемых ценностей

Из 48 известных в настоящее время колоний императорских пингвинов в Антарктике первая на суше колония была обнаружена только на острове Эмперор (острова Дион, Антарктический полуостров, 67°52' ю.ш., 68°43' з.д.) в 1948 году. На острове обитали примерно 150 гнездящихся пар, однако с 1970-х годов популяция сократилась и в 1999 г. насчитывала только 22 пары. С 2009 года на островах Дион императорские пингвины замечены не были, и, по всей видимости, колония вымерла. В октябре 1954 года на леднике Тейлор была обнаружена вторая колония на суше. Эта колония на протяжении всего периода размножения полностью располагается на суше. В силу этого необычного свойства в 1966 году данная колония, как и остров Эмперор, была определена в качестве Особо охраняемого района. Третья колония на суше (примерно 250 пар) была обнаружена в заливе Амундсена (Восточная Антарктика) в 1999 году.

Колония императорских пингвинов на острове Тейлор – это крупнейшая известная колония на суше (Карта В), и поэтому она имеет исключительное научное значение. Австралийская антарктическая программа занималась мониторингом популяции колонии на леднике Тейлор с 1957 по 1987-й годы периодически, а с 1988 года проводит мониторинг ежегодно. Фотографический учёт численности обеспечивает высокую точность подсчёта. В первые годы количество взрослых особей в колонии в среднем составляло примерно 3 680 гнездящихся пар. В период с 1988 по 2010-й годы популяция в среднем насчитывала 2 930 пар или на 20,5 % меньше, чем в предыдущие годы. В 2011 – 2014 годах произошло дальнейшее уменьшение популяции на 12 % (неопубликованные данные). Причины данного уменьшения неизвестны. Аналогичные многолетние данные есть только по двум другим колониям императорских пингвинов – около станции Дюмон д'Юрвиль (архипелаг Жеоложи, Мыс Джеолоджи, ООРА № 120, 66°40' ю.ш., 140°01' в.д.) и на острове Хасуэлл (ООРА № 127, 66°31' ю.ш., 93°00' в.д.), где в 1970-х годах популяция колоний сократилась примерно на 50 %. Также имеются данные о популяции для ряда колоний в районе моря Росса. Однако данные последних подсчётов не являются непрерывными и не включают подсчёты численности колоний, сделанные в зимнее время.

Ежегодно участники Австралийской антарктической программы посещали ледник Тейлор не более трёх раз в разное время года. Колония является идеальной для учёта численности, поскольку она окружена невысокими каменистыми холмами, с которых можно вести наблюдения за пингвинами, не заходя на территорию самого гнездовья. Таким образом, уровень вмешательства в жизнедеятельность колонии, особенно начиная с 1988 г., является очень низким, а прямое вмешательство человека может быть исключено в качестве потенциального фактора воздействия на здоровье данной популяции.

2. Цели и задачи

Управление на территории гнездовья Тейлор осуществляется в следующих целях:

- Недопущение деградации или возникновения значительной угрозы для ценностей этого Района за счёт предотвращения излишнего вмешательства человека.

- Создание условий для проведения научных исследований экосистемы и физической среды, особенно орнитофауны, при условии, что это необходимо для достижения неотложных целей, которые не могут быть достигнуты ни в одном другом месте.

- Сведение к минимуму возможности интродукции патогенных микроорганизмов, которые могут вызвать заболевания в популяциях птиц, обитающих на территории этого Района.

- Сведение к минимуму возможности интродукции в Район чужеродных растений, животных и микроорганизмов.

- Регулярный сбор данных о популяционном статусе колонии императорских пингвинов на долговременной основе.

- Организация посещений для осуществления мер управления в поддержку целей Плана управления.

3. Меры управления

В целях охраны ценностей Района будут предприняты следующие меры управления:

- Посещать Район следует по мере необходимости (предпочтительно не реже одного раза в пять лет), чтобы установить, продолжает ли он служить тем целям, ради которых был определён, и чтобы убедиться в достаточности принимаемых мер управления.

- Настоящий План управления следует повторно рассматривать раз в пять лет и вносить в него необходимые уточнения.

4. Срок определения в качестве ООРА

Определён на неограниченный период времени.

5. Карты

Карта A. Особо охраняемый район Антарктики № 101 «Гнездовье Тейлор» (Берег Моусона, Земля Мак-Робертсона, Восточная Антарктика). На врезке показано расположение Района по отношению к антарктическому континенту.

Карта B. Особо охраняемый район Антарктики № 101 «Гнездовье Тейлор»: топография с указанием местонахождения колонии императорских пингвинов.

Карта C. Особо охраняемый район Антарктики № 101 «Гнездовье Тейлор»: маршруты подлёта для вертолётов и места высадки на берег.

Карта D. Особо охраняемый район Антарктики № 101 «Гнездовье Тейлор»: граничные точки ООРА.

Спецификации всех карт: Горизонтальная линия приведения: WGS84. Начало отсчёта высоты: средний уровень моря.

6. Описание Района

6(i) Географические координаты, отметки на границах и природные особенности

Особо охраняемый район Антарктики «Гнездовье Тейлор» охватывает всю территорию самого северного обнажения пород на восточной стороне ледника Тейлор, Земля Мак-Робертсона (67°27'14" ю.ш., 60°53'0" в.д., карта B). Координаты границ района приведены в Приложении 1 и показаны на карте D. Граница Района проходит вдоль береговой линии (на отметке отлива) от точки в северо-западном углу Района (граничная точка 1, 67°27'4.9" ю.ш., 60°52'58.2" в.д.) приблизительно в северо-восточном направлении до граничной точки 6 (67°27'27.8" ю.ш., 60°53'7.7" в.д.). Граница проходит в западном и затем в северном направлении (приблизительно по границе свободного ото льда участка) до граничной точки 22 (67°27'18" ю.ш., 60°52'50.2" в.д.), далее вдоль ледяного обрыва до граничной точки 23 (67°27'5.3" ю.ш., 60°52'57.1" в.д.) и затем соединяется с граничной точкой 1. Границы района никаким образом не обозначены.

Колония императорских пингвинов расположена на невысоком обнажении в юго-западном углу залива, образованного ледником Тэйлор на западе, полярной ледниковой шапкой на юге и островами Колбек на востоке. На севере и востоке Район окружён неподвижными морскими льдами. Район находится примерно в 90 км к западу от станции Моусон. На западной границе рядом с ледником есть участок, свободный от ледникового покрова, а на юге стоят крутые скалы, поднимающиеся к ледникам плато. Сами скалы имеют форму подковы, в центре которой находится плоский участок обнажённых пород и морен. Эта территория покрыта снегом зимой и заселена императорскими пингвинами. Спрессованный снег тает в конце весны, образуя пару мелких озёр и небольшой водоток на северо-востоке. По краям подковы находятся округлые скальные гряды с голой поверхностью, выровненной ледниками. Вся остальная территория имеет неровный рельеф и изрезана трещинами и расщелинами. Средняя высота гряд составляет около 30 метров.

Кроме того, в Районе есть поднятый пляж, аналогичный нескольким другим пляжам на побережье Земли Мак-Робертсона. Пляж состоит из местного галечника, обломочных материалов и валунов диаметром от 1 см до 1 м. Он отлого поднимается от линии берега к чётко обозначенной платформе шириной несколько метров и находится на высоте от 3 до 6 м над уровнем моря. Природные объекты чётко обозначают границы Района.

Климат

Данные о метеорологии Района ограничены. Возможно, местные условия аналогичны условиям в районе станции Моусон (приблизительно 90 км к востоку), где среднемесячные температуры колеблются от +0,1 °C в январе до -18,8 °C в августе. Максимальная температура составляет +10,6 °C, минимальная – -36,0 °C. Среднегодовая скорость ветра равна 10,9 м в секунду, причём здесь нередко бывают продолжительные периоды сильного юго-восточного катабатического ветра, дующего со стороны ледниковой шапки, когда средняя скорость ветра превышает 25 м в секунду с порывами, которые часто превышают 50 м в секунду. Отдельные участки побережья в различной степени подвержены воздействию сильного ветра, и вполне возможно, что на территории гнездовья Тейлор средняя скорость ветра несколько ниже. К числу других метеорологических характеристик следует отнести сильную облачность в течение всего года, очень низкую относительную влажность, небольшое количество осадков, частые сильные ветры, метели и плохую видимость при прохождении крупных циклонов.

Экологические домены и заповедные биогеографические регионы Антарктики

В соответствии с Анализом экологических доменов Антарктики (Резолюция 3 (2008 г.) гнездовье Тейлор относится к Природной среде D *«Геология прибрежных районов Восточной Антарктики»*. По классификации заповедных биогеографических регионов Антарктики (Резолюция 6 (2012 г.) гнездовье Тейлор не отнесено к биогеографическому региону.

Геология и почвы

Породы на территории гнездовья Тейлор имеют метаморфическое происхождение и, возможно, образовались из древних метаморфических осадочных пород. Они состоят из гранат-биотиткварцевого-фельдшпатового гнейса, гранита и мигматита. В метаморфических породах встречаются интрузии чарнокита, изотопный анализ которого показал, что его возраст составляет 100 млн. лет. Таким образом, был установлен минимальный возраст этих метаморфических пород.

Полосчатые метаморфические породы пересекают многочисленные зоны сдвижения, а на высоте около 60 м видны следы старой эрозионной поверхности.

Растительность

Флора гнездовья Тейлор состоит как минимум из десяти видов лишайников (таблица 1) и неизвестного числа наземных и пресноводных водорослей. Мхи на территории Района пока не обнаружены. В данной местности встречаются двадцать шесть видов лишайников и три вида мхов,
20 из которых встречаются на близлежащей гряде Чепмэн и 16 – на мысе Брюс, расположенном на западной стороне ледника Тейлор. Породы этого типа неблагоприятны для колонизации лишайниками. Большинство лишайников, встречающихся на территории гнездовья Тейлор, растут на более высоких участках южного сектора обнажения пород, характеризующихся наименьшим выветриванием.

ЛИШАЙНИКИ

Pseudephebe minuscula	*Lecidea phillipsiana*
Buellia frigida	*Physcia caesia*
Caloplaca citrina	*Xanthoria elegans*
Candelariella flava	*Xanthoria mawsonii*
Rhizoplaca melanophthalma	*Lecanora expectans*

Таблица 1. Растения, зарегистрированные на территории гнездовья Тейлор

Птицы

Императорские пингвины

Гнездовье императорских пингвинов представляет собой обращённый к северу амфитеатр, образованный языком ледника Тейлор на западе и скалистыми холмами на востоке. Пингвины заселяют участки с ровной поверхностью, которые покрыты снегом в течение большей части периода размножения.

Первые птенцы наблюдаются в середине июля, а это значит, что откладка яиц начинается в середине мая. Оперившиеся птенцы покидают колонию в период с середины декабря до середины января, причём уходят, как правило, днём, когда температура достигает максимума и стихает катабатический ветер. Взрослые птицы и оперившиеся птенцы направляются на северо-северо-восток к полынье, которая находится на расстоянии около 60-70 км от колонии. К середине января ширина этого неподвижного льда на участке сокращается примерно до 25 км. Эта полынья является постоянной характеристикой Берега Моусона.

После начала текущей программы мониторинга в 1988 году и примерно до 2010 года пингвины занимали южную часть Района. В последние годы они переместились в северную часть, где они теперь проводят зиму. В 2014 году пингвины наблюдались на неподвижном льду за пределами Района (уже с октября месяца). Текущая программа мониторинга поможет определить, является ли это повторяющимся поведением; если это так, то могут потребоваться изменения порядка управления Районом.

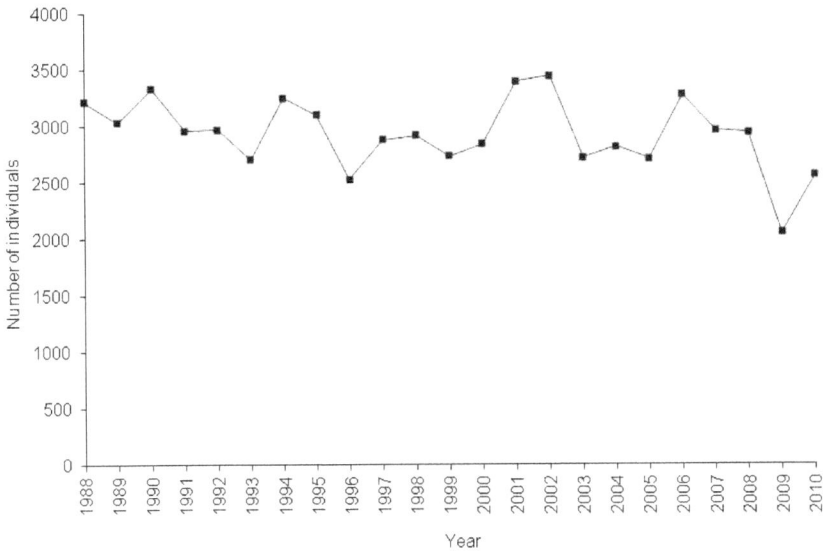

Рисунок 1. Количество взрослых особей императорских пингвинов в колонии на леднике Тейлор в зимний период в 1988-2010-м годах. Источник: Robertson et al. (2014)

Поморники

Поморников часто наблюдают недалеко от колонии пингвинов. Нет сведений о том, гнездятся ли эти птицы в данной местности.

6(ii) Доступ в Район

Добраться до Района можно на транспортном средстве по морскому льду, что, как правило, возможно только в период с 1 мая по 25 декабря, или воздушным путём в соответствии с Разделом 7(ii) настоящего Плана.

6(iii) Сооружения на территории и в окрестностях Района

В 2013 году в Районе на скалистых грядах, окружающих территорию гнездования пингвинов, были установлены две автоматические камеры (места расположения камер см. на карте В – 67°27'10.8" ю.ш., 60°53'6" в.д. и 67°27'18.0" ю.ш., 60°52'55.2" в.д. На островах Колбек на расстоянии около пяти километров в северо-восточном направлении от Района находится 4-местное убежище (см. карту А: 67°26'17.9" ю.ш., 60°59'23.6" в.д.). Станция Моусон (67°36' ю.ш., 62°53' в.д.) находится на расстоянии около 90 км в восточном направлении.

6(iv) Наличие других охраняемых территорий в непосредственной близости от Района

Примерно в 80 км к востоку от гнездовья Тейлор находится ООРА № 102 «Острова Рукери» (Земля Мак-Робертсона, 67°36'36" ю.ш. и 62°32'01" в.д.) (см. карту А).

6(v) Особые зоны на территории Района

Никаких особых зон на территории Района нет.

7. Условия выдачи разрешений для доступа

7(i) Общие условия выдачи разрешений

Доступ в Район возможен только на основании Разрешения, которое выдаётся соответствующим государственным органом. Условия для выдачи разрешения на вход в район:

- разрешение выдаётся только для выполнения неотложных научных задач, которые невозможно выполнить ни в одном другом месте, в частности, для проведения научных исследований орнитофауны и экосистемы Района или для осуществления важных мер управления, соответствующих целям настоящего Плана, таких как инспекция, управление или ревизия;
- разрешённая деятельность не поставит под угрозу ценности Района;
- разрешённая деятельность соответствует положениям Плана управления;
- во время пребывания на территории Района необходимо иметь при себе само разрешение или его заверенную копию;
- отчёт о посещении должен быть представлен в орган, указанный в Разрешении;
- разрешение выдаётся на указанный срок;
- соответствующий национальный орган должен быть проинформирован о любой предпринятой деятельности или принятых мерах, которые не были предусмотрены в официальном Разрешении.

7(ii) Доступ в Район и передвижение по его территории

По возможности транспортным средствам на территорию Района следует заходить со стороны морского льда к востоку от островов Колбек, чтобы не помешать пингвинам, пересекая их пути от гнездовья к морю (см. карту В). Въезд транспортных средств на территорию Района запрещён. Транспортные средства, используемые для подъезда к Району, следует оставлять за его пределами, с восточной стороны. Посетители должны заходить пешком. Маршрут подъезда обозначен на Карте С.

Использование воздушных судов должно осуществляться с соблюдением следующих условий:

- Воздушные суда не должны создавать фактор беспокойства для колонии ни при каких обстоятельствах.
- Полёты над колонией запрещены, кроме случаев научной или управленческой необходимости. Одномоторным вертолётам и самолётам разрешается совершать такие полёты на высоте не менее 930 м (3 050 футов), а двухмоторным вертолётам – на высоте не менее 1 500 м (5 000 футов).
- Посадка самолётов на территории Района запрещена.
- Самолётам не разрешается совершать посадку или взлетать на расстоянии менее 930 м (3 050 футов) или пролетать на расстоянии менее 750 м (2 500 футов) от колонии.
- Вертолётам следует подлетать к Району с восточной стороны со стороны моря и, если позволяют ледовые условия, совершать посадку за пределами Района в точке, обозначенной «Н» на карте С (60°53'32.5" в.д., 67°27'6.1" ю.ш.). Посетители должны заходить на территорию Района пешком.
- В случае посадки за пределами Района одномоторным вертолётам не разрешается совершать посадку или взлетать ближе 930 м (3 050 футов) или пролетать ближе 750 м (2 500 футов) от колонии, а двухмоторным вертолётам совершать посадку, взлетать или пролетать на расстоянии менее 1 500 м (5 000 футов) от колонии.
- Если из-за неблагоприятных ледовых условий на море необходимо совершить посадку на территории Района, только одномоторным вертолётам разрешается совершать посадку в его

северо-восточной части в точке, обозначенной буквой «Н» на карте C (60°53'17.8" в.д., 67°27'6.8" ю.ш.), где расположенный на юге высокий мыс закрывает колонию и приглушает звуки.

- Приближаясь к Району для совершения посадки на его территории, одномоторные вертолёты должны лететь над морским льдом как можно ниже, чтобы не потревожить колонию.
- Дозаправка воздушных судов на территории Района запрещена.

На территории Района нет обозначенных пешеходных маршрутов. Если нарушение жизни птиц не санкционировано Разрешением, пешеходы должны держаться вдалеке от колонии (на расстоянии не менее 50 м) и пропускать выходящих из колонии пингвинов и заходящих в неё. Пешеходам в Районе и его окрестностях следует избегать пересечения маршрутов передвижения птиц, а если это невозможно, то быстро пересекать их, чтобы не мешать передвижениям пингвинов.

7(iii) Осуществляемая или разрешённая деятельность на территории Района, включая ограничения по времени или пространству

Пингвины могут находиться в Районе большую часть года, и они особенно чувствительны к нарушению спокойствия во время следующих периодов:

- с середины мая до середины июля в период высиживания яиц;
- с середины июля до середины сентября в период вскармливания птенцов.

Район разрешается посещать для учёта численности колонии императорских пингвинов. Данная колония идеальна для учёта численности, потому что такую работу можно выполнять, не беспокоя птиц. Самым удобным местом для наблюдения за пингвинами и их фотографирования зимой являются высокие скалистые выступы, расположенные рядом с ледником Тэйлор к западу от колонии и с восточной стороны Района. Лучшим временем для учёта численности взрослых особей является период с 22 июня по 5 июля, поскольку в это время здесь находятся почти только самцы, которые высиживают яйца, и каждый из них представляет одну гнездящуюся пару.

К числу других видов деятельности, разрешённых на территории Района, относятся:

- неотложные научные исследования, которые не могут проводиться ни в каком ином месте и которые не поставят под угрозу орнитофауну или экосистему этого Района;
- важные меры управления, включая мониторинг;
- отбор образцов, который нужно свести к минимуму, необходимому для осуществления утверждённых научных программ.

7(iv) Установка, модификация и снос сооружений

На территории Района запрещено возводить какие-либо новые сооружения или устанавливать научное оборудование за исключением таких, которые необходимы для осуществления неотложной научной деятельности или мер управления, и на заранее установленный срок, указанный в Разрешении. Научные указатели и научное оборудование должны быть надёжно закреплены и поддерживаться в хорошем состоянии с чётким указанием страны, выдавшей разрешение, Ф.И.О. главного исследователя и года установки. Все они должны быть выполнены из материалов, представляющих минимальную опасность для фауны и флоры или как источники загрязнения Района.

Одним из условий выдачи Разрешения является то, что оборудование, связанное с осуществлением разрешённой деятельности, подлежит вывозу из Района сразу после или до завершения этой деятельности. Подробные сведения об указателях и оборудовании, которые остались на территории Района (указатели с данными GPS, описания, метки и т.д., а также предполагаемые сроки их удаления) направляются в орган, выдавший разрешение. Временные полевые хижины (если они разрешены) должны располагаться на достаточном расстоянии от колонии пингвинов в точке, которая находится к северо-востоку от Района, где расположенный на юге высокий мыс закрывает вид на колонию.

7(v) Расположение полевых лагерей

На островах Колбек на расстоянии около 5 км в северо-восточном направлении от Района находится 4-местное убежище (60°59'23.6" в.д., 67°26'17.9" ю.ш.).

Разбивка полевых лагерей на территории Района разрешена, но они должны находиться на достаточном расстоянии от колонии пингвинов, желательно в точке, которая находится к северо-востоку от Района, где расположенный на юге высокий мыс закрывает вид на колонию (как указано на карте B).

7(vi) Ограничения на ввоз материалов и организмов в Район

- На территорию Района нельзя заносить продукты из домашней птицы, включая сухие концентраты, содержащие яичный порошок.
- Продукты питания или другие материалы нельзя оставлять на территории Района по окончании сезона, для которого они были предназначены.
- Преднамеренный ввоз на территорию Района животных, растительных материалов, микроорганизмов и нестерильной почвы запрещается. Должны приниматься самые строгие меры предосторожности по предотвращению непреднамеренного ввоза на территорию Района животных, растительных материалов, микроорганизмов и нестерильной почвы из других биологически отличающихся регионов (подпадающих и не подпадающих под действие Договора об Антарктике).
- Насколько это возможно, одежда, обувь и другое оборудование, используемые на территории Района или ввозимые в Район (включая рюкзаки, сумки и другое оборудование), должны быть тщательно очищены перед входом на территорию Района и после выхода из него.
- Обувь, пробоотборное или научное оборудование и указатели, которые соприкасаются с грунтом, должны быть продезинфицированы или очищены горячей водой с хлорной известью перед входом на территорию Района и после его посещения с целью предотвращения случайного попадания животных, растительных материалов, микроорганизмов и нестерильной почвы в Район. Очистку необходимо производить или в убежище, или на станции.
- Посетители должны также изучить и соответствующим образом соблюдать рекомендации, содержащиеся в Руководстве по неместным видам Комитета по охране окружающей среды (КООС, 2011 г.) и Экологическом кодексе поведения при проведении наземных полевых исследований в Антарктике (СКАР, 2009 г.).
- Ввоз в Район гербицидов или пестицидов запрещён. Все остальные химические вещества, включая радионуклиды и стабильные изотопы, которые могут ввозиться для научных исследований или в целях управления, оговорённых в Разрешении, подлежат вывозу из Района сразу после или до завершения деятельности, на которую выдано Разрешение.
- Хранение топлива на территории Района допускается только в том случае, если это необходимо для достижения важных целей, связанных с осуществлением деятельности, на которую было выдано разрешение. Всё такое топливо подлежит вывозу из Района сразу после завершения разрешённой деятельности. Организация постоянных складов топлива не допускается.
- Все материалы ввозятся только на указанный срок, подлежат вывозу из Района сразу по истечении или до истечения указанного срока, а порядок их хранения и эксплуатации должен гарантировать минимизацию риска воздействия на окружающую среду.

7(vii) Изъятие или вредное вмешательство в жизнь местной флоры и фауны

Изъятие или вредное вмешательство в жизнь местной флоры и фауны допускаются только на основании Разрешения. В случае изъятия или вредного вмешательства в жизнь животных следует соблюдать разработанный СКАР Кодекс поведения при использовании животных в научных целях в Антарктике, который является минимальным стандартом.

Орнитологические исследования ограничиваются деятельностью, которая не является инвазионной и разрушительной по отношению к птицам, гнездящимся на территории Района. Если требуется отлов особей, такой отлов должен производиться за пределами Района с целью минимизации воздействия на колонию.

7(viii) Сбор и вывоз чего-либо, не ввезённого в Район держателем Разрешения

Сбор и вывоз материалов допускается только в соответствии с Разрешением и должен ограничиваться минимумом, необходимым для выполнения научных задач или достижения целей управления.

Материалы антропогенного происхождения, которые могут нанести ущерб ценностям Района и которые не были ввезены в Район держателем Разрешения или санкционированы иным образом, могут быть вывезены, за исключением ситуаций, когда существует вероятность того, что последствия вывоза превзойдут последствия пребывания материала на месте. При обнаружении таких материалов необходимо направить уведомление в орган, выдавший разрешение, и, если это возможно, пока полевая экспедиция всё ещё находится на территории Района.

7(ix) Удаление отходов

Все отходы, включая отходы жизнедеятельности человека, подлежат вывозу из Района. Отходы, образовавшиеся в результате деятельности полевых экспедиций, подлежат хранению вплоть до того момента, когда они могут быть удалены или вывезены, причём порядок их хранения не должен допускать возможности их использования дикими животными (например, поморниками). Отходы подлежат вывозу не позднее отъезда самой полевой экспедиции. Отходы жизнедеятельности человека и бытовые сточные воды могут сбрасываться в море как можно дальше за пределами Района.

7(x) Меры, необходимые для обеспечения возможности дальнейшего выполнения целей и задач Плана управления

Разрешения на доступ в Район могут выдаваться для:

- проведения биологического мониторинга и мероприятий по инспектированию Района, которые могут заключаться в сборе проб для анализа или оценки;
- возведения или поддержания в порядке научного оборудования, конструкций и указательных знаков;
- проведения других охранных мероприятий.

Все участки, специально предназначенные для проведения долгосрочного мониторинга, должны иметь соответствующие указатели. Для них необходимо получить GPS информацию, которую компетентный национальный орган направляет в систему каталогов антарктических данных.

Посетители должны принимать особые меры предосторожности во избежание интродукции чужеродных организмов в Район. Особую опасность представляет интродукция патогенных организмов, микроорганизмов или растительности, перенесённых из почв, флоры или фауны других районов Антарктики, включая научные станции, или регионов за пределами Антарктики. С целью минимизации риска интродукции перед входом в Район следует тщательно очистить обувь и всё оборудование, которое будет использоваться на территории Района, особенно пробоотборное оборудование и указатели.

7(xi) Требования к отчётности

По каждому посещению Района основной держатель разрешения должен представить отчёт в соответствующую национальную инстанцию в максимально короткий срок, но не позднее, чем через шесть месяцев после завершения посещения. Эти отчёты о посещении должны содержать, в зависимости от конкретного случая, информацию, указанную в форме отчёта о посещении, приведённую в *Руководстве по подготовке Планов управления Особо охраняемыми районами Антарктики*. В необходимых случаях национальный компетентный орган должен также направить копию отчёта о посещении Стороне, предложившей План управления, в целях оказания помощи в управлении Районом и пересмотре Плана управления. Стороны должны по возможности размещать оригиналы или копии таких отчётов о посещении в общедоступном архиве для учёта пользования материалами в целях какого-либо пересмотра Плана управления и в качестве организационной меры по использованию Района в научных целях.

Один экземпляр такого отчёта направляется Стороне, отвечающей за разработку настоящего Плана управления (Австралия), для оказания содействия в управлении Районом и мониторинга популяций птиц.

8. Вспомогательная документация

Barbraud, C., Gavrilo M, Mizin, Y. and Weimerskirch, W. (2011) Comparison of emperor penguin declines between Pointe Géologie and Haswell Island over the past 50 years. *Antarctica Science* 23: 461-468.

Budd, G.M. (1961): The biotopes of emperor penguin rookeries. *Emu* 61:171-189.

Budd, G.M. (1962): Population studies in rookeries of the emperor penguin *Aptenodytes forsteri*. *Proceedings of the Zoological Society, London* 139: 365-388.

Crohn, P.W. (1959): A contribution to the geology and glaciology of the western part of the Australian Antarctic Territory. *Bulletin of the Bureau of Mineral Resources, Geology and Geophysics, Australia*, No. 32.

Filson, R.B. (1966): The lichens and mosses of Mac.Robertson Land. Melbourne: Department of External Affairs, Australia (Antarctic Division).

Fretwell, P.T. and Trathen, P.N. (2009): Penguins from space: faecal stains reveal the location of emperor penguin colonies. *Global Ecology and Biogeography* 18:543-552.

Fretwell, P.T., LaRue, M.A., Morin, P., Kooyman, G.L., Wienecke, B., et al. (2012) An emperor penguin population estimate: the first global, synoptic survey of a species from space. PLoS ONE 7(4): e33751. doi:10.1371/journal.pone.0033751

Horne, R.S.C. (1983): The distribution of penguin breeding colonies on the Australian Antarctic Territory, Heard Island, the McDonald Islands and Macquarie Island. *ANARE Research Notes* No. 9.

Kato, A. and Ichikawa, H. (1999) Breeding status of Adélie and Emperor penguins in the Mt Riisser-Larsen area, Amundsen Bay. Polar Bioscience 12: 36-39.

Kirkwood, R. and Robertson, G. (1997): Seasonal change in the foraging ecology of emperor penguins on the Mawson Coast, Antarctica. *Marine Ecology Progress Series* 156: 205-223.

Kirkwood, R. and Robertson, G. (1997): The energy assimilation efficiency of emperor penguins, *Aptenodytes forsteri*, fed a diet of Antarctic krill, *Euphausia superba*. *Physiological Zoology* 70: 27-32.

Kirkwood, R. and Robertson, G. (1997): The foraging ecology of female emperor penguins in winter. *Ecological Monographs* 67: 155-176.

Kirkwood, R. and Robertson, G. (1999): The occurrence and purpose of huddling by Emperor penguins during foraging trips. *Emu* 99: 40-45.

Lee J.E. and Chown S.L. 2009: Breaching the dispersal barrier to invasion: quantification and management. *Ecological Applications* 19: 1944-1959.

Longton, R. E. (1988): Biology of polar bryophytes and lichens, Cambridge University Press, Cambridge, pp. 307-309.

Melick, D. R., Hovenden, M. J. and Seppelt, R. D. (1994): Phytogeography of bryophyte and lichen vegetation in the Windmill Islands, Wilkes Land, Continental Antarctica. *Vegetation* 111: 71-87.

Morgan, F., Barker, G., Briggs, C. Price, R. and Keys, H (2007): Environmental Domains of Antarctica, Landcare Research New Zealand Ltd

Øvstedal, D. O. and Lewis Smith, R. I. (2001): Lichens of Antarctica and South Georgia: A guide to their identification and ecology, Cambridge University Press, Cambridge.

Robertson, G. (1990): Huddles. *Australian Geographic* 20: 76-94.

Robertson, G. (1992): Population size and breeding success of emperor penguins *Aptenodytes forsteri* at the Auster and Taylor Glacier Colonies, Mawson Coast, Antarctica. *Emu.* 92: 62-71.

Robertson, G. (1994): The foraging ecology of emperor penguins (*Aptenodytes forsteri*) at two Mawson Coast Colonies, Antarctica. *PhD Thesis, University of Tasmania.*

Robertson, G. (1995): The foraging ecology of emperor penguins *Aptenodytes forsteri* at two Mawson Coast colonies, Antarctica. *ANARE Reports* 138, 139.

Robertson, G. and Newgrain, K. (1992): Efficacy of the tritiated water and 22Na turnover methods in estimating food and energy intake by Emperor penguins *Aptenodytes forsteri. Physiological Zoology* 65:933-951.

Robertson, G., Wienecke, B., Emmerson, L., and Fraser, A.D. (2014). Long-term trends in the population size and breeding success of emperor penguins at the Taylor Glacier colony, Antarctica. Polar Biology 37: 251-259.

Robertson, G., Williams, R. Green, K. and Robertson, L. (1994): Diet composition of emperor penguin chicks *Aptenodytes forsteri* at two Mawson Coast colonies, Antarctica. *Ibis 136: 19-31*

Schwerdtfeger, W. (1970): The climate of the Antarctic. In: *Climates of the Polar Regions (ed. S. Orvig),* pp. 253-355.

Schwerdtfeger, W. (1984): Weather and climate of the Antarctic. In: *Climates of the Polar Regions (ed. S. Orvig),* p. 261.

Streten, N.A. (1990): A review of the climate of Mawson – a representative strong wind site in East Antarctica. *Antarctic Science* 2: 79-89.

Trail, D.S. (1970): ANARE 1961 Geological traverses on the Mac.Robertson Land and Kemp Land Coast. Bulletin of the Bureau of Mineral Resources, Geology and Geophysics, Australia, No. 135.

Trail, D.S., McLeod, I.R., Cook, P.J. and Wallis, G.R. (1967): Geological investigations by the Australian National Antarctic Research Expeditions 1965. *Bulletin of the Bureau of Mineral Resources, Geology and Geophysics, Australia,* No. 118.

Trathan, P.N., Fretwell, P.T. and Stonehouse, B. (2011) First recorded loss of an emperor penguin colony in the recent period of Antarctic regional warming: implications for other colonies. *PLoS ONE* 6:e14738.

Whinam J, Chilcott N. and Bergstrom D.M. 2005: Subantarctic hitchhikers: expeditioners as vectors for the introduction of alien organisms. *Biological Conservation* **121**: 207-219.

Wienecke, B., Kirkwood, R. and Robertson, G. (2004): Pre-moult foraging trips and moult locations of emperor penguins at the Mawson Coast. *Polar Biology* 27: 83-91.

Wienecke, B. C. and Robertson, G. (1997): Foraging space of emperor penguins *Aptenodytes forsteri* in Antarctic shelf waters in winter. *Marine Ecology Progress Series* 159: 249-263.

Wienecke, B., Robertson, G., Kirkwood and R., Lawton, K. (2007): Extreme dives by free-ranging emperor penguins. *Polar Biology* 30:133-142.

Wienecke, B., Kirkwood, R. and Robertson, G. (2004): Pre-moult foraging trips and moult locations of emperor penguins at the Mawson Coast. *Polar Biology* 27: 83-91.

Wienecke, B. (2009): Emperor penguin colonies in the Australian Antarctic Territory: how many are there? *Polar Record* 45:304-312.

Wienecke, B. (2009): The history of the discovery of emperor penguin colonies, 1902-2004. *Polar Record* 46: 271-276.

Willing, R.L. (1958): Australian discoveries of Emperor penguin rookeries in Antarctica during 1954-57. *Nature, London,* 182: 1393-1394.

Приложение 1. Особо охраняемый район Антарктики № 101 «Гнездовье Тейлор», координаты границ

Граничная точка	Широта (ю.ш.)	Долгота (в.д.)	Граничная точка	Широта (ю.ш.)	Долгота (в.д.)
1	67°27'4.9"	60°52'58.2"	14		
				67°27'27.9"	60°52'49.3"
2	67°27'17.1"	60°53'29.5"	15	67°27'28.7"	60°52'48.8"
3	67°27'17.7"	60°53'31.0"	16	67°27'28.9"	60°52'47.7"
4	67°27'21.6"	60°53'27.5"	17	67°27'28.9"	60°52'46.5"
5	67°27'22.4"	60°53'19.3"	18	67°27'28.3"	60°52'46.0"
6	67°27'27.8"	60°53'7.7"	19	67°27'24.9"	60°52'45.4"
7	67°27'29.1"	60°53'4.9"	20	67°27'20.7"	60°52'50.1"
8	67°27'29.8"	60°53'2.6"	21	67°27'19.3"	60°52'49.9"
9	67°27'30.1"	60°53'0.5"	22	67°27'18.0"	60°52'50.2"
10			Вдоль ледяного обрыва на север		
	67°27'29.8"	60°52'57.1"			
11	67°27'29.3"	60°52'55.5"	23	67°27'5.3"	60°52'57.1"
12	67°27'28.0"	60°52'54.6"			
13	67°27'27.4"	60°52'51.5"			

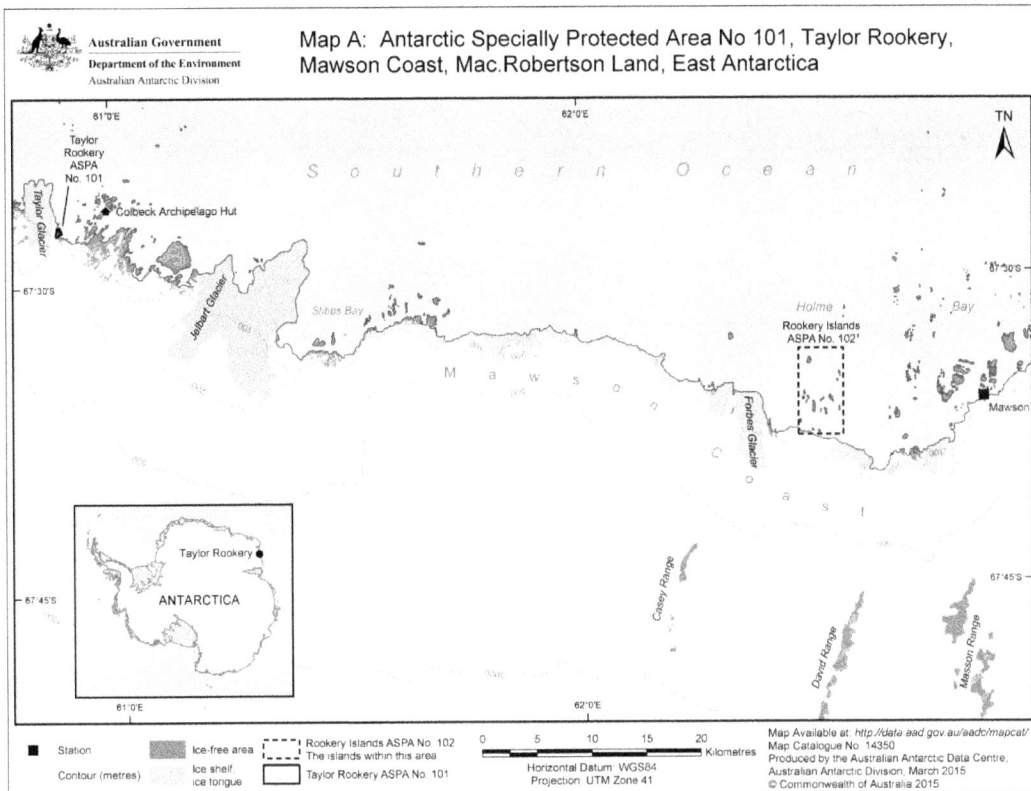

Map A: Antarctic Specially Protected Area No 101, Taylor Rookery, Mawson Coast, Mac.Robertson Land, East Antarctica

Map B: Antarctic Specially Protected Area No. 101
Taylor Rookery
Topography and Emperor Penguin Colony

Australian Government
Department of the Environment
Australian Antarctic Division

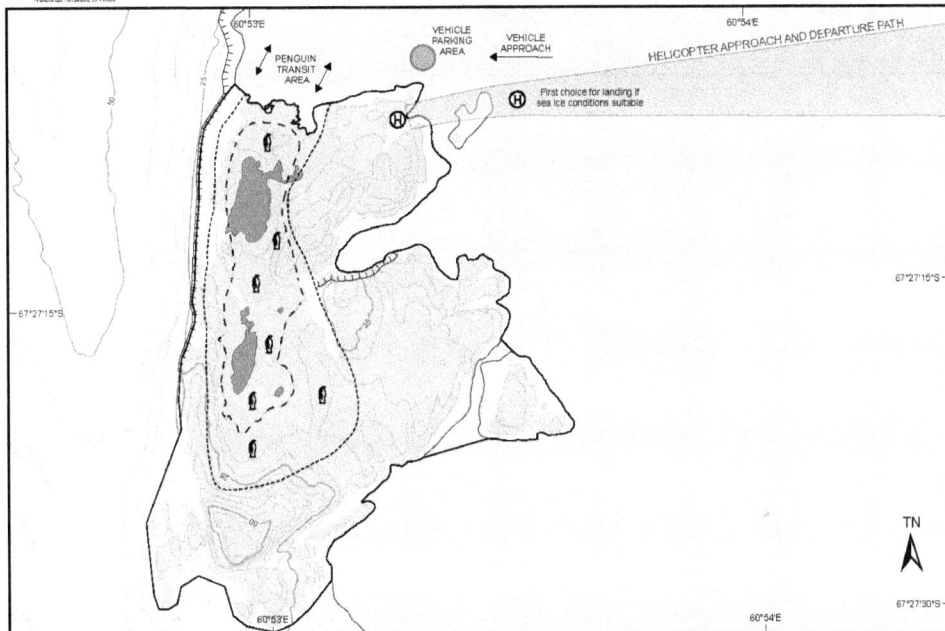

Map C: Antarctic Specially Protected Area No. 101, Taylor Rookery
Vehicle and Helicopter Approach and Landing Site

Map D: Antarctic Specially Protected Area No. 101
Taylor Rookery
ASPA Boundary Points

План управления Особо охраняемым районом Антарктики № 102

«ОСТРОВА РУКЕРИ» (ЗАЛИВ ХОЛМ, ЗЕМЛЯ МАК-РОБЕРТСОНА)

Введение

Острова Рукери представляют собой группу мелких островов и скал в западной части залива Холм к северу от гряд Мэссон и Дэвид на Земле Мак-Робертсона, Восточная Антарктика (67°36'36" ю.ш., 62°32'01" в.д.; карты А и В). Острова Рукери были первоначально определены в качестве Особо охраняемого района № 2 на основании Рекомендации IV-II (1966 г.) по предложению Австралии. План управления Районом был принят на основании Рекомендации XVII-2 (1992 г.). В соответствии с Решением 1 (2002 г.) эта территория была повторно определена и перенумерована как Особо охраняемый район Антарктики (ООРА) № 102. Пересмотренные планы управления ООРА были приняты на основании Меры 2 (2005 г.) и Меры 2 (2010 г.). Район определён с целью защиты известных гнездовых колоний пяти видов птиц, включая южного гигантского буревестника (*Macronectes giganteus)* и капского буревестника (*Daption capense*), которые не встречаются ни в одном другом месте этого региона. В Районе также находится одна из всего четырёх известных гнездовых колоний южного гигантского буревестника в Восточной Антарктике.

1. Описание охраняемых ценностей

На островах Рукери находятся гнездовые колонии пяти видов птиц: пингвинов Адели (*Pygoscelis adeliae*), капских буревестников, малых снежных буревестников (*Pagodroma nivea*), южных гигантских буревестников и южнополярных поморников (*Catharacta maccormicki*). Также существует большая вероятность того, что на островах гнездятся качурки Вильсона. Целью определения Района в качестве ООРА является охрана этого необычного сообщества видов птиц. Острова Рукери также представляют собой репрезентативный образец сред обитания прибрежных островов, встречающихся вдоль побережья Земли Мак-Робертсона.

Небольшая колония примерно из четырёх пар южных гигантских буревестников расположена на острове Гигантеус, третьем по величине острове в группе островов Рукери. Вместе с тем в районе залива Холм изредка наблюдались до 80 южных гигантских буревестников, кормящихся на останках тюленей. Гнездование этого вида в других местах в районе залива Холм не отмечено. Это колония является одним из всего четырёх известных гнездовий в Восточной Антарктике. Три другие колонии в Восточной Антарктике находятся недалеко от австралийских станций Кейси (острова Фразье, ООРА № 160, 66°14' ю.ш., 110°10' в.д., приблизительно 250 пар) и Дэвис (остров Хокер, ООРА № 167, 68°35' ю.ш., 77°50' в.д, приблизительно 35 пар), а также возле французской станции Дюмон д'Юрвиль (архипелаг Мыс геологии, ООРА № 120, 66°40' ю.ш., 140°01' в.д., 12-15 пар). Вместе эти четыре гнездовые колонии составляют менее одного процента глобальной гнездовой популяции, состоящей примерно из 50 000 гнездящихся пар, примерно 11 000 из которых обитают к югу от 60° ю.ш., преимущественно в районе Антарктического полуострова.

В настоящее время существует относительно ограниченный объём опубликованных сведений, которые бы позволили провести полноценный анализ тенденций в популяции южного гигантского буревестника. В некоторых ареалах происходило снижение численности, которое, видимо, стабилизируется, в других в последние годы наблюдалась обратная тенденция. В некоторых ареалах отмечены небольшие увеличения численности.

Скопление морских птиц, обитающих в Районе, включает гнездовые популяции, возможно, пяти из восьми летающих видов морских птиц, гнездящихся в Восточной Антарктике, и один вид пингвинов. Это предоставляет уникальную возможность изучения динамики популяций различных видов. Кроме того, важное значение имеет защита южных гигантских буревестников на южной границе зоны их гнездования. Стороны Договора об Антарктике приняли на себя обязательства свести к минимуму нарушение человеком гнездовых колоний южного гигантского буревестника, а также способствовать регулярному учёту численности этого вида во всех местах его гнездования в районе Договора об Антарктике.

2. Цели и задачи

Управление на островах Рукери осуществляется в следующих целях:

- Недопущение деградации или возникновения значительной угрозы для ценностей Района за счёт предотвращения излишнего нарушения Района человеком.
- Создание условий для проведения научных исследований экосистемы и физической среды, особенно орнитофауны, при условии, что это необходимо для достижения неотложных целей, которые не могут быть достигнуты ни в одном другом месте.
- Сведение к минимуму возможности интродукции патогенных микроорганизмов, которые могут вызвать заболевания в популяциях птиц, обитающих на территории этого Района.
- Сведение к минимуму возможности интродукции в Район чужеродных растений, животных и микроорганизмов.
- Сведение к минимуму нарушения человеком жизни южных гигантских буревестников на острове Гигантеус.
- Сохранение острова Гигантеус в качестве эталонного участка для проведения дальнейших исследований с целью сравнения с другими гнездовыми популяциями южного гигантского буревестника.
- Дальнейшее сохранение острова Гигантеус в качестве района крайне ограниченного доступа за счёт ограничения посещения острова человеком в период гнездования южных гигантских буревестников.
- Регулярный сбор данных о популяционном статусе и относительной демографии различных видов птиц.
- Организация посещений для осуществления мер управления в поддержку целей Плана управления.

3. Меры управления

Для охраны ценностей Района осуществляются следующие меры управления:

- На видных местах размещается информация о местонахождении Района (с указанием действующих особых ограничений), а копии настоящего Плана управления должны быть на соседних функционирующих научных (полевых) станциях и выдаваться морским судам, посещающим окрестности Района.
- По возможности, посещать Район следует по мере необходимости (желательно не реже одного раза в пять лет), чтобы установить, продолжает ли он служить тем целям, ради которых был определён, и чтобы убедиться в достаточности принимаемых мер управления.
- По возможности, в целях научной оценки гнездовых популяций раз в пять лет организуется посещение острова Гигантеус для учёта численности южного гигантского буревестника и популяций других морских птиц.
- Настоящий План управления следует повторно рассматривать не реже одного раза в пять лет.

4. Срок определения в качестве ООРА

Определён на неограниченный период времени.

5. Карты

Карта А. Особо охраняемый район Антарктики № 102 «Острова Рукери» (Берег Моусона, Земля Мак-Робертсона, Восточная Антарктика). На врезке показано расположение Района по отношению к антарктическому континенту.

Карта В. Особо охраняемый район Антарктики (ООРА) № 102 «Острова Рукери». Распределение видов птиц.

Карта С. Особо охраняемый район Антарктики (ООРА) № 102 – Зона ограниченного доступа «Остров Гигантеус». Топография и распределение видов птиц.

Спецификации всех карт:

Горизонтальная линия приведения: WGS84   Проекция: UTM Zone 49.

6. Описание Района

6(i) Географические координаты, отметки на границах и природные особенности

Острова Рукери – это небольшая группа мелких островков и скал (около 75) в юго-западной части залива Холм (Земля Мак-Робертсона) примерно в 10 км к западу от австралийской станции Моусон. Территория Района охватывает скалы и островки в пределах прямоугольника, углы которого имеют следующие координаты: 62°28'01" в.д., 67°33'45" ю.ш.; 62°34'37" в.д., 67°33'47" ю.ш.; 62°28'02" в.д., 67°38'10" ю.ш.; 62°34'39" в.д., 67°38'11" ю.ш. (карта В).

Границы района никак не обозначены.

В состав островов Рукери входят и небольшие скалы, едва выступающие над водой во время прилива, и более крупные острова, к числу которых относятся остров Гигантеус (около 400 м в длину, 400 м в ширину и 30 м в высоту) и остров Рукери, самый высокий остров этой группы, достигающий 62 м над уровнем моря и имеющий примерно такую же площадь, но несколько более продолговатую форму. На острове Гигантеус видны высокие пляжи.

Климат

Метеорология Района изучена не очень хорошо. Возможно, местные условия аналогичны условиям в районе станции Моусон, где среднемесячные температуры колеблются от +0,1 °C в январе до -18,8 °C в августе. Максимальная температура составляет +10,6 °C а минимальная – -36,0 °C. Среднегодовая скорость ветра равна 10,9 м в секунду, причём здесь нередко бывают продолжительные периоды сильного юго-восточного катабатического ветра, дующего со стороны ледниковой шапки, когда средняя скорость ветра превышает 25 м в секунду с порывами, которые часто превышают 50 м в секунду. Средняя скорость ветра снижается с приближением к морю и увеличением расстояния до ледниковой шапки, однако она вряд ли будет намного меньше на островах Рукери, которые находятся довольно близко от побережья. К числу других обычных характеристик прибрежного антарктического климата, который, судя по всему, существует на этих островах, относятся сильная облачность в течение всего года, очень низкая относительная влажность, небольшое количество осадков, частые сильные ветры, метели и плохая видимость при прохождении крупных циклонов.

Экологические домены и заповедные биогеографические регионы Антарктики

В соответствии с Анализом экологических доменов Антарктики (Резолюция 3 (2008 г.)) острова Рукери относятся к Природной среде D *«Геология прибрежных районов Восточной Антарктики»*. По классификации Заповедных биогеографических регионов Антарктики (Резолюция 6 (2012 г.)) острова Рукери не отнесены к биогеографическому региону.

Геология и почвы

Острова Рукери – это выходы моусоновского чарнокита, вида пород, встречающегося на территории не менее 2 000 квадратных километров вдоль побережья Земли Мак-Робертсона. Чарнокиты островов Рукери имеют мелкозернистую структуру и относительно бедны минеральным гиперстеном, но богаты гранитом и биотитом. Внутри этих чарнокитов находятся многочисленные полосы и линзы роговика, гранатсодержащего кварца и гнейсов с высоким содержанием полевого шпата. Кроме того, здесь есть несколько пегматитовых даек, разрезающих чарнокитовые породы.

Растительность

На островах Рукери не зарегистрирован ни один вид мхов или лишайников. Здесь встречаются некоторые наземные водоросли, однако их таксономическая принадлежность не установлена. Большинство мелких островков и скал летом покрыты морскими брызгами, и иногда зимой и весной через них проходят плавучие льды. Маловероятно, что здесь могут закрепиться мхи и лишайники.

Внутренние воды

На островах Рукери нет пресноводных водоёмов.

Птицы

Известно, что на островах Рукери гнездятся пять видов птиц: пингвины Адели (*Pygoscelis adeliae*), капские буревестники (*Dation capensis)*, малые снежные буревестники (*Pagodroma nivea*), южные гигантские буревестники (*Macronectes giganteus*) и южнополярные поморники (*Catharacta maccormicki*). Вероятно, здесь также гнездятся качурки Вильсона (*Oceanites oceanicus*), однако никаких гнёзд ещё найдено не было.

Южные гигантские буревестники гнездятся на острове Гигантеус (карта С). Эта колония в настоящее время очень маленькая, но стабильная, и с середины 1960-х годов состоит из 2-4 гнездящихся пар. В 1958 г. здесь были зарегистрированы 16 птиц, высиживающих яйца, а в 1967 г. – 13 гнёзд, но только в четырёх были обнаружены яйца. В 1972 г. здесь было всего два гнезда, в 1973 г. – четыре, в 1977 г. – два, в 1981 г. – одно, в 1982 г. – два и в 2001 г. - три. Во время подсчёта численности в 2007 г. дважды было обнаружено по четыре гнезда: при первом подсчёте (27 ноября) были обнаружены две пары и две одиночные птицы, а при втором подсчёте (10 декабря) – три пары и одиночная птица, высиживающая яйцо (у которой, предположительно, отсутствовал партнёр). Гнёзда представляют собой небольшие кучки камней, сложенные на больших участках гравия на территории высоких пляжей. В районе много старых гнездовий, и каждый год, возможно, несколько таких гнёзд заново отстраиваются, однако нет никаких доказательств того, что они используются.

Капские буревестники гнездятся на острове Рукери и на небольшом островке, известном под названием остров Пинтадо, расположенном в 300 м к северо-западу от острова Рукери. 24 декабря 2007 г. во время самого последнего исследования популяций капских буревестников в Районе были обнаружены 123 занятых гнезда на острове Пинтадо и 10 занятых гнёзд на острове Рукери. Ближайшие известные в Районе гнездовые колонии капских буревестников расположены вдоль четырёх выходов пород рядом с ледником Форбс в 8 км к западу, а также на монолитах Скаллин и Мюррей (ООРА № 164) приблизительно в 200 км к востоку. С помощью камеры с дистанционным управлением на безымянном острове в 250 м к востоку от острова Рукери (карта В) осуществляется мониторинг ежегодного процесса гнездования приблизительно в 30 гнёздах капских буревестников.

Пингвины Адели гнездятся на 14 островах. По данным самого последнего исследования популяции, проведённого в Районе в декабре 2007 г., на всех 14 островах обнаружено приблизительно 91 000 занятых гнёзд. Крупнейшие популяции находятся на острове Рукери (31 000 занятых гнёзд) и на острове Гигантеус (11 000 занятых гнёзд). Хотя исследование всего Района не повторялось с 2007 г., каждый год проводятся исследования отдельных островов, и обновить данные по численности популяций в Районе можно будет в течение срока действия данного плана. С помощью камеры с дистанционным управлением на Рукери (карта В) также осуществляется мониторинг ежегодного процесса гнездования приблизительно в 30 гнёздах пингвинов Адели.

Малые снежные буревестники гнездятся на всех островах группы, самая большая их концентрация отмечена на острове Рукери. В районе этих островов часто можно увидеть летающих качурок Вильсона, которые, как считается, гнездятся на некоторых более крупных островах этой группы, хотя их гнёзда до сих пор не обнаружены.

6(ii) Доступ в Район

Добраться до Района можно на снегоходах или на маломерных судах (в зависимости от состояния морского льда) и воздушным путём. В Районе не существует определённых мест для высадки (см. также Раздел 7(ii)).

6(iii) Сооружения на территории и в окрестностях Района

Две камеры с дистанционным управлением для съёмок в течение заданного интервала времени расположены на 67°37'55.5" ю.ш, 62°30'47.9" в.д. и 67°36'12.6" ю.ш., 62°29'17.0" в.д. Камеры, установленные в 2010-11 г., используются для проведения долгосрочного мониторинга процесса гнездования и фенологии пингвинов Адели и капских буревестников с минимальным вмешательством в их жизнь. Хотя камеры не установлены на бессрочный период времени, предполагается, что они останутся на месте после окончания срока действия данного плана.

Ни на территории Района, ни в его окрестностях нет никаких других сооружений.

6(iv) Наличие других охраняемых территорий в непосредственной близости от Района

На расстоянии около 80 км в западном направлении находится Особо охраняемый район Антарктики № 101 «Гнездовье Тэйлор» (Земля Мак-Робертсона, 67°27'14" ю.ш., 60°53'0" в.д.).

6(v) Особые зоны на территории Района

Остров Гигантеус объявлен зоной ограниченного доступа с целью обеспечения строгого режима охраны южных гигантских буревестников (карты B и C). Вход на его территорию ограничен и возможен только для целей и на условиях, описанных в других разделах настоящего Плана управления.

7. Условия выдачи разрешений для доступа

7(i) Общие условия

Доступ в Район возможен только на основании Разрешения, которое выдаётся соответствующим государственным органом. Разрешение на посещение Района выдаётся на следующих условиях:

- разрешение выдаётся только для выполнения неотложных научных задач, которые невозможно выполнить ни в одном другом месте – в частности, для проведения научных исследований орнитофауны и экосистемы Района или для осуществления важных мер управления, соответствующих целям настоящего Плана, таких, как инспекция, техническое обслуживание или пересмотр настоящего Плана;
- разрешённая деятельность не поставит под угрозу ценности Района;
- разрешённая деятельность соответствует положениям Плана управления;
- во время пребывания на территории Района необходимо иметь при себе само разрешение или его заверенную копию;
- отчёт о посещении должен быть представлен в орган, указанный в Разрешении;
- разрешение выдаётся на указанный срок;
- соответствующий компетентный орган должен быть проинформирован о любой предпринятой деятельности или принятых мерах, которые не были предусмотрены в официальном разрешении.

Дополнительные условия, касающиеся Зоны ограниченного доступа «Остров Гигантеус»:

- Разрешения на посещение зоны на период, являющийся периодом гнездования у южных гигантских буревестников (с 1 октября по 30 апреля) могут выдаваться только для проведения учёта численности птиц. Другая научная деятельность может проводиться на основании разрешения в остальное время года.

- По возможности, учёт численности следует вести с территории за пределами колонии южных гигантских буревестников, используя удобные точки, из которых можно производить подсчёт гнездящихся птиц.

- Время посещения Зоны ограниченного доступа должно быть ограничено минимумом, необходимым для проведения учёта численности птиц.

- Посещения с целью проведения учёта численности должны проводиться группой, в состав которой входит представитель национальной антарктической программы, обладающий необходимой научной квалификацией и опытом. Другие сотрудники должны оставаться на берегу.

- При осуществлении разрешённой деятельности, связанной с получением данных учёта численности или биологических данных, не следует подходить ближе, чем это необходимо, к гнездящимся южным гигантским буревестникам, и ни в коем случае ближе, чем на 20 м, чтобы не потревожить птиц (птицы не должны показывать изменения в поведении).

- Полёты над островом Гигантеус запрещены.

7(ii) Доступ в Район и передвижение по его территории

До Района можно добраться на маломерном судне, на транспортном средстве по морскому льду или воздушным путём.

Использование наземных транспортных средств на островах запрещено, поэтому их следует оставлять на берегу. По островам можно передвигаться только пешком. Посетители должны следить за тем, чтобы транспортные средства, используемые для доступа на острова, находились на расстоянии не менее 250 м от скоплений птиц.

Посещение острова Гигантеус запрещено, кроме случаев, названных в настоящем Плане.

Если добраться до островов на маломерном судне или наземном транспортном средстве по морскому льду невозможно, то разрешается использование самолёта или вертолёта на следующих условиях:

- Воздушные суда не должны создавать фактор беспокойства для колонии ни при каких обстоятельствах.

- По возможности предпочтительно осуществлять посадку воздушного судна на морской лёд.

- Посадка самолётов и вертолётов на острове Гигантеус во время периода гнездования запрещена.

- Поскольку воздушное судно может оказаться единственным средством, с помощью которого можно добраться до этих островов, когда морские и ледовые условия этого не позволяют, одномоторные вертолёты могут приземляться на расстоянии не менее 500 м от гнездовых колоний в период гнездования. Разрешение на осуществление посадки воздушного судна может быть выдано для неотложных научных нужд или нужд управления только в том случае, если будет доказано, что фактор беспокойства для птиц будет минимальным. Право покидать вертолёт имеют только сотрудники, которые должны выполнять работу на территории Района.

- При посещении острова Гигантеус воздушным путём вне периода гнездования предпочтительно производить посадку на морской лёд с соблюдением перечисленных далее минимальных расстояний до колоний птиц.

- Одномоторным вертолётам и самолётам не разрешается совершать посадку или взлетать ближе 930 м (3 050 футов) или пролетать ближе 750 м от колоний птиц, а двухмоторным вертолётам совершать посадку, взлетать или пролетать на расстоянии менее 1 500 м от колоний птиц.

- Полёты над островами во время периода гнездования запрещены, за исключением случаев, когда это необходимо для выполнения научных задача или в целях управления. Одномоторным вертолётам и самолётам разрешается совершать такие полеты на высоте не менее 930 м (3 050 футов), а двухмоторным вертолётам – на высоте не менее 1500 м (5 000 футов).

- Дозаправка воздушного судна на территории Района запрещена.

На территории Района нет обозначенных пешеходных маршрутов. Если нарушение жизни птиц не санкционировано Разрешением, пешеходы должны держаться на расстоянии не менее 100 м от скоплений птиц и пропускать пингвинов, заходящих в места скопления и покидающих их. Пешеходам в Районе или его окрестностях следует избегать пересечения маршрутов передвижения птиц, а если это невозможно, то быстро пересекать их, чтобы не мешать передвижениям пингвинов.

7(iii) Осуществляемая или разрешённая деятельность на территории Района, включая ограничения по времени и пространству

На территории Района допускаются нижеперечисленные виды деятельности, если они указаны в разрешении:

- научные исследования, соответствующие Плану управления этим Районом, которые не могут проводиться ни в каком ином месте и которые не поставят под угрозу экосистемы и ценности, являющиеся основанием для определения Района в качестве ООРА;
- важные меры управления, включая мониторинг;
- отбор образцов, который нужно свести к минимуму, необходимому для осуществления утверждённых научных программ.

7(iv) Установка, модификация или снос сооружений

- Строительство капитальных сооружений или установок запрещено.
- Возведение на территории Района других сооружений или установок, не указанных в разрешении, не допускается.
- Допускается установка небольших временных убежищ, укрытий, щитов или экранов с целью научного изучения орнитофауны.
- Установка (включая выбор площадки), удаление, реконструкция или техническое обслуживание сооружений должны производиться таким образом, чтобы свести к минимуму создание фактора беспокойства для гнездящихся птиц.
- На всём научном оборудовании или указателях, устанавливаемых на территории Района, должны быть чётко указаны страна, наименование основной исследовательской организации, год установки и дата предполагаемого удаления.
- Указатели, знаки или другое оборудование, установленные на территории Района для научных и управленческих целей, должны быть укреплены, должны содержаться в хорошем состоянии и подлежат вывозу после использования. Все установленные объекты должны быть выполнены из материалов, представляющих минимальную опасность для популяций птиц или как источники загрязнения Района. Разрешения должны предусматривать требование вывоза конкретных сооружений, оборудования или указателей до истечения срока действия разрешения.

7(v) Расположение полевых лагерей

- Разбивка лагерей на территории Района допускается только в чрезвычайной ситуации.

7(vi) Ограничения на ввоз материалов и организмов в Район

- На территорию Района нельзя приносить продукты из домашней птицы, включая сухие концентраты, содержащие яичный порошок.
- Продукты питания или другие материалы нельзя оставлять на территории Района по окончании сезона, для которого они были предназначены.
- Преднамеренный ввоз на территорию Района животных, растительных материалов, микроорганизмов и нестерильной почвы запрещается. Должны приниматься самые строгие меры предосторожности по предотвращению непреднамеренного ввоза на территорию Района животных, растительных материалов, микроорганизмов и нестерильной почвы из других

биологически отличающихся регионов (подпадающих и не подпадающих под действие Договора об Антарктике).

- Насколько это возможно, одежда, обувь и другое оборудование, используемые на территории Района или ввозимые в Район (включая рюкзаки, сумки и другое оборудование), должны быть тщательно очищены перед входом на территорию Района и после выхода из него.

- Обувь, пробоотборное или научное оборудование и указатели, которые соприкасаются с грунтом, должны быть продезинфицированы или очищены горячей водой с хлорной известью перед входом на территорию Района и после его посещения с целью предотвращения случайного попадания животных, растительных материалов, микроорганизмов и нестерильной почвы в Район. Чистку необходимо проводить на станции.

- Посетители должны также изучить и соответствующим образом соблюдать рекомендации, содержащиеся в Руководстве по неместным видам Комитета по охране окружающей среды (КООС, 2011 г.) и Экологическом кодексе поведения при проведении наземных полевых исследований в Антарктике (СКАР, 2009 г.).

- Ввоз в Район гербицидов или пестицидов запрещён. Все остальные химические вещества, включая радионуклиды и стабильные изотопы, которые могут ввозиться для научных исследований или в целях управления, оговорённых в разрешении, по возможности подлежат вывозу из Района сразу после или до завершения деятельности, на которую выдано разрешение.

- Хранение топлива на территории Района допускается только в том случае, если это необходимо для достижения важных целей, связанных с осуществлением деятельности, на которую было выдано разрешение. Организация постоянных складов топлива не допускается.

- Все материалы ввозятся только на указанный срок, подлежат вывозу из Района сразу по истечении или до истечения указанного срока, а порядок их хранения и эксплуатации должен гарантировать минимизацию риска их попадания в окружающую среду.

7(vii) Изъятие или вредное вмешательство в жизнь местной флоры и фауны

- Изъятие или вредное вмешательство в жизнь местной флоры и фауны допускаются только на основании разрешения. В случае изъятия или вредного воздействия на животных в качестве минимального стандарта следует руководствоваться *Кодексом поведения при использовании животных в научных целях в Антарктике, разработанным СКАР*.

- Орнитологические исследования должны ограничиваться деятельностью, которая не является инвазионной и разрушительной по отношению к морским птицам, гнездящимся на территории Района. Исследования, включая аэрофотосъёмку, проводимые с целью учёта численности популяций, являются первоочередными.

- Ни при каких обстоятельствах не беспокоить южных гигантских буревестников.

7(viii) Сбор и вывоз объектов, которые не были ввезены в Район держателем разрешения

- Сбор и вывоз материалов допускается только в соответствии с разрешением и ограничивается минимумом, необходимым для выполнения научных задач или достижения целей управления.

- Материалы антропогенного происхождения, которые могут нанести ущерб ценностям Района и которые не были ввезены в Район держателем разрешения или санкционированы иным образом, могут быть вывезены, за исключением случаев, когда существует вероятность того, что последствия вывоза превзойдут последствия пребывания материала на месте. При обнаружении таких материалов необходимо направить уведомление в орган, выдавший разрешение, и, если это возможно, пока полевая экспедиция ещё находится на территории ООРА.

7(ix) Удаление отходов

- Все отходы, включая отходы жизнедеятельности человека, подлежат вывозу из Района. Отходы, образовавшиеся в результате деятельности полевых экспедиций, подлежат хранению вплоть до того момента, когда они могут быть удалены или вывезены, причём порядок их хранения не должен допускать возможности их использования дикими животными (например, поморниками).

Отходы подлежат вывозу не позднее отъезда самой полевой экспедиции. Отходы жизнедеятельности человека и бытовые сточные воды могут сбрасываться в море за пределами Района.

7(x) Меры, необходимые для обеспечения возможности дальнейшего выполнения целей и задач Плана управления

Разрешения на доступ в Район могут выдаваться для:

- проведения биологического мониторинга и мероприятий по инспектированию Района, которые могут заключаться в сборе проб для анализа или оценки;
- возведения или поддержания в порядке научного оборудования, конструкций и указательных знаков;
- проведения других охранных мероприятий.

Все участки, специально предназначенные для проведения долгосрочного мониторинга, должны иметь соответствующие указатели. Для них необходимо получить GPS информацию, которую компетентный национальный орган направляет в систему каталогов антарктических данных.

В целях сохранения экологических и научных ценностей Района посетители должны принимать специальные меры предосторожности во избежание интродукции чужеродных организмов. Особую опасность представляет интродукция болезнетворных организмов, микроорганизмов или растительности, перенесённых из почв, флоры или фауны других районов Антарктики, включая научные станции, или регионов за пределами Антарктики. С целью минимизации риска интродукции перед входом в Район посетители должны тщательно очистить обувь и всё оборудование, которое будет использоваться на его территории, особенно пробоотборное оборудование и указатели.

По возможности учёт численности южных гигантских буревестников на острове Гигантеус должен проводиться не реже, чем раз в пять лет. В ходе такого посещения можно проводить учёт численности других видов птиц, если это не принесёт дополнительных неудобств южным гигантским буревестникам.

В целях сокращения неудобств для диких животных на острове Гигантеус следует свести к минимуму уровень шума, включая голосовое общение. В течение периода гнездования южных гигантских буревестников (с 1 октября по 30 апреля) на территории Района запрещается использование приводных инструментов, а также осуществление любой иной деятельности, которая может создать шум и, следовательно, потревожить гнездящихся птиц.

7(xi) Требования к отчётности

По каждому посещению Района основной держатель разрешения должен представить отчёт в соответствующую национальную инстанцию в максимально короткий срок, но не позднее, чем через шесть месяцев после завершения посещения. Эти отчёты о посещении должны содержать, в зависимости от конкретного случая, информацию, указанную в форме отчёта о посещении, приведённой в *Руководстве по подготовке Планов управления Особо охраняемыми районами Антарктики*. В необходимых случаях национальный компетентный орган должен также направить копию отчёта о посещении Стороне, предложившей План управления, в целях оказания помощи в управлении Районом и пересмотре Плана управления. Стороны должны по возможности размещать оригиналы или копии таких отчётов о посещении в общедоступном архиве для учёта пользования материалами в целях какого-либо пересмотра Плана управления и в качестве организационной меры по использованию Района в научных целях.

Один экземпляр такого отчёта направляется Стороне, отвечающей за разработку настоящего Плана управления (Австралия), для оказания содействия в управлении Районом и мониторинга популяций птиц. В отчёты о посещении включаются подробные данные учёта численности, сведения о местонахождении новых, ранее не зарегистрированных колоний или гнёзд, краткое описание результатов проведённых научных исследований и копии фотографий, сделанных на территории Района.

8. Вспомогательная документация

Australian Antarctic Division: Environmental Code of Conduct for Australian field activities, *Australian Antarctic Division.*

Cowan, A.N. (1981): Size variation in the snow petrel. *Notornis 28: 169-188.*

Cowan, A.N. (1979): Giant petrels at Casey. *Australian Bird Watcher 8: 66-67.*

Crohn, P.W. (1959): A contribution to the geology and glaciology of the western part of the Australian Antarctic Territory. *Report for the Bureau for Mineral Resources, Geology and Geophysics Australia No. 52.*

Croxall, J.P., Steele, W.K., McInnes, S.J., Prince, P.A. (1995): Breeding Distribution of the snow petrel *Pagodroma nivea. Marine Ornithology 23: 69-99.*

Environment Australia (2001): Recovery Plan for albatrosses and giant petrels. *Prepared by Wildlife Scientific Advice, Natural Heritage Division in consultation with the Albatross and Giant Petrel Recovery Team, Canberra.*

Garnett, S.T. and Crowley, G.M. (2000): The action plan for Australian birds 2000. *Commonwealth of Australia, Environment Australia, Canberra*

Horne, R.S.C. (1983): The distribution of penguin breeding colonies on the Australian Antarctic Territory, Heard Island, the McDonald Island, and Macquarie Island. *ANARE Research Notes, No. 9.*

Kizaki, K. (1972): Sequence of metamorphism and deformation in the Mawson Charnockite of East Antarctica. In Antarctic Geology and Geophysics (ed. R.J. Adie), pp. 527-530. Oslo: Universitetsforlaget.

Lee J.E. and Chown S.L. 2009: Breaching the dispersal barrier to invasion: quantification and management. *Ecological Applications* **19**: 1944-1959.

Lynch, H.J. Naveen, R. and Fagan, W.F. (2008): Censuses of penguin, blue-eyed shag *Phalacrocorax atriceps* and southern giant petrel *Macronectes giganteus* populations on the Antarctic Peninsula, 2001-2007. Marine Ornithology 36:83-97.

Ingham, S.E. (1959): Banding of giant petrels by the Australian National Antarctic Research Expeditions, 1955-58. *Emu 59: 189-200.*

Jouventin, P. and Weimerskirch, H. (1991): Changes in the population size and demography of southern seabirds: management implications. In: *Perrins, C.M., Lebreton, J.-D. and Hirons, G.J.M. Bird population studies: Relevance to conservation and management. Oxford University Press: 297-314.*

Orton, M.N. (1963): Movements of young giant petrels bred in Antarctica. *Emu 63: 260.*

Patterson D.L., Woehler, E.J., Croxall, J.P., Cooper, J., Poncet, S., Peter, H.-U., Hunter, S. and Fraser, W.R. (2008): Breeding distribution and population status of the northern giant petrel *Macronectes halli* and the southern giant petrel *M. giganteus. Marine Ornithology* 36:115-124.

Scientific Committee on Antarctic Research (2008): Status of the Regional, Antarctic Population of the Southern Giant Petrel – Progress. *Working Paper 10 rev.1 to the 31st Antarctic Treaty Consultative Meeting, Ukraine, 2008.*

Sheraton, J.W. (1982): Origin of charnockitic rock of Mac.Robertson Land. In: *Antarctic Geoscience (ed. C.C. Craddock), pp. 487-489.*

Southwell, C., McKinlay, J., Low, M., Wilson, D., Newbery, K., Lieser, J. and Emmerson, L. (2013) New methods and technologies for regional-scale abundance estimation of land-breeding marine animals: application to Adélie penguin populations in East Antarctica. *Polar Biology 36: 843-856.*

Stattersfield, A.J. and Capper, D.R. (2000): Threatened birds of the world. *Birdlife International, Lynx Publications.*

Trail, D.S. (1970): ANARE 1961 Geological traverses on the Mac.Robertson and Kemp Land Coast. *Report for the Bureau for Mineral Resources, Geology and Geophysics Australia No 135.*

Trail, D.S., McLeod, I.R., Cook, P.J. and Wallis, G.R. (1967): Geological investigations by the Australian National Antarctic Research Expeditions 1965. *Report for the Bureau for Mineral Resources, Geology and Geophysics Australia . No. 118.*

van Franeker, J.A., Gavrilo, M., Mehlum, F., Veit, R.R. and Woehler, E.J. (1999): Distribution and abundance of the antarctic petrel. *Waterbirds 22: 14-28.*

van den Hoff, J. and Newberry, K. (2006) Southern Giant Petrels *Macronectes giganteus* diving on submerged carrion. *Marine Ornithology* 34: 61–64.**Whinam J, Chilcott N. and Bergstrom D.M. 2005:** Subantarctic hitchhikers: expeditioners as vectors for the introduction of alien organisms. *Biological Conservation* 121: 207-219.

Wienecke, B., Leaper, R., Hay, I. and van den Hoff, J. (2009) Retrofitting historical data in population studies: southern giant petrels in the Australian Antarctic Territory. *Endangered Species Research* 8:157-164

Wilson, D. (2009) The Cape petrel *Daption capense* around Mawson station, east Antarctica: new breeding localities and population counts. *Notornis: 56: 162-164.*

Woehler E.J. and Croxall J.P. (1997): The status and trends of Antarctic and subantarctic seabirds. *Marine Ornithology 25: 43-66.*

Woehler, E.J. and Johnstone, G.W. (1991): Status and conservation of the seabirds of the Australian Antarctic Territory. In: *Croxall, J.P. (ed.) Seabird Status and Conservation: A Supplement. ICBP Technical Publication No.11: 279-308.*

Woehler, E.J. and Riddle, M.J. (2001): Long-term population trends in southern giant petrels in the Southern Indian Ocean. *Poster presented at 8th SCAR Biology Symposium, Amsterdam.*

Woehler, E.J., Riddle, M.J. and Ribic, C.A. (2001): Long-term population trends in southern giant petrels in East Antarctica. *Proceedings 8th SCAR Biology Symposium, Amsterdam.*

Woehler, E.J., Johnstone, G.W. and Burton, H.R. (1989): The distribution and abundance of Adelie penguins, *Pygoscelis adeliae*, in the Mawson area and at the Rookery Islands (Antarctic Specially Protected Area 102), 1981 and 1988. *ANARE Research Notes 71.*

Woehler, E.J., Cooper, J., Croxall, J.P., Fraser, W.R., Kooyman, G.L., Miller, G.D., Nel, D.C., Patterson, D.L., Peter, H-U, Ribic, C.A., Salwicka, K., Trivelpiece, W.Z. and Wiemerskirch, H. (2001): A statistical assessment of the status and trends of Antarctic and subantarctic seabirds. *SCAR/CCAMLR/NSF, 43.*

Australian Government

Department of the Environment

Australian Antarctic Division

Map A: Antarctic Specially Protected Area No 102, Rookery Islands, Mawson Coast, Mac.Robertson Land, East Antarctica

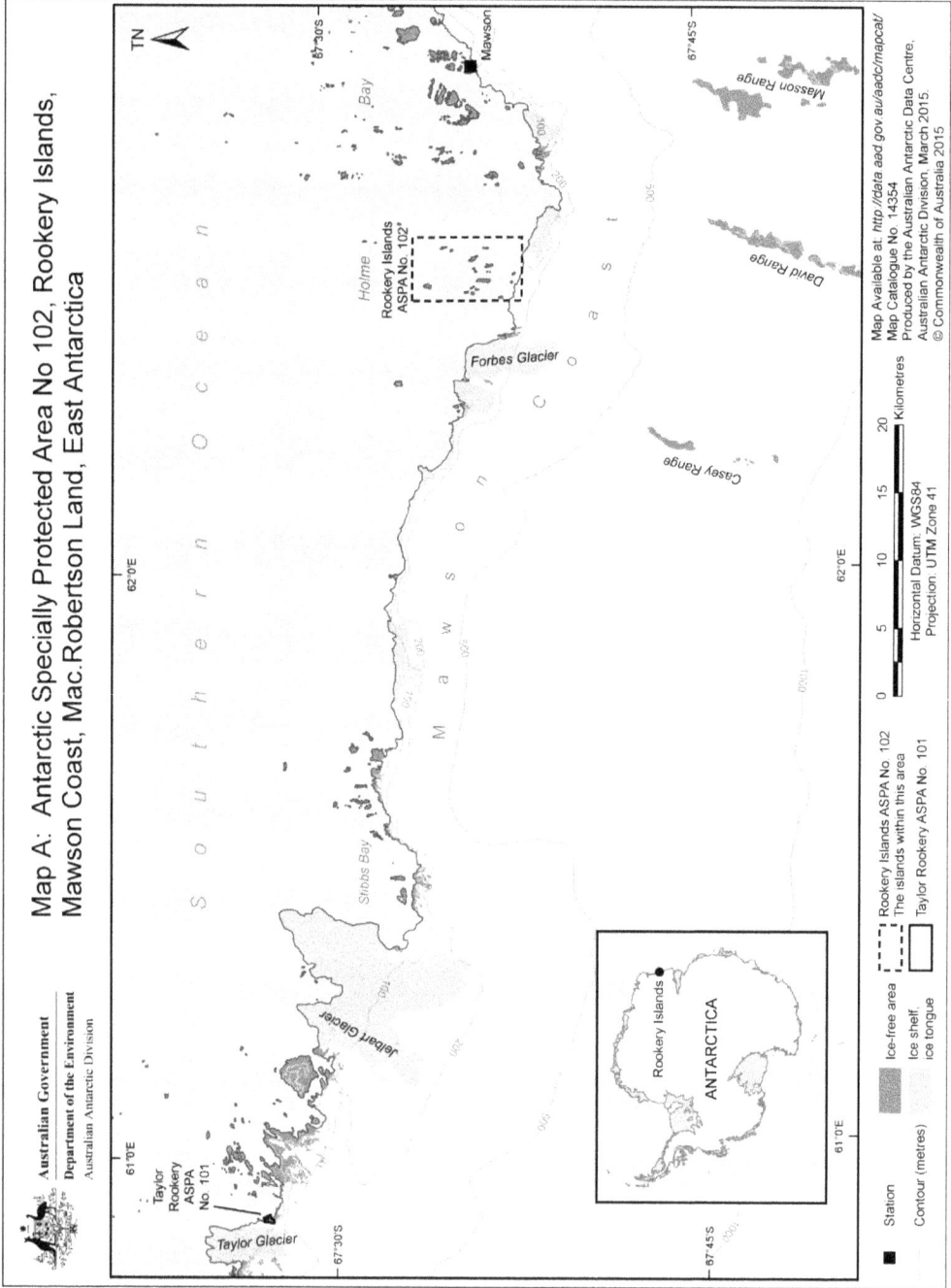

TN

61°0'E

62°0'E

87°30'S

Southern Ocean

Holme Bay

Mawson

Rookery Islands
ASPA No. 102*

Forbes Glacier

Coast

M a w s o n

Shobs Bay

Jelbart Glacier

Taylor
Rookery
ASPA
No. 101

Taylor Glacier

67°30'S

Masson Range

David Range

Casey Range

67°45'S

62°0'E

ANTARCTICA

Rookery Islands

- Station
- Contour (metres)
- Ice-free area
- Ice shelf, ice tongue

Rookery Islands ASPA No 102
The islands within this area

Taylor Rookery ASPA No 101

0   5   10   15   20
Kilometres

Horizontal Datum: WGS84
Projection: UTM Zone 41

Map Available at: *http://data.aad.gov.au/aadc/mapcat/*
Map Catalogue No 14354
Produced by the Australian Antarctic Data Centre,
Australian Antarctic Division, March 2015.
© Commonwealth of Australia 2015

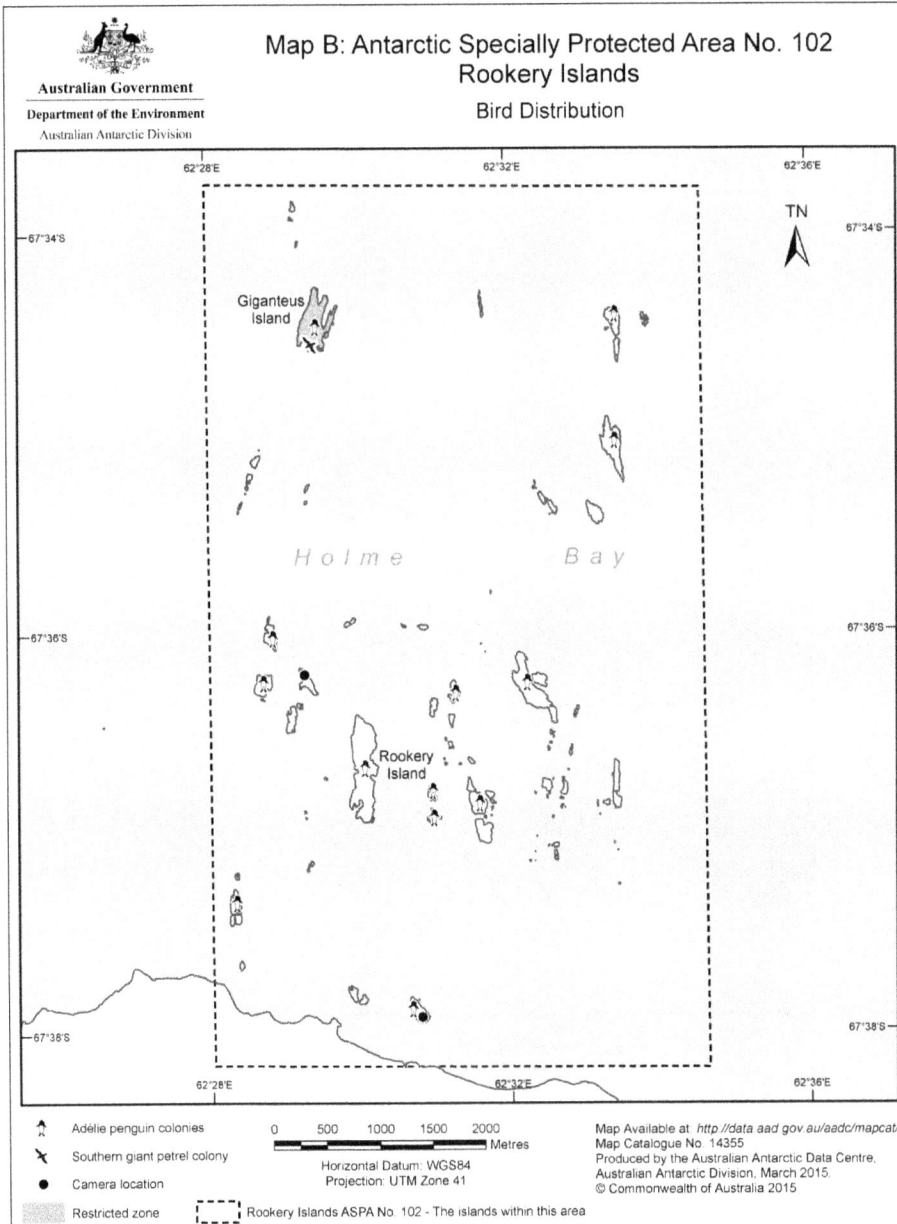

Map B: Antarctic Specially Protected Area No. 102
Rookery Islands

Bird Distribution

Australian Government
Department of the Environment
Australian Antarctic Division

Adélie penguin colonies	
Southern giant petrel colony	
Camera location	
Restricted zone	

Rookery Islands ASPA No. 102 - The islands within this area

0 500 1000 1500 2000 Metres
Horizontal Datum: WGS84
Projection: UTM Zone 41

Map Available at: http://data.aad.gov.au/aadc/mapcat/
Map Catalogue No. 14355
Produced by the Australian Antarctic Data Centre,
Australian Antarctic Division, March 2015.
© Commonwealth of Australia 2015

43

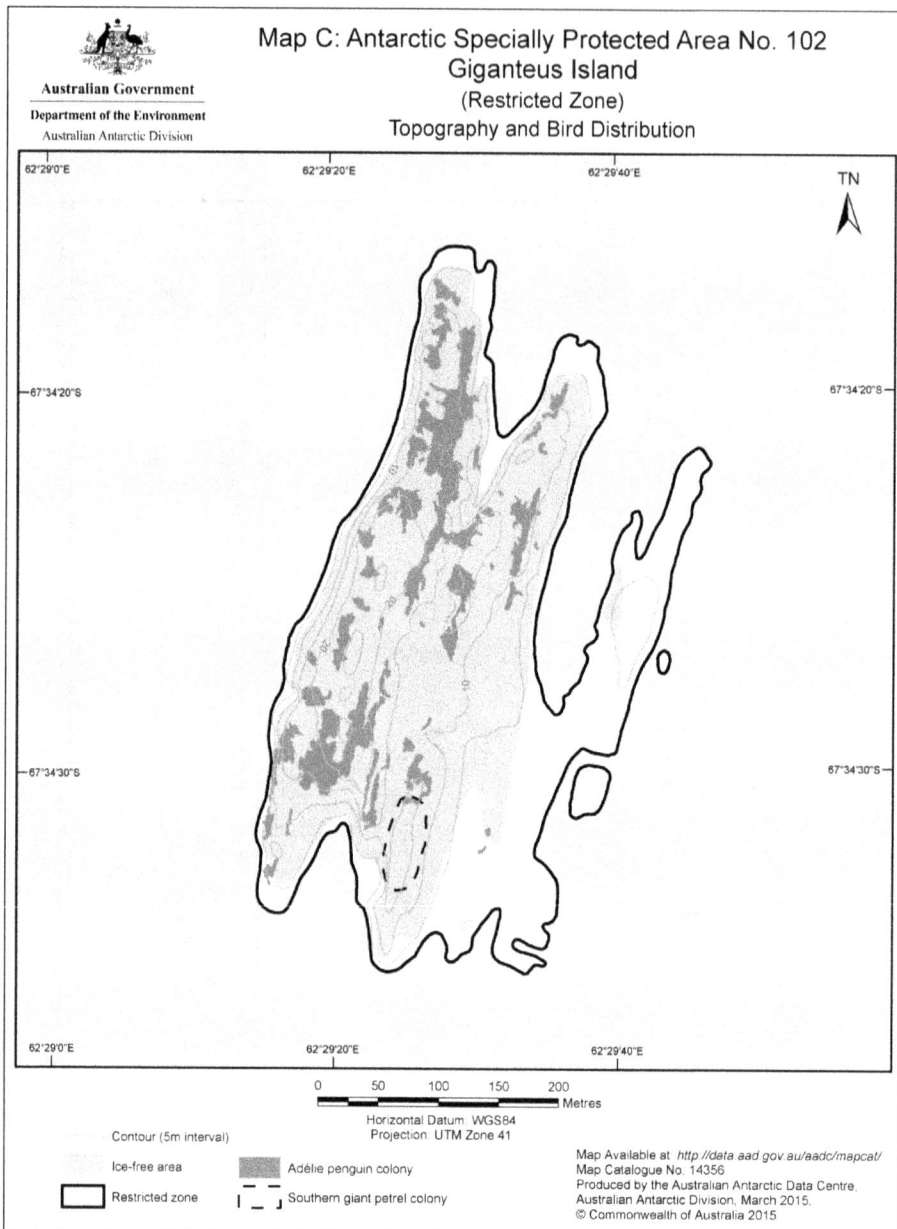

Map C: Antarctic Specially Protected Area No. 102
Giganteus Island
(Restricted Zone)
Topography and Bird Distribution

План управления Особо охраняемым районом Антарктики № 103

«ОСТРОВ АРДЕРИ И ОСТРОВ ОДБЕРТ» (БЕРЕГ БАДДА, ЗЕМЛЯ УИЛКСА, ВОСТОЧНАЯ АНТАРКТИКА)

Введение

Остров Ардери и остров Одберт (66°22'20" ю.ш., 110°29'10" в.д., карта А) были первоначально определены в качестве Особо охраняемого района (ООР) № 3 на основании Рекомендации IV-III (1966 г.) по предложению Австралии. План управления Районом был принят на основании Рекомендации XVII-2 (1992 г.). В соответствии с Решением 1 (2002 г.) эта территория была повторно определена и перенумерована как Особо охраняемый район Антарктики (ООРА) № 103. Пересмотренные планы управления Районом были приняты на основании Меры 2 (2005 г.) и Меры 3 (2010 г.). Район был определён главным образом с целью охраны необычного скопления гнездовых колоний нескольких видов буревестников. Антарктические буревестники (*Thalassoica antarctica)* и серебристо-серые буревестники (*Fulmarus glacialoides*) представляют особый интерес для науки.

1. Описание охраняемых ценностей

Район был определён в первую очередь с целью охраны сообщества четырёх видов буревестников на островах Ардери и Одберт (карты B и C): Это четыре различных вида буревестников: антарктические буревестники, серебристо-серые буревестники, капские буревестники (*Daption capense*) и малые снежные буревестники (*Pagodroma nivea*). Численность всех видов достаточно велика для проведения сравнительных исследований. Изучение этих четырёх видов в одном месте имеет большое экологическое значение для понимания их реагирования на изменения экосистемы Южного океана.

Антарктические буревестники – это единственный вид рода *Thalassoica*; они чаще всего встречаются в морях Росса и Уэдделла и намного реже встречаются в Восточной Антарктике. Точно так же серебристо-серые буревестники обитают на островах, главным образом возле Антарктического полуострова и на островах архипелага Скоша, где находится приблизительно четверть их глобальной популяции. Поскольку серебристо-серым буревестникам для гнездования требуются более крутые склоны (чтобы они могли покинуть колонию, когда смогут летать), чем антарктическим буревестникам, этот вид больше страдает от уменьшения кормовой базы при плохих погодных условиях.

Оба острова также заняты гнездовыми популяциями качурок Вильсона (*Oceanites oceanicus*) и антарктическимх поморников (*Catharacta maccormicki*). На острове Одберт также находятся гнездовые популяции пингвинов Адели (*Pygoscelis adeliae*).

2. Цели и задачи

Управление ООРА на островах Ардери и Одберт осуществляется в следующих целях:

- Недопущение деградации или возникновения значительной угрозы для ценностей этого Района за счёт предотвращения излишнего вмешательства человека.

- Создание условий для проведения научных исследований экосистемы и физической среды, особенно орнитофауны, при условии, что это необходимо для достижения неотложных целей, которые не могут быть достигнуты ни в одном другом месте.

- Сведение к минимуму возможности интродукции патогенных микроорганизмов, которые могут вызвать заболевания в популяциях птиц, обитающих на территории этого Района.

- Сведение к минимуму возможности интродукции в Район чужеродных растений, животных и микроорганизмов.
- Регулярный сбор данных о популяционном статусе различных видов птиц.
- Организация посещений для осуществления мер управления в поддержку целей Плана управления.

3. Меры управления

Для охраны ценностей Района необходимы следующие меры управления:

- Копии настоящего Плана управления должны быть в наличии на станции Кейси и должны выдаваться морским судам, посещающим окрестности Района.
- Посещать Район следует по мере необходимости, желательно, не реже одного раза в пять лет, чтобы установить, продолжает ли он служить тем целям, ради которых был определён, и чтобы убедиться в достаточности принимаемых мер управления.
- План управления следует повторно рассматривать не реже одного раза в пять лет.

4. Период определения

Определён на неограниченный период времени.

5. Карты

- **Карта А**. Местонахождение Особо охраняемого района Антарктики № 103 «Остров Ардери и остров Одберт» (Берег Бадда, Земля Уилкса, Восточная Антарктика). На врезке показано расположение Района по отношению к антарктическому континенту.
- **Карта В.** Особо охраняемый район Антарктики № 103, остров Ардери: топография и распределение видов птиц.
- **Карта С**. Особо охраняемый район Антарктики № 103, остров Одберт: топография и распределение видов птиц.
- **Карта D**. Особо охраняемый район Антарктики № 103, остров Ардери и остров Одберт: маршруты подлёта для вертолётов и места высадки на берег.

Спецификации всех карт: Горизонтальная линия приведения: WGS84. Начало отсчёта высоты: средний уровень моря.

6. Описание Района

6(i) Географические координаты, отметки на границах и природные особенности

Острова Ардери (66°22'15 ю.ш., 110°27'0" в.д.) и Одберт (66°22'24" ю.ш., 110°32'28" в.д.) относятся к числу самых южных островов в островной группе Уиндмилл, которая находится на юге бухты Винсенс в районе Берега Бадда (Земля Уилкса, Восточная Антарктика). В состав Района входят оба острова до отметки уровня малой воды.

Топография

Острова Ардери и Одберт расположены, соответственно, в 5 км и 0,6 км к западу от гряды Робинсон-Ридж, южнее станции Кейси.

Остров Одберт имеет около 2,7 км в длину и около 0,8 км в ширину. У него крутые скалистые берега, поднимающиеся от моря к плато. Самая высокая точка находится на высоте 90 м над уровнем моря. Плато изрезано несколькими долинами, протянувшимися к югу от высокого плоского гребня на севере. Зимой эти долины покрыты снегом. Вершины холмов в основном свободны от ледяного и снежного покрова. В отдельные годы морской лёд не исчезает, а продолжает соединять остров с грядой Робинсон-Ридж на материке.

Остров Ардери – это свободный от ледяного покрова остров с крутыми берегами, имеющий около 1,2 км в длину и около 0,8 км в ширину и ориентированный с востока на запад. Самая высокая точка находится на высоте 117 м над уровнем моря.

Оба острова имеют неровный рельеф и изрезаны расселинами. Скалы иссечены трещинами и имеют узкие обнажённые уступы, где летом располагаются гнездящиеся морские птицы. На склонах и плато обнажённые породы сглажены льдом, а дно долин покрыто моренами. На островах произошло восстановление изостатического равновесия. На высотах более 30 м над средним уровнем моря много морен и солифлюкционных обломков, однако на более низких высотах их значительно меньше.

Геология

Острова Уиндмилл являются одним из самых восточных выходов среднепротерозойской гранулитовой фации низкого давления, простирающейся в западном направлении до оазиса Бангера и далее до архейских комплексов Земли Принцессы Елизаветы и имеющей небольшие выходы на востоке в районе станции Дюмон д'Юрвиль и в бухте Коммонуэлт. Общая площадь выходов породы не превышает нескольких квадратных километров. Среднепротерозойский выход, образовавший острова Уиндмилл и архейские комплексы Земли Принцессы Елизаветы – это два из немногих крупных участков на территории Восточной Антарктики, которые имеют прямую корреляцию с австралийским эквивалентом в рамках реконструкции Гондваны. В составе среднепротерозойской фации есть ряд мигматических метапелитов и метапсаммитов, перемежающихся с мафическими, ультрамафическими и фельзическими последовательностями с редкими вкраплениями крупных известково-силикатных частично расплавленных тел (супракрустальные комплексы островов Уиндмилл), недеформированного гранита, чарнокита, габбро, пегматита и аплитов и изрезанных поздними долеритовыми дайками, ориентированными в восточном направлении.

Острова Ардери и Одберт являются частью южной градации зоны изменения степени метаморфизма, разделяющей северную и южную части региона островов Уиндмилл. Эта зона меняется от амфиболитовых фаций, силлиманит-биотитового ортоклаза полуострова Кларк на севере до биотит-кордиерит-алмандинового гранулита и роговообманко-ортопироксенового гранулита на полуострове Браунинг на юге.

Острова Ардери и Одберт, наряду с грядой Робинсон-Ридж, островом Холл, островом Питерсон и полуостровом Браунинг, имеют одинаковую геологию и состоят из ардериевого чарнокита. Эти чарнокиты имеют гранитный состав, но образовались в безводных условиях. Ардериевый чарнокит островов Ардери и Одберт интрудирует метаморфические породы островов Уиндмилл и состоит из минералогических ассоциаций кварцевой, плагиоклазовой, микролиновой, ортопироксеновой, биотитовой и клинопироксеновой роговой обманки с непрозрачными и незначительными вкраплениями циркона и апатита. По данным изотопного анализа возраст ардериевого чарнокита составляет около 1 200 млн. лет. Этот чарнокит подвержен глубокому выветриванию и легко крошится вследствие своего минералогического состава, в то время как метаморфические последовательности более северных частей этого региона состоят из гораздо более устойчивых минералогических ассоциаций и имеют кристаллическую структуру. Это различие сильно влияет на распределение растительности в регионе островов Уиндмилл, где породы северного типа являются более подходящим субстратом для медленно растущих лишайников.

Почвы на этих островах слабо развиты и практически полностью состоят из горной муки, морен и эродированных материалов. В некоторых почвах есть небольшое количество органического вещества, образовавшегося из экскрементов и перьев морских птиц.

Оледенение

Оледенение региона островов Уиндмилл произошло в эпоху позднего плейстоцена. В южной части региона островов Уиндмилл ледники отступили около 8 000 лет назад, а в северной части, включая полуостров Бейли – около 5 500 лет назад. Скорость изостатического подъёма составляла от 0,5 до

0,6 м за 100 лет, причём средняя верхняя граница уровня моря, обозначенная грядами, образовавшимися под напором льда, наблюдается в районе близлежащей гряды Робинсон-Ридж на высоте около 28,5 метров.

Климат

Климат в регионе островов Уиндмилл можно охарактеризовать как холодный антарктический. Условия на островах Ардери и Одберт, вероятно, аналогичны условиям в районе станции Кейси, которая находится приблизительно в 12 км к северу. Как показывают метеоданные, полученные в районе полуострова Бейли на станции Кейси (32 м над уровнем моря) с 1957 по 1983-й годы, средние температуры в самые тёплые и самые холодные месяцы составляют, соответственно, 0,3 и -14,9 °C, а экстремальные значения равны 9,2 и -41 °C. В течение указанного периода среднегодовая температура составляла –9,3 °C.

Климат сухой, среднегодовое количество твёрдых осадков (в дождевом эквиваленте) составляет 195 мм в год$^{-1}$, летом наблюдались жидкие осадки. Однако в течение последних 10 – 15 лет среднегодовая температура увеличилась до –9,1 °C, а среднегодовое количество твёрдых осадков возросло до 230 мм в год$^{-1}$(в дождевом эквиваленте).

В среднем здесь бывает 96 дней с ветром ураганной силы, который дует преимущественно с востока со стороны полярной ледниковой шапки. Здесь часто бывают снежные бури, особенно зимой. В зимнее время часто идёт снег, однако очень сильные ветры сметают его с открытых участков. На вершинах большинства холмов этого района снег скапливается с подветренной стороны обнажений пород и в углублениях субстрата. В нижней части склонов снег образует более глубокие сугробы.

Экологические домены и заповедные биогеографические регионы Антарктики

В соответствии с Анализом экологических доменов Антарктики (Резолюция 3 (2008 г.) остров Ардери и остров Одберт относятся к Природной среде L *«Ледниковый щит континентального побережья»*. По классификации Заповедных биогеографических регионов Антарктики (Резолюция 6 (2012 г.) Район находится на территории Биогеографического региона 7 *«Восточная Антарктика»*.

Биологические особенности

Наземные системы

В состав флоры острова Одберт входят три вида мхов, одиннадцать видов лишайников (таблица 1) и неизвестное количество наземной и пресноводной водоросли. Самая крупная колония лишайников находится ближе к самым большим высотам южной части острова на участке коренной породы, иссечённом ледниками. Водоросль встречается в ледниковых озёрах, местах инфильтрации и почве. Ниже уровня снежных сугробов вниз по склону от колоний пингвинов ближе к западной части острова встречаются колонии водоросли рода *Prasiola* и других зелёных водорослей и цианобактерий.

В состав флоры острова Ардери входят несколько видов лишайников, аналогичных тем, которые зарегистрированы на острове Одберт.

Из беспозвоночных были зарегистрированы только эктопаразиты птиц. Остров Ардери – подходящая среда обитания для антарктической блохи *Glaciopsyllus antarcticus*, которая ассоциируется с серебристо-серыми буревестниками.

МХИ
Bryum pseudotriquetrum (Hedw.) Gaertn., Meyer & Scherb.
Ceratodon purpureus (Hedw.) Brid.
Schistidium antarcticum (= Grimmia antarctici) (Card.) Л.И. Савич и Смирнова
ЛИШАЙНИКИ
Buellia frigida (Darb.)
Buellia soredians Filson
Род Buellia
Caloplaca athallina Darb.

Caloplaca citrina (Hoffm.) Th. Fr.
Candelariella flava (C.W.Dodge & Baker) Castello & Nimis
Rhizoplaca melanophthalma (Ram.) Leuck. et Poelt
Rinodina olivaceobrunnea Dodge & Baker
Umbilicaria decussata (Vill.) Zahlbr.
Xanthoria mawsonii Dodge.
Usnea antarctica Du Rietz

ВОДОРОСЛИ

Prasiola crispa (Lightfoot) Kützing
Род Prasiococcus

Таблица 1. Список мхов, лишайников и водорослей, зарегистрированных на острове Одберт

Озёра

Холодные мономиктические озёра и водоемы встречаются на всей территории островов Уиндмилл в углублениях коренной породы и обычно не имеют ледового покрова в январе и феврале. Озёра с высоким содержанием питательных веществ встречаются недалеко от берега в ближайших окрестностях существующих или заброшенных колоний пингвинов. Дальше от берега находятся стерильные озёра, которые подпитываются талой водой и местными осадками. На островах Ардери и Одберт есть несколько небольших ледниковых озёр, замерзающих зимой и заполненных талой водой летом. Многие из них являются эфемерными озёрами и высыхают к концу лета. Другие ледниковые озёра, расположенные ниже снежных наносов, постоянно подпитываются талой водой.

Птицы и тюлени

На острове Одберт находятся гнездовые популяции пингвинов Адели, капских буревестников, малых снежных буревестников, серебристо-серых буревестников, качурок Вильсона и южнополярных поморников. На острове Ардери состав видов аналогичен, а также обитают антарктические буревестники, однако нет никаких гнездовьев пингвинов Адели. Единственным видом, гнездящимся на островах Уиндмилл, но не гнездящимся ни на острове Ардери, ни на острове Одберт, является южный гигантский буревестник (*Macronectes giganteus*), который гнездится на островах Фразье (около 23 км к северо-западу).

Тюлени не обитают на островах Ардери и Одберт, хотя на окружающем их морском ледовом покрове часто наблюдались тюлени Уэдделла (*Leptonychotes weddellii*). Их главная щенная залёжка находится приблизительно в 3 км к юго-востоку между островом Херринг и антарктическим континентом. В этом районе движение ледника Петерсон нарушает морской ледовый покров, в результате чего образуются участки открытой воды и обеспечивается лёгкий доступ к пище. Ежегодно в этом районе появляются на свет около 100 детёнышей. Чуть южнее, на острове Петерсон и полуострове Браунинг, находятся залёжки морских слонов (*Mirounga leonina*). Ежегодно здесь наблюдаются до 100 особей этих тюленей, в основном взрослых самцов. Здесь также были замечены всего лишь несколько самок.

Пингвин Адели (*Pygoscelis adeliae*)

Пингвины Адели гнездятся на острове Одберт, и хотя они регулярно выходят на берег острова Ардери, они там не гнездятся. По самым последним опубликованным оценкам в 1989-90-м годах гнездовая популяция на острове Ардери насчитывала 11 000 пар. Наблюдения во время посещения Района в 2012-13-м годах показали, что популяция продолжает расти, однако новой оценки численности ещё нет.

Откладывание яиц начинается до середины ноября, первые птенцы появляются примерно в середине декабря, а в начале февраля молодые птицы начинают покидать колонию.

Серебристо-серый буревестник (*Fulmarus glacialoides*)

Общая расчётная численность популяции серебристо-серых буревестников на территории Района составляет около 5 000 гнездящихся пар. Около 3 000 серебристо-серых буревестников обитают в гнездовье на острове Ардери, причём крупнейшие колонии расположены на северных скалах и в районе восточной оконечности острова. На острове Одберт бóльшая часть из 2 000 гнёзд находится в пределах двух больших колоний на утёсе Хаун-Блафф и в центре северной части острова.

Серебристо-серые буревестники гнездятся колониями на скалах или вблизи скал и ущелий. Гнёзда находятся и на узких скальных уступах, и на больших, практически ровных террасах. Некоторые птицы гнездятся на открытых местах, другие – в глубоких расселинах или между отдельно стоящими скалами. Первые яйца появляются в начале декабря, остальные яйца откладываются в основном в течение последующих 10 дней. Птенцы начинают вылупливаться в третью неделю января и оперяются к середине марта.

Антарктический буревестник (Thalassoica antarctica)

Общая расчётная численность популяции антарктических буревестников на территории Района составляет чуть больше 300 гнездящихся пар. В самой большой колонии, расположенной на Северном плато на острове Ардери, находится не менее 150 гнёзд на основной территории и ещё около 25 гнёзд в небольших гнездовьях вокруг неё. На острове Одберт примерно 30 гнёзд расположены на небольшом участке недалеко от центральных скал северной части.

Большинство гнёзд антарктических буревестников расположены на ровных площадках или относительно пологих участках крутых скал Северного плато, а также в небольших колониях в районе ущелья Сусек. Гнёзда расположены очень близко друг от друга, и, по-видимому, эти птицы не устраивают изолированных гнёзд на небольших скальных уступах. Первые антарктические буревестники возвращаются из «эмиграции» в конце ноября, и в течение следующей недели возвращается большинство птиц, чтобы начать откладывание яиц. Первые птенцы появляются во второй неделе января. Оперение начинается в конце февраля и продолжается до начала марта, а до середины марта все птенцы покидают гнездовье.

Капский буревестник (Daption capense)

В Районе зарегистрировано приблизительно 750 гнездящихся пар капских буревестников, большинство из которых гнездятся на острове Ардери небольшими колониями на северных скалах. Разбросанные гнёзда замечены на обоих склонах горы Сноуи. На острове Одберт находится от 100 до 200 гнёзд, в основном вокруг колоний серебристо-серых буревестников.

Капские буревестники предпочитают гнездиться в местах, загороженных слегка нависающими скалами, надёжно защищённых сзади и, по возможности, с боков. Большинство гнёзд было обнаружено на более пологих участках скал или вдоль верхнего края скал и в виде колоний, и в виде небольших разбросанных скоплений. После возвращения из «эмиграции» птицы начинают откладывать яйца в конце ноября, а первые птенцы появляются во вторую неделю января. Большинство птенцов оперяются к началу первой недели марта.

Малый снежный буревестник (Pagodroma nivea)

Расчётная численность популяции малых снежных буревестников на территории Района составляет свыше 1 100 гнездящихся пар. Согласно оценкам, в 1990 г. на острове Ардери было 1 000 гнёзд малых снежных буревестников, в основном на склонах горы Сноуи. Малых снежных буревестников на острове Одберт меньше, чем на Ардери. Число их гнёзд составляет от 100 до 1 000. В 2003 г. было обнаружено 752 активных гнезда на острове Ардери и 824 на острове Одберт.

Малые снежные буревестники гнездятся в расселинах или углублениях между отдельно стоящими скалами небольшими группами низкой плотности. Часто встречаются одиночные гнёзда, в том числе в пределах колоний других видов. Среда обитания, удобная для малых снежных буревестников, пригодна и для качурок Вильсона. В разных скоплениях гнёзд откладывание яиц начинается в разное время, но всегда происходит в течение первых трёх недель декабря, а птенцы появляются начиная с середины января. Все птенцы оперяются в течение двух первых недель марта.

Качурка Вильсона (Oceanites oceanicus)

Качурки Вильсона встречаются в самых разных местах и гнездятся на всех подходящих скалистых участках на территории Района. Согласно расчётам, на острове Ардери находится приблизительно 1 000 гнездовьев. На острове Одберт насчитывается от 1 000 до 2 000 гнездовьев, причём плотность расселения птиц здесь ниже, чем на Ардери, вследствие того, что подходящие для гнездования скалы разбросаны на большей территории. Качурки Вильсона гнездятся в глубоких и узких щелях. Поскольку гнёзда обнаружить чрезвычайно трудно, данные о численности популяции могут оказаться значительно заниженными.

Южнополярные поморники Catharacta maccormicki

В 1984-85-м годах на острове Ардери вывели потомство десять пар южнополярных поморников и, возможно, ещё три пары держали свою территорию. В 1986-87-м годах их количество было аналогичным, хотя яйца отложили только семь пар. На острове Одберт обитало от 10 до 20 пар. Распределение гнёзд южнополярных поморников на острове Ардери отражает их зависимость от буревестников. Большинство пар устраивают наблюдательные посты недалеко от гнёзд буревестников, откуда они могут наблюдать за своей кормовой территорией, расположенной на птичьих скалах. На острове Одберт большинство гнёзд находились рядом с колониями пингвинов.

Гнёзда представляют собой мелкие углубления в гравии, расположенные либо на совсем открытом ровном участке, либо на участке, немного защищённом окружающими камнями. Территории гнездовий и расположение гнёзд остаются постоянными из года в год, и обычно вокруг гнезда находятся несколько углублений от старых гнёзд. Сроки откладывания яиц колеблются в широких пределах, хотя в основном откладывание происходит в конце ноября – начале декабря. Первые птенцы появляются в последние дни декабря, а к середине февраля молодые птицы начинают летать.

Негнездящиеся виды птиц

Императорские пингвины (*Aptenodytes forsteri*) не гнездятся непосредственно в районе станции Кейси, однако отдельные птицы наблюдались в окрестностях станции и даже ещё дальше от берега. В январе 1987 г. в колонии пингвинов Адели на мысе Уитни, который находится к северу от станции Кейси, был замечен антарктический пингвин (*Pygoscelis antarctica*). Южные гигантские буревестники (как взрослые, так и неполовозрелые особи) регулярно посещают остров Ардери. При благоприятном ветре они летают вдоль птичьих скал в поисках пищи. В марте 1987 г. в районе станции Кейси появился истощённый молодой голубой буревестник (*Halobaena caerulea*). В ноябре 1984 г. в районе станции Кейси была замечена взрослая доминиканская чайка (*Larus dominicanus*). В 1984-85 и 1986-87-м годах в районе станции Кейси появлялись группы крачек, возможно, полярных крачек (*Sterna paradisea*): в марте высоко в небе были замечены и слышны несколько групп численностью до 100 птиц.

6(ii) Доступ на территорию Района

В соответствии с Разделом 7(ii) настоящего Плана до Района можно добраться на транспортном средстве по морскому льду, на маломерном судне или воздушным путём.

6(iii) Сооружения на территории или в окрестностях Района

Четыре камеры с дистанционным управлением для съёмок в течение заданного интервала времени расположены на острове Ардери и одна на острове Одберт (места расположения: 66°22'6.3" ю.ш., 110°26'42.9" в.д.; 66°22'13.4" ю.ш., 110°27'46.2" в.д.; 66°22'6.2" ю.ш., 110°26'56.3" в.д.; 66°22'7.7" ю.ш., 110°26'57.7" в.д. (карта В) и 66°22'37.8" ю.ш., 110°33'55.3" в.д. (карта С). Камеры были установлены в 2010-11-м годах для проведения долговременного мониторинга процесса гнездования и фенологии серебристо-серых буревестников, капских буревестников и пингвинов Адели с минимальным вмешательством в их жизнь. Хотя камеры не установлены на постоянный период времени, предполагается, что они останутся на месте после окончания срока действия настоящего Плана.

6(iv) Наличие других охраняемых территорий в непосредственной близости от Района

Недалеко от острова Ардери и острова Одберт находятся следующие охраняемые районы (см. карту А):

- Приблизительно в 12 км к северу от острова Ардери и острова Одберт находится ООРА № 135 «Северо-восточная часть полуострова Бейли» (66°17' ю.ш., 110°32' в.д.).

- Приблизительно в 16 км к северу от острова Ардери и острова Одберт находится ООРА № 136 «Полуостров Кларк» (66°15' ю.ш., 110°36' в.д.).

- Приблизительно в 23 км к северо-востоку от острова Ардери и острова Одберт находится ООРА № 160 «Острова Фрейжер» (66°13' ю.ш., 110°11' в.д.).

6(v) Особые зоны на территории Района

На территории Района нет особых зон.

7. Условия выдачи разрешений для доступа

7(i) Общие условия выдачи разрешений

Доступ в Район возможен только на основании Разрешения, которое выдаётся соответствующим государственным органом. Разрешение на посещение Района выдаётся на следующих условиях:

- разрешение выдаётся только для выполнения неотложных научных задач, которые невозможно выполнить ни в одном другом месте, в частности для проведения научных исследований орнитофауны и экосистемы Района или для осуществления важных мер управления, соответствующих целям настоящего Плана, таких как инспекция, техническое обслуживание или пересмотр настоящего Плана;

- разрешённая деятельность не поставит под угрозу ценности Района;

- разрешённая деятельность соответствует положениям Плана управления;

- во время пребывания на территории Района необходимо иметь при себе само разрешение или его заверенную копию;

- отчёт о посещении должен быть представлен в орган, указанный в Разрешении;

- разрешение выдаётся на указанный срок;

- соответствующий компетентный орган должен быть проинформирован о любой предпринятой деятельности или принятых мерах, которые не были предусмотрены в официальном разрешении.

7(ii) Доступ в Район и передвижение по его территории

Наземные и морские транспортные средства, используемые для доставки на острова, следует оставлять у береговой линии. В пределах Района можно передвигаться только пешком.

Выделенные площадки для высадки на берег со стороны моря и для посадки вертолётов на островах Ардери и Одберт показаны на карте D. На острове Ардери предпочтительным местом для высадки на берег является «Причал Робертсона», где есть три камня, которые можно использовать в качестве якоря для привязки катера или другого оборудования. Место для высадки с катеров на острове Ардери, обозначенное на карте D, находится в пределах 200 м от птичьих колоний, однако это единственное безопасное место для высадки на берег на острове. Высаживаться на берег необходимо осторожно, чтобы не потревожить птиц. На территории Района нет выделенных пешеходных маршрутов, однако пешеходы не должны приближаться к птицам и должны всегда следить за тем, чтобы не потревожить их.

Если добраться до островов на маломерном судне или наземном транспортном средстве по морскому льду невозможно, то разрешается использование самолёта или вертолёта на следующих условиях:

- Воздушные суда не должны создавать фактор беспокойства для колонии ни при каких обстоятельствах.

- По возможности предпочтительно совершать посадку воздушного судна на морской лёд.

- Полётов над островами следует всегда избегать, за исключением случаев, когда это необходимо для выполнения научных задач или мер управления, указанных в разрешении. В таких случаях полёты одномоторных воздушных судов должны проходить на расстоянии не менее 930 м (3 050 футов) по вертикали и горизонтали, а полёты двухмоторных воздушных судов – на расстоянии не менее 1500 м (5 000 футов).

- Во время сезона размножения пингвинов и буревестников, определённом для этого района с 1 ноября по 1 апреля, полёты вертолётов на острова следует свести к минимуму.

- Использование двухмоторных вертолётов для посадки на острове Ардери и на острове Одберт запрещено.

- Одномоторным вертолётам следует приближаться к острову Ардери на большой высоте и с южной стороны, поскольку южные скалы отличаются наименьшей плотностью расселения птиц (см. карты B и D).

- Одномоторным вертолётам желательно приближаться к острову Одберт с южной стороны в обход скал, где расположены гнёзда буревестников (см. карты C и D).

- Места для посадки одномоторных вертолётов, обозначенные на карте D, являются приблизительными, и пилоты должны следить за тем, чтобы не создавать фактор беспокойства для гнездовых колоний.

- Вертолёт могут покидать только те сотрудники, которые должны проводить работы на территории Района.

- Дозаправка воздушных судов на территории Района запрещена.

7(iii) Осуществляемая или разрешённая деятельность на территории Района

На территории Района допускаются нижеперечисленные виды деятельности, если они указаны в разрешении:

- неотложные научные исследования, соответствующие Плану управления этим Районом, которые не поставят под угрозу ценности Района, являющиеся основанием для его определения в качестве ООРА, а также экосистемы Района;

- важные меры управления, включая мониторинг;

- сбор образцов, минимально необходимых для одобренных научно-исследовательских программ.

7(iv) Установка, модификация или снос сооружений

- Возведение или установка постоянных сооружений на территории Района запрещены.

- Возведение или установка любых сооружений на территории Района должны быть оговорены в разрешении.

- Научные указатели и научное оборудование должны быть надёжно закреплены и поддерживаться в хорошем состоянии с чётким указанием страны, выдавшей разрешение, Ф.И.О. главного исследователя и года установки. Все они должны быть выполнены из материалов, представляющих минимальную опасность как источники загрязнения Района.

- Одним из условий выдачи разрешения является то, что оборудование, связанное с проведением научных исследований, подлежит вывозу из Района до истечения срока действия разрешения на эти исследования. Подробные сведения об указателях и оборудовании, которые остались на территории Района (указатели с данными GPS, описания, метки и т.д., а также предполагаемые сроки их удаления) направляются в орган, выдавший разрешение.

- При наличии разрешения на установку на острове Ардери полевой хижины её следует установить до 1 ноября, когда начинается сезон размножения, и вывезти после 1 апреля, когда улетят оперившиеся птенцы. Для установки и вывоза следует использовать снегоход, если это позволяет состояние ледового покрова.

7(v) Расположение полевых лагерей

- Разбивка лагерей на острове Одберт допускается только в чрезвычайной ситуации.

- Если это необходимо для проведения полевых работ, на острове Ардери в точке, обозначенной на карте D, можно установить хижину. Здесь есть 8 камней, которые можно использовать в качестве якоря. На материке в районе гряды Робинсон-Ридж есть убежище «Хижина Робинсон-Ридж» (66°22.4' ю.ш., 110°35.2' в.д.), которое находится на расстоянии около 800 м к западу от острова Одберт (см. карту А).

7(vi) Ограничения на ввоз материалов и организмов в Район

- На территорию Района нельзя заносить продукты из домашней птицы, включая сухие концентраты, содержащие яичный порошок.

- Продукты питания или другие материалы нельзя оставлять на территории Района по окончании сезона, для которого они были предназначены.

- Преднамеренный ввоз на территорию Района животных, растительных материалов, микроорганизмов и нестерильной почвы запрещается. Должны приниматься самые строгие меры предосторожности по предотвращению непреднамеренного ввоза на территорию Района животных, растительных материалов, микроорганизмов и нестерильной почвы из других биологически отличающихся регионов (подпадающих и не подпадающих под действие Договора об Антарктике).

- Насколько это возможно, одежда, обувь и другое оборудование, используемые на территории Района или ввозимые в Район (включая рюкзаки, сумки и другое оборудование), должны быть тщательно очищены перед входом на территорию Района и после выхода из него.

- Обувь, пробоотборное или научное оборудование и указатели, которые соприкасаются с грунтом, должны быть продезинфицированы или очищены горячей водой с хлорной известью перед входом на территорию Района и после его посещения с целью предотвращения случайного попадания животных, растительных материалов, микроорганизмов и нестерильной почвы в Район. Очистку необходимо производить или в убежище, или на станции.

- Посетители должны также изучить и соответствующим образом соблюдать рекомендации, содержащиеся в Руководстве по неместным видам Комитета по охране окружающей среды (КООС, 2011 г.) и Экологическом кодексе поведения при проведении наземных полевых исследований в Антарктике (СКАР, 2009 г.).

- Ввоз в Район гербицидов или пестицидов запрещён. Все остальные химические вещества, включая радионуклиды и стабильные изотопы, которые могут ввозиться для научных исследований или в целях управления, оговорённых в разрешении, подлежат вывозу из Района сразу после или до завершения деятельности, на которую выдано разрешение.

- Хранение топлива на территории Района допускается только в том случае, если это необходимо для достижения важных целей, связанных с осуществлением деятельности, на которую было выдано разрешение. Организация постоянных складов топлива не допускается.

- Все материалы ввозятся только на указанный срок, подлежат вывозу из Района сразу по истечении или до истечения указанного срока, а порядок их хранения и эксплуатации должен гарантировать минимизацию риска их попадания в окружающую среду.

7(vii) Изъятие или вредное вмешательство в жизнь местной флоры и фауны

- Изъятие или вредное вмешательство в жизнь местной флоры и фауны допускаются только на основании Разрешения.

- В случае изъятия или вредного воздействия на животных в качестве минимального стандарта следует руководствоваться *Кодексом поведения при использовании животных в научных целях в Антарктике, разработанным СКАР*.

- Орнитологические исследования ограничиваются деятельностью, которая не является инвазионной и разрушительной по отношению к птицам, гнездящимся на территории Района. Исследования должны иметь первостепенное значение. Если требуется отлов особей, он должен производиться из гнёзд на периферии Района, чтобы по возможности меньше тревожить птиц.

7(viii) Сбор и вывоз материалов, которые не были ввезены в Район держателем разрешения

- Сбор или вывоз из Района материалов должны осуществляться только в соответствии с условиями разрешения, и данные действия должны быть сведены к минимуму, необходимому для удовлетворения научных потребностей и требований по управлению.

- Материалы антропогенного происхождения, которые могут нанести ущерб ценностям Района и которые не были ввезены в Район держателем разрешения или санкционированы иным образом, могут быть вывезены, за исключением случаев, когда существует вероятность того, что последствия вывоза превзойдут последствия пребывания материала на месте. В этом случае необходимо направить уведомление соответствующему компетентному органу и получить разрешение на вывоз.

7(ix) Удаление отходов

- Все отходы, включая отходы жизнедеятельности человека, подлежат вывозу из Района. Отходы, образовавшиеся в результате деятельности полевых экспедиций, подлежат хранению вплоть до того момента, когда они могут быть удалены или вывезены, причём порядок их хранения не должен допускать возможности их использования дикими животными (например, поморниками). Отходы подлежат вывозу не позднее отъезда самой полевой экспедиции. Отходы жизнедеятельности человека и бытовые сточные воды могут сбрасываться в море за пределами Района.

7(x) Меры, необходимые для обеспечения возможности дальнейшего выполнения целей и задач Плана управления

Разрешения на доступ в Район могут выдаваться для:

- проведения биологического мониторинга и мероприятий по инспектированию Района, которые могут заключаться в сборе проб для анализа или оценки;

- возведения или поддержания в порядке научного оборудования, конструкций и указательных знаков;

- проведения других охранных мероприятий.

Все участки, специально предназначенные для проведения долгосрочного мониторинга, должны иметь соответствующие указатели. Для них необходимо получить GPS информацию, которую компетентный национальный орган направляет в систему каталогов антарктических данных.

В целях сохранения экологических и научных ценностей Района посетители должны принимать специальные меры предосторожности во избежание интродукции чужеродных организмов. Особую опасность представляет интродукция патогенных организмов, микроорганизмов или растительности, перенесённых из почв, флоры или фауны других районов Антарктики, включая научные станции, или регионов за пределами Антарктики. С целью минимизации риска интродукции перед входом в Район посетители должны тщательно очистить обувь и всё оборудование, которое будет использоваться на его территории, особенно пробоотборное оборудование и указатели.

7(xi) Требования к отчётности

По каждому посещению Района основной держатель разрешения должен представить отчёт в соответствующую национальную инстанцию в максимально короткий срок, но не позднее, чем через шесть месяцев после завершения посещения. Эти отчёты о посещении должны содержать, в зависимости от конкретного случая, информацию, указанную в форме отчёта о посещении, приведённую в *Руководстве по подготовке Планов управления Особо охраняемыми районами*

Антарктики. В необходимых случаях национальный компетентный орган должен также направить копию отчёта о посещении Стороне, предложившей План управления, в целях оказания помощи в управлении Районом и пересмотре Плана управления. Стороны должны по возможности размещать оригиналы или копии таких отчётов о посещении в общедоступном архиве для учёта пользования материалами в целях какого-либо пересмотра Плана управления и в качестве организационной меры по использованию Района в научных целях.

Один экземпляр такого отчёта направляется Стороне, отвечающей за разработку настоящего Плана управления (Австралия), для оказания содействия в управлении Районом и мониторинга популяций птиц. В отчёты о посещении включаются также подробные данные учёта численности, сведения о местонахождении новых, ранее не зарегистрированных колоний или гнёзд, краткое описание результатов проведённых научных исследований и копии фотографий, сделанных на территории Района.

8. Вспомогательная документация

Australian Antarctic Division. 2013. *Environmental Code of Conduct for participants in the Australian Antarctic program*, Australian Antarctic Division.

Baker, S.C. & Barbraud, C. 2000. Foods of the south polar skua Catharacta maccormicki at Ardery Island, Windmill Islands, Antarctica. *Polar Biology* 24: 59-61.

Blight, D.F. & Oliver, R.L. 1977. The metamorphic geology of the Windmill Islands, Antarctica, a preliminary account. *Journal of the Geological Society of Australia* 22: 145-158.

Blight, D.F. & Oliver, R.L. 1982. Aspects of the history of the geological history of the Windmill Islands, Antarctica. In: *Antarctic Geoscience* (ed. C.C. Craddock), University of Wisconsin Press, Madison, pp. 445-454,: .

Cowan, A.N. 1979. Ornithological studies at Casey, Antarctica, 1977-1978. *Australian Bird Watcher*, 8:69.

Cowan, A.N. 1981. Size variation in the snow petrel. *Notornis* 28: 169-188.

Creuwels, J.C.S & van Frenker, J.A. 2001. Do two closely related petrel species have a different breeding strategy in Antarctica. *Proceedings of the VIIIth SCA International Biology Symposium*, 27 August-1 September 2001, Vrije Univesiteit, Amsterdam.

Creuwels, J.C.S., Poncet S., Hodum, P.J, & van Frenker, J.A. 2007. Distribution and abundance of the southern fulmars *Fulmarus glacialoides*, *Polar Biology* 30: 1083-1097.

Creuwels, J.C.S., van Frenenker, J.a., Doust, S.J., Beinssen A., Harding, B. & Hentschel, O. 2008. Breeding strategies of Antarctic petrels *Thalassoica antarctica* and southern fulmars *Fulmarus glacialoides* in the high Antarctic and implications for reproductive success, *Ibis* 150: 160-171

Croxall, J.P., Steele, W.K., McInnes, S.J. & Prince, P.A. 1995. Breeding distribution of the snow petrel *Pagodroma nivea*. *Marine Ornithology* 23: 69-99.

Filson, R.B. 1974. Studies on Antarctic lichens II: Lichens from the Windmill Islands, Wilkes Land. *Muelleria*, 3:9-36.

Goodwin, I.D. 1993. Holocene deglaciation, sea-level change, and the emergence of the Windmill Islands, Budd Coast, Antarctica. *Quaternary Research* 40: 70-80.

Horne, R. 1983. The distribution of penguin breeding colonies on the Australian Antarctic Territory, Heard Island, the McDonald Islands and Macquarie Island. *ANARE Research Notes* No. 9.

Jouventin, P., & Weimerskirch, H. 1991. Changes in the population size and demography of southern seabirds: management implications. In: *Bird population studies*: *Relevance to conservation and management*. (eds. C.M. Perrins, J.-D. Lebreton, and G.J.M Hirons) Oxford University Press: pp. 297-314.

Keage, P. 1982. Location of Adélie penguin colonies, Windmill Islands. *Notornis*, 29: 340-341.

Lee J.E, Chown S.L. 2009: Breaching the dispersal barrier to invasion: quantification and management. *Ecological Applications* 19: 1944-1959.

Luders, D.J. 1977. Behaviour of Antarctic petrels and Antarctic fulmars before laying. *Emu* 77: 208-214.

McLeod, I.R. & Gregory, C.M. 1967. Geological investigations for along the Antarctic coast between longitudes 108°E and 166°E. Report of the Bureau for Mineral Resources, Geology and. Geophysics. Australia No. 78, pp. 30-31.

Melick, D.R., Hovenden. M.J., & Seppelt, R.D. 1994. Phytogeography of bryophyte and lichen vegetation in the Windmill Islands, Wilkes Land, Continental Antarctica. *Vegetatio* 111: 71-87.

Murray, M.D., Orton, M.N. & Penny, R.L. 1972. Recoveries of silver-grey petrels banded on Ardery Island, Windmill Islands, Antarctica. *Australian Bird Bander* 10, 49-51

Murray M.D. & Luders D.J. 1990. Faunistic studies at the Windmill Islands, Wilkes Land, East Antarctica, 1959-80. *ANARE Research Notes* 73: 1-45.

Orton, M. R. 1963. A brief survey of the fauna of the Windmill Islands, Wilkes Land, Antarctica. *Emu* 63, 14-22.

Paul, E., Stüwe, K., Teasdale, J. & Worley, B. 1995. Structural and metamorphic geology of the Windmill Islands, east Antarctica: field evidence for repeated tectonothermal activity. *Australian Journal of Earth Sciences* 42: 453-469.

Phillpot, H.R. 1967. Selected surface climate data for Antarctic stations. Commonwealth of Australia: Bureau of Meteorology.

Robertson, R. 1961. Geology of the Windmill Islands, Antarctica. *IGY Bulletin* 43: 5-8.

Robertson , R. 1961. Preliminary report on the bedrock geology of the Windmill Islands. In: Reports on the Geological Observations 1956-60. IEY Glaciology Report No. 4, (IEY World Data Centre 4: Glaciology). American Geographical Society, New York.

Schwerdtfeger, W. 1970. The climate of the Antarctic. In: *Climate of polar regions* (ed. S. Orvig), Elsevier pp. 253-355, Amsterdam.

Schwerdtfeger, W. 1984. Weather and climate of the Antarctic, Amsterdam: Elsevier.

Smit, F.G.A.M. & Dunnet, G.M. 1962. A new genus and species of flea from Antarctica, (Siphonaptera: Ceratophyllidae). Pacific Insect4: 895-903.

van Franeker, J.A, Creuwels, J.C.S., van der Veer, W., Cleland, S. & Robertson, G. 2001. Unexpected effects of climate change on the predation of Antarctic petrels. *Antarctic Science* 13: 430-439.

van Franeker, J.A., Bell, P.J., & Montague, T.L. 1990. Birds of Ardery and Odbert islands, Windmill Islands, Antarctica. Emu 90: 74-80.

van Franeker, J.A., Gavrilo, M., Mehlum, F., Veit, R.R. & Woehler, E.J. 1999. Distribution and abundance of the Antarctic petrel. *Waterbirds* 22: 14-28.

Whinam J, Chilcott N, & Bergstrom D.M. 2005: Subantarctic hitchhikers: expeditioners as vectors for the introduction of alien organisms. *Biological Conservation* **121**: 207-219.

Williams, I.S., Compston W., Collerson K.D., Arriens, P.A. & Lovering J.F. 1983. A Reassessment of the age of the Windmill metamorphics, Casey area. In: Antarctic Earth Science (ed. R.L. Oliver, P.R. James & J.B. Jago), Australian Academy of Sciences, Canberra, pp. 73-76.

Woehler E.J. & Croxall J.P. 1997. The status and trends of Antarctic and subantarctic seabirds. *Marine Ornithology* 25: 43-66.

Woehler, E.J. & Johnstone, G.W. 1991. Status and conservation of the seabirds of the Australian Antarctic Territory. In Seabird status and conservation: A Supplement. (ed. J.P. Croxall) ICBP Technical Publication No. 11: 279-308.

Woehler, E.J., Slip, D.J., Robertson, L.M., Fullagar, P.J. & Burton, H.R. 1991. The distribution, abundance and status of Adélie penguins *Pygoscelis adeliae* at the Windmill Islands, Wilkes Land, Antarctica. *Marine Ornithology* 19: 1-17.

Woehler, E.J., Cooper, J., Croxall, J.P., Fraser, W.R., Kooyman, G.L., Miller, G.D., Nel, D.C., Patterson, D.L., Peter, H-U, Ribic, C.A., Salwicka, K., Trivelpiece, W.Z. & Weimerskirch, H. 2001. *A Statistical Assessment of the Status and Trends of Antarctic and Subantarctic Seabirds.* SCAR/CCAMLR/NSF.

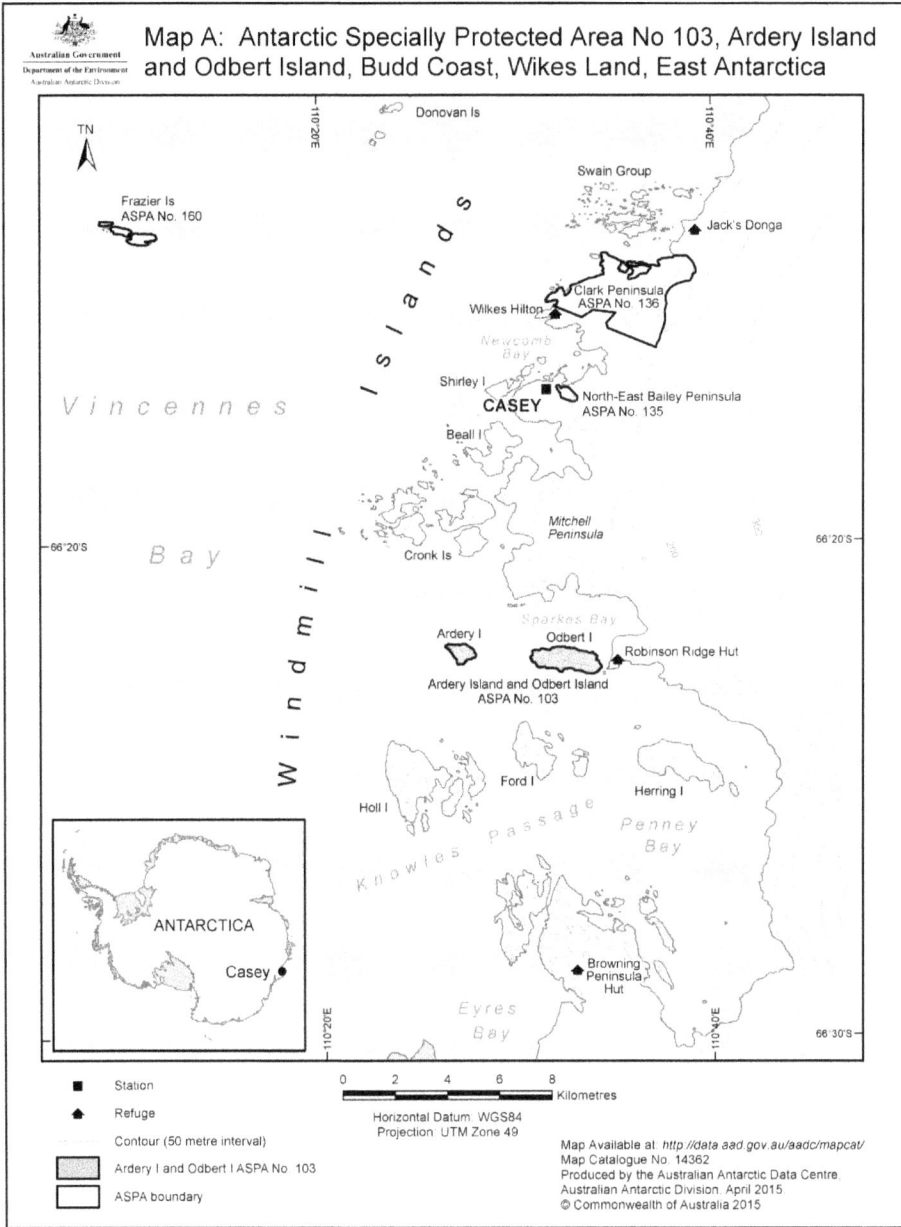

Map A: Antarctic Specially Protected Area No 103, Ardery Island and Odbert Island, Budd Coast, Wikes Land, East Antarctica

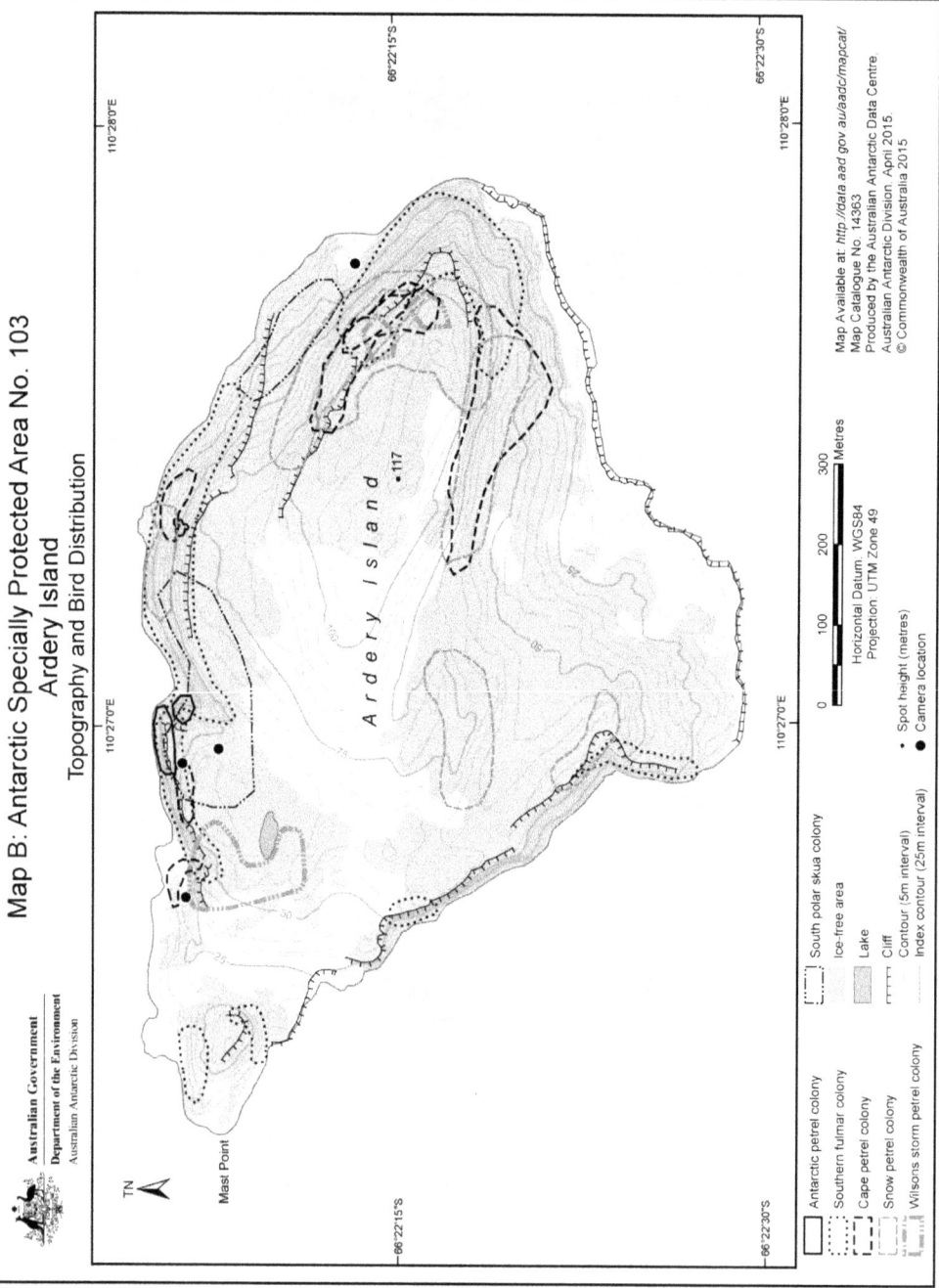

Map B: Antarctic Specially Protected Area No. 103
Ardery Island
Topography and Bird Distribution

Australian Government
Department of the Environment
Australian Antarctic Division

TN

Mast Point

Ardery Island

•117

66°22'15"S

110°27'0"E

110°28'0"E

66°22'15"S

66°22'30"S

66°22'30"S

110°27'0"E

110°28'0"E

Antarctic petrel colony	South polar skua colony
Southern fulmar colony	Ice-free area
Cape petrel colony	Lake
Snow petrel colony	Cliff
Wilsons storm petrel colony	Contour (5m interval)
	Index contour (25m interval)

• Spot height (metres)
● Camera location

0   100   200   300   Metres

Horizontal Datum: WGS84
Projection: UTM Zone 49

Map Available at: *http://data.aad.gov.au/aadc/mapcat/*
Map Catalogue No. 14363
Produced by the Australian Antarctic Data Centre
Australian Antarctic Division April 2015
© Commonwealth of Australia 2015

Map C: Antarctic Specially Protected Area No. 103
Odbert Island
Topography and Bird Distribution

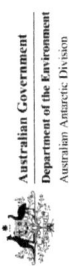

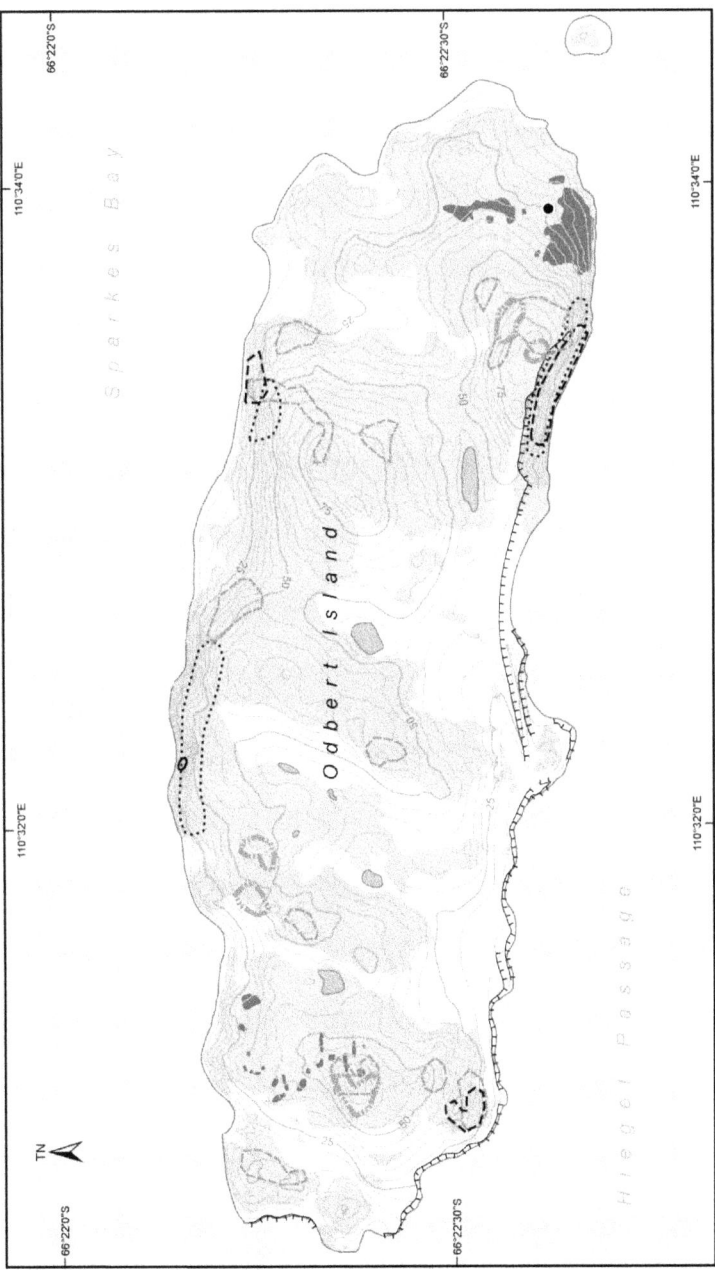

Australian Government
Department of the Environment
Australian Antarctic Division

TN

66°22'0"S

110°32'0"E

110°34'0"E

66°22'0"S

66°22'30"S

66°22'30"S

110°32'0"E

110°34'0"E

Sparkes Bay

Odbert Island

Hiegel Passage

Antarctic petrel colony

Southern fulmar colony

Cape petrel colony

Snow petrel colony

Wilsons storm petrel colony

Adélie penguin colony

Ice-free area

Lake

Cliff

Contour (5m interval)

Index contour (25m interval)

● Camera location

0   200   400   600
Metres

Horizontal Datum WGS84
Projection UTM Zone 49

Map Available at http://data.aad.gov.au/aadc/mapcat/
Map Catalogue No. 14364
Produced by the Australian Antarctic Data Centre.
Australian Antarctic Division April 2015
© Commonwealth of Australia 2015

61

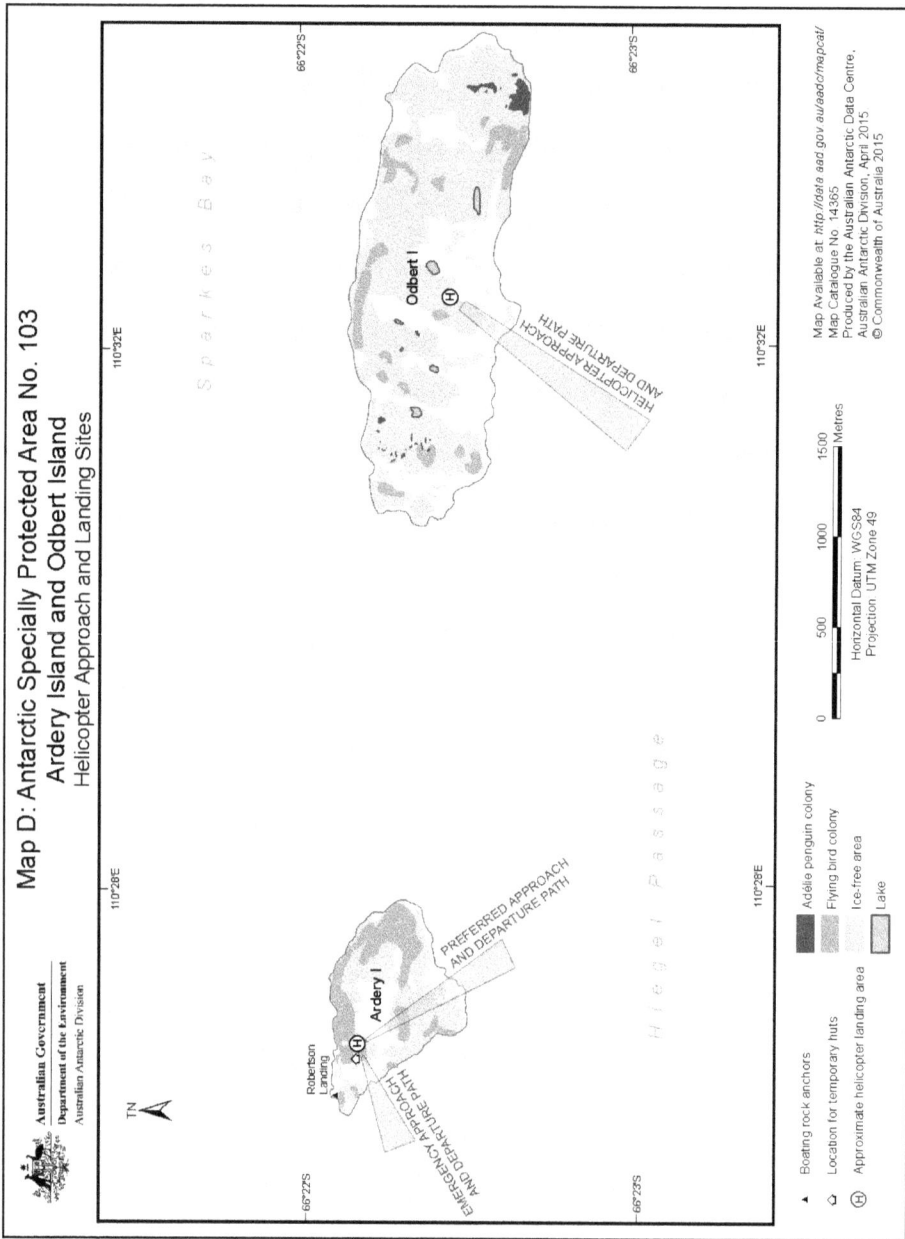

Map D: Antarctic Specially Protected Area No. 103
Ardery Island and Odbert Island
Helicopter Approach and Landing Sites

План управления
Особо охраняемым районом Антарктики № 104
«ОСТРОВ САБРИНА», ОСТРОВА БАЛЛЕНИ, АНТАРКТИКА

1. Описание охраняемых ценностей

Остров Сабрина в составе архипелага Баллени был первоначально определен как особо охраняемый район (ООР) № 4 на основании Рекомендации IV-4 (1966 г.) с учетом того, что «фауна и флора островов Баллени как самой северной земли Антарктики в регионе моря Росса отражают множество циркумполярных сред обитания на этой широте, а остров Сабрина, в частности, является репрезентативным образцом такой фауны и флоры». В рамках Решения 1 (2002 г.) статус участка был изменен, и он был определен в качестве Особо охраняемого Района (ООРА) № 104. В рамках Меры 3 (2009 г.) был подготовлен и принят План управления, который включал остров Сабрина, островок Чинстрап и Монолит.

Основной причиной определения острова Сабрина в качестве Особо охраняемого района Антарктики является защита выдающихся экологических и научных ценностей, в частности уникального для региона моря Росса биологического разнообразия.

Острова Баллени, которые были открыты в феврале 1839 г. британским охотником на тюленей Джоном Баллени, расположены примерно в 325 км к северу от Берега Пеннелла и Берега Отса. Они состоят из трех больших островов — Янг, Бакл и Стердж — и нескольких более мелких островов, которые образуют архипелаг на северо-западе примерно на 160 км между 66° 15' ю.ш. и 67° 10' ю.ш. и 162° 15' в.д. и 164° 45' в.д. (карта 1). Острова Баллени являются единственными действительно океаническими (а не континентальными) антарктическими островами со стороны моря Росса, за исключением острова Скотта, который находится приблизительно 505 км на северо-восток от мыса Адэр. Архипелаг находится в зоне основного антарктического циркумполярного течения. Поэтому он имеет большое значение как место отдыха и выведения потомства морских птиц и тюленей, а также как циркумполярная среда обитания самых разных видов (см. таблицы 1 и 2, Приложение 1).

Остров Сабрина, островок Чинстрап и Монолит находятся приблизительно в 3 километрах на юго-юго-восток от острова Бакл. Эти острова — единственное известное место гнездования антарктических пингвинов (*Pygoscelis antarctica*) между островами Буветоя и Петра I (они отстоят друг от друга по долготе на 264°), при этом большинство гнездящихся пар находится на острове Сабрина. Кроме того, эта популяция сосуществует с гораздо более крупной колонией пингвинов Адели (*P. adeliae*), при том что эти два вида, как правило, имеют абсолютно отдельные места гнездования, за исключением нескольких мест вблизи оконечности Антарктического полуострова, где некоторые колонии пересекаются на Южных Шетландских островах и далее к северу на Южных Оркнейских островах.

Колония пингвинов Адели на острове Сабрина имеет особое значение потому, что она крупнейшая на всем архипелаге (и здесь находится большинство гнездящихся пар антарктических пингвинов), а также и потому, что она очень быстро растет. В силу своей изолированности и сложных погодных и ледовых условий острова Баллени практически не подвергались нарушению со стороны человека, за исключением рыбных промыслов в Южном океане.

2. Цели и задачи

Управление на острове Сабрина осуществляется в следующих целях:

- недопущение деградации или возникновения значительной угрозы для ценностей Района за счет предотвращения излишнего нарушения Района человеком;
- предотвращение или минимизация интродукции в Район чужеродных растений, животных и микроорганизмов;
- сохранение природной экосистемы как эталонного района, практически не испытавшего прямого антропогенного воздействия;
- недопущение нарушения колонии антарктических пингвинов, которая является аномалией с точки зрения распространения данного вида, за счет предотвращения излишнего отбора образцов;
- создание условий для проведения научных исследований в Районе при условии, что по убедительным причинам они не могут быть проведены ни в каком другом месте и что они не представляют угрозы для естественной экологической системы Района;
- организация посещений для осуществления мер управления в поддержку целей Плана управления.

3. Деятельность по управлению

Для охраны ценностей Района необходимо осуществление указанной ниже деятельности по управлению.

- Копии настоящего Плана управления должны также выдаваться судам, работающими в окрестностях Района.
- В рамках национальных программ должны предприниматься определенные шаги, направленные на обеспечение границ Района и ограничений, которые применяются в пределах, отмеченных на соответствующих географических морских навигационных картах, за которые они отвечают;
- Посещать Район следует по мере необходимости, чтобы установить, продолжает ли он служить тем целям, ради которых был определен, и чтобы убедиться в достаточности мер для управления Районом.

4. Срок определения в качестве ООРА

Определен на неограниченный срок.

5. Карты и фотоснимки

Карта 1. ООРА 104: «Остров Сабрина», острова Баллени, Антарктика. Карта региона. Нуль высот: WGS84; проекция: южнополярная стереографическая; источники данных — главная карта и врезка: Антарктическая база цифровых данных СКАР, версия 6, 2012 г.

Карта 2. ООРА 104: «Остров Сабрина», острова Баллени, Антарктика. Границы, доступ и характерные признаки. Нуль высот: WGS84; проекция: UTM зона 58 юг; источник данных: изображения со спутника Digital Globe, WorldView – 1, полученные 14 января 2011 г., разрешение 50 см. Характерные признаки зафиксированы Земельным кадастром Новой Зеландии (Land Information New Zealand). Перспективные фотоснимки на врезке получены в декабре 2014 г. Королевскими Военно-воздушными силами Новой Зеландии (RNZAF).

6. Описание Района

6(i) Географические координаты, специальные знаки и характерные естественные признаки, определяющие границы района

Местонахождение и общее описание

Острова Баллени находятся примерно в 325 км к северу от Берега Пеннелла и Берега Отса (карта 1). Этот архипелаг является надводной частью гряды подводных вулканических гор. В состав архипелага входят три больших острова и ряд мелких островов и надводных скал. Остров Сабрина расположен на широте 66°55 ю.ш. и долготе 163°19 в.д. в трех километрах от южной оконечности острова Бакл (центрального среди крупных островов). Его ширина составляет менее 2 км, а высота достигает, согласно оценкам, 180 м над уровнем моря. На южной оконечности острова Сабрина находится вулканическая игла под названием Монолит высотой около 80 м, которая соединяется с островом валунной косой. К северо-востоку от острова Сабрина находится небольшой островок, известный под названием Чинстрап.

Границы

ООРА включает всю территорию острова Сабрина, Монолит и островок Чинстрап выше уровня моря во время отлива (карта 2). Морская территория в ООРА не входит.

Природные особенности

Около четверти территории острова Сабрина покрыто вечным снегом и льдом, а подножие ледника спускается в море на северной оконечности. Через весь остров проходит крутая гряда, восточный и южный склоны которой покрыты вулканическим шлаком. Берег в основном представляет собой отвесные скалы, за исключением булыжного пляжа на юго-западе.

На покрытых шлаком склонах к востоку от центральной гряды острова Сабрина находятся гнезда пингвинов Адели и антарктических пингвинов. Птицы добираются до своих гнездовий через пляж на юго-западе острова. На острове Сабрина живет самая крупная из колоний пингвинов, обитающих на островах Баллени. В 2000 г. здесь было зарегистрировано примерно 3 770 гнездящихся пар пингвинов Адели, а в 2006 г— 202 взрослых особи и 109 птенцов антарктических пингвинов. На островке Чинстрап в 2000 г. было 2298 гнездящихся пар пингвинов, при том что в 1965 г. и 1984 г. на островке было зарегистрировано примерно 10 пар антарктических пингвинов.

В 2006 г. на острове Сабрина были замечены гнездящиеся капские буревестники (*Daption capense*). В 1965 г. их также видели на южной стороне Монолита, хотя более поздние экспедиции не подтвердили эти наблюдения. На острове Сабрина иногда встречались отдельные особи золотоволосых пингвинов (*Eudyptes chrysolophus*) (1964 г. и, возможно, в 1973 г.).

На острове Сабрина зарегистрированы различные виды водорослей (в том числе классы Myxophycophyta, Xanthophyceae (*виды Tribonema*) и Chlorophycophyta (*виды Prasiola*)). Кроме того, имеются данные о том, что здесь есть хромогенные (ярко-желтые) бактерии, дрожжи, 14 видов нитчатых грибков, два вида термофильных грибков (*Aspergillus fumigatus* и *Chaetomium gracile*), клещи (виды *Stereotydeus mollis, Nanorchestes antarcticus, Coccorhgidia*) и нематоды. На вершине главной гряды на камнях встречаются корковые лишайники, главным образом виды *Caloplaca* или *Xanthoria*.

6(ii) Доступ в Район
- Доступ в Район затруднен из-за крутых скал и особенностей местности каждого острова, а также ледовых условий в различные времена года. Установленного пути доступа на островок Чинстрап не существует, однако доступ на остров Сабрина и Монолит осуществляется на вертолете или маломерном судне с галечного пляжа на юго-западной стороне острова Сабрина (карта 2).
- На территории Района действуют ограничения доступа, особые условия которых изложены в нижеприведенном Разделе 7(ii).

6(iii) Места расположения сооружений в пределах и вблизи Района
- На территории Района и в его окрестностях нет никаких известных сооружений.

6(iv) Местонахождение других близлежащих охраняемых районов
- Ближайший к острову Сабрина охраняемый район — ООРА 159 «Мыс Адэр», Берег Борхгревинка, расположенный приблизительно в 560 км на юго-восток.

6(v) Особые зоны Района
- На территории Района особые зоны отсутствуют.

7. Условия выдачи разрешений для доступа

7(i) Общие условия выдачи разрешений
Доступ в Район возможен только на основании разрешения, которое выдается компетентным национальным органом. Условия выдачи разрешения для доступа в Район:
- Разрешение выдается только для достижения неотложных научных целей, которые не могут быть достигнуты ни в каком ином месте, или для ключевых целей управления Районом;
- разрешенные действия соответствуют положениям Плана управления;
- разрешенные действия не наносят ущерба естественной экологической системе, природным или научным ценностям Района;
- разрешение выдается на указанный срок; и

- при нахождении в Районе необходимо иметь при себе оригинал или копию разрешения.

7(ii) Доступ в Район и передвижение по его территории

- Доступ на остров Сабрина и Монолит осуществляется на маломерном судне или вертолете на галечном пляже ниже покрытых шлаком склонов с юго-западной стороны острова Сабрина, 66°55,166' ю.ш., 163°18,599' в.д. (карта 2).
- Установленного предпочтительного пути доступа на островок Чинстрап не существует.
- Следует избегать пролета вертолетов над Районом, за исключением случаев, когда на это необходимо для выполнения важных научных задач или задач по управлению.
- Эксплуатация воздушных судов над Районом должна выполняться, в качестве минимального стандарта, в соответствии с «Руководством по осуществлению воздушных операций вблизи скоплений птиц в Антарктике», прилагаемым к Резолюции 2 (2004 г.).
- Всё передвижение в пределах Района должно осуществляться в пешем порядке. Движение пешеходов должно быть сведено к минимуму, необходимому для достижения целей любой разрешенной деятельности; при этом следует принимать все возможные меры для минимизации вытаптывания.

7(iii) Разрешенная деятельность на территории Района

Разрешенная деятельность на территории Района включает в себя:

- обязательные программы научных исследований, которые невозможно осуществлять в других местах и которые не представляют угрозы для естественной экологической системы, природных или научных ценностей Района;
- важные меры управления, включая мониторинг и инспектирование.

7(iv) Возведение, реконструкция и удаление сооружений

- На территории Района запрещено возводить какие-либо новые сооружения (т. е. знаки или указатели границ) или устанавливать научное оборудование, за исключением такого, которое необходимо для осуществления неотложной научной деятельности или мер управления, и на заранее установленный срок, указанный в Разрешении.
- Все указатели, сооружения или научное оборудование, возводимые (устанавливаемые) на территории Района, подлежат четкой идентификации с указанием страны, наименования основной исследовательской организации или агентства, года возведения (установки) и даты планируемого сноса.
- На всех таких объектах не должно быть организмов, пропагул (например, семян, яиц) и нестерильной почвы; они должны быть изготовлены из материалов, которые способных выдержать условия окружающей среды и которые представляют минимальный риск загрязнения Района.
- Ответственность за удаление конкретных сооружений или оборудования с истекшим сроком разрешения несет инстанция, выдавшая разрешение, и это условие должно быть оговорено в разрешении.

7(v) Размещение полевых лагерей

Разбивка полевых лагерей возможна в том случае, если это необходимо в качестве поддержки научной деятельности или мер управления. Место для разбивки лагеря следует выбирать таким образом, чтобы как можно меньше тревожить диких животных; при этом все снаряжение следует тщательно закрепить.

7(vi) Ограничения на ввоз в Район материальных ресурсов и организмов

- Преднамеренная интродукция животных, растительных материалов, микроорганизмов и нестерильной почвы на территорию Района не допускается. Следует принимать необходимые меры предосторожности для предотвращения непреднамеренного внедрения животных, растительных материалов, микроорганизмов и нестерильной почвы из других биологически отличающихся регионов (подпадающих и не подпадающих под действие Договора об Антарктике).

- Все пробоотборное оборудование, обувь, предметы верхней одежды, рюкзаки и прочее снаряжение, которые используются или приведены на территорию Района, подлежат тщательной очистке перед входом в Район. Перед каждой высадкой на землю рекомендуется протереть обувь дезинфицирующим средством.

- Ввоз в Район продуктов из домашней птицы, включая пищевые продукты, содержащие сырой яичный порошок, не допускается.

- Ввоз в Район пестицидов запрещается. Все остальные химические вещества, которые могут ввозиться для проведения неотложных научных исследований, в целях управления или в целях обеспечения безопасности в соответствии с разрешением, подлежат вывозу из Района сразу после или до завершения деятельности, на которую было выдано разрешение.

- Топливо, продукты питания и прочие материалы запрещается складировать на территории Района, за исключением случаев, когда это необходимо для достижения важных целей, связанных с деятельностью, на которую выдано разрешение. Все эти ввезенные материалы подлежат вывозу, когда надобность в них отпадает. Обустройство постоянных складов не допускается.

- При себе необходимо иметь материалы для борьбы с разливами в объеме, соответствующем объему топлива или прочих опасных жидкостей, которые ввозятся на территорию Района. Любой разлив незамедлительно ликвидируется при условии, что ответные меры оказывают меньшее воздействие на окружающую среду, чем сам разлив.

7(vii) Изъятие местной флоры и фауны или вредное воздействие на них

- Изъятие или вредное воздействие на местную флору и фауну запрещается, если иное не оговорено в разрешении, выданном в соответствии с требованиями Приложения II к Протоколу по охране окружающей среды к Договору об Антарктике. В случае изъятия или вредного воздействия на животных в качестве минимального стандарта следует руководствоваться Кодексом поведения при использовании животных в научных целях в Антарктике, разработанным СКАР.

7(viii) Сбор и вывоз из Района предметов материального мира, не имеющих отношения к держателю разрешения

- Сбор или вывоз материалов из Района допускается только в соответствии с разрешением и должен ограничиваться минимумом, необходимым для выполнения научных задач или целей управления. Разрешения не могут быть выданы, если планируемый отбор образцов вызывает обоснованную обеспокоенность, что это приведет к изъятию, удалению или повреждению такого количества почвы, отложений, микробиоты, флоры или фауны, что это может оказать существенное отрицательное воздействие на их распространенность или концентрацию на территории Района.
- Предметы антропогенного происхождения, не имеющие отношения к держателю разрешения или ввезенные по иному разрешению и могущие нанести ущерб ценностям Района, могут быть удалены из Района при условии, что воздействие на окружающую среду при их удалении не будет превышать ущерба от оставления этих предметов материального мира на месте; в этом случае необходимо проинформировать соответствующую инстанцию.

7(ix) Удаление отходов

- Все отходы, включая отходы жизнедеятельности человека, подлежат вывозу из Района.

7(x) Меры по поддержанию реализации целей и задач Плана управления
Разрешения на доступ в Район могут выдаваться для:

- проведения мониторинга и действий по инспектированию Района, что может включать сбор небольшого количества образцов или данных для анализа или изучения;
- возведения или обслуживания указательных знаков, отметок, сооружений или научного оборудования;
- для других мер управления.

7(xi) Требования к отчетам
По каждому посещению Района основной держатель разрешения должен представить отчет в соответствующую национальную инстанцию в максимально короткий срок, но не позднее чем через шесть месяцев после завершения посещения. Эти отчеты о посещениях должны содержать, в зависимости от конкретного случая, информацию, указанную в рекомендуемой форме отчета о посещении, приведенную в Приложении 2 к пересмотренному Руководству по подготовке Планов управления Особо охраняемыми районами Антарктики, приложенному к Резолюции 2 (2011 г.); Приложение 2 размещено на сайте Секретариата Договора об Антарктике (www.ats.aq).

Если это целесообразно, национальной инстанции рекомендуется направлять экземпляр отчета о посещении также Стороне-заявителю Плана управления в качестве вспомогательного материала по управлению Районом и пересмотру Плана управления.

В настоящее время данных об этом Районе очень мало. Новая Зеландия, как Сторона, отвечающая за пересмотр настоящего Плана управления, будет благодарна за предоставление копий данных и изображений, которые могут оказать содействие в дальнейшем осуществлении мер управления в этом Районе.

8. Подтверждающая документация

Bradford-Grieve, Janet and Frenwick, Graham. November 2001. *A Review of the current knowledge describing the biodiversity of the Balleny Islands: Final Research Report for Ministry of Fisheries Research Projects ZBD2000/01 Objective 1 (in part).* NIWA, New Zealand.

de Lange W., Bell R. 1998. Tsunami risk from the southern flank: Balleny Islands earthquake. *Water and atmosphere.* 6(3), pp 13-15.

Macdonald, J.A., Barton, Kerry J., Metcalf, Peter. 2002. Chinstrap penguins (*Pygoscelis antarctica*) nesting on Sabrina Islet, Balleny Islands, Antarctica. *Polar Biology* 25:443-447

Robertson,CJR, Gilbert, JR, Erickson, AW. 1980. Birds and Seals of the Balleny Islands, Antarctica. *National Museum of New Zealand Reconds* 1(16).pp271-279

Sharp, Ben R. 2006. *Preliminary report from New Zealand research voyages to the Balleny Islands in the Ross Sea region, Antarctica, during January-March 2006.* Ministry of Fisheries, Wellington, New Zealand.

Smith, Franz. 2006. *Form 3: Format and Content of Voyage Reports: Balleny Islands Ecology Research Voyage.*

Varian, SJ. 2005. *A summary of the values of the Balleny Islands, Antarctica.* Ministry of Fisheries, Wellington, New Zealand.

Приложение 1

Таблица 1. Виды птиц, встречавшиеся на островах Баллени

В таблице перечислены случаи наблюдения птиц, зафиксированные в отчетах экспедиций и научных публикациях. Данные, подтверждающие факт размножения видов (отмечены в таблице), получены в ходе последних экспедиций (т. е. начиная с 2000 г.); буква S означает размножение на территории острова Сабрина.

Общепринятое название	Вид	Размножение
Пингвин Адели	*Pygoscelis adeliae*	✓ S
Серебристо-серый буревестник	*Fulmarus glacialoides*	✓
Антарктический буревестник	*Thalassoica antarctica*	✓
Антарктическая китовая птичка	*Pachyptila desolata*	
Антарктическая крачка	*Sterna paradisea*	
Чернобровый альбатрос	*Diomedea melanophrys*	
Капский буревестник	*Daption capense*	✓ S
Антарктический пингвин	*Pygoscelis antarctica*	✓ S
Сероголовый альбатрос	*Diomedea chrysostoma*	
Дымчатый альбатрос	*Phoebetria palpebrata*	
Золотоволосый пингвин	*Eudyptes chrysolphus*	
Малый снежный буревестник	*Pagodroma nivea*	✓
Серый буревестник	*Puffinus griseus*	
Южный гигантский буревестник	*Macronectes giganteus*	
South polar skua	*Catharacta maccormicki*	
Поморник Лоннберга	*Catharacta antarctica lonnbergi*	
Странствующий альбатрос	*Diomedea exulans*	
Белогорлый буревестник	*Procellaria aequinoctialis*	
Качурка Вильсона	*Oceanites oceanicus*	

Таблица 2. Виды тюленей, встречавшиеся на островах Баллени

В таблице перечислены случаи наблюдения животных, зафиксированные в отчетах экспедиций и научных публикациях. Данных, подтверждающих факт размножения какого-то вида, нет.

Общепринятое название	Вид
Тюлень-крабоед	*Lobodon carcinophagus*
Морской слон	*Mirounga leonine*
Морской леопард	*Hydrurga leptonyx*
Тюлень Уэдделла	*Leptyonychotes weddellii*

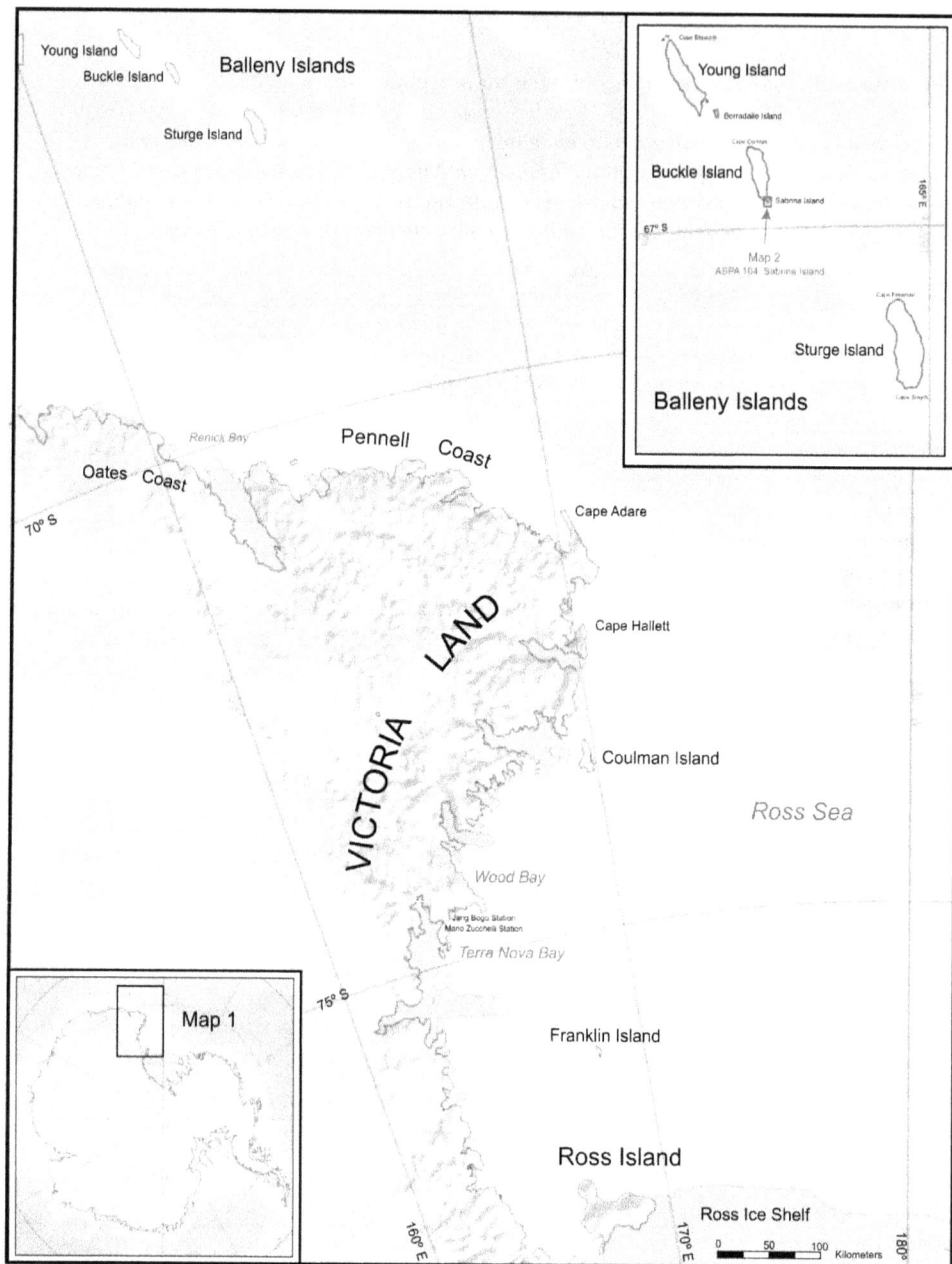

Map Information
Source: SCAR Antarctic Digital Database
Version 6.0 Year 2012
Projection: Antarctic Polar Stereographic
Datum: WGS84

True north is coincident with the lines of longitude

Map 1 - ASPA 104: Sabrina Island
Balleny Islands, Antarctica.

Regional Map

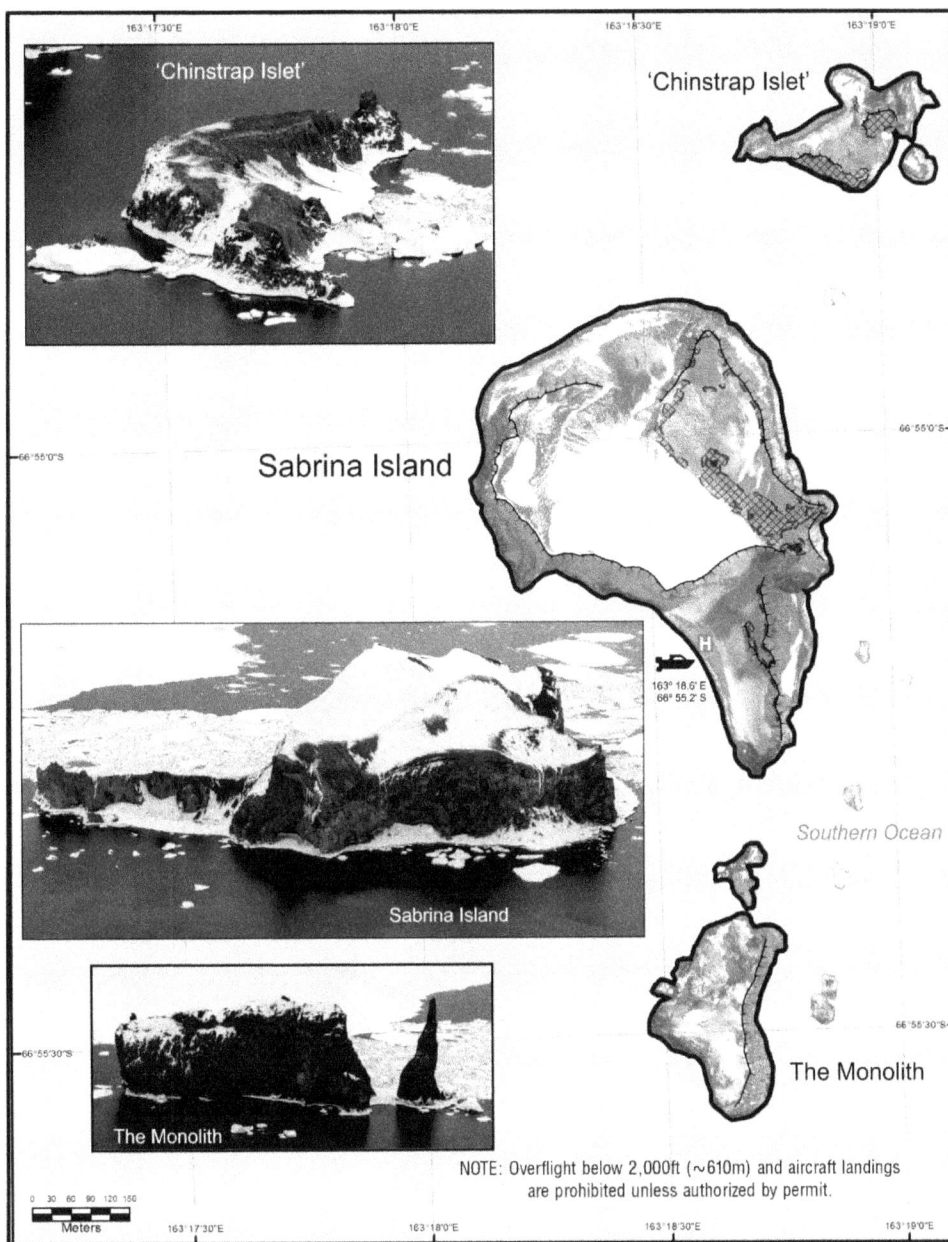

'Chinstrap Islet'

'Chinstrap Islet'

Sabrina Island

66°55'0"S

163° 18.6' E
66° 55.2' S

Sabrina Island

Southern Ocean

66°55'30"S

The Monolith

The Monolith

NOTE: Overflight below 2,000ft (~610m) and aircraft landings
are prohibited unless authorized by permit.

0 30 60 90 120 150
Meters

Map Information
Projection: UTM Zone 58 Sth
Datum: WGS 84
True north is coincident with the lines of longitude

Data Source
Imagery: Digital Globe, WorldView-1 Satellite
  Acquired on 14 January 2011, 50cm res
Features: Captured by Land Information New Zealand
Oblique Photography: Taken in Dec 2014 by RNZAF

Map 2 - ASPA 104: Sabrina Island
Balleny Islands, Antarctica.
Boundary, Access and Features

Legend
- ⊤⊤⊤ Cliffs
- ▨ Adelie penguin colonies (extents approximate as at Dec 2000)
- ■ Chinstrap penguin colonies (extents approximate as at Dec 2000)
- ☐ ASPA Boundary
- H ⛵ Preferred Landing Site (helicopter & small boat)

73

План управления
Особо охраняемым районом Антарктики № 105
«ОСТРОВ БОФОРТ» (ПРОЛИВ МАК-МЁРДО, МОРЕ РОССА)

1. Описание охраняемых ценностей

Остров Бофорт был первоначально определён в качестве Особо управляемого района № 5 на основании Рекомендации IV-5 (1966 г.) ввиду того, что он «имеет обширную и разнообразную орнитофауну, является одним из основных мест гнездования птиц в регионе и его необходимо охранять для того, чтобы сохранить его природную экологическую систему в качестве эталонного участка». На основании Решения 1 (2002 г.) Район повторно определён как Особо охраняемый район Антарктики (ООРА) № 105, а пересмотренный План управления был принят на основании Меры 2 (2003 г.) и Меры 4 (2010 г.). Район представляет собой относительно нетронутый человеком остров, выделенный в качестве охраняемой территории, главным образом в целях защиты местных экологических ценностей от вмешательства человека.

Остров Бофорт – самый северный остров архипелага Росса, который находится в 30 км к северу от мыса Бэрд (остров Росс). Это остаток гребня вулканического конуса, остальная часть которого подверглась эрозии и сейчас находится под водой к востоку от острова. Сам остров и остатки подводной кальдеры блокируют преимущественно западный дрейф пакового льда и айсбергов, отделяющихся от близлежащего шельфового ледника Росса. Айсберги оседают на этих пиках, что, в свою очередь, ускоряет рост припая. Остров Бофорт в основном имеет скалистую поверхность, однако отдельные участки покрыты льдом и снегом. На юго-западной стороне острова расположен обширный свободный ото льда шельф с приподнятыми пляжами, за которыми в летний период образуются водоёмы, куда стекают небольшие ручейки талой воды, спускающиеся к берегу. Значительную часть территории острова на западе и севере покрывают наклонные ледниковые поля (наклон от 12° до 15°), но в последние годы лёд отступает. На северной оконечности острова, где ледниковая шапка спускается к валунному пляжу, огораживая эту часть берега, находится обширная равнина высотой менее 50 м над уровнем моря. Восточную часть острова, обращённую к центру кальдеры, образуют практически вертикальные скалы.

Местная орнитофауна – самая разнообразная в южной части моря Росса. Здесь есть крупная колония пингвинов Адели (*Pygoscelis adeliae*) на широком шельфе в юго-западной части острова и меньшая по размеру новая подколония, образовавшаяся в 1995 г., которая расположилась на пляже вдоль северо-западного берега. Возраст останков пингвинов Адели составляет 45 000 лет. На нескольких участках припая к северу и востоку от острова, где осевшие айсберги ускоряют формирование припайного льда, расположилась гнездовая колония императорских пингвинов (*Aptenodytes forsteri*). Северный и южный берега острова занимает плотная колония южнополярных поморников (*Catharacta maccormicki*), а в углублениях скал на юге острова наблюдались гнездящиеся малые снежные буревестники (*Pagodroma nivea*). Границы Района, ранее не охватывавшие колонию императорских пингвинов, были расширены, и теперь в состав Района входит участок припая, где могут селиться гнездящиеся птицы. На припае рядом с осевшими айсбергами устраивают лёжки и щенятся тюлени Уэдделла (*Leptonychotes weddellii*), а в окрестностях острова обитают морские леопарды (*Hydruga leptonyx*) и косатки моря Росса (тип C), а также форма, известная как тип B. Косаток моря Росса привлекает рыба, а морских леопардов и косаток типа B привлекают пингвины и тюлени. В близлежащих водах наблюдались также тюлени-крабоеды (*Lobodon carcinophagus*), малые полосатики (*Balaenoptera acutorostrata*) и южные плавуны (*Berardius arnuxii*).

Остров Бофорт расположен в пределах Экологической среды S: геология Мак-Мёрдо – южная часть Земли Виктории, исходя из Анализа экологических доменов по Антарктике (Резолюция 3 (2008 г.)), и в Регионе 9 – южная часть Земли Виктории, исходя из документа «Заповедные биогеографические регионы Антарктики» (Резолюция 6 (2012 г.)). Другие охраняемые районы в пределах Экологической среды S включают ООРА 116, 121, 122, 123, 124, 131, 137, 138, 154, 155, 156, 157, 158, 161, 172 и 175, а также ОУРА № 2.

Отсутствие ледового покрова и паковый лёд вокруг острова в начале летнего сезона затрудняют доступ со стороны моря, поэтому бо́льшая часть Района посещалась нечасто. Остров Бофорт не был всесторонне исследован (за исключением пингвинов) и в основном не подвергался прямому воздействию человеческой деятельности. Однако, как показывают последние наблюдения, снежные и ледяные поля отступают. Важными причинами введения режима охраны на острове Бофорт являются его экологические, научные и эстетические ценности, обусловленные изолированностью острова и относительно низким уровнем антропогенного воздействия.

2. Цели и задачи

Целью настоящего Плана управления является обеспечение охраны самого Района и его достопримечательностей ради сохранения существующих ценностей. Цели Плана управления заключаются в следующем:

- недопущение ухудшения состояния или возникновения существенного риска для ценностей Района путём предотвращения излишнего нарушения среды Района в результате человеческой деятельности;
- сохранение природной экосистемы в качестве контрольного участка, в основном не подвергавшегося прямому воздействию человеческой деятельности;
- создание условий для проведения научных исследований природных экосистем, растительных сообществ, орнитофауны, сообществ беспозвоночных и почв Района при условии, что они осуществляются для достижения неотложных целей, которые не могут быть достигнуты в других местах;
- минимизация нарушений этих сообществ человеком за счёт предотвращения излишнего отбора образцов;
- минимизация вероятности интродукции в Район чужеродных растений, животных и микроорганизмов;
- организация посещений для осуществления мер управления в поддержку целей Плана управления.

3. Меры управления

Для охраны ценностей Района предусмотрены следующие меры управления:

- Обеспечение наличия копий настоящего Плана управления (с указанием действующих особых ограничений), в том числе карт Района, на близлежащих научно-исследовательских и полевых станциях.
- Указатели, знаки или другие сооружения, возведённые в пределах Района в научных целях или для реализации задач управления, должны быть надёжно закреплены, поддерживаться в надлежащем состоянии и удаляться по мере утраты необходимости в них.
- Посещать Район следует по мере необходимости, чтобы установить, продолжает ли он служить тем целям, ради которых он был определён, и чтобы убедиться в достаточности принимаемых мер управления и содержания Района.
- Национальные антарктические программы, работающие в регионе, должны проводить совместные консультации с целью обеспечения выполнения данных шагов.

4. Срок определения в качестве ООРА

Определён на неограниченный период времени.

5. Карты и фотографии

Карта А. Топографическая карта острова Бофорт. Эта карта получена по ортофотоснимку, использованному на картах В и С, с применением спецификаций карт В и С. Врезка: пролив Мак-Мёрдо с изображением острова Росс и указанием местоположения станции Мак-Мёрдо (США) и базы Скотт (Новая Зеландия).

Карта В. Ортофотоснимок северной части острова Бофорт. Спецификации ортофотоснимка: проекция: равноугольная коническая проекция Ламберта; стандартная параллель 1: 76,6° ю.ш.; стандартная параллель 2: 79,3°ю.ш.; датум: WGS84; включает материалы (с) Министерства экономики, торговли и промышленности Японии (METI) и НАСА 2006-го года.

Карта С. Ортофотоснимок южной части острова Бофорт. Спецификации ортофотоснимка такие же, как и на карте В.

6. Описание Района

6(i) Географические координаты, отметки на границах и природные особенности
В состав Района входит вся территория острова Бофорт (76°56' ю.ш., 166°56' в.д.) выше отметки среднего уровня прилива, включая примыкающий к нему припай, занятый гнездящимися императорскими пингвинами (карта А). Координаты:

- От северного берега о-ва Бофорт в точке с координатами 76°55'44" ю.ш., 166°52'42" в.д. на север до точки с координатами 76°55'30" ю.ш., 166°52'49" в.д.

- От точки с координатами 76°55'30" ю.ш., 166°52'49" в.д. на восток до точки с координатами 76°55'30" ю.ш., 167°00' в.д.
- От точки с координатами 76°55'30" ю.ш., 167°00' в.д. на юг вдоль меридиана 167° до точки пересечения с береговой линией острова Бофорт (76°55'30" ю.ш., 167° в.д.) (карта А).

Остров Бофорт является одним из серии вулканических выходов позднего третичного периода, образовавшихся вдоль линии непрочности на дне моря Росса. Он представляет собой остатки базальтового конуса, относящегося приблизительно к последнему межледниковому периоду, и является частью кальдеры. В настоящее время конус более чем на три четверти состоит из расположенных по кругу подводных пиков к востоку от острова Бофорт. Эти подводные пики наряду с самим островом блокируют преимущественно западный дрейф пакового льда и заставляют оседать айсберги, что в свою очередь ускоряет рост припая в этом районе. На припае гнездятся императорские пингвины. Местонахождение этой гнездовой колонии меняется с изменением местонахождения припая, и поэтому границы охраняемого Района были расширены, чтобы в любой сезон они охватывали участок, где находится колония.

Геология острова типична для эродированных базальтовых комплексов субвоздушного происхождения, с очевидными проявлениями потоков лавы и взрывов брекчии и туфа. Многие вулканические породы имеют интрузии ряда базальтовых даек позднего периода, и есть свидетельства залежей вулканического туфа из осадков пепла и спая брызг, стекавших с местных второстепенных конусов из шлаков и брызг. Остров имеет примерно 7 км в длину и 3,2 км в ширину и поднимается на высоту до 771 м на пике Пейтон. Западная и северо-западная части острова в основном покрыты ледниковыми полями с ледниковыми утёсами высотой около 20 м вдоль северо-западного края, а восточная и южная стороны острова в основном свободны ото льда и состоят из почти отвесных, недоступных утёсов, поднимающихся прямо из моря. На юго-западном берегу находится пляж Кадваладер, который состоит из приморской полосы и остроконечной отмели на переднем плане и крутых базальтовых утёсов и нескольких конусов осыпавшихся камней на заднем плане. Среди серии береговых гряд, где обычно гнездятся пингвины Адели, есть несколько замкнутых талых водоёмов, что свидетельствует об удалении береговой линии от утёсов с течением времени и изостатическом поднятии земной коры. На северной стороне острова есть ряд приподнятых пляжей, причём на некоторых из них видны следы (птичьи перья и гуано) бывших и, судя по всему, крупных колоний пингвинов (до 45 000 лет назад). Под сильно выветренными южными утёсами есть приливно-отливные (истёртые) платформы и массивные валуны. Восточные утёсы спускаются прямо в море. Из-за крутизны скал, подводных пиков и осевших айсбергов остров Бофорт практически недоступен с моря, за исключением южного и северного берегов. Поэтому морские суда обходят остров на большом расстоянии. В силу изолированности острова Бофорт и низкого текущего уровня навигационной активности в этом регионе территория Района не была обозначена указателями на границах или какими-либо знаками. Необходимость разметки территории должна повторно оцениваться каждый раз при пересмотре Плана управления.

На острове Бофорт есть одна основная колония пингвинов Адели и одна недавно сформировавшаяся новая подколония. Основная колония, насчитывавшая 70 468 гнездящихся пар (2013–2014 годы), занимает ровную площадку на пляже Кадваладер (карты А и С). В период с 1981-го по 2000-й годы наблюдалась общая тенденция к уменьшению количества гнездящихся пар в основной колонии, а затем, с 2001-го по 2012-й годы, – тенденция к увлечению. Во время учёта численности в 2013–0214 годах в этом районе было зарегистрировано наибольшее количество гнездящихся пар с начала учёта численности в 1981 году и практически двойное увеличение за 30 лет (39 391 гнездящихся пар) в среднем по данному району (Lyver et al., 2014). В 1995 г. на западном конце свободного ото льда пляжа в возникшей подколонии, которая находится на северном берегу (76°55' ю.ш., 166°52' в.д.), было 2 пары с 3 птенцами и примерно 10-15 негнездящихся птиц. Колония продолжала расти, и в 2005-2006 гг. в период размножения насчитывала 525 гнездящихся пар, в 2008-2009 гг. в период размножения – 677 гнездящихся пар и 989 гнездящихся пар в период размножения в сезоне 2013–2014 гг. Начиная с 1996 г., учёные американской и новозеландской программ окольцевали 400 почти оперившихся птенцов пингвинов Адели из колонии, расположенной на пляже Кадваладер. Сейчас в колонии находятся несколько сотен окольцованных взрослых особей из числа выживших птенцов. На этой территории, особенно в подколонии на северном пляже, наблюдались пингвины, окольцованные на мысе Ройдс, мысе Бэрд и мысе Крозье. В недавнем прошлом многие птицы с острова Бофорт переселялись в колонии острова Росс, однако с отступлением ледовых полей и увеличением пространства для гнездовий эта тенденция исчезла. Над пляжем поднимается моренная терраса с ледяным ядром (5-20 м в высоту и 2-3 м в ширину на протяжении большей части длины и расширяющаяся до 50 м на восточном конце); она простирается на 550 м, а затем начинает более круто подниматься в направлении нестабильных базальтовых утёсов, преобладающих на всей восточной части острова. На моренной террасе найдены отложения по крайней мере трёх частично фоссилизированных колоний пингвинов, каждый слой по вертикали разделён примерно 50-100-сантиметровым слоем гравия и песка, что позволяет предположить, что в прошлом эту часть острова занимала внушительная гнездовая колония пингвинов.

На крутых осыпях, скопившихся у подножья утёсов, которые возвышаются за колонией пингвинов Адели на пляже Кадваладер, гнездятся южнополярные поморники (примерно 150 пар, однако точно это неизвестно). Ещё одна популяция, насчитывающая около 50 пар поморников (учёт численности 1995 года), гнездится на террасе и свободных ото льда склонах на северном берегу. Соотношение гнездящихся и негнездящихся особей в этой популяции неизвестно, однако согласно подсчёту, проведённому в январе 1995-го и 1997-го годов, в колонии насчитывалось примерно 25 и 50 птенцов соответственно. Кроме того, на скалах, возвышающихся над колонией пингвинов Адели на пляже Кадваладер, были замечены несколько малых снежных буревестников.

Каждый год в период приблизительно между апрелем и январём в зоне припая, идущей от северного и восточного берегов острова Бофорт, наблюдается небольшая колония императорских пингвинов (от 131 до 2 038 живых птенцов согласно подсчётам, проводившимся в 1962–2012 годах; в 2012 году по данным аэрофотосъёмки численность взрослых особей 812 птиц). Учёт численности птенцов как минимум отражает число гнездящихся пар. Учёт численности птенцов на острове Бофорт показал, что их численность уменьшилась в 2000–2004 годах, когда гигантский айсберг B15A столкнулся с северо-западным языком шельфового ледника Росса на мысе Крозье у острова Росс (Kooyman et al., 2007).

В 2000–2012 годах численность птенцов и взрослых особей была непостоянной. Размер колонии ограничен размером ареала и состоянием припая, которое влияет на количество мест для гнездовий с подветренной стороны северных склонов острова Бофорт. Точное местоположение колонии меняется от года к году, и колония перемещается в течение одного периода гнездования, но в целом колония занимает припай у подножья скал на северо-восточном углу острова, как показано на картах А и В. Более высокая изменчивость количества птенцов в этой небольшой колонии свидетельствует о том, что она находится в маргинальном биотопе и, возможно, зависит от изменения окружающей среды.

На морённой террасе с ледяным ядром, которая находится над пляжем в северной оконечности острова (карты А и В), есть растительность. В толстом слое гуано, покрывающем пляж Кадваладер, мало что может расти, а остальная территория острова – это либо скалы, либо ледяной покров. В результате посещения Района в январе 1995 и 1997 годов было составлено описание участка растительности, достигающего 50 м в ширину и расположенного над северным пляжем острова на высоте 5-7 м. Этот участок состоит из большого (около 2,5 га) сплошного пятна мха одного вида – *Bryum argenteum*. Среди *B. argenteum* также встречается ещё один вид мха – *Hennediella heimii*. Известно, что это сообщество мхов является местообитанием крупных популяций клещей (Acari) и ногохвосток (Collembola). Несмотря на отсутствие детальных исследований беспозвоночных, в образцах мха, взятых на острове Бофорт, было обнаружено очень большое количество *Gomphiocephalus hodgsoni* (Collembola) и *Stereotydeus mollis* (Acari). Данные последних генетических анализов этих популяций свидетельствуют об уникальности гаплотипов митохондриальной ДНК с острова Бофорт, не обнаруженных в других популяциях беспозвоночных региона моря Росса.

На этой территории обнаружено разнообразное сообщество водорослей, которые также встречаются в большом количестве на шельфе южного берега, и хотя подробное изучение водорослей здесь ещё не проводилось, в Районе уже обнаружены несколько видов водорослей, включая красные снежные водоросли видов *Chlamydomonas sp.*, *Chloromonas sp.* и *Chlamydomonas nivalis*. Это одно из самых южных мест, где когда-либо встречались красные снежные водоросли. На северном пляже особенно высока численность водоросли *Prasiola crispa*. В Районе были обнаружены несколько одноклеточных из хлорофитов и ксантофитов (включая виды из родов *Botrydiopsis* и *Pseudococcomyxa*), а также цианобактерии (особенно сциллаторе), которые обнаружены вместе с *P. crispa*. Зелёные снежные водоросли, примечательные тем, что они опоясывают нижние уровни снежников выше пляжа, но ниже ледяных скал, содержат смесь видов *Chloromonas* и *Klebsormidium* species.

6(ii) Зоны ограниченного доступа на территории Района
Нет.

6(iii) Сооружения на территории и в окрестностях Района
Единственное известное сооружение на острове – это указательный столб на выступающем камне в районе колонии пингвинов Адели на пляже Кадваладер (карты А и С). Столб был установлен в 1959-1960 гг., и на нем указаны имена и родные города матросов и капитана корабля новозеландских ВМС *«Эндевор»*. Столб замурован в бетон, и в ноябре 2008 г. он был в хорошем состоянии. Этот столб имеет

потенциальную историческую ценность и должен оставаться *на месте*, если не появятся веские основания для его вывоза (что необходимо отслеживать).

На карте острова, составленной в 1960 г., обозначена станция астрономических наблюдений, но неизвестно, существуют ли какие-либо связанные с нею постоянные указатели. Как показано на карте, станция находилась на южной оконечности основной гряды, разделяющей остров, на высоте 549 м (карта C).

6(iv) Наличие других охраняемых территорий в непосредственной близости от Района
Ближайшими к острову Бофорт охраняемыми районами являются ООРА № 116 «Долина Нью-Колледж» (пляж Коли, мыс Бэрд), расположенный в 30 км к югу на мысе Бэрд (остров Росс). Далее в 35 км к югу на острове Росс находятся ООРА № 121 «Мыс Ройдс» и ООРА № 157 «Залив Бэкдор». Примерно в 40 км к востоку находится ООРА № 124 «Мыс Крозье» (см. врезку на карте A).

7. Условия выдачи разрешений на посещение Района

Посещение Района возможно только на основании разрешения, которое выдаётся компетентным национальным органом. Разрешение на посещение Района выдаётся на следующих условиях:

- разрешение выдаётся только для достижения важных целей управления или выполнения неотложных научных задач, которые не могут быть достигнуты или выполнены в других местах;
- разрешённая деятельность не поставит под угрозу экологические или научные ценности Района;
- все меры управления будут способствовать достижению целей Плана управления;
- разрешённые действия соответствуют Плану управления;
- во время пребывания на территории Района необходимо иметь при себе оригинал или заверенную копию Разрешения;
- отчёт о посещении должен быть направлен в орган, указанный в Разрешении;
- разрешения выдаются на указанный срок.

7(i) Доступ в Район и передвижение по его территории
Использование автотранспорта на территории Района запрещено, а попасть на его территорию можно на маломерных водных судах или воздушным путём. Воздушные суда должны приземляться на острове только на специально выделенной площадке (166°52'31" в.д., 76°55'49" ю.ш. – карты A и B), которая расположена на большом ровном участке льда на северном конце острова. Если на момент посещения Района состояние снежного покрова на этой площадке не отвечает условиям безопасного приземления, то в период с середины и до конца сезона можно воспользоваться альтернативной посадочной площадкой на территории северного лагеря, которая выделена на западной оконечности северного пляжа острова Бофорт. Желательно, чтобы воздушные суда заходили на посадку и взлетали со специально выделенной посадочной площадки с юга или запада (карта A). При необходимости использования альтернативной посадочной площадки в районе лагеря на северном пляже из практических соображений заходить на посадку, возможно, придётся с севера. В этом случае воздушное судно должно избегать полёта над районом к востоку от этого места,

указанного на картах A и B. При приземлении на территории Района запрещается использовать дымовые шашки, за исключением случаев, когда это абсолютно необходимо в целях безопасности; все шашки должны быть вывезены из Района. Никаких особых ограничений относительно мест высадки на остров с маломерных судов нет. Пилотам, экипажам воздушных и морских судов и всем находящимся на борту запрещено выходить за пределы территории, непосредственно примыкающей к месту высадки (посадки), за исключением случаев, когда это специально оговорено в Разрешении.

Обычно полёты над птичьими гнездовьями на высоте менее 750 м (или 2 500 футов) запрещены. Районы, где действуют эти особые ограничения, показаны на картах A и B. Если транзитные полёты над этими участками необходимы для достижения важных научных целей и целей управления (например, для аэрофотосъёмки с целью оценки размера колонии), то они могут быть разрешены на высоте не менее 300 м (1 000 футов). Такие беспосадочные полёты должны быть специально оговорены в Разрешении.

Посетители не должны без необходимости беспокоить птиц или ходить по видимой растительности. Движение пешеходов должно быть сведено к минимуму, необходимому для достижения целей любой разрешённой деятельности; при этом следует делать всё возможное для минимизации воздействий.

7(ii) Осуществляемая или разрешённая деятельность на территории Района, включая ограничения по времени ли пространству
- Научные исследования, не представляющие угрозу для ценностей экосистемы Района, которые не могут быть проведены в других местах.
- Важные меры управления, включая мониторинг.

7(iii) Установка, модификация или снос сооружений
Установка на территории Района научного оборудования или сооружений допускается только на основании разрешения. Все указатели, сооружения или научное оборудование, установленные на территории Района, должны быть санкционированы в Разрешении и должны иметь чёткую маркировку с указанием страны, наименования основной исследовательской организации и года установки. Все подобные объекты должны быть выполнены из материалов, представляющих минимальную опасность с точки зрения загрязнения Района. Одним из требований Разрешения должен быть вывоз из Района конкретного оборудования, на которое истёк срок действия Разрешения.

7(iv) Расположение полевых лагерей
Организация лагерей разрешается только на двух специально выделенных участках (карты A–C). Северная площадка для разбивки лагерей расположена на ровном участке к северу от выделенной посадочной площадки в более защищённом от ветра месте на северо-западном конце пляжа в 200 м от того участка, где гнездятся несколько пар пингвинов Адели и поморников (если они там присутствуют). Вторая площадка расположена в 100 м от северного края большой колонии пингвинов Адели на пляже Кадваладер.

7(v) Ограничения на ввоз материалов и организмов в Район

Преднамеренный ввоз в Район живых животных, растительных материалов или микроорганизмов не допускается, а в целях предотвращения случайной интродукции необходимо соблюдать меры предосторожности, перечисленные в пункте 7(ix). Ввоз в Район гербицидов или пестицидов запрещён. Все остальные химические вещества, включая радионуклиды и стабильные изотопы, которые могут ввозиться для научных исследований или в целях управления, оговорённых в разрешении, подлежат вывозу из Района сразу после или до завершения деятельности, на которую было выдано разрешение. Хранение топлива на территории Района запрещено, за исключением случаев, когда это необходимо для достижения важных целей, связанных с деятельностью, на которую выдано разрешение. Все материалы ввозятся только на указанный срок, подлежат вывозу сразу по истечении или до истечения указанного срока, а порядок их хранения и эксплуатации должен гарантировать минимизацию риска их попадания в окружающую среду.

7(vi) Изъятие или вредное вмешательство в жизнь местной флоры и фауны
Изъятие или вредное вмешательство в жизнь местной флоры или фауны допускаются только на основании отдельного разрешения, выданного для этой цели компетентным национальным органом в соответствии со Статьёй 3 Приложения II. В случае изъятия или вредного вмешательства в жизнь животных следует, как минимум, соблюдать разработанный *СКАР Кодекс поведения при использовании животных в научных целях в Антарктике.*

7(vii) Сбор или вывоз объектов, которые не были ввезены в Район держателем разрешения
Сбор или вывоз материалов из Района допускается только в соответствии с разрешением и должен ограничиваться минимумом, необходимым для выполнения научных задач или целей управления. Материалы антропогенного происхождения, которые могут нанести ущерб ценностям Района и которые не были ввезены в Район держателем разрешения или санкционированы иным образом, могут быть вывезены, за исключением ситуаций, когда существует вероятность того, что их вывоз окажет воздействие на окружающую среду, превосходящее последствия пребывания материала *на месте*. В этом случае необходимо направить уведомление в соответствующий компетентный орган.

7(viii) Удаление отходов
Все отходы, включая отходы человеческой жизнедеятельности, подлежат вывозу из Района.

7(ix) Меры, необходимые для обеспечения возможности дальнейшего выполнения целей и задач Плана управления
Разрешения на посещение Района могут выдаваться для проведения биологического мониторинга и осмотра территории, что может предусматривать отбор небольших образцов для анализа или проверки, а также для осуществления защитных мер.

Все участки, специально предназначенные для проведения долгосрочного мониторинга, должны быть надлежащим образом обозначены.

В целях сохранения экологических и научных ценностей, связанных с изоляцией и исторически сложившимся низким уровнем антропогенного воздействия на острове Бофорт, посетители должны соблюдать особые меры предосторожности для предотвращения интродукции. Особую опасность представляет интродукция микроорганизмов или растений, занесённых из почв других районов Антарктики, включая станции, или из регионов, находящихся за пределами Антарктики. Для минимизации риска интродукции посетители должны предпринимать следующие меры:

a) Оборудование для отбора образцов или указатели, которые ввозятся на территорию Района, должны быть стерилизованы и, насколько это возможно, должны сохраняться в стерильном состоянии до того, как будут использованы на территории Района. Насколько это возможно, обувь и другое снаряжение, используемое на территории Района или ввозимое на его территорию (включая рюкзаки, сумки, колышки для палаток, парусину и прочее лагерное снаряжение), должно быть тщательно очищено или стерилизовано и должно поддерживаться в этом состоянии до входа на территорию Района.

b) Стерилизация должна осуществляться одним из допустимых методов, например, с использованием УФ-излучения или автоклава, или путём промывки открытых поверхностей 70%-м водным раствором этанола.

7(x) Требования к отчётности

Стороны должны принять меры к тому, чтобы основной держатель каждого выданного разрешения направил в компетентный орган отчёт о предпринятой деятельности. Насколько это уместно, в состав такого отчёта должна входить информация, указанная в форме отчёта о посещении, предложенной СКАР. Стороны должны вести учёт такой деятельности и в рамках ежегодного обмена информацией предоставлять краткие описания мероприятий, проведённых лицами, которые находятся под их юрисдикцией. Эти описания должны содержать достаточно подробные сведения, чтобы можно было провести оценку эффективности Плана управления. По мере возможности Стороны должны сдавать оригиналы отчётов или их копии в открытый архив для ведения учёта использования участка. Эти отчёты будут использоваться как при пересмотре Плана управления, так и в процессе организации использования Района в научных целях.

Библиография

Ainley, D.G., Ballard, G., Barton, K.J., Karl, B.J., Rau, G.H., Ribic, C.A. and Wilson, P.R. 2003. Spatial and temporal variation of diet within a presumed metapopulation of Adélie penguins. *Condor*, 105, 95-106.

Barber-Meyer, S.M., Kooyman, G.L. and Ponganis, P.J. 2007. Estimating the relative abundance of emperor penguins at inaccessible colonies using satellite imagery. *Polar Biology*, 30, 1565-1570.

Barber-Meyer, S.M., Kooyman, G.L. and Ponganis, P.J. 2008. Trends in western Ross Sea emperor penguin chick abundances and their relationships to climate. *Antarctic Science*, 20 (1), 3-11.

Barry, J.P., Grebmeier, J.M., Smith, J. and Dunbar, R.B. 2003. Oceanographic versus seafloor-habitat control of ebnthic megafaunal communities in the S.W. Ross Sea, Antarctica. *Antarctic Research Series*, 76, 335-347.

Caughley, G. 1960. The Adélie penguins of Ross and Beaufort Islands. *Records of Dominion Museum*, 3 (4), 263-282.

Centro Ricera e Documetazione Polare, Rome, 1998. *Polar News*, 13 (2), 8-14.

Denton, G.H., Borns, H.W. Jr., Grosval's, M.G., Stuiver, M., Nichols, R.L. 1975. Glacial history of the Ross Sea. *Antarctic journal of the United States*, 10 (4), 160-164.

Emslie, S.D., Berkman, P.A., Ainley, D.G., Coats, L. and Polito, M. 2003. Late-Holocene initiation of ice-free ecosystems in the southern Ross Sea, Antarctica. *Marine Ecology Progress Series*, 262, 19-25.

Emslie, S.D., Coats, L., Licht, K. 2007. A 45,000 yr record of Adélie penguins and climate change in the Ross Sea, Antarctica. *Geology*, 35 (1), 61–64.

Harrington, H.J. 1958. Beaufort Island, remnant of Quaternary volcano in the Ross Sea, Antarctica. *New Zealand journal of geology and geophysics*, 1 (4), 595-603.

Kooyman, G.L., Ainley, D.G., Ballard, G. and Ponganis, P.J. 2007. Effects of giant icebergs on two emperor penguin colonies in the Ross Sea, Antarctica. *Antarctic Science* 19 (1), 31-38.

LaRue, M.A., Ainley, D.G., Swanson, M., Dugger, K.M., Lyver, P.O., Barton, K. and Ballard, G. 2013. Climate change winners: Receding ice fields facilitate colony expansion and altered dynamics in an Adelie penguin metapopulation. PLoS ONE 8(4): e60568. doi:10.1371/journal.pone.0060568.

Lyver, P. O., Barron, M., Barton, K.J., Ainley, D.G., Pollard, A., Gordon, S., McNeill, S., Ballard, G. and Wilson, P.R. 2014. Trends in the breeding population of Adelie penguins in the Ross Sea, 1981-2012: A coincidence of climate and resource extraction effects. PLoS ONE 9(3): e91188. doi:10.1371/journal.pone.0091188.

McGaughran, A., Torricelli, G., Carapelli, A., Frati, F., Stevens, M.I., Convey, P. and Hogg, I.D. 2009. Contrasting phylogenetic patterns for spring tails reflect different evolutionary histories between the Antarctic Peninsula and continental Antarctica. *Journal of Biogeography*, doi:10.1111/j.1365-2699.2009.02178.x

McGaughran, A., Hogg, I.D. and Stevens, M.I. 2008. Phylogeographic patterns for springtails and mites in southern Victoria Land, Antarctica suggests a Pleistocene and Holocene legacy of glacial refugia and range expansion. *Molecular Phylogenetics and Evolution,* 46, 606-618.

Schwaller, M.R. Olson, C.E. Jr., Ma, Z., Zhu, Z., Dahmer, P. 1989. Remote sensing analysis of Adélie penguin rookeries. *Remote sensing of environment*, 28, 199-206.

Seppelt, R.D., Green, T.G.A., Skotnicki, M.L. 1999. Notes on the flora, vertebrate fauna and biological significance of Beaufort Island, Ross Sea, Antarctica. *Polarforschung*, 66, 53-59.

Stevens, M.I. and Hogg, I.D. 2002. Expanded distributional records of Collembola and Acari in southern Victoira Land, Antarctica. *Pedobiologia,* 46, 485-495.

Stonehouse, B. 1966. Emperor penguin colony at Beaufort Island, Ross Sea, Antarctica. *Nature*, 210 (5039), 925-926.

Todd, F.S. 1980. Factors influencing Emperor Penguin mortality at Cape Crozier and Beaufort Island, Antarctica. *Biological Sciences*, 70 (1), 37-49.

Map A - Beaufort Island, Antarctic Specially Protected Area 105: Topographic map

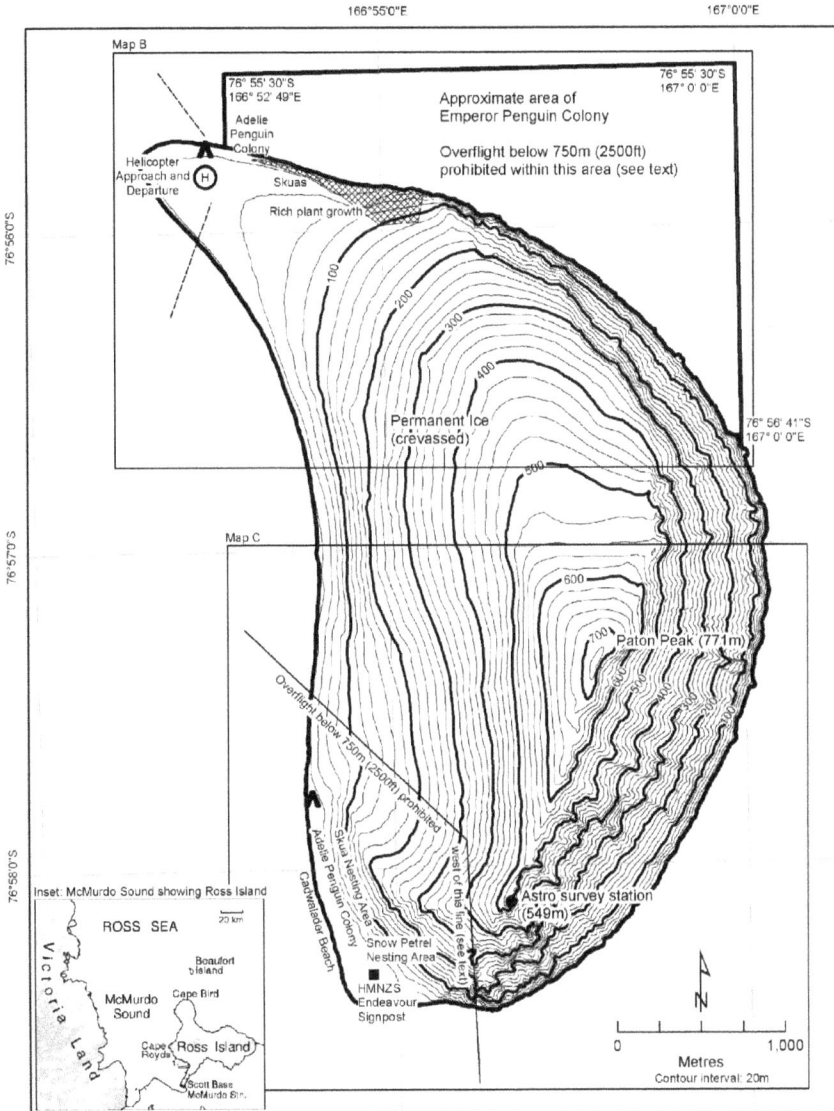

OOPA № 105 «Остров Бофорт» (пролив Мак-Мёрдо, море Росса)

Map B - North Beaufort Island, Antarctic Specially Protected Area 105: Site Orthophotograph

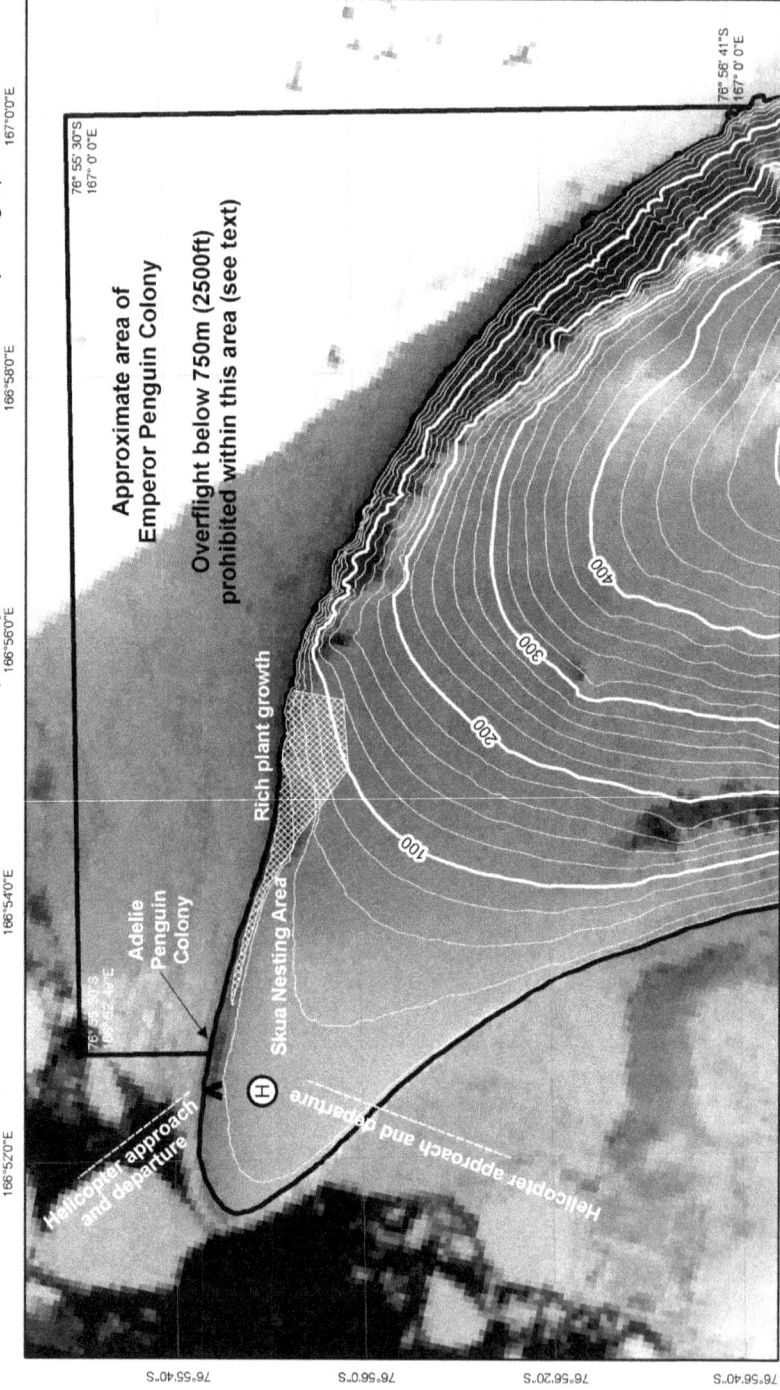

Approximate area of
Emperor Penguin Colony

Overflight below 750m (2500ft)
prohibited within this area (see text)

Rich plant growth

Adelie
Penguin Colony

Skua Nesting Area

Helicopter approach
and departure

Helicopter approach and departure

76° 55' 30"S
167° 0' 0"E

76° 56' 41"S
167° 0' 0"E

Imagery: 26 November 2006
Includes material (c) METI and NASA 2006
Projection: Lambert Conformal Conic
        Standard Parallel 1: 76.6°S
        Standard Parallel 2: 79.3°S

Datum: WGS84
Source: Beaufort Island Management Plan

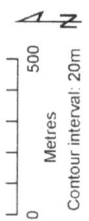

Rich plant growth

Protected area boundary
(includes fast ice occupied
by breeding Emperor penguins)

(H) Designated helicopter pad

◀ Designated camp site

N

0   Metres   500

Contour interval: 20m

Map C - South Beaufort Island, Antarctic Specially Protected Area 105: Site Orthophotograph

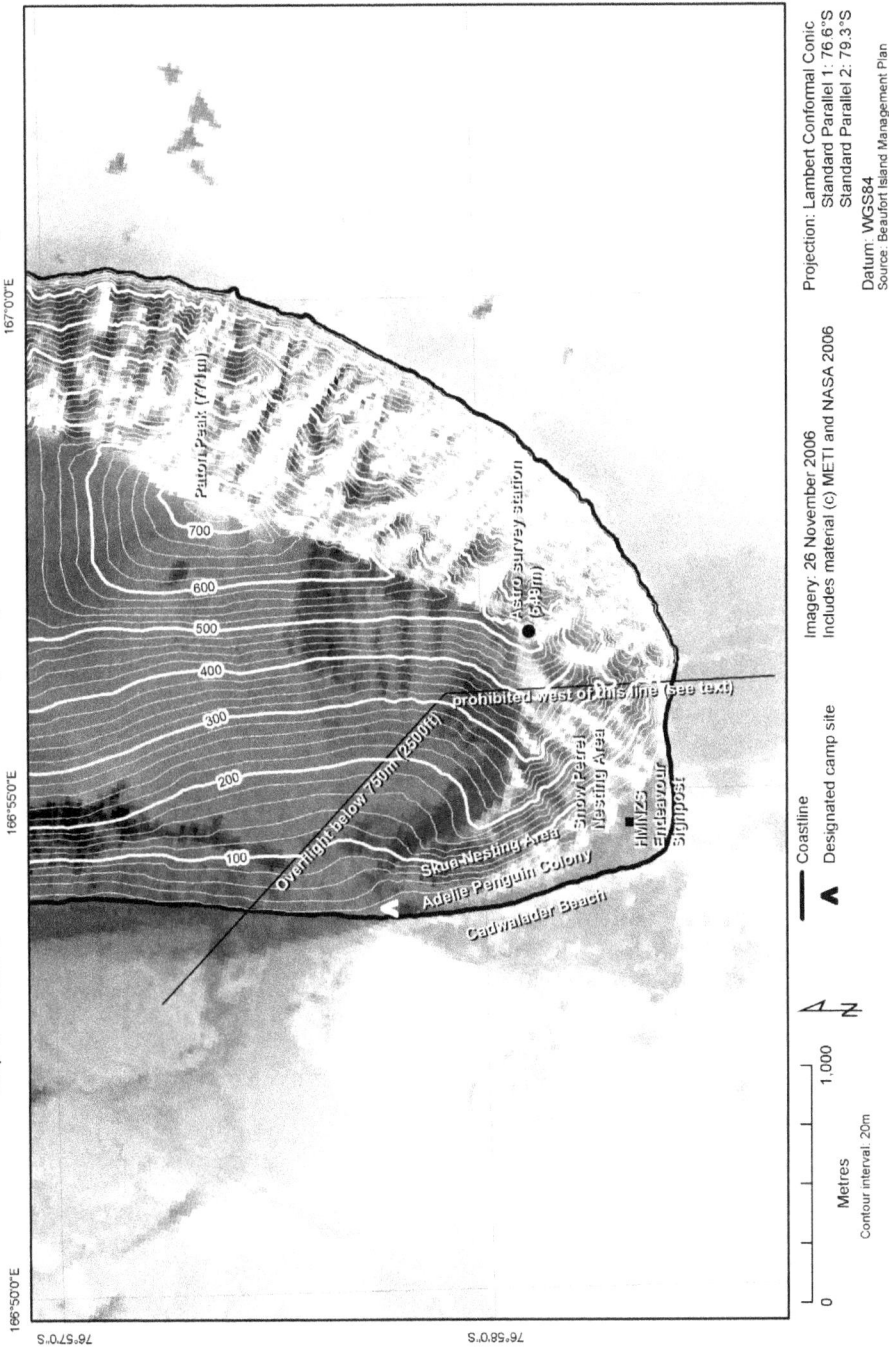

План управления
Особо охраняемым районом Антарктики (ООРА) № 106 «МЫС ХАЛЛЕТТ» (СЕВЕРНАЯ ЧАСТЬ ЗЕМЛИ ВИКТОРИИ, МОРЕ РОССА)
(170°14' в.д., 72°19' ю.ш.)

Введение

Особо охраняемый район Антарктики «Мыс Халлетт» находится на северной оконечности полуострова Халлетт в северной части Земли Виктории (170°13'25" в.д., 72°19'11" ю.ш.). Площадь Района составляет около 0,53 км². Главной причиной определения Района в качестве ООРА является то, что он представляет собой замечательный образец биоразнообразия, в частности богатой и разнообразной наземной экосистемы. На его территории есть небольшой участок особенно богатой растительности, представляющий особую ценность как научный ресурс, который можно использовать для мониторинга изменения растительного покрова Антарктики. Район отличается наиболее разнообразным сообществом членистоногих из всех известных в регионе моря Росса, и это сообщество представляет интерес для науки. Кроме того, в Районе находится крупная гнездовая колония пингвинов Адели (*Pygoscelis adeliae*), насчитывавшая в 2009-10 гг. около 64 000 пар. Сейчас наблюдается повторная колонизация участка, где раньше находилась станция Халлетт (Новая Зеландия/США), и поэтому эта колония представляет особый научный интерес. Мыс Халлетт – единственный охраняемый район в северной части Земли Виктории, где режим охраны был введен с учетом его наземной экосистемы и где находится крупная колония птиц, что делает его важным представителем экосистемы этого региона Антарктики. Район был определен в качестве охраняемой территории на основании Рекомендации IV-7 (1966 г., (Особо охраняемый район (ООР) № 7) по предложению Соединенных Штатов Америки, а его границы были расширены на основании Рекомендации XIII-13 (1985 г.). Район был переименован и изменена его нумерация на основании Решения 1 (2002 г.), а его границы были еще раз расширены на основании Меры 1 (2002 г.), чтобы включить в него колонию пингвинов Адели. В результате площадь Района увеличилась до 75 га. В дальнейшем имело место еще одно изменение границ на основании Меры 5 (2010 г.) с целью исключения Зоны управления и замены ее двумя участками, расположенными за пределами охраняемой территории, управление которыми осуществляется в соответствии с Правилами поведения для посетителей участков в рамках Договора об Антарктике. Один из этих участков, отведенных для посетителей, находится на северном/северо-западном берегу мыса Сиби-Хук, второй – на юго-восточном берегу. Кроме того, была пересмотрена восточная граница, в результате чего площадь Района составила 53 га. В настоящем Плане управления границы района не пересматриваются.

Ранее классификация экологической среды ООРА № 106 в соответствии с Анализом экологических доменов антарктического континента (АЭД, версия 2.0) (Резолюция 3 (2008 г.) не проводилась, а дальнейшие исследования подтвердили, что Район находится в экологической среде U – геология северной части Земли Виктории. Согласно системе классификации Заповедных биогеографических регионов Антарктики Район находится в ЗБРА8 – северное побережье Земли Виктории.

1. Описание ценностей, нуждающихся в охране

Территория площадью около 12 га в районе мыса Халлетт была первоначально определена в качестве Особо охраняемого района на основании Рекомендации IV-7 (1966 г., Особо охраняемый район (ООР) № 7) по предложению Соединенных Штатов Америки ввиду того, что этот район представляет собой замечательный образец биоразнообразия, включающий «небольшой участок особенно богатой и разнообразной растительности, который является местом обитания целого ряда представителей наземной фауны». В предложении особо упоминалась богатая орнитофауна Района, которая, как отмечалось, представляет «огромный научный интерес». Границы Района были расширены на основании Рекомендации XIII-13 (1985 г.), чтобы включить в его состав обширный участок растительного покрова к югу и северу от Района, в результате чего его площадь увеличилась приблизительно до 32 га. Границы были еще раз расширены на основании Меры 1 (2002 г.), чтобы включить в состав Района научные ценности, связанные с колонией пингвинов Адели (*Pygoscelis adeliae*) на местности Сиби-Хук. В результате площадь Района увеличилась до 75 га. В итоге пересмотра границ и зон на основании Меры 5 (2010 г.) площадь Района сократилась до 53 га.

В восточной части Района находится целый ряд местообитаний растительных сообществ, имеющих большое значение как самых крупных, репрезентативных и необычных образцов из всех известных на северной оконечности широтного градиента Земли Виктории и моря Росса. Исследования растительности свидетельствуют о том, что в Районе произрастают пять видов мхов, среди которых доминирует *Bryum subrotundifolium*, и 27 видов лишайников. Несмотря на то, что здесь были идентифицированы только несколько видов водорослей, предполагается, что этот Район отличается большим видовым разнообразием водорослей. Наземные местообитания активно изучались – в последнее время в рамках международного проекта «Широтный градиент» (Италия, Новая Зеландия и США). Участок растительности в восточной части Района представляет особую ценность как научный ресурс, который можно использовать для мониторинга изменения растительного покрова Антарктики, в связи с чем он определен как Зона ограниченного доступа. Этот участок был впервые подробно исследован в 1961-1962 гг. и является ценным ориентиром, по которому можно определять мелкомасштабные изменения растительности.

Получена подробная информация о распределении и численности членистоногих на территории Района, которая также является ценным научным ресурсом. Что касается богатства видов, сообщество членистоногих на мысе Халлетт характеризуется наибольшим видовым разнообразием среди всех известных сообществ в регионе моря Росса: в Районе идентифицированы восемь видов клещей (Acari) и три вида ногохвосток (Collembola). Для двух из них (*Coccorhagidia gressitti* и *Eupodes wisei*) мыс Халлетт является типовым местообитанием.

В годы первых научных исследований в Районе было установлено большое число указателей для обозначения мест, где проводились исследования растительности и птиц. Многие из этих указателей остались на своих местах и теперь являются весьма ценным научным ресурсом для проведения исследований, предусматривающих повторные измерения.

Станция Халлетт был основана Новой Зеландией и Соединенными Штатами Америки в районе Сиби-Хук в 1956 г. в рамках мероприятий Международного геофизического года (МГГ) и с тех пор эксплуатировалась на постоянной основе вплоть до закрытия в 1973 г. Несмотря на то, что все сооружения были вывезены, этот участок по-прежнему представляет собой непреходящую историческую ценность и является объектом наследия, связанным с его предшествующим использованием человеком. В знак признания этих ценностей многие сооружения и артефакты бывшей станции сейчас находятся в Кентерберийском музее г. Крайстчерча. В 2015 г. единственным известным оставшимся объектом, который может иметь историческое и (или) научное значение, было хорошо сохранившееся тело лайки, умершей в 1964 г. Оно находится в защищенном внешней оболочкой деревянном ящике в восточной части Района.

Участок, на котором находилась станция, начали повторно заселять пингвины Адели. История антропогенных воздействий на колонию пингвинов Адели и последующая ликвидация станции в сочетании с наличием надежных и многочисленных исторических данных об изменениях численности популяции пингвинов Адели делают этот участок уникальным и идеальным местом для научного исследования воздействий на эту колонию и ее восстановления после существенного нарушения экосистемы. С учетом этого данный участок представляет большую научную ценность, и для ее сохранения желательно тщательно регулировать и контролировать любое дальнейшее присутствие человека.

В дополнение к экологическим и научным ценностям Район характеризуется уникальными эстетическими ценностями, сочетая в себе богатство биологических ресурсов с впечатляющим окрестным видом фьорда Эдисто-Инлет и горы Хершел (3 335 м). Сиби-Хук является одним из очень немногочисленных относительно доступных участков в северной части моря Росса. Данный участок имеет большое просветительское значение, являясь примером очевидного восстановления экосистемы после закрытия и вывоза станции.

2. Цели и задачи

Управление на мысе Халлетт осуществляется в следующих целях:

- недопущение деградации или возникновения значительной угрозы для ценностей Района за счет предотвращения излишнего нарушения Района человеком;
- создание условий для проведения научных исследований, в частности изучения экологии суши и морских птиц, а также восстановления окружающей среды наряду с предотвращением излишнего отбора образцов в Районе и его нарушения человеком;
- создание условий для проведения других научных исследований при условии, что они не представляют угрозы для ценностей Района;
- недопущение вывоза или перемещения указателей, которые использовались в прошлом при проведении научных исследований и могут пригодиться в будущем для проведения сравнительных исследований;
- создание условий для проведения работ по расчистке и восстановлению территории после вывода из эксплуатации и вывоза бывшей станции Халлетт в соответствии с существующими требованиями, при условии, что воздействие этой деятельности не превзойдет последствий пребывания материалов на месте;
- анализ потенциальных исторических ценностей и любых артефактов, являющихся объектами наследия, до того, как они будут вывезены и (или) утилизированы, наряду с созданием условий для осуществления необходимой расчистки и восстановления этой территории;
- минимизация вероятности интродукции в Район чужеродных растений, животных и микроорганизмов;
- организация посещений для осуществления мер управления в поддержку целей Плана управления.

3. Деятельность по управлению

- Необходимо установить указатели, обозначающие участки, требующие особых мер управления (например, участки проведения мониторинга).
- Указатели, знаки или другие сооружения, возведенные в пределах Района в научных целях или для реализации задач управления, должны быть надежно закреплены, поддерживаться в надлежащем состоянии и удаляться по мере утраты необходимости в них.
- Национальные антарктические программы, осуществляющие деятельность в этом Районе, должны вести учет всех новых указателей, знаков и сооружений, возводимых в Регионе.
- Национальные программы должны обеспечить обозначение границ Района с указанием существующих в его пределах ограничений на выпускаемых ими топографических и гидрографических картах.
- Насколько это возможно, необходимо принимать меры для вывоза небольшого количества отходов, которые все еще остаются на территории Района после вывоза станции Халлетт. Однако это следует делать после проведения консультаций с соответствующим компетентным органом, чтобы не потерять артефакты, которые могут иметь историческую ценность или являться объектами наследия.
- Посещать Район следует по мере необходимости (но не реже одного раза в пять лет), чтобы установить, продолжает ли он служить тем целям, ради которых был определен, и чтобы убедиться в достаточности мер по управлению и поддержанию Района в надлежащем состоянии.
- Национальные антарктические программы, осуществляющие деятельность в этом регионе, должны проводить совместные консультации, чтобы обеспечить соблюдение вышеизложенных положений.

4. Период определения

Определен на неограниченный период времени.

5. Карты

Карта 1: Особо охраняемый район Антарктики № 106 «Мыс Халлетт»: карта региона.

Параметры карты: проекция: равноугольная коническая проекция Ламберта; стандартные параллели: 1-я 72°20' ю.ш.; 2-я 72°30' ю.ш; центральный меридиан: 170°00' в.д.; начало отсчета широты: 72°00' ю.ш.; сфероид и горизонтальный датум: WGS84; высота сечения рельефа: 200 м.

Карта 2: Особо охраняемый район Антарктики № 106 «Мыс Халлетт»: маршруты доступа по воздуху.

Параметры карты: проекция: равноугольная коническая проекция Ламберта; стандартные параллели: 1-я 72°19' ю.ш.; 2-я 72°19'30" ю.ш.; центральный меридиан: 170°13'30" в.д.; начало отсчета широты: 72°00' ю.ш.; сфероид: WGS84; датум: геодезическая станция «Фишер» Геологической службы США 1989/90 гг.: координаты в системе координат ITRF93: 170°12'39.916" в.д., 72°19'06.7521" ю.ш.

Карта 3: Особо охраняемый район Антарктики № 106 «Мыс Халлетт»: топографическая карта.

Параметры карты те же, что и для карты 2. Высота сечения рельефа: 5 м. Изолинии получены с помощью цифровой модели местности, на базе которой составлена ортофотография в масштабе 1:2500 с точностью выражения в координатах ±1 м (по горизонтали) и ±2 м (по вертикали) и пиксельным разрешением на местности 0,25 м.

Карта 4: Особо охраняемый район Антарктики № 106 «Мыс Халлетт»: район бывшей станции Халлетт.

Параметры карты те же, что и для карты 2.

6. Описание Района

6(i) Географические координаты, специальные знаки и характерные естественные признаки, определяющие границы района

Границы и координаты

Мыс Халлетт расположен на южной границе бухты Моубрей (северная часть Земли Виктории, западный регион моря Росса) (карта 1). Охраняемая территория занимает большую часть свободного от ледникового покрова неровного выступа невысокой местности, известного как Сиби-Хук, и охватывает примыкающие к нему западные склоны северной оконечности полуострова Халлетт, начинающегося к востоку от бухты Уиллетт и доходящего до границы вечных ледников (карты 1-3).

Северная граница Района идет вдоль северного берега Сиби-Хук от точки с координатами 170°14'25,5" в.д., 72°19'05,0" ю.ш. до восточного края колонии пингвинов Адели в точке с координатами 170°14'19,3" в.д., 72°19'04,9" ю.ш. (карта 3). Оттуда граница идет по краю гнездовой части колонии пингвинов Адели (по состоянию на 2009 г.), не подходя к колонии ближе, чем на 5 м, и доходит до точки с координатами 170°12'25,3" в.д, 72°19'07,9" ю.ш. (карта 4).

От точки с координатами 170°12'25,3" в.д., 72°19'07,9" ю.ш. граница простирается на 33 м строго на запад к берегу до точки с координатами 170°12'21,8" в.д, 72°19'07,9" ю.ш. (карта 4). От этой береговой точки граница Района продолжает идти на юг, отслеживая очертания западного и южного берегов Сиби-Хук, до точки с координатами 170°12'54,3" в.д., 72°19'19,1" ю.ш., которая находится рядом с южной оконечностью выступа (карта 3). Оттуда граница идет на север, огибая край гнездовья и не подходя к колонии ближе, чем на 5 м, по юго-восточной части Сиби-Хук к точке с координатами 170°12'58,7" в.д., 72°19'15,3" ю.ш. (карта 3). От этой береговой точки граница Района продолжает идти на север, отслеживая линию отлива на восточном берегу Сиби-Хук, а затем – линию отлива вдоль берега бухты Уиллетт, доходя до южной границы в точке с координатами 170°13'24,9" в.д., 72°19'28,0" ю.ш. (карта 3).

От точки с координатами 170°13'24,9" в.д., 72°19'28,0" ю.ш. граница идет на восток к леднику Борнманн, следуя вдоль сезонного водотока, стекающего с ледника. Восточная граница Района идет на север вдоль края ледника и постоянного ледникового покрова на высоте приблизительно 120-150 м, пересекая крутые западные склоны полуострова Халлетт и отслеживая верхние обнажения ряда скалистых гряд, разрезающих эти склоны. Затем граница спускается вниз к северному берегу Сиби-Хук, соединяясь с ним у подножья скалистой стены в точке с координатами 170°14'25,5" в.д, 72°19'05,0" ю.ш. (карта 3).

Климатические условия

Район Сиби-Хук окружен морским льдом примерно 8 месяцев в году. Ежегодный взлом морского льда обычно начинается в конце декабря - начале января, а новый ледяной покров формируется в начале марта. Летом температура колеблется от 4°С до -8°С, а среднегодовая температура составляет -15,3°С. Ветры дуют, главным образом, с юга. Летом часто выпадают осадки в виде снега, а годовое количество осадков составляет около 18,3 см в водном эквиваленте.

Геология, геоморфология, почвы и пресноводная среда

Рельеф Района определяется большой плоской поверхностью выступа и примыкающей к нему крутой каменистой осыпью, образующей часть западных склонов северной части полуострова Халлетт. Сиби-Хук сформирован крупнозернистыми вулканическими отложениями на нескольких грядах пляжа и отличается плавной волнообразной поверхностью, где холмики чередуются с низинами и несколькими ровными участками. Летом во многих низинах скапливается талая вода, и их заселяют плотные колонии водорослей. На северо-востоке Района с западных склонов полуострова Халлетт в бухту Уиллетт стекает небольшой талый водоток. Содержание влаги в почвах мыса Халлетт выше, чем в южной части Земли Виктории. Подповерхностный слой почвы обычно насыщается после снегопада, и летом грунтовые воды находятся на глубине от 8 до 80 см ниже уровня поверхности. Под почвенным слоем Сиби-Хук приблизительно на глубине 1 м находится вечная мерзлота (Hofstee *et al.* 2006). Почвы на участках, занятых пингвинами, или находящиеся под воздействием воды, стекающей с занятых пингвинами участков, являются по своему характеру орнитогенными и были отнесены к категории Typic Haplorthels на возвышенностях и к категории Typic Aquorthels между возвышенностями (Hofstee *et al.* (2006). Почвы на участках, не подверженной влиянию колонии пингвинов, были отнесены указанными выше авторами к категории Typic Haplothels, а на одном участке со структурной почвой – к категории Typic Haploturbels.

Растительность

На более влажных участках Района в состав водорослевой флоры входят главным образом пластинчатая зеленая водоросль *Prasiola* crispa и вид *Protococcus* в сочетании с нитчатыми и сине-зелеными водорослями (вид *Ulothrix)*, а также цианобактериями (например, *Nostoc*). Предполагается, что здесь могут быть и некоторые другие виды водорослей, однако лишь немногие из них идентифицированы на данный момент.

За исключением таких водорослей, как *Prasiola*, растительность на территории Района встречается в основном на свободном от ледникового покрова участке, не занятом гнездящимися пингвинами Адели, т.е. на участке, расположенном восточнее бухты Уиллетт и южнее 72°19'10"ю.ш. Эта территория представляет собой полосу относительно ровной поверхности длиной 100-200 м, которая примыкает к бухте Уиллетт и далее поднимается под бóльшим углом к гребню гряды полуострова Халлетт. На этой полосе ровной поверхности расположен ряд сухих холмиков из гравия высотой до 1,5 м, многие из которых заняты гнездящимися поморниками, а в северной части старые отложения из гуано указывают на то, что раньше здесь обитали пингвины Адели. У основания холмиков можно встретить небольшие скопления мхов и водорослей, однако их верхушки лишены растительности. На устойчивых плоских участках гравия, расположенных в северной части ровной поверхности с высоким уровнем грунтовых вод, находятся обширные колонии мха, а на более грубых и менее ровных участках рыхлых горных пород в южной части встречаются отдельные пятна мхов, водорослей и лишайников. По мере дальнейшего подъема мхи встречаются все реже, за исключением единственного очень плотного и большого скопления площадью около 3 900 м², которое почти полностью покрывает субстрат и находится в неглубокой лощине на склоне каменистой осыпи в южной части Района (карта 3). На карте 3 показаны только самые плодородные участки.

На территории Района зарегистрированы пять видов мхов (см. таблицу 1). Среди мхов в Районе доминирует *Bryum subrotundifolium*. Присутствие *Bryum subrotundifolium* на территории, столь интенсивно удобренной птицами, делает Район великолепным образцом участка растительности, сформировавшейся под влиянием орнитофауны. Кроме того, присутствие на этом участке *Bryum pseudotriquetrum* практически в чистом виде – необычное явление для данного региона.

Крутой склон осыпи, примыкающий к довольно плоской поверхности, рассечен неглубокими оврагами и небольшими грядами, включая ряд заметных выходов коренных пород. На этих выходах породы (особенно в северной части Района) встречаются большие скопления лишайников и отдельные пятна мхов, причем во многих местах они покрывают от 70 до 100% поверхности. На территории Района зарегистрированы двадцать семь видов лишайников (см. таблицу 1). Наличие азотоустойчивых лишайников, таких как *Xanthomendoza borealis* и виды *Caloplaca, Candelariella, Physcia* и *Xanthoria,* наблюдается в непосредственной близости от территории гнездования пингвинов (Crittenden *et al.* 2015).

На территории Района зарегистрированы восемь видов клещей и три вида ногохвосток (см. таблицу 1) (Sinclair et al. 2006). *F. grisea* встречается главным образом на склонах каменистой осыпи и прилегающих к ней ровных участках. *C. cisantarcticus,* согласно имеющимся данным, ассоциируется со мхом и часто встречается на ровных участках, в то время как *D. klovstadi* встречалась в больших количествах под камнями на склонах. На территории мыса Халлетт были обнаружены четыре вида нематод (см. таблицу 1), среди которых наиболее распространенным и преобладающим видом является *Panagrolaimus davidi* Timm (Raymond *et al.* 2013).

Таблица 1. Виды мхов, лишайников и беспозвоночных, зарегистрированные на территории ООРА № 106 «Мыс Халлетт»

Мхи a	Лишайники a, b, c, d	Беспозвоночные
		Клещи e
Bryum subrotundifolium	*Acarospora gwynnii*	*Coccorhagidia gressittii*
Bryum pseudotriquetrum	*Amandinea petermannii*	*Eupodes wisei*
Ceratodon purpureus	*Amandinea coniops*	*Maudheimia petronia*
Вид *Grimmia*	*Buellia frigida*	Вид *Nanorchestes*
Sarconeurum glaciale	*Caloplaca athallina*	*Stereotydeus belli*
	Caloplaca citrina	*S. punctatus*
	Caloplaca saxixola	*Tydeus setsukoae*
	Candelaria murrayi	*T. wadei*
	Candelariella flava	
	Lecanora chrysoleuca	
	Lecanora expectans	**Ногохвостки** e
	Lecanora mons-nivis	*Cryptopygus cisantarcticus*
	Lecanora physciella	*Friesea grisea*
	Lecidea cancriformis	*Desoria klovstadi*
	Lecidella greenii	
	L. siplei	**Нематоды** f
	Physcia caesia	*Eudorylaimus antarcticus* (Steiner) Yeates
	Pleopsidium chlorophanum	*Panagrolaimus davidi* Timm
	Rhizocarpon geographicum	Вид *Plectus*
	Rhizoplaca chrysoleuca	*Scottnema lindsayae* Timm
	Rhizoplaca macleanii	
	Rhizoplaca melanophthalma	
	Umbilicaria decussata	
	Usnea sphacelata	
	Xanthomendoza borealis	
	Xanthoria elegans	
	Xanthoria mawsonii	

Источники:

a T.G.A. Green, University of Waikato, New Zealand and R. Seppelt, Australian Antarctic Division, 2002;b Smykla *et al.* 2011; c Ruprecht *et al.* 2012; d Crittenden *et al.* 2015; e Sinclair *et al.* 2006; f Raymond *et al.* 2013.

Птицы

На территории Сиби-Хук находится одна из самых больших колоний пингвинов Адели в регионе моря Росса; за 14 сезонов наблюдений в период с 1981 г. по 2012 г. средняя численность гнездящихся здесь пингвинов Адели (*Pygoscelis adeliae*) составила 42 628 пар (Lyver *et al.* 2014). В сезоне 2009/10 гг. численность гнездящихся птиц составила приблизительно 63 971 пар (общая численность по результатам непосредственного наземного учета гнездовий в сочетании с воздушной и наземной фотосъемкой в период с 26 ноября по 3 декабря 2009 г.; неопубликованные данные ERA 2010 г.). Кроме того, на территории Сиби-Хук раньше находилась станция Халлетт, которая принадлежала США и Новой Зеландии и действовала в период с 1956 по 1972 гг. В период эксплуатации сама станция и связанные с ней объекты инфраструктуры занимали территорию суши площадью 4,6 га, которую раньше занимала гнездовая колония пингвинов Адели. Основание в 1956 г. станции Халлетт было сопряжено с насильственным вытеснением 7 580 пингвинов, включая 3 318 птенцов, для освобождения участка площадью 0,83 га для расчистки территории бульдозерами и возведения зданий. Основание станции Халлетт и ее эксплуатация оказали сильное воздействие на колонию пингвинов, численность которой сократилась с 62 900 пар в 1959 г. до 37 000 пар в 1968 г., хотя к 1972 г. она вновь увеличилась до 50 156 пар. Возможно, колебания численности пингвинов усилились под влиянием изменений в состоянии морского ледяного покрова, которые были зарегистрированы на территории всего региона. К 1987 г., после закрытия станции в 1973 г., колония увеличилась почти до уровня 1959 г; однако лишь немногие участки, которые к тому времени испытали воздействие человека, были повторно заселены в полном объеме. В настоящее время территория, на которой ранее размещалась станция, частично повторно колонизирована, хотя по оценкам, проведенным в сезон размножения 1998/99 гг., численность пингвинов составила 39 014 гнездящихся пар, а авиаучет численности, проведенный в 2006/2007 гг. в рамках долгосрочной программы, зарегистрировал всего лишь 19 744 гнездящихся пар (Lyver and Barton, 2008, неопубликованные данные). Согласно данным учета, проведенного в конце 2009 г., численность пингвинов Адели составила 63 971 гнездящуюся пару (неопубликованные данные ERA 2010 г.), что сопоставимо с численностью, зарегистрированной на территории Сиби-Хук на момент строительства станции Халлетт.

На территории Района гнездятся южнополярные поморники (*Catharacta maccormicki*). Их популяция сократилась с 181 гнездящейся пары в 1960/1961 гг. до 98 гнездящихся пар в 1968/69 гг. и 1971/72 гг. В январе 1983 г. популяция насчитывала 247 особей (84 гнездящихся пар и 79 негнездящихся птиц). Исследование, проведенное в период с 27 ноября по 2 декабря 2009 г., показало, что в районе Сиби-Хук обитают 14 гнездящихся пар и 66 особей. Еще 23 гнездящиеся пары и 92 особи были зарегистрированы к востоку от бухты Уиллет, что дает, в общей сложности, 37 гнездящихся пар и 158 особей, или в итоге 232 птицы по состоянию на 2009/10 гг. На территории Района помечены и пронумерованы примерно 250 гнезд поморников; эти указатели не подлежат ни нарушению, ни удалению.

В конце декабря в окрестностях Района были зарегистрированы императорские пингвины (*Aptenodytes forsteri*), а в конце января и в феврале наблюдались отдельные представители антарктических пингвинов (*Pygoscelis antarctica*). Недалеко от мыса Халлетт через фьорд Эдисто-Инлет гнездятся качурки Вильсона (*Oceanites oceanicus*) и снежные буревестники (*Pagodroma nivea*); в декабре 2009 г. большое количество снежных буревестников было отмечено в районе скал на мысе Халлетт, из чего можно сделать заключение об их возможном размножении на этом участке. В окрестностях Района часто встречались южные гигантские буревестники (*Macronectes giganteus*), хотя в последние годы их число сократилось – возможно, из-за сокращения численности более северных популяций. Здесь часто встречаются тюлени Уэдделла (*Leptonychotes weddellii*); они выводят потомство во фьорде Эдисто-Инлет, и их видели на берегу Сиби-Хук. К числу других млекопитающих, которые нередко встречаются на берегу, относятся морские леопарды (*Leptonyx hydrurga*) и малые полосатики (*Balaenoptera acutorostrata*).

Деятельность человека и антропогенные воздействия

Станция Халлетт была создана Новой Зеландией и Соединенными Штатами Америки в районе Сиби-Хук в 1956 г. в рамках мероприятий Международного геофизического года. Она эксплуатировалась на постоянной основе вплоть до закрытия в феврале 1973 г. и способствовала осуществлению целого ряда мероприятий, включая экспедицию на гору Хершел под руководством сэра Эдмунда Хилари, организованную в 1967/68 гг. Строительство станции оказало значительное воздействие на окружающую среду, поскольку с этого участка пришлось вытеснить почти 8 000 пингвинов Адели. Начиная с 1984 г., на станции проводились работы по расчистке территории, а в 2001 г. Новая Зеландия и США приняли совместный многолетний план экологической реабилитации территории станции и окрестностей. Работы по восстановлению окружающей среды продолжались в 2003/04 и

2004/05 гг., когда были снесены и вывезены большинство оставшихся сооружений, а последние оставшиеся объекты были вывезены в конце января 2010 г. Многие сооружения и артефакты с бывшей станции Халлетт сейчас находятся в Кентерберийском музее г. Крайстчерча.

Некоторые материалы, связанные с бывшей станцией, все еще разбросаны по территории Района, в том числе куски древесины и металлической проволоки, а также металлические бочки. Многие из этих предметов прочно засели в грунте. Кроме того, в восточной части Района находится хорошо сохранившееся тело лайки, умершей в 1964 г. Оно находится в защищенном внешней оболочкой деревянном ящике, заваленном камнями (карта 3).

В рамках восстановительных работ на территории, где сохранились следы старой станции, были сооружены холмики, чтобы стимулировать повторную колонизацию этого участка пингвинами Адели, и теперь значительная часть этой территории занята птицами (карта 4). История воздействий человека на колонию пингвинов Адели и ее последующего восстановления придает этому участку большое научное значение с точки зрения изучения воздействий на эту колонию и ее восстановления после значительного нарушения экосистемы.

6(ii) Доступ в Район

Доступ в Район может осуществляться по воздуху, по морю или в пешем порядке по морскому льду. Обычно морской ледовый покров у мыса Халлетт начинает вскрываться в конце декабря – начале января, а новый ледяной покров, как правило, формируется в начале марта. Участки морского льда, потенциально характеризующиеся большей стабильностью и более подходящие для посадки воздушных судов, находятся к юго-западу от Сиби-Хук в защищенном от ветра фьорде Эдисто-Инлет. Однако морской лед во фьорде Эдисто-Инлет может быстро разрушиться даже в начале сезона, и поэтому следует проявлять осторожность.

Сезон гнездования у пингвинов Адели и поморников, обитающих на территории Района, продолжается с октября по март. В этот период при наличии подходящих ледовых условий посадка самолетов допускается на любом участке на рекомендуемом удалении более ½ морской мили (~930 м) от колонии пингвинов, о чем содержатся соответствующие указания в разделе 7(i) и отметки на карте 2. Если посадка на удалении более ½ морской мили небезопасна или невозможна, допускается посадка самолетов на любом участке на удалении более ¼ морской мили (~460 м) от колонии пингвинов Адели на Сиби-Хук. Доступ в Район от места посадки самолета можно осуществлять на вертолете или пешим порядком по морскому льду.

Посадка вертолетов допускается на любом участке на рекомендуемом удалении более ½ морской мили (~930 м) от колонии пингвинов, за исключением случаев небезопасности или невозможности такой посадки. В этом случае можно использовать специально выделенную площадку для посадки вертолетов на территории Района, которая находится в бухте Уиллетт в точке с координатами 170°13,579' в.д, 72°19,228' ю.ш. Вертолеты должны заходить на посадку на выделенную площадку с юга и следовать вдоль восточного берега бухты Уиллетт (карта 2). Временами выделенная в бухте Уиллетт площадка для посадки вертолетов подвержена затоплению во время высоких приливов.

При осуществлении доступа в Район по воде высадку на берег с маломерных судов можно производить в любой точке Района, однако при доступе в Район на маломерных судах с разбивкой лагеря высадка на берег должна производиться в бухте Уиллетт. По имеющимся сообщениям, у обращенного к морю края Сиби-Хук наблюдаются сильные течения и водовороты, что может затруднить высадку на берег с маломерных судов. В бухте Уиллетт и с подветренной стороны Сиби-Хук море обычно спокойнее.

В Район можно добраться пешком по морскому льду.

6(iii) Места расположения сооружений в пределах и вблизи Района

Станция Халлетт на Сиби-Хук была основана в декабре 1956 г. и закрыта в феврале 1973 г. К 1960 г. здания и сооружения станции Халлетт занимали территорию площадью 1,8 га, а относящиеся к ней дороги, мусорные свалки, склады ГСМ и радиоантенны – еще 2,8 га. Станция функционировала круглый год до 1964 г., после чего она эксплуатировалась только в летний сезон вплоть до своего закрытия. После 1984 г. начались поэтапные работы по демонтажу станции, и к 1996 г. на участке осталось только шесть сооружений, включая большую топливную цистерну емкостью 378 500 л (100 000 галлонов). Остатки жидкого топлива в этой цистерне были вывезены в феврале 1996 г. Дальнейшие работы по расчистке территории проводились в 2003/04 и 2004/05 гг. с целью вывоза из Района всех оставшихся сооружений, включая саму топливную цистерну, а также загрязненную почву. Все оставшиеся существенные объекты были вывезены из Района 30-31 января 2010 г.

Примерно в 50 м к северу от площадки, предназначенной для разбивки лагерей, находятся расположенные на расстоянии 10 м друг от друга две автоматические метеостанции, принадлежащие США (Программа долгосрочных экологических исследований в Сухих долинах Мак-Мердо) и Новой Зеландии (Национальный институт водных и атмосферных исследований) (карта 3). Примерно в 50 м к югу от площадки, предназначенной для разбивки лагерей, внутри обваловки находится склад горючего, принадлежащий Новой Зеландии и состоящий из нескольких топливных бочек. Рядом с большой скалой на востоке Района находится заваленный камнями и защищенный внешней оболочкой ящик с останками лайки, умершей в 1964 г. (карта 3).

Геодезическая станция «Фишер» Геологической службы США (карты 3 и 4) представляет собой стандартный антарктический латунный планшет с оттиском "FISHER 1989-90", который установлен заподлицо с верхней поверхностью большого бетонного блока (2 x 1 x 1 м) на отметке 2,15 м. Этот репер находится примерно в 80 м к югу от аварийного запаса продовольствия и снаряжения и в 140 м от северо-западного берега Сиби-Хук. После повторной колонизации территории старой станции пингвинами репер оказался в центре небольшой субколонии пингвинов Адели, и поэтому летом он, скорее всего, будет окружен гнездящимися птицами. На территории бывшей станции находится аварийный запас снаряжения и продовольствия, состоящий из большого ящика (площадь ~ 1,5 кв. м, высота 1 м), выкрашенного сверху в ярко красный цвет, и лежащей рядом небольшой коробки (карта 4).

На территории Района есть ряд указателей, оставшихся от прошлых научных исследований, включая указатели, обозначающие границы участка для мониторинга растительности в пределах Зоны ограниченного доступа. Следует отметить, что не все старые указатели зарегистрированы в документах.

6(iv) Местонахождение других близлежащих охраняемых районов

Ближайшими к мысу Халлетт охраняемыми территориями являются мыс Адэр (ООРА № 159), находящийся в 115 км к северу, гора Риттман (ООРА№ 175), находящаяся приблизительно в 200 км к югу, и гора Мелборн (ООРА № 175) и мыс Эдмонсон (ООРА № 165), которые находятся приблизительно в 290 км к югу.

6(v) Особые зоны Района

Зона ограниченного доступа

Небольшой участок у основания склонов каменистой осыпи на северо-востоке Района определен Зоной ограниченного доступа в целях сохранения части Района в качестве контрольного участка для дальнейшего проведения сравнительных исследований растительности. Посещение Зоны ограниченного доступа допускается только для выполнения неотложных научных задач, которые невозможно выполнить в других местах на территории Района. Оставшаяся часть Района в целом может использоваться для осуществления научных программ и сбора образцов.

В 1963 г. Рудольф (Rudolph, 1963) составил подробную карту участка растительности размером примерно 28 м x 120 м для его последующего изучения. В 2006 г. Брабин (Brabyn et al., 2006) изменил границы и составил новую карту этого участка, чтобы произвести количественную оценку изменений растительности участка за 42 года. Заложенный Рудольфом участок является необычайно ценным ресурсом для мониторинга изменения растительности. Указатели, использовавшиеся в ходе обоих исследований, остаются на своих местах и обозначают границы участка для мониторинга растительности. Северо-восточный угол этого участка отмечен большим валуном, на вершине которого сооружена пирамида из камней. Он находится в точке с координатами 170°14'2.55" в.д., 72°19'11.37" ю.ш. Подробное описание этого участка приведено в работах Рудольфа (Rudolph 1963) и Брабина (Brabyn *et al.* 2006). Рудольф также сфотографировал камни, колонизированные лишайниками, а Брабин (Brabyn et al., 2006) сделал их повторные снимки для определения скорости роста лишайников. Один из таких участков (показан на карте 3) находится в пределах Зоны ограниченного доступа, и его нельзя нарушать.

Зона ограниченного доступа выполняет роль буферного пространства (20 м с северо-запада и 10 м с трех других сторон) для этого участка мониторинга, окружая его в виде прямоугольника шириной 58 м и длиной 140 м. Координаты угловых точек Зоны ограниченного доступа приведены в таблице 2. Для обозначения границ Зоны ограниченного доступа были сооружены несколько пирамид из камней (по возможности они сооружались на имеющихся скалах) (см. карту 3).

Таблица 2. Координаты угловых точек Зоны ограниченного доступа

Угол	Долгота (в.д.)	Широта (ю.ш.)
Северо-восточный	170°14'4.012"	72°19'11.219"
Северо-западный	170°13'58.341"	72°19'10.43"
Юго-западный	170°13'51.901"	72°19'14.479"
Юго-восточный	170°13'57.338"	72°19'15.299"

7. Условия выдачи разрешений для доступа

7(i) Общие условия выдачи разрешений

Доступ в Район возможен только на основании разрешения, выданного соответствующим государственным органом. Условия выдачи разрешения для доступа в Район:

- разрешение выдается в научных или просветительских целях, которые не могут быть реализованы в каком-либо ином месте, или же в связи с важной деятельностью по управлению Районом;

- разрешенная деятельность соответствует положениям Плана управления;

- разрешенная деятельность должна пройти оценку воздействия на окружающую среду в контексте поддержания охраны экологических, научных, просветительских, исторических и эстетических ценностей Района;

- разрешение выдается на ограниченный срок;

- при нахождении в Районе необходимо иметь при себе оригинал или копию разрешения.

7(ii) Доступ в Район и передвижение в пределах и над Районом

- Доступ в Район может осуществляться на маломерном судне, вертолете или пешком.

- Использование наземных транспортных средств на территории Района запрещено.

- С 1 октября по 31 марта действуют ограничения на полеты воздушных судов: в этот период полеты и посадки воздушных судов должны производиться в строгом соответствии с указанными ниже условиями.:

    - Полеты над территорией Района на высоте менее 2000 футов (~610 м) запрещены за исключением случаев, когда это оговорено в разрешении для реализации целей, предусмотренных Планом управления.

    - Настоятельно рекомендуется избегать пролетов над территорией и посадок туристических воздушных судов в пределах ½ морской мили (~930 м) от колонии пингвинов Адели на Сиби-Хук.

    - По возможности следует избегать посадок в пределах ½ морской мили (~930 м) от колонии пингвинов Адели на Сиби-Хук.

- При посадках на удалении более ½ морской мили (~930 м) от колонии пингвинов Адели места посадок допускается выбирать в зависимости от целей посещения и местных условий.

- Главная посадочная площадка (170°11.460' в.д., 72°19.686' ю.ш.), указанная на карте 2, находится на кратчайшем расстоянии (если идти по прямой по морскому льду) от выделенной площадки для разбивки лагерей. Приземляться на этой площадке можно в том случае, если это позволяют местные условия.

- Если посадка на удалении более ½ морской мили от колонии пингвинов Адели небезопасна или невозможна (например, по причине отсутствия или плохого состояния морского льда, неблагоприятных погодных условий или наличия настоятельной необходимости в доставке тяжелого оборудования), действуют указанные ниже положения.

САМОЛЕТЫ

- Самолетам разрешается производить посадку на удалении более ¼ морской мили (~460 м) от колонии пингвинов Адели.
- Самолетам не следует производить посадку в бухте Уиллетт.

ВЕРТОЛЕТЫ

- Вертолеты должны производить посадку на выделенной площадке в бухте Уиллет (170°13.579' в.д., 72°19.228' ю.ш.) (см. карту 2) либо на суше, либо на морском льду рядом с площадкой для разбивки лагерей.

- Временами посадочная площадка подвержена затоплению во время высоких приливов. В этом случае можно производить посадку на ближайших сухих участках, избегая растительного покрова и, по возможности, оставаясь на гравийном пляже к югу от выделенной посадочной площадки как можно ближе к береговой линии. Следует избегать посадок на меньшем удалении от колонии пингвинов Адели.

- По мере возможности вертолеты должны придерживаться установленного маршрута захода на посадку. Для вертолетов наиболее предпочтителен заход на посадку с юга от главной посадочной площадки до выделенной посадочной площадки вдоль южного и восточного берегов бухты Уиллетт (карта 2).

• Какие-либо особые ограничения относительно мест высадки с маломерных судов для доступа в Район отсутствуют, однако в случае высадки с маломерных судов с целью разбивки лагеря высадку на берег следует производить в бухте Уиллетт, чтобы избежать переноски полевого снаряжение через колонию пингвинов Адели.

• Посещение Зоны ограниченного доступа допускается только для выполнения неотложных задач, которые невозможно реализовать в других местах на территории Района.

• Все посетители должны следить за тем, чтобы их передвижение в районе площадки для разбивки лагерей ограничивалось полосой вдоль линии берега, чтобы не вытаптывать внутренние участки, где летом скапливается влага и находятся крупные колонии самых разных растений и беспозвоночных, являющихся предметом текущих научных исследований.

• Находясь внутри колонии пингвинов, посетители не должны заходить в подгруппы гнездящихся пингвинов, за исключением случаев, когда это необходимо для проведения научных исследований, или в целях управления; по возможности посетители должны перемещаться по прибрежной полосе Сиби-Хук и (или) вокруг подгрупп или между ними. От северо-западного угла бухты Уиллетт тянутся следы старой станционной дороги, ведущей к территории бывшей станции, которые представляют собой довольно широкий коридор, где пешеходы могут оставаться на достаточно большом расстоянии от гнездящихся птиц.

• Посетителям следует избегать хождения по склонам каменистой осыпи на востоке Района, за исключением случаев, когда это необходимо для выполнения важных научных задач или в целях управления; каменистые осыпи являются чувствительными и легко уязвимыми местами обитания разнообразных сообществ флоры и фауны.

• Движение пешеходов должно быть сведено к минимуму, необходимому для достижения целей любой разрешенной деятельности; при этом следует принимать все возможные меры для минимизации воздействий. Посетители не должны ходить по видимой растительности. Необходимо соблюдать меры предосторожности при ходьбе по участкам с влажным грунтом и по склонам каменистой осыпи, где пешеходы могут легко повредить чувствительные почвы и сообщества растений.

7(iii) Разрешаемая деятельность в Районе

• Научные исследования, не представляющие угрозу для ценностей Района.

• Важные меры управления, включая оценку или ликвидацию воздействий и мониторинг.

• Деятельность, осуществляемая в образовательных целях (например, составление отчетных документов (фотографии, аудиозаписи или письменные материалы), производство образовательных ресурсов или оказание образовательных услуг, или обучение сотрудников программ применению методов реабилитации территорий), достижение которых невозможно в других местах. Туризм не относится к образовательной деятельности.

• .Деятельность, осуществляемая в целях сохранения или охраны исторических ресурсов Района.

7(iv) Возведение, реконструкция и удаление сооружений

• Возведение сооружений на территории Района допускается только на основании разрешения.

• Любое сооружение или научное оборудование, возведенное или установленное на территории Района, должно быть оговорено в разрешении и иметь четкую идентификацию с указанием страны, Ф.И.О. главного исследователя и года установки. Все установленные объекты должны быть выполнены из материалов, представляющих минимальную опасность с точки зрения загрязнения Района.

• Установка (в том числе, выбор площадки), техническое обслуживание, реконструкция или снос сооружений должны производиться с обеспечением минимального воздействия на флору и фауну.

• Пользоваться аварийным запасом продовольствия и снаряжения следует только в случае возникновения действительно чрезвычайной ситуации, причем о его использовании следует сообщать соответствующему органу с целью пополнения аварийного запаса.

• Вывоз конкретного оборудования с истекшим сроком действия разрешения является обязанностью органа, выдавшего первоначальное разрешение, и является одним из условий выдачи разрешения.

7(v) Размещение полевых лагерей

Размещение постоянных полевых лагерей на территории Района запрещается. Если позволяют условия, временный лагерь желательно разбивать на морском льду в бухте Уиллетт, находящемся за пределами Района. Когда это невозможно, временный лагерь можно разбивать на специально выделенной площадке на восточном берегу в 100 м к югу от внутреннего берега бухты Уиллетт (72°19'13"ю.ш., 170°13'34"в.д.). Этот участок покрыт рыхлым береговым гравием, не заселен птицами или крупными сообществами растений (хотя они встречаются рядом с этим участком) и находится на трассе бывшей станционной дороги (карта 3). В твердый каменистый грунт площадки для разбивки лагерей вбиты колышки для крепления палаток; по возможности следует использовать именно эти колышки.

Площадка для разбивки лагерей находится в непосредственной близости от участков с богатой наземной фауной и флорой, и, если научные задачи не требуют иного, посетители должны ограничить свое передвижение по площадке полосой, протянувшейся вдоль береговой линии. Временами площадка может затапливаться во время высоких приливов. В этом случае лагерь можно перемещать на сухое место, в максимально возможной степени избегая участков с растительным покровом и по возможности оставаясь на гравийном пляже к югу от выделенной площадки для разбивки лагерей, с разбивкой лагеря как можно ближе к береговой линии.

7(vi) Ограничения на ввоз в Район материалов и организмов

В дополнение к требованиям Протокола по охране окружающей среды к Договору об Антарктике на ввоз материалов и организмов в Район распространяются указанные ниже ограничения.:

- Преднамеренная интродукция на территорию Района животных, растительных материалов, микроорганизмов и нестерильной почвы запрещается. Должны приниматься необходимые меры предосторожности по предотвращению непреднамеренной интродукции животных, растительных материалов, микроорганизмов и нестерильной почвы из других биологически отличающихся регионов (подпадающих и не подпадающих под действие Договора об Антарктике).

- Посетители должны обеспечить чистоту оборудования для отбора проб и указателей, ввозимых в Район. Перед осуществлением доступа в Район посетители должны в максимально возможной степени обеспечить чистоту обуви и другого снаряжения и оборудования, используемого или вносимого на территорию Района (включая рюкзаки, сумки и палатки). Посетители должны также изучить и соответствующим образом соблюдать рекомендации, содержащиеся в Руководстве по неместным видам Комитета по охране окружающей среды (КООС, 2011 г.) и Экологическом кодексе поведения при проведении наземных полевых исследований в Антарктике (СКАР, 2009 г.).

- Ввиду наличия на мысе Халлетт гнездовых колоний птиц попадание в окружающую среду Района продуктов из домашней птицы, включая полуфабрикаты, содержащие яичный порошок, и отходы таких продуктов, не допускается.

- Ввоз в Район пестицидов запрещается.

- Хранение горючего, пищевых продуктов, химических веществ и других материалов на территории Района не допускается, за исключением случаев, особо оговоренных в разрешении, или если они входят в состав аварийного запаса продуктов и снаряжения, разрешенного к ввозу компетентным органом. Способы хранения и обращения с этими веществами должны обеспечивать сведение к минимуму вероятности их непреднамеренной интродукции в окружающую среду.

- Все материалы ввозятся только на оговоренный срок и подлежат вывозу до окончания или по истечении этого срока.

- В случае попадания в окружающую среду материалов, способных причинить ущерб ценностям Района, ликвидация последствий рекомендуется только в тех случаях, если ущерб от этих мероприятий не будет превышать ущерба в случае оставления материала на месте.

7(vii) Изъятие местной флоры и фауны или вредное воздействие на них

Изъятие местной флоры и фауны или неблагоприятное воздействие на нее допускается только на основании разрешения, выданного в соответствии со Статьей 3 Приложения II Протокола по охране окружающей среды к Договору об Антарктике. При изъятии животных или неблагоприятном воздействии на них следует как минимум соблюдать требования разработанного СКАР Кодекса поведения при использовании животных в научных целях в Антарктике.

7 (viii) Сбор и вывоз материалов, не доставленных в Район держателем разрешения

- Сбор или удаление с территории Района материалов допускается только в соответствии с условиями разрешения и ограничивается минимумом, необходимым для выполнения научных задач или достижения целей управления. Разрешения не выдаются при наличии обоснованных опасений относительно того, что предполагаемый отбор образцов приведет к изъятию, удалению или нарушению почв, местной флоры или фауны в объеме, способном оказать существенное влияние на их распространение или численность на территории Района.

- Удаление или нарушение указателей и знаков, оставшихся от предшествующих научных исследований на территории Района, допускается только в случаях, особо оговоренных в разрешении.

- Прочие материалы антропогенного происхождения, не являющиеся вышеупомянутыми опознавательными знаками, не имеющие отношения к держателю разрешения, не представляющие исторической ценности, не ввезенные по иному разрешению и способные нанести ущерб ценностям Района, могут быть удалены из Района при условии, что воздействие на окружающую среду при их удалении не будет превышать ущерба от оставления этих материалов на месте; в этом случае необходимо проинформировать компетентный орган и получить его согласие.

- Нарушение, повреждение, удаление или разрушение обнаруженных предметов, которые могут иметь большое историческое значение или являться ценными объектами наследия, не допускается. Любые подобные артефакты подлежат регистрации, а информацию о них следует направлять в компетентный орган для принятии решения об их сохранении или вывозе. Перемещение или вывоз артефактов в целях сохранения, защиты или восстановления допускается только на основании разрешения.

- В восточной части Района в защищенном внешней оболочкой деревянном ящике покоится хорошо сохранившееся тело лайки. Его не следует тревожить до принятия решения о его дальнейшей судьбе.

7(ix) Удаление отходов

Все отходы, включая отходы жизнедеятельности человека, подлежат вывозу из Района.

7(x) Меры по поддержанию реализации целей и задач Плана управления

Разрешения на доступ в Район могут выдаваться в следующих целях:

- для проведения мониторинга и инспектирования Района с возможностью включения в объем работ отбора небольшого количества образцов или сбора данных для анализа или оценки;

- для возведения или поддержания в надлежащем состоянии указательных и опознавательных знаков, сооружений или научного оборудования (конкретные участки долгосрочного мониторинга должны быть надлежащим образом оборудованы опознавательными знаками);

- для проведения охранных мероприятий.

7(xi) Требования к отчетам

- По каждому посещению Района основной держатель разрешения должен представить отчет в соответствующий национальный орган в максимально короткий срок, но, по возможности, не позднее чем через шесть месяцев после завершения посещения.

- Эти отчеты должны содержать, в зависимости от конкретного случая, информацию, указанную в форме отчета о посещении, приведенной в Приложении 2 к Руководству по подготовке Планов управления Особо охраняемыми районами Антарктики (Резолюция 2 (2011 г.). В необходимых случаях национальный компетентный орган должен также направить копию отчета о посещении Стороне, предложившей План управления, в целях оказания помощи в управлении Районом и пересмотре Плана управления.

- Сторонам рекомендуется по возможности размещать оригиналы или копии отчетов о посещении в общедоступном архиве для учета пользования материалами в целях какого-либо пересмотра Плана управления и в качестве организационной меры по использованию Района в научных целях.

- Соответствующие компетентные органы должны быть уведомлены о любых не предусмотренных в выданном разрешении действиях или предпринятых мерах и (или) о любых материалах, которые попали в окружающую среду и не были удалены.

8. Подтверждающая документация

Brabyn, L., Beard, C., Seppelt, R.D., Rudolph, E.D., Türk, R. & Green, T.G.A. 2006. Quantified vegetation change over 42 years at Cape Hallett, East Antarctica. *Antarctic Science* **18**(4): 561–72.

Brabyn, L., Green, T.G.A., Beard, C. & Seppelt, R.D. 2005. GIS goes nano: Vegetation studies in Victoria Land, Antarctica. *New Zealand Geographer* **61**: 139–47.

Crittenden, P.D., Scrimgeour, C.M., Minnullina, G., Sutton, M.A., Tang, Y.S. & Theobald, M.R. 2015. Lichen response to ammonia deposition defines the footprint of a penguin rookery. *Biogeochemistry* **122**: 295–311. doi:10.1007/s10533-014-0042-7

Hofstee, E. H., Balks, M. R., Petchey, F., & Campbell, D. I. (2006). Soils of Seabee Hook, Cape Hallett, northern Victoria Land, Antarctica. *Antarctic Science* **18**(4): 473-486. doi:10.1017/S0954102006000526

Lyver, P.O'B., Barron, M., Barton, K.J., Ainley, D.G., Pollard, A., Gordon, S., McNeill, S., Ballard G. & Wilson, P.R. 2014. Trends in the breeding population of Adélie penguins in the Ross Sea, 1981–2012: a coincidence of climate and resource extraction effects. *PLoS ONE* **9**(3): e91188. doi:10.1371/journal.pone.0091188

Raymond, M.R., Wharton, D.A. & Marshall, C.J. 2013. Factors determining nematode distributions at Cape Hallett and Gondwana station, Antarctica. *Antarctic Science* **25**(3): 347-57.

Rudolph, E.D. 1963. Vegetation of Hallett Station area, Victoria Land, Antarctica. *Ecology* **44**: 585–86.

Ruprecht, U., Lumbsch, H.T., Brunauer, G., Green, T.G.A. & Türk, R. 2012. Insights into the diversity of Lecanoraceae (Lecanorales, Ascomycota) in continental Antarctica (Ross Sea region). *Nova Hedwigia* **94**(3): 287–306. doi:10.1127/0029-5035/2012/0017

Sinclair, B.J., M.B. Scott, C.J. Klok, J.S. Terblanche, D.J. Marshall, B. Reyers & S.L. Chown. 2006. Determinants of terrestrial arthropod community composition at Cape Hallett, Antarctica. *Antarctic Science* **18**(3): 303-12.

Smykla, J., Krzewicka, B., Wilk, K., Emslie, S.D. & Sliwa, L. 2011. Additions to the lichen flora of Victoria Land, Antarctica. *Polish Polar Research* **32**(2): 123-38.

(Обширный список литературы представлен на сайте проекта «Широтный градиент» http://www.lgp.aq)

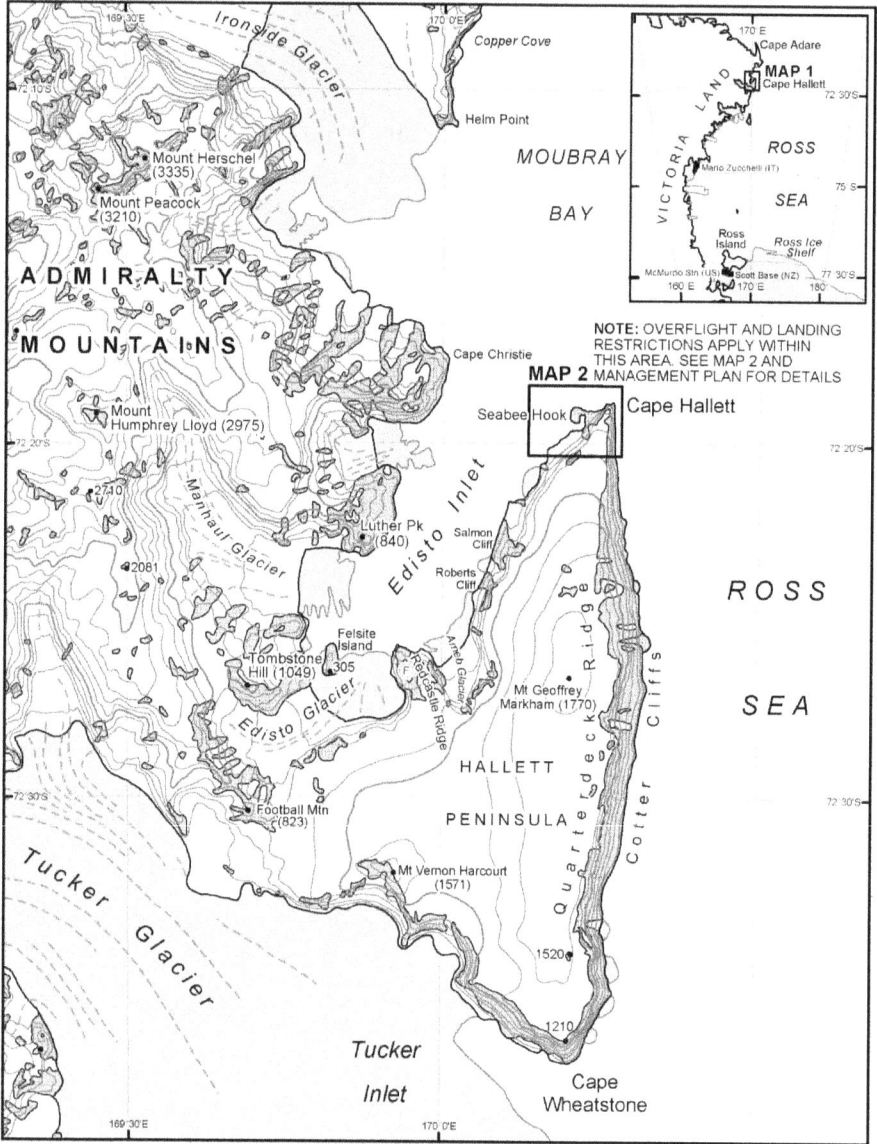

Map 1: ASPA No. 106 - Cape Hallett - Regional Map

02 Mar 2015 (Map ID: 10068 0007 01)
United States Antarctic Program
Environmental Research & Assessment

Permanent ice	Coastline	Glacier flow line
Ice shelf	Index contour (1000m)	Spot height (m)
Ice free ground	Contour (200m)	Fuel cache & geology camp (IT)

Projection: Lambert Conformal Conic
Spheroid and horizontal datum: WGS84
Data: SCAR Antarctic Digital Database v5 (2007)
Contour interval: 200 m; Heights in meters

AIR ACCESS GUIDANCE
ALL AIRCRAFT

+ Overflight of the Protected Area below 2000 ft (~610m) is prohibited, except when specifically permitted for scientific or management purposes;

+ Overflight and landings within ½ nautical mile (~930 m) for tourism purposes are strongly discouraged;

+ Landings within ½ nautical mile (~930 m) of the Adelie colony on Seabee Hook should be avoided wherever possible.

+ Landings beyond ½ nautical mile (~930 m) of the Adelie colony may select landing sites according to visit needs and local conditions. Primary Landing Site is located at position of shortest distance over sea ice to designated camping site.

+ When landings beyond ½ nautical mile (~930 m) of the Adelie colony are considered unsafe or impractical (e.g. because sea ice is absent or poor, if weather conditions are unfavorable, or because there is an important logistic need such as to move heavy equipment), the following conditions apply:

FIXED WING

+ Fixed wing aircraft may land beyond ¼ nautical mile (460 m) of the Adelie colony.

+ Fixed wing aircraft landings should not be made in Willett Cove.

HELICOPTERS

+ Helicopters shall land at the designated site at Willett Cove, either on land or on sea ice adjacent to the campsite.

+ Helicopters should follow the designated access route to the maximum extent practicable.

OVERFLIGHT OF THE AREA BELOW 2000 FT (~610M) IS PROHIBITED UNLESS AUTHORIZED BY PERMIT

MAP 3

NOTE: Skuas breed within the Area

170° 13.579'E
72° 19.228'S

Preferred Helicopter Access Route

Primary Landing Site (approximate)

M O U B R A Y   B A Y

Cape Hallett

Hallett Peninsula

Seabee Hook

Willett Cove

Edisto Inlet

Antarctic Treaty ½ nautical mile (~930m) guideline distance

Legend

- Protected area boundary
- Restricted Zone
- Visitor Site Guidelines areas
- Adelie colony (2009)
- Designated campsite
- Emergency cache

Air Access Guidance
- Preferred landing distance - 1/2 nm
- Preferred helicopter access route

Designated Landing Site
- Fixed Wing
- (H) Helicopter Primary
- (H) Helicopter Secondary

Nautical Miles
Kilometers

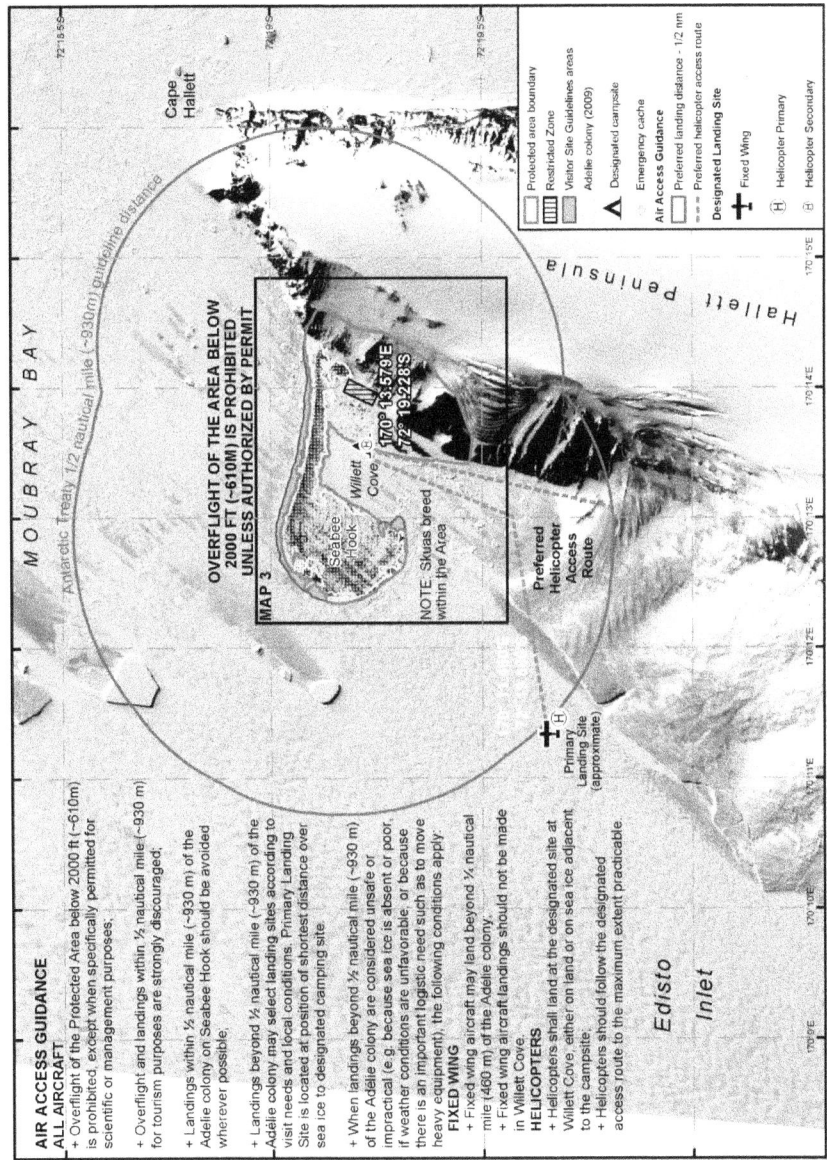

Map 2: ASPA No.106 - Cape Hallett - Air access guidance

Projection: Lambert Conformal Conic

107

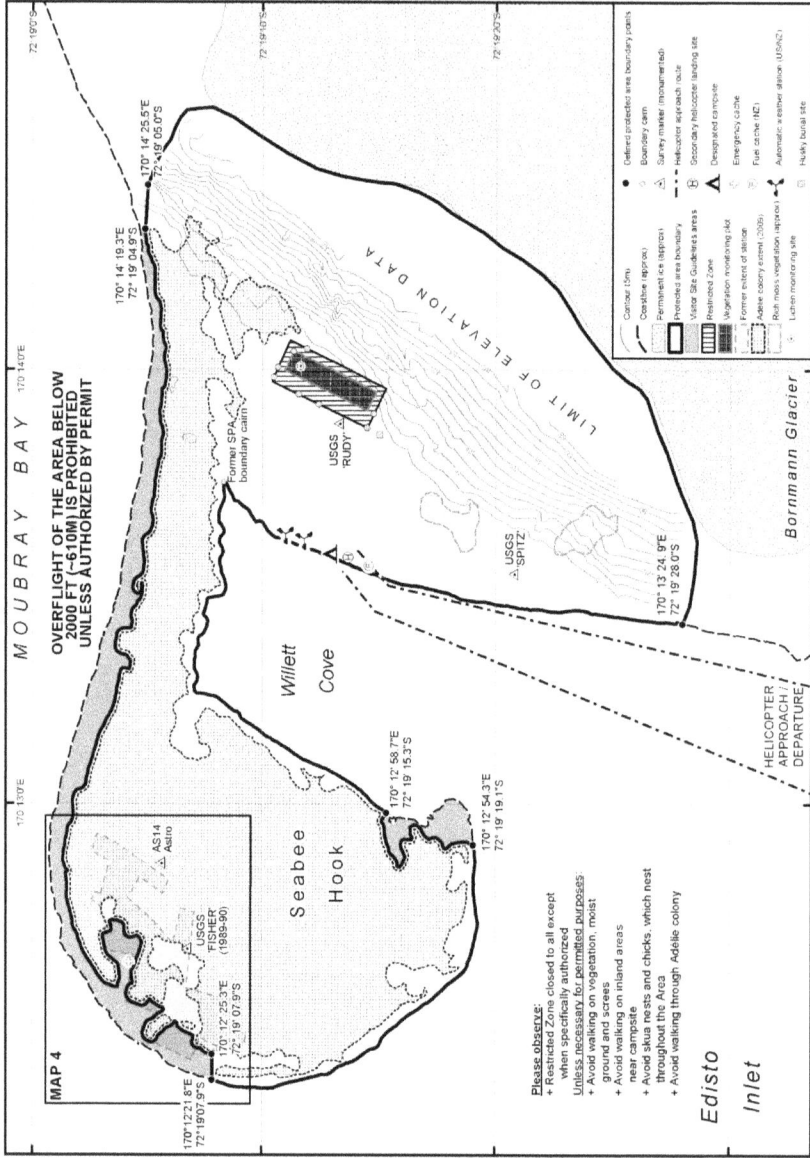

Map 3: ASPA No.106 - Cape Hallett - Topography, boundaries & features

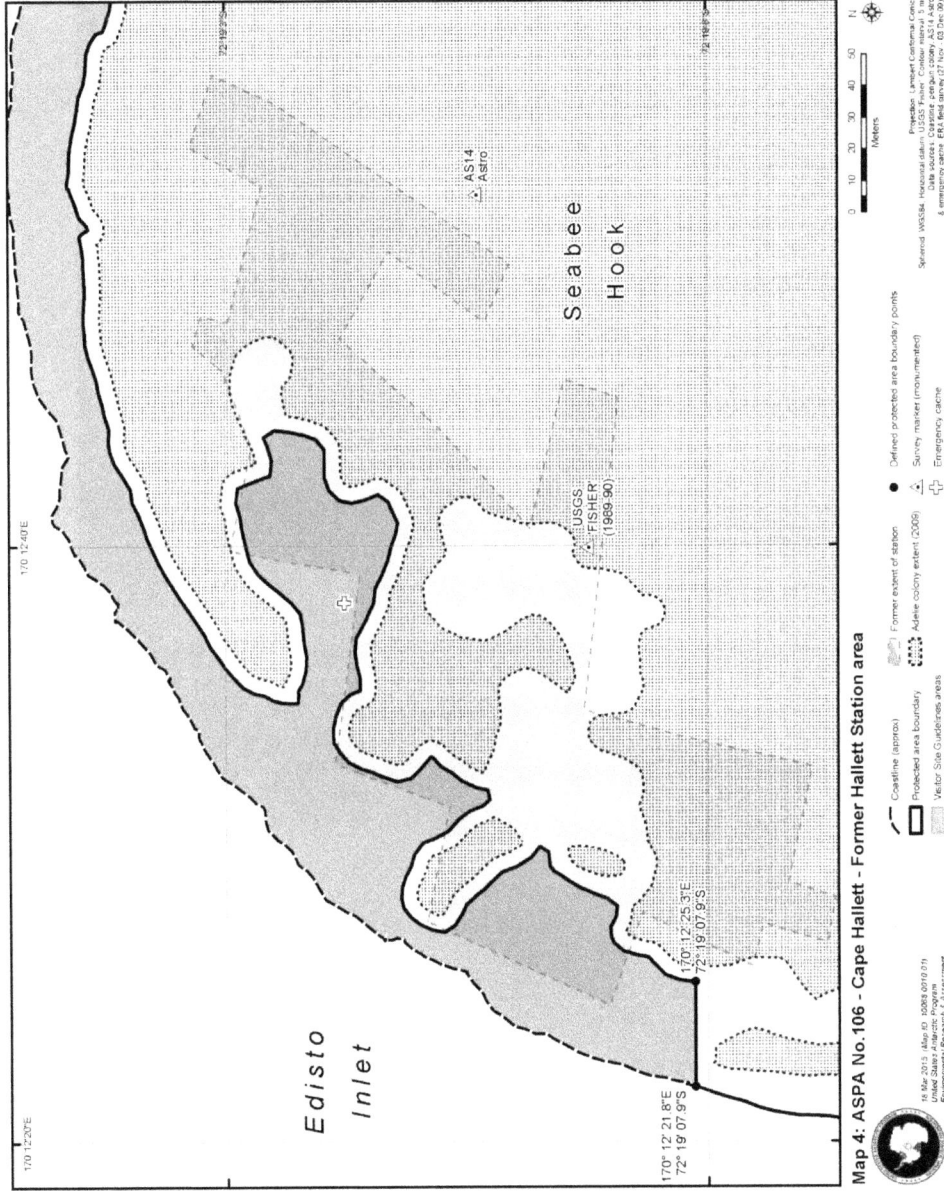

170 12 20'E

170 12 40'E

Edisto
Inlet

Seabee
Hook

AS14
Astro

USGS
FISHER
(1989-90)

170° 12 21.8"E
72° 19 07.9"S

170° 12' 25.3"E
72° 19' 07.9"S

Map 4: ASPA No.106 - Cape Hallett - Former Hallett Station area

16 Mar 2013 (Map ID: 10269 0010 07)
United States Antarctic Program
Environmental Research & Assessment

Coastline (approx)
Protected area boundary
Vector Site Guidelines areas

Former extent of station
Adelie colony extent (2006)

Defined protected area boundary points
Survey marker (monumented)
Emergency cache

Projection: Lambert Conformal Conic
Spheroid: WGS84 Horizontal datum: USGS Fisher Contour interval: 5 m
Data sources: Coastline: penguin colony AS14 ARP
& emergency cache (ERA) field survey (27 Nov - 03 Dec 09)

0   10   20   30   40   50
Meters

План управления

Особо охраняемым районом Антарктики (ООРА) № 119

«ДОЛИНА ДЕЙВИС И ОЗЕРО ФОРЛИДАС»

(МАССИВ ДУФЕК, ГОРЫ ПЕНСАКОЛА)

(82°29' ю.ш., 51°05' з.д.)

Введение

Особо охраняемый район Антарктики (ООРА) «Долина Дейвис и озеро Форлидас» находится на территории массива Дуфек (горы Пенсакола) (82°29'21" ю.ш., 51°04'53" з.д.). Приблизительная площадь: 55,8 км². Главным основанием для определения Района в качества ООРА является то, что на его территории находятся несколько самых южных из известных в Антарктике пресноводных озер с автотрофными микроорганизмами, которые представляют собой уникальный образец пресноводной экосистемы и ее водосборного бассейна, практически не нарушенных человеком. Геоморфология Района является уникальным научным ресурсом с точки зрения реконструкции прошлых ледниковых и климатических событий. Вследствие крайней удаленности и труднодоступности Района человек практически не осуществлял деятельности на его территории, и здесь побывало в общей сложности менее 50 человек. В результате Район обладает огромным потенциалом как эталонный участок для научных исследований. Кроме того, в Районе находятся исключительные первозданные и эстетические ценности. Это одна из самых южных «сухих долин» Антарктики и по состоянию на апрель 2015 г. самый южный Особо охраняемый район Антарктики (ООРА). Район был впервые предложен для определения в качестве охраняемой территории Соединенными Штатами Америки и принят на основании Рекомендации XVI-9 (1991 г., ООР № 23). Он включает озеро Форлидас (82°27'28" ю.ш., 51°16'48" з.д.) и еще несколько озер, расположенных вдоль северного края ледникового покрова в долине Дейвис. Границы Района были расширены на основании Меры 2 (2005 г.), чтобы охватить всю территорию, свободную от ледникового покрова, центром которой является долина Дейвис. Новые спутниковые снимки, полученные в 2013 г., позволили скорректировать границы Района в действующем плане управления таким образом, чтобы они проходили по краю территории, свободной от ледового покрова.

Район расположен в пределах Экологической среды L — «Западно-Антарктический ледовый щит» и Экологической среды R — «Трансантарктические горы» согласно определению в Анализе экологических доменов по Антарктике (Резолюция 3 (2008 г.) и является единственным охраняемым районом в пределах Экологической среды R. По классификации в соответствии с Анализом экологических доменов Антарктического континента (Резолюция 6 (2012 г.) Район расположен в пределах ЗБРА 10 — «Трансантарктические горы» и также является единственным охраняемым районом в этом биорегионе.

1. Описание охраняемых ценностей

Озеро Форлидас (82°27'28" ю.ш., 51°16'48" з.д.) и еще несколько озер, расположенных вдоль северного края ледникового покрова в долине Дейвис (82°27'30" ю.ш., 51°05' з.д.,), массив Дуфек, горы Пенсакола были первоначально определены в качестве Особо охраняемого района (ООР № 23) по предложению Соединенных Штатов Америки на основании Рекомендации XVI-9 (1991 г.). Район был определен в качестве ООР ввиду того, что на его территории "находятся некоторые из самых южных известных пресноводных озер Антарктики, где есть растительность", которые "необходимо охранять как образец уникальной пресноводной экосистемы и ее водосборного бассейна, практически не нарушенных человеком". Первоначально в составе Района были два участка, расположенные на расстоянии около 500 м друг от друга, общая площадь которых составляла около 6 км². На этой территории находился озеро Форлидас и озера, заполненные талой водой и расположенные вдоль края ледникового покрова в северной части долины Дейвис. Посетители здесь бывают редко, и до недавнего времени у нас было мало информации об экосистемах этого Района.

Настоящий План управления подтверждает первоначальное основание для определения Района с учетом того, что эти озера и связанная с ними растительность являются образцами южной пресноводной среды обитания, не нарушенной человеком. Список ценностей, определенных в качестве особо охраняемых, и границы Района были расширены, как указано ниже, после полевой экспедиции, предпринятой в декабре 2003 г. (Hodgson and Convey 2004).

Долина Дейвис и соседние свободные ото льда долины являются одной из самых южных систем «сухих долин» Антарктики и по состоянию на март 2015 г. самым южным Особо охраняемым районом Антарктики. И хотя площадь этого Района составляет всего лишь 53 км^2, что меньше 1% территории Сухих долин Мак-Мердо, здесь, тем не менее, находится крупнейшая система свободных ото льда долин из всех расположенных южнее 80-й параллели южной широты в той половине Антарктиды, которая имеет координаты 90° з.д. – 0°-90° в.д. Более того, это – единственная из всех известных территорий в этом секторе Антарктиды, где геоморфологические характеристики столь подробно отражают историю ледников. В некоторых свободных ото льда прибрежных районах моря Уэдделла встречаются отдельные эрратические валуны и иногда морены, однако комплекс долины Дейвис и связанных с ней долин, в состав которого входят наносы, морены и многочисленные кварцсодержащие эрратические валуны, очень необычен. Местонахождение массива Дуфек, который расположен рядом со стыком западного и восточного ледниковых щитов Антарктиды, также делает этот район особо ценным источником данных, которые можно использовать для более точного определения таких параметров, как прошлая толщина и динамика этого участка антарктического ледникового покрова. Такая информация может быть чрезвычайно важна для понимания ответной реакции антарктического ледникового покрова на изменение климата. Следовательно, Район имеет исключительное и уникальное научное значение для интерпретации прошлых ледниковых событий и прошлого климата в этой части Антарктиды, и это значение необходимо сохранить.

Наземная экосистема Района не очень богата, но также весьма необычна, поскольку система озер и талых водотоков и связанная с ними биота редко встречаются в Антарктиде на таких высоких широтах. С учетом этого они предоставляют уникальную возможность для научного исследования биологических сообществ таких сред обитания у самой границы сферы их распространения. Растительность представлена только налетами цианобактерий и очень редкими и небольшими пятнами корковых лишайников. Налеты цианобактерий на участках суши необычайно обширны и являются самыми лучшими образцами сообществ этого типа из всех обнаруженных в таких высоких широтах Антарктики. Сообщества цианобактерий встречаются как минимум в трех разных средах:

- в постоянных водоемах;
- на открытых участках суши, в частности на границах отсортированных полигонов;
- на дне нескольких высохших или сезонно высыхающих озер в безледниковой части долины Дейвис.

В образцах, собранных на территории Района, ни членистоногие, ни нематоды пока не обнаружены, а фауна беспозвоночных здесь необычно скудна. Это отличает Район от более северных свободных ото льда долинных систем, таких, как долина Аблейшен — возвышенность Ганимид на Земле Александра I (ООРА № 147) или Сухие долины Мак-Мердо (ОУРА № 2), где также встречаются подобные сообщества. В образцах, собранных на территории Района, обнаружены коловратки и тихоходки: чаще всего они встречаются на дне высохших озер долины Дейвис, хотя их разнообразие и количество также крайне ограничено по сравнению с более северными районами Антарктики (Hodgson and Convey, 2004). Опубликованы результаты дополнительных анализов взятых образцов и идентификации всех имеющихся таксонов (Hodgson *et al.* 2010; Fernandez-Carazo *et al.* 2011; Peeters *et al.* 2011, 2012)); эта работа является важным вкладом в изучение биогеографических связей между различными регионами Антарктики.

Это крайне изолированный и труднодоступный Район, и поэтому здесь было немного посетителей. По имеющимся данным, небольшие полевые экспедиции побывали в Районе в декабре 1957 г., в летний сезон 1965–1966 гг. и 1973–1974 гг., в декабре 1978 г. и декабре 2003 г. В общей сложности здесь побывало, вероятно, не более 50 человек, причем продолжительность посещений, как правило, ограничивалась несколькими неделями или днями. На территории Района нет никаких сооружений и, насколько это известно, все оборудование, которое ввозилось в Район, впоследствии было вывезено. И хотя по данным Ходжсона и Конви (Hodgson and Convey, 2004) здесь есть весьма ограниченное количество отпечатков ног и несколько выемок грунта, Район редко подвергался прямому антропогенному воздействию. Он считается одной из наименее нарушенных антарктических систем свободных ото льда долин и в этой связи обладает огромным потенциалом как эталонный участок для проведения микробиологических исследований, и нам необходимо обеспечить долгосрочную охрану этих ценностей.

На этой территории находятся уникальные первозданные и эстетические ценности. Сухие и выветренные бурые долины Района окружены обширными ледниковыми полями с сухим основанием, темно-синие границы которых окаймляют долины. Эта крутая и эффектная синяя ледяная стена резко контрастирует с голым каменистым ландшафтом свободных ото льда долин, создавая весьма впечатляющую картину. Один из первых исследователей этой территории, побывавший здесь в 1957 г., вспоминал о том "волнении, которое нас охватило при мысли, что мы первые люди, которые увидели и проникли в этот необыкновенно живописный первозданный уголок" (Behrendt 1998: 354). Вот еще примеры описания Района теми, кто здесь побывал: "над нами возвышалась огромная синяя волна высотой около 150 футов [глетчерный лед]. Она напоминала приливную волну, застывшую на месте, пока мы под ней проходили…" (Рейнолдс, полевые заметки, 1978), и "я все еще не могу найти достаточных превосходных степеней для того, чтобы описать особенности — будь-то существенные или незначительные, биологические или физические — … многих видов, поражающих воображение…я никогда не встречал ничего, что могло бы сравниться с северной частью массива Дуфек, жемчужиной которой является долина Дейвис" (Reynolds, pers. comm. 2000); "самый необычный [ландшафт], который я когда-либо видел на каком-либо из семи континентов" (Boyer, pers. comm. 2000); "наверное, это самое потрясающее место, из всех, где я побывал — будь-то в Антарктике или в других регионах" (Convey, pers. comm. 2004). Берт (Burt, 2004) просто назвал этот район местом, "внушающим благоговейный ужас".

Границы Района включают всю территорию, не имеющую ледникового покрова, центром которой является долина Дейвис, включая прилегающие к ней долины и озеро Форлидас. В целом новую границу Района образуют края окружающего ледникового щита, что обеспечивает режим особой охраны этой территории как природного комплекса, свободного от ледникового покрова, точно соответствующего водосборным бассейнам долин. Общая территория водосборных бассейнов окрестных ледников, которые стекают в эти долины, значительно больше безледниковой зоны, но на ней нет многих из тех ценностей, которые связаны с режимом особой охраны, и поэтому она не включена в состав Района.

2. Цели и задачи

Управление в районе долины Дейвис и озера Форлидас осуществляется в следующих целях:

- недопущение деградации или возникновения серьезной опасности для ценностей этого Района за счет предотвращения излишнего нарушения его территории человеком и отбора образцов;
- сохранение экосистемы Района как территории в целом, не нарушенной человеком;
- сохранение почти первозданной экосистемы Района как возможного биологического эталона;
- создание условий для проведения научных исследований природной экосистемы и физической среды Района, при условии, что они необходимы для достижения неотложных научных целей, которые не могут быть достигнуты ни в каком ином месте;
- минимизация возможности интродукции чужеродных растений, животных или микроорганизмов на территории Района;
- организация посещений для осуществления мер управления в поддержку целей Плана управления.

3. Меры управления

Для охраны ценностей Района осуществляются следующие меры управления:

- Знаки, указатели и прочие сооружения, установленные на территории Района для проведения научных исследований или в целях управления, должны быть надежно закреплены, поддерживаться в хорошем состоянии и вывозиться из Района, когда надобность в них отпадает.

- В рамках национальных программ должны быть обеспечены границы Района и ограничения, которые применяются в пределах, отмеченных на соответствующих географических и полетных картах.

- Посещать Район следует по мере необходимости, чтобы установить, продолжает ли он служить тем целям, ради которых он был определен, и чтобы убедиться в достаточности принимаемых мер управления и содержания Района.

4. Срок определения в качестве ООРА

Определен на неограниченный период времени.

5. Карты

Карта 1: карта расположения ООРА № 119 «Долина Дейвис и озеро Форлидас», массив Дуфек, горы Пенсакола.

Спецификации карты: Проекция: равноугольная коническая проекция Ламберта; стандартные параллели: 1-я 82° ю.ш.; 2-я 83° ю.ш.; центральный меридиан: 51° з.д.; начало отсчета широты: 81° ю.ш.; сфероид: WGS84.

Врезка: Местонахождение гор Пенсакола и карты 1 в Антарктике.

Карта 2: ООРА № 119 «Долина Дейвис и озеро Форлидас», массив Дуфек, горы Пенсакола: топографическая карта и границы охраняемого района.

Спецификации карты: Проекция: равноугольная коническая проекция Ламберта; стандартные параллели: 1-я 82° ю.ш.; 2-я 83° ю.ш.; центральный меридиан: 51° з.д.; начало отсчета широты: 81° ю.ш.; сфероид: WGS84; Линия приведения: WGS84. EGM96 MSL перепад высот: 21 м. Расстояние между контурами: 25 м. Топографическая карта составлена методами ортофотографии и фотограмамметрии по данным аэрофотосъемки, произведенной Геологической службой США (TMA400, TMA908, TMA909 (1958) и TMA1498 (1964)) в Центре картографической и географической информации Британской антарктической службы (Cziferszky *et al.*, 2004). 2004). Расчетная точность: горизонтальная: ±1 м; вертикальная: ±2 м, снижается к югу от имеющихся высотных отметок. Окрестные ледяные поля и зона, свободная от ледового покрова, которые не вошли в ортофотоснимок, изображены на карте по данным спутниковых снимков WorldView 1 (5 ноября 2013 г.) (© Digital Globe, предоставлены Программой коммерческих изображений Национального агентства геопространственной разведки США) с использованием данных высоты над уровнем моря по модели ЦМВ, полученных Полярным геопространственным центром (ПГЦ) в 2014 г.

6. Описание Района

6(i) Географические координаты, отметки на границах и природные особенности

Общее описание

Долина Дейвис (82°28'30" ю.ш., 51°05' з.д.) и озеро Форлидас (82°27'28" ю.ш., 51°16'48" з.д.) расположены на северо-востоке массива Дуфек (горы Пенсакола), который является частью Трансантарктического хребта. Массив Дуфек находится примерно посередине между Суппорт-Форс и Фаундейшен, двумя крупнейшими ледниками, стекающими к северу с Полярного плато к шельфовым ледникам Ронне и Фильхнера. Приблизительно в 60 км к юго-востоку находится хребет Форрестал (также являющаяся частью гор Пенсакола), которая отделена от массива Дуфек снежным полем Салли. Ледниковое предгорье Форд-Айс-Пьемонт отделяет массив Дуфек от шельфовых ледников Ронне и Фильхнера, которые находятся, соответственно, примерно в 50 км к северо-западу и 70 км к северо-востоку.

Ширина долины Дейвис составляет около пяти километров, а длина – около семи километров. Северную границу долины образуют синие языки ледников, являющиеся частью южной границы ледникового предгорья Форд-Айс-Пьемонт (карта 2). С северо-востока она граничит с хребтом Вуек-Ридж и горой Павловского (1074 м), а с юго-востока — с горой Белякова (1240 м), по ту сторону которых находится ледник, стекающий на север из под снежного поля Салли к ледниковому предгорью Форд-Айс-Пьемонт. Западную границу долины Дейвис образуют отрог Клемон, пик Энджелс (964 м) и хребет Форлидас. Ледник Эдж стекает со снежного поля Салли в долину Дейвис, проникая внутрь долины примерно на 4 км. В южной части долины Дейвис доминирующим объектом является гора Белякова (1240 м), которая находится на северо-западной границе снежного поля Салли. В западной части Района рядом с выступающим отрогом Преслик и хребтом Форлидас есть несколько менее крупных долин. Почти две трети этой территории, которая окружена большими ледниковыми полями, не имеют ледникового покрова. Общая площадь безледниковой зоны составляет 39 км², остальную территорию занимают ледник Эдж, другие участки с постоянным снежным/ледниковым покровом и несколько небольших озер.

Озеро Форлидас – это замкнутый водоем, который находится в небольшой безымянной сухой долине, отделенной от долины Дейвис горным отрогом, который идет от хребта Форлидас к северу. Другие прогляциальные озера и водоемы этого Района встречаются в разных местах вдоль границы глетчерного льда ледникового предгорья Форд-Айс-Пьемонт, у края ледника Эдж и вдоль ледниковой границы к западу от хребта Форлидас и отрога Клемон.

Границы

В состав Района входит вся территория долины Дейвис и не имеющие ледникового покрова соседние долины, включая несколько долинных ледников, расположенных в пределах этих водосборных бассейнов (карта 2). Граница в основном идет по краю окрестных ледниковых полей ледникового предгорья Форд-Айс-Пьемонт и снежного поля Салли, окружающих безледниковую зону, которая представляет очень большую ценность. Северная граница идет параллельно и в 500 м к северу от южного края ледникового предгорья Форд-Айс-Пьемонт в долине Дейвис и соседней долине, где находится озеро Форлидас, протянувшись от 82°26'23,4" ю.ш., 51°24'02" з.д. на северо-западе до 82°26'45,5" ю.ш., 50°52'10" в.д. на северо-востоке. Это создает вокруг ценных пресноводных водоемов буферную охранную зону, расположенную вдоль края ледника. Восточная граница идет вдоль края ледника по гряде Вуек от ледникового предгорья Форд-Айс-Пьемонт до горы Павловского. Юго-восточная граница идет от горы Павловского, пересекая снежное поле Салли и верхнюю часть склонов ледника Эдж, отслеживая участки выхода породы (где они есть) до горы Белякова. Южная и западная границы Района идут вдоль края постоянного ледникового покрова, самая южная точка которого имеет координаты 82°33'20" ю.ш., 51°17'00" в.д. Граница охватывает территорию общей площадью 55,8 км².

Граница Района ничем не обозначена на местности с учетом удаленности этой территории, ограниченной возможности ее посещения и практических трудностей содержания таких указателей. Более того, края постоянного ледникового покрова, как правило, вполне очевидны и образуют визуально заметную границу вокруг большей части Района.

Метеорология

Для региона массива Дуфек было сделано несколько расчетов среднегодовой температуры приземного слоя воздуха, которые производились по данным измерений в буровых отверстиях или трещинах льда на глубине около 10 м. По результатам замера, произведенного в декабре 1957 г. в районе ледникового предгорья Форд-Айс-Пьемонт в 32 км к северу от озера Форлидас, температура составляла –24,96 °C (траншея 12, карта 1) (Aughenbaugh *et al.* 1958). Еще один расчет состоялся в декабре 1978 г. в долине Инчантед в 26 км к югу (карта 1). При этом использовались данные замера, произведенного в трещине на глубине 8 м (Boyer pers. comm. 2000).

Подробная метеорологическая информация о самом Районе ограничивается данными, собранными в течение двух недель в 2003 г. Ходжсон и Конви (Hodgson and Convey, 2004) измеряли на пробоотборных участках в пределах Района температуру и относительную влажность воздуха над снежным покровом и скальной поверхностью, снимая показания каждые 30 минут, хотя датчики не имели защитных экранов стивенсоновского типа. Температура над снежным покровом колебалась от +12,8 °C (максимум) до –14,5 °C (минимум), а средняя температура за этот период составила –0,56°C. Температура над скальной поверхностью колебалась от +16,0 °C (максимум) до –8,6 °C (минимум) при среднем значении за рассматриваемый период +0,93 °C (температура над скальной поверхностью измерялась только с 3 по 11 декабря 2003 г.). Относительная влажность воздуха над снежным покровом колебалась от 80,4% (максимум) до 10,8% (минимум), а средняя величина за этот период составила 42,6%. Относительная влажность воздуха над скальной поверхностью (3 – 11 декабря 2003 г.) колебалась от 80,9% (максимум) до 5,6% (минимум) при среднем значении 38,7%.

Прямых изменений скорости и направления ветра на территории Района не было, однако, как показывают модели, приземные ветры дуют преимущественно с западо-северо-запада, а средняя скорость ветра составляет около 10 мс$^{-1}$ (van Lipzig *et al.* 2004). При том, что на участках, расположенных выше границы ледниковых отложений и уже давно свободных от ледникового покрова, есть много признаков давней ветровой эрозии, отдельные факты позволяют предположить, что в настоящее время скорость ветра в этом районе не очень высока. Так, на поверхности льда и снега практически нет нанесенного ветром мусора, а открытые участки на дне сухих долин покрыты ненарушенными налетами цианобактерий (Hodgson and Convey, 2004). Данных о количестве осадков нет, хотя обнаженные поверхности льда и скал, а также низкий средний уровень относительной влажности воздуха, зафиксированный Ходжсоном и Конви, свидетельствуют о сухом климате с небольшим количеством осадков (Hodgson and Convey, 2004). Это соответствует области абляции второго типа, где сублимационная абляция происходит у подножья естественных препятствий с крутыми склонами, а отдельные ледниковые долины служат «воротами» для воздушных потоков, спускающихся с плато шельфового ледника Ронне-Фильхнера. В районе этих местных ледников Трансантарктических гор, где часто встречаются участки глетчерного льда, наблюдаются наибольшие скорости сублимации (van den Broeke *et al.* 2006).

Геология, геоморфология и почвы

Для массива Дуфек характерно наличие многочисленных слоев кумулятивных пород, относящихся к дуфекской интрузии, которая считается одной из крупнейших в мире слоистых габбровых интрузий (Behrendt *et al.* 1974; 1980; Ferris *et al.* 1998). Ее обнажения в долине Дейвис представлены в виде среднезернистого габбро светло-серого и умеренно-серого цвета, и это самый нижний из всех обнажившихся пластов среднеюрской дуфекской интрузии (Ford *et al.* 1978).

Бо́льшая часть долины Дейвис покрыта осыпью, подвергшейся минимальному выветриванию, а также ледниковыми моренными отложениями как местного, так и инородного происхождения. В частности, здесь много эрратических валунов песчаника Довер, одного из нескольких метаосадочных пластов, разорванных дуфекской интрузией. Многие характеристики этой местности отражают ледниковые геоморфологические процессы и свидетельствуют о том, что здесь были как минимум три длительных периода оледенения и два длительных межледниковых периода (Boyer, 1979). К числу таких характеристик относятся перекрывающие друг друга морены долинных ледников, морены ледникового щита, береговые линии озер, поперечные ледниковые каналы, разрушенные ледниками поверхности, развитые структурные грунты и эрратические валуны. Бойер (Boyer (1979) идентифицировал как минимум три крупных ледниковых и два крупных межледниковых события, а в последней работе Ходжсона и соавторов (Hodgson *et al.* (2012) представлена геоморфологическая карта, составленная по данным не более семи ледниковых стадий. Если идти от самой старой к самой молодой стадии, то они распределяются следующим образом: альпийское оледенение края сброса; автохтонное образование ледников с теплым основанием; наступление ледников до верхнего предела (760 м); два наступления ледникового щита до края долин; наступление выводного ледника плато (ледник Эдж) до слияния с ледниковым щитом и, наконец, наступление и отступление границы основного ледникового щита. Предприняты попытки установления возрастных границ некоторых из этих ледниковых событий по эрратическим валунам, состоящим из дуврского песчаника, с использованием пары космогенных нуклидов ^{10}Be-^{26}Al. Эти эксперименты свидетельствуют о том, что более 1,0–1,8 млн. лет назад в некоторых долинах не было ледникового покрова и что незначительное наступление ледникового щита произошло в этих долинах в последний ледниковый максимум. Это согласуется с новым набором данных, полученных по периметру моря Уэдделла, которые свидетельствуют о том, что в этот период увеличение толщины льда было весьма умеренным.

Почвы на территории Района не очень хорошо развиты, и в них, как правило, нет значительной органической составляющей. Паркер и соавторы (Parker *et al.* (1982)) взяли светло-бурый образец почвы, образовавшейся из выветренного гравия, преимущественно мусковита. В составе этой почвы были песок (81%) с илом (14%) и глина (5%), что отличается от состава почв, обнаруженных в других местах гор Пенсакола: в шести образцах почв доля глины составляла от 0,4% до 1,6%. Уровень кислотности (pH) образца почвы из долины Дейвис был равен 6,4 (Parker, *et al.* 1982).

Озера и водотоки

Озеро Форлидас — это вечно замерзшее мелкое круглое замкнутое озеро. В 1957 г. его диаметр составлял около 100 м (Behrendt 1998). По измерениям, проведенным Ходжсоном и Конви в декабре 2003 г., (Hodgson and Convey, 2004), диаметр озера от одной береговой линии до другой в (магнитном) азимуте — 306°. В тот период оно промерзло до основания, и только у самого дна был тонкий слой гиперсоленого грязевого раствора и по периметру была кромка пресной талой воды, частично свободная от ледяного покрова, а частично покрытая 10–15-сантиметровым слоем льда (Hodgson and Convey, 2004). Измеренная глубина составляет 1,83 м, а толщина льда колеблется от 1,63 до 1,83 метров. Электропроводность и температура соленой воды составляют соответственно 142,02 мкСм см$^{-1}$ и –7,67 °С, в отличие от пресноводной части, где они равны, соответственно, 22,2 мкСм см$^{-1}$ и –0,7 °С (Hodgson *et al.* 2010). Таким образом, соленость придонной воды в озере Форлидас в четыре раза выше, чем соленость морской воды. Такая концентрация соли объясняется тем, что это озеро представляет собой остаток гораздо более крупного озера, испарение которого произошло около 2200 лет назад и которое можно идентифицировать по цепочке озерных террас и высокой береговой линии (на 17,7 м выше современного уровня воды) (Hodgson *et al.* 2012).

По данным Ходжсона и Конви (Hodgson and Convey, 2004) у границы ледникового предгорья Форд-Айс-Пьемонт в 900 м от озера Форлидас находятся остатки прогляциального озера. Кроме того, два прогляциальных водоема расположены к западу от озера Форлидас, и целая серия аналогичных прогляциальных водоемов, заполненных талой водой, встречается также вдоль границы глетчерного льда в северной части долины Дейвис в точках с координатами и 82°27,5' ю.ш., 51°05,5' з.д. и 82°27,55' ю.ш. 51°07' з.д. Прогляциальное озеро, расположенное у края ледника Эдж, является самым крупным озером на территории Района. Оно всегда остается промерзшим по всей толще до самого дна, за исключением восточного края, где наблюдалось сезонное образование талой воды.

В свободном ото льда районе видны русла высохших водотоков и следы водной эрозии, хотя небольшие талые ледниковые ручьи, стекавшие с восточного края ледника Эдж, пока наблюдались здесь только в декабре (Hodgson and Convey, 2004). Такое явное отсутствие талых водотоков, возможно, объясняется тем, что до сих пор все посетители бывали здесь в декабре — вероятно, еще до того, как водотоки становились более активными. Наличие кромки воды по периметру озер, положительные температуры, зарегистрированные Ходжсоном и Конви (Hodgson and Convey, 2004), биологические и геоморфологические данные, а также наблюдающиеся отпечатки ног на когда-то влажном грунте (Convey pers. comm. 2015) — все это говорит о том, что позднее в течение летнего сезона здесь появляются как минимум несколько водотоков, образующихся в результате таяния снега, хотя, возможно, это происходит не каждый год.

Биология

В составе видимой биоты доминируют налеты цианобактерий, которые встречаются и в озерах, и на отдельных участках суши, не имеющих ледникового покрова. Кроме того, здесь очень редко встречаются небольшие пятна корковых лишайников. Нойбург и соавторы (Neuburg *et al.* (1959) видели здесь желтые и черные лишайники, произраставшие в небольших количествах в защищенных от ветра уголках долины Дейвис, а Ходжсон и Конви (Hodgson and Convey (2004) видели несколько различных форм лишайников, произраставших в глубоких трещинах валунов. Они были идентифицированы как *Lecidea cancrioformis* Dodge & Baker (Hodgson *et al.* 2010, а также см. Приложение 1. Таблица А1, где приведен список таксонов, идентифицированных в Районе). В базе данных о растениях Британской антарктической службы также упоминаются *Blastenia succinea* Dodge & Baker и *Xanthoria elegans* (Link.) Th. Fr., обнаруженные в образцах, отобранных в других местах массива Дуфек, хотя независимого подтверждения этих данных не было. Ходжсон и Конви (Hodgson and Convey, 2004) не смогли подтвердить некоторые более ранние сообщения о возможном существовании мхов на территории Района: вероятно, неспециалисты ошибочно приняли за мхи обширные колонии цианобактерий. Сообщество цианобактерий — самый многочисленный вид биоты, встречающийся как минимум в трех разных средах:

(1) В постоянных водоемах, особенно в кромке воды по периметру озера Форлидас, на дне и в литоральных зонах водоемов долины Дейвис, а также в теплый сезон по периметру озера Эдж. Эти местообитания покрыты обширным красно-коричневым налетом цианобактерий. В этих налетах происходят активные процессы фотосинтеза, о чем свидетельствуют пузырьки газа на нижней поверхности льда, а также пузырьки внутри толщи льда. Поскольку в постоянно замерзших озерах наблюдаются повышенные концентрации растворенного O_2, налеты микроорганизмов на дне могут оторваться от него и плавать в виде пленок или попасть в основание озерного ледяного покрова при его соприкосновении с дном. В озере Форлидас и водоемах долины Дейвис плавучие пленки, вмерзшие в основание озерного ледяного покрова, со временем проникают наверх через толщу льда. В долине Дейвис это происходит в течение нескольких лет, а каждое лето в ледяном покрове образуется талая полость глубиной 2-3 см, которую пробивают поднимающиеся вверх через толщу льда колонии бактерий, что связано с наибольшим прогревом верхних слоев. В конечном итоге, эти колонии разрушаются на поверхности, и ветер переносит их на берег или еще дальше вглубь суши. Цианобактерии также встречаются в гиперсоленой воде озера Форлидас в виде отдельных клеток и небольших сгустков. Из соленой жижи (образец TM1) выделен штамм, соответствующий по морфологии *Leptolyngbya* antarctica (Fernandez-Carazo et al. 2011).

(2) На открытых участках суши, в частности по краю более крупных скал, и на участках, ограниченных трещинами отсортированных морозом полигонов. Здесь они, как правило, имеют листоватую форму и средне-коричневый цвет и лучше всего развиты по краям более крупных скал, достигая глубины не менее 10-15 см. Почти все обнаруженные сгустки были совершенно сухими, хотя те, что находились рядом с тающим снегом, были влажными, а у некоторых нижний слой таллома нередко был темно-зеленого цвета. Особенно хорошие образцы этой формы роста были обнаружены на дне центральной части долины Форлидас и в долине Дейвис (рядом с большим снежным оврагом, где он смыкается со второй крупной террасой над озером Эдж).

(3) В ложах нескольких высохших водоемов в долине Дейвис, дно которых покрыто почти сплошной коркой цианобактерий (два из этих озер имеют диаметр до 50 м).

Ложа этих бывших водоемов и овраги находятся в котловинах, и поэтому зимой в них может скапливаться снег, что позволяет цианобактериям развиваться во влажной и защищенной среде снежников.

Анализ молекулярного разнообразия цианобактерий в четырех образцах, отобранных в озере Форлидас и вокруг него, свидетельствует об отсутствии большого разнообразия: в каждом образце было всего лишь 2 – 5 операционных таксономических единиц (ОТЕ) (Hodgson et al. 2010). Скорее всего, это результат географической изоляции в сочетании с многочисленными факторами экологического стресса, такими, как соленость, сезонное высыхание и УФ излучение. Некоторые цианобактерии – например, те, что обнаружены в соленой воде озера Форлидас – имеют родственные связи с последовательностями из других гиперсоленых озер Антарктики. В то время как другие встречаются практически исключительно в ледниковых регионах. Шесть описанных ОТЕ цианобактерий из района массива Дуфек встречаются в нескольких районах антарктического континента, а также за пределами Антарктики.

Фауна беспозвоночных на территории Района также скудна: и разнообразие, и численность организмов здесь крайне ограничены по сравнению с районами более низких широт и прибрежными территориями Антарктики. Ни нематоды, ни членистоногие здесь не обнаружены, зато зарегистрированы три вида тихоходок, принадлежащих двум классам: *Echiniscus* (cf) *pseudowendti* Dastych, 1984 (Heterotardigrada), *Acutuncus antarcticus* (Richters, 1904) И *Diphascon* sanae Dastych, Ryan and Watkins, 1990 (Eutardigrada), а также несколько неидентифицированных бделлоидных коловраток

(Hodgson *et al.* 2010). *Acutuncus* antarcticus — антарктический вид, встречающийся в полупостоянных влажных (мокрых) средах на всей территории антарктического континента и субантарктических островов, но до сих пор не обнаруженный ни на одном из соседних континентов. *Echiniscus* (cf) *pseudowendti* и *Diphascon* sanae, обнаруженные в образцах из озера Форлидас, также являются антарктическими эндемиками с ограниченным ареалом.

Наиболее продуктивной средой для этих организмов была не вода постоянных озер, а бывшие ложа водоемов в долине Дейвис. Это говорит о биологической продуктивности данных участков, что требует наличия источника жидкой воды. В декабре 2003 г. на дне долины было очень мало снега, и это позволило Ходжсону и Конви предположить, что источником влаги здесь может быть большой приток талой воды, которая начинает поступать позднее с местного ледникового щита, расположенного в верхней части долины, или из ледниковых ядер местных морен (Hodgson and Convey, 2004). И хотя во время их пребывания в Районе этого не произошло, отпечатки ног и мелкие канавки для геологических съемок, которые остались от одной из предыдущих экспедиций (т.е. за 25 – 46 лет до этого посещения), свидетельствовали о том, что во время предыдущего посещения отдельные участки были влажными или заболоченными. Возможно, сезонное затопление жидкой водой является причиной того, что местное сообщество цианобактерий образует такие большие и сплошные корки, и того, что оно обладает явной устойчивостью к возможному разрушительному воздействию полярных ветров.

В почве были зафиксированы жизнеспособные виды дрожжей, а также водоросли вида *Oscillatoria*, вида *Trebouxia* и вида *Heterococcus* (Parker *et al.* 1982). В породах массива Дуфек были зафиксированы эндолитические микроорганизмы, обитающие в расселинах (Friedmann, 1977), хотя Ходжсон и Конви не нашли их на территории Района и отметили, что типы пород, наиболее удобные для развития эндолитических организмов, здесь встречаются нечасто (Hodgson and Convey, 2004).

Орнитофауна скудна: в декабре 2003 г. здесь был замечен один малый снежный буревестник, летевший вокруг одного из пиков в долине Дейвис.

Деятельность и воздействия человека

Люди редко посещали этот Район, и воздействие человека здесь считается минимальным (таблица А2, Приложение 1). Вследствие удаленности этой территории и ограниченного числа ее посещений она является одним из немногих свободных ото льда районов Антарктики, где известна практически вся история человеческой деятельности. Почти первозданное состояние окружающей среды вносит свой вклад в исключительную ценность Района и является важным основанием для режима особой охраны.

Основные характеристики зарегистрированных посещений Района обобщаются в таблице А2 (Приложение 1). По мере необходимости эту таблицу следует актуализировать (см. раздел 7(x). В прошлом лагеря разбивались, главным образом, на ледниковом щите за пределами Района. Предыдущие экспедиции вывозили из Района все отходы (возможно, за исключением небольших количеств отходов жизнедеятельности человека). В 2003 г. все отходы, включая отходы жизнедеятельности человека, были вывезены из Района и с территории соседнего экспедиционного лагеря, который был разбит в ледниковом предгорье Форд-Айс-Пьемонт (карта 2). Ходжсон и Конви отметили, что в декабре 2003 г. следы предыдущих посещений ограничивались несколькими отпечатками ног и рядом неглубоких выемок грунта в долине Дейвис (Hodgson and Convey, 2004).

6(ii) Доступ в Район

Входить на территорию Района можно только пешком. Попасть на окружающие Район ледниковые поля можно на воздушном судне или по суше. Входить на территорию Района следует в точке, расположенной как можно ближе к участку предполагаемых исследований, чтобы максимально сократить площадь Района, которую придется пересекать. С учетом рельефа окружающей местности и расположения трещин для входа на территорию Района наиболее удобен маршрут со стороны ледникового предгорья Форд к северу от Района.

6(iii) Места расположения сооружений в пределах и вблизи Района

По имеющейся информации, на территории Района нет никаких сооружений, установок или аварийных запасов продовольствия и материалов.

6(iv) Наличие других охраняемых территорий в непосредственной близости от Района

Вблизи Района нет никаких других охраняемых территорий. Ближайшей является ООРА № 147 «Долина Аблейшен – возвышенность Ганимид» (Земля Александра I), который находится примерно в 1 300 км к северо-западу.

6(v) Особые зоны на территории Района

Нет.

7. Условия выдачи разрешений

7(i) Общие условия выдачи разрешений

Доступ в Район возможен только на основании разрешения, которое выдается компетентным национальным органом. Условия для выдачи разрешения на вход в район:

- разрешение выдается только в целях неотложной научной или образовательной деятельности, которая не может быть осуществлена в каком-либо ином месте, или же в связи с важной деятельностью по управлению Районом;
- разрешенные действия соответствуют положениям Плана управления;
- при осуществлении разрешенных видов деятельности следует посредством процесса составления Оценки воздействия на окружающую среду уделять должное внимание постоянной охране ценностей окружающей среды, экологических, научных, эстетических или природных ценностей Района, в особенности его первозданной ценности, и возможности его сохранения в качестве практически ненарушенного эталонного участка;
- разрешение выдается на ограниченный срок;
- при нахождении в Районе необходимо иметь при себе оригинал или копию разрешения.

7(ii) Доступ в Район и передвижение по его территории

- Запрещаются посадка воздушных судов на территории Района и полеты над его территорией на высоте менее 100 м над поверхностью земли.
- Использование наземных транспортных средств на территории Района запрещено.
- Вход в Район и передвижение по его территории возможны только пешком.
- Способы подхода к Району, а также маршруты воздушных или наземных транспортных средств, используемых для передвижения по ледниковому покрову в окрестностях Района, ничем не ограничены.
- Входить в Район следует как можно ближе к местам проведения исследований, чтобы максимально сократить площадь Района, которую придется пересекать. С учетом рельефа окружающей местности и расположения трещин для входа на территорию Района наиболее удобен маршрут со стороны ледникового предгорья Форд-Айс-Пьемонт к северу от Района.
- Пешие маршруты не должны проходить по озерам, ложам бывших водоемов, руслам водотоков, участкам влажного грунта, а также участкам мягких отложений или осадочных материалов. Следует принимать меры предосторожности, чтобы не нарушить участки, покрытые налетом цианобактерий и, в частности, обширные колонии цианобактерий в ложах реликтовых озер в долине Дейвис (см. карту 2).
- Движение пешеходов должно быть сведено к минимуму, необходимому для достижения целей любой разрешенной деятельности; при этом следует принимать все возможные меры для минимизации воздействий.

7(iii) Разрешаемая деятельность в Районе

- Научные исследования, не представляющие угрозы для научных, экологических или эстетических ценностей и первозданных ценностей Района или для его возможного использования в качестве эталонного биологического участка, которые не могут быть проведены ни в каком ином месте.

- Важные меры управления, включая мониторинг.

- Деятельность, осуществляемая в образовательных целях для выполнения неотложных задач, которые невозможно выполнить ни каком ином месте. К числу таких видов деятельности относятся составление отчетных документов (фотографии, аудиозаписи или письменные материалы), производство образовательных ресурсов или оказание образовательных услуг. Образовательная деятельность не должна наносить ущерба ценностям, являющимся основанием для охраны Района, и, в частности, его ценности как эталонного участка, практически не тронутого человеком. Туризм не относится к образовательной деятельности.

- Соответствующий компетентный орган должен быть уведомлен о любой предпринятой деятельности или мерах, не включенных в выданное Разрешение.

7(iv) Возведение, реконструкция и удаление сооружений

- Возведение сооружений на территории Района допускается только на основании Разрешения.

- Строительство постоянных сооружений запрещено.

- Любое научное оборудование может быть установлено на территории Района только на основании Разрешения.

- Если оборудование должно оставаться на территории Района дольше, чем в течение одного сезона, оно должно иметь четкую идентификацию с указанием страны, Ф.И.О. главного исследователя и года установки. Все установленные объекты должны быть выполнены из материалов, представляющих минимальную опасность с точки зрения загрязнения Района.

- Установка, техническое обслуживание, модификация или снос сооружений должны производиться таким образом, чтобы свести к минимуму нарушение физических, экологических, научных, эстетических или первозданных ценностей Района.

- Демонтаж сооружений, оборудования или знаков, срок действия разрешения на которые истек, должен быть одним из условий, предусмотренных в разрешении. Орган, выдавший разрешение, обязан обеспечить включение этого условия в разрешение, и в случае невыполнения этого обязательства держателем разрешения данный орган обязан обеспечить демонтаж.

7(v) Размещение полевых лагерей

- Разбивка лагерей на территории Района запрещена.

- Практика показала, что удобным местом для размещения лагеря является ледниковое предгорье Форд-Айс-Пьемонт к северу и западу от Района (карта 2), а также долина Инчантед (карта 1).

7(vi) Ограничения на ввоз в Район материалов и организмов

В дополнение к требованиям Протокола по охране окружающей среды к Договору об Антарктике на Район распространяются указанные ниже ограничения на ввоз материалов и организмов.

- Преднамеренная интродукция на территорию Района животных, растительных материалов, микроорганизмов и нестерильной почвы запрещается. Должны приниматься необходимые меры предосторожности по предотвращению непреднамеренной интродукции животных, растительных материалов, микроорганизмов и нестерильной почвы из других биологически отличающихся регионов (подпадающих и не подпадающих под действие Договора об Антарктике).

- Посетители должны обеспечить чистоту оборудования для отбора проб и указателей, ввозимых в Район. Насколько это возможно, перед посещением Района посетители должны тщательно очистить обувь и прочее снаряжение (включая рюкзаки, сумки и палатки), используемые на территории Района или приведенные в Район. Посетители должны также изучить и соответствующим образом соблюдать рекомендации, содержащиеся в Руководстве по неместным видам Комитета по охране окружающей среды (КООС, 2011 г.) и Экологическом кодексе поведения при проведении наземных полевых исследований в Антарктике (СКАР, 2009 г.).

- Для снижения риска загрязнения микроорганизмами внешняя поверхность обуви, оборудование для отбора проб и указатели подлежат стерилизации перед использованием на территории Района. Стерилизация должна осуществляться с применением приемлемых способов, например протиркой 70% водным раствором этилового спирта.

- Ввоз в Район пестицидов запрещается.

- Хранение горючего, пищевых продуктов, химических веществ и других материалов на территории Района не допускается, за исключением случаев, особо указанных в Разрешении. Способы хранения и обращения с этими веществами должны обеспечивать сведение к минимуму риск их непреднамеренного попадания в окружающую среду.

- Все материалы следует ввозить в Район только на ограниченный срок, указанный в разрешении, и вывозить из Района в этот указанный срок или до его истечения.

- Если случается утечка, которая может причинить вред ценностям Района, ее устранение рекомендуется только в тех случаях, когда вред от устранения не будет превышать вреда от того, что материал останется на месте.

7(vii) Изъятие местной флоры и фауны или вредное воздействие на них

- Изъятие образцов, вредное вмешательство в жизнь местной флоры и фауны допускаются только на основании разрешения, выданного в соответствии со Статьей 3 Приложения II Протокола по охране окружающей среды к Договору об Антарктике. В случае изъятия или вредного вмешательства в жизнь животных следует как минимум соблюдать разработанный СКАР Кодекс поведения при использовании животных в научных целях в Антарктике.

7 (viii) Сбор или вывоз материалов, которые не были ввезены в Район держателем Разрешения

- Сбор или вывоз объектов допускается только в соответствии с Разрешением и ограничивается минимумом, необходимым для выполнения научных задач или достижения целей управления. Разрешения не выдаются, если есть основания опасаться того, что предполагаемый сбор образцов приведет к изъятию, вывозу или нарушению почв, местной флоры или фауны в таком масштабе, что это существенно повлияет на их распределение или численность на территории Района.

- Материалы антропогенного происхождения, которые могут нанести ущерб ценностям Района, которые не были ввезены в Район держателем Разрешения или санкционированы иным образом, могут быть вывезены при условии, что воздействие на окружающую среду при их удалении не будет превышать ущерба от оставления этих материалов на месте; в этом случае необходимо проинформировать соответствующую инстанцию и получить ее одобрение.

7(ix) Удаление отходов

Все отходы, включая воду, использованную людьми для каких-либо целей, а также все отходы жизнедеятельности человека, подлежат вывозу из Района. Отдельные лица или группы лиц должны иметь с собой необходимые контейнеры для сбора отходов жизнедеятельности человека и серой воды, которые удобно транспортировать и вывозить из Района.

7(x) Меры, необходимые для обеспечения возможности дальнейшего выполнения целей и задач Плана управления

Разрешения на доступ в Район могут выдаваться для:

- проведения мониторинга и деятельности по инспектированию Района, что может включать сбор/отбор небольшого количества образцов/проб или данных для анализа или изучения;
- проведения охранных мероприятий.

7(xi) Требования к отчетам

- По каждому посещению Района основной держатель разрешения должен представить отчет в соответствующую национальную инстанцию в максимально короткий срок, но не позднее чем через шесть месяцев после завершения посещения.

- Насколько это уместно, в состав такого отчета должна входить информация, указанная в Форме отчета о посещении, приведенной в Дополнении 2 к Резолюции 2 (2011 г.) «Руководство по подготовке планов управления Особо охраняемыми районами Антарктики». Если это целесообразно, национальной инстанции рекомендуется направлять экземпляр отчета о посещении также Стороне-заявителю Плана управления в качестве вспомогательного материала по управлению Районом и пересмотру Плана управления.

- По мере возможности Стороны должны сдавать оригиналы отчетов или их копии в открытый архив для ведения учета использования участка. Эти отчеты будут использоваться как при пересмотре Плана управления, так и в процессе организации использования Района в научных целях.

- В компетентный орган следует сообщать о любых предпринятых видах деятельности/мерах, о любых вывезенных материалах, а также о любых материалах, попавших в окружающую среду и не удаленных из нее, которые не были указаны в выданном разрешении.

8. Подтверждающая документация

Aughenbaugh, N., Neuburg, H. and Walker P. 1958. Report 825-1-Part I, October 1958, USNC-IGY Antarctic Glaciological Data Field Work 1957 and 1958. Ohio State University Research Foundation. Source: World Data Center for Glaciology at Boulder, Colorado. (ftp://sidads.colorado.edu/pub/DATASETS/AGDC/antarctic_10m_temps/ells-filchner_57.txt).

Behrendt, J.C. 1998. *Innocents on the Ice; a memoir of Antarctic Exploration, 1957.* University Press of Colorado, Boulder.

Behrendt, J.C., Drewry, D.J., Jankowski, E., and Grim, M.S. 1980. Aeromagnetic and radio echo ice-sounding measurements show much greater area of the Dufek intrusion, Antarctica. *Science* **209**: 1014-17.

Behrendt, J.C., Henderson, J.R., Meister, L. and Rambo, W.K. 1974. Geophysical investigations of the Pensacola Mountains and Adjacent Glacierized areas of Antarctica. *U.S. Geological Survey Professional Paper* 844.

Boyer, S.J. 1979. Glacial geologic observations in the Dufek Massif and Forrestal Range, 1978-79. *Antarctic Journal of the United States* **14**(5): 46-48.

Burt, R. 2004. Travel Report - Sledge Bravo 2003-2004. SAGES-10K & BIRESA: Field trip to the lakes and dry valleys in the Dufek Massif and the Shackleton Mountains. Unpublished BAS Internal Report Ref. R/2003/K1. British Antarctic Survey, Cambridge

Cziferszky, A., Fox, A., Hodgson, D. and Convey, P. 2004. Unpublished topographic base map for Davis Valley, Dufek Massif, Pensacola Mountains. Mapping and Geographic Information Centre, British Antarctic Survey, Cambridge.

England, A.W. and Nelson, W.H. 1977. Geophysical studies of the Dufek Instrusion, Pensacola Mountains, Antarctica, 1976-1977. *Antarctic Journal of the United States* **12**(5): 93-94. Fernandez-Carazo, R., Hodgson, D.A., Convey, P. & Wilmotte, A. 2011. Low cyanobacterial diversity in biotopes of the Transantarctic Mountains and Shackleton Range (80-82°S), Antarctica. *FEMS Microbiology Ecology* **77**: 503-17.

Ferris, J., Johnson, A. and Storey, B. 1998. Form and extent of the Dufek intrusion, Antarctica, from newly compiled aeromagnetic data. *Earth and Planetary Science Letters* **154**: 185-202.

Ford, A.B. 1976. Stratigraphy of the layered gabbroic Dufek intrusion, Antarctica. *Contributions to stratigraphy: Geological Survey Bulletin* 1405-D.

Ford, A.B. 1990. *The Dufek intrusion of Antarctica. Antarctic Research Series* **51**. American Geophysical Union, Washington D.C.: 15-32.

Ford, A.B., Schmidt, D.L. and Boyd, W.W. 1978. Geologic map of the Davis Valley quadrangle and part of the Cordiner Peaks quadrangle, Pensacola Mountains, Antarctica. *U.S Geological Survey Antarctic Geological Map A-10.*

Ford, A.B., Carlson, C., Czamanske, G.K., Nelson, W.H. and Nutt, C.J. 1977. Geological studies of the Dufek Instrusion, Pensacola Mountains, 1976-1977. *Antarctic Journal of the United States* **12**(5): 90-92.

Friedmann, E.I. 1977. Microorganisms in Antarctic desert rocks from dry valleys and Dufek Massif. *Antarctic Journal of the United States* **12**(5): 26-29.

Hodgson, D. and Convey, P. 2004. Scientific Report - Sledge Bravo 2003-2004. BAS Signals in Antarctica of Past Global Changes: Dufek Massif – Pensacola Mountains; Mount Gass – Shackleton Mountains. Unpublished BAS Internal Report Ref. R/2003/NT1. British Antarctic Survey, Cambridge.

Hodgson, D.A., Convey, P., Verleyen, E., Vyverman, W., McInnes, S.J., Sands, C.J., Fernández-Carazo, R., Wilmotte, A., DeWever, A., Peeters, K., Tavernier, I. and Willems, A. 2010. The limnology and biology of the Dufek Massif, Transantarctic Mountains 82° South. *Polar Science* **4**: 197-214.

Hodgson, D.A., Bentley, M.J., Schnabel, C., Cziferszky, A., Fretwell, P., Convey, P. and Xu, S. 2012. Glacial geomorphology and cosmogenic [10]Be and [26]Al exposure ages in the northern Dufek Massif, Weddell Sea embayment, Antarctica. *Antarctic Science* **24**(4): 377–94. doi:10.1017/S0954102012000016

Hodgson, D.A. & Bentley, M.J. 2013. Lake highstands in the Pensacola Mountains and Shackleton Range 4300-2250 cal. yr BP: Evidence of a warm climate anomaly in the interior of Antarctica. *The Holocene* **23**(3): 388-97. doi: 10.1177/0959683612460790

Neuburg, H., Theil, E., Walker, P.T., Behrendt, J.C and Aughenbaugh, N.B. 1959. The Filchner Ice Shelf. *Annals of the Association of American Geographers* **49**: 110-19.

Parker, B.C., Boyer, S., Allnutt, F.C.T., Seaburg, K.G., Wharton, R.A. and Simmons, G.M. 1982. Soils from the Pensacola Mountains, Antarctica: physical, chemical and biological characteristics. *Soil Biology and Biochemistry* **14**: 265-71.

Parker, B.C., Ford, A.B., Allnutt, T., Bishop, B. and Wendt, S. 1977. Baseline microbiological data for soils of the Dufek Massif. *Antarctic Journal of the United States* **12**(5): 24-26.

Peeters, K., Hodgson, D.A., Convey, P. & Willems, A. 2011. Culturable diversity of heterotrophic bacteria in Forlidas Pond (Pensacola Mountains) and Lundström Lake (Shackleton Range), Antarctica. *Microbial Ecology* **62**(2): 399-413.

Peeters, K., Verleyen, E., Hodgson, D.A., Convey, P., Ertz, D., Vyverman, W. & Willems, A. 2012. Heterotrophic bacterial diversity in terrestrial and aquatic microbial mat communities in Antarctica. *Polar Biology* **35**: 543-54.

Schmidt, D.L. and Ford, A.B. 1967. Pensacola Mountains geologic project. *Antarctic Journal of the United States* **2**(5): 179.

Van den Broeke, M., van de Berg, W.J., van Meijgaard, E. and Reijmer, C. 2006. Identification of Antarctic ablation areas using a regional atmospheric climate model. *Journal of Geophysical Research* **111**: D18110. doi: 10.1029/2006JD007127

Van Lipzig, N.P.M., Turner, J., Colwell, S.R. and van Den Broeke, M.R. 2004. The near-surface wind field over the Antarctic continent. *International Journal of Climatology* **24**(15): 1973-82.

Дополнение 1. Таблица А1. Программа отбора биологических образцов в долинах Дейвис и Форлидас: группы идентифицированных таксонов и применявшиеся методы (Hodgson *et al.*, 2010).

Описание	Метод	Кол-во образцов	Кол-во таксонов	Таксоны
Бриофиты	Наблюдение	0	0	Не применимо
Лишайники	Наблюдение	1	1	*Lecidea cancriformis* Dodge & Baker
Bacillariophyceae / диатомовые водоросли	Исследование под световым микроскопом	2	1	*Pinnularia microstauron* (Ehr.) Cl.††
Цианобактерии	Библиотека клонов, ДГГЭ + установление нуклеотидной последовательности, выделение штаммов + установление последовательности (микроскопия)	3	6	Образец TM1: 16ST63, 16ST14 Образец TM2: 16ST63, 16ST14, 16ST44, 16ST49, 16ST80 Образец TM3: 16ST44, 16ST49, 16ST80, 16ST07
Chlorophyta / зеленые водоросли	ДГГЭ + установление нуклеотидной последовательности	2	1	Вид Urospora
Rhizaria/ Cercozoa	ДГГЭ + установление нуклеотидной последовательности	2	2	Heteromitidae, вид Paulinella
Бактерии	ДГГЭ + установление нуклеотидной последовательности	2	32	Цианобактерии: Nostocales, Oscillatoriales, Chroococcales, Gloeobacteriales** Род: Sphingobacteriales, Flavobacteriales Отдел Firmicutes: Clostridiales Класс Gammaproteobacteria: Pseudomonadales, Psychrobacter
Бактерии	Выделение штаммов + установление последовательности	1	330 штаммов	*Firmicutes* 33%, *Bacteroidetes* 23%, *Alphaproteobacteria* 25%, *Actinobacteria* 9%, *Betaproteobacteria.* 8%, *Gammaproteobacteria* 1.5%, Deinococci 0.3%
Членистоногие	Tullenberg	50	0	Не применимо
Беспозвоночные	Экстракция на воронках Бермана	130	3	См. раздел «Тихоходки» (далее)
Тихоходки	Световой микроскоп (молекулярный†)	14 20	3 1	*Echiniscus* (cf) *pseudowendti* Dastych, 1984 (Heterotardigrada), *Acutuncus antarcticus* (Richters, 1904) *Diphascon sanae* Dastych, Ryan and Watkins, 1990 (Eutardigrada)

Заключительный отчет XXXVIII КСДА

Коловратки	Tullenberg и световой микроскоп	130	присутству ют	Бделлоидные коловратки
Почвенные бактерии и водоросли	Выделение культур (Parker *et al.*, 1982)*	1	3	Цианобактерии: вид Oscillatoria Водоросли: вид Trebouxia, вид Heterocous (есть видимые дрожжи)
Орнитофауна	Наблюдение	Не применимо	1	Малый снежный буревестник (Pagadroma nivea)

* ранее опубликованные данные, ** предварительная идентификация приблизительно на 100 основаниях, † анализ проводился на морфологически сходных образцах из района хребта Шеклтона, †† не считается доказательством существующего сообщества

ООРА № 119 «Долина Дэвис и озеро Форлидас» (массив Дюфека, горы Пенсакола)

Дополнение 1. Таблица А2. Известные посещения долины Дейвис и соседних ото льда долин на территории Района и в его окрестностях

Экспедиция	Кол-во человек	Орг.	Цель	Сроки проведения	Продолжительность (в днях)	Посещенные места	Лагерь	Транспорт
Aughenbaugh, Behrendt, Neuburg, Thiel, Walker	5	МГГ (США)	Геология Геофизика	Декабрь 1957 г.	?	FIP,DV,FP, FR	FIP к западу от FR	Передвижение на снегоходе к FIP, а затем пешком
Ford, Schmidt, Nelson, Boyd, Rambo (?)	5	ГС США	Геология	Декабрь 1965 г. – январь 1966 г.	?	?	Базовый лагерь у хребта Нептьюн	Многочисленные посадки вертолетов на массиве Дуфек
Форд с группой	?	ГС США	Геология	Лето 1973–1974 гг.	?	?	?	?
Ford, Carlson, Czamanske, Nutt, England, Nelson	6	USGS	Геология	Геология	?	?	Базовый лагерь вблизи пика Уокер (в юго-западной части массива Дуфек)	Многочисленные посадки вертолетов на массиве Дуфек Лыжные сани и лыжные переходы по земле.
Российская экспедиция во главе с О. Г. Шулятиным, в сопровождении Форда (и Гру?) из США и Пич (Paech) из Германии.	11	Советская антарктическая экспедиция (22)	Геология Геофизика	Лето 1976–1977 гг.	49 (вся экспедиция)	Массив Дуфек и другие места в горах Пенсакола	Полевые лагеря на горе Провендер, горе Ред и горе Скидмор. Станция Дружная служила базовым лагерем.	Посадки вертолетов, снегоход «Буран», далее пешком
Российская экспедиция во главе с Е. Н. Каменевым	6	Советская антарктическая экспедиция (23)	Геология Геофизика	06 февраля – 17 февраля 1978 г.	11	Массив Дуфек	Полевой лагерь на холмах Шмидта Станция Дружная служила базовым лагерем.	Самолет, снегоход «Буран», далее пешком
Boyer, Reynolds	2	ГС США	Геология	12 декабря 1978 г.	2	FIP, DV	EV	На санях от EV до края ледового покрова, далее пешком
Ford, Boyer, Reynolds Carl?	4	ГС США	Геология	14 декабря 1978 г.	4	Вечный лед	EV	На санях от EV до края ледового покрова, далее пешком
Hodgson, Convey, Burt	3	БАС (Великобритания)	Биология, лимология, ледниковая геоморфоло	3–15 декабря 2003 г.	13	FIP, DV, FP, FR, AP	FIP 1,9 км к северу от FP	От озера Твин Оттер до FIP, далее пешком

Заключительный отчет XXXVIII КСДА

Экспедиция	Кол-во человек	Орг.	Цель	Сроки проведения	Продолжительность (в днях)	Посещенные места	Лагерь	Транспорт
			гия					
ВСЕГО	~30				~40??			

(цифры указаны приблизительно ввиду неполноты данных)

Расшифровка аббревиатур: FIP – ледниковое предгорье Форд-Айс-Пьемонт; DV – долина Дейвис; FP – озеро Форлидас; FR– хребет Форлидас; AP – пик Энджелс; CS – отрог Клемон; PS – отрог Преслик; MB – гора Белякова; MP – гора Павловского; EV – долина Инчантед.

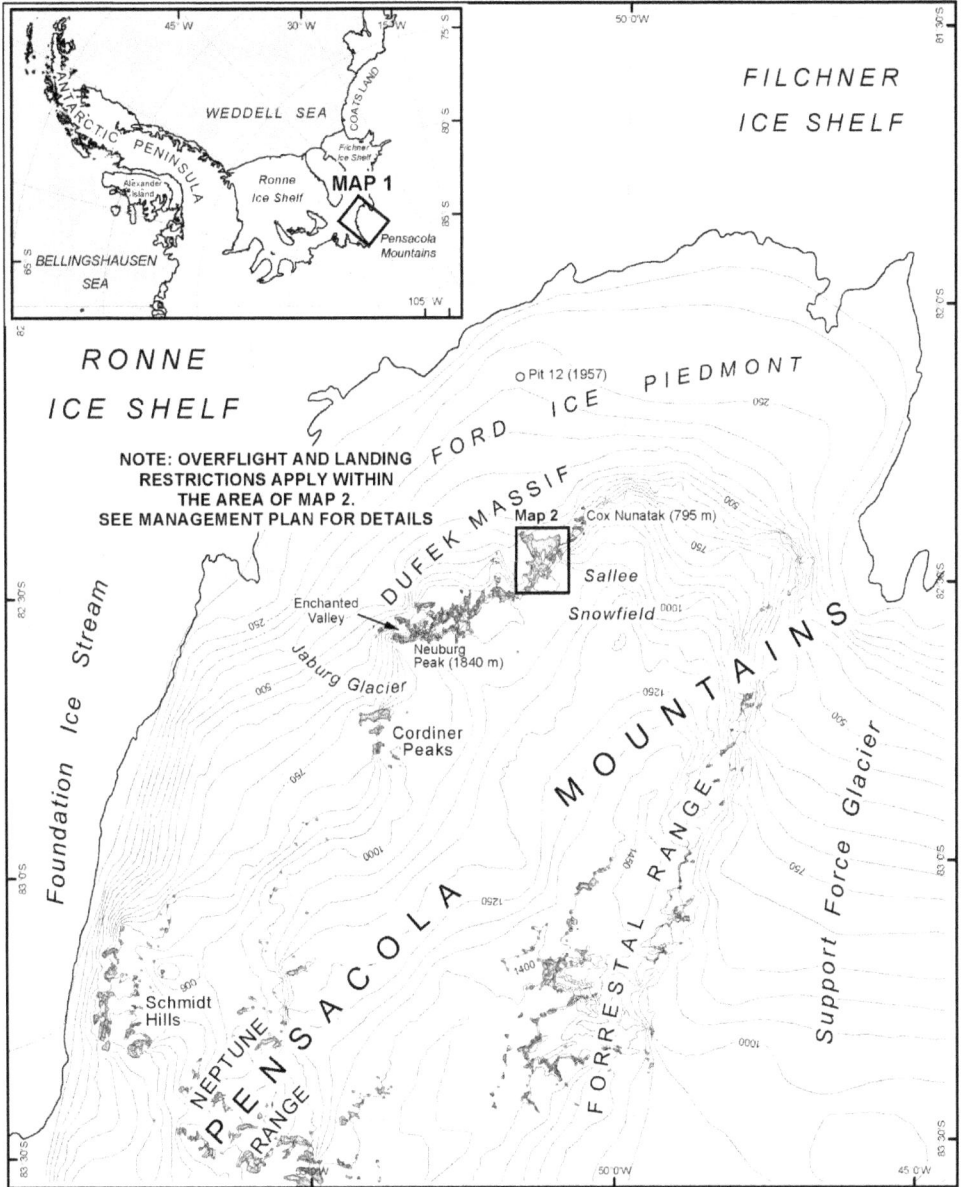

Map 1: ASPA No. 119 - Davis Valley and Forlidas Pond - Location Map

10 Feb 2015 (Map ID. 19069 0005 01)
United States Antarctic Program
Environmental Research & Assessment

Coastline	Ice free ground	○ Ice bore
Contour (50 m)	Permanent ice	

0   10   20
Kilometers

Projection: Lambert Conformal Conic
Spheroid and horizontal datum: WGS84
Data sources: Coast & topography: SCAR ADD (v6, 2012)

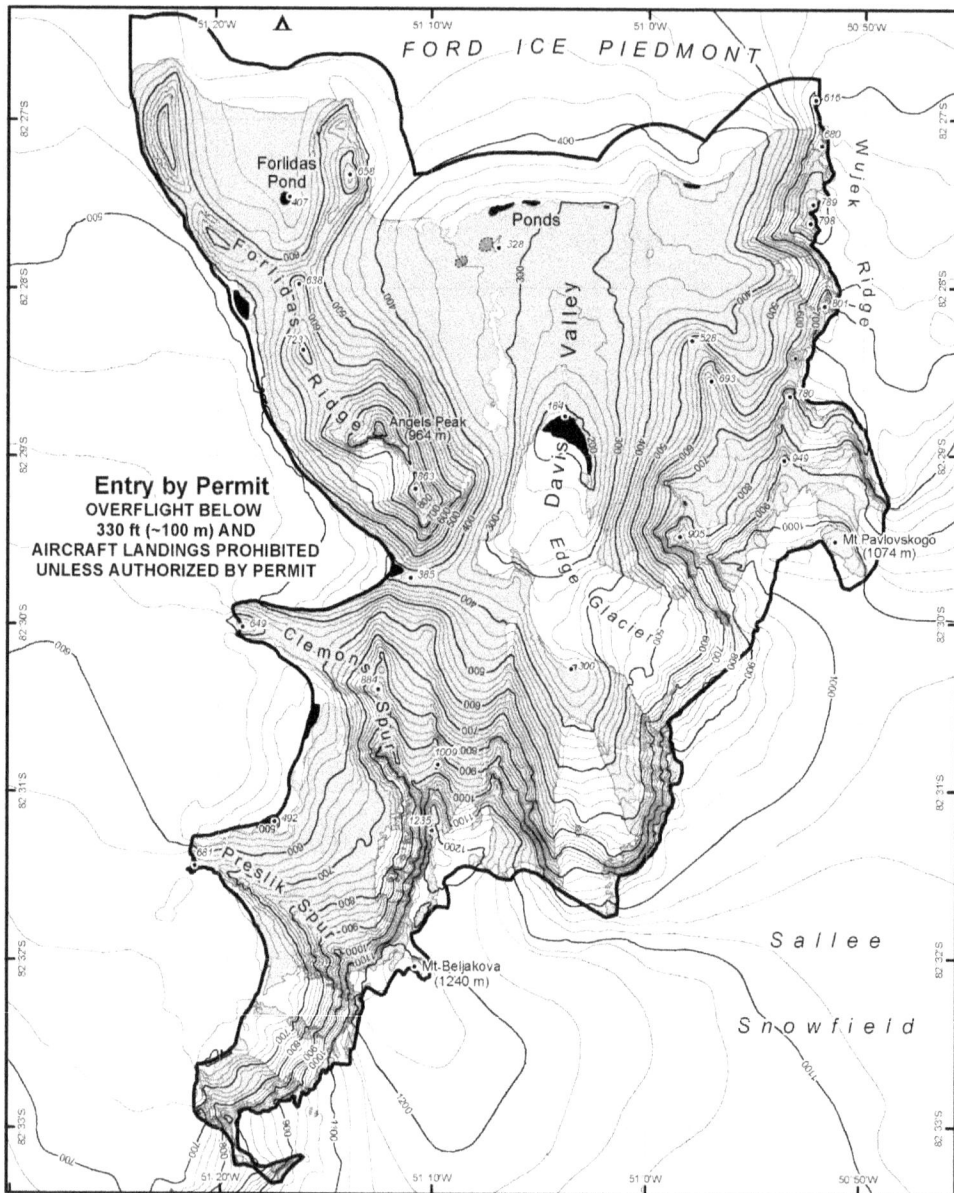

Map 2: ASPA No. 119 - Davis Valley and Forlidas Pond - Topographic Map

План управления
Особо охраняемым районом Антарктики № 148

«ГОРА ФЛОРА» (ЗАЛИВ ХОУП, АНТАРКТИЧЕСКИЙ ПОЛУОСТРОВ)

Введение

Основной причиной определения горы Флора (залив Хоуп, Антарктический полуостров) (63°25' ю.ш., 57°01' з.д., 0,3 км²) в качестве Особо охраняемого района Антарктики (ООРА) является защита научных ценностей, связанных с наличием в Районе богатой ископаемой флоры.

Гора Флора была первоначально определена в качестве Участка особого научного интереса в рамках Рекомендации XV-6 (1989 г., УОНИ № 31) по предложению Великобритании. Основанием для такого определения послужило то, что «этот участок имеет исключительное научное значение, обусловленное богатством его ископаемой флоры. Эта ископаемая флора была открыта одной из первых в Антарктике и с тех пор играла важную роль в выяснении геологической истории Антарктического полуострова. Давняя история посещений этого района в силу его доступности и огромное количество ископаемых остатков, встречающихся в глубине каменистой осыпи, делают его уязвимым перед лицом собирателей сувениров, а объём материалов для серьёзного научного изучения существенно сократился». Плана управления был существенно пересмотрен в 2002 г. (Мера 1), при этом были внесены изменения в границы Района.

Геолог Йоханн Гуннар Андерссон (Johann Gunnar Andersson), чья первоначальная каменная хижина (Историческое место и памятник № 39) по-прежнему находится на близлежащем мысе Сил в заливе Хоуп, обнаружил гору Флора в ходе шведской южно-полярной экспедиции 1901-1904-го годов. Отто Норденскьольд (Otto Nordenskjöld), руководитель экспедиции, назвал эту гору Флора (Flora-Berg) по результатам геологических наблюдений Андерссона, признав её первым важным ископаемым районом, обнаруженным в Антарктике. Впоследствии Район приобрёл огромное научное значение с точки зрения интерпретации ключевых геологических взаимосвязей в этом регионе.

Район находится приблизительно в трёх километрах к юго-востоку от станции Эсперанца»(Аргентина) и станции Лейтенант де Навио Руперто Эличирибети (Уругвай).

Район вписывается в общую систему охраняемых районов Антарктики как один из нескольких ООРА, охраняющих главным образом геологические ценности. В Резолюции 3 (2008 г.) рекомендовалось использовать Анализ экологических доменов антарктического континента в качестве динамической модели для выявления особо управляемых районов Антарктики в пределах системных эколого-географических рамок, упомянутых в Статье 3 (2) Приложения V к Протоколу (см. также Morgan et al., 2007). По данной модели ООРА № 148 относится к Экологическому домену А (геология северных районов Антарктического полуострова) (Morgan et al., 2007). ООРА № 148 расположен на территории Заповедного биогеографического региона Антарктики (ЗБРА) № 1 Северо-восток Антарктического полуострова.

1. Описание охраняемых ценностей

После посещения ООРА менеджерами в области окружающей среды из Аргентины в январе 2011 г. и январе 2013 г. ранее определённые ценности были пересмотрены и вновь подтверждены. Ценности Района состоят в следующем:

- Гора Флора обладает важными научными и историческими ценностями, связанными с этим важным наследием геологических открытий в Антарктике.
- Для горы Флора характерно наличие трёх разных геологических формаций: формации залива Хоуп (группа полуострова Тринити), которая отделена от лежащих поверх неё слегка наклонённых растительных слоёв формации горы Флора (группа залива Ботани) несогласным залеганием отложений, а поверх второй формации, в свою очередь, находятся игнимбриты и вплавленные туфы формации ледника Кенни (вулканическая группа Антарктического полуострова). Взаимосвязи этих формаций имели решающее значение для определения возраста растительных слоёв, что было крайне необходимо для интерпретации геологии Антарктического полуострова.
- Исторически этот участок играл важную роль при сравнении с другими участками флоры южного полушария.
- В этом регионе, о котором подобная информация скудна, ископаемая флора была важным источником палеоклиматических данных, относящихся к мезозойской эре.
- На горе Флора находится одна из немногих известных в Антарктике флор юрского периода, и это единственный участок, относительно хорошо изученный и задокументированный. В состав сообществ мезозойских растений горы Флора входят представители сфенофитов, папоротников, цикадофитов (цикадовых и беннеттитов), птеридосемянных и хвойных. Образцы этих ископаемых растений служат одним из основных источников для многих сравнительных палеоботанических исследований юрского и мелового периодов.

2. Цели и задачи

Управление на горе Флора осуществляется в следующих целях:
- недопущение ухудшения состояния или возникновения существенного риска для ценностей Района путём предотвращения излишнего нарушения среды Района в результате человеческой деятельности и отбора образцов в результате неконтролируемого доступа и недопустимого сбора геологического материала;
- создание условий для проведения научных геологических и палеонтологических исследований и обеспечение защиты от чрезмерно интенсивного отбора образцов;
- создание условий для проведения других научных исследований на территории Района при условии, что они не нанесут ущерба ценностям, ради которых осуществляется охрана Района;
- создание условий для проведения научных исследований в Районе при предоставлении убедительных причин того, что они не могут быть проведены в другом месте;
- организация посещений для осуществления мер управления в поддержку целей Плана управления.

3. Меры управления

Для охраны ценностей Района осуществляются следующие меры управления:
- На станции Эсперанца (Аргентина) и станции Лейтенант де Навио Руперто Эличирибети (Уругвай) должна быть выставлена на всеобщее обозрение карта, показывающая местонахождение Района (с описанием действующих на его территории особых ограничений), и должны храниться копии настоящего Плана управления.
- Желающие подняться на гору Флора должны быть проинформированы о запрете на вход на территорию Района без Разрешения, выданного уполномоченным органом.
- Указатели, знаки и другие сооружения, установленные на территории Района для проведения научных исследований или в целях управления, должно быть надёжно закреплены и поддерживаться в хорошем состоянии.
- Бесхозное оборудование или материалы следует вывозить из Района, насколько это возможно, при условии, что это не окажет неблагоприятного воздействия на ценности Района.
- Район по мере необходимости должны посещать эксперты, чтобы установить, продолжает ли он служить тем целям, ради которых был определён, и чтобы убедиться в достаточности мер

управления и технического обслуживания. Необходимо также провести кабинетное исследование и рассмотреть отчёты после посещения ООРА и имеющуюся информацию о собранных в Районе ископаемых остатках.

- В случае дальнейшего отступления окрестных ледниковых льдов, как это происходило в течение последних лет, ожидается всё большее обнажение пород горы Флора, содержащих остатки ископаемых растений. Границы Района необходимо периодически обновлять, обеспечивая охват всех вновь обнажившихся пород, содержащих ископаемые остатки; такие решения должны приниматься при пересмотре Плана управления.
- Учёт коллекций ископаемых остатков, собранных на горе Флора, будет вестись на основании отчётов после посещения для лучшей оценки результатов выдачи разрешений и минимизации излишнего отбора образцов. (см. разделы *7(iii), (x)* и *(xi)*).

4. Срок определения в качестве ООРА

Определён на неограниченный период времени.

5. Карты

Карта 1. Расположение ООРА № 148 «Гора Флора» относительно залива Хоуп (полуостров Тринити) и группы Южных Шетландских островов с указанием местонахождения ближайших охраняемых районов. Здесь также показано расположение станций Эсперанца (Аргентина) и Лейтенант де Навио Руперто Эличирибети (Уругвай). Врезка: расположение горы Флора на Антарктическом полуострове.

Карта 2. Топографическая карта ООРА № 148 «Гора Флора» (залив Хоуп). Параметры карты: проекция: равноугольная коническая проекция Ламберта; стандартные параллели: 1-я 76°40' ю.ш.; 2-я 63°20' ю.ш.; центральный меридиан: 57°02' з.д.; широта происхождения: 70°00' ю.ш.; сфероид: WGS84. начало отсчёта высоты: средний уровень моря. Высота сечения: 25 м. Точность по горизонтали и вертикали неизвестна. Примечание. В основе топографии и позиций лежат данные первоначальных обследований, проведённых в 1950-х годах; известно, что действительные позиции показаны с погрешностью до 500 м. Границы ледников указаны на основе данных аэрофотосъёмки 1999 года.

Карта 3. Географическая карта ООРА № 148 «Гора Флора» составлена по материалам работы «Мара Geológico de Bahía Esperanza Antártida», опубликованной Институтом геологии и минералов Испании (Intituto Geológico y Minero de España) и Антарктическим институтом Аргентины (Instituto Antártico Argentino) (масштаб 1:10,000).

6. Описание Района

6(i) Географические координаты, отметки на границах и природные особенности

ОБЩЕЕ ОПИСАНИЕ
Гора Флора (63°25' ю.ш., 57°01' з.д., 0,3 км²) находится у юго-восточной границы залива Хоуп на северной оконечности полуострова Тринити, Антарктический полуостров (карта 1). Вершина горы Флора (520 м) находится на расстоянии около 1 км от южного берега залива Хоуп. Гору Флора окружают четыре ледника. Ледник Флора простирается на протяжении одного километра в северо-восточном направлении от кара, расположенного под вершиной горы Флора, до того места, где он вливается в более крупный ледник, окаймляющий восточный и южный склоны горы Флора и простирающийся на северо-восток от Пирамиды (565 м) (карта 2). Западные склоны горы Флора скованы ледником Кенни, который перед тем, как влиться в залив Хоуп, соединяется с ледником Депо. Пирамида – это заметный пик высотой 1,5 км, расположенный к юго-юго-востоку от горы Флора. К

северу от Района находятся свободная ото льда долина Пяти озёр и холмы Скар, а к северо-востоку – озеро Бёкелла.

ГРАНИЦЫ

Границы, определённые в первоначальном плане управления, были изменены в 2002 г. во время пересмотра Плана управления с тем, чтобы обеспечить охват всех известных обнажённых слоёв с остатками ископаемых растений на северных склонах горы Флора. Верхняя гряда и самый высокий пик горы Флора (520 м), которые раньше были на территории Района, состоят из вулканических пород, не содержащих ископаемые организмы, и потому исключены из состава Района. Граница проходит от северной вершины горы Флора (516м) – самой высокой точки границы – в западном направлении вниз по гряде к леднику Кенни. На восточной границе ледника Кенни она поворачивает к северу и идёт до 150-метровой изолинии, а оттуда – на восток вдоль 150-метровой изолинии к северо-западной границе ледника Флора и далее вдоль северо-западной границы ледника Флора на юго-запад к гряде, которая идёт на запад к северной вершине горы Флора. Границы ледников, выходы пород на более низких высотах, западная гряда и северная вершина горы Флора являются визуально заметными объектами, обозначающими границы: никаких других указателей на границах Района нет.

Координаты границ Района, начиная от северной вершины горы Флора и далее по часовой стрелке, представлены в таблице 1.

Таблица 1. Координаты границ ООРА № 148 «Гора Флора» (Залив Хоуп, Антарктический полуостров)

Номер	Широта	Долгота
1	63°25'01.6'' ю.ш.	057°01'44.6'' з.д.
2	63°24'52.7'' ю.ш.	057°01'58.4'' з.д.
3	63°24'49.2'' ю.ш.	057°01'47.5'' з.д.
4	63°24'42.5'' ю.ш.	057°00'51.8'' з.д.
5	63°24'47.9'' ю.ш.	057°01'12.0'' з.д.
6	63°24'54.4'' ю.ш.	057°01'19.4'' з.д.
7	63°24'54.8'' ю.ш.	057°01'31.0'' з.д.

КЛИМАТ

Для горы Флора нет никаких климатических данных, однако местные условия аппроксимируются по данным для станции Эсперанца. Летом (декабрь, январь и февраль) средняя максимальная температура колеблется в пределах от 2,6 °C до 3,2 °C, а средняя минимальная температура колеблется в пределах от -2,9 °C до -1,8 °C. Во время этого сезона температура может достигать 14,8 °C, как в 1978 году, или понижаться до -12,0 °C, как в 1985 году. Зимой средняя максимальная температура равна примерно -6,0 °C, а средняя минимальная – примерно -15,0 °C. В исключительных случаях температура может подниматься до 13,0 °C или опускаться до -32,3 °C, как в 1975 году. Температуры на горе Флора, скорее всего, будут ниже из-за большей высоты над уровнем моря. Наименее ветреные месяцы – декабрь и январь (средняя скорость ветра 20-22 км/ч[-1]); в мае, июле, августе и сентябре ветры усиливаются (средняя скорость ветра >30 км/ч[-1]). В апреле и мае зарегистрированы порывы ветра, скорость которых превышала 380 км/ч[-1], которые были вызваны кабатическими ветрами, дующими со стороны местного ледника. На протяжении всего года наблюдались сильные ветры (43 км/ч и более[-1]) с частотой примерно 15 дней в месяц. В среднем каждый год бывает 181 день со снегом. В течение года снегопады происходят в среднем 13-16 дней каждый месяц, меньше всего в июне – в среднем 13 дней. В среднем сплошная облачность наблюдается летом (23 дня в январе), в зимние месяцы сплошная облачность меньше (примерно 13 дней в месяц). В течение года среднее количество дней с ясным небом низкое – от одного до пяти дней в месяц. (Национальная служба метеорологии (Servicio Meteorológico Nacional), Аргентина).

ГЕОЛОГИЯ, ПОЧВЫ И ПАЛЕОНТОЛОГИЯ

Геологию Района определяют три главные формации: формация залива Хоуп, формация горы Флора и формация ледника Кенни. Толщина основания формации залива Хоуп (группа полуострова Тринити) превышает 1 200 м, а сама формация характеризуется наличием силикластического турбидита и песчаника. На основании предполагаемых спор каменноугольного периода (Grikurov and Dibner 1968) и рубидиево-стронциевого изотопного анализа гравелитов и аргиллитов (281 ±16 млн лет; Pankhurst 1983) её относят к пермо-карбоновому периоду, однако возрастные признаки здесь немногочисленны и не защищены от тенденциозной интерпретации (Smellie and Millar 1995). Формация залива Хоуп отделена от расположенной сверху формации горы Флора угловым несогласным залеганием отложений и длинным стратиграфическим перерывом. Формация горы Флора (группа залива Ботани) состоит, главным образом, из песчаников, конгломератов и сланцев и включает наиболее значительные слои с ископаемыми растениями. Расположенная сверху формация ледника Кенни (вулканическая группа Антарктического полуострова), которая также отделена от формации горы Флора угловым несогласным залеганием отложений, состоит из игнимбритов и вплавленных туфов. По поводу возраста формации горы Флора высказывались разные точки зрения (Andersson 1906, Halle 1913, Bibby 1966, Thomson 1977, Farquharson 1984, Francis 1986, Gee 1989, Rees 1990); последние палеоботанические и радиометрические данные подтверждают мнение тех, кто относит гору Флора к раннему или среднему юрскому периоду (Rees 1993a, b, Rees and Cleal 1993, Riley and Leat 1999). На северной стороне горы Флора заметны разломы (Birkenmajer 1993a), которые нанесены на карту как граница группы полуострова Тринити и формации горы Флора (Smellie pers. comm. 2000).

Толщина формации горы Флора составляет около 230-270 м, а саму формацию можно подразделить на более старую пачку Пяти озёр и верхнюю пачку ледника Флора, где находятся наиболее значительные остатки ископаемых растений. Пачка Пяти озёр имеет в толщину около 170 м и состоит из крупнозернистых осадочных брекчий, конгломератов и песчаников с остатками растений. В литологическом плане (особенно в нижней части последовательности) доминируют кластические валунные конгломераты (Farquharson 1984). Эта пачка сильно обнажена на северных и северо-восточных склонах горы Флора между ледником Флора и долиной Пяти озёр. Нижней границей этой пачки является угловатое несогласное залегание отложений, отделяющее её от формации залива Хоуп. Фазораздел между формацией горы Флора и формацией залива Хоуп покрыт каменистой осыпью. Предполагается, что около 50 м базального основания пачки Пяти озёр остаются необнажёнными. Верхняя часть пачки Пяти озёр сильно обнажена у основания, отделяющей ледник Флора от долины Пяти озёр (Martín Serrano et al. 2005, Montes et al. 2004).

Пачка ледника Флора состоит из конгломерато-песчаникового комплекса толщиной 60-100 м, поверх которого в отдельных местах находится сланцевый комплекс толщиной до 10 м, являющийся главной зоной залегания ископаемых растений. Она больше всего обнажена у основания, отделяющего кар ледника Флора от долины Пяти озёр на высоте около 350 м. В верхней части сланцев, вблизи фазораздела с формацией ледника Кенни, находится пластовая интрузия метровой толщины. В ассоциации песчаника доминируют циклы, для которых характерно уменьшение размера частиц ближе к поверхности. Их толщина составляет от 2,5 до 11,5 м (Farquharson 1984). Труднодоступные, но значительные обнажения пачки ледника Флора находятся также на крутых склонах горы Флора выше долины Пяти озёр. Они тянутся в западном направлении до границы ледника Кенни. Толщина этого элемента возрастает от 50-60 м у основания до 100 м у границы ледника. Вулканогенные отложения образуют небольшую по площади, но важную часть формации горы Флора. Единый игнимбрит толщиной 26 м образует бледную полосу, пересекающую северную сторону горы Флора, приблизительно на середине осадочной последовательности (Farquharson 1984). Над формацией горы Флора, обнажённой в самой высокой части горы Флора, находятся вулканические породы формации ледника Кенни. Сама формация несогласованно лежит поверх формации залива Хоуп в районе восточного отрога Пирамиды (Smellie, pers. comm. 2000). Эта незавершённая формация представляет собой комплекс, состоящий главным образом из риолито-дацитовых лав, игнимбритов, агломератов и туфов (Birkenmajer 1993a & b). Фаркварсон (Farquharson (1984)) обнаружил здесь туфы, мелкозернистые агломераты и вплавленные туфы. Наиболее значительные выходы слоёв с ископаемыми остатками находятся на северной и северо-западной сторонах горы Флора.

Лучше всего изучены образцы, обнаруженные на относительно более доступной северной стороне. Впервые эта ископаемая флора была всесторонне описана в работе Халле (Halle) (1913 г.) и с тех пор считается эталоном для флористических и биостратиграфических исследований Гондваны мезозойской эры (Rees and Cleal 1993). Первоначально Халле (Halle 1913) описал 61 вид ископаемых растений; позднее эта цифра была пересмотрена и сокращена до 43 видов (Gee 1989), затем до 38 видов (Rees 1990) и позднее до 32 видов (Baldoni, 1986, Morel et al. 1994; Rees and Cleal 2004). Совсем недавно был описан 41 таксон (Ociepa 2007; Birkenmajer and Ociepa 2008; Ociepa and Barbacka 2011). Также были исследованы ископаемые древесные остатки, найденные в OOPA (Torres et al. 2000).

Флора обычно представлена небольшими чешуеподобными листьями печёночников (Hepatophyta), фрагментами стеблей и шишечек сфенофитов (Equisetaceae, *Equisetum*), листвой нескольких семейств папоротников (Dipteridaceae, Matoniaceae, Dicksoniaceae, Osmundaceae), а также листьями и древесными остатками голосеменных (кейтониевых, цикадовых, беннеттитовых, птеридоспермовых и хвойных). Кроме того, здесь сохранились чешуйки шишек цикадофитов и хвойных, семена и другие неопознанные стволы, листья и облиственные ветви (Taylor, no date; Rees pers. comm. 1999). Другие растительные фрагменты были интерпретированы как плодовые листы папоротников или опылённые органы хвойных, однако остаётся невыясненным, как данный вид относится к другим таксонам, поскольку на сегодняшний день из материала не получены никакие споры или пыльца (Ociepa and Barbacka, 2011). В целом, неопределяемые палиноморфы из растительных слоёв формации горы Флора извлечь было невозможно (Rees and Cleal 2004; Ociepa and Barbacka 2011). В небольшом образце сланца с горы Флора, также содержавшего ископаемые растения, были обнаружены четыре элитры (наружных скелета) жуков (отряда Coleoptera) (Zeuner 1959). Они были идентифицированы как *Grahamelytron crofti* и *Ademosynoides antarctica*. *G. crofti*, возможно, является представителем семейства жужелиц (Carabidae), хотя и напоминает листоеда (семейство Chrysomelidae), а вид *A. antarctica* может быть отнесён к жужелицам (Carabidae), чернотелкам (Tenebrionidae), щелкунам (Elateridae) или ископаемому семейству пермозинид (Permosinidae) (Zeuner, 1959). Никаких других образцов ископаемой фауны здесь не обнаружено. Насколько это известно, на территории Района нет никаких остатков морской ископаемой флоры или фауны.

БИОЛОГИЯ НАЗЕМНОЙ И ПРЕСНОВОДНОЙ СИСТЕМЫ

Живая флора на территории Района немногочисленна и имеет очаговое распределение. Несмотря на отсутствие полномасштабных флористических исследований, здесь были обнаружены несколько видов мхов и лишайников. К числу идентифицированных видов мхов относятся: *Andreaea gainii*, *Bryum argenteum*, *Ceratodon purpureus*, *Hennediella heimii*, *Pohlia nutans*, *Sanionia uncinata*, *Schistidium antarctici* и *Syntrichia princeps*. Среди лишайников были идентифицированы виды: *Acarospora macrocyclos*, *Buellia anisomera*, виды рода *Buellia*, виды рода *Caloplaca*., *Candelariella vitellina*, *Cladonia pocillum*, *Haematomma erythromma*, *Physcia caesia*, *Pleopsidium chlorophanum*, *Pseudephebe minuscula*, *Rhizocarpon geographicum*, *Rhizoplaca aspidophora*, *Stereocaulon antarcticum*, *Tremolecia atrata*, *Umbilicaria antarctica*, *Umbilicaria decussata*, *Umbilicaria kappeni*, *Usnea antarctica*, *Xanthoria candelaria* и *Xanthoria elegans*. На территории Района нет постоянных водотоков или озёр. Данные о фауне беспозвоночных или сообществах микроорганизмов на горе Флора отсутствуют.

ГНЕЗДЯЩИЕСЯ ПТИЦЫ

Данные о сообществах птиц на горе Флора немногочисленны, хотя в одном из отчётов о точном расположении гнездовий некоторых видов отмечалось, что гнездование птиц на территории Района маловероятно (Marshall 1945). Тем не менее, птицы, гнездящиеся в заливе Хоуп, в целом хорошо изучены. Например, Аргентина проводила мониторинг колоний пингвинов с начала 1990-х годов. Примерно в 500 м к северо-востоку от Района находится часть одной из крупнейших колоний пингвинов Адели (*Pygoscelis adeliae*) на Антарктическом полуострове, насчитывающая около 102 000 пар (Santos et al. 2013) (карта 2). Другие птицы, гнездящиеся в заливе Хоуп, насчитывают примерно 500 пар пингвинов папуа (*Pygoscelis papua*) (Аргентинская программа мониторинга), поморников Лоннберга (*Catharacta loennbergi*), южнополярных поморников (*Catharacta maccormicki*), антарктических крачек (Sterna vittata), качурок Вильсона (*Oceanites oceanicus*), доминиканских чаек (*Larus dominicanus*) и белых ржанок (*Chionis alba*). Более подробную информацию о численности птиц, гнездящихся в окрестностях горы Флора, можно найти в данных Аргентины (1997 г.), в работе Santos et al. (2013), а также Coria and Montalti (1993).

ДЕЯТЕЛЬНОСТЬ И ВЛИЯНИЕ ЧЕЛОВЕКА

Гора Флора была обнаружена в 1903 г. Йоханном Гуннаром Андерссоном (Johann Gunnar Andersson), членом шведской южно-полярной экспедиции 1901-1904-го годов, которая исследовала и нанесла на карты значительную территорию северной части Антарктического полуострова. Сев на мель в заливе Хоуп и ожидая спасателей в течение зимы 1903 г., Андерссон собрал на горе Флора образцы ископаемой флоры и минералов. Андерссон и его товарищи перезимовали в каменной хижине (Историческое место и памятник № 39). Руководителем этой экспедиции был Отто Норденскьольд (Otto Nordenskjöld), который дал название горе Флора с учётом геологических находок Андерссона. В 1945 г. Великобритания основала в заливе Хоуп базу «D» в рамках операции «Табарин». Эта станция работала вплоть до февраля 1964 г. В зимний период её персонал состоял из 7-19 человек. В 1997 г. база «D» была передана Великобританией Уругваю и получила новое название – станция Лейтенант де Навио Руперто Эличирибети. 31 декабря 1951 г. Аргентина открыла станцию Эсперанца и с тех пор постоянно эксплуатирует её. Персонал станции составляют около 50 человек в зимний сезон и до 70 человек летом, которые занимаются различными научными исследованиями в таких областях как сейсмология, геология, геоморфология, а также мониторингом различных параметров экосистемы, а также вопросами загрязнения.

В 1989 г. гора Флора была определена как Участок особого научного интереса, поскольку появились опасения, что случайные посетители могут забрать лучшие образцы ископаемых отстатков, в результате чего они будут потеряны для науки.

6(ii) Доступ в Район
На территорию Района разрешается только пеший доступ. На нижние склоны горы Флора легко добраться пешком от обеих местных научно-исследовательских станций и от залива Хоуп. Однако дорога до границы ООРА и перемещение по его территории окажутся более сложными из-за пересечённой местности. Чтобы попасть в Район, необходимо пройти по относительно плоской местности к югу от станции Эсперанца и к озеру Бёкелла. Затем необходимо следовать по маршруту на юг к восточному концу ООРА, откуда можно попасть в район по наименее крутой местности (см. карту 2). Посадка вертолётов в пределах Района запрещается, за исключением чрезвычайных ситуаций, когда использование вертолётов может рассматриваться как соответствующее условиям, изложенным в разделе *7 (ii) Доступ в Район и передвижение по его территории.*

6(iii) Расположение сооружений на территории и в окрестностях Района
На территории Района никаких сооружений нет. Ближайшими научно-исследовательскими станциями являются станция Эсперанца (Аргентина) (63°24' ю.ш., 56°59' з.д.,) и станция Лейтенант де Навио Руперто Эличирибети (Уругвай) (63°24' ю.ш., 56°59' з.д.,); обе находятся приблизительно в полутора километрах к северо-востоку от Района. В 300 м к северо-востоку от уругвайской станции находятся остатки британской базы, сгоревшей при пожаре в 1948 г. На небольшом мысе примерно в 300 м к северу от уругвайской базы находятся могилы двух британцев, погибших во время этого пожара. К востоку от горы Флора расположены два укрытия, обслуживаемые Аргентиной (63°25'10" ю.ш., 56°59'50" з.д. и 63°27'36" ю.ш., 57°11'14" з.д.).

6(iv) Наличие других охраняемых территорий в непосредственной близости от Района
Ближайшими к горе Флора охраняемыми территориями являются полуостров Поттер (ООРА № 132), западный берег залива Адмиралти (ООРА № 128), Лайонз-Рамп (ООРА № 151) и мыс Наребски, полуостров Бартон (ООРА № 171), которые находятся на острове Кинг Джордж (Южные Шетландские острова) примерно в 150 км к западу (карта 1). В окрестностях станции Эсперанца (карта 2) расположены каменная хижина (Историческое место и памятник № 39), построенная членами шведской антарктической экспедиции, бюст генерала Сан Мартина, грот со статуей Луханской Девы и флагшток, установленные Аргентиной в 1955 г., а также кладбище со стелой в память членов аргентинских экспедиций, погибших в этом районе (Историческое место и памятник № 40).

6(v) Особые зоны на территории Района
Нет.

7. Условия выдачи разрешений

7(i) Общие условия выдачи разрешений
Доступ в Район разрешается только при наличии Разрешения, выданного соответствующим национальным органом, как указано в Статье 7 Приложения V к Протоколу по охране окружающей среды к Договору об Антарктике.

Разрешение на посещение Района выдаётся на следующих условиях:
- разрешение выдаётся только для достижения неотложных научных целей, которые не могут быть достигнуты ни в каком ином месте, или для ключевых целей управления Районом;
- конкретная деятельность по управлению способствует достижению целей и задач настоящего Плана управления;
- разрешённые действия соответствуют положениям Плана управления;
- разрешённая деятельность должна проводиться с учётом оценки воздействий на окружающую среду в контексте поддержания охраны научных и исторических ценностей Района;
- если заявитель на получение Разрешения планирует собирать образцы пород, то ещё до выдачи Разрешения он должен доказать соответствующему национальному органу, что запланированные исследования не могут быть должным образом проведены с помощью ранее собранных образцов, которые хранятся в коллекциях разных стран мира;
- во время пребывания на территории Района необходимо иметь при себе оригинал или заверенную копию разрешения;
- отчёт о посещении направляется в орган, указанный в разрешении;
- разрешения выдаются на ограниченный срок;
- компетентный орган должен быть поставлен в известность о любых предпринимаемых действиях или принимаемых мерах, которые не включены в официальное Разрешение.

7(ii) Доступ в Район и передвижение по его территории
- Доступ на территорию Района или перемещение в его пределах разрешается только пешком.
- Из-за крутизны местности, что делает технически сложным приземление вертолёта на территории Района, доступ в Район на вертолёте не разрешён, за исключением чрезвычайной ситуации. В случае чрезвычайной ситуации и если позволяет ветровая обстановка, вертолёту разрешается влетать на территорию ООРА (желательно без посадки), для выполнения спасательной операции. Если это необходимо или целесообразно для данной аварийной ситуации, вертолёт может осуществлять посадку на леднике Флора. При возникновении чрезвычайной ситуации, которая вызывает необходимость использования вертолёта, рекомендуется следовать маршрутам полёта, показанным на карте 2. Кроме того, посадка вертолёта на окружающей местности не рекомендуется из-за высокой концентрации птиц, гнездящихся в непосредственной близости от горы Флора. В качестве места посадки вертолёта рекомендуется вертолётная площадка на станции Эсперанца (см. карту 2). Следует также пользоваться «Руководством по осуществлению воздушных операций вблизи скоплений птиц в Антарктике», приложенным к Резолюции 2 (2004 г.).
- Использование наземных транспортных средств на территории Района запрещается.
- Движение пешеходов должно быть сведено к минимуму, необходимому для осуществления разрешённой деятельности; при этом следует принимать все возможные меры для минимизации таких последствий вытаптывания, как разрушение пород (особенно пород *на месте*).

7(iii) Разрешаемая деятельность в Районе

На территории Района допускается осуществление следующих видов деятельности:

- научные исследования, которые не могут быть выполнены в другом месте;
- научные исследования, не представляющие угрозы для научных ценностей Района.
- важные меры управления, включая мониторинг.

В случае взятия геологических образцов в качестве минимального стандарта следует руководствоваться следующими принципами:

1. взятие образцов необходимо выполнять с минимально возможным нарушением;
2. взятие образцов должно быть сведено к минимуму, необходимому для достижения целей исследования;
3. необходимо оставлять достаточно материала или образцов для будущих исследователей, чтобы они могли понимать контекст материала;
4. на местах взятия образцов не должно оставаться маркировки (краски, бирок и т.д.);
5. после окончания проекта образцы должны храниться в специально выделенном хранилище.
6. Подробные данные GPS о расположении участков сборов, данные об объёме, весе и типе собираемого материала, а также о местах хранения материала должны фиксироваться в отчётах о посещении, представляемых в соответствующий национальный орган.
7. Копия этих данных должна также предоставляться Сторонам-инициаторам для облегчения пересмотра Плана управления, а также для предоставления консультаций другим Сторонам в отношении наличия материалов в геологических хранилищах в целях сведения к минимуму излишней новой или дополнительной выборки образцов.

7(iv) Возведение, реконструкция или удаление сооружений

Возводить сооружения или устанавливать научное оборудование на территории Района запрещается, за исключением случаев, когда это необходимо для выполнения неотложных научных задач или мер управления и на заданный период в соответствии с разрешением. Строительство капитальных сооружений или установок запрещено. Все указатели, сооружения или научное оборудование, возводимые (устанавливаемые) на территории Района, подлежат чёткой идентификации для распознавания с указанием страны, наименования основной исследовательской организации или агентства, года возведения (установки) и даты планируемого сноса. На всех таких объектах не должно быть организмов, пропагул (например, семян, яиц) и нестерильной почвы; они должны быть изготовлены из материалов, которые способны выдержать условия окружающей среды и которые представляют минимальный риск загрязнения Района. Одним из требований Разрешения должен быть вывоз из Района конкретного оборудования, на которое истёк срок действия Разрешения.

7(v) Расположение полевых лагерей

Размещение лагерей на территории Района запрещается.

7(vi) Ограничения на ввоз материалов и организмов в Район

В дополнение к требованиям, изложенным в Протоколе по охране окружающей среды к Договору об Антарктике, ограничения на ввоз материалов и организмов в Район включают в себя:

- Преднамеренная интродукция животных, растительных материалов, микроорганизмов и нестерильной почвы на территорию Района не допускается. Следует принимать необходимые меры предосторожности по предотвращению непреднамеренного внедрения животных, растительных материалов, микроорганизмов и нестерильной почвы из других биологически отличающихся регионов (подпадающих и не подпадающих под действие Договора об Антарктике). Кроме того, перед ввозом в Антарктику должны быть тщательно очищены все инструменты (буры, ледорубы, лопаты, геологические молотки т. п.), особенно те инструменты, которые ранее использовались на больших высотах и в областях высоких широт за пределами района Договора об Антарктике.
- Ввоз в Район гербицидов или пестицидов запрещён.
- Все остальные химические вещества, включая радионуклиды и стабильные изотопы, которые могут ввозиться для научных исследований или в целях управления, оговорённых в

разрешении, подлежат вывозу из Района сразу после или до завершения деятельности, на которую было выдано разрешение.

- Запрещается хранение на территории Района топлива или других химических веществ за исключением случаев, когда это особо оговорено в Разрешении. Хранение и обращение с такими материалами осуществляется таким образом, чтобы свести к минимуму риск их случайного попадания в окружающую среду.
- Материалы должны ввозиться на установленный срок и удаляться по истечению этого установленного срока. В случае выброса (сброса), который может нанести ущерб ценностям Района, удаление следует производить только в том случае, если его вероятные последствия не должны превзойти последствия пребывания материала на месте.
- В компетентный орган следует сообщать о любых материалах, попавших в окружающую среду и не удалённых из неё, которые не были указаны в выданном разрешении.

7(vii) Изъятие или вредное вмешательство в жизнь местной флоры и фауны
Изъятие или вредное воздействие на местную флору и фауну запрещается, если иное не оговорено в разрешении, выданном в соответствии с требованиями Приложения II к Протоколу по охране окружающей среды к Договору об Антарктике. В случае изъятия или вредного воздействия на животных в качестве минимального стандарта следует руководствоваться Кодексом поведения при использовании животных в научных целях в Антарктике, разработанным СКАР.

7(viii) Сбор и вывоз материалов, которые не были ввезены в Район держателем разрешения
Сбор и вывоз материалов допускается только в соответствии с Разрешением и должен ограничиваться минимумом, необходимым для выполнения научных задач или достижения целей управления (см. разделы *7(iii) Разрешаемая деятельность в Районе* и *7(x) Меры, необходимые для обеспечения возможности дальнейшего выполнения целей и задач Плана управления*). Разрешения не должны выдаваться при наличии обоснованных опасений того, что предполагаемый отбор образцов приведёт к изъятию, вывозу или повреждению такого объёма пород, содержащих остатки ископаемых растений, что это серьёзно скажется на их количестве на горе Флора. Прочие материалы антропогенного происхождения, которые могут нанести ущерб ценностям Района и которые не были ввезены в Район держателем Разрешения или санкционированы иным образом, могут быть вывезены при условии, что воздействие на окружающую среду при их удалении не будет превышать ущерба от оставления этих материалов на месте; в этом случае необходимо проинформировать соответствующий национальный орган и получить его одобрение.

7(ix) Удаление отходов
Все отходы, включая все отходы жизнедеятельности человека, подлежат вывозу из Района в соответствии с Приложением III (Удаление и управление ликвидацией отходов) к Протоколу по охране окружающей среды к Договору об Антарктике (1998 г.).

7(x) Меры, необходимые для обеспечения возможности дальнейшего выполнения целей и задач Плана управления
С учётом того, что отбор геологических образцов оказывает и постоянное, и кумулятивное воздействие, необходимо принять перечисленные далее меры в целях защиты научных ценностей Района:
необходимо принять перечисленные далее меры в целях защиты научных ценностей Района:

- Посетители, которые вывозят из Района геологические образцы, обязаны заполнить документ с указанием геологической категории, количества собранных образцов и места, где они были взяты; этот документ должен храниться, как минимум, в национальном центре антарктических данных или Генеральном каталоге антарктических данных.
- В целях минимизации дублирования посетители, планирующие собирать образцы на территории Района, должны доказать, что они ознакомились с собранными ранее коллекциями. Коллекции образцов имеются в хранилищах самых разных стран мира, в том числе:

Хранилища	*Информационные веб-сайты и веб-сайты хранилищ*
Музей естественных наук имени Б. Ривадавиа (Буэнос-Айрес, Аргентина)	http://wander-argentina.com/natural-sciences-museum-buenos-aires/
Музей естественных наук (Ла-Плата, Аргентина)	http://www.welcomeargentina.com/laplata/museum-natural-sciences.html
Музей естественной истории (Лондон, Великобритания)	http://www.nhm.ac.uk/visit-us/galleries/green-zone/minerals/index.html
Британская антарктическая служба (Кембридж, Великобритания)	http://www.antarctica.ac.uk/bas_research/data/collections/terrestrial_geology.php
Шведский Музей естественной истории (Стокгольм)	http://www.nrm.se/english.16_en.html
Хранилище полярных пород Центра полярных исследований имени Бэрда (Огайо, США)	http://bprc.osu.edu/rr/
Институт геологических наук Польской академии наук (Краков, Польша)	http://www.ing.pan.pl/index_E.htm
Отделение геологии Института наук о Земле Федерального университета Рио-де-Жанейро (Бразилия)	http://www.geologia.ufrj.br/index.php?module=pagemaster&PAGE_user_op=view_page&PAGE_id=50

7(xi) Требования к отчётности

По каждому посещению Района основной держатель разрешения должен представить отчёт в соответствующий национальный орган в максимально короткий срок, но не позднее чем через шесть месяцев после завершения посещения.

Эти отчёты должны содержать, в зависимости от конкретного случая, информацию, указанную в *форме отчёта о посещении Особо охраняемого района Антарктики*, приведённой в *Пересмотренном Руководстве по подготовке Планов управления Особо охраняемыми районами Антарктики* (Приложение 2). Среди прочих сведений отчёт о посещении должен содержать информацию, требуемую согласно пункту 6 раздела *7(iii) Разрешаемая деятельность в Районе* настоящего Плана управления. При наличии возможности, национальный компетентный орган должен также направить копию отчёта о посещении Сторонам-инициаторам с тем, чтобы содействовать в управлении Районом и рассмотрении Плана управления. По мере возможности, Стороны должны сдавать оригиналы отчётов или их копии в открытый архив для ведения учёта использования участка. Эти отчёты будут использоваться как при пересмотре Плана управления, так и в процессе организации использования Района в научных целях.

8. Подтверждающая документация

Andersson, J.G. 1906. On the geology of Graham Land. *Bulletin of the Geological Institution of the University of Upsala* **7**:19-71.

Argentina. 1997. Environmental review of Argentine activities at Esperanza (Hope) Bay, Antarctic Peninsula. *ATCM XXI, Information Paper 36.*

Baldoni, A.M. 1986. Características generales de la megaflora, especialmente de la especie *Ptilophyllum antarcticum*, en el Jurásico Superior-Cretácico Inferior de Antártida y Patagonia, Argentina. *Boletim IG-USP, Instituto de Geociencias, Universidade de Sao Paulo* **17**: 77-87.

Bibby, J.S. 1966. The stratigraphy of part of north-east Graham Land and the James Ross Island group. *British Antarctic Survey Scientific Report* **53**.

Birkenmajer, K. 1992. Trinity Peninsula Group (Permo-Triassic?) at Hope Bay, Antarctic Peninsula. *Polish Polar Research* **13**(3-4):215-240.

Birkenmajer, K. 1993a. Jurassic terrestrial clastics (Mount Flora Formation) at Hope Bay, Trinity Peninsula (West Antarctica). *Bulletin of the Polish Academy of Sciences: Earth Sciences* **41**(1):23-38.

Birkenmajer, K. 1993b. Geology of late Mesozoic magmatic rocks at Hope Bay, Trinity Peninsula (West Antarctica). *Bulletin of the Polish Academy of Sciences: Earth Sciences* **41**(1):49-62.

Birkenmajer, K. and Ociepa, A.M. 2008. Plant-bearing Jurassic strata at Hope Bay, Antarctic Peninsula (West Antarctica); geology and fossil plant description. In: K. Birkenmajer (ed.) Geological Results of the Polish Antarctic Expeditions, Part 15. *Studia Geologica Polonica* **128**: 5–96.

Coria, N. R., and Montalti, D. 1993. Flying birds at Esperanza Bay, Antarctica. *Polish Polar Research* **14**(4): 433-439.

Croft, W.N. 1946. Notes on the geology of the Hope Bay area. Unpublished report, British Antarctic Survey Archives Ref AD6/2D/1946/G1.

Farquharson, G.W. 1984. Late Mesozoic, non-marine conglomeratic sequences of Northern Antarctic Peninsula (Botany Bay Group). *British Antarctic Survey Bulletin* **65**: 1-32.

Francis, J.E. 1986. Growth rings in Cretaceous and Tertiary wood from Antarctica and their palaeoclimatic implications. *Palaeontology* **29**(4): 665-684.

Gee, C.T. 1989. Revision of the late Jurassic/early Cretaceous flora from Hope Bay, Antarctica. *Palaeontographica* **213**(4-6): 149-214.

Grikurov, G.E. and Dibner, A.F. 1968. Novye dannye o Serii Triniti (C1-2) v zapadnoy Antarktide. [New data on the Trinity Series (C1-2) in West Antarctica.] *Doklady Akademi Nauk SSSR*: **179**, 410-412. (English translation: *Proceedings of the Academy of Science SSSR (Geological Sciences)* **179**: 39-41).

Halle, T.G. 1913. The Mesozoic flora of Graham Land. *Wissenschaftliche ergebnisse der Schwedischen Südpolar-expedition 1901-1903* **3**(14).

Hathway, B. (2000). Continental rift to back-arc basin: stratigraphical and structural evolution of the Larsen Basin, Antarctic Peninsula. *Journal of the Geological Society of London* **157**: 417-432.

Marshall, N.B. 1945. Annual report. Base D. Biology and Hydrography. Unpublished report, British Antarctic Survey Archives Ref AD6/1D/1945/N2. Nathorst, A.G. 1906. On the upper Jurassic flora of Hope Bay, Graham Land. *Compte Rendus,10th International Geological Congress, Mexico* **10**(2):1269-1270.

Martín-Serrano, A., Montes, M., Martín, F. N., and Del Valle, R. (2005). Geomorfología de la costa austral de Bahía Esperanza (Península Antártica). *Geogaceta* **38**: 95-98.

Montes, M. Martin-Serrano, A., Nozal, F. 2005. Geología de la Costa austral de Bahia Esperanza (Península Antártica). *Geogaceta* **38**: 91-94.

Montes, M. J., Martín-Serrano, A., and del Valle, R. A. (2004). Mapa Geológico de la costa austral de Bahía Esperanza y el Monte Flora, Peninsula Antartica. In S. Marenssi (Ed.), 5°1° Simposio Argentino Latinoamericano sobre Investigaciones Antárticas. Buenos Aires: Instituto Antártico Argentino.

Montes, M., Martin-Serrano, A., Nozal, F., Rodríguez Fernández, L. R., and Del Valle, R. 2013. Mapa geológico de Bahía Esperanza. Antártica; scale 1:10,000. 1st edition. Serie Cartográfica Geocientifica Antártica. Madrid: Instituto Geológico y Minero de España, Buenos Aires: Instituto Antártico Argentino.

Morel, E. M., Artabe, A. E., Ganuza, D. G., and Brea, M. 1994. Las plantas fósiles de la Formación Monte Flora, en Bahía Botánica, Península Antártica, Argentina. 1. Dipteridaceae. *Ameghiniana* **31**: 23-31.

Morgan, F., Barker, G., Briggs, C., Price, R. and Keys, H. 2007. Environmental Domains of Antarctica Version 2.0 Final Report, Manaaki Whenua Landcare Research New Zealand Ltd. 89 pp.

Nozal, F., Martin-Serrano, A., Montes, M., and Del Valle, R. 2013. Mapa geomorfológico de Bahía Esperanza. Antártica; scale 1:10,000. 1st edition. Serie Cartográfica Geocientifica Antártica. Madrid: Instituto Geológicao y Minero de España, Buenos Aires: Instituto Antártico Argentino.

Ociepa, A. M. 2007. Jurassic liverworts from Mount Flora, Hope Bay, Antarctic Peninsula. *Polish Polar Research* **28**(1): 31–36.

Ociepa, A. M. and Barbacka, M. 2011. *Spesia antarctica* gen. et sp. nov. – a new fertile fern spike from the Jurassic of Antarctica. *Polish Polar Research* **32**(1): 59-66.

Pankhurst, R.J. 1983. Rb-Sr constraints on the ages of basement rocks of the Antarctic Peninsula. In Oliver, R.L., James, P.R. and Jago, J.B. eds. *Antarctic Earth Science*. Canberra, Australian Academy of Science: 367-371.

Pankhurst, R.J., Leat, P.T., Sruoga, P., Rapela, C.W., Marquez, M., Storey, B.C., and Riley, T.R., 1998. The Chon Aike province of Patagonia and related rocks in West Antarctica: a silicic large igneous province. *Journal of Volcanology and Geothermal Research* **81**: 113-136.

Rees, P. M. 1990. Palaeobotanical contributions to the Mesozoic geology of the northern Antarctic Peninsula region. Unpublished PhD thesis, Royal Holloway and Bedford New College, University of London.

Rees, P. M. 1993a. Dipterid ferns from the Mesozoic of Antarctica and New Zealand and their stratigraphical significance. *Palaeontology* **36**(3):637-656.

Rees, P. M. 1993b. Caytoniales in early Jurassic floras from Antarctica. *Geobios* **26**(1):33-42.

Rees, P.M., 1993c. Revised interpretations of Mesozoic palaeogeography and volcanic arc evolution in the northern Antarctic Peninsula region. *Antarctic Science* **5**: 77-85

Rees, P.M. and Cleal, C.J. 1993. Marked Polymorphism in *Archangelskya furcata*, a pteridospermous frond from the Jurassic of Antarctica. *Special papers in Palaeontology* **49**:85-100.

Rees, P.M. and Cleal, C.J. 2004. Lower Jurassic floras from Hope Bay and Botany Bay, Antarctica. *Special Papers in Palaeontology* **72**: 5-89.

Riley, T.R and Leat, P.T. 1999. Large volume silicic volcanism along the proto-Pacific margin of Gondwana: lithological and stratigraphical investigations from the Antarctic Peninsula. *Geological Magazine* **136** (1):1-16.

Santos, M.M., Coria, N.R., Barrera-Oro, E. and Hinke, J.T. 2013. Abundance estimation of Adélie penguins colony at Esperanza/Hope Bay. WG- EMM 13/43 CCAMLR, Hobart, Australia.

Smellie, J.L. and Millar, I.L. 1995. New K-Ar isotopic ages of schists from Nordenskjold Coast, Antarctic Peninsula: oldest part of the Trinity Peninsula Group? *Antarctic Science* **7**: 191-96.

Taylor, B.J. [no date]. Middle Jurassic plant material from Mount Flora, Hope Bay. Unpublished report, British Antarctic Survey Archives Ref ES3/GY30/6/1.

Thomson, M.R.A. 1977. An annotated bibliography of the paleontology of Lesser Antarctica and the Scotia Ridge. *New Zealand Journal of Geology and Geophysics* **20** (5): 865-904.

Torres, T., Galleguillos, H., and Philippe, M. 2000. Maderas fósiles en el Monte Flora, Bahía Esperanza, Península Antártica. In Congreso Geológico Chileno, No. 9, Actas, Vol. 2, p. 386-390. Puerto Varas.

Truswell, E.M., 1991. Antarctica: a history of terrestrial vegetation. In Tingey, R.J., ed. *The geology of Antarctica.* Oxford: Clarendon Press, 499-537.

Woehler, E.J. (ed) 1993. The distribution and abundance of Antarctic and sub-Antarctic penguins. SCAR, Cambridge.

Zeuner, F.E. 1959. Jurassic beetles from Graham Land, Antarctica. *Palaeontology* **1**(4):407-409.

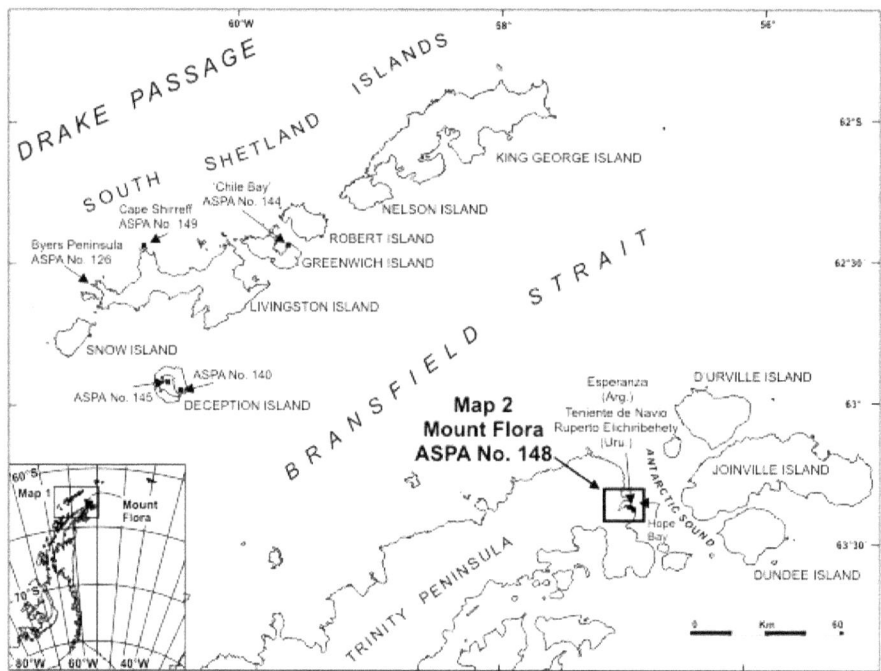

Map 1. Mount Flora (ASPA No. 148), Hope Bay, Antarctic Peninsula, location map.
Inset: location of Mount Flora on the Antarctic Peninsula.

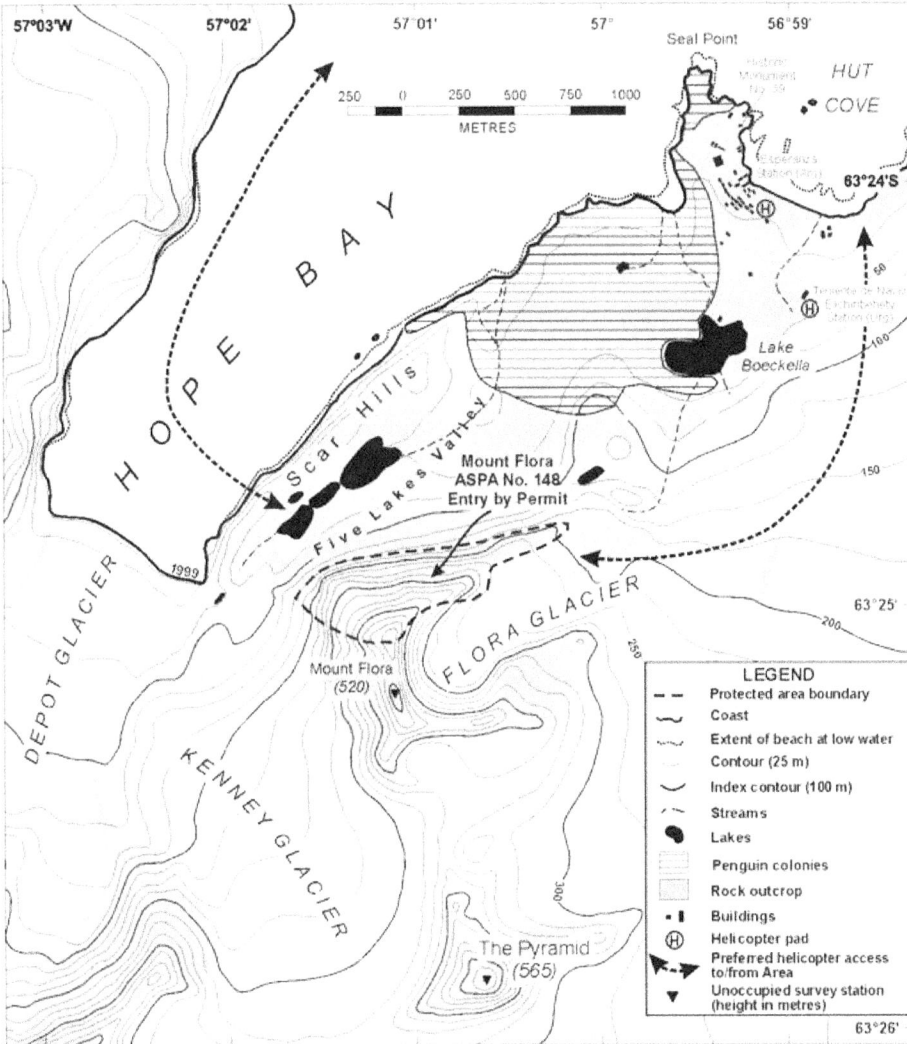

Map 2. Mount Flora (ASPA No 148), Hope Bay, topographic map.

Карта 3. Географическая карта ООРА № 148 «Гора Флора» составлена по материалам работы «Mapa Geológico de Bahía Esperanza Antártida», опубликованной Институтом геологии и минералов Испании (Intituto Geológico y Minero de España) и Антарктическим институтом Аргентины (Instituto Antártico Argentino) (масштаб 1:10,000). Верхняя часть схематической карты ориентирована по северу. Карта показывает приблизительно 1 5 км по горизонтали. Обозначения: 4. Массивные конгломераты различной толщины. 5. Песчаники, конгломераты и чёрные сланцы с остатками растений. 5а. Фрагменты вулканических пород. 6. Вплавленные туфы с чередующимися слоями песчаников, вулканической брекчии и вплавленными слоями игнимбритов. 6а. Красноватый термоконтакт. 7. Брекчии, песчаники и алевролиты с чередующимися слоями вулканических игнимбритов. 8. Вплавленные туфы, перемежающиеся вплавленными игнимбритами и слоями брекчии и песчаника. 8а. Вулканические слоистые алевролиты, песчаники и вулканические слои базальтовой лавы. 8b. Красноватый термоконтакт. 9. Брекции и песчаники с чередующимися слоями вулканических игнимбритов. 10. Угловатые валуны с песчано-илистой породой. Фоновые отложения и морены. 11. Угловатые валуны. Склоны и веерообразные отложения почвы, песка, гравия. γ: дайка ✔: палеоботанические остатки.

MESOZOIC				MEMBER	FORMATION	GROUP
QUATER.	HOLOCENE		13 12 11 10 14 15			
JURASSIC	MIDDLE	9 8a 8 8 8b	KE-4 KE-3	KENNEY GLACIER FORMATION	ANTARTIC PENINSULA VOLCANIC GROUP	
		7 7a	KE-2			
		6 6a	KE-1			
	LOWER	5a 5 4b 4a 4	FL-2 FL-1	MOUNT FLORA FORMATION	BOTANY BAY GROUP	

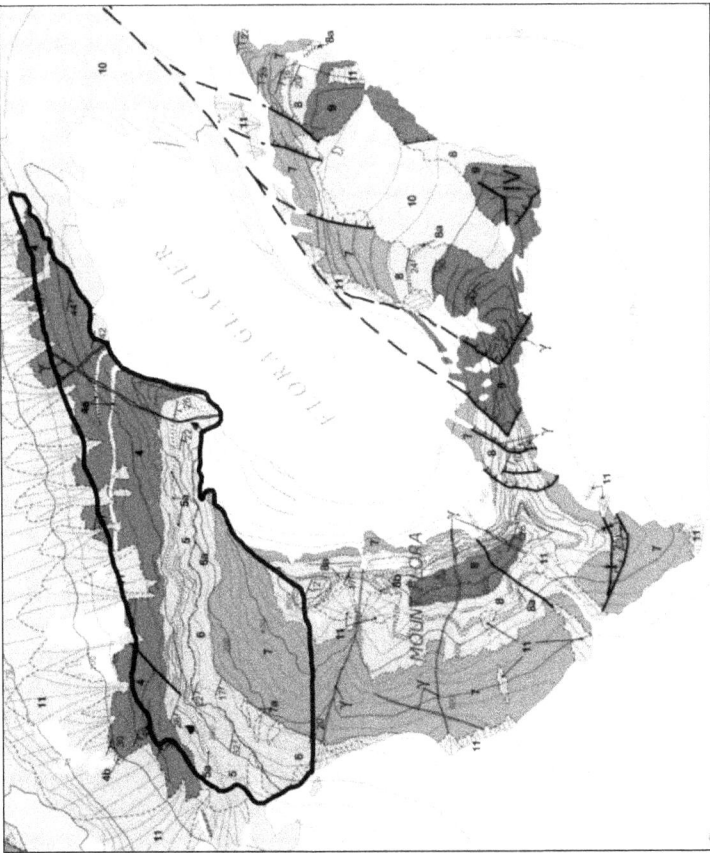

План управления

Особо охраняемым районом Антарктики № 152
«ЗАПАДНАЯ ЧАСТЬ ПРОЛИВА БРАНСФИЛД»

Введение

Этот район находится вблизи западного и южного берегов острова Лоу (Южные Шетландские острова) между 63°15' ю.ш. и 63°30' ю.ш., 62°00' з.д. и 62°45' з.д. Приблизительная площадь: 916 км². Район определен на том основании, что его мелководная шельфовая зона рядом с островом Лоу является одним из двух известных районов в окрестностях станции Палмер (США), пригодных для придонного тралового лова рыбы и других бентических организмов (см. также ООРА № 153 «Восточная часть залива Даллманн»). Эта территория открывает уникальные возможности для изучения состава, структуры и динамики нескольких доступных морских сообществ. Предложен Соединенными Штатами Америки; принят на основании Рекомендации XVI-3 (Бонн, 1991 г.: УОНИ № 35); срок действия был продлен на основании Меры 3 (2001 г.); переименован и перенумерован на основании Решения 1 (2002 г.); Пересмотренные планы управления были приняты на основании Меры 2 (2003 г.) и Меры 10 (2009 г.). Район утвержден в рамках Конвенции о сохранении морских живых ресурсов Антарктики (АНТКОМ) в соответствии с Решением 9 (2005 г.).

Классификации в соответствии с Анализом экологических доменов Антарктического континента (Резолюция 3 (2008 г.) и Заповедными биогеографическими регионами Антарктики (Резолюция 6 (2012 г.) основаны на сухопутных критериях, поэтому их применимость к морской среде ограничена.

1. Описание охраняемых ценностей

Западная часть пролива Брансфилд (между 63°20'ю.ш. и 63°35'ю.ш. и между 61°45'з.д. и 62°30'з.д., площадь приблизительно 916 км²) первоначально была определена в качестве Участка особого научного интереса на основании Рекомендации XVI-3 (1991 г., УОНИ № 35) по предложению Соединенных Штатов Америки. Участок был определен на том основании, что его мелководная шельфовая зона к юго от острова Лоу является одним из двух известных районов в окрестностях станции Палмер (США), пригодных для придонного тралового лова рыбы и других бентических организмов. С экологической точки зрения район острова Лоу открывает уникальные возможности для изучения состава, структуры и динамики нескольких доступных морских сообществ. Этот Участок и, в частности, его бентическая фауна представляют исключительный научный интерес и требуют долгосрочной защиты от вредного вмешательства». Наряду с восточной частью залива Даллманн (ООРА № 153), на этот Район приходится более 90 процентов всех случаев сбора образцов учеными США, которые активно изучают сообщества рыб этого региона (Detrich pers. comms. 2009 и 2015).

Границы Района были пересмотрены на основании Меры 2(2003) таким образом, чтобы они охватывали весь мелководный участок шельфа на глубинах до 200 м к западу и югу от острова Лоу, а более глубоководный восточный участок пролива Брансфилд был исключен из состава Района. Границы Района западной части пролива Брансфилд находятся между 63°15' ю.ш. и 63°30' ю.ш. и между 62°00' з.д. и 62°45' з.д., а на северо-востоке определяются береговой линией острова Лоу, охватывая территорию около 916 км² (карта 1).

Район по-прежнему имеет большое значение для исследований состава, структуры и динамики морских сообществ, и пересмотренный План управления подтверждает исходные основания для определения Района в качестве охраняемой территории. Кроме того, Район считается важным местом нереста некоторых видов рыб, включая нототению Notothenia coriiceps и крокодиловую белокровку Chaenocephalus aceratus. Ученые, работающие на станции Палмер, отбирали образцы рыб в этом Районе с начала 1970-х гг. Район входит в состав научно-исследовательской территории Долгосрочной программы экологических исследований на станции Палмер (ДПЭИ). Рыбы, выловленные в этом Районе, используются для изучения процессов биохимической и физиологической адаптации к низким температурам. Некоторые образцы рыб использовались для сравнения с районом бухты Артур, испытавшей более значительные воздействия. Здесь также проводятся научные исследования бентических сообществ фауны.

2. Цели и задачи

Управление в западной части пролива Брансфилд осуществляется в следующих целях:

- недопущение деградации или возникновения значительной угрозы для ценностей Района за счет предотвращения излишнего нарушения Района человеком;

- создание условий для проведения научных исследований морской среды наряду с предотвращением излишнего отбора образцов в Районе;

- обеспечение возможности проведения других научных исследований на территории Района при условии, что они не нанесут ущерба ценностям, ради которых осуществляется охрана Района;

- организация посещений для осуществления мер управления в поддержку целей Плана управления.

3. Деятельность по управлению

Для охраны ценностей Района необходимо осуществление указанной ниже деятельности по управлению.

- На станции Палмер (США) на видном месте должна быть выставлена карта с указанием местонахождения Района (и особых ограничений, действующих на его территории) и храниться копии настоящего Плана управления.

- В рамках национальных программ должны предприниматься определенные шаги, направленные на обеспечение границ Района и ограничений, которые применяются в пределах, отмеченных на соответствующих географических морских навигационных картах, за которые они отвечают;

- Копии настоящего Плана управления должны также выдаваться судам, посещающим окрестности Района.

- буйки и другие знаки или сооружения, установленные на территории Района для проведения научных исследований или в целях управления, должны быть надежно закреплены и поддерживаться в хорошем состоянии и вывозиться, когда необходимость в них отпадает.

- Посещать Район следует по мере необходимости, чтобы установить, продолжает ли он служить тем целям, ради которых он был определен, и чтобы убедиться в достаточности принимаемых мер управления и содержания Района.

4. Период определения

Определен на неограниченный период времени.

5. Карты и фотоснимки

Карта 1:   батиметрическая карта ООРА № 152 «Западная часть пролива Брансфилд». Данные о береговой линии взяты из Антарктической базы цифровых данных СКАР (АБЦД) (версия 6.0, 2012 г.). Батиметрическая информация получена из международной батиметрической карты Южного океана (IBCSO), том 1 (2013 г.). Данные о птицах: ERA (2015 г.). Важные районы обитания птиц: BirdLife International / ERA (Harris *et al.* 2011).

Спецификации карты: Проекция: равноугольная коническая проекция Ламберта; стандартные параллели: 1-я 63° 15' ю.ш.; 2-я 63° 30' ю.ш.; центральный меридиан: 62° 00' з.д.; начало отсчета широты: 64° 00' ю.ш.; сферические и горизонтальные координаты: WGS84; горизонтальная погрешность: максимальная погрешность ±300 м. Изобата 200 м.

Врезка: местонахождение карты 1 «ООРА № 152 «Западная часть пролива Брансфилд» (Антарктический полуостров)», с указанием ближайшей охраняемой территории (ООРА № 153 «Восточная часть залива Даллманн»).

6. Описание Района

6(i) Географические координаты, отметки на границах и природные особенности

Общее описание

Пролив Брансфилд — это глубоководный пролив длиной около 220 км и шириной около 120 км, расположенный между Антарктическим полуостровом и многочисленными островами, входящими в состав архипелага Южные Шетландские острова. С севера он граничит с проливом Дрейка, а с запада — с морем Беллинсгаузена. Район расположен на расстоянии около 80 км к западу от Антарктического полуострова, в основном в пределах 200-метровой глубины непосредственно к югу и западу от острова Лоу (карта 1). Остров Лоу — самый южный из Южных Шетландских островов, расположенный в 60 км к юго-западу от острова Десепшн и в 25 км к юго-востоку от острова Смит. К западу и югу от острова Лоу и примерно 20 км от берега морское дно полого опускается от приливной зоны к глубинам около 200 м. К востоку от острова Лоу дно круто обрывается, достигая в этой части залива Брансфилд глубин до 1200 м. Керны, отобранные в рамках научно-исследовательской программы БЕНТАРТ в течение южнополярных летних сезонов 2003 и 2006 гг, свидетельствую о том, что морское дно в пределах Района состоит, главным образом, из илистых отложений, содержащих гравий или небольшие камни, а также из сессильных сообществ эпифауны (Troncoso *et al.* 2008), которые либо прочно прикреплены к субстрату, либо очень медленно перемещаются (Robinson *et al.* 1996).

Границы

На севере граница Района в западной части пролива Брансфилд проходит вдоль параллели 63°15'ю.ш., а на юге – вдоль параллели 63°30'ю.ш.; на востоке граница совпадает с линией меридиана 62°00'з.д., а на западе – с линией 62°45'з.д. (карта 1). Северо-восточная граница идет вдоль берега острова Лоу, простираясь от 62°00'з.д., 63°20'ю.ш. на северо-востоке (около двух километров от мыса Хукер) до 62°13'30"з.д., 63°15'ю.ш. на северо-западе (мыс Уоллес). Граница береговой линии на западном и южном берегах острова Лоу определена как линия полной воды, а приливная зона включена в состав Района. Максимальная протяженность Района с севера на юг составляет 27,6 км, а с востока на запад — не более 37,15 км; общая площадь составляет около 916 км². Указатели на границах не установлены, поскольку в морской зоне это невозможно, а берег острова Лоу сам по себе является четко определенной и очевидной границей.

Океанография, климат и ГЕОЛОГИЯ МОРЯ

Площадь морского льда в районе пролива Брансфилд существенно меняется от году, хотя продолжительность ледостава составляет менее 100 дней в году (Parkinson, 1988). Скорость наступления и отступления морского льда вдоль северо-восточного побережья Антарктического полуострова также подвержена вариациям. Наступление морского льда продолжается примерно в течение пяти месяцев, после чего в течение примерно семи месяцев происходит его отступление. Самая высокая скорость нарастания льда наблюдается в июне и июле, а самое быстрое убывание — в декабре и январе (Stammerjohn and Smith, 1996). Измерения, проводившиеся в проливе Брансфилд в период с 20 января по 9 февраля 2001 г., показали, что средняя температура воды в Районе колеблется от 1,7 °C до 1,8 °C на глубине 5 м и от 0,2 °C до 0,3 °C на глубине 150 м (Catalan *et al.* 2008). Соленость воды на территории Района колеблется от 34,04 до 34,06 единиц фактической солености на глубине 5 м и достигает 34,06 единиц фактической солености на глубине 150 м.

В регионе господствуют северо-северо-западные ветры, которые создают течение, направленное на юг вдоль западного берега Антарктического полуострова (Hofman *et al.* 1996). Вместе с антарктическим циркумполярным течением, которое здесь направлено к северу, это формирует в районе пролива Брансфилд циркуляцию, движущуюся, в основном, по часовой стрелке (Dinniman and Klinck 2004; Ducklow *et al.* 2007), в которой доминируют течение пролива Жерлаш и течение пролива Брансфилд (Zhou *et al.* 2002 and 2006). Дрейфующие буи, размещенные в рамках проекта РЕЙСЕР (Научное исследование прибрежных экосистем и режимов Антарктики) в период между 1988 и 1990 гг., показали, что формирование круговых течений в Районе крайне незначительно и что к югу от острова Лоу возникает сильное северо-восточное течение (Zhou *et al.* 2002). Это течение раздваивается к западу от острова Лоу: часть потока направляется на северо-восток, где сливается с течением пролива Брансфилд, а часть — на северо-запад к острову Смит. Местная циркуляция также подвержена влиянию приливов, которые измерялись на острове Лоу в течение шести недель с декабря 1992 г. по январь 1993 г.; максимальное зарегистрированное изменение уровня воды составило 1,70 м (López *et al.* 1994).

Сейсмические измерения, проводившиеся на станции мониторинга Сейсмического эксперимента в Патагонии и Антарктике (СЭПА), которая находится на северо-восточном берегу острова Лоу, зарегистрировали на территории Района значительную сейсмическую активность, которая, как считается, обусловлена пересечением зоны разлома Хироу с южношетландской платформой в районе острова Смит (Maurice *et al.* 2003). Во время проведения испанской антарктической кампании 2006-2007 гг. на южном берегу острова Лоу была установлена еще одна станция сейсмического мониторинга, чтобы расширить зону геодезического мониторинга в районе пролива Брансфилд (Berrocoso *et al.* 2007).

Биология моря

Субстрат Района, который преимущественно состоит из смеси мягкого песка, ила и валунных пород, обеспечивает богатство бентоса, в состав которого входят многие виды рыб, беспозвоночных (губки, анемоны, кольчатые черви, моллюски, ракообразные, морские звезды, офиуры, эхиноиды, голотуриевые, плеченогие и оболочники) и морских растений, представленных несколькими отдельными сообществами.

К числу видов рыб, которые обычно встречаются вблизи острова Лоу на глубинах от 80 до 200 м, относятся *Chaenocephalus aceratus, Harpagifer bispinis, Notothenia coriiceps, Gobionotothen gibberifrons (ранее N. gibberifrons), Parachaenichthys charcoti* и *Trematomus newnesi* (Grove and Sidell 2004; Lau *et al.* 2001). Изредка в районе острова Лоу попадались *Champsocephalus gunnari, Chionodraco rastrospinosus* и *Pseudochaenichthys georgianus*. Кроме того, шельфовая зона острова Лоу является местом нереста некоторых видов рыб, например, крокодиловой белокровки *Chaenocephalus aceratus* и *N. Coriiceps*, причем большая часть личинок и молоди рыб, собранных на территории Района, относится к семейству нототениевых (Catalan *et al.* 2008). Что касается молоди других видов рыб, то рядом с островом Лоу вылавливались *Trematomus lepidorhynus* и *Notothenia kempi*. Район является местом спаривания нототении *Notothenia coriiceps* (о чем свидетельствует наличие икры) (Kellermann, 1996). Нерест происходит в мае-июне. Крупные икринки диаметром около 4,5 мм после оплодотворения перемещаются в пелагическую зону и поднимаются в поверхностные воды, где они развиваются в течение зимнего сезона. К числу личиночных видов, зарегистрированных в Районе, относятся *Bathylagus antarcticus, Electrona antarctica, Gymnodraco acuticeps, Nototheniops larseni, Notothenia kempi* и *Pleuragramma antarcticum* (Sinque *et al.* 1986; Loeb *et al.* 1993; Morales-Nin *et al.* 1995).

Образцы, собранные в апреле-июня 2008 и 2010 гг., использовались для изучения сворачивания белка у *Gobionotothen gibberifrons* в связи с потеплением океанов (Cuellar *et al.* 2014).

В Районе встречались следующие виды амфиподов: *Ampelisca barnardi, A. bouvieri, Byblis subantarctica, Epimeria inermis, E. oxicarinata, E. walkeri, Eusirus antarcticus, E. perdentatus, Gitanopsis squamosa, Gnathiphimedia sexdentata, Jassa spp., Leucothoe spinicarpa, Liljeborgia georgiana, Melphidippa antarctica, Oediceroides calmani, O. lahillei, Orchomenella zschaui, Parharpinia obliqua, Parepimeria bidentata, Podocerus septemcarinatus, Prostebbingia longicornis, Shackeltonia robusta, Torometopa perlata, Uristes georgianus* и *Waldeckia obesa* (Wakabara *et al.* 1995).

На четырех пробоотборных участках в пределах Района в ходе комплексного исследования бентической экосистемы пролива Брансфилд, которое проводилось в период с 24 января по 3 марта 2003 г. (БЕНТАРТ 03), а также в период с 2 января по 17 февраля 2006 г. (БЕНТАРТ 06), были проанализированы сообщества моллюсков (Troncoso *et al.* 2008). Самым многочисленным видом был двустворчатый моллюск *Lissarca notorcadensis*, за которым с большим отрывом шел *Pseudamauropsis aureolutea* (у него было самое широкое распространение). Здесь были также собраны такие виды, как *Marseniopsis conica, Onoba gelida, Yoldiella profundorum, Anatoma euglypta, Chlanidota signeyana* и *Thyasira debilis*.

Данные о наличии в Районе зоопланктона или морской флоры отсутствуют.

Морские млекопитающие

Спутниковые исследования, проведенные в период с января 2004 г. по 2006 г., свидетельствуют о том, что рядом с Районом плавают горбатые киты (*Megaptera novaeangliae*), которые, возможно, заходят в Район в поисках пищи (Dalla Rosa *et al.* 2008). В период с декабря 1996 г. по февраль 1997 г. спутники зарегистрировали на территории Района антарктических морских слонов (*Mirounga leonina*) (Bornemann *et al.* 2000).

Птицы

Приблизительно 325 000 пар антарктических пингвинов (*Pygoscelis antarctica*) гнездились в ~13 местах на побережье и вблизи побережья острова Лоу в 1987 г. (Shuford & Spear 1988), большинство из них находятся в колониях, расположенных вдоль или вблизи северо-восточной границы Района. Крупнейшие колонии находились рядом с северной границей Района на мысе Уоллес (129 000 – 229 000 пар), на мысе Гэрри или возле него (приблизительно 104 375 пар) и на мысе Джеймсон (20 000 – 35 000) (карта 1). Эти районы гнездования, а также районы вблизи мыса Хукер были определены BirdLife International в качестве важных районов обитания птиц ввиду присутствия там больших колоний антарктических пингвинов. 2011). Предполагается, что большие колонии антарктических пингвинов оказывают влияние на Район. На мысе Гэрри, на островке в пределах Района между мысом Гэрри и мысом Джеймсон, а также на островке в нескольких километрах к северо-востоку от мыса Уоллес были зарегистрированы небольшие колонии голубоглазых бакланов (*Phalacrocorax* [atriceps] *bransfieldensis*) (Poncet and Poncet, неопубликованные данные, полученные в феврале 1987 г.; см. Harris 2006) (карта 1).

Деятельность и воздействия человека

Образцы рыб, собранные на территории Района, использовались для проведения целого ряда биохимических, генетических и физиологических исследований, включая изучение адаптационных процессов у рыб, благодаря которым белок может функционировать при низких температурах (Detrich *et al.* 2000; Cheng and Detrich 2007); адаптации мышечных тканей и энергетического обмена, включая переработку жирных кислот, к низким температурам (Hazel and Sidell 2003; Grove andSidell 2004); эффективной транскрипции генома в холодной воде (Lau *et al.* 2001; Magnoni *et al.* 1998); влияния гидростатического давления на функции ферментов в печени рыб (Ciardiello *et al.* 1999); адаптации сердечно-сосудистой системы различных видов белокровок в качестве компенсации полного отсутствия гемоглобулина (Sidell and O'Brien 2006).

Образцы, собранные в процессе тралового лова в марте и апреле 1991, 1992 и 1993 гг., использовались для сравнительного изучения концентраций полициклических ароматических углеводородов (ПАУ) в этих образцах и рыбах, выловленных в бухте Артур, а также для изучения влияния арктического дизельного топлива (АДТ) на зеленую нототению *Notothenia gibberifrons* (теперь *Gobionotothen gibberifrons*) (McDonald *et al.*, 1995; Yu *et al.* 1995; Yu *et al.* 1995). Как показало первое из этих исследований, уровень загрязнения в рыбах, выловленных на территории Района, был значительно ниже, чем уровень загрязнения в рыбах, выловленных недалеко от места аварии судна «*Байя Параисо*» в бухте Артур, а рыбы, выловленные рядом с научными станциями США, испытывают воздействия ПАУ, хотя и небольшое (McDonald *et al.* 1992 and 1995). Тем не менее концентрации ПАУ в рыбах, выловленных на территории Района, были выше ожидаемых: их уровень был близок к уровню, зарегистрированному в рыбах, выловленных рядом со старой станцией Палмер.

6(ii) Доступ в Район

Доступ в Район обычно осуществляется на судах с пролива Брансфилд или со стороны пролива Дрейка, или пролива Бойда, который расположен к северу между островами Смит и Сноу. Суда могут совершать транзитный проход через территории района, однако стоянка на якоре не допускается, за исключением чрезвычайных обстоятельств. Доступ в Район может быть осуществлен воздуху или по морскому льду, если позволяют условия. Маршруты доступа в Район или на его территории не определены.

6(iii) Места расположения сооружений в пределах и вблизи Района

У нас нет информации о каких-либо сооружениях на территории или в окрестностях Района. Ближайшие научные станции – это Десепсьон (Аргентина) и Габриэль де Кастилья (Испания); обе расположены примерно в 70 км к северо-востоку на острове Десепшн.

6(iv) Местоположение других охраняемых территорий в непосредственной близости от Района

Ближайшими к западной части пролива Брансфилд охраняемыми территориями являются восточная часть залива Даллманн (ООРА № 153), которая находится приблизительно в 45 км к юго-юго-востоку, а также порт Фостер и другие части острова Десепшн (ООРА № 140 и 145 соответственно), которые находятся приблизительно в 70 км к северо-востоку (карта 1, врезка).

6(v) Особые зоны на территории Района

Нет.

7. Условия выдачи разрешений для доступа

7(i) Общие условия выдачи разрешений

Доступ в Район возможен только на основании разрешения, которое выдается компетентным национальным органом. Условия для выдачи разрешения на вход в район:

- разрешение выдается в целях научной деятельности или образовательной деятельности, которая не может быть осуществлена в каком-либо ином месте, или же в связи с важной деятельностью по управлению Районом;
- разрешенная деятельность соответствует положениям Плана управления;
- разрешенная деятельность будет проводиться с должным вниманием, через процесс оценки воздействий на окружающую среду, к постоянной охране экологических и научных ценностей данного Района;
- разрешение выдается на ограниченный срок;
- при нахождении в Районе необходимо иметь при себе оригинал или копию разрешения.

7(ii) Доступ в Район и передвижение по его территории

Доступ в Район возможен по морю, по морскому льду или по воздуху. Что касается маршрутов входа в Район или передвижения по его территории, то на это нет никаких особых ограничений, хотя любое передвижение должно быть сведено к минимуму, необходимому для достижения целей любой разрешенной деятельности. Необходимо принимать все разумные меры для минимизации нарушений. Суда могут совершать транзитный проход через территории района, однако стоянка на якоре не допускается, за исключением чрезвычайных обстоятельств. На беспосадочные полеты над территорией Района нет никаких особых ограничений, и воздушные суда могут садиться на территории Района тогда, когда это позволяет состояние морского льда. Однако летчики должны учитывать присутствие больших колоний пингвинов вблизи северо-восточной границы Района на побережье острова Лоу (карта 1).

7(iii) Разрешенная деятельность на территории Района

- Научные исследования, не представляющие угрозу для ценностей Района.
- Важная деятельность судов, не представляющая угрозу для ценностей Района (например, транзитный проход через территорию Района или остановка в Районе в целях содействия осуществлению научной или иной деятельности или облегчения доступа к участкам, расположенным за пределами Района).
- Важные меры управления, включая мониторинг.

7(iv) Возведение, реконструкция и удаление сооружений

- Возведение сооружений на территории Района допускается только в соответствии с разрешением, а возведение постоянных сооружений или установок запрещено.

- Все установленные в Районе сооружения, научное оборудование или указатели должны быть перечислены в разрешении и иметь четкую идентификацию с указанием страны, Ф.И.О. главного исследователя и года установки. Все установленные объекты должны быть выполнены из материалов, представляющих минимальную опасность с точки зрения загрязнения Района.

- Работы по установке (в том числе, выбор площадки), техническому обслуживанию, модификации или сносу сооружений следует производить таким образом, чтобы свести к минимуму нарушение флоры и фауны.

- Вывоз конкретного оборудования, у которого истек срок действия разрешения, находится под контролем органа, выдавшего разрешения, и является одним из условий выдачи разрешения.

7(v) Размещение полевых лагерей

Нет.

7(vi) Ограничения на ввоз в Район материальных ресурсов и организмов

В дополнение к требованиям Протокола по охране окружающей среды к Договору об Антарктике на Район распространяются указанные ниже ограничения на ввоз материалов и организмов.

- Преднамеренная интродукция на территорию Района животных, растительных материалов, микроорганизмов и нестерильной почвы запрещается. Должны приниматься необходимые меры предосторожности по предотвращению непреднамеренной интродукции животных, растительных материалов, микроорганизмов и нестерильной почвы из других биологически отличающихся регионов (подпадающих и не подпадающих под действие Договора об Антарктике);

- Посетители должны обеспечить чистоту оборудования для отбора проб и указателей, ввозимых в Район. Насколько это возможно, оборудование, используемое на территории Района, должно проходить тщательную очистку до его ввоза в Район. Посетители должны также изучить и соответствующим образом соблюдать рекомендации, содержащиеся в Руководстве по неместным видам Комитета по охране окружающей среды (КООС, 2011 г.)

- Ввоз в Район пестицидов запрещается.

- Хранение горючего, пищевых продуктов, химических веществ и других материалов на территории Района не допускается, за исключением случаев, особо указанных в Разрешении. Способы хранения и обращения с этими веществами должны обеспечивать сведение к минимуму их непреднамеренное внедрение в окружающую среду.

- Все материалы следует ввозить в Район только на оговоренный период времени и вывозить из Района сразу после или до завершения этого периода.

- Если случается утечка, которая может причинить вред ценностям Района, ее устранение рекомендуется только в тех случаях, когда вред от устранения не будет превышать вреда от того, что материал останется на месте.

7(vii) Изъятие местной флоры и фауны или вредное воздействие на них

- Изъятие образцов вредное вмешательство в жизнь местной флоры и фауны допускаются только на основании разрешения, выданного в соответствии со Статьей 3 Приложения II Протокола по охране окружающей среды к Договору об Антарктике. В случае изъятия или вредного вмешательства в жизнь животных следует, как минимум, соблюдать разработанный СКАР Кодекс поведения при использовании животных в научных целях в Антарктике.

7 (viii) Сбор или вывоз материалов, которые не были ввезены в Район держателем Разрешения

- Сбор материалов на территории Района и вывоз материалов из Района допускается на основании разрешения и ограничивается минимумом, необходимым для выполнения научных задач или целей управления.

- Материалы антропогенного происхождения, которые могут нанести ущерб ценностям Района и которые не были ввезены в Район держателем Разрешения или санкционированы иным образом, могут быть вывезены из любой части Района, за исключением ситуаций, когда существует вероятность того, что последствия вывоза превзойдут последствия пребывания материала на месте. В этом случае необходимо направить уведомление в компетентный орган и получить разрешение.

7(ix) Удаление отходов

Все отходы, включая отходы жизнедеятельности человека, подлежат вывозу из Района.

7(x) Меры по поддержанию реализации целей и задач Плана управления

Разрешения на доступ в Район могут выдаваться для:

- проведения мониторинга и действий по инспектированию Района, что может включать сбор небольшого количества образцов или данных для анализа или изучения;
- возведения, установки или обслуживания сооружений или научного оборудования;
- проведения охранных мероприятий.

7(xi) Требования к отчетам

- По каждому посещению Района основной держатель разрешения должен представить отчет в соответствующую национальную инстанцию в максимально короткий срок и, по возможности, не позднее чем через шесть месяцев после завершения посещения.
- Насколько это уместно, в состав такого отчета должна входить информация, указанная в Форме отчета о посещении, приведенной в Дополнении 2 к Резолюции 2 (2011 г.) «Руководство по подготовке планов управления Особо охраняемыми районами Антарктики». Если это целесообразно, национальной инстанции рекомендуется направлять экземпляр отчета о посещении также Стороне-заявителю Плана управления в качестве вспомогательного материала по управлению Районом и пересмотру Плана управления.
- По мере возможности Стороны должны сдавать оригиналы отчетов или их копии в открытый архив для ведения учета использования участка. Эти отчеты будут использоваться как при пересмотре Плана управления, так и в процессе организации использования Района в научных целях.
- В компетентный орган следует сообщать о любых предпринятых видах деятельности/мерах, о любых вывезенных материалах, а также о любых материалах, попавших в окружающую среду и не удаленных из нее, которые не были указаны в выданном разрешении.

8. Подтверждающая документация

Berrocoso, M., Ramírez, M.E., Fernández-Ros, A., Pérez-Peña, A. & Salamanca, J.M. 2007. Tectonic deformation in South Shetlands Islands, Bransfield Sea and Antarctic Peninsula environment from GPS surveys, in Antarctica: a keystone in a changing world. Online Proceedings of the 10th ISAES X, Cooper A.K. and Raymond C.R. *et al.* (eds) USGS Open-File Report 2007-1047, Extended Abstract **085**: 4.

Bornemann, H., Kreyscher, M., Ramdohr, S., Martinz, T., Carlinp, A.,Sellmann, L. & Plötz, J. 2000. Southern elephant seal movements and Antarctic sea ice. *Antarctic Science* **12**(1): 3-15.

Catalan, I.A., Morales-Nin, B., Company J. B. Rotllant G. Palomera I. & Emelianov M. 2008. Environmental influences on zooplankton and micronekton distribution in the Bransfield Strait and adjacent waters. *Polar Biology* **31**:691–707. [doi 10.1007/s00300-008-0408-1]

Cheng, C.C.H. & Detrich III, H.W. 2007. Molecular ecophysiology of Antarctic notothenioid fishes. *Philosophical Transactions of the Royal Society B* **362** (1488): 2215-32.

Ciardiello, M.A., Schmitt B., di Prisco G. & Hervé, G. 1999. Influence of hydrostatic pressure on l-glutamate dehydrogenase from the Antarctic fish *Chaenocephalus aceratus*. *Marine Biology* **134** (4): 631-36.

Cuellar, J., Yébenes, H., Parker, S.K., Carranza, G., Serna, M., Valpuesta, J.M., Zabala, J.C. & Detrich, H. W. 2014. Assisted protein folding at low temperature: evolutionary adaptation of the Antarctic fish chaperonin CCT and its client proteins. *Biology Open* **3**:261–270. doi:10.1242/bio.20147427Dalla Rosa. L., Secchi, E. R., Maia Y. G., Zerbini A. N. & Heide-Jørgensen, M. P. 2008. Movements of satellite-monitored humpback whales on their feeding ground along the Antarctic Peninsula. *Polar Biology* **31**:771–81.

Detrich III, H.W., Parker, S.K., Williams, R.B. Jr, Nogales, E. & Downing, K.H. 2000. Cold adaptation of microtubile assembly and dynamics. *Journal of Biological Chemistry* **275** (47): 37038–47.

Dinniman, M.S. & Klinck, J.M. 2004. A model study of circulation and cross-shelf exchange on the west Antarctic Peninsula continental shelf. *Deep-Sea Research II* **51**: 2003–22.

Ducklow, H.W., Baker, K., Martinson, D.G., Quetin, L. G., Ross, R.M., Smith, R.C., Stammerjohn, S.E., Vernet, M. *&* Fraser, W. 2007. Marine pelagic ecosystems: the West Antarctic Peninsula. *Philosophical Transactions of the Royal Society B* **362**: 67–94. [doi:10.1098/rstb.2006.1955]

Grove, T.J. & Sidell, B.D. 2004. Fatty acyl CoA synthetase from Antarctic notothenioid fishes may influence substrate specificity of fat oxidation. *Comparative Biochemistry and Physiology* Part B **139**:53–63.

Harris, C.M. 2006. *Wildlife Awareness Manual: Antarctic Peninsula, South Shetland Islands and South Orkney Islands*. Environmental Research & Assessment, Cambridge.

Harris, C.M., Carr, R., Lorenz, K. & Jones, S. 2011. Important Bird Areas in Antarctica: Antarctic Peninsula, South Shetland Islands, South Orkney Islands. Final Report for BirdLife International and UK Foreign & Commonwealth Office. Environmental Research & Assessment, Cambridge.

Hazel, J.R. & Sidell, B.D. 2003. The substrate specificity of hormone-sensitive lipase from adipose tissue of the Antarctic fish *Trematomus newnesi*. *Journal of Experimental Biology* **207:** 897-903.

Hofmann, E.E., Klinck, J.M., Lascara, C.M. & Smith, D.A. 1996. Water mass distribution and circulatuin west of the Antarctic Peninsula and including Bransfield Strait. In Ross, R.M., Hofmann, E.E. & Quetin, L.B. (eds) *Foundations for ecological research west of the Antarctic Peninsula. Antarctic Research Series* **70**: 61-80.

Kellermann, A.K. 1996. Midwater fish ecology. In Ross, R.M., Hofmann, E.E. & Quetin, L.B. (eds) *Foundations for ecological research west of the Antarctic Peninsula. Antarctic Research Series* **70**: 231-56.

Lau, D.T., Saeed-Kothe, A., Parker, S.K. & Detrich III, H.W. 2001. Adaptive evolution of gene expression in Antarctic fishes: divergent transcription of the 59-to-59 linked adult a1- and b-globin genes of the Antarctic teleost *Notothenia coriiceps* is controlled by dual promoters and intergenic enhancers. *American Zoologist* **41**:113–32.

Loeb, V.J., Kellermann, A.K., Koubbi, P., North, A.W. & White, M.G. 1993. Antarctic larval fish assemblages: a review. *Bulletin of Marine Science* **53**(2): 416-49.

López, O., García, M.A. & Arcilla, A.S. 1994. Tidal and residual currents in the Bransfield Strait, Antarctica. *Annales Geophysicae* **12** (9): 887-902.

Magnoni, J.L. 2002. Antarctic Notothenioid fishes do not display metabolic cold adaptation in hepatic gluconeogenesis. Masters thesis, Department of Marine Biology, University of Maine.

McDonald, S., Kennicutt II, M., Foster-Springer, K. & Krahn, M. 1992. Polynuclear aromatic hydrocarbon exposure in Antarctic fish. *Antarctic Journal of the United States* **27**(5): 333-35.

McDonald, S.J.,. Kennicutt II M. C., Liu H., & Safe S. H. 1995. Assessing aromatic hydrocarbon exposure in Antarctic fish captured near Palmer and McMurdo Stations, Antarctica. *Archives of Environmental Contamination and Toxicology* **29**: 232-40.

Morales-Nin, B., Palomera, I & Schadwinkel, S. 1995. Larval fish distribution and abundance in the Antarctic Peninsula region and adjacent waters. *Polar Biology* **15**: 143-54.

Parkinson, C.L. 1998. Length of the sea ice season in the Southern Ocean, 1988-1994. In Jeffries, M.O. (ed) *Antarctic sea ice: physical processes, interactions and variability. Antarctic Research Series* **74**: 173-86.

Robinson, C.L.K., D. E. Hay, J. Booth & J. Truscott. 1996. Standard methods for sampling resources and habitats in coastal subtidal regions of British Columbia: Part 2 - Review of Sampling with Preliminary Recommendations. *Canadian Technical Report of Fisheries and Aquatic Sciences 2119*.

Robertson Maurice, S.D., Wiens D.A., Shore P.J., Vera E. & Dorman L.M. 2003. Seismicity and tectonics of the South Shetland Islands and Bransfield Strait from a regional broadband seismograph deployment. *Journal of Geophysical Research* **108** (B10): 2461.

Schenke H.W., Dijstra, S., Neiderjasper F., Schone, T., Hinze H. & Hoppman, B. 1998. The new bathymetric charts of the Weddell Sea: AWI BCWS. In Jacobs, S.S. & Weiss, R.F (eds) *Ocean, ice and atmosphere: interactions at the Antarctic continental margin. Antarctic Research Series* **75**: 371-80.

Shuford, W.D., & Spear, L.B. 1988. Surveys of breeding Chinstrap Penguins in the South Shetland Islands, Antarctica. *British Antarctic Survey Bulletin* **81**: 19-30.

Sidell, B.D. & O'Brien, K.M. 2006. When bad things happen to good fish: the loss of hemoglobin and myoglobin expression in Antarctic icefishes. *Journal of Experimental Biology* **209**: 1791-1802.

Sinque, C., Koblitz, S. & Marília Costa, L. 1986. Ichthyoplankton of Bransfield Strait – Antarctica. *Nerítica* **1**(3): 91-102.

Stammerjohn, S.E. & Smith, R.C. 1996. Spatial and temporal variability of western Antarctic Peninsula sea ice coverage. In Ross, R.M., Hofmann, E.E. and Quetin, L.B. (eds) *Foundations for ecological research west of the Antarctic Peninsula. Antarctic Research Series* **70**: 81-104.

Troncoso, J.S. & Aldea, C. 2008. Macrobenthic mollusc assemblages and diversity in the West Antarctica from the South Shetland Islands to the Bellingshausen Sea. *Polar Biology* **31**:1253–65.

Wakabara, Y., Tararam, A.S. & Miyagi, V.K. 1995. The amphipod fauna of the west Antarctic region (South Shetland Islands and Bransfield Strait). *Polskie Archiwum Hydrobiologii* **42** (4): 347-65.

Yu, Y., Wade T. L., Fang J., McDonald S. & Brooks J. M. 1995. Gas chromatographic-mass spectrometric analysis of polycyclic aromatic hydrocarbon metabolites in Antarctic fish (*Notothenia gibberifrons*) injected with Diesel Fuel Arctic. *Archives of Environmental Contamination and Toxicology* **29**: 241-46.

Zhou, M., Niiler, P.P. & Hi, J.H. 2002.Surface currents in the Bransfield and Gerlache Straits,Antarctica. *Deep-Sea Research I* **49**:267–80.

Zhou, M., Niiler, P.P., Zhu, Y. & Dorland, R.D. 2006. The western boundary current in the Bransfield Strait, Antarctica. *Deep-Sea Research I* **53**:1244–52.

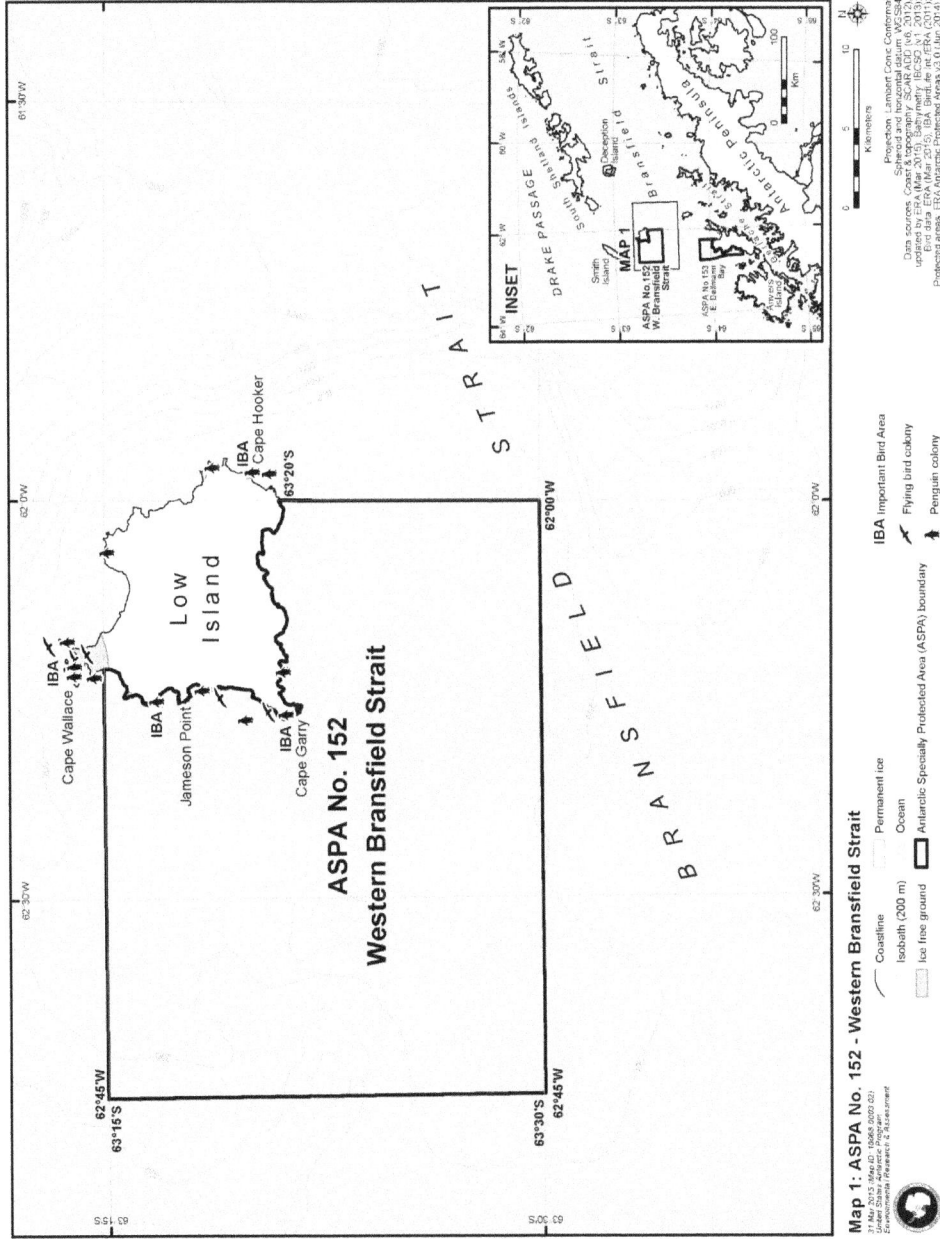

Map 1: ASPA No. 152 - Western Bransfield Strait

ASPA No. 152
Western Bransfield Strait

INSET

MAP 1

ASPA No.152
W. Bransfield
Strait

ASPA No.153
E. Dallmann
Bay

Low Island

IBA Cape Wallace
IBA Jameson Point
IBA Cape Garry
IBA Cape Hooker

BRANSFIELD STRAIT

DRAKE PASSAGE

Smith Island

South Shetland Islands

Deception Island

Bransfield Strait

Antarctic Peninsula

31 Mar 2015; Map ID 19085.9200.02;
United States Antarctic Program
Environmental (Research & Assessment)

Coastline
Isobath (200 m)
Ice free ground
Permanent ice
Ocean
Antarctic Specially Protected Area (ASPA) boundary

IBA Important Bird Area
Flying bird colony
Penguin colony

Projection: Lambert Conic Conformal
Spheroid and horizontal datum: WGS84
Data sources: Coast & topography: SCAR ADD (v6, 2012),
updated by ERA (Mar 2015); Bathymetry: IBCSO (v1, 2013);
Bird data: ERA (Mar 2015); IBA: BirdLife int (ERA, 2011);
Protected areas: ERA Antarctic Protected Areas v3.0 (Jun 2014)

ASPA No. 152
Western Bransfield Strait

159

План управления
Особо охраняемым районом Антарктики № 153
«ВОСТОЧНАЯ ЧАСТЬ ЗАЛИВА ДАЛЛМАНН»

Введение

Этот Район находится у западного и северного берегов острова Брабант (архипелаг Палмер) между 64°00' ю.ш. и 64°20' ю.ш., 62°50' з.д. и западным берегом острова Брабант и является полностью морским. Приблизительная площадь: 610 км². Район определён на том основании, что мелководная шельфовая зона этой территории рядом с островом Брабант является одним из двух известных районов в окрестностях станции Палмер (США), пригодных для придонного тралового лова рыбы и других бентических организмов (см. также ООРА № 152 «Западная часть пролива Брансфилд»). Бентическая фауна этого участка представляет исключительный научный интерес, а сам Район является важной средой обитания молоди рыб. Предложен Соединёнными Штатами Америки, принят на основании Рекомендации XVI-3 (Бонн, 1991 г., УОНИ № 36); срок действия продлён на основании Меры 3 (2001 г.); переименован и перенумерован на основании Решения 1 (2002 г.); пересмотренный План управления принят на основании Меры 2 (2003 г.) и Меры 11 (2009 г.). Район утверждён в рамках Конвенции о сохранении морских живых ресурсов Антарктики (АНТКОМ) в соответствии с Решением 9 (2005 г.).

Анализ экологических доменов Антарктического континента (Резолюция 3 (2008 г.)) и классификации Заповедных биогеографических районов Антарктики (Резолюция 6 (2012 г.)) основываются на наземных критериях и поэтому имеют ограниченное применение в морской среде.

1. Описание охраняемых ценностей

Восточная часть залива Даллманн (между 64°00' ю.ш. и 64°20' ю.ш. и от 62°50' з.д. на восток до западного берега острова Брабант, что составляет около 610 км²) была первоначально определена в качестве Участка особого научного интереса по предложению Соединённых Штатов Америки на основании Рекомендации XVI-3 (1991 г., УОНИ № 36). Он был определён ввиду того, что «мелководная шельфовая зона к западу от восточной части залива Даллманн является одним из двух известных районов в окрестностях станции Палмер, пригодных для придонного тралового лова рыбы и других бентических организмов. Этот Участок и, в частности, его бентическая фауна представляют исключительный научный интерес и требуют долгосрочной защиты от вредного вмешательства». Наряду с западной частью пролива Брансфилд (ООРА № 152), на этот Район приходится более 90 процентов всех случаев сбора образцов учёными США, которые активно изучают сообщества рыб этого региона (Detrich pers. comm. 2009 and 2015).

Границы Района были пересмотрены на основании Меры 2 (2003 г.) таким образом, чтобы они более чётко охватывали мелководный участок шельфа на глубинах до 200 м к западу и северу от острова Брабант, а более глубоководный западный участок залива Даллманн был исключён из состава Района. Границы Района в заливе Даллманн находятся между 63°53' ю.ш. и 64°20' ю.ш. и между 62°16' з.д. и 62°45' з.д. и на востоке совпадают с береговой линией острова Брабант, охватывая территорию около 610 км² (карта 1).

Район по-прежнему имеет большое значение для сбора научных образцов рыб и других бентических организмов, а действующий План управления подтверждает исходные основания для определения Района в качестве охраняемой территории. Кроме того, Район является важным местом обитания молоди некоторых видов рыб, включая нототению *Notothenia coriiceps* и крокодиловую белокровку *Chaenocephalus aceratus*. Учёные, работающие на станции Палмер, отбирали образцы рыб в этом Районе с начала 1970-х годов. Район входит в состав научно-исследовательской территории Долгосрочной программы экологических исследований на станции Палмер (ДПЭИ). Рыбы, выловленные в этом Районе, используются для изучения процессов биохимической и физиологической адаптации к низким температурам. Некоторые образцы рыб использовались для сравнения с районом бухты Артур, испытавшей более значительные воздействия. Здесь также проводятся научные исследования бентических сообществ фауны.

2. Цели и задачи

Управление в восточной части залива Даллманн осуществляется в следующих целях:

- недопущение деградации или возникновения значительной угрозы для ценностей Района за счёт предотвращения излишнего нарушения Района человеком;
- создание условий для проведения научных исследований морской среды наряду с предотвращением излишнего отбора образцов в Районе;
- обеспечение возможности проведения других научных исследований на территории Района при условии, что они не нанесут ущерба ценностям, ради которых осуществляется охрана Района;
- организация посещений для осуществления мер управления в поддержку целей Плана управления.

3. Меры управления

Для охраны ценностей Района осуществляются следующие меры управления:

- на станции Палмер (США) на видном месте должна быть выставлена карта с указанием местонахождения Района (и особых ограничений, действующих на его территории) и должны храниться копии настоящего Плана управления;
- в рамках национальных программ должно быть обеспечено наличие границ Района и ограничений, действующих на его территории, а также их обозначение на соответствующих картах и морских картах, за которые они несут ответственность;
- копии настоящего Плана управления должны также выдаваться судам, посещающим окрестности Района;
- буйки и другие знаки или сооружения, установленные на территории Района для проведения научных исследований или в целях управления, должны быть надёжно закреплены, поддерживаться в хорошем состоянии и вывозиться, когда необходимость в них отпадает;
- посещать Район следует по мере необходимости, чтобы установить, продолжает ли он служить тем целям, ради которых он был определён, и чтобы убедиться в достаточности мер, принимаемых для управления и содержания Района.

4. Срок определения в качестве ООРА

Определён на неограниченный срок.

5. Карты и фотографии

Карта 1. Батиметрическая карта ООРА № 153 «Восточная часть залива Даллманн». Данные о береговой линии и изолиниях суши взяты из Антарктической базы цифровых данных СКАР, версия 6.0 (2012 г.). Батиметрическая информация составлена на основе данных международной батиметрической карты Южного океана (ИБКСО), том 1 (2013 г.). Данные о птицах: ERA (январь 2015 г.). Важные районы обитания птиц: BirdLife International/ERA (Harris *et al.* 2011). Исторические места и памятники: СДА, обновлено ERA (2014 г.).

Спецификации карты: Проекция: равноугольная коническая проекция Ламберта. Стандартные параллели: 1-я 64°00' ю.ш.; 2-я 64°30' ю.ш. Центральный меридиан: 62°30' з.д. Начало отсчёта широты: 65°00' ю.ш. Сферические и горизонтальные координаты: WGS84. горизонтальная погрешность ±300 м. Расстояние между вертикалями: 100 м, вертикальная погрешность: ±50 м. Изобата 200 м.

Врезка: местонахождение карты 1 ООРА № 153 «Восточная часть залива Даллманн» (Антарктический полуостров) с указанием ближайшего охраняемого района ООРА № 152 «Западная часть пролива Брансфилд»

6. Описание Района

6(i) Географические координаты, отметки на границах и природные особенности

Общее описание

Залив Даллманн (между 64°00' ю.ш. и 64°20' ю.ш. и от 63°15' з.д. к востоку до западного берега острова Брабант) находится примерно в 65 км к западу от Антарктического полуострова между островом Брабант и островом Анверс. С севера он граничит с проливом Брансфилд, а с юга – с проливом Жерлаш (карта 1). Бóльшая часть острова Брабант покрыта льдом; с севера на юг протянулась высокая горная цепь, достигающая высоты 2 520 м в районе горы Пэрри и круто обрывающаяся в море на западном берегу (Smellie et al. 2006). Западная береговая линия состоит из каменных и ледяных скал и свободных от ледяного покрова мысов, которые чередуются с крутыми и узкими валунными и галечными пляжами. Во время отлива на различных участках к северу от мыса Дринкурт (карта 1) обнажаются платформы коренной породы, которые, как показывают натурные исследования, проведённые в январе 2002 г., являются частью гораздо более крупного выхода вулканических пород, который протянулся примерно на 10 км от острова Брабант и образовался в результате двух фаз фреатомагматического вулканизма в поздний четвертичный период (Smellie *et al.* 2006). Многочисленные скалистые островки уходят в море на несколько километров, включая остров Астролейб-Нидл (104 м), который находится в одном километре от берега – в двух километрах к югу от мыса Клод. К западу от острова Брабант морское дно плавно опускается от приливной зоны до глубин около 200 м, после чего за пределами западной границы Района глубины увеличиваются до 400-500 м. Для северной части Района характерен более плавный перепад глубин от берега до 200-метровой глубины. Бóльшая часть Района находится в пределах 200-метровой изолинии глубин к западу и северу от острова Брабант (карта 1). Морское дно на территории Района состоит, в основном, из смеси мягкого песка, ила и валунных пород.

Границы

На юге граница Района идёт на протяжении двух километров вдоль параллели 64°20' ю.ш. от мыса Флеминг к западу до 62°40' з.д. От этой точки западная граница на протяжении 18,5 км идет строго на север по меридиану 62°40' з.д. до 64°10' ю.ш., к юго-юго-западу от острова Астролейб-Нидл. После этого западная граница идёт почти 19 км на северо-северо-запад до 62°45' з.д., 64°00' ю.ш. Затем западная граница идёт примерно 13 км строго на север вдоль меридиана 62°45' з.д. до параллели 63°53' ю.ш., которая является северной границей Района. Северная граница идёт приблизительно 23,4 км вдоль параллели 63°53' ю.ш. от меридиана 62°45' з.д. до меридиана 62°16' з.д. Восточная граница идёт строго на юг на протяжении 16 км от точки с координатами 62°16' з.д., 63°53' ю.ш. до восточной оконечности полуострова Пастер (о-в Брабант), имеющей координаты 62°16' з.д. и 64°02' ю.ш. Начиная с этой точки, восточная граница определяется как средняя линия полной воды у северного и западного берега острова Брабант, которая охватывает приливную зону, входящую в состав Района. Протяжённость Района с севера на юг составляет 50 км, а с востока на запад – не более 23,4 км. К западу от острова Брабант ширина Района колеблется от 10 км (в заливе Гайю) до 1,5 км (вблизи мыса Клод). Общая площадь составляет около 610 км2.

Океанография, геология моря и климат

В этом регионе господствуют северо-северо-западные ветры, которые создают прибрежное океаническое течение, двигающееся в южном направлении вдоль западного берега Антарктического полуострова (Hofmann *et al.* 1996). Вместе с антарктическим циркумполярным течением, которое здесь направлено к северу, это формирует вдоль западного берега Антарктического полуострова океаническую циркуляцию, движущуюся, в основном, по часовой стрелке (Dinniman and Klinck 2004; Ducklow *et al.* 2007). В проливе Брансфилд преобладает циклоническая циркуляция с двумя крупными течениями (течение пролива Жерлаш и течение пролива Брансфилд), возникающими с южной стороны острова Брабант (Zhou *et al.* 2002, 2006). Дрейфующие буи, размещённые в рамках проекта РЕЙСЕР (Научное исследование прибрежных экосистем и режимов Антарктики) в период между 1988 и 1990 годами, показали, что в северной части Района воды перемещаются с востока на запад и что в районе между мысом Мечникова и островом Астролейб-Нидл образуются круговые течения (Zhou *et al.* 2002). Амплитуда колебаний уровня воды во время прилива и отлива на острове Брабант достигает почти двух метрах, а наблюдения, проведённые в период рыболовства, говорят о наличии сильных прибрежных течений (Furse, 1986).

Измерения, проводившиеся на территории Района в период с 20 января по 9 февраля 2001 г., показали, что температура океана в Районе составляет от 1,8 °C до 1,9 °C на глубине 5 м и от 0,3 °C до 0,45 °C на глубине 150 м (Catalan *et al.* 2008). Измерения, проводившиеся в период с 11 июня по 16 июля 2001 г., свидетельствовали о том, что на глубине 100-200 м температура колеблется от –0,8 до –1,1 °C (Eastman and Lannoo 2004). Солёность воды в пределах Района колеблется от 33,84 до 34,04 единиц фактической солёности на глубине 5 м и достигает 34,42-34,45 единиц фактической солёности на глубине 150 м (Catalan *et al.* 2008). Ледяной покров в восточной части залива Даллманн сохраняется примерно в течение 140 дней в году, причём продолжительность ледостава составляет около 82 % зимнего периода (Stammerjohn *et al.* 2008). Концентрация морского льда отличается значительной межгодовой изменчивостью, что связано со сменой фаз Южной осцилляции Эль-Ниньо (ЭНСО) и Южным кольцевым режимом (ЮКР) (Stammerjohn *et al.* 2008).

Сейсмические измерения, проводившиеся на станции мониторинга Сейсмического эксперимента в Патагонии и Антарктике (СЭПА), которая входит в состав сети геодезического мониторинга, свидетельствуют о значительной сейсмической активности на территории Района, особенно к северу от острова Брабант, что, как считается, обусловлено пересечением зоны разлома Хироу с южношетландской платформой в районе острова Смит (Maurice *et al.*2003).

Биология моря

Район характеризуется богатством бентоса, в состав которого входят многие виды рыб, беспозвоночных и морских растений; кроме того, Район является важным местом обитания молоди некоторых видов рыб. В восточной части залива Даллманн на глубине от 80 до 200 м чаще всего встречаются такие виды рыб, как *Gobionotothen gibberifrons (ранее Notothenia gibberifrons), Chaenocephalus aceratus, Champsocephalus gunnari, Pseudochaenichthys georgianus* и *Chionodraco rastrospinosus* (Eastman and Lannoo 2004; Dunlap *et al.* 2002). Кроме более общих видов, в процессе тралового лова между 15 июня и 4 июля 2001 г. были собраны многочисленные представители *Lepidonotothen larseni, Lepidonotothen nudifrons, Notothenia rossii* и *Notothenia coriiceps*, а также образцы *Parachaenichthys charcoti, Chaenodraco wilsoni, Dissostichus mawsoni, Trematomus eulepidotus* и *Lepidonotothen squamifrons* (Eastman and Sidell 2002; Grove and Sidell 2004). Иногда в Районе попадались представители *Trematomus newnesi* и *Gymnodraco acuticeps* (Hazel and Sidell 2003; Wujcik et al. 2007). К числу личиночных видов, встречавшихся в Районе, относятся *Artedidraco skottsberg, Gobionotothen gibberifrons, Lepidonotothen nudifrons* и *Pleuragramma antarcticum* (Sinque *et al.* 1986; Loeb *et al.* 1993).

Что касается беспозвоночных, образцы которых были собраны на территории Района, то здесь следует отметить различные разновидности губок, анемонов, кольчатых червей, моллюсков, ракообразных, морских звёзд, офиур, эхиноидов, голотуриевых и оболочников. Во время круизов, состоявшихся в период с 1985 г. по 1988 г., было проведено гидроакустическое зондирование в целях измерения скоплений антарктического криля (*Euphausia superba*) на территории Района (Ross *et al.* 1996). Скопления наблюдались, главным образом, в верхнем 120-метровом слое воды. Наименьшая численность скоплений наблюдалась в начале весны, максимум – в конце лета и начале зимы, а икрометание происходит в период с ноября по март (Zhou *et al.* 2002). Район является для криля питомником с богатым запасом пищи, который может оказаться в окружении круговых течений.

Птицы

На северо-западном берегу острова Брабант в непосредственной близости от Района были замечены две колонии антарктических пингвинов (*Pygoscelis antarctica*). Согласно подсчётам, в 1985 г. на мысе Мечникова гнездилось около 5 000 пар, а на мысе Клод – около 250 пар (Woehler, 1993). В трёх местах на берегу острова Брабант были замечены колонии серебристо-серых буревестников (*Fulmaris glacialoides*) (Понсет и Понсет, неопубликованные данные в работе Harris 2006), а у северо-восточной границы Района на скалах мыса Кокберн в 1987 г. гнездились, согласно оценкам, 1 000 пар (Creuwels *et al*. 2007). В четырёх местах на западном берегу острова Брабант были замечены гнездовья голубоглазых бакланов (*Phalacrocorax* [atriceps] *bransfieldensis*) (Понсет и Понсет, неопубликованные данные от января-февраля 1987 г. в работе Harris 2006). К числу других видов птиц, гнездящихся на западном берегу острова Брабант и часто посещающих Район, относятся: антарктические крачки (*Sterna vittata*), чернобрюхие качурки (*Fregetta tropica*), поморники Лоннберга (*Catharacta antarctica*), капские буревестники (*Daption capense*), белые ржанки (*Chionis alba*), доминиканские чайки (*Larus dominicanus*), малые снежные буревестники (*Pagodroma nivea*), южнополярные поморники (*Catharacta maccormicki*) и качурки Вильсона (*Oceanites oceanicus*) (Parmelee and Rimmer, 1985; Furse, 1986). В Районе часто добывают корм антарктические буревестники (*Thalassoica antarctica*), чернобровые альбатросы (*Diomedea melanophris*) и южные гигантские буревестники (*Macronectes giganteus*) (Furse, 1986).

Морские млекопитающие

В период с января 1984 г. по март 1985 г. в заливе Даллманн наблюдались самые разные виды морских млекопитающих (Furse, 1986). Среди китовых чаще всего встречались горбатые киты (*Megaptera novaeangliae*), а в мае и июне 1985 г. недалеко от мыса Мечникова можно было видеть касаток (*Orcinus orca*). Как показали спутниковые наблюдения горбатых китов, проводившиеся в период с января 2004 г. по январь 2006 г., через Район проходило большое количество этих животных, которые добывали корм на его территории, а регион пролива Жерлаш в целом был определён как важная кормовая территория горбатых китов (Dalla Rosa *et al.* 2008). На протяжении южнополярного лета (декабрь – февраль) в границах Района севернее острова Брабант наблюдались полосатики Минке (Scheidat *et al.* 2008).

Вблизи мыса Мечникова встречались тюлени-крабоеды (*Lobodon carcinophagus*), антарктические морские слоны (*Mirounga leonina*), многочисленные антарктические морские котики (*Arctocephalus gazella*), морские леопарды (*Hydrurga leptonyx*) и тюлени Уэдделла (*Leptonychotes weddelli*). (Furse 1986).

Деятельность и воздействия человека

Во время многочисленных научных круизов вдоль западного побережья Антарктического полуострова на территории Района отбирались пробы и образцы для проведения океанографических и биологических исследований. Рыбы, выловленные на территории Района, использовались для проведения целого ряда биохимических, генетических и физиологических исследований. Так, исследования биохимических процессов у белокровок включали изучение: адаптационных процессов, благодаря которым белок может функционировать при низких температурах (например, Dunlap *et al.* 2002; Cheng and Detrich, 2007); адаптацию структуры и энергетического обмена, включая переработку жирных кислот (Hazel and Sidell 2003; Grove and Sidell 2004; O'Brien *et al.* 2003); влияние гидростатического давления на функции ферментов в печени рыб (Ciardiello *et al.* 1999) и эффективную транскрипцию генома в холодной воде (Lau *et al.* 2001; Magnoni *et al.* 2002). Многие исследования были посвящены морфологии белокровок, включая адаптацию сердечно-сосудистой системы в качестве компенсации полного отсутствия гемоглобина (Wukcik *et al.* 2007; Sidell and O'Brien 2006); гистологию и анатомию органов чувств и мозга (Eastman and Lannoo 2004); связь между способностью нервной системы белокровок обеспечивать плавучесть, с одной стороны, и жизненным циклом и скелетной структурой рыб, с другой стороны (Eastman and Sidell 2002).

Образцы, собранные в процессе тралового лова в марте и апреле 1991, 1992 и 1993-х годов, использовались для сравнительного изучения концентраций полициклических ароматических углеводородов (ПАУ) в этих образцах и рыбах, выловленных в бухте Артур, а также для изучения влияния арктического дизельного топлива (АДТ) на зелёную нототению *Notothenia gibberifrons* (теперь *Gobionotothen gibberifrons*) (McDonald *et al.* 1995; Yu *et al.* 1995). Как показало первое из этих исследований, уровень загрязнения в рыбах, выловленных на территории Района, был значительно ниже, чем уровень загрязнения в рыбах, выловленных недалеко от места аварии судна «*Байя Параисо*» в бухте Артур, а рыбы, выловленные рядом с научными станциями США, испытывают воздействия ПАУ, хотя и небольшое (McDonald *et al.* 1992 и 1995). Тем не менее, концентрации ПАУ в рыбах, выловленных на территории Района, были выше ожидаемых: их уровень был близок к уровню, зарегистрированному в рыбах, выловленных рядом со старой станцией Палмер.

В последние годы (2008, 2009, 2010, 2011-е годы) регулярно собирались образцы для дальнейших исследований, связанных с биохимическими процессами у белокровок (Cuellar *et al*. 2014, Devor 2013, Mueller *et al*. 2011, Mueller *et al*. 2012, Teigen 2014).

В период с января 1984 г. по март 1985 г. на острове Брабант в течение года находились 35 членов Британской объединенной экспедиции (Furse, 1986). Вдоль западного берега были разбиты несколько лагерей и обустроено множество складов, включая главный базовый лагерь на мысе Мечникова. Некоторые лагерные сооружения, оборудование и предметы снабжения были заброшены по окончании этой экспедиции, хотя по состоянию на 2015-й год о них нет никакой информации. Нет информации и об уровне воздействия этой экспедиции на прибрежную морскую среду.

Район острова Брабант-острова Анверс популярен среди туристов. Данные о посещении этого района туристами, собранные Национальным научным фондом США, говорят о том, что с тех пор, как Район был впервые определён в качестве охраняемой территории в 1991 г., в районе залива Даллманн и особенно мыса Мечникова побывали несколько морских туристических судов. Краткая информация о туристической деятельности в окрестностях Района с момента его первоначального определения представлена в таблице 1. У нас нет сведений о том, в какой части залива Даллманн бывали туристы, хотя считается, что чаще всего морские суда заходят в западную часть залива Даллманн и, в частности, плавают вдоль берега острова Анверс и вблизи островов Мелчиор (Crosbie pers. comm. 2008). 2008). В феврале 2010 г. судно, приближаясь к заливу Далламанн, столкнулось с горбатым китом и нанесло ему травму (Liggett *et al*. 2010). Однако для того, чтобы добраться до мыса Мечникова, нужно пересечь территорию Района морем.

Таблица 1. Туристическая деятельность в окрестностях ООРА № 153 «Восточная часть залива Даллманн» в период с 1991 по 1992-й и с 2007 по 2008-й годы. Цифры в круглых скобках отражают уровень активности в районе мыса Мечникова.

Год	Кол-во судов	Общее число посетителей	Круизы на маломерных водных судах (пасс.)	Высадки с маломерных водных судов (пасс.)	Полёт вертолёта	Катание на каяках	Подводное плавание
1991-92	(1)		(12)				
1992-93							
1993-94	1		84				
1994-95							
1995-96	2		104				
1996-97	1		70				
1997-98	(1)		(55)				
1998-99	(1)		(2)				
1999-00	2		102				
2000-01	0		0				
2001-02	(1)		0 (96)				
2002-03	0		0				
2003-04	0	0	0	0	0	0	0
2004-05	1	56	0	0	0	0	0
2005-06	7	1 399	467	0	0	107	0
2006-07	8	1 232	318	0	0	101	0
2007-08	8	10 068	61	0	0	0	0
2008-09	9	6 545	170	0	0	0	0
2009-10	9	13 759	107	0	0	0	0
2010-11	9	2 402	103	0	26	0	14
2011-12	4	2 131	78	0	0	0	0
2012-13	8	3 715	0	4	0	0	0
2013-14	9	3 558	29	0	0	0	0

6(ii) Доступ в Район

Доступ в Район обычно осуществляется на судах из пролива Брансфилд, или от пролива Жерлаш в направлении на юг, или из пролива Дрейка на западе и через залив Даллманн. Суда могут осуществлять транзитный проход через Район, хотя стоянка на якоре не рекомендуется, за исключением вынуждающих обстоятельств. Доступ в Район возможен по воздуху или по морскому льду, если позволяют условия. Маршруты входа в Район или передвижения по его территории не определены.

6(iii) Расположение сооружений в Районе и рядом с ним

У нас нет информации о каких-либо сооружениях на территории Района. Возможно, на западном берегу острова Брабант (особенно на мысе Мечникова) есть какие-то сооружения и прочие материалы, оставшиеся после Британской объединённой экспедиции на остров Брабант (январь 1984 г. – март 1985 г.). Ближайшие станции – это станция Президент Гонсалес Видела (Чили), расположенная примерно в 55 км к югу в бухте Парадиз; станция Порт-Локрой (Великобритания), расположенная примерно в 75 км к юго-западу, на острове Гудьир; станция Елчо (Чили), расположенная примерно в 80 км к юго-западу на острове Думер; станция Палмер (США), расположенная примерно в 90 км к юго-западу на острове Анверс.

6(iv) Местонахождение других близлежащих охраняемых районов

Ближайшей к восточной части залива Даллманн охраняемой территорией является западная часть пролива Брансфилд (ООРА № 152), которая находится приблизительно в 45 км к северу. Особо управляемый район Антарктики № 7 «Юго-западная часть острова Анверс и бассейн Палмера» находится приблизительно в 80 км к юго-западу на южном берегу острова Анверс (карта 1).

6(v) Особые зоны Района

Нет.

7. Условия выдачи разрешений для доступа

7(i) Общие условия выдачи разрешений

Доступ в Район возможен только на основании разрешения, которое выдается компетентным национальным органом. Условия для выдачи разрешения на вход в Район:

- разрешение выдается в целях осуществления научной деятельности или для образовательных целей, которые не могут быть достигнуты ни в каком ином месте, либо в связи с важной деятельностью по управлению Районом;
- разрешённая деятельность соответствует Плану управления;
- разрешённая деятельность будет проводиться с должным вниманием, через процесс оценки воздействий на окружающую среду, к постоянной охране экологических и научных ценностей данного Района;
- разрешение выдается на ограниченный срок;
- при нахождении в Районе необходимо иметь при себе оригинал или копию разрешения.

7(ii) Доступ в Район и передвижение по его территории

Доступ в Район возможен по морю, по морскому льду или по воздуху. Что касается маршрутов входа в Район или передвижения по его территории, то на это нет никаких особых ограничений, хотя любое передвижение должно быть сведено к минимуму, необходимому для достижения целей любой разрешённой деятельности. Необходимо принимать все разумные меры для минимизации нарушений. Суда могут осуществлять транзитный проход через Район, хотя стоянка на якоре не рекомендуется, за исключением вынуждающих обстоятельств. На беспосадочные полёты над территорией Района нет никаких особых ограничений, и воздушные суда могут садиться на территории Района на основании разрешения, когда это позволяет состояние морского льда, при этом пилоты должны принимать во внимание наличие колоний гнездящихся птиц вдоль восточной границы Района на побережье острова Брабант (карта 1).

7(ii) Разрешённая деятельность на территории Района

- Научные исследования, не представляющие угрозу для ценностей Района.

- Важная деятельность судов, не представляющая угрозу для ценностей Района (например, транзитный проход через территорию Района или остановка в Районе в целях содействия осуществлению научной или иной деятельности или облегчения доступа к участкам, расположенным за пределами Района).

- Важные меры управления, включая мониторинг.

7(iv) Установка, модификация или снос сооружений

- Возведение сооружений на территории Района допускается только в соответствии с разрешением, а возведение постоянных сооружений или установок запрещено.

- Все установленные в Районе сооружения, научное оборудование или указатели должны быть перечислены в разрешении и иметь четкую идентификацию с указанием страны, Ф.И.О. главного исследователя и года установки. Все они должны быть выполнены из материалов, представляющих минимальную опасность с точки зрения загрязнения Района.

- Работы по установке (в том числе выбор площадки), техническому обслуживанию, модификации или сносу сооружений следует производить таким образом, чтобы свести к минимуму нарушение флоры и фауны.

- Ответственность за вывоз из Района конкретного оборудования, у которого истёк срок действия разрешения, возлагается на орган, выдавший первоначальное разрешение, а сам вывоз является одним из условий выдачи разрешения.

7(v) Расположение полевых лагерей

Нет.

7(vi) Ограничения на ввоз материалов и организмов в Район

В дополнение к требованиям, изложенным в Протоколе по охране окружающей среды к Договору об Антарктике, ограничения на ввоз материалов и организмов в Район включают в себя:

- Преднамеренный ввоз на территорию Района животных, растительных материалов, микроорганизмов и нестерильной почвы запрещается. Следует принимать необходимые меры предосторожности по предотвращению непреднамеренного внедрения животных, растительных материалов, микроорганизмов и нестерильной почвы из других биологически отличающихся регионов (подпадающих и не подпадающих под действие Договора об Антарктике).

- Посетители должны убедиться в чистоте пробоотборного оборудования или указателей, которые они привозят в Район. Насколько это возможно, оборудование, которое будет использоваться на территории Района, должно проходить тщательную очистку его перед его ввозом в Район. Посетители должны также изучить и соответствующим образом соблюдать рекомендации, содержащиеся в Руководстве по неместным видам Комитета по охране окружающей среды (КООС, 2011 г.).

- Ввоз в Район гербицидов или пестицидов запрещается.

- Хранение горючего, пищевых продуктов, химических веществ и других материалов на территории Района не допускается, за исключением случаев, особо оговорённых в разрешении. При этом порядок хранения и обращения с ними должен обеспечивать минимизацию риска их непреднамеренного попадания в окружающую среду.

- Все материалы ввозятся только на указанный срок и подлежат вывозу к установленному сроку или до его истечения.

- В случае выброса или утечки, которые могут нанести ущерб ценностям Района, их ликвидация рекомендуется только в том случае, если нет большой вероятности того, что последствия ликвидации превзойдут последствия пребывания материала *на месте*.

7(vii) Изъятие или вредное вмешательство в жизнь местной флоры и фауны

• Изъятие или вредное вмешательство в жизнь местной флоры и фауны запрещается, за исключением случаев, когда это производится согласно разрешению, выданному в соответствии со Статьей 3 Приложения II Протокола по охране окружающей среды к Договору об Антарктике. В случае изъятия или вредного вмешательства в жизнь животных следует, как минимум, соблюдать разработанный СКАР Кодекс поведения при использовании животных в научных целях в Антарктике.

7(viii) Сбор или вывоз из Района материалов, которые не были ввезены в Район держателем разрешения

• Сбор или вывоз материалов из Района допускается только в соответствии с разрешением и должен ограничиваться минимумом, необходимым для выполнения научных задач или целей управления.

• Материалы антропогенного происхождения, которые могут нанести ущерб ценностям Района и которые не были ввезены в Район держателем разрешения или санкционированы иным образом, могут быть вывезены из любой части Района, за исключением ситуаций, когда существует вероятность того, что последствия вывоза превзойдут последствия пребывания материала *на месте*. В этом случае необходимо направить уведомление в компетентный орган и получить разрешение.

7(ix) Удаление отходов

Все отходы, включая отходы жизнедеятельности человека, подлежат вывозу из Района.

7(x) Меры, необходимые для обеспечения возможности дальнейшего выполнения целей и задач Плана управления

Разрешения на доступ в Район могут выдаваться для:

1. проведения мониторинга и деятельности по инспектированию Района, что может включать сбор небольшого количества образцов или данных для анализа или изучения;

2. возведения, установки или обслуживания сооружений или научного оборудования;

3. проведения охранных мероприятий.

7(xi) Требования к отчётности

• По каждому посещению Района основной держатель разрешения должен представить отчёт в соответствующую национальную инстанцию в максимально короткий срок и при наличии возможности в течение шести месяцев после завершения посещения.

• Эти отчёты должны содержать, в зависимости от конкретного случая, информацию, указанную в форме отчёта о посещении, приведенной в Приложении 2 к Руководству по подготовке Планов управления Особо охраняемыми районами Антарктики (Резолюция 2 (2011 г.)). В необходимых случаях национальный компетентный орган должен также направить копию отчёта о посещении Стороне, предложившей План управления, в целях оказания помощи в управлении Районом и пересмотре Плана управления.

• По мере возможности Стороны должны сдавать оригиналы отчётов или их копии в открытый архив для ведения учёта использования участка. Эти отчёты будут использоваться при пересмотре Плана управления и в процессе организации использования Района в научных целях.

• В компетентный орган следует сообщать о любых осуществлённых видах деятельности и принятых мерах, а также о любых удалённых материалах или материалах, попавших в окружающую среду и не удалённых из неё, которые не были указаны в выданном разрешении.

8. Подтверждающая документация

Catalan, I.A., Morales-Nin, B., Company J. B. Rotllant G. Palomera I. & Emelianov M. 2008. Environmental influences on zooplankton and micronekton distribution in the Bransfield Strait and adjacent waters. *Polar Biology* **31**: 691–707.

Cheng, C.C.H. & Detrich III, H.W. 2007. Molecular ecophysiology of Antarctic notothenioid fishes. *Philosophical Transactions of the Royal Society B* **362** (1488): 2215-32.

Ciardiello, M.A., Schmitt B., di Prisco G. &. Hervé G. 1999. Influence of hydrostatic pressure on l-glutamate dehydrogenase from the Antarctic fish *Chaenocephalus aceratus*. *Marine Biology* **134** (4): 631-36.

Creuwels, J.C.S., Poncet, S., Hodum, P.J. & van Franeker. J.A. 2007. Distribution and abundance of the southern fulmar *Fulmarus glacialoides*. *Polar Biology* **30**:1083–97. [doi 10.1007/s00300-007-0276-0]

Cuellar, J., Yébenes, H., Parker, S.K., Carranza, G., Serna, M., Valpuesta, J.M., Zabala, J.C. & Detrich, H. W. 2014. Assisted protein folding at low temperature: evolutionary adaptation of the Antarctic fish chaperonin CCT and its client proteins. *Biology Open* **3**:261–270. doi:10.1242/bio.20147427

Dalla Rosa. L., Secchi, E.R., Maia Y.G., Zerbini A.N. & Heide-Jørgensen, M.P. 2008. Movements of satellite-monitored humpback whales on their feeding ground along the Antarctic Peninsula. *Polar Biology* **31**: 771–81. [doi 10.1007/s00300-008-0415-2]

Detrich III, H.W., Parker, S.K., Williams, R.B. Jr, Nogales, E. & Downing, K.H. 2000. Cold adaptation of microtubile assembly and dynamics. *Journal of Biological Chemistry* **275** (47): 37038–47.

Devor, D.P. 2013. Effects of hyperoxia on thermal tolerance and indicators of hypoxic stress in Antarctic fishes that differ in expression of oxygen-binding proteins. Unpublished MSc. Thesis. Ohio University, USA.

Dinniman, M.S. & Klinck, J.M. 2004. A model study of circulation and cross-shelf exchange on the west Antarctic Peninsula continental shelf. *Deep-Sea Research II* **51**: 2003–22.

Ducklow, H.W., Baker, K., Martinson, D.G., Quetin, L. G., Ross, R.M., Smith, R.C., Stammerjohn, S.E., Vernet, M. & Fraser, W. 2007. Marine pelagic ecosystems: the West Antarctic Peninsula. *Philosophical Transactions of the Royal Society B* **362**: 67–94. [doi:10.1098/rstb.2006.1955]

Dunlap, W.C., Fujisawa A., Yamamoto, Y., Moylan, T.J. & Sidell, B.D. 2002. Notothenioid fish, krill and phytoplankton from Antarctica contain a vitamin E constituent (a-tocomonoenol) functionally associated with cold-water adaptation. *Comparative Biochemistry and Physiology Part B* **133**: 299–305.

Eastmann, J.T. & Lannoo, M.J. 2004. Brain and sense organ anatomy and histology in hemoglobinless Antarctic icefishes (Perciformes: Notothenioidei: Channichthyidae). *Journal of Morphology* **260**: 117–40.

Eastman, J.T. & Sidell, B.D. 2002. Measurements of buoyancy for some Antarctic notothenioid fishes from the South Shetland Islands. *Polar Biology* **25**: 753–60. [doi 10.1007/s00300-002-0398-3]

Furse, C. 1986. *Antarctic year: Brabant Island expedition*. Croom Helm, Australia.

Grove. T.J. & Sidell, B.D. 2004. Fatty acyl CoA synthetase from Antarctic notothenioid fishes may influence substrate specificity of fat oxidation. *Comparative Biochemistry and Physiology, Part B* **139**: 53–63.

Hazel, J.R. & Sidell, B.D. 2003. The substrate specificity of hormone-sensitive lipase from adipose tissue of the Antarctic fish *Trematomus newnesi*. *Journal of Experimental Biology* **207**: 897-903.

Harris, C.M. 2006. *Wildlife Awareness Manual: Antarctic Peninsula, South Shetland Islands and South Orkney Islands*. Environmental Research & Assessment, Cambridge.

Harris, C.M., Carr, R., Lorenz, K. & Jones, S. 2011. Important Bird Areas in Antarctica: Antarctic Peninsula, South Shetland Islands, South Orkney Islands. Final Report for BirdLife International and UK Foreign & Commonwealth Office. Environmental Research & Assessment, Cambridge.

Hofmann, E.E., Klinck, J.M., Lascara, C.M. & Smith, D.A. 1996. Water mass distribution and circulation west of the Antarctic Peninsula and including Bransfield Strait. In Ross, R.M., Hofmann, E.E. & Quetin, L.B. (eds) *Foundations for ecological research west of the Antarctic Peninsula. Antarctic Research Series* **70**: 61-80.

Lau, D.T., Saeed-Kothe, A., Paker, S.K. & Detrich III, H.W. 2001. Adaptive evolution of gene Expression in Antarctic fishes: divergent transcription of the 59-to-59 linked adult a1- and b-globin genes of the Antarctic teleost *Notothenia coriiceps* is controlled by dual promoters and intergenic enhancers. *American Zoologist* **41**: 113–32.

Liggett, D., McIntosh, A., Thompson, A., Gilbert, N. & Storey, B. 2011. From frozen continent to tourism hotspot? Five decades of Antarctic tourism development and management, and a glimpse into the future. *Tourism Management* **32**: 357–66. doi:10.1016/j.tourman.2010.03.005

Loeb, V.J., Kellermann, A.K., Koubbi, P., North, A.W. & White, M.G. 1993. Antarctic larval fish assemblages: a review. *Bulletin of Marine Science* **53**(2): 416-49.

Magnoni, J.L. 2002. Antarctic notothenioid fishes do not display metabolic cold adaptation in hepatic gluconeogenesis. Unpublished Masters thesis, Department of Marine Biology, University of Maine.

McDonald, S., Kennicutt II, M., Foster-Springer, K. & Krahn, M. 1992. Polynuclear aromatic hydrocarbon exposure in Antarctic fish. *Antarctic Journal of the United States* **27**(5): 333-35.

McDonald, S.J., Kennicutt II, M.C., Liu H. & Safe S.H. 1995. Assessing Aromatic Hydrocarbon Exposure in Antarctic Fish Captured near Palmer and McMurdo Stations, Antarctica. *Archives of Environmental Contamination and Toxicology* **29**: 232-40.

Mueller, I.A., Grim, J.M., Beers, J.M., Crockett, E.L., & O'Brien, K.M. 2011. Inter-relationship between mitochondrial function and susceptibility to oxidative stress in red- and white-blooded Antarctic notothenioid fishes. *Journal of Experimental Biology* **214**: 3732–41. doi:10.1242/jeb.062042

Mueller, I.A., Devor, D.P., Grim, J.M., Beers, J.M., Crockett, E.L., & O'Brien, K.M. 2012. Exposure to critical thermal maxima increases oxidative stress in hearts of white- but not red-blooded Antarctic notothenioid fishes. *Journal of Experimental Biology* **215**: 3655–64. doi:10.1242/jeb.071811

O'Brien, K.M, Skilbeck, C., Sidell, B.D. & Egginton, S. 2002. Muscle fine structure may maintain the function of oxidative fibres in haemoglobinless Antarctic fishes. *Journal of Experimental Biology* **206**: 411-21.

Parmelee, D.F. & Rimmer, C.C. 1985. Ornithological observations at Brabant Island, Antarctica. *British Antarctic Survey Bulletin* **67**: 7-12.

Robertson Maurice, S.D., Wiens D.A., Shore P.J., Vera E. & Dorman L.M. 2003. Seismicity and tectonics of the South Shetland Islands and Bransfield Strait from a regional broadband seismograph deployment. *Journal of Geophysical Research* **108**(B10) 2461. [doi:10.1029/2003JB002416]

Ross, R.M. & Quetin, L.B. 1996. Distribution of Antarctic krill and dominant zooplankton west of the Antarctic Peninsula. In Ross, R.M., Hofmann, E.E. & Quetin, L.B. (eds) *Foundations for ecological research west of the Antarctic Peninsula. Antarctic Research Series* **70**: 199-217.

Scheidat, M., Bornemann, H., Burkahardt, E., Flores, H., Friedlaender, A. Kock, K.-H, Lehnert, L., van Franekar, J. & Williams, R. 2008. Antarctic sea ice habitat and minke whales. Annual Science Conference in Halifax, 22-26 September, 2008, Halifax, Canada.

Schenke H. W., S. Dijstra, F. Neiderjasper, T. Schone, H. Hinze, & B. Hoppman. 1998. The new bathymetric charts of the Weddell Sea: AWI BCWS. In Jacobs, S.S. & Weiss, R.F. (eds). *Ocean, ice and atmosphere: interactions at the Antarctic continental margin. Antarctic Research Series* **75**: 371-80.

Sidell, B.D. & O'Brien, K.M. 2006. When bad things happen to good fish: the loss of hemoglobin and myoglobin expression in Antarctic icefishes. *Journal of Experimental Biology* **209**: 1791-1802.

Smellie J.L., McIntosh W.C. & Esser, R. 2006. Eruptive environment of volcanism on Brabant Island: Evidence for thin wet-based ice in northern Antarctic Peninsula during the Late Quaternary. *Palaeogeography, Palaeoclimatology, Palaeoecology* **231**: 233–52.

Sinque, C., Koblitz, S. & Marília Costa, L. 1986. Ichthyoplankton of Bransfield Strait – Antarctica. *Nerítica* **1**(3): 91-102.

Stammerjohn, S.E., Martinson, D.G, & Iannuzzi, R.A. 2008. Sea ice in the western Antarctic Peninsula region: Spatio-temporal variability from ecological and climate change perspectives. *Deep-Sea Research II* **55**: 2041–58.

Teigen, L.E. 2014. Induction of heat shock proteins in cold-adapted and cold-acclimated fishes. Unpublished MSc. Thesis. University of Alaska Fairbanks, USA.

Woehler, E.J. (ed) 1993. *The distribution and abundance of Antarctic and sub-Antarctic penguins.* Cambridge, SCAR.

Wujcik, J.M. Wang, G., Eastman, J.T. & Sidell, B.D. 2007. Morphometry of retinal vasculature in Antarctic fishes is dependent upon the level of hemoglobin in circulation. *Journal of Experimental Biology* **210**: 815-24.

Yu, Y., Wade T. L., Fang J., McDonald S. & Brooks J. M. 1995. Gas chromatographic – mass spectrometric analysis of Polycyclic Aromatic Hydrocarbon metabolites in Antarctic fish *(Notothenia gibberifrons)* injected with Diesel Fuel Arctic. *Archives of Environmental Contamination and Toxicology* **29**: 241-46.

Zhou, M., Niiler, P.P. & Hi, J.H. 2002.Surface currents in the Bransfield and Gerlache Straits, Antarctica. *Deep-Sea Research I* **49**: 267–80.

Zhou, M., Niiler, P.P., Zhu, Y. & Dorland, R.D. 2006. The western boundary current in the Bransfield Strait, Antarctica. *Deep-Sea Research I* **53**: 1244–52.

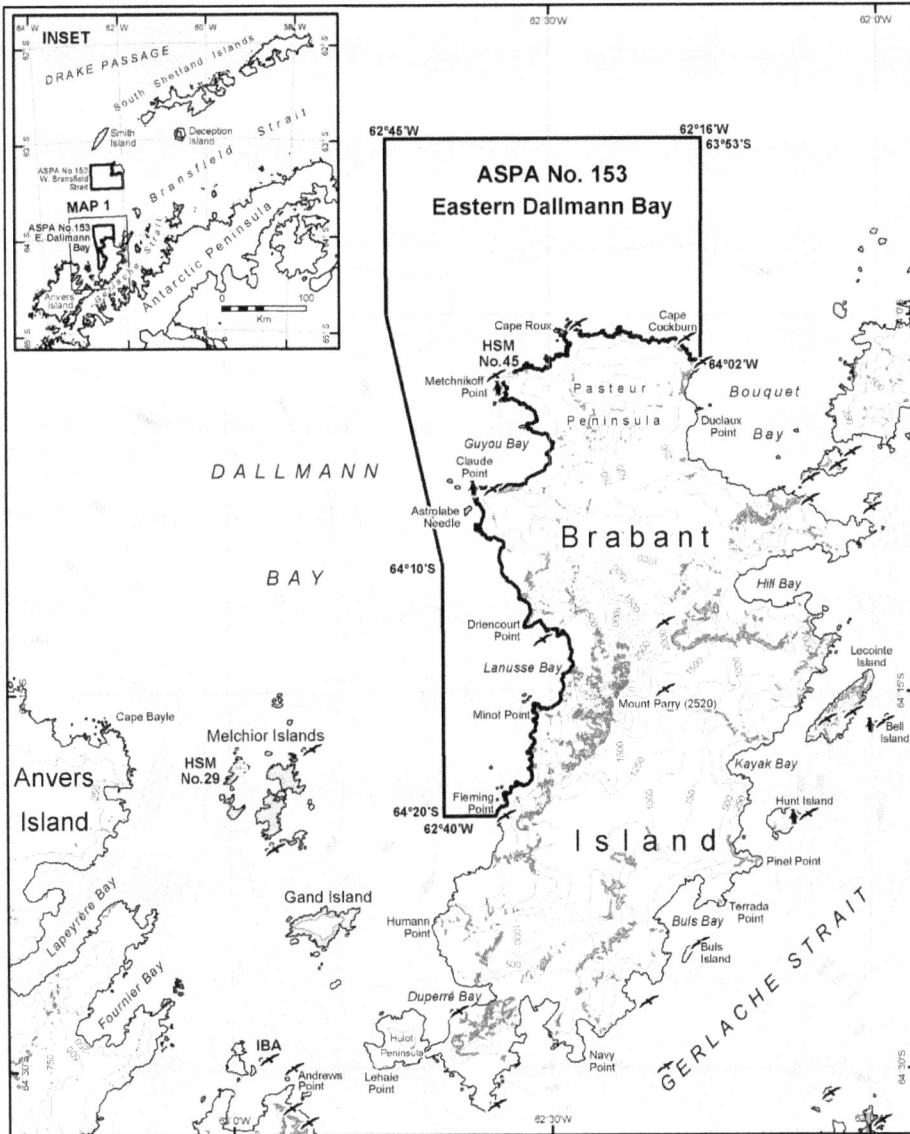

Map 1: ASPA No. 153 - Eastern Dallmann Bay

31 Mar 2015 (Map ID 10068 0002 02)
United States Antarctic Program
Environmental Research & Assessment

Symbol	Description
Coastline	Permanent ice
Contour (250 m)	Ocean
Isobath (200 m)	Protected area boundary
Ice free ground	Historic Site & Monument

IBA Important Bird Area

Flying bird colony

Penguin colony

Projection: Lambert Conformal Conic
Spheroid and horizontal datum: WGS84
Data sources: Coast & topography: SCAR ADD
(v4.1 2005 v6, 2012). Bathymetry (BCSO (v1, 2013)
Bird data: ERA (Mar 2015), IBA: BirdLife Int (ERA (2011)
Protected areas: ERA Antarctic Protected Areas v3.0 (Jun 2014)
HSM: ATS, revised by ERA (Jun 2014)

Заключительный отчет XXXVIII КСДА

План управления
Особо охраняемым районом Антарктики № 155
«МЫС ЭВАНС» (ОСТРОВ РОСС)
(включая Исторические места и памятники № 16 и 17 – историческую хижину капитана Роберта Фэлкона Скотта *«Терра Нова»* и её окрестности и Крест на холме Винд Вейн)

1. Описание охраняемых ценностей

Большое историческое значение этого Района было официально подтверждено, когда он был определён как Историческое место и памятник № 16 и 17 на основании Рекомендации 9 (1972 г.). Территория, на которой находятся оба участка, была определена в качестве Особо охраняемого района № 25 на основании Меры 2 (1997 г.), а затем в качестве Особо охраняемого района Антарктики № 155 на основании Решения 1 (2002 г.).

Хижина *«Терра Нова»* (Историческое место и памятник № 16) является самой большой исторической хижиной в регионе моря Росса. Она была построена в январе 1911 г. членами Британской антарктической экспедиции *«Терра Нова»* (1910-1913 гг.) под руководством капитана Королевского флота Роберта Фалкона Скотта (Robert Falcon Scott). Впоследствии её использовали в качестве базы члены Отряда моря Росса Королевской трансантарктической экспедиции 1914-1917 годов под руководством сэра Эрнеста Шеклтона (Ernest Shackleton).

В состав Исторического места и памятника № 17 входит крест на холме Винд Вейн, установленный в память о трёх членах Отряда моря Росса под руководством Шеклтона, погибших в 1916 г. Кроме того, на этой территории находятся два якоря судна с *«Аврора»* Королевской трансантарктической экспедиции, два сарая для инструментов (один на холме Винд Вейн, а второй рядом с хижиной *«Терра Нова»*), несколько складов для хранения запасов и многочисленные артефакты, разбросанные по всей территории этого участка.

Мыс Эванс – одно из главных мест, связанных с первыми шагами человека в Антарктике. Это важный символ Героической эпохи освоения Антарктики и в силу этого имеет большое историческое значение. С экспедицией *«Терра Нова»*, база которой находилась на этой территории, связаны некоторые из самых ранних достижений в области науки о земле, метеорологии, а также исследований флоры и фауны Антарктики. Полученные данные могут быть использованы в качестве ориентира для сравнения с результатами современных измерений. История этой деятельности и вклад, который она внесла в понимание и изучение Антарктики, обуславливают большую историческую и научную ценность района.

Пересмотренная версия Плана управления была принята на основании Меры 2 (2005 г.), а изменения условий доступа в Район и передвижения по его территории были приняты на основании Меры 12 (2008 г.) и Меры 8 (2010 г.).

Мыс Эванс расположен в пределах Экологической среды S: геология Мак-Мёрдо – южная часть Земли Виктории, исходя из Анализа экологических доменов по Антарктике (Резолюция 3 (2008 г.)), и в Регионе 9 – южная часть Земли Виктории, исходя из документа «Заповедные биогеографические регионы Антарктики» (Резолюция 6 (2012 г.)). Другие охраняемые районы в пределах Экологической среды S включают ООРА 105, 116, 121, 122, 123, 124, 131, 137, 138, 154, 156, 157, 158, 161, 172 и 175, а также ОУРА № 2.

2. Цели и задачи

Целью настоящего Плана управления является обеспечение охраны самого Района и его достопримечательностей ради сохранения существующих ценностей. Цели Плана управления заключаются в следующем:

- недопущение ухудшения состояния или возникновения существенного риска для ценностей Района;
- сохранение исторических ценностей Района за счёт реализации продуманной программы мер по их консервации, в состав которой могут входить:
    a. ежегодная программа текущего содержания «без вывоза»;
    b. программа мониторинга состояния артефактов и сооружений, а также факторов, которые на них влияют;
    c. программа консервации артефактов «без вывоза и с вывозом»;
- создание условий для осуществления мер управления в поддержку охраны ценностей и достопримечательностей этого Района, включая:
    a. картографирование и иная регистрация местонахождения исторических предметов в окрестностях хижины;
    b. регистрация прочих важных исторических данных;
- предотвращение излишнего нарушения Района, его достопримечательностей и артефактов человеком за счёт регулирования доступа к хижине *«Терра Нова»*.

3. Меры управления

Для охраны ценностей Района предусмотрены следующие меры управления:

- Программа регулярных работ по консервации хижины *«Терра Нова»* и связанных с ней артефактов, находящихся на территории Района.
- Организация посещений, насколько это необходимо для достижения целей управления.
- Организация регулярного мониторинга с целью оценки воздействий посетителей (в пределах действующих лимитов) и учёта результатов этого мониторинга, а также любых соответствующих рекомендаций при пересмотре настоящего Плана управления.
- Проведение консультаций с другими национальными антарктическими программами, которые осуществляют деятельность или имеют интересы в этом Районе, в целях реализации вышеперечисленных мер управления.
- Обеспечение наличия копий настоящего Плана управления, в том числе, карт Района, на близлежащих научно-исследовательских и полевых станциях.

4. Срок определения в качестве ООРА

Определён на неограниченный период времени.

5. Карты

Карта А. Карта региона мыса Эванс. На карте показаны границы Района наряду с наиболее важными топографическими особенностями, местами для разбивки полевых лагерей и вертолётными площадками. На карте также показано примерное расположение важных исторических объектов, которые находятся на территории Района. Врезка: остров Росс с указанием местонахождения близлежащих охраняемых районов и станций.

Карта B. Карта района мыса Эванс. На этой карте показано примерное местонахождение конкретных исторических артефактов и участков, расположенных на территории Района.

6. Описание Района

6(i) Географические координаты, отметки на границах и природные особенности
Мыс Эванс – это небольшая свободная ото льда треугольная территория на юго-западе острова Росс в 10 км к югу от мыса Ройдс и в 22 км к северу от полуострова Хат-Пойнт на острове Росс. Эта свободная ото льда территория состоит из базальтовых коренных пород, покрытых моренными отложениями. Район, определённый в качестве ООРА, находится на северо-западном берегу мыса Эванс рядом с пляжем Хоум, а его центром является хижина Скотта *«Терра Нова»* . Границы Района определяются следующим образом:

- На юге: линия, идущая на восток от точки с координатами 77°38'15,47" ю.ш., 166°25'9,48" в.д. – в 20 м к югу от креста на холме Винд Вейн.
- На юго-западе: линия, идущая от указанной выше реперной точки по гребню небольшой гряды, спускающейся в северо-западном направлении к береговой точке с координатами 77°38'11,50" ю.ш., 166°24'49,47" в.д.
- На северо-западе: береговая линия пляжа Хоум.
- На северо-востоке: русло водотока, вытекающего из озера Скуа по направлению к пляжу Хоум к точке с координатами 77°38'4,89" ю.ш., 166°25'13,46" в.д.
- На востоке: линия, идущая на юг от западной оконечности озера Скуа от точки с координатами 77°38'5,96" ю.ш., 166°25'35,74" в.д. до пересечения с южной границей в точке с координатами 77°38'15,48" ю.ш., 166°25'35,68" в.д.

На мысе Эванс гнездятся южнополярные поморники (*Catharacta maccormicki*), а иногда через эту территорию проходят пингвины Адели (*Pygoscelis adeliae*) из колонии на мысе Ройдс. Кроме того, на пляже Хоум иногда устраивали лёжки тюлени Уэдделла (*Leptonychotes weddellii*).

6(ii) Доступ в Район
При наличии безопасных условий автотранспорт может подходить к Району по морскому льду. Автотранспорту запрещено въезжать на территорию Района, если только это не разрешено для осуществления мер управления в соответствии с разделом 7(i) ниже. В отсутствие морского ледового покрова высадка с маломерных судов возможна непосредственно у хижины на пляже Хоум. Вертолёты могут совершать посадку на любой из двух выделенных посадочных площадок, обозначенных на картах A и B. Одна площадка находится примерно в 100 м к северу от хижины в непосредственной близости от границ Района. Вторая расположена рядом с новозеландской хижиной-укрытием приблизительно в 250 м от юго-западной границы Района.

6(iii) Расположение сооружений на территории и в окрестностях Района
Все сооружения на территории Района имеют историческое происхождение, хотя магнитную хижину по-прежнему окружает временно установленная современная защитная ограда. Главной достопримечательностью Района является хижина Скотта *«Терра Нова»*, расположенная на северо-западном берегу мыса Эванс на пляже Хоум. Вокруг хижины находятся многочисленные исторические реликвии, в том числе два якоря с судна *«Аврора»*,

скелеты собак, сарай для инструментов, две собачьи упряжи, метеорологический экран, склад топлива, магнитная хижина, угольные ящики, флагшток и экспериментальная каменная хижина/свалка мусора, которая представляет собой историческое каменное сооружение, связанное с «худшей на всём свете поездкой» на мыс Крозье (1911 г.), в котором находится небольшая коллекция артефактов. На вершине холма Винд Вейн установлен мемориальный крест в память о трех членах Отряда моря Росса под руководством Шеклтона, который работал здесь в 1914-1917 гг. Все эти достопримечательности находятся в пределах Района.

Примерно в 250 м к юго-западу от Района расположены новозеландская хижина-укрытие, место для разбивки лагерей и вертолётная площадка.

В период с 1987-го по 1992-й годы к северо-востоку от хижины Скотта *«Терра Нова»* располагалась бывшая круглогодичная база Гринпис «Всемирный парк». Сейчас видимых признаков этой базы нет.

6(iv) Наличие других охраняемых территорий в окрестностях Района
- ООРА № 121 (бывш. УОНИ № 1) и
- ООРА № 157 (ООР № 27) «Залив Бэкдор» (Мыс Ройдс) находятся в 10 км к северу от мыса Эванс.
- ООРА № 122 (УОНИ № 2) «Высоты Эррайвл» и
- ООРА № 158 (ООР № 28) «Мыс Хат» находятся примерно в 22 км к югу от мыса Эванс на полуострове Хат-Пойнт.
- ООРА № 130 (УОНИ № 11) «Гряда Трэмвей» находится примерно в 20 км к востоку от мыса Эванс.

Все эти территории расположены на острове Росс.

6(v) Особые зоны на территории Района
На территории Района нет никаких особых зон.

7. Условия выдачи разрешений на посещение Района

Вход на территорию Района возможен только на основании Разрешения. Разрешения выдаются только компетентными государственными органами и могут содержать общие и особые условия. Компетентный государственный орган может выдать Разрешение на несколько посещений в течение одного сезона. Для того, чтобы не допустить превышения лимита численности посетителей, Стороны, осуществляющие деятельность в этом Районе, должны консультироваться друг с другом, а также с группами и организациями, заинтересованными в посещении Района. Разрешения на посещение Района выдаются на указанный срок для осуществления:
- деятельности, связанной с проведением консервационных работ, научных исследований и мониторинга;
- мер управления в поддержку целей настоящего Плана управления;
- деятельности, связанной с выполнением образовательных и рекреационных задач, включая туризм, при условии, что они не противоречат задачам настоящего Плана;
- любой иной деятельности, специально оговорённой в настоящем Плане.

7(i) Доступ в Район и передвижение по его территории

- Передвижение по территории Района следует контролировать в целях недопущения ущерба, причиняемого скоплением людей вокруг многих уязвимых достопримечательностей Района. Максимальное количество людей, которые могут одновременно находиться на территории Района (включая гидов и тех, кто находится внутри хижины), составляет **40 человек**.
- Количество людей внутри хижины следует контролировать в целях недопущения ущерба, причиняемого скоплением людей вокруг многих уязвимых достопримечательностей хижины. Максимальное количество людей, которые могут одновременно находиться в хижине (включая гидов), составляет **8 человек**.
- Во избежание кумулятивных воздействий на интерьер хижины ежегодное количество посетителей хижины необходимо ограничить. Результаты воздействий нынешнего количества посетителей (в период с 1998-го по 1999-й и с 2013-го по 2014-й годы хижину ежегодно посещали, в среднем, 1 042 человека) свидетельствуют о том, что значительное увеличение количества посетителей может иметь существенные неблагоприятные последствия. Максимальное ежегодное количество посетителей составляет **2 000 человек**.
- Эти лимиты установлены с учётом нынешнего количества посетителей и наиболее разумных рекомендаций, предоставленных консультационными ведомствами, которые занимаются вопросами консервации (в этих организациях работают специалисты по консервации, археологи, историки, музееведы и другие профессионалы в области охраны наследия). Эти лимиты основаны на предположении о том, что любое значительное увеличение нынешнего количества посетителей может нанести ущерб охраняемым ценностям. В качестве основы будущего пересмотра этого Плана управления (в частности, определения приемлемости действующих лимитов численности) необходимо проведение постоянного мониторинга с целью оценки воздействий посещений.
- С целью недопущения ущерба, причиняемого скоплением людей и действиями, несоответствующими Кодексу поведения, изложенному в разделе 7(ii), необходим надлежащий контроль посещения Района. Любыми посещениями, организованными в туристических, образовательных или рекреационных целях, должны руководить опытные гиды, назначенные оператором (см. раздел 7(ix)).
- Посадка вертолётов на территории Района запрещена, поскольку они могут нанести ущерб этой территории, поднимая в воздух вулканический шлак и частицы льда, и ускорить процесс абразивного истирания хижины и окружающих её артефактов. Рекомендуемые маршруты подхода и посадочные площадки указаны в разделе 6(ii).
- Наземные транспортные средства могут заезжать на территорию Района только в том случае, если они необходимы для осуществления мер управления. Такие меры могут включать, среди прочего, расчистку снега и льда, которые представляют угрозу для исторической хижины или иных артефактов. В таких ситуациях необходимо учитывать следующие моменты:
  i.   следует использовать самое маленькое транспортное средство, необходимое для выполнения работы;
  ii. оператор транспортного средства должен быть полностью подготовлен и знать положения настоящего Плана управления, а также о том, насколько уязвим район, где будет работать транспортное средство;
  iii. все передвижения транспортного средства по этой территории должны тщательно планироваться и контролироваться, чтобы не нанести ущерб ни самой хижине, ни артефактам, погребённым под слоем снега и льда.

7(ii) Разрешённая деятельность на территории Района

На территории Района допускается осуществление следующих видов деятельности:
- посещения в целях проведения консервационных работ;
- посещения в образовательных или рекреационных целях, включая туризм;
- проведение научных исследований, не оказывающих отрицательного влияния на ценности Района.

Если перечисленные в Разрешении консервационные работы, научные исследования, процедуры мониторинга или меры управления не требуют иного, посетители должны соблюдать изложенный далее Кодекс поведения:
- В целях минимизации абразивного истирания пола перед входом в хижину необходимо тщательно очистить обувь от песчинок, частиц вулканического шлака, льда и снега с помощью щёток, предусмотренных для этой цели, и использовать только треноги или штативы с плоскими резиновыми наконечниками в отличие от острых металлических наконечников, которые могут повредить пол.
- Следует снять одежду, пропитавшуюся морской водой, и очистить обувь от крошек морского льда, поскольку частицы соли ускоряют процесс коррозии металлических предметов.
- Нельзя трогать, перемещать или сидеть на каких-либо вещах или предметах мебели, находящихся внутри хижин – это может нанести ущерб артефактам.
- Поскольку многие уголки хижины забиты вещами, и люди могут случайно натолкнуться на предметы, внутри хижины нельзя носить ранцы, а когда в хижине одновременно находится максимально допустимое количество посетителей (8 человек), использовать треноги или штативы запрещено.
- При передвижении по этим участкам необходимо соблюдать осторожность, чтобы не наступить на какие-либо предметы, которые могут находиться под снегом, и придерживаться установленных пеших троп.
- Использование открытого пламени или осветительных приборов, работающих по принципу внутреннего сгорания, а также курение строго запрещены внутри хижины или рядом с ней из-за высокой степени пожароопасности.
- Посещения должны быть зарегистрированы в имеющемся журнале. Это позволяет соотнести сроки посещений и количество посетителей с показателями температуры и влажности, которые автоматически измеряются внутри хижины.

7(iii) Установка, модификация или снос сооружений
- Строительство новых сооружений или установка научного оборудования на территории Района запрещены, за исключением того, что необходимо для проведения консервационных работ, как это указано в разделе 1.
- Ни одно историческое сооружение не может быть вывезено из Района, если это не оговорено в Разрешении, выданном в соответствии с положениями раздела 7(vii).

7(iv) Расположение полевых лагерей
- Историческую хижину нельзя использовать в качестве жилья. Разбивка лагерей на территории Района не допускается ни при каких обстоятельствах.
- Существующей площадкой для разбивки полевых лагерей, на которой находятся два новозеландских укрытия, расположенных в 250 м к юго-западу от Района, должны пользоваться все экспедиции, планирующие разбивку лагерей на этой территории. Вторая альтернативная площадка для разбивки полевых лагерей расположена к северу от Района рядом с вертолётной площадкой на пляже Хоум (карты А и В).

7(v) Ограничения на ввоз материалов и организмов в Район

- Ввоз в Район живых животных, растительных материалов, микроорганизмов или почв не допускается. На территорию Района нельзя приносить продукты питания.
- Ввоз химических веществ допускается только для проведения разрешённых научных или консервационных работ. Химические вещества (в том числе топливо) и другие материалы нельзя оставлять на территории Района, за исключением ситуаций, когда это необходимо для достижения важных целей, имеющих отношение к консервации исторических сооружений или связанных с ними реликвий.
- Все ввезённые материалы подлежат вывозу из Района, когда потребность в них отпадает и до истечения срока, указанного в соответствующем Разрешении.

7(vi) Изъятие или вредное вмешательство в жизнь местной флоры и фауны

- Этот вид деятельности допускается только на основании Разрешения, специально выданного для этой цели уполномоченным национальным органом в соответствии со Статьёй 3 Приложения II Протокола по охране окружающей среды к Договору об Антарктике.
- При изъятии животных или неблагоприятном воздействии на них следует, как минимум, соблюдать требования разработанного СКАР Кодекса поведения при использовании животных в научных целях в Антарктике.

7(vii) Сбор и вывоз материалов, которые не были ввезены в Район держателем Разрешения

- Сбор и вывоз материалов для выполнения консервационных задач, соответствующих целям настоящего Плана управления, допускаются только на основании Разрешения, выданного компетентным национальным органом.
- Материалы, представляющие опасность для окружающей среды или здоровья людей, могут быть вывезены из Района на основании Разрешения с целью их последующей ликвидации, если они удовлетворяют одному или нескольким из нижеперечисленных критериев:
  i. артефакт представляет опасность для окружающей среды, диких животных или для здоровья и жизни людей;
  ii. артефакт находится в таком плохом состоянии, что его консервация становится объективно невозможной;
  iii. артефакт не вносит сколько-нибудь значимого вклада в расширение знаний о хижине, её обитателях или истории освоения Антарктики;
  iv. артефакт не способствует улучшению визуального восприятия данной территории или хижины либо ухудшает его;
  v. артефакт не является уникальным или раритетным,

и если такой вывоз:

i. осуществляют организации, обладающие необходимыми знаниями и опытом в области консервации объектов наследия;
ii. является составной частью общего плана консервационных работ на данной территории.

- Национальные органы должны следить за тем, чтобы вывоз любых артефактов и оценку их соответствия вышеуказанным критериям осуществляли сотрудники, обладающие необходимыми знаниями и опытом в области консервации объектов наследия.

- Артефакты, которые имеют большое историческое значение, но консервацию которых невозможно провести на месте с помощью современных технологий, можно вывезти на основании Разрешения для дальнейшего хранения в регулируемых условиях до тех пор, пока не появится возможность благополучно возвратить их на территорию Района.
- Образцы почв и прочих природных материалов можно вывозить для выполнения научных задач, за исключением случаев, когда они являются частью или содержимым исторического места или памятника. Такой вывоз должен осуществляться на основании соответствующего разрешения.

7 (viii) Удаление отходов

Все отходы жизнедеятельности человека, бытовые сточные воды и прочие отходы, образовавшиеся в результате работы экспедиций или деятельности посетителей, подлежат вывозу из Района.

7(ix) Меры, необходимые для обеспечения возможности дальнейшего выполнения целей и задач Плана управления

- Во время пребывания на территории Района необходимо иметь при себе само разрешение или его заверенную копию.
- Все посетители должны быть ознакомлены с требованиями настоящего Плана управления.
- Если консервационные работы, научные исследования, процедуры мониторинга или меры управления не требуют иного, все посетители обязаны соблюдать Кодекс поведения, изложенный в разделе 7(ii).
- До начала летнего сезона операторы, организующие посещения Района в образовательных или рекреационных целях (включая туризм), назначают людей, обладающих практическими знаниями в отношении данной территории и настоящего Плана управления, чтобы при посещении Района они выступали в роли гидов.
- Любыми посещениями, организованными в образовательных или рекреационных целях (включая туризм), должны руководить назначенные гиды, которые отвечают за то, чтобы посетители были ознакомлены с Кодексом поведения и положениями настоящего Плана управления, и следят за их соблюдением.
- С целью содействия охране ценностей Района Стороны должны проводить консультации и координировать свои действия для того, чтобы развивать навыки и ресурсы, особенно в том, что касается методов консервации.

7(x) Требования к отчётности

Стороны должны принять меры к тому, чтобы основной держатель каждого выданного Разрешения представил соответствующему компетентному органу отчёт о предпринятой деятельности. Насколько это уместно, в состав такого отчёта должна входить информация, указанная в форме отчёта о посещении, приведённой в Приложении 4 к Резолюции 2 (1998 г.). В нём также должна быть представлена подробная информация о вывозе любых материалов, который был произведён в соответствии с разделом 7(vii), включая основания для вывоза и сведения о том, где сейчас находятся эти предметы, или о том, когда они были ликвидированы. Кроме того, необходимо сообщать о возврате таких предметов в Район.

Стороны должны вести учёт деятельности, осуществляемой на территории Района, и в рамках ежегодного обмена информацией представлять краткие описания мероприятий, проведённых лицами, которые находятся под их юрисдикцией. Эти описания должны содержать достаточно подробные сведения, чтобы можно было провести оценку эффективности настоящего Плана управления. По мере возможности Стороны должны сдавать оригиналы или копии таких отчётов в открытый архив для ведения учёта посещений Района. Эти отчёты будут использоваться при пересмотре настоящего Плана управления, а также в процессе организации дальнейших посещений Района.

Map A - Cape Evans, Ross Island, Antarctic Specially Protected Area 155: Regional Map

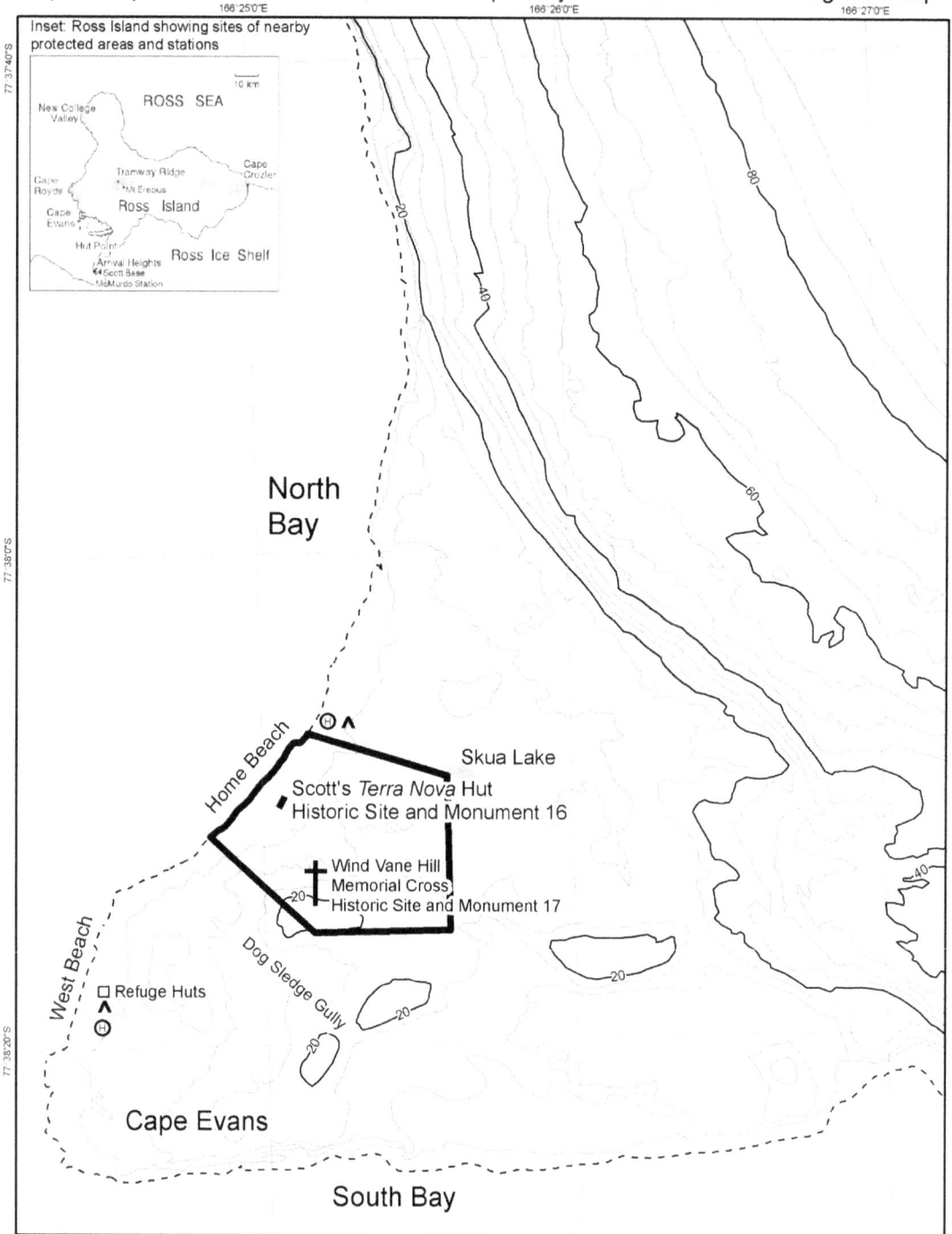

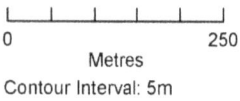

Inset: Ross Island showing sites of nearby protected areas and stations

ROSS SEA

New College Valley

Tramway Ridge
Mt Erebus
Cape Royds
Cape Crozier
Ross Island
Cape Evans
Hut Point
Arrival Heights
Scott Base
McMurdo Station
Ross Ice Shelf

North Bay

Skua Lake

Home Beach

Scott's *Terra Nova* Hut
Historic Site and Monument 16

Wind Vane Hill
Memorial Cross
Historic Site and Monument 17

West Beach

Dog Sledge Gully

Refuge Huts

Cape Evans

South Bay

0   250
Metres
Contour Interval: 5m

N

- - - Estimated position of coastline

━━ Protected area boundary

■ Historic structures

⊕ Helicopter pad

∧ Campsite

Projection: Lambert conformal conic
Standard Parallel 1: 76.6°S
Standard Parallel 2: 79.3°S
Spheroid: WGS84

Source: Cape Evans historic area management plan

Map B - Cape Evans, Ross Island, Antarctic Specially Protected Area 155: Site Map

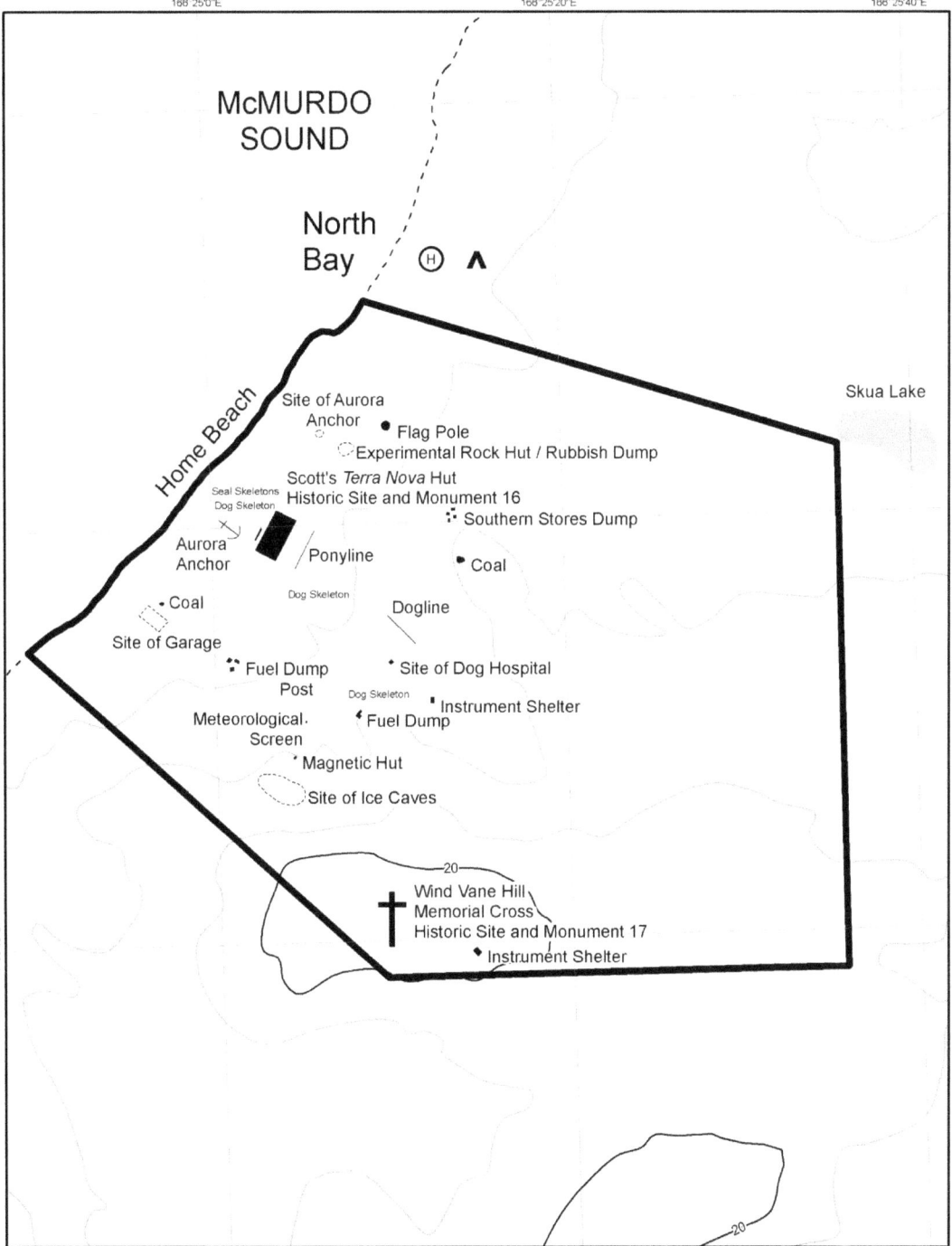

McMURDO SOUND

North Bay

Skua Lake

Home Beach

Site of Aurora Anchor
Flag Pole
Experimental Rock Hut / Rubbish Dump
Scott's *Terra Nova* Hut
Historic Site and Monument 16
Seal Skeletons
Dog Skeleton
Southern Stores Dump
Aurora Anchor
Ponyline
Coal
Dog Skeleton
Coal
Dogline
Site of Garage
Fuel Dump
Post
Site of Dog Hospital
Dog Skeleton
Instrument Shelter
Meteorological Screen
Fuel Dump
Magnetic Hut
Site of Ice Caves
Wind Vane Hill
Memorial Cross
Historic Site and Monument 17
Instrument Shelter

0   50
Metres
Contour Interval: 5m

- - - Estimated position of coastline
Protected area boundary
Historic structures
(H) Helicopter pad
∧ Campsite

Projection: Lambert conformal conic
Standard Parallel 1: 76.6°S
Standard Parallel 2: 79.3°S
Spheroid: WGS84

Source: Cape Evans historic area management plan

185

План управления
Особо охраняемым районом Антарктики № 157
«ЗАЛИВ БЭКДОР» (МЫС РОЙДС, ОСТРОВ РОСС)
(включая Историческое место и памятник № 15 – историческую хижину сэра Эрнеста Шеклтона и её окрестности)

1. Описание охраняемых ценностей

Большое историческое значение этого Района было официально подтверждено, когда он был определён как Историческое место и памятник № 15 на основании Рекомендации 9 (1972 г.). Эта территория была определена в качестве Особо охраняемого района № 27 на основании Меры 1 (1998 г.) и повторно определена в качестве Особо охраняемого района Антарктики № 157 на основании Решения 1 (2002 г.). План управления был пересмотрен, и его пересмотренная версия, включающая дополнительные положения, касающиеся управления посещениями, была принята на основании Меры 2 (2005 г.) и Меры 9 (2010 г.).

Хижина (Историческое место и памятник № 15), являющаяся центром этого Района, была построена в феврале 1908 г. членами Британской антарктической экспедиции *Нимрод* (1907-1909 гг.) под руководством сэра Эрнеста Шеклтона (Ernest Shackleton). Кроме того, её периодически использовали члены Отряда моря Росса, входившего в состав Королевской трансантарктической экспедиции Шеклтона 1914-1917 гг.

С хижиной связаны такие сооружения, как конюшни, собачьи будки, отхожее место и гараж, построенный для первого в Антарктике автотранспортного средства. К числу других важных реликвий Района относятся сарай для инструментов, склады для хранения запасов и мусорная свалка. На территории Района имеется множество других артефактов.

Мыс Ройдс – одно из основных мест, связанных с первыми шагами человека в Антарктике. Это важный символ Героической эпохи освоения Антарктики и в силу этого имеет большое историческое значение. С экспедицией *Нимрод*, база которой находилась в этом месте, связаны одни из первых достижений в области наук о земле, метеорологии, изучения флоры и фауны Антарктики. История этой деятельности и вклад, который она внесла в понимание и изучение Антарктики, обуславливают большое научное, эстетическое и историческое значение этого Района.

Мыс Хат расположен в пределах Экологической среды S: геология Мак-Мёрдо – южная часть Земли Виктории, исходя из Анализа экологических доменов по Антарктике (Резолюция 3 (2008 г.)), и в Регионе 9 – южная часть Земли Виктории, исходя из документа «Заповедные биогеографические регионы Антарктики» (Резолюция 6 (2012 г.)). Другие охраняемые районы в пределах Экологической среды S включают ООРА 105, 116, 121, 122, 123, 124, 131, 137, 138, 154, 155, 156, 158, 161, 172 и 175, а также ОУРА № 2.

2. Цели и задачи

Целью настоящего Плана управления является охрана самого Района и его достопримечательностей ради сохранения существующих ценностей. Цели Плана управления заключаются в следующем:

- недопущение ухудшения состояния или возникновения существенного риска для ценностей Района;
- сохранение исторических ценностей Района за счёт реализации продуманной программы мер по их консервации, в состав которой могут входить:
  a. ежегодная программа текущего содержания «без вывоза»;
  b. программа мониторинга состояния артефактов и сооружений, а также факторов, которые на них влияют;
  c. программа консервации артефактов «без вывоза и с вывозом»;
- создание условий для осуществления мер управления в поддержку охраны ценностей и достопримечательностей этого Района, включая:
  a. картографирование и иная регистрация местонахождения исторических предметов в окрестностях хижин;
  b. регистрация прочих важных исторических данных;
- предотвращение излишнего нарушения Района, его достопримечательностей и артефактов человеком за счёт регулирования доступа к хижине *«Нимрод»*.

3. Меры управления

Для охраны ценностей Района предусмотрены следующие меры управления:
- Программа регулярных работ по консервации хижины *«Нимрод»* и связанных с ней артефактов, находящихся на территории Района..
- Организация посещений, насколько это необходимо для достижения целей управления.
- Организация регулярного мониторинга с целью оценки воздействий посетителей (в пределах действующих лимитов) и учёта результатов этого мониторинга, а также любых соответствующих рекомендаций при пересмотре настоящего Плана управления.
- Проведение консультаций с другими национальными антарктическими программами, которые осуществляют деятельность или имеют интересы в этом Районе, в целях реализации вышеперечисленных мер управления.
- Копии настоящего Плана управления, включая карты Района, должны быть доступны на соседних научно-исследовательских и полевых станциях и должны выдаваться морским судам, посещающим Район и его окрестности.

4. Срок определения в качестве ООРА

Определён на неограниченный период времени.

5. Карты

Карта 1. Региональная топографическая карта ООРА № 157 «Залив Бэкдор».
Проекция: равноугольная коническая проекция Ламберта; стандартные параллели: 1-я 77°33'30" ю.ш., 2-я 77°33'30" ю.ш.; центральный меридиан: 166°10'00" в.д.; начало отсчёта широты: 78°00'00" ю.ш.; сфероид: WGS84.
Источники данных:
Схематическая карта и горизонтали составлены на основе ортофотоснимка, полученного при аэросъемке Службой геологической разведки США/DoSLI (SN7847) 16 ноября 1993 г., масштаб 1:2500 с позиционной точностью ±1,25 м (по горизонтали) и ±2,5 м (по вертикали), и

наземной разрешающей способностью 0,4 м. Указательные столбы: UNAVCO (январь 2014 г.). Границы ООРА: ERA (январь 2014 г.). Геодезические знаки: LINZ (2011 г.). Наблюдательные площадки и автоматические погодные станции (приблиз.): ERA (январь 2014 г.). Приблизительная территория гнездовья пингвинов оцифрована с аэроснимка с привязкой к местности, сделанного 19 января 2005 г. и предоставленного П. Лайвер (P. Lyver), Исследование охраны земельных ресурсов, март 2014 г. Горизонтали (интервал 10 м) и другая инфраструктура предоставлены «Гейтвэй Антарктика» (2009 г.).

Врезка 1: район моря Росса, с указанием местонахождения Врезки 2.

Врезка 2: район острова Росс, с указанием местонахождения Карты 1, станции Мак-Мёрдо (США) и базы Скотт (Новая Зеландия).

Карта 2. Топографическая карта ООРА № 157 «Залив Бэкдор». Характеристики карты согласно Карте 1, за исключением интервала горизонтали, который составляет 2 м.

6. Описание Района

6(i) Географические координаты, отметки на границах и природные особенности

Мыс Ройдс – это не имеющая ледникового покрова территория на западной оконечности острова Росс примерно в 40 километрах к югу от мыса Бэрд и в 35 километрах к северу от полуострова Хат-Пойнт на острове Росс. Эта территория, не имеющая ледникового покрова, состоит из базальтовых коренных пород, покрытых моренными отложениями. Район, определённый в качестве ООРА, находится к северо-востоку от мыса Ройдс рядом с заливом Бэкдор. Он примыкает с востока к ООРА № 121 (колония пингвинов Адели). Центром Района является хижина экспедиции *«Нимрод»*, которой руководил Шеклтон (Shackleton).

Восточная и южная граница состоит из береговой линии восточного побережья мыса Ройдс от необозначенной точки в заливе Бэкдор (77°33'07,5" ю.ш., 166°10'32,6" в.д.) до необозначенной точки в заливе Эррайвл (77°33'15,8" ю.ш., 166°10'06,6" в.д.).

Западная граница проходит вдоль границы ООРА № 121 от береговой линии в заливе Эррайвл (77°33'15,8" ю.ш., 166°10'06,6" в.д.) в 18 метрах к северо-западу до указательного столба на южном конце площадки для наблюдения за пингвинами (77°33′15,2" ю.ш., 166°10′05,7" в.д.), далее на 74 метра до указательного столба (77°33'12,9" ю.ш., 166°10'01,9" в.д.) на северном конце площадки для наблюдения за пингвинами и ещё на 42 метра к указательному столбу (77°33'11,8" ю.ш., 166°09'59,0" в.д.) к востоку от озера Пони.

Затем граница идёт на северо-запад от указательного столба на востоке от озера Пони (77°33'11,8" ю.ш., 166°09'59,0" в.д.) вдоль лощины до необозначенной точки с координатами (77°33'07,5" ю.ш., 166°10'12,9" в.д.) рядом с новозеландской хижиной-укрытием.

Северная граница тянется строго на восток от новозеландского укрытия (от необозначенной точки с координатами 77°33'07,5" ю.ш., 166°10'12,9" в.д.) до береговой линии залива Бэкдор (77°33'07,5" ю.ш., 166°10'32,6" в.д.).

В окрестностях Района гнездятся южнополярные поморники *(Catharacta maccormicki)*, а через его территорию часто проходят пингвины Адели *(Pygoscelis adeliae)* из соседней колонии на мысе Ройдс.

6(ii) Доступ в Район

Входить на территорию Района следует пешком со стороны залива Бэкдор или вертолётных площадок, придерживаясь маршрутов, обозначенных на карте 2. Высадка с маломерных судов (в отсутствие ледового покрова) или с автотранспорта (при наличии безопасных ледовых условий на море) возможна в заливе Бэкдор. Следует соблюдать осторожность, чтобы не нарушить морскую границу ООРА № 121 (см. карты 1 и 2).

В течение всего года вертолёты должны садиться на Главной посадочной площадке (166°10,38" в.д., 77°33,06" ю.ш.), расположенной на север от новозеландской хижины-укрытия (Карта 2). Запасная посадочная площадка находится в точке с координатами 166°10,24' в.д., 77°33,11' ю.ш., приблизительно в 100 м на юго-запад от главной посадочной площадки. В период нахождения в колонии пингвинов (с 1 ноября по 1 марта) пользоваться ею не следует.

6(iii) Расположение сооружений на территории и в окрестностях Района

Все сооружения на территории Района, за исключением памятной доски Договора, имеют историческое происхождение. Основной достопримечательностью Района является хижина экспедиции Шеклтона *«Нимрод»*, расположенная в защищённом бассейне. Вокруг хижины находится множество других исторических реликвий, в том числе сарай для инструментов, склады для хранения запасов и мусорная свалка. На территории участка имеется множество других артефактов.

В северо-западном углу ООРА находятся новозеландская хижина-укрытие и площадка для разбивки лагеря.

6(iv) Наличие других охраняемых территорий в окрестностях Района

- В непосредственной близости от Района находится ООРА № 121 (бывш. УОНИ № 1) «Мыс Ройдс».
- ООРА № 122 (УОНИ № 2) «Высоты Эррайвл» и
- ООРА № 158 (ООР № 28) «Мыс Хат» находятся примерно в 35 км к югу от мыса Ройдс на полуострове Хат-Пойнт.
- В 20 км к востоку от мыса Ройдс находится ООРА № 130 (УОНИ № 11) «Гряда Трэмвей».
- В 35 км к северу в окрестностях мыса Бэрд находится ООРА № 116 (УОНИ № 10, ООР № 20) «Долина Нью-Колледж».
- В 12 км к югу находится ООРА № 155 (ООР № 25) «Мыс Эванс».
- В 36 км к северо-востоку находится ООРА № 156 (ООР № 26) «Залив Льюис».

Все эти территории расположены на острове Росс.

6(v) Особые зоны на территории Района

На территории Района нет никаких особых зон.

7. Условия выдачи разрешений на посещение Района

Вход на территорию Района возможен только на основании Разрешения. Разрешения выдаются только компетентными государственными органами и могут содержать общие и особые условия. Компетентный государственный орган может выдать Разрешение на несколько посещений в течение одного сезона. Для того, чтобы не допустить превышения лимита численности посетителей, Стороны, осуществляющие деятельность в этом Районе, должны консультироваться друг с другом, а также с группами и организациями, заинтересованными в посещении Района.

Разрешения на посещение Района выдаются на указанный срок для осуществления:

- деятельности, связанной с проведением консервационных работ, научных исследований и мониторинга;
- мер управления в поддержку целей настоящего Плана управления;
- деятельности, связанной с выполнением образовательных и рекреационных задач, включая туристическую деятельность, при условии, что они не противоречат целям настоящего Плана управления;

7(i) Доступ в Район и передвижение по его территории

- Передвижение по территории Района следует контролировать в целях недопущения ущерба, причиняемого скоплением людей вокруг многих уязвимых достопримечательностей Района. Максимальное количество людей, которые могут одновременно находиться на территории Района (включая гидов и тех, кто находится внутри хижины), составляет **40 человек.**
- Количество людей внутри хижины следует контролировать в целях недопущения ущерба, причиняемого скоплением людей вокруг многих уязвимых достопримечательностей хижины. Максимальное количество людей, которые могут одновременно находиться в хижине (включая гидов), составляет **8 человек.**
- Во избежание кумулятивных воздействий на интерьер хижины ежегодное количество посетителей хижины необходимо ограничить. Результаты воздействий нынешнего количества посетителей (в период с 1998-го по 1999-й и с 2013-го по 2014-й годы хижину ежегодно посещали, в среднем, 767 человек) свидетельствуют о том, что значительное увеличение количества посетителей может иметь существенные неблагоприятные последствия. Максимальное ежегодное количество посетителей составляет **2 000 человек.**
- Эти лимиты установлены с учётом нынешнего количества посетителей и наиболее разумных рекомендаций, предоставленных консультационными ведомствами, которые занимаются вопросами консервации (в этих организациях работают специалисты по консервации, археологи, историки, музееведы и другие профессионалы в области охраны наследия). Эти лимиты основаны на предположении о том, что любое значительное увеличение нынешнего количества посетителей может нанести ущерб охраняемым ценностям. В качестве основы будущего пересмотра этого Плана управления (в частности, определения приемлемости нынешнего количества посетителей) необходимо проведение постоянного мониторинга с целью оценки воздействий посещений.
- С целью недопущения ущерба, причиняемого скоплением людей и действиями, несоответствующими Кодексу поведения, изложенному в разделе 7(ii), необходим надлежащий контроль посещения Района. Любыми посещениями, организованными в туристических, образовательных или рекреационных целях, должны руководить опытные гиды, назначенные оператором (см. раздел 7(ix)).
- Посадка вертолётов на территории Района запрещена, поскольку они могут нанести ущерб этой территории, поднимая в воздух вулканический шлак и частицы льда, и ускорить процесс абразивного истирания хижины и окружающих её артефактов. Использование транспортных средств на территории Района запрещено. Рекомендуемые маршруты подхода и посадочные площадки в окрестностях Района указаны в разделе 6(ii).

7(ii) Разрешённая деятельность на территории Района

На территории Района допускается осуществление следующих видов деятельности:

- посещения в целях проведения консервационных работ;
- посещения в образовательных и рекреационных целях, включая туризм;
- проведение научных исследований, не оказывающих отрицательного влияния на ценности Района.

Если перечисленные в Разрешении консервационные работы, научные исследования, процедуры мониторинга или меры управления не требуют иного, посетители должны соблюдать изложенный далее Кодекс поведения:

- В целях минимизации абразивного истирания пола перед входом в хижину нужно тщательно очистить обувь от песчинок, частиц вулканического шлака, льда и снега с помощью щёток, предусмотренных для этой цели, и использовать только треноги или штативы с плоскими резиновыми наконечниками в отличие от острых металлических наконечников, которые могут повредить пол.
- Следует снять одежду, пропитавшуюся морской водой, и очистить обувь от крошек морского льда, поскольку частицы соли ускоряют процесс коррозии металлических предметов.
- Нельзя трогать, перемещать или сидеть на каких-либо вещах или предметах мебели, находящихся внутри хижин – это может нанести ущерб артефактам.
- Поскольку многие уголки хижины забиты вещами и можно случайно повредить артефакты, внутри хижины нельзя носить ранцы, а когда в хижине одновременно находится максимально допустимое количество посетителей (8 человек), использовать треноги или штативы запрещено.
- При передвижении по этим участкам необходимо соблюдать осторожность, чтобы не наступить на какие-либо предметы, которые могут находиться под снегом, и придерживаться установленных пеших троп.
- Использование открытого пламени или осветительных приборов, работающих по принципу внутреннего сгорания, а также курение строго запрещены внутри хижины или рядом с нею из-за высокой степени пожароопасности.
- Посещения должны быть зарегистрированы в имеющемся журнале. Это позволяет соотнести сроки посещений и количество посетителей с показателями температуры и влажности, которые автоматически измеряются внутри хижины.

7(iii) Установка, модификация или снос сооружений

- Строительство новых сооружений или установка научного оборудования на территории Района запрещены, за исключением того, что необходимо для проведения консервационных или научных работ, которые не оказывают отрицательного влияния на ценности Района, как указано в разделе 1.
- Ни один исторический объект не может быть вывезен из Района, если это не оговорено в Разрешении, выданном в соответствии с положениями раздела 7(vii).

7(iv) Расположение полевых лагерей

- Историческую хижину нельзя использовать в качестве жилья. Разбивка лагерей на территории Района не допускается ни при каких обстоятельствах.
- Действующая площадка для разбивки лагерей и новозеландское укрытие расположены у северо-западной границы Района (см. карту 2).

7(v) Ограничения на ввоз материалов и организмов в Район

- Ввоз в Район живых животных, растительных материалов, почвы или микроорганизмов не допускается. На территорию Района нельзя приносить продукты питания.
- Ввоз химических веществ допускается только для проведения разрешённых научных или консервационных работ. Химические вещества (в том числе топливо) и другие материалы нельзя оставлять на территории Района, за исключением ситуаций, когда это необходимо для достижения важных целей, имеющих отношение к консервации исторических сооружений или связанных с ними реликвий.
- Все ввезённые материалы подлежат вывозу из Района, когда потребность в них отпадает и до истечения срока, указанного в соответствующем Разрешении.

7(vi) Изъятие или вредное вмешательство в жизнь местной флоры и фауны
- Этот вид деятельности допускается только на основании Разрешения, специально выданного для этой цели уполномоченным национальным органом в соответствии со Статьёй 3 Приложения II Протокола по охране окружающей среды к Договору об Антарктике.
- При изъятии животных или неблагоприятном воздействии на них следует, как минимум, соблюдать требования разработанного СКАР Кодекса поведения при использовании животных в научных целях в Антарктике.

7(vii) Сбор и вывоз материалов, которые не были ввезены в Район держателем разрешения
- Сбор и вывоз материалов из Района для выполнения консервационных или научных задач, соответствующих целям настоящего Плана управления, допускаются только на основании Разрешения, выданного компетентным национальным органом.
- Материалы, представляющие опасность для окружающей среды или здоровья людей, могут быть вывезены из Района на основании Разрешения с целью их последующей ликвидации, если они удовлетворяют одному или нескольким из нижеперечисленных критериев:
  i. артефакт представляет опасность для окружающей среды, диких животных или для здоровья и жизни людей;
  ii. артефакт находится в таком плохом состоянии, что его консервация становится объективно невозможной;
  iii. артефакт не вносит сколько-нибудь значимого вклада в расширение знаний о хижине, её обитателях или истории освоения Антарктики;
  iv. артефакт не способствует улучшению визуального восприятия данной территории или хижины либо ухудшает его;
  v. артефакт не является уникальным или раритетным,

и если такой вывоз:

  i. осуществляют организации, обладающие необходимыми знаниями и опытом в области консервации объектов наследия;
  ii. является составной частью общего плана консервационных работ на данной территории.

- Национальные органы должны следить за тем, чтобы вывоз любых артефактов и оценку их соответствия вышеуказанным критериям осуществляли сотрудники, обладающие необходимыми знаниями и опытом в области консервации объектов наследия.

- Артефакты, которые имеют большое историческое значение, но консервацию которых невозможно провести на месте с помощью современных технологий, можно вывезти на основании Разрешения для дальнейшего хранения в регулируемых условиях до тех пор, пока не появится возможность благополучно возвратить их на территорию Района.

- Образцы почв и прочих природных материалов можно вывозить для выполнения научных задач только в соответствии с Разрешением.

7 (viii) Удаление отходов

Все отходы жизнедеятельности человека, бытовые сточные воды и прочие отходы, образовавшиеся в результате работы экспедиций или деятельности посетителей, подлежат вывозу из Района.

7(ix) Меры, необходимые для обеспечения возможности дальнейшего выполнения целей и задач Плана управления

- Во время пребывания на территории Района необходимо иметь при себе само разрешение или его заверенную копию.

- Все посетители должны быть ознакомлены с требованиями настоящего Плана управления.

- Если консервационные работы, научные исследования, процедуры мониторинга или меры управления не требуют иного, все посетители обязаны соблюдать Кодекс поведения, изложенный в разделе 7(ii).

- До начала летнего сезона операторы, организующие посещения Района в образовательных или рекреационных целях (включая туризм), должны назначить людей, обладающих практическими знаниями в отношении данной территории и настоящего Плана управления, чтобы при посещении Района они выступали в роли гидов.

- Любыми посещениями, организованными в образовательных или рекреационных целях (включая туризм), должны руководить назначенные гиды, которые отвечают за то, чтобы посетители были ознакомлены с Кодексом поведения и положениями настоящего Плана управления, и следят за их соблюдением.

- С целью содействия охране ценностей Района Стороны должны проводить консультации и координировать свои действия для того, чтобы развивать навыки и ресурсы, особенно в том, что касается методов консервации.

7(x) Требования к отчётности

Стороны должны принять меры к тому, чтобы основной держатель каждого выданного Разрешения представил соответствующему компетентному органу отчёт о предпринятой деятельности. Насколько это уместно, в состав такого отчёта должна входить информация, указанная в форме отчёта о посещении, приведённой в Приложении 4 к Резолюции 2 (1998 г.). В нём также должна быть представлена подробная информация о вывозе любых материалов, который был произведён в соответствии с разделом 7(vii), включая основания для вывоза и сведения о том, где сейчас находятся эти предметы, или о том, когда они были ликвидированы. Кроме того, необходимо сообщать о возврате таких предметов в Район.

Стороны должны вести учёт деятельности, осуществляемой на территории Района, и в рамках ежегодного обмена информацией представлять краткие описания мероприятий, проведённых лицами, которые находятся под их юрисдикцией. Эти описания должны содержать достаточно подробные сведения, чтобы можно было провести оценку эффективности настоящего Плана управления. По мере возможности Стороны должны сдавать оригиналы или копии таких отчётов в открытый архив для ведения учёта посещений Района. Эти отчёты будут использоваться при пересмотре настоящего Плана управления, а также в процессе организации дальнейших посещений Района.

Заключительный отчет XXXVIII КСДА

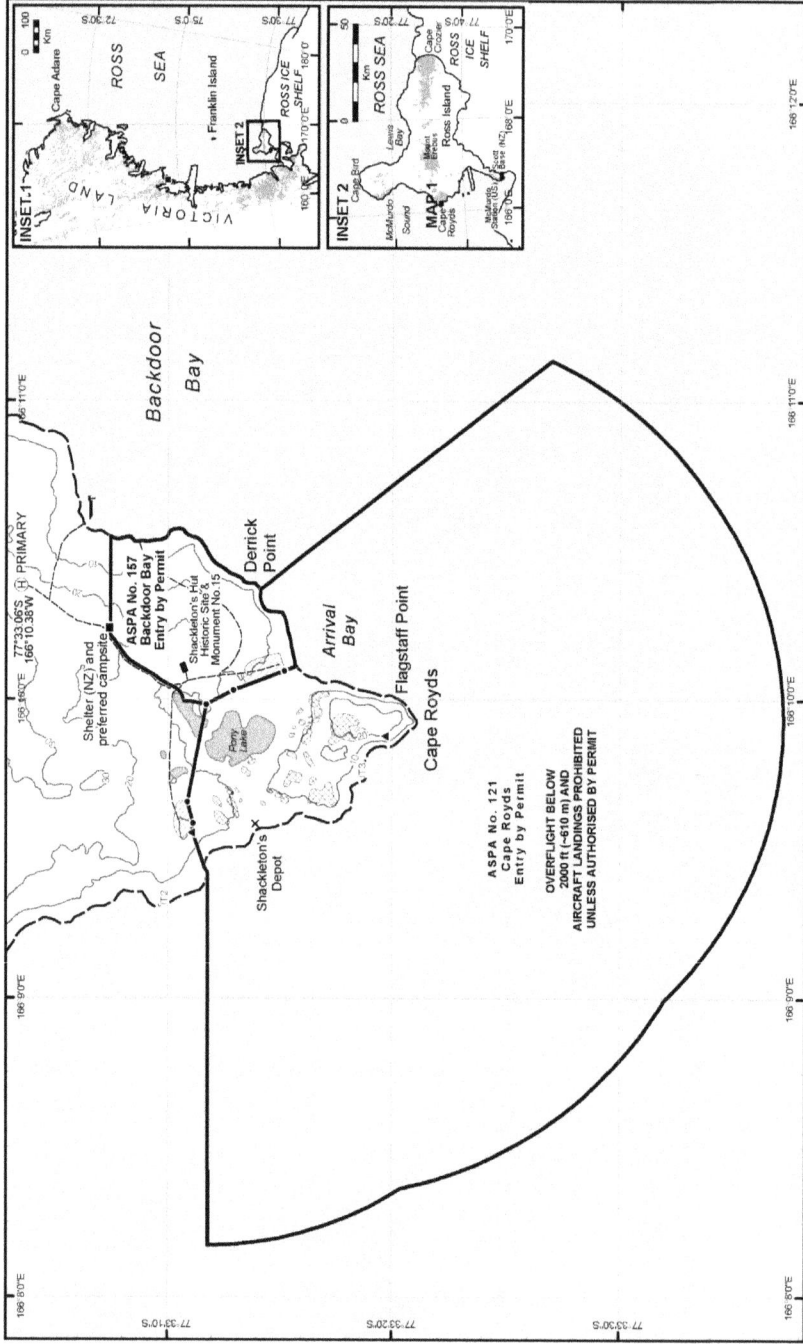

Map 1: ASPA No. 157 Backdoor Bay - Regional topographic map

13 Apr 2015 (Map ID: 10093-001-03)
Antarctica New Zealand
Environmental Research & Assessment

Antarctica New Zealand

Legend:
- - - Path
- Ⓗ Helicopter landing site
- ⟋⟍ Preferred small boat landing site

- ⌒⌒ Coastline (approx)
- ◯ Lake / pond
- ⎓ Contour (10 m)
- ⬛ Antarctic Specially Protected Area (ASPA) boundary
- ▪ Building
- ▲ Survey marker
- Ice free ground
- Penguin nesting area 2005 (approx.)
- • Signpost / boundary point
- Ocean
- Penguin viewing area

Meters
0 50 100 150 200

Projection: Lambert Conic Conformal
Spheroid and horizontal datum WGS 84
Data sources: ASPA boundary: ERA (Jan 2014).
Signposts: UNAVCO (Jan 2014). Topography &
infrastructure data supplied by Gateway Antarctica (2006)
Penguins: digitised by ERA from georeferenced aerial
image (2005) provided by Landcare Research

ASPA No. 121
Cape Royds
Entry by Permit

OVERFLIGHT BELOW
2000 ft (~610 m) AND
AIRCRAFT LANDINGS PROHIBITED
UNLESS AUTHORISED BY PERMIT

ASPA No. 157
Backdoor Bay
Entry by Permit

Shackleton's Hut
Historic Site &
Monument No.15

Shelter (NZ) and
preferred campsite

77°33.06'S
166°10.38'W

Ⓗ PRIMARY

Shackleton's Depot

Backdoor Bay

Arrival Bay

Derrick Point

Flagstaff Point

Cape Royds

Pony Lake

INSET 1

VICTORIA LAND

ROSS SEA

Cape Adare

Franklin Island

ROSS ICE SHELF

INSET 2

ROSS SEA

Cape Bird

Lewis Bay

Mount Erebus

Cape Crozier

Ross Island

ROSS ICE SHELF

McMurdo Sound

Cape Royds

MAP 1

Scott Base

196

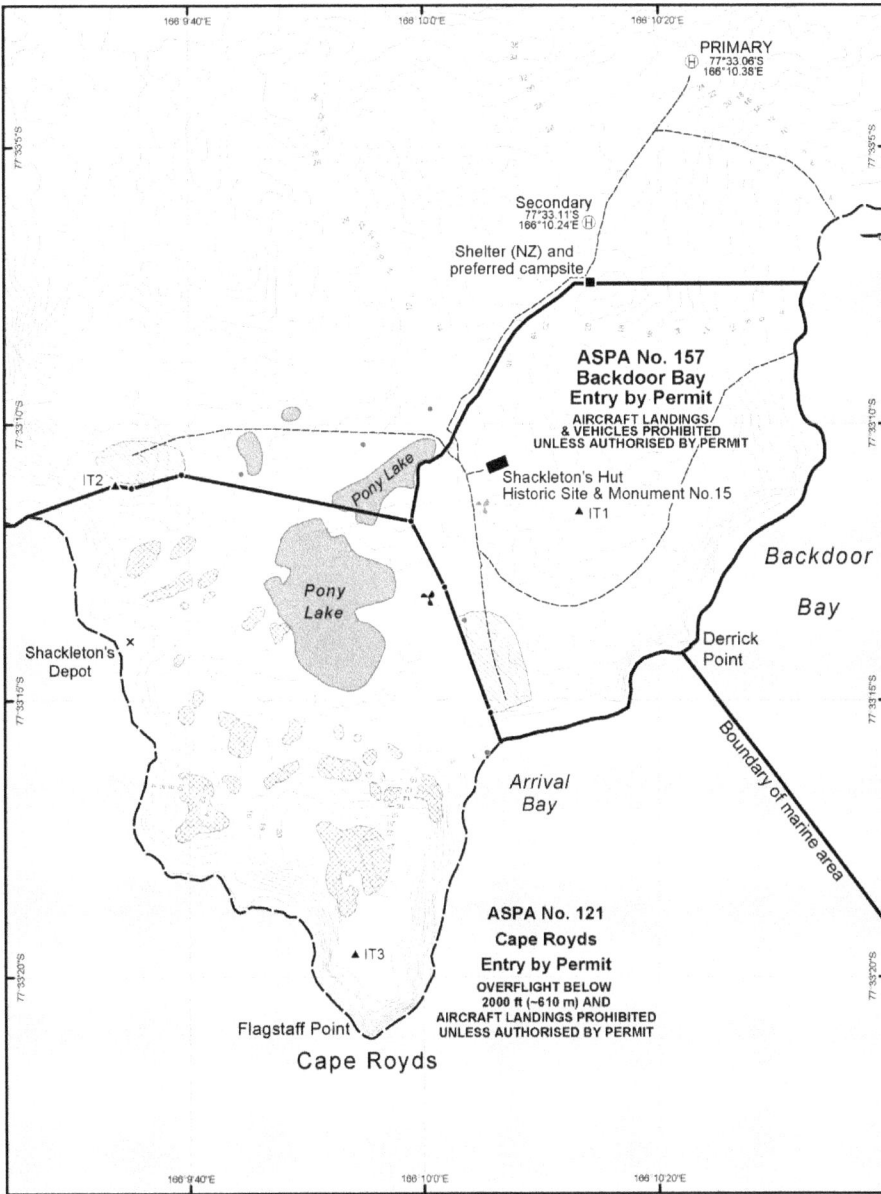

Map 2: ASPA No. 157 Backdoor Bay - Site topographic map

План управления
Особо охраняемым районом Антарктики № 158
«МЫС ХАТ» (ОСТРОВ РОСС)

(включая Историческое место и памятник № 18 «Историческая хижина "Дискавери" капитана Роберта Фалкона Скотта»)

1. Описание охраняемых ценностей

Большое историческое значение этого Района было официально подтверждено, когда он был определён как Историческое место и памятник № 18 на основании Рекомендации 9 (1972 г.). Эта территория была определена в качестве Особо охраняемого района № 28 на основании Меры 1 (1998 г.) и повторно определена в качестве Особо охраняемого района Антарктики № 158 на основании Решения 1 (2002 г.). План управления был пересмотрен, и его пересмотренная версия, включающая дополнительные положения, касающиеся управления посещениями, была принята на основании Меры 2 (2005 г.) и Меры 10 (2010 г.).

Хижина была построена в феврале 1902 г. членами Национальной антарктической экспедиции «Дискавери» (1901-1904 гг.) под руководством капитана Роберта Фалкона Скотта (Robert Falcon Scott), который впоследствии решил, что она является удобным промежуточным пунктом для судна «Бэрриер», которое совершало путешествия во время экспедиции 1910-1913 гг. Кроме того, её использовал сэр Эрнест Шеклтон (Ernest Shackleton) во время Британской антарктической экспедиции «Нимрод» в 1907-1909 гг., а затем его Отряд моря Росса, оказавшийся в затруднительном положении, во время Королевской трансантарктической экспедиции в 1914-1917 гг. Здание было изготовлено в Австралии в провинциальном стиле и с трёх сторон было окружено верандами.

Мыс Хат – одно из основных мест, связанных с первыми шагами человека в Антарктике. Это важный символ Героической эпохи освоения Антарктики и в силу этого имеет большое историческое значение. С экспедицией *«Дискавери»*, база которой находилась в этом месте, связаны одни из первых достижений в области науки о земле, метеорологии, изучения флоры и фауны Антарктики. История этой деятельности и вклад, который она внесла в понимание и изучение Антарктики, обуславливают большое научное, эстетическое и историческое значение этого Района.

Мыс Хат расположен в пределах Экологической среды S: геология Мак-Мёрдо – южная часть Земли Виктории, исходя из Анализа экологических доменов по Антарктике (Резолюция 3 (2008 г.)), и в Регионе 9 – южная часть Земли Виктории, исходя из документа «Заповедные биогеографические регионы Антарктики» (Резолюция 6 (2012 г.)). Другие охраняемые районы в пределах Экологической среды S включают ООРА 105, 116, 121, 122, 123, 124, 131, 137, 138, 154, 155, 156, 157, 161, 172 и 175, а также ОУРА № 2.

2. Цели и задачи

Целью настоящего Плана управления является охрана самого Района и его достопримечательностей ради сохранения существующих ценностей. Цели Плана управления заключаются в следующем:

- недопущение ухудшения состояния или возникновения существенного риска для ценностей Района;
- сохранение исторических ценностей Района за счёт реализации продуманной программы мер по их консервации, в состав которой могут входить:
    a. ежегодная программа текущего содержания «без вывоза»;
    b. программа мониторинга состояния артефактов и сооружений, а также факторов, которые на них влияют;
    c. программа консервации артефактов «без вывоза и с вывозом»;
- создание условий для осуществления мер управления в поддержку охраны ценностей и достопримечательностей этого Района, включая картографирование и иную регистрацию местонахождения исторических предметов в окрестностях хижины;
- предотвращение излишнего нарушения Района, его достопримечательностей и артефактов человеком путём регулирования доступа к хижине *«Дискавери»*.

3. Меры управления

Для охраны ценностей Района предусмотрены следующие меры управления:

- Программа регулярных работ по консервации хижины *«Дискавери»* и связанных с ней артефактов, находящихся на территории Района.
- Организация посещений, насколько это необходимо для достижения целей управления.
- Организация регулярного мониторинга с целью оценки воздействий посетителей (в пределах действующих лимитов) и учёта результатов этого мониторинга, а также любых соответствующих рекомендаций при пересмотре настоящего Плана управления.
- Проведение консультаций с другими национальными антарктическими программами, которые осуществляют деятельность или имеют интересы в этом Районе, в целях реализации вышеперечисленных мер управления.
- Копии настоящего Плана управления, включая карты Района, должны быть доступны на соседних научно-исследовательских и полевых станциях и должны выдаваться морским судам, посещающим Район и его окрестности.

4. Срок определения в качестве ООРА

Определён на неограниченный период времени.

5. Карты

Карта A. Топографическая карта региона мыса Хат. На карте показаны окрестности Района, а также наиболее важные топографические особенности этой местности и близлежащая станция Мак-Мёрдо (США). Вставка: расположение Района по отношению к другим охраняемым территориям на острове Росс.

Карта B. Топографическая карта района мыса Хат. На этой карте показано местонахождение исторической хижины, креста Винса и других объектов, расположенных в ближайших окрестностях.

6. Описание Района

6(i) Географические координаты, отметки на границах и природные особенности
Мыс Хат – это небольшая, не имеющая ледникового покрова территория на полуострове Хат-Пойнт, которая вдаётся в море в юго-западном направлении и находится к западу от станции Мак-Мёрдо (США). В состав Района, определённого в качестве ООРА, входит только сама хижина (77°50' ю.ш., 166° 37' в.д.), расположенная вблизи юго-западной оконечности мыса Хат.

6(ii) Доступ в Район
В окрестностях хижины нет выделенных вертолётных площадок, поскольку вертолёты могут нанести ущерб хижине, поднимая в воздух вулканический шлак и частицы льда, и ускорить процесс абразивного истирания хижины и окружающих её артефактов. Транспортные средства могут подъезжать к хижине по дороге, идущей от станции Мак-Мёрдо (США), или по морскому льду при наличии безопасных условий. В отсутствие ледового покрова на море возможна высадка с катеров севернее хижины.

6(iii) Расположение сооружений на территории и в окрестностях Района
Район, определённый в качестве ООРА, состоит исключительно из одного сооружения – исторической хижины *Дискавери* (Историческое место и памятник № 18). Примерно в 75 метрах к западу от хижины находится Историческое место и памятник № 19 – крест в память Дж. Т. Винса (George T. Vince), члена экспедиции *Дискавери*, погибшего в этом районе.

6(iv) Наличие других охраняемых территорий в окрестностях Района
- ООРА № 121 (бывш. УОНИ № 1) «Мыс Ройдс» и
- ООРА № 157 (ООР № 28) «Залив Бэкдор» (мыс Ройдс) находятся в 32 км к северу от мыса Хат.
- ООРА № 122 (УОНИ № 2) «Высоты Эррайвл» – в 2 км к северу от мыса Хат на полуострове Хат-Пойнт.
- ООРА № 155 (ООР № 5) «Мыс Эванс» – в 22 км к северу от мыса Хат.

Все эти территории расположены на острове Росс.

6(v) Особые зоны на территории Района
На территории Района нет никаких особых зон.

7. Условия выдачи Разрешений на посещение Района

Вход на территорию Района возможен только на основании Разрешения. Разрешения выдаются только компетентными государственными органами и могут содержать общие и особые условия. Компетентный государственный орган может выдать Разрешение на несколько посещений в течение одного сезона. Для того, чтобы не допустить превышения лимита численности посетителей, Стороны, осуществляющие деятельность в этом Районе, должны консультироваться друг с другом, а также с группами и организациями, заинтересованными в посещении Района.

Разрешения на посещение Района выдаются на указанный срок для осуществления:

- деятельности, связанной с проведением консервационных работ, научных исследований и мониторинга;
- мер управления в поддержку целей настоящего Плана управления;
- деятельности, связанной с выполнением образовательных и рекреационных задач, включая туристическую деятельность, при условии, что они не противоречат целям настоящего Плана управления;

7(i) Доступ в Район и передвижение по его территории

- Количество людей внутри хижины следует контролировать в целях недопущения ущерба, причиняемого скоплением людей вокруг многих уязвимых достопримечательностей хижины. Максимальное количество людей, которые могут одновременно находиться в хижине (включая гидов), составляет **8 человек.**
- Во избежание кумулятивных воздействий на интерьер хижины ежегодное количество посетителей хижины необходимо ограничить. Результаты воздействий нынешнего количества посетителей (в период с 1998-го по 1999-й и с 2013-го по 2014-й годы хижину ежегодно посещали, в среднем, 1 015 человек) свидетельствуют о том, что значительное увеличение количества посетителей может иметь существенные неблагоприятные последствия. Максимальное ежегодное количество посетителей составляет **2 000 человек.**
- Эти лимиты установлены с учётом нынешнего количества посетителей и наиболее разумных рекомендаций, предоставленных консультационными ведомствами, которые занимаются вопросами консервации (в этих организациях работают специалисты по консервации, археологи, историки, музееведы и другие профессионалы в области охраны наследия). Эти лимиты основаны на предположении о том, что любое значительное увеличение нынешнего количества посетителей может нанести ущерб охраняемым ценностям. В качестве основы будущего пересмотра этого Плана управления (в частности, определения приемлемости нынешнего количества посетителей Района) необходимо проведение постоянного мониторинга с целью оценки воздействий посещений.
- С целью недопущения ущерба, причиняемого скоплением людей и действиями, несоответствующими Кодексу поведения, изложенному в разделе 7(ii), необходим надлежащий контроль посещения Района. Любыми посещениями, организованными в туристических, образовательных или рекреационных целях, должны руководить опытные гиды, назначенные оператором (см. раздел 7(ix)).
- Транспортным средствам, заходящим в Район, не следует приближаться к строительным сооружениям ближе, чем на 50 метров, за исключением случаев, когда это необходимо для целей управления.

7(ii) Разрешённая деятельность на территории Района

На территории Района допускается осуществление следующих видов деятельности:

- посещения в целях проведения консервационных работ;
- посещения в образовательных и рекреационных целях, включая туризм;
- проведение научных исследований, не оказывающих отрицательного влияния на ценности Района.

Если перечисленные в Разрешении консервационные работы, научные исследования, процедуры мониторинга или меры управления не требуют иного, посетители должны соблюдать изложенный далее Кодекс поведения:

- В целях минимизации абразивного истирания пола перед входом в хижину необходимо тщательно очистить обувь от песчинок, частиц вулканического шлака, льда и снега с помощью щёток, предусмотренных для этой цели, и использовать только треноги или штативы с плоскими резиновыми наконечниками в отличие от острых металлических наконечников, которые могут повредить пол.

- Следует снять одежду, пропитавшуюся морской водой, и очистить обувь от крошек морского льда, поскольку частицы соли ускоряют процесс коррозии металлических предметов.
- Нельзя трогать, перемещать или сидеть на каких-либо вещах или предметах мебели, находящихся внутри хижин – это может нанести ущерб артефактам.
- Поскольку многие уголки хижины забиты вещами и можно случайно повредить артефакты, внутри хижины нельзя носить ранцы, а когда в хижине одновременно находится максимально допустимое количество посетителей (8 человек), использовать треноги или штативы запрещено.
- При передвижении по этим участкам необходимо соблюдать осторожность, чтобы не наступить на какие-либо предметы, которые могут находиться под снегом.
- Использование открытого пламени или осветительных приборов, работающих по принципу внутреннего сгорания, а также курение строго запрещены внутри хижины или рядом с нею из-за высокой степени пожароопасности.
- Посещения должны быть зарегистрированы в имеющемся журнале. Это позволяет соотнести сроки посещений и количество посетителей с показателями температуры и влажности, которые автоматически измеряются внутри хижины.

7(iii) Установка, модификация или снос сооружений

- Любая переделка хижина запрещена, за исключением того, что необходимо для проведения консервационных или научных работ, не наносящих ущерба ценностям Района, как это указано в разделе 1.
- Ни одно историческое сооружение не может быть вывезено из Района, если это не оговорено в Разрешении, выданном в соответствии с положениями раздела 7(vii).

7(iv) Расположение полевых лагерей

Историческую хижину нельзя использовать в качестве жилья.

7(v) Ограничения на ввоз материалов и организмов в Район

- Ввоз в Район живых животных, растительных материалов, микроорганизмов или почв не допускается. На территорию Района нельзя приносить продукты питания.
- Ввоз химических веществ допускается только для проведения разрешённых научных или консервационных работ. Химические вещества (в том числе топливо) и другие материалы нельзя оставлять на территории Района, за исключением ситуаций, когда это необходимо для достижения важных целей, имеющих отношение к консервации исторических сооружений или связанных с ними реликвий.
- Все ввезённые материалы подлежат вывозу из Района, когда потребность в них отпадает и до истечения срока, указанного в соответствующем Разрешении.

7(vi) Изъятие или вредное вмешательство в жизнь местной флоры и фауны

На территории Района, определённого в качестве ООРА, нет никакой местной флоры или фауны.

7(vii) Сбор и вывоз материалов, которые не были ввезены в Район держателем разрешения

- Сбор и вывоз материалов из Района для выполнения консервационных или научных задач, соответствующих целям настоящего Плана управления, допускаются только на основании Разрешения, выданного компетентным национальным органом.

- Материалы, представляющие опасность для окружающей среды или здоровья людей, могут быть вывезены из Района на основании Разрешения с целью их последующей ликвидации, если они удовлетворяют одному или нескольким из нижеперечисленных критериев:
  i. артефакт представляет опасность для окружающей среды, диких животных или для здоровья и жизни людей;
  ii. артефакт находится в таком плохом состоянии, что его консервация становится объективно невозможной;
  iii. артефакт не вносит сколько-нибудь значимого вклада в расширение знаний о хижине, её обитателях или истории освоения Антарктики;
  iv. артефакт не способствует улучшению визуального восприятия данной территории или хижины либо ухудшает его;
  v. артефакт не является уникальным или раритетным;

и если такой вывоз:

  i. осуществляют организации, обладающие необходимыми знаниями и опытом в области консервации объектов наследия;
  ii. является составной частью общего плана консервационных работ на данной территории.

- Национальные органы должны следить за тем, чтобы вывоз любых артефактов и оценку их соответствия вышеуказанным критериям осуществляли сотрудники, обладающие необходимыми знаниями и опытом в области консервации объектов наследия.
- Артефакты, которые имеют большое историческое значение, но консервацию которых невозможно провести на месте с помощью современных технологий, можно вывезти на основании Разрешения для дальнейшего хранения в регулируемых условиях до тех пор, пока не появится возможность благополучно возвратить их на территорию Района.

7 (viii) Удаление отходов
Все отходы жизнедеятельности человека, бытовые сточные воды и прочие отходы, образовавшиеся в результате работы экспедиций или деятельности посетителей, подлежат вывозу из Района.

7(ix) Меры, необходимые для обеспечения возможности дальнейшего выполнения целей и задач Плана управления
- Во время пребывания на территории Района необходимо иметь при себе само разрешение или его заверенную копию.
- Все посетители должны быть ознакомлены с требованиями настоящего Плана управления.
- Если консервационные работы, научные исследования, процедуры мониторинга или меры управления не требуют иного, все посетители обязаны соблюдать Кодекс поведения, изложенный в разделе 7(ii).
- До начала летнего сезона операторы, организующие посещения Района в образовательных или рекреационных целях (включая туризм), назначают людей, обладающих практическими знаниями в отношении данной территории и настоящего Плана управления, чтобы при посещении Района они выступали в роли гидов.

- Любыми посещениями, организованными в образовательных или рекреационных целях (включая туризм), руководят назначенные гиды, которые отвечают за то, чтобы посетители были ознакомлены с Кодексом поведения и положениями настоящего Плана управления, и следят за их соблюдением.
- С целью содействия охране ценностей Района Стороны должны проводить консультации и координировать свои действия для того, чтобы развивать навыки и ресурсы, особенно в том, что касается методов консервации.

7(x) Требования к отчётности

Стороны должны принять меры к тому, чтобы основной держатель каждого выданного Разрешения представил соответствующему компетентному органу отчёт о предпринятой деятельности. Насколько это уместно, в состав такого отчёта должна входить информация, указанная в форме отчёта о посещении, приведённой в Приложении 4 к Резолюции 2 (1998 г.). В нём также должна быть представлена подробная информация о вывозе любых материалов, который был произведён в соответствии с разделом 7(vii), включая основания для вывоза и сведения о том, где сейчас находятся эти предметы, или о том, когда они были ликвидированы. Кроме того, необходимо сообщать о возврате таких предметов в Район.

Стороны должны вести учёт деятельности, осуществляемой на территории Района, и в рамках ежегодного обмена информацией представлять краткие описания мероприятий, проведённых лицами, которые находятся под их юрисдикцией. Эти описания должны содержать достаточно подробные сведения, чтобы можно было провести оценку эффективности настоящего Плана управления. По мере возможности Стороны должны сдавать оригиналы или копии таких отчётов в открытый архив для ведения учёта посещений Района. Эти отчёты будут использоваться при пересмотре настоящего Плана управления, а также в процессе организации дальнейших посещений Района.

Map A - Historic Hut, Hut Point, Ross Island, Antarctic Specially Protected Area 158: Regional Topographic Map

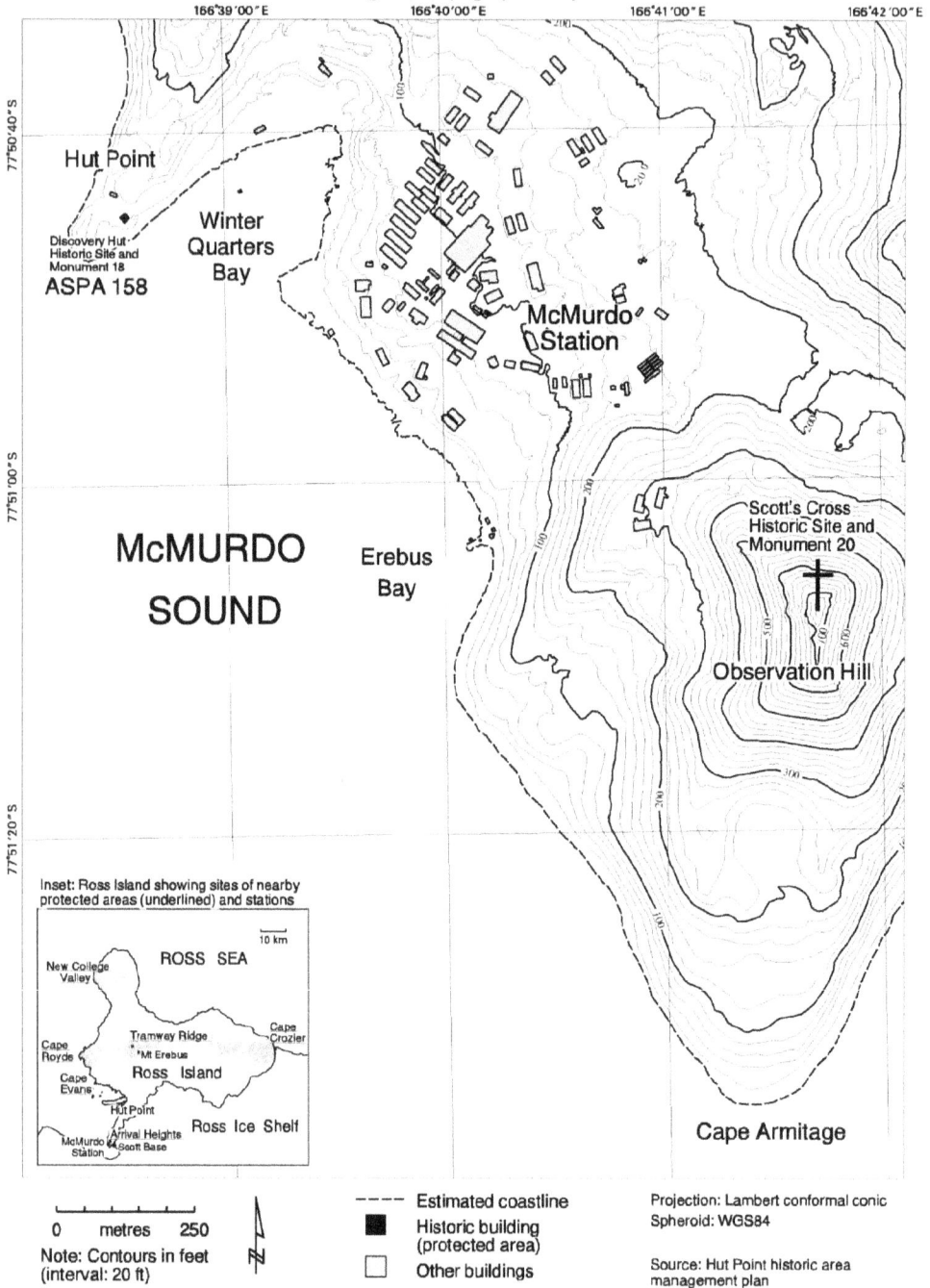

Map B - Historic Hut, Hut Point, Ross Island, Antarctic Specially Protected Area 158: Site Topographic Map

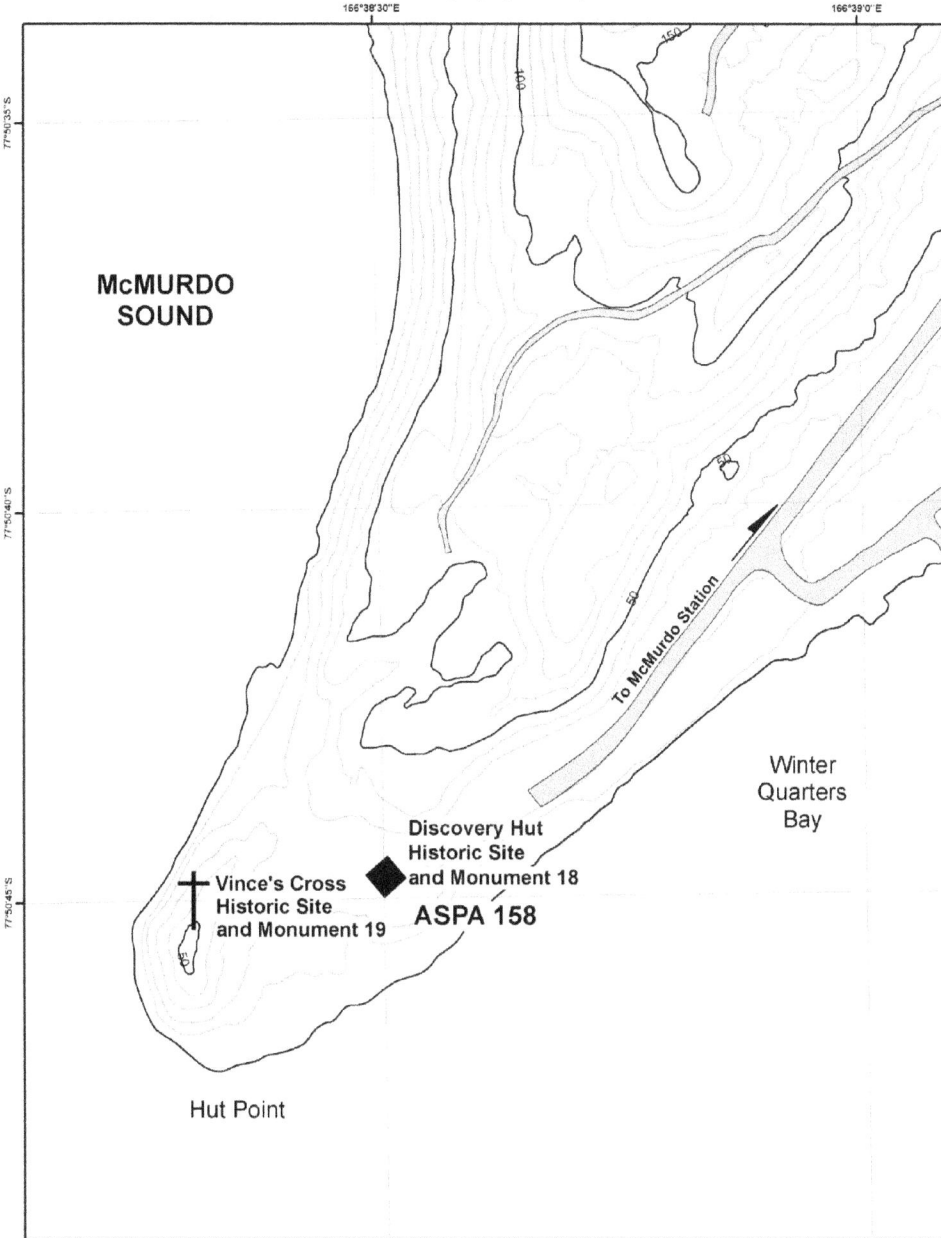

McMURDO SOUND

To McMurdo Station

Winter Quarters Bay

Discovery Hut Historic Site and Monument 18

ASPA 158

Vince's Cross Historic Site and Monument 19

Hut Point

0   50
metres

Note: Contours in feet (interval: 10 ft)

N

—— Estimated coastline
■ Historic building (protected area)
▨ Roads

Projection: Lambert conformal conic
Spheroid: WGS84

Source: Hut Point historic area management plan

План управления
Особо охраняемым районом Антарктики № 159
«МЫС АДЭР» (БЕРЕГ БОРХГРЕВИНКА)
(включая Историческое место и памятник № 22 «Исторические хижины Карстена Борхгревинка и Северного отряда Скотта, а также их окрестности)

1. Описание охраняемых ценностей

Большое историческое значение этого Района было официально подтверждено, когда он был определён как Историческое место и памятник № 22 на основании Рекомендации VII-9 (1972 г.). Он был определён в качестве Особо охраняемого района № 29 на основании Меры 1 (1998 г.) и повторно определён в качестве Особо охраняемого района Антарктики (ООРА) № 159 на основании Решения 1 (2002 г.). План управления был рассмотрен, и его пересмотренная версия была принята на основании Меры 2 (2005 г.) и Меры 11 (2011 г.).

На территории Района находятся три основных сооружения. Две хижины были построены в феврале 1899 г. членами Британской антарктической экспедиции *Южный крест* под руководством Карстона Э. Борхгревинка (Carston E. Borchgrevink) (1898-1900 гг). Одна хижина использовалась как жильё, а другая - как склад. Они прослужили в течение первой зимы, проведённой на антарктическом континенте. В 30 метрах к северу от хижины Борхгревинка находятся развалины третьей хижины, построенной в феврале 1911 г. для Северного отряда под руководством Виктора Л. А. Кемпбелла (Victor L.A. Campbell), который входил в состав Британской антарктической экспедиции *Терра Нова* Роберта Фалкона Скотта (Robert Falcon Scotts) в 1910-1913 гг. В 1911 г. в этой хижине зимовал Северный отряд.

Помимо этих достопримечательностей в Районе имеется множество других исторических реликвий. К ним относятся склады для хранения запасов, отхожее место, два якоря с судна *«Южный крест»*, ледяной якорь с судна *«Терра Нова»* и запасы угольных брикетов. Остальные исторические предметы на территории Района погребены под слоем гуано. Вместе все три хижины и связанные с ними исторические реликвии определены как Историческое место и памятник № 22.

Мыс Адэр – одно из основных мест, связанных с первыми шагами человека в Антарктике, поскольку здесь находится первое здание, построенное на антарктическом континенте. Это важный символ Героической эпохи освоения Антарктики и в силу этого имеет большое историческое значение. С двумя самыми ранними экспедициями, база которых находилась в этом месте, связаны одни из первых достижений в области наук о земле, метеорологии, изучения флоры и фауны Антарктики. История этой деятельности и вклад, который она внесла в понимание и изучение Антарктики, обуславливают большое научное, эстетическое и историческое значение этого Района.

Мыс Адэр расположен в пределах Экологической среды U – геология северной части Земли Виктории, исходя из Анализа экологических доменов по Антарктике (Резолюция 3 (2008 г.)) и в Регионе 8 – северная часть Земли Виктории, исходя из документа «Заповедные биогеографические регионы Антарктики» (Резолюция 6 (2012 г.)). Экологическая среда U включает и другие охраняемые районы 106, 165, 173 и 175-й.

2. Цели и задачи

Целью настоящего Плана управления является охрана этого Района и его достопримечательностей с тем, чтобы обеспечить сохранение этих ценностей. Цели Плана заключаются в следующем:

- недопущение ухудшения состояния или возникновения существенного риска для ценностей Района;
- сохранение исторических ценностей Района за счёт реализации продуманной программы мер по их консервации, в состав которой могут входить:
  a. ежегодная программа текущего содержания «без вывоза»,
  b. программа мониторинга состояния артефактов и сооружений и факторов, которые влияют на них;
  c. программа консервации артефактов «без вывоза и с вывозом»;
- создание условий для осуществления мер управления в поддержку охраны ценностей и достопримечательностей этого Района, включая:
  a. картографирование и иная регистрация местонахождения исторических предметов в окрестностях хижин;
  b. регистрация прочих важных исторических данных;
- предотвращение излишнего нарушения Района, его достопримечательностей и артефактов человеком за счёт регулирования доступа к хижине Борхгревинка.

3. Меры управления

- Программа работ по консервации исторических хижин, а также соответствующих сооружений и артефактов, находящихся на территории Района.
- Организация посещений, насколько это необходимо для достижения целей управления.
- Организация регулярного мониторинга с целью оценки воздействий посетителей (в пределах действующих лимитов) и учёта результатов этого мониторинга, а также любых соответствующих рекомендаций при пересмотре настоящего Плана управления.
- Проведение консультаций с другими национальными антарктическими программами, которые осуществляют деятельность или имеют интересы в этом Районе, в целях реализации вышеперечисленных мер управления.
- Копии настоящего Плана управления, включая карты Района, должны быть доступны на ближайших научно-исследовательских и полевых станциях и должны выдаваться морским судам, посещающим Район и его окрестности.

4. Срок определения в качестве ООРА

Определён на неограниченный период времени.

5. Карты

Карта A. Карта региона мыса Адэр. На данной карте показаны регион мыса Адэр, границы Района и наиболее важные топографические особенности этой местности. На карте также показано примерное расположение важных исторических объектов, которые находятся на территории Района.

Карта B. Карта района мыса Адэр. На этой карте показано примерное местонахождение конкретных исторических реликвий и сооружений на территории Района.

6. Описание Района

6(i) Географические координаты, отметки на границах и природные особенности
Мыс Адэр – это мыс вулканического происхождения с неровным рельефом на северной оконечности Земли Виктории, который обычно не имеет ледникового покрова и расположен на западных подступах к морю Росса. Район находится к юго-западу от мыса на южном берегу пляжа Ридли, который огораживает большой плоский треугольный участок, покрытый галькой.

Вся территория этого плоского участка и нижние западные склоны полуострова Адэр заняты одной из крупнейших в Антарктике колоний пингвинов Адели (*Pygoscelis adeliae*). Пингвины занимают практически всю территорию Района, и необходимость сохранения их покоя зачастую ограничивает доступ к хижинам.

Границы Района определяются следующим образом:
- На севере: линия, идущая с востока на запад в 50 м к северу от хижины Северного отряда.
- На востоке: линия, идущая с севера на юг в 50 м к востоку от хижины-склада Борхгревинка. Северо-восточный угол границы находится в точке с координатами 71°18,502' ю.ш., 170°11,735' в.д., а юго-восточный угол – в точке с координатами 71°18,633' ю.ш., 170°11,735' в.д.
- На западе: линия, идущая с севера на юг в 50 м к западу от жилой хижины Борхгревинка. Северо-западный угол границы находится в точке с координатами 71°18,502' ю.ш., 170°11,547'в.д., а юго-западный – в точке с координатами 71°18,591' ю.ш., 170°11,547' в.д.
- На юге: уровень прилива в районе пляжа Ридли.

В окрестностях Района гнездятся южнополярные поморники (*Catharacta maccormicki*), а на пляже устраивают лёжки тюлени Уэдделла (*Leptonychotes weddellii*).

6(ii) Доступ в Район
В окрестностях Района нет выделенных вертолётных площадок. Вертолёты не должны приземляться на этой территории, поскольку в течение большей части летнего сезона трудно управлять вертолётами, не тревожа при этом пингвинов и поморников. Высадка на берег с маломерных судов или транспортных средств, передвигающихся по морскому льду, возможна непосредственно на пляже, если это позволяют ледовые и волновые условия. Входить на территорию Района со стороны пляжа следует пешком. Следует принимать меры предосторожности, чтобы не повредить артефакты, которые находятся на территории Района, и не потревожить птиц, гнездящихся на сооружениях или вокруг них.

6(iii) Расположение сооружений в Районе и рядом с ним
Все сооружения на территории Района, за исключением памятной доски Договора, имеют историческое происхождение. Основными достопримечательностями Района являются жилая

хижина и не имеющая крыши складская хижина экспедиции *«Южный крест»* под руководством Борхгревинка. От хижины Северного отряда Скотта, которая находится в 30 метрах к северу от жилой хижины Борхгревинка, остались одни развалины.

Помимо этих достопримечательностей, в Районе имеется множество других исторических реликвий. К ним относятся склады для хранения запасов, отхожее место, два якоря с судна *«Южный крест»*, ледяной якорь с судна *«Терра нова»* и запасы угля. Многие из этих исторических предметов погребены под слоем гуано пингвинов Адели, которые также обитают в этом Районе.

Примерно в полутора километрах к северо-востоку от исторических хижин находится могила биолога Николая Хансона (Nicolai Hanson), члена экспедиции *«Южный крест»* (Историческое место и памятник № 23). Она отмечена крупным валуном с железным крестом, медной памятной доской и белым крестом, выложенным из кварцевой гальки.

6(iv) Наличие других охраняемых территорий в окрестностях Района
Ближайшей охраняемой территорией является ООРА № 106 (бывш. ООР № 7), который находится примерно в 115 км к югу на западном берегу мыса Халлетт.

6(v) Особые зоны на территории Района
На территории Района нет никаких особых зон.

7. Условия выдачи Разрешений на посещение Района

Вход на территорию Района возможен только на основании Разрешения. Разрешения выдаются только компетентными государственными органами и могут содержать общие и особые условия. Компетентный государственный орган может выдать Разрешение на несколько посещений в течение одного сезона. Для того, чтобы не допустить превышения лимита численности посетителей, Стороны, осуществляющие деятельность в этом Районе, должны консультироваться друг с другом, а также с группами и организациями, заинтересованными в посещении Района.

Разрешения на посещение Района выдаются на указанный срок для осуществления:
- деятельности, связанной с проведением консервационных работ, научных исследований и мониторинга;
- мер управления в поддержку целей настоящего Плана управления;
- деятельности, связанной с выполнением образовательных и рекреационных задач, включая туристическую деятельность, при условии, что они не противоречат целям настоящего Плана управления.

7(i) Доступ в Район и передвижение по его территории
- Передвижение по территории Района следует контролировать, чтобы не потревожить диких животных и не допустить ущерба, причиняемого скоплением людей вокруг многих уязвимых достопримечательностей Района. Максимальное количество людей, которые могут одновременно находиться на территории Района (включая гидов и тех, кто находится внутри хижины), составляет **40 человек.**
- Количество людей внутри хижины Борхгревинка следует контролировать в целях недопущения ущерба, причиняемого скоплением людей вокруг многих уязвимых достопримечательностей хижины. Максимальное количество людей, которые могут одновременно находиться в хижине (включая гидов), составляет **4 человека.**

- Во избежание кумулятивных воздействий на интерьер хижины Борхгревинка ежегодное количество посетителей хижины необходимо ограничить. Количество людей, посещающих хижину, значительно меняется от года к году (период с 1998-й по 2013-й годы хижину ежегодно посещали, в среднем, 181 человек), однако воздействия посетителей на другие исторические хижины в регионе моря Росса свидетельствуют о том, что здесь следует установить аналогичные ограничения. Максимальное ежегодное количество посетителей составляет **2 000 человек.**
- Эти лимиты установлены с учётом нынешнего количества посетителей и наиболее разумных рекомендаций, предоставленных консультационными ведомствами, которые занимаются вопросами консервации (в этих организациях работают специалисты по консервации, археологи, историки, музееведы и другие профессионалы в области охраны наследия). Эти лимиты основаны на предположении о том, что любое значительное увеличение нынешнего количества посетителей может нанести ущерб охраняемым ценностям. В качестве основы будущего пересмотра этого Плана управления (в частности, определения приемлемости нынешнего количества посетителей) необходимо проведение постоянного мониторинга с целью оценки воздействий посещений.
- С целью недопущения ущерба, причиняемого скоплением людей и действиями, несоответствующими Кодексу поведения, изложенному в разделе 7(ii), необходим надлежащий контроль посещения Района. Любыми посещениями, организованными в туристических, образовательных или рекреационных целях, должны руководить опытные гиды, назначенные оператором (см. раздел 7(ix)).
- Посадка вертолётов на территории Района запрещена.
- Полёты воздушных судов над Районом и в окрестностях Района должны выполняться в соответствии с «Руководством по осуществлению воздушных операций вблизи скоплений птиц», изложенным в Резолюции 2 (2004 г.), что является минимальным требованием.
- Использование транспортных средств на территории Района запрещено.

7(ii) Разрешённая деятельность на территории Района
На территории Района допускается осуществление следующих видов деятельности:
- посещения в целях проведения консервационных работ;
- посещения в образовательных или рекреационных целях, включая туризм;
- проведение научных исследований, не оказывающих отрицательного влияния на ценности Района.

Если перечисленные в Разрешении консервационные работы, научные исследования, процедуры мониторинга или меры управления не требуют иного, посетители должны соблюдать изложенный далее Кодекс поведения:
- В целях минимизации абразивного истирания пола перед входом в хижину необходимо тщательно очистить обувь от песчинок, частиц вулканического шлака, льда и снега с помощью щёток, предусмотренных для этой цели, и использовать только треноги или штативы с плоскими резиновыми наконечниками в отличие от острых металлических наконечников, которые могут повредить пол.
- Следует снять одежду, пропитавшуюся морской водой, и очистить обувь от крошек морского льда, поскольку частицы соли ускоряют процесс коррозии металлических предметов.
- Нельзя трогать, перемещать или сидеть на каких-либо вещах или предметах мебели, находящихся внутри хижин – это может нанести ущерб артефактам.

- Поскольку многие уголки хижины забиты вещами и можно случайно повредить артефакты, внутри хижины нельзя носить ранцы, а когда в хижине одновременно находится максимально допустимое количество посетителей (4 человека), использовать треноги или штативы запрещено.
- При передвижении по этим участкам необходимо соблюдать осторожность, чтобы не наступить на какие-либо предметы, которые могут находиться под снегом, и придерживаться установленных пеших троп.
- Использование открытого пламени или осветительных приборов, работающих по принципу внутреннего сгорания, а также курение строго запрещены внутри хижин или рядом с ними из-за высокой степени пожароопасности.
- Посещения должны быть зарегистрированы в имеющемся журнале. Это позволяет соотнести сроки посещений и количество посетителей с показателями температуры и влажности, которые автоматически измеряются внутри хижины.

7(iii) Установка, модификация или снос сооружений
- Строительство новых сооружений или установка научного оборудования на территории Района запрещены, за исключением того, что необходимо для проведения консервационных или научных работ, которые не оказывают отрицательного влияния на ценности Района, как указано в разделе 1.
- Ни один исторический объект не может быть вывезен из Района, если это не оговорено в Разрешении, выданном в соответствии с положениями раздела 7(vii).

7(iv) Расположение полевых лагерей
- Историческую хижину или другие сооружения, расположенные на территории Района, нельзя использовать в качестве жилья.
- Разбивка лагерей на территории Района не допускается ни при каких обстоятельствах.

7(v) Ограничения на ввоз материалов и организмов в Район
- Ввоз в Район живых животных, растительных материалов, почв или микроорганизмов не допускается.
- На территорию Района нельзя приносить продукты питания.
- Ввоз химических веществ допускается только для проведения разрешённых научных или консервационных работ. Химические вещества (в том числе топливо) и другие материалы нельзя оставлять на территории Района, за исключением ситуаций, когда это необходимо для достижения важных целей, имеющих отношение к консервации исторических сооружений или связанных с ними реликвий.
- Все ввезённые материалы подлежат вывозу из Района, когда надобность в них отпадает и до истечения срока, указанного в соответствующем Разрешении.

7(vi) Изъятие или вредное вмешательство в жизнь местной флоры и фауны
- Этот вид деятельности допускается только на основании Разрешения, специально выданного для этой цели уполномоченным национальным органом в соответствии со Статьёй 3 Приложения II Протокола по охране окружающей среды к Договору об Антарктике.
- В случае изъятия или вредного вмешательства в жизнь животных следует, как минимум, соблюдать разработанный СКАР Кодекс поведения при использовании животных в научных целях в Антарктике.

7(vii) Сбор и вывоз материалов, которые не были ввезены в Район держателем разрешения

- Сбор и вывоз материалов для выполнения консервационных или научных задач, соответствующих целям настоящего Плана управления, допускаются только на основании Разрешения, выданного компетентным национальным органом.
- Материалы, представляющие опасность для окружающей среды или здоровья людей, могут быть вывезены из Района на основании Разрешения с целью их последующей ликвидации, если они удовлетворяют одному или нескольким из нижеперечисленных критериев:
  i. артефакт представляет опасность для окружающей среды, диких животных или для здоровья и жизни людей;
  ii. артефакт находится в таком плохом состоянии, что его консервация становится объективно невозможной;
  iii. артефакт не вносит сколько-нибудь значимого вклада в расширение знаний о хижине, её обитателях или истории освоения Антарктики;
  iv. артефакт не способствует улучшению визуального восприятия данной территории или хижины либо ухудшает его;
  v. артефакт не является уникальным или раритетным,

и если такой вывоз:

  i. осуществляют организации, обладающие необходимыми знаниями и опытом в области консервации объектов наследия;
  ii. является составной частью общего плана консервационных работ на данной территории.

- Национальные органы должны следить за тем, чтобы вывоз любых артефактов и оценку их соответствия вышеуказанным критериям осуществляли сотрудники, обладающие необходимыми знаниями и опытом в области консервации объектов наследия.
- Артефакты, которые имеют большое историческое значение, но консервацию которых невозможно провести на месте с помощью современных технологий, можно вывезти на основании Разрешения для дальнейшего хранения в регулируемых условиях до тех пор, пока не появится возможность благополучно возвратить их на территорию Района.

7 (viii) Удаление отходов
Все отходы жизнедеятельности человека, бытовые сточные воды и прочие отходы, образовавшиеся в результате работы экспедиций или деятельности посетителей, подлежат вывозу из Района.

7(ix) Меры, необходимые для обеспечения возможности дальнейшего выполнения целей и задач Плана управления
- Во время пребывания на территории Района необходимо иметь при себе само разрешение или его заверенную копию.
- Все посетители должны быть ознакомлены с требованиями настоящего Плана управления.
- Если консервационные работы, научные исследования, процедуры мониторинга или меры управления не требуют иного, все посетители обязаны соблюдать Кодекс поведения, изложенный в разделе 7(ii).
- До начала летнего сезона операторы, организующие посещения Района в образовательных или рекреационных целях (включая туризм), назначают людей,

обладающих практическими знаниями в отношении данной территории и настоящего Плана управления, чтобы при посещении Района они выступали в роли гидов.

- Любыми посещениями, организованными в образовательных или рекреационных целях (включая туризм), руководят назначенные гиды, которые отвечают за то, чтобы посетители были ознакомлены с Кодексом поведения и положениями настоящего Плана управления, а также следят за их соблюдением.

- С целью содействия охране ценностей Района Стороны должны проводить консультации и координировать свои действия для того, чтобы развивать навыки и ресурсы, особенно в том, что касается методов консервации.

7(x) Требования к отчётности

Стороны должны принять меры к тому, чтобы основной держатель каждого выданного Разрешения представил соответствующему компетентному органу отчёт о предпринятой деятельности. Насколько это уместно, в состав такого отчёта должна входить информация, указанная в форме отчёта о посещении, приведённой в Приложении 4 к Резолюции 2 (1998 г.). В нём также должна быть представлена подробная информация о вывозе любых материалов, который был произведён в соответствии с разделом 7(vii), включая основания для вывоза и сведения о том, где сейчас находятся эти предметы, или о том, когда они были ликвидированы. Кроме того, необходимо сообщать о возврате таких предметов в Район.

Стороны должны вести учёт деятельности, осуществляемой на территории Района и в рамках ежегодного обмена информацией представлять краткие описания мероприятий, проведённых лицами, которые находятся под их юрисдикцией. Эти описания должны содержать достаточно подробные сведения, чтобы можно было провести оценку эффективности настоящего Плана управления. По мере возможности Стороны должны сдавать оригиналы или копии таких отчётов в открытый архив для ведения учёта посещений Района. Эти отчёты будут использоваться при пересмотре настоящего Плана управления, а также в процессе организации дальнейших посещений Района.

Map A - Historic Hut, Cape Adare, Antarctic Specially Protected Area 159: Regional Map

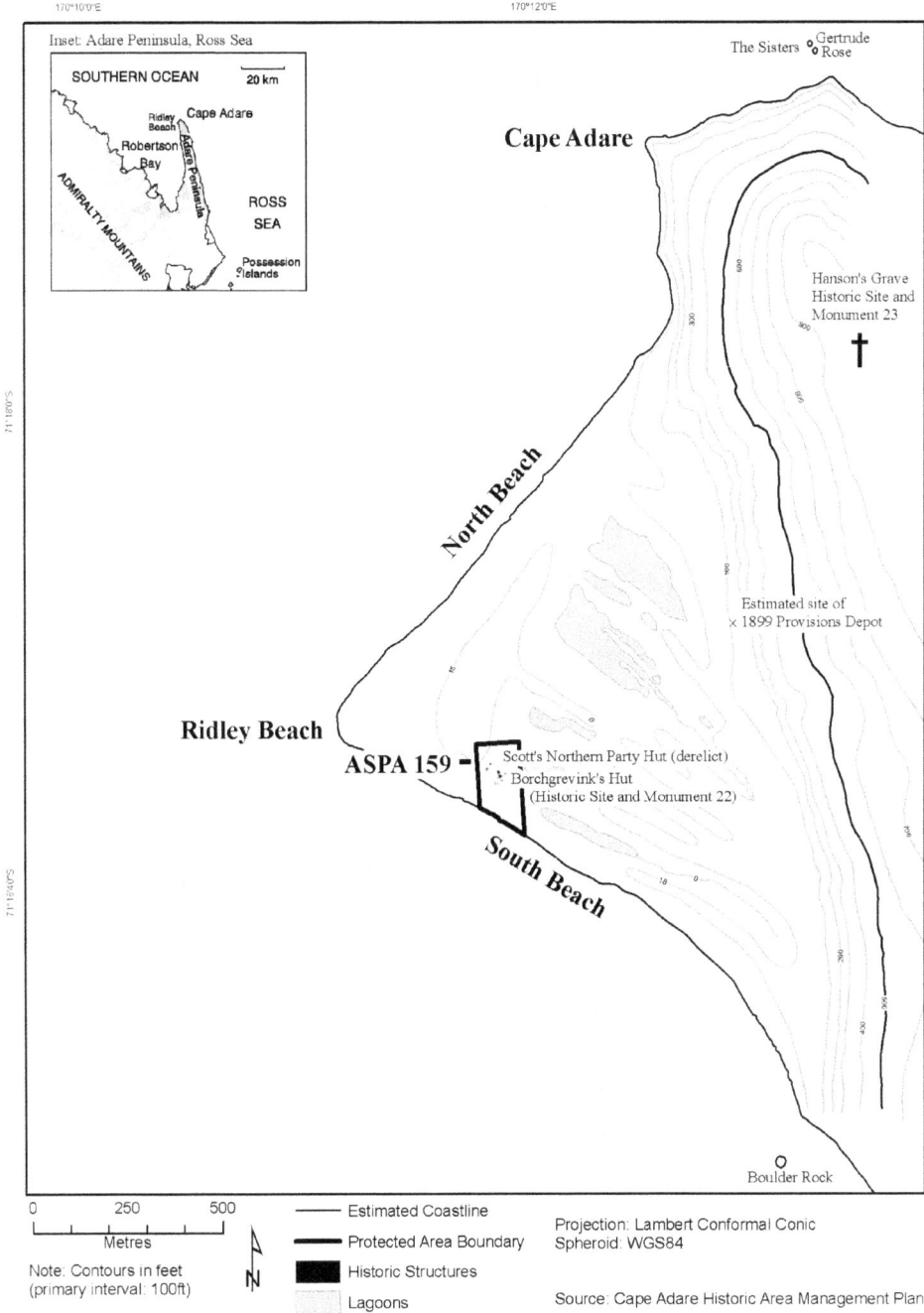

170°10'0"E   170°12'0"E

Inset: Adare Peninsula, Ross Sea

SOUTHERN OCEAN   20 km

Ridley Beach   Cape Adare

Robertson Bay

Adare Peninsula

ADMIRALTY MOUNTAINS

ROSS SEA

Possession Islands

The Sisters   Gertrude Rose

Cape Adare

Hanson's Grave
Historic Site and
Monument 23
†

Estimated site of
× 1899 Provisions Depot

North Beach

Ridley Beach

ASPA 159 –   Scott's Northern Party Hut (derelict)
Borchgrevink's Hut
(Historic Site and Monument 22)

South Beach

Boulder Rock

71°18'0"S

71°24'0"S

0	250	500

Metres

Note: Contours in feet
(primary interval: 100ft)

N

———— Estimated Coastline

———— Protected Area Boundary

■ Historic Structures

░ Lagoons

Projection: Lambert Conformal Conic
Spheroid: WGS84

Source: Cape Adare Historic Area Management Plan

Map B - Historic Hut, Cape Adare, Antarctic Specially Protected Area 159: Site Map

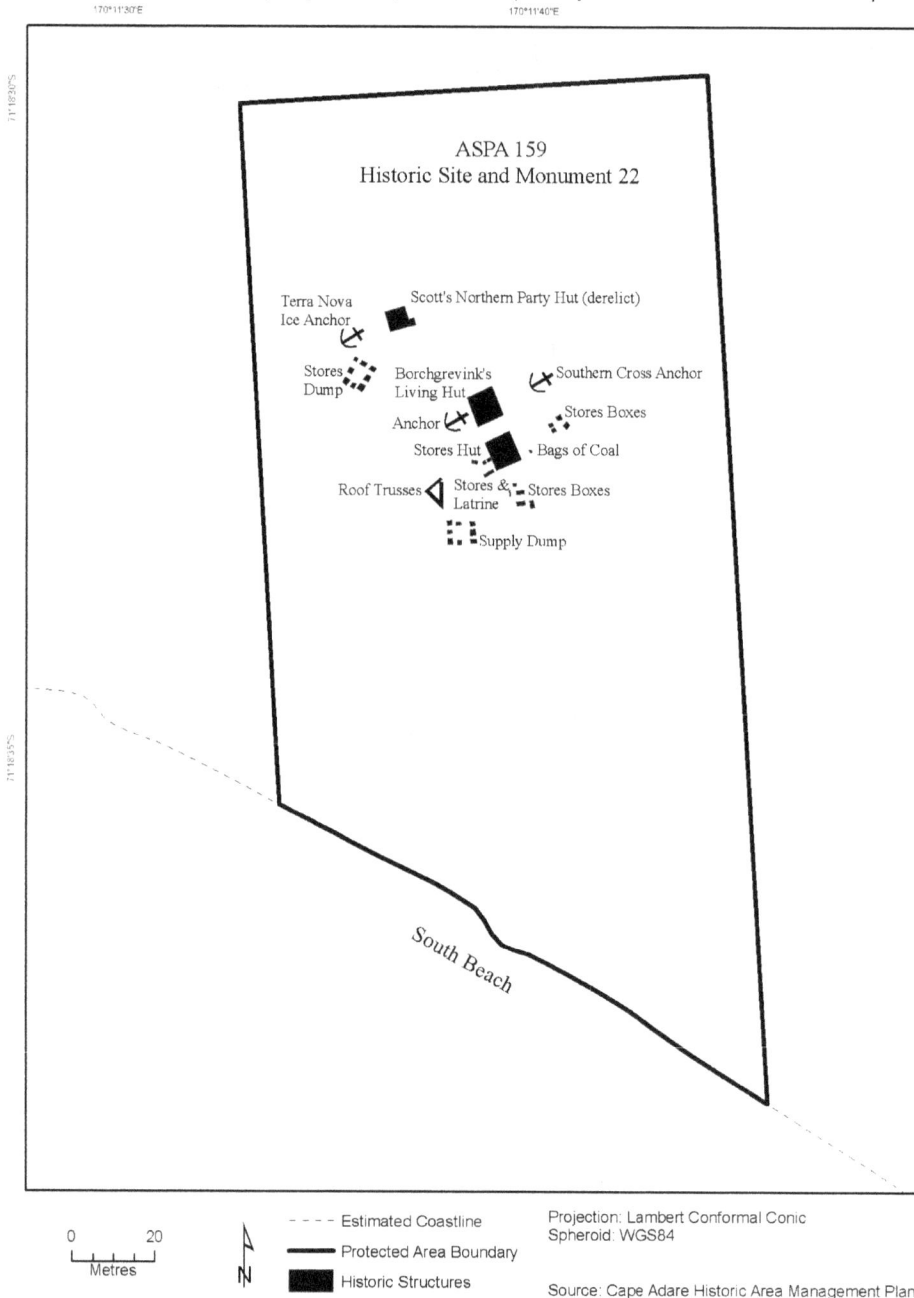

ASPA 159
Historic Site and Monument 22

Terra Nova
Ice Anchor

Scott's Northern Party Hut (derelict)

Stores
Dump

Borchgrevink's
Living Hut

Southern Cross Anchor

Anchor

Stores Boxes

Stores Hut

Bags of Coal

Roof Trusses

Stores &
Latrine

Stores Boxes

Supply Dump

South Beach

0   20
Metres

N

- - - Estimated Coastline
——— Protected Area Boundary
▪ Historic Structures

Projection: Lambert Conformal Conic
Spheroid: WGS84

Source: Cape Adare Historic Area Management Plan

План управления Особо
охраняемым районом Антарктики (ООРА) № 163

«Ледник Дакшин Ганготри», Земля королевы Мод

Введение

На XXV КСДА Индия представила Рабочий документ (WP 47), содержавший проект Плана управления предлагаемым участком Особого научного интереса «Язык ледника Дакшин Ганготри», холмы Ширмахера, Земля Королевы Мод. Комитет отметил, что здесь более уместен термин «ООРА», а не «УОНИ». Соответственно, на XXVI КСДА Индия представила проект Плана управления Особо охраняемым районом Антарктики (XXVI КСДА/WP 38), а затем на XXVII КСДА представила пересмотренный План управления (WP 33). На XXVIII КСДА этот План управления был принят на основании Меры 2 (2005 г.) и район был определен как ООРА № 163 (WP 25). Этот План управления был подвергнут дальнейшему пересмотру через пять лет с внесением незначительных изменений, был представлен на XXXIII КСДА (WP055 rev1.) и принят на основании Меры 12 (2010 г.).

Ледник Дакшин Ганготри представляет большую ценность с точки зрения мониторинга отступления ледников. Мониторинг этого ледникового языка проводится с 1983 г. с целью изучения влияния изменения климата на ледники. Кроме того, этот район имеет большое значение для изучения водорослей, мхов, цианобактерий и лишайников, широко распространенных на территории холмов Ширмахера, особенно в пределах ООРА. Цианобактерии вносят важный вклад к процесс фиксации азота, и на данный момент в этом районе идентифицированы многие виды цианобактерий. Кроме того, в рамках исследования, которое проводится с 2003 г., здесь идентифицированы многие виды лишайников.

1. Описание охраняемых ценностей

Исторические ценности

Ледник Дакшин Ганготри представляет собой небольшой язык полярного ледникового покрова, пересекающего холмы Ширмахера в центральной части Земли Королевы Мод. Он был обнаружен членами Второй индийской антарктической экспедиции в 1982–1983 гг., и с тех пор здесь проводится систематический мониторинг отступления и наступления ледника.

Научная ценность

С учетом огромного количества данных, полученных за последние двадцать лет, этот район стал ценным участком для наблюдения изменений в движении антарктического ледникового покрова под влиянием глобального потепления. Прежде всего, этот участок имеет научное значение для гляциологов и специалистов в области окружающей среды. Учитывая научную ценность этого Района и характер научных исследований, осуществляемых на его территории, он определен как Особо охраняемый район Антарктики в соответствии с положениями Статей 2, 3, 5 и 6 Приложения V Протокола по охране окружающей среды к Договору об Антарктике во избежание нарушения хода текущих и планируемых научных исследований.

В течение южнополярного лета 2003 и 2004 гг. были проведены измерения с помощью глобальной системы позиционирования (GPS), чтобы получить представление о распределении скорости движения и скорости деформации на границе континентального ледникового щита, пересекающего южную часть холмов Ширмахера (Земля Королевы Мод). Данные GPS собирались в течение двух лет на 21 участке, после чего они были проанализированы с целью оценки координат, исходных условий на этих участках и скоростей движения ледников. Горизонтальная скорость движения на этих участках колеблется от 1,89±0,01 до 10,88±0,01 м в год в северном/северо-восточном направлении, а средняя скорость движения составляет 6,21±0,01 м в год. Скорость основной деформации является количественной мерой коэффициента удлинения, составляющего от (0,11±0,01) x 10-3 до (1,48±0,85) × 10-3 в год, и коэффициента укорачивания, составляющего от (0,04±0,02) × 10-3 до (0,96±0,16) × 10-3 в год (Sunil et al., 2007).

Экологическая ценность

Исследования, проведенные на территории района, определенного в качестве ООРА, свидетельствуют о разнообразии фауны наземных беспозвоночных, обитающих в моховом покрове. Кроме того, район холмов Ширмахера отличается большим разнообразием водорослей и цианобактерий. На его территории широко распространены наземные виды мхов, которые колонизировали самые разные среды обитания. В силу характерного для них непостоянного водного баланса и альтернативной стратегии адаптации мхи являются одной из немногих групп растений, произрастающих в Антарктике. Мхи играют определенную роль в видоизменении сред обитания, круговороте питательных веществ, первичной продуктивности и обеспечении защиты и безопасности связанным с ними беспозвоночным. Исследования мхов на территории холмов Ширмахера показали, что они наиболее распространены в центральной части и в пределах ООРА и в меньшей степени на востоке и на западе района.

Проведено исследование распространения водорослей и цианобактерий на территории ООРА, а также флоры пресноводных водотоков района холмов Ширмахера. Обнаружены *G.magma, Chaemosiphon subglobosus, Oscillatoria limosa, O.limnetica, P. frigidum, P. autumnale, Nostoc commune, N.punctiforme, Calothrix gracilis, C.brevissima, вид Uronema и Cosmarium leave*. Что касается цианобактерий, встречающихся в водотоках в районе холмов Ширмахера, виды, способствующие фиксации азота, могут играть важную роль в экономном расходе азота экосистемой. В районе холмов Ширмахера проводились также исследования южнополярных поморников, которые свидетельствуют об успехе их гнездования и размножения в окрестностях ООРА.

Дополнительные исследования лишайников, проводившиеся на территории охраняемого района с 2003–2004 гг., доказали присутствие таких видов, как *Acarospora geynnii*, C.W.Dodge & E.D.Rudolph, *Acarospora williamsii*, Filson, *Amandinea punctata* (Hoffm.) Coppins & Scheid, *Buellia frigida*, Darb., *Buellia grimmiae*, Filson, *Candelaria murrayi*, Poelt, *Candelariella flava* (C.W.Dodge & G.E. Baker), Castello & Nimis, *Carbonea vorticsa* (Florke) Hertel, *Lecanora expectans*, Darb., *Lecanora fuscobrunnea*, C.W. Dodge & G.E. Baker, *Lecanora geophila* (Th. Fr.) Poelt, *Lecidea andersonii*, Filson, *Lecidea cancriformis*, C.W.Dodge & G.E. Baker, *Lecidella siplei* (C.W. Dodge & G.E. baker) May., *Lepraria cacuminum* (A. Massal.) Lohtander, *Physcia caesia* (Hoffm.) Furnr., *Pseudephebe minuscule* (Nyl. Ex Arnold) Brodo & D. Hawksw., и *Rhizoplaca melanophtalma* (Ram.) Luckert & Poelt (Olech et al. 2010).

2. Цели и задачи

Управление на леднике Дакшин Ганготри осуществляется в следующих целях:

• недопущение деградации ценностей Района за счет предотвращения излишнего нарушения его территории человеком;

- создание условий для проведения гляциологических и экологических научных исследований наряду с защитой точности наблюдений от любого антропогенного влияния;
- недопущение отрицательного воздействия деятельности человека на периферийные участки Района, расположенные вдоль языка ледника;
- сохранение Района в качестве эталонного участка для изучения характера движения этой части ледникового щита Антарктики под влиянием глобального потепления;
- организация посещений для осуществления мер управления в поддержку целей Плана управления;
- сведение к минимуму вероятность интродукции чужеродных растений, животных и микроорганизмов на территорию Района.

3. Меры управления

Для охраны ценностей Района предусмотрены следующие меры управления:

- Подробная карта с изображением расположения и границ Района и особых ограничений, действующих на его территории, должна быть выставлена на всеобщее обозрение на исследовательских станциях Майтри (Индия) и Новолазаревская (Россия); кроме того, на обеих станциях должны быть копии настоящего Плана управления.

- На видных местах скал около обеих точек, открывающих доступ в долину, на восточной и юго-восточной оконечностях Района должны быть установлены два знака с изображением расположения и границ Района и четким указанием ограничений на вход во избежание случайного попадания на его территорию.

- Всем морским и воздушным судам, посещающим Район, должны предоставляться копии настоящего Плана управления, а также карты с изображением расположения и границ Района.

- Указатели, знаки, пирамиды из камней и другие сооружения, установленные на территории Района для проведения научных исследований или в целях управления, должны быть надежно закреплены и поддерживаться в хорошем состоянии; когда необходимость в них отпадает, они убираются.

- Посещать Район следует по мере необходимости (но не реже одного раза в год), чтобы установить, продолжает ли он служить тем целям, ради которых был определен в качестве ООРА, и чтобы убедиться в достаточности принимаемых мер управления и содержания Района.

- План управления должен пересматриваться не реже одного раза в пять лет и при необходимости уточняться.

4. Срок определения в качестве ООРА

Этот ООРА определен на неограниченный период времени.

5. Карты и фотографии

В качестве иллюстрации к описанию Района и предлагаемому Плану управления прилагаются следующие карты и фотографии:

Карта 1. Расположение холмов Ширмахера в центральной части Земли королевы Мод (Восточная Антарктида).

Карта 2.   Карта холмов Ширмахера с изображением расположения исследовательской станции Майтри (Индия) и исследовательской станции Новолазаревская (Россия).

Карта 3. Классификация и нумерация озер в районе холмов Ширмахера (согласно Ravindra et al, 2001)

Карта 4. Топографическая карта Района (высота сечения 10 м)

Карта 5. Траектории движения ископаемых ледников в районе холмов Ширмахера. (согласно Beg et al, 2000)

Карта 6. Язык ледника Дакшин Ганготри: вид с воздуха.

Рисунок 1: Фотография с изображением указателей, показывающих границу ООРА

6. Описание Района

i. Географические координаты, отметки на границах и природные особенности.

Холмы Ширмахера — это гряда скалистых холмов, протянувшаяся с востока на запад примерно на 17 км (между точками с координатами 11° 22' 40" в.д. и 11° 54' 20" в.д.). Ширина гряды колеблется от 0,7 км до 3,3 км (между точками с координатами 70° 43' 50" ю.ш. и 70° 46' 40" ю.ш.). Высота гряды составляет от 0 до 228 м над уровнем моря. Холмы Ширмахера относятся к центральной части Земли Королевы Мод в Восточной Антарктиде. Предлагаемый Район является фрагментом западной части холмов Ширмахера.

Район, предлагаемый в качестве ООРА, ограничен на востоке и западе меридианами 11° 33' 30" в.д. и 11° 36' 30" в.д., а на севере и юге – параллелями 70° 44' 10" ю.ш. и 70° 45' 30" ю.ш. Площадь Района, измеренная с воздуха, составляет 4,53 кв. км. Северо-восточный и северо-западный углы Района расположены на шельфовом леднике, а юго-западная оконечность – на полярном ледниковом щите. Юго-восточная оконечность находится на скалистом выходе породы.

С топографической точки зрения Район можно разделить на четыре четко отличающихся друг от друга части: южный континентальный ледниковый щит, склоны скалистых холмов, огромное центральное предледниковое плотинное озеро (Озеро В7, Сбросовое озеро) и северный волнообразный шельфовый ледник.

Самая южная точка ледникового щита представляет собой участок обнаженного «голубого льда», спускающегося с высотной изолинии 180 м высотной изолинии 10 м в районе языка ледника. Он изрезан трещинами, а с северо-востока на юго-запад и с северо-северо-востока на юго-юго-запад его пересекают глубокие разломы. Два небольших пересыхающих супраледниковых водотока протекают по языку в северо-северо-восточном направлении.

Скалистая местность неоднородна, а минимальная ширина холмов Ширмахера составляет всего 50 м у языка ледника. Восточные и западные склоны холмов плавно спускаются к языку, образуя широкую долину. Высотные изолинии идут вниз со 150 м до уровня моря на северной границе выходов породы.

Центральную часть Района занимает озеро В7. Озеро имеет ледниковое происхождение. Размеры озера составляют 500 x 300 м.

Самая северная часть Района представлена шельфовым ледником с гребнями высокого давления, разломами и глубокими трещинами. Стык между шельфовым ледником и восточными скалистыми склонами отмечен отчетливым 3-километровым линеаментом, пролегающим с северо-северо-востока на юго-юго-запад. Разломы во льду также расположены параллельно этому линеаменту.

Холмы Ширмахера представляют собой обнаженный метаморфический комплекс гранулит-амфиболитовых фаций. Коренные породы представлены чарнокитами, эндербитами, гранат-силлиманитовыми гнейсами, гранат-биотитовыми гнейсами, кварц-фельдшпатовыми очковыми гнейсами с некоторым добавлением листоватых структур лампрофиров, амфиболитов, долерита, метагаббро и метабазальта. Горные геологические свиты преимущественно относятся к Гренвильским (1000 млн лет назад) и Панафриканским (500 млн лет назад) событиям. Отчетливо различимы три фазы деформации.

Район в основном представлен чарнокит-хондалитовым типом пород (кварц-гранат-силлиманит-пертит±графитовые гнейсы) с некоторым количеством залегающих ниже гранат-силлиманитовых квартизитов, гнейсов силиката кальция и мафитовых гранулитов. Отчетливо развиты две группы разломов (N30E и N50E). Один из таких крупных разломов проходит от северо-восточного угла Района, пересекая все три геоморфологических зоны — шельфовый ледник, скалы и континентальный ледниковый щит.

 Метеорологические данные, полученные на близлежащей индийской научно-исследовательской станции Майтри, показывают, что Район относится к зоне сухого полярного климата. Диапазон температур в самые теплые и самые холодные месяцы составляет от 7,4 до -34,8°C. Среднегодовая температура составляет -10,2°C. Декабрь является самым теплым месяцем в году, август — самым холодным. Во время снежных бурь скорость ветра достигает 90-95 узлов; среднегодовая скорость ветра составляет 18 узлов. Доминируют восточные – юго-восточные ветры. В зимние месяцы часто идет снег, однако штормовые ветры выметают снег с поверхностей скал, и снегонакопление происходит с подветренной стороны холмов.

 С 1983 по 1996 гг. здесь проводились гляциологические наблюдения с двух фиксированных точек («G» и «H») с использованием электронного дальномера или теодолита. Результаты наблюдений показали, что ледник постоянно отступает, и средняя скорость его отступления составляет 70 см в год.

 В 1996 г. для повышения точности наблюдений были размечены 19 периферийных точек вокруг языка ледника. Среднегодовая скорость отступления ледника в период с 1997 по 2002 гг. составляла, соответственно, 48,7 см, 74,9 см, 70,1 см, 69,5 см, 65,8 см и 62,7 см. Таким образом, общая среднегодовая скорость отступления ледника в период с 1996 по 2002 гг. была равна 65,3 см в год, что согласуется с наблюдениями за предыдущий период (1983–1996 гг.), согласно которым скорость отступления ледника составляет 7 метров за десять лет.

Мониторинговые исследования были продолжены, и полученные результаты показали, что в 2003, 2004, 2005 и 2006 гг. среднегодовая скорость отступления ледников постепенно увеличилась до 68,0, 69,4, 71,3 и 72,8 см в год. Однако в 2006–2007 гг. средняя скорость отступления полярного ледникового фронта в районе Дакшин Гангоптри составила всего лишь 0,6 м; при этом данные, полученные у западной границы холмов Ширмахера, свидетельствовали об отступлении со среднегодовой скоростью около 1,4 м в течение 2006–2007 гг. В 2008 г. была зарегистрирована среднегодовая скорость отступления языка ледника Дакшин Гангоптри около 1 м, при том что среднегодовая скорость отступления западного края полярного ледникового фронта составила около 2 м. Максимальное отступление было зарегистрировано в точке 14, где общее отступление за десять лет (1996–2006 гг.) составило 17,21 м.

После 2008–2009 гг. наблюдения проводились ежегодно по нынешний день. Результаты наблюдений показывают, что среднегодовая скорость отступления языка ледника составила 1,1 м, 0,26 м, 0,59 м, 0,33 м, 0,92 м, 0,29 м и 1,31 м соответственно. Расчеты скорости отступления, выполненные с 1996–1997 гг. по нынешний день, показывают, что самая низкая скорость отступления была в 2009–2010 гг. (0,26 м), а самая высокая скорость отступления была в 2014–2015 гг. (1,131 м).

В феврале 1996 г. по периферии ледника Дакшин Гангтри были размечены 19 точек для проведения наблюдений. С помощью этих точек можно было регистрировать движение ледника с точностью 1 см. Данные мониторинга с точностью до одного сантиметра имеются также за период с 1996 по 2002 гг. Доступ в эту зону следует ограничить. Для обеспечения точности научных наблюдений предлагается определить зону ограниченного доступа в радиусе 100 м вдоль всей периферии ледника.

ii.   Сооружения на территории и в окрестностях Района

На территории Района нет сооружений, за исключением двух пирамид из камней («G» и «H»), обозначающих места проведения гляциологических и топографических обследований.

В дальнейшем здесь будут установлены несколько знаков и пирамид из камней, уведомляющие об охранном статусе Района.

iii.   Наличие других охраняемых территорий в непосредственной близости от Района

На всей территории холмов Ширмахера нет других охраняемых районов.

7. Условия выдачи разрешений для доступа

i.   Доступ в Район и передвижение по его территории

Доступ в Район возможен только на основании разрешения, выданного компетентным национальным органом в соответствии со Статьей 7 Приложения V к Протоколу по охране окружающей среды к Договору об Антарктике.

Разрешение на посещение Района выдается только для проведения научных исследований или осуществления важных мер управления, соответствующих целям и положениям Плана управления, при условии, что разрешенная деятельность не поставит под угрозу научные и экологические ценности Района и не помешает проведению текущих научных исследований. Доступ на территорию Района возможен только пешком, а использование наземного автотранспорта и посадка вертолетов на его территории запрещены.

ii.   Осуществляемая или разрешенная деятельность на территории Района, включая ограничения по времени и пространству

На территории Района разрешаются следующие виды деятельности:

- программы научных исследований, соответствующие Плану управления Районом (в том числе изучение ценностей, ради которых Район был определен в качестве охраняемого), которые не могут проводиться в другим местах и не поставят под угрозу экосистему Района;

- Важные меры управления, включая мониторинг.

iii.   Установка, модификация или снос сооружений

Возведение сооружений на территории Района допускается только на основании разрешения. Оборудование устанавливается в Районе только, если это необходимо для проведения важных научных исследований или осуществления мер управления, и это должно быть оговорено в разрешении. Любое научное оборудование, установленное в Районе, должно иметь четкую идентификацию с указанием страны, Ф.И.О. главного исследователя, года установки и предполагаемого срока завершения исследования. Подробное описание включается в отчет о посещении. Все установленное оборудование должно быть выполнено из материалов, представляющих минимальную опасность с точки зрения загрязнения Района, и подлежит вывозу из Района сразу после завершения исследования. Вывоз из Района конкретного оборудования, у которого истек срок действия разрешения, является одним из условий выдачи разрешения.

iv.   Расположение полевых лагерей

Разбивка лагерей на территории Района запрещена. Полевые экспедиции могут разбивать лагеря либо с восточной стороны «озера Калика» на «Площадке VK», либо за пределами западной границы Района.

v.   е) Ограничения на ввоз материалов и организмов в Район

- Преднамеренный ввоз в Район живых животных, растительных материалов или микроорганизмов не допускается, а в целях предотвращения случайной интродукции необходимо соблюдать меры предосторожности.

- Пестициды, гербициды, химические вещества и радиоизотопы могут ввозиться в Район только для научных исследований или в целях управления, оговоренных в разрешении, и подлежат вывозу из Района сразу после завершения соответствующей деятельности.

- Посетители должны также изучить и соответствующим образом соблюдать рекомендации, содержащиеся в Руководстве по неместным видам Комитета по охране окружающей среды (КООС, 2011 г.) и Экологическом кодексе поведения при проведении наземных полевых исследований в Антарктике (СКАР, 2009 г.).

- Хранение топлива в Районе допускается только в том случае, если это связано с деятельностью, оговоренной в разрешении. Сооружение постоянных хранилищ на территории Района запрещается.

- Все материалы ввозятся только на указанный срок и подлежат вывозу сразу по истечении или до истечения указанного срока.

vi.   Изъятие или вредное вмешательство в жизнь местной флоры и фауны

Любое вмешательство в жизнь местной флоры и фауны Района осуществляется в соответствии с требованиями Статьи 3 Приложения II к Протоколу по охране окружающей среды (1991). В случае изъятия или вредного вмешательства в жизнь животных следует соблюдать разработанный СКАР Кодекс поведения при использовании животных в научных целях в Антарктике, который является минимальным стандартом.

vii.   Сбор и вывоз объектов, которые не были ввезены в Район посетителем

Сбор или вывоз материалов из Района допускается только в соответствии с разрешением и ограничивается минимумом, необходимым для выполнения научных задач или целей управления.

Материалы антропогенного происхождения, которые не были ввезены в Район держателем разрешения и которые могут нанести ущерб ценностям Района, могут быть вывезены из Района, за исключением ситуаций, когда существует вероятность того, что последствия вывоза превзойдут последствия пребывания материала на месте. В этом случае необходимо направить уведомление соответствующему органу власти.

viii.   Удаление отходов

Все отходы, включая отходы человеческой жизнедеятельности, подлежат вывозу из Района.

ix.   Меры, необходимые для обеспечения возможности дальнейшего выполнения целей и задач Плана управления

- Разрешения на доступ в Район могут выдаваться для проведения биологического мониторинга и осмотра территории.

- Все участки, специально предназначенные для проведения долгосрочного мониторинга, должны иметь соответствующие указатели, а полученные GPS координаты этих участков будут заноситься в систему директорий антарктических данных через компетентный национальный орган.

x.   Требования к отчетности

Основной держатель выданного разрешения должен представить компетентному национальному органу отчет о посещении с описанием деятельности, предпринятой в соответствии с разрешением. Эти отчеты должны представляться, по возможности, в кратчайшие сроки и включать информацию, указанную в форме отчета о посещении, предложенной СКАР, или соответствующую требованиям национального законодательства. Компетентный орган ведет учет такой деятельности и предоставляет эту информацию заинтересованным Сторонам.

8. Вспомогательная литература

ASTHANA R., GAUR M.P., CHATURVEDI, A. (1996): Notes on Pattern of Snow Accumulation/ablation on ice shelf and Secular Movement of Dakshin Gangotri Glacier Snout in Central Dronning Maud Land, East Antarctica. *In: scientific Report of the Twelfth Indian Scientific Expedition to Antarctica,* Tech. Pub. No. 10 D.O.D., Govt. of India, New Delhi, pp.111-122.

BEG M.J., PRASAD A.V.K., CHATURVEDI, A. (2000): Interim Report on Glaciological Studies in the Austral Summer of 19th Indian Antarctic Expedition. In: *Scientific Report of Nineteenth Indian Expedition to Antarctica,* Tech. Pub. No. 17, D.O.D., Govt. of India, New Delhi, pp. 121-126.

BEJARNIYA B.R., RAVIKANT V., KUNDU A. (2000): Glaciological Studies in Schirmacher Hill and on Ice Shelf during XIV Antarctica Expedition. In: *Scientific Report of Sixteenth Indian Expedition to Antarctica,* Tech. Pub. No. 14, D.O.D., Govt. of India, New Delhi, pp. 121-126.

CHATURVEDI A., SINGH A., GAUR M.P., KRISHNAMURTHY, K.V., BEG M.J. (1999): A confirmation of Polar Glacial Recession by Monitoring the Snout of Dakshin Gangotri Glacier in Schirmacher Range. In: *Scientific Report of Fifteenth Indian Expedition to Antarctica,* Tech. Pub. No. 13, D.O.D., Govt. of India, New Delhi, pp. 321-336.

D'SOUZA M.J., KUNDU A. (2000): Glaciological studies during the Seventeenth Antarctic Expedition. In: *Scientific Report of Seventeenth Indian Expedition to Antarctica*, Tech. Pub. No. 15, D.O.D., Govt. of India, New Delhi, pp.67-72.

KASHYAP A.K. (1988.): Studies on Algal flora of Schirmacher Oasis, Dronning Maud land, Antarctica . In: *Proceedings of Workshop on Antarctic Studies,* D.O.D.,CSIR, Govt. of India, New Delhi, pp.435-439

KAUL M.K., CHAKRABORTY S.K., RAINA V.K. (1985): A Note on the snout of the Dakshin Gangotri Glacier, Antarctica. In: *Scientific Report of Second Indian Expedition to Antarctica*, Tech. Pub. No. 2, D.O.D., Govt. of India, New Delhi, pp. 91-93.

KAUL M.K., SINGH R.K., SRIVASTAVA D., MUKERJI S., JAYARAM S. (1998): Observations on the Changes in the Snout of Dakshin Gangotri Glacier, Antarctica. In: *Scientific Report of the Fifth Indian Expedition to Antarctica,* Tech. Pub. No. 5, D.O.D., Govt. of India, New Delhi, pp. 205-209.

MUKERJI S., RAVIKANT V., BEJARNIYA B.R., OBEROI L.K., NAUTIYAL S.C. (1995): A Note on the Glaciological Studies Carried Out During Eleventh Indian Expedition to Antarctica. In: *Scientific Report of Eleventh Indian Expedition to Antarctica,* Tech. Pub. No. 9, D.O.D., Govt. of India, New Delhi, pp. 153-162.

OLECH M., SINGH S.M. (2010): Lichens and Lichenicolous Fungi of Schirmacher Oasis, Antarctica. *Monograph*, National Centre for Antarctic and Ocean Research, India. NISCAIR, New Delhi (In press).

PANDEY K.D., KASHYAP A.K. (1995): Diversity of Algal Flora in Six Fresh Water Streams of Scirmacher Oasis, Antarctica. In: *Scientific Report of Tenth Indian Expedition to Antarctica,* Tech. Pub. No. 8, D.O.D., Govt. of India, New Delhi, pp. 218-229.

RAVINDRA R., CHATURVEDI A. AND BEG M.J. (2001): Melt Water Lakes of Schirmacher Oasis - Their Genetic Aspects and Classification. In: *Advances in Marine and Antarctic Science,* Ed. Sahu, DB and Pandey, PC, Dariyaganj, New Delhi, pp. 301-313.

RAVINDRA R., SRIVASTAVA V.K., SHARMA B.L., DEY A., BEDI, A.K. (1994): Monitoring of Icebergs in Antarctic Waters and a Note on the Secular Movement of Dakshin Gangotri Glacier. In: *Scientific*

Report of Ninth Indian Expedition to Antarctica, Tech. Pub. No. 6, D.O.D., Govt. of India, New Delhi, pp. 239-250.

RAVINDRA, R. (2001): Geomorphology of Schirmacher Oasis, East Antarctica. *Proc. Symp. on Snow, Ice and Glaciers,* Geol. Sur. India, Spl. Pub. No. 53, pp. 379-390.

SINGH D.K., SEMWAL R.C. (2000): Bryoflora of Schirmacher Oasis,East Antarctica: A Preliminary Study. In: *Scientific Report of Sixteenth Indian Expedition to Antarctica,* Tech. Pub. No. 14, D.O.D., Govt. of India, New Delhi, pp.173-186

SUNIL P.S., REDDY C.S., PONRAJ M., DHAR A., JAYAPAUL D. (2007) : GPS Determination of the Velocity and Strain-Rate Fields on Schirmacher Glacier, Central Dronning Maud Land, Antarctica. *Journal of Glaciology,* vol. 53, pp. 558-564.

VENKATARAMAN K. (1998): Studies on Phylum Tardigrada and Other Associated Fauna, South Polar Skua and Bird and Mamal Ligging during 1994-1995 Expedition. In: *Scientific Report of Fourteenth Indian Expedition to Antarctica,* Tech. Pub. No. 12, D.O.D., Govt. of India, New Delhi, pp.220-243

Figure 1: Images of Secured Markers at two Locations at the Boundary of ASPA-163

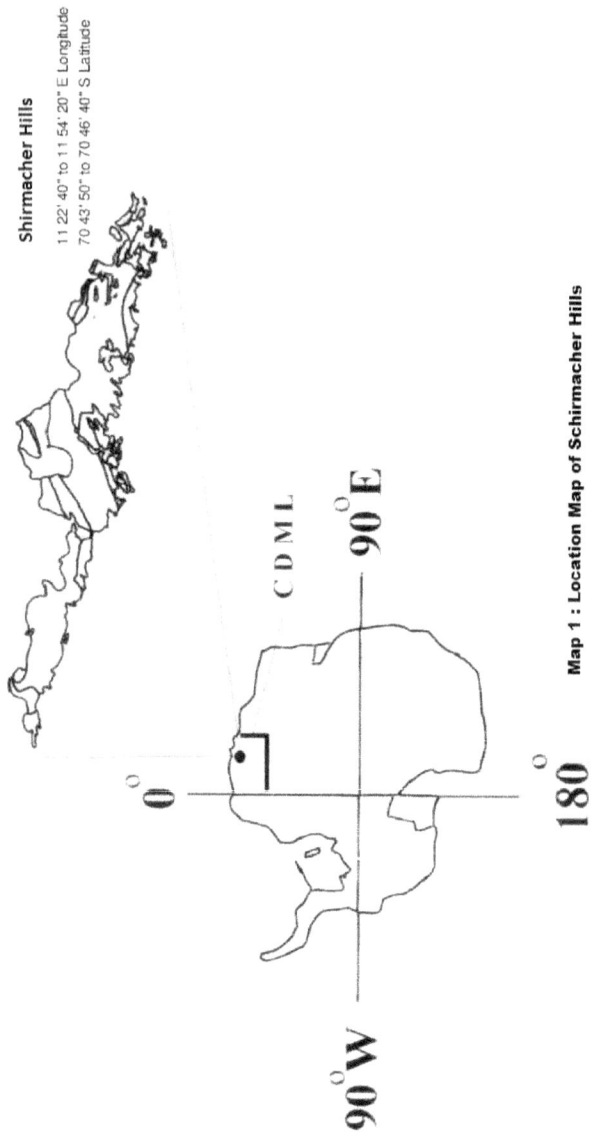

Shirmacher Hills

11 22' 40" to 11 54' 20" E Longitude
70 43' 50" to 70 46 40" S Latitude

Map 1 : Location Map of Schirmacher Hills

CDML

90°E

180°

90°W

0°

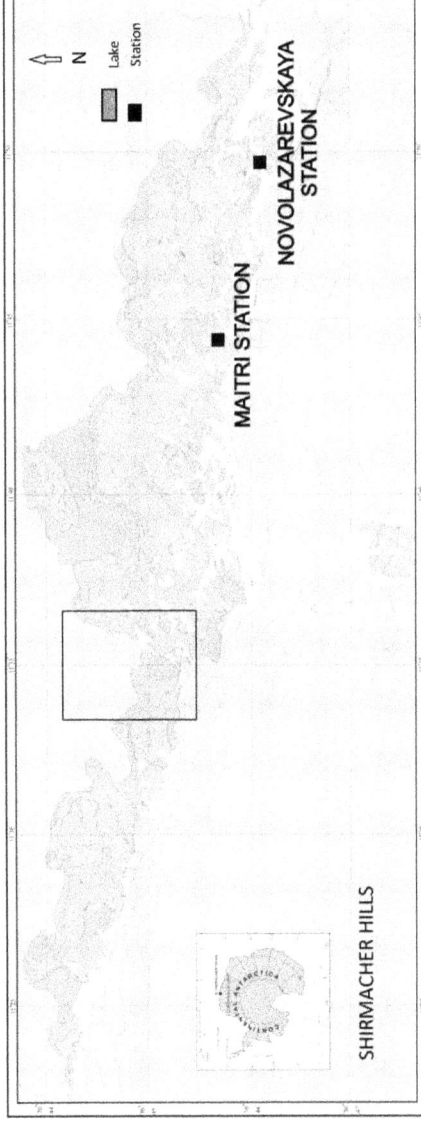

N

Lake
Station

MAITRI STATION

NOVOLAZAREVSKAYA
STATION

SHIRMACHER HILLS

MAP 2: MAP SHOWING LOCATION OF MAITRI AND NOVOLAZAREVSKAYA STATION

Заключительный отчет XXXVIII КСДА

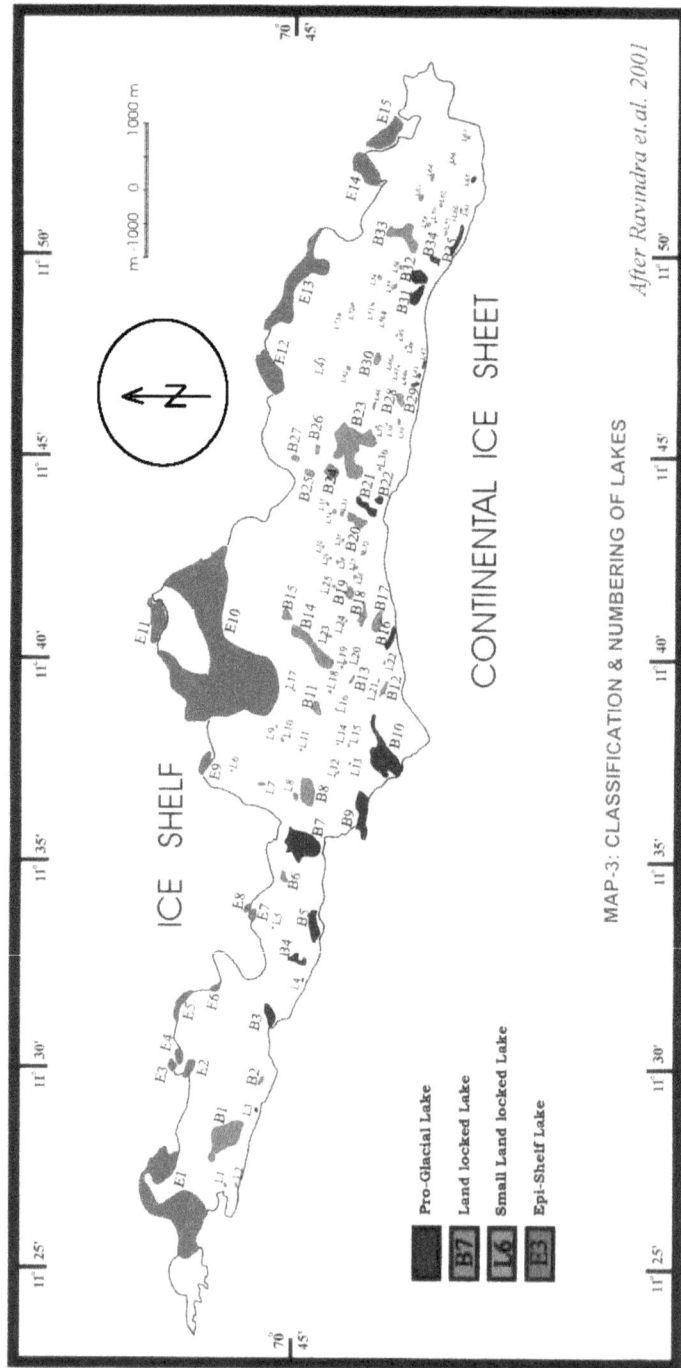

MAP-3: CLASSIFICATION & NUMBERING OF LAKES

CONTINENTAL ICE SHEET

ICE SHELF

After Ravindra et.al. 2001

Pro-Glacial Lake
B7 Land locked Lake
L6 Small Land locked Lake
E3 Epi-Shelf Lake

232

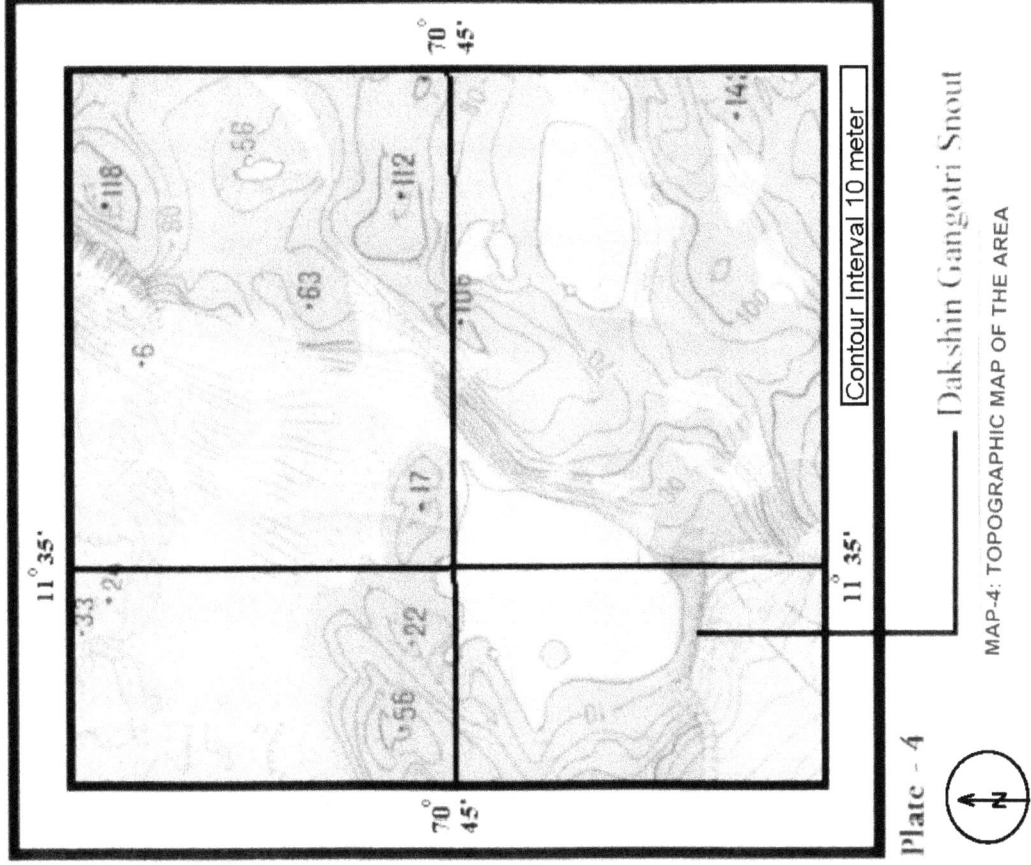

Plate – 4

Dakshin Gangotri Snout

Contour Interval 10 meter

MAP-4: TOPOGRAPHIC MAP OF THE AREA

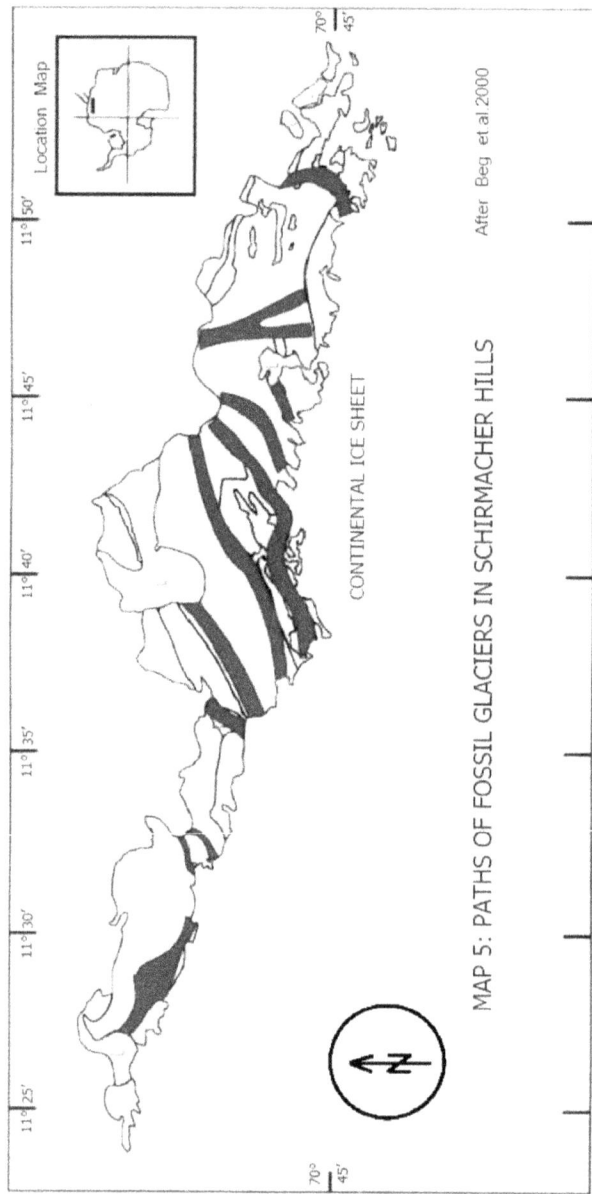

Location Map

CONTINENTAL ICE SHEET

MAP 5: PATHS OF FOSSIL GLACIERS IN SCHIRMACHER HILLS

After Beg et al 2000

MAP-6; DAKSHIN GANGOTRI SNOUT (MARCH 2013)

План управления Особо охраняемым районом Антарктики № 164

«МОНОЛИТЫ СКАЛЛИН И МЮРРЕЙ» (ЗЕМЛЯ МАК-РОБЕРТСОНА)

Введение

Монолит Скаллин (67°47'37" ю.ш., 66°43'8" в.д.) и монолит Мюррей (67°47'3" ю.ш., 66°53'17" в.д.) (карта А) были определены в качестве Особо охраняемого района (ООРА) № 164 в соответствии с Мерой 2 (2005 г.) по предложению Австралии. Пересмотренный План управления Районом был принят на основании Меры 13 (2010 г.). Район был определён с целью защиты самого крупного в Восточной Антарктике скопления колоний гнездования морских птиц. В Районе обитает семь видов птиц: пять видов буревестников (антарктические буревестники *Thalassoica antarctica*, капские буревестники *Daption capense*, серебристо-серые буревестники *Fulmarus glacialoides*, малые снежные буревестники *Pagodroma nivea*, качурки Уилсона *Oceanites* oceanicus), один вид пингвинов (пингвины Адели *Pygoscelis adeliae*) и один вид поморников (южнополярный поморник *Catharacta maccormicki*).

По сравнению с некоторыми другими местами в Восточной Антарктике монолиты Скалли и Мюррей посещаются редко, и, за исключением одного известного случая, все посещения были краткими (менее суток). Впервые монолиты Скалли и Мюррей были посещены 13 февраля 1931 г. во время второй Антарктической экспедиции Великобритании, Австралии и Новой Зеландии (БАНЗАРЕ) в 1930-31-м годах. Во время этого посещения названия обоим монолитам дал сэр Дуглас Моусон (Sir Douglas Mawson). Монолит Мюррей был назван в честь сэра Джорджа Мюррея (Sir George Murray), председателя Верховного суда Южной Австралии, канцлера Университета Аделаиды и патрона экспедиции Моусона, а монолит Скаллин был назван в честь Джеймса Г. Скаллина (James H. Scullin), премьер-министра Австралии в 1929-1931-м годах.

26 февраля 1936 г. кратковременную высадку на монолит Скаллин совершили учёные, работавшие на борту британского научно-исследовательского судна «Уильям Скорсби», которые поднялись на высоту нескольких сотен метров. 30 января 1937 г. здесь совершил высадку норвежец Ларс Кристенсен (Lars Christensen) и посетил монолит Скаллин. Район посещали участники Австралийской антарктической программы, базировавшиеся на станции Моусон, которая находится приблизительно в 160 км к западу от Района. Из длительных пребываний на территории Района известно только одно: в течение шести дней (с 1 по 6 февраля 1987 г.) здесь проводились комплексные орнитологические исследования. Коммерческое туристическое судно впервые посетило Район 10 декабря 1992 г., а в последующие годы было организовано небольшое число кратких посещений.

1. Описание охраняемых ценностей

Район был определён в первую очередь с целью защиты выдающихся экологических и научных ценностей, связанных с важным сообществом морских птиц на монолитах Скаллин и Мюррей.

Колония антарктических буревестников на монолите Скаллин, насчитывающая по меньшей мере 160 000 пар, уступает по численности только колонии в районе Свартамарен, Мюлиг-Хоффманнфьелла, Земля королевы Мод (ООРА № 142). Таким образом, на монолите Скаллин гнездится приблизительно треть глобальной популяции антарктических буревестников, насчитывающей около полумиллиона пар.

Колонии пингвинов Адели занимают нижние склоны обоих монолитов, протянувшихся почти до полосы прилива. Во время самого последнего исследования, проведённого в декабре 2010 г., было обнаружено приблизительно 43 000 птиц на монолите Скаллин и ещё 80 000 пар на монолите Мюррей. (На этой стадии сезона гнездования (середине срока высиживания яиц) количество присутствующих птиц приблизительно равно количеству гнездящихся пар.) Это составляет около 5 % всей гнездовой популяции пингвинов Адели на территории Восточной Антарктики и около 2 % глобальной популяции этих птиц.

Значительная часть склонов обоих монолитов, которая обращена к океану, занята другими видами буревестников. Крупные гнездовые колонии расположились на многих наиболее крутых и высоких склонах обоих монолитов. На всей территории Района гнездятся южнополярные поморники, которые кормятся за счёт морских птиц, пользуясь большой плотностью их гнездовий в период размножения.

Некоторые крупные колонии морских птиц встречаются и в других местах на территории Восточной Антарктики (например, в Группе Рауер). При этом общая гнездовая популяция, численность которой по консервативным оценкам составляет 230 000 пар, и большое разнообразие видов в пределах двух не имеющих ледяного покрова очень небольших участков монолитов Скаллин и Мюррей (1,9 и 0,9 км², соответственно) означают, что монолиты делают этот район местом самой высокой концентрации гнездящихся морских птиц и одним из участков наибольшего видового разнообразия гнездящихся морских птиц на территории Восточной Антарктики (Приложение 1).

Помимо описанных выше огромных экологических и научных ценностей, в этом Районе находятся выдающиеся эстетические ценности, связанные с геоморфологией этих двух монолитов и впечатляющим видом ледников, которые спускаются с континентального плато, обтекают монолиты и заканчиваются айсбергообразующими ледниками.

Огромное количество гнездящихся морских птиц и наличие выдающихся эстетических и первозданных ценностей являются веским основанием для введения самого строгого режима охраны.

2. Цели и задачи

Управление ООРА «Монолиты Скаллин и Мюррей» осуществляется в следующих целях:

- Недопущение деградации или возникновения значительной угрозы для ценностей Района за счёт предотвращения излишнего нарушения Района человеком.

- Сохранение Района как ненарушенной территории в целях его дальнейшего использования в качестве контрольного участка.

- Создание условий для проведения научных исследований экосистемы и ценностей Района при условии, что это необходимо для достижения неотложных целей, которые не могут быть достигнуты ни в одном другом месте, и не повлияет на ценности района, особенно на ценности его орнитофауны.

- Обеспечение приоритета исследований, предусматривающих сбор данных о численности морских птиц с охватом репрезентативных модельных участков, контрольных гнездовых групп (КГГ) или гнездовых популяций в целом. Эти данные учёта численности будут использованы как главные определяющие факторы и основа в процессе дальнейшего пересмотра стратегии управления Районом.

- Обеспечение приоритета исследований, предусматривающих сбор других биологических данных, в частности исследований растительности и беспозвоночных. Эти данные будут использованы в процессе дальнейшего пересмотра стратегии управления Районом.

- Организация посещений для осуществления управления в поддержку целей настоящего Плана управления.

- Сведение к минимуму возможности интродукции на территорию Района неместных растений, животных и микроорганизмов, особенно возбудителей болезней птиц.

3. Меры управления

В целях охраны ценностей Района будут предприняты следующие меры управления:

- Посещать Район следует по мере необходимости, желательно, не реже одного раза в пять лет, для проведения учёта численности популяций гнездящихся морских птиц, включая составление карт колоний и расположения гнездовий.

- Информация об ООРА «Монолиты Скаллин и Мюррей», а также копии настоящего Плана управления, должны быть на станциях Дэвис и Моусон, а также предоставляться всем посетителям.

- Национальные антарктические программы, осуществляющие деятельность в окрестностях Района или планирующие его посещение, должны проводить взаимные консультации для обеспечения того, чтобы научные проекты не пересекались и не противоречили друг другу.

- По возможности следует организовать посещения Района для вывоза ненужных материалов, которые сейчас находятся на территории Района.

4. Срок определения в качестве ООРА

Район определён на неограниченный срок.

5. Карты и фотографии

- **Карта А**. Особо охраняемый район Антарктики № 164 «Монолиты Скаллин и Мюррей» (Земля Мак-Робертсона, Восточная Антарктика). На врезке показано расположение Района по отношению к антарктическому континенту.

- **Карта В.** Особо охраняемый район Антарктики № 164, Монолит Скаллин: топография и распределение видов птиц.

- **Карта С**. Особо охраняемый район Антарктики № 164, Монолит Мюррей: топография и распределение видов птиц.

- **Карта D**. Особо охраняемый район Антарктики № 164, Монолит Скаллин: маршруты подлёта для вертолётов и места высадки на берег.

Спецификации всех карт: Горизонтальная линия приведения: WGS84. Начало отсчёта высоты: средний уровень моря.

6. Описание Района

6(i) Географические координаты, отметки на границах и природные особенности

Монолит Скаллин (67°47'37" ю.ш., 66°43'8" в.д.) и монолит Мюррей (67°47'3" ю.ш., 66°53'17" в.д.) находятся на побережье Земли Мак-Робертсона примерно в 160 км к востоку от станции Моусон (карта А). Монолиты расположены приблизительно в 7 км друг от друга и выходят к морю на краю континентального ледникового щита. Береговая линия к западу и востоку от монолитов, а также между ними состоит из ледниковых скал высотой от 30 до 40 м; за ними возвышаются отвесные стены уходящего на юг Антарктического плато. Монолит Скаллин – это каменная глыба в форме полумесяца; самая высокая точка монолита находится на высоте 433 м над уровнем моря. Он огибает широкую открытую с севера бухту, со входом шириной около одного километра. Верхняя часть склонов этого монолита обрывиста со всех сторон, однако в нижней 100-метровой зоне склоны во многих местах становятся более пологими, и эти участки усыпаны валунами и крупными камнями. В остальных местах нижней части склонов стены скал отвесно уходят в море. Иногда на склонах встречаются каменистые осыпи.

Стены монолита Мюррей поднимаются из моря, образуя куполообразную вершину на высоте 340 м над уровнем моря. На западной стороне этого монолита нижняя часть склонов образует прибрежную платформу. Район охватывает все участки поверхности, свободные от ледяного покрова и связанные с двумя монолитами, и включает часть прилегающего материкового льда и горы Торлин к юго-западу от монолита Мюррей, который поднимается на 400 м над уровнем моря. Границы района никак не обозначены.

ООРА «Монолиты Скаллин и Мюррей» состоит из двух частей (см. карты B и C):

- Монолит Скаллин: граница начинается на берегу в точке с координатами 67°46'59" ю.ш., 66°40'30" в.д., откуда она идёт в южном направлении до точки с координатами 67°48'03" ю.ш., 66°40'26" в.д., затем в восточном направлении до точки с координатами 67°48'06" ю.ш., 66°44'33" в.д., далее на север до береговой точки с координатами 67°46'41" ю.ш., 66°44'37" в.д., а оттуда на запад вдоль береговой линии на отметке отлива до точки с координатами 67°46'59" ю.ш., 66°40'30" в.д.

- Монолит Мюррей: граница начинается на берегу в точке с координатами 67°46'36" ю.ш., 66°51'01" в.д., откуда она идёт в южном направлении до точки с координатами 67°48'03" ю.ш., 66°50'55" в.д., затем в восточном направлении до точки с координатами 67°48'05" ю.ш., 66°53'51" в.д., далее на север до точки с координатами 67°46'38" ю.ш., 66°54'00" в.д., а оттуда на запад вдоль береговой линии на отметке отлива до точки с координатами 67°46'36" ю.ш., 66°51'01" в.д.

Птицы

В Районе обитает семь видов птиц: пять видов буревестников (антарктические буревестники *Thalassoica antarctica*, капские буревестники *Daption capense*, серебристо-серые буревестники *Fulmarus glacialoides*, малые снежные буревестники *Pagodroma nivea*, качурки Уилсона *Oceanites oceanicus*), один вид пингвинов (пингвины Адели *Pygoscelis adeliae*) и один вид поморников (южнополярный поморник *Catharacta maccormicki*). На монолите Скаллин находится вторая по величине колония антарктических буревестников, насчитывающая по меньшей мере 160 000 пар, и значительная колония пингвинов Адели. Меньше известно о разнообразии видов на монолите Мюррей, однако в 2010-11 годах там наблюдалось примерно 8 000 пингвинов Адели. (Приложение 1).

В Районе была предпринята только одна попытка (в 1986-87 годах) определить численность популяции всех видов. Во время последующего авиационного учёта в 2010-11 годах внимание было сосредоточено только на пингвинах Адели. Поэтому пингвин Адели – это единственный вид, по которому имеются какие-либо данные об изменении популяции. Подсчёты популяции пингвина Адели для монолита Скаллин аналогичны тем, которые были произведены в предыдущие два раза (приблизительно 50 000 и 43 000 пар), и разница находится в пределах погрешности измерений. Подсчёты для монолита Мюррей существенно отличаются (приблизительно 20 000 и 8 000 пар), однако основа для начальных подсчётов чётко не описана и цифры могут быть недостоверными. Вполне вероятно, что численность гнездовой популяции буревестников, определённая в 1986/87 гг., оказалась заниженной, поскольку подсчёт производился ближе к концу сезона размножения.

Геология

Геология этих двух монолитов плохо изучена, поскольку они не были ни предметом специального исследования, ни объектом геологического картографирования. Похоже, что геология монолитов в целом аналогична геологии района в окрестностях станции Моусон. Породы состоят главным образом из метаосадочного гнейса, подвергшегося метаморфизму высоких степеней в условиях гранулитовой фации, с небольшим добавлением пород, содержащих сапфирин. Метаморфизм протекал в безводных условиях, возможно, около 1 000 млн лет назад. В литературе есть данные о том, что метаморфический возраст гнейса монолита Скаллин составляет от 1 254 до 625 млн лет. В процессе метаморфизма участвовали осадочные, изначально протерозойские породы. Около 920-985 млн лет назад эти метаморфизированные фундаментные породы подверглись интрузии со стороны моусоновского чарнокита, который является разновидностью гранита, характеризующегося присутствием ортопироксена, и весьма распространён в этом регионе. Из него сформированы стены монолитов. Его возраст составляет 433 и 450 млн лет, что, возможно, отражает влияние более позднего «Пан-африканского события», имевшего место 500 млн лет назад на всей территории Гондваны. По краям монолитов встречаются осадочные отложения, перенесённые ледником и осевшие в процессе таяния льда. Их источник невозможно определить, однако они могут содержать переработанные вещества из внутриконтинентальных районов и дать некоторое представление о геологии слоёв, которые находятся под ледником.

Экологические домены и заповедные биогеографические регионы Антарктики

В соответствии с Анализом экологических доменов Антарктики (Резолюция 3 (2008 г.)) монолиты Скаллин и Мюррей относятся к Природной среде D *«Геология прибрежных районов Восточной Антарктики»* и Природной среде L *«Ледниковый щит континентального побережья»*. По классификации заповедных биогеографических регионов Антарктики (Резолюция 6 (2012 г.)) Район не отнесён к биогеографическому региону.

Растительность

В Приложении 3 перечислена флора, обнаруженная на монолите Скаллин в 1972 и 1987-м годах. Все виды лишайников и мхов, встречающихся на монолите Скаллин, произрастают также в других местах на Земле Мак-Робертсона (Приложение 2). Ареал растительности монолита Скаллин в основном ограничивается районом западного плато и связанных с ним нунатаков. Прибрежные склоны в целом лишены растительности из-за большого количества птичьего гуано. Распределение растительности на западном плато связано с особенностями микротопографии, от которых зависят открытость тех или иных участков и наличие влаги. Хотя никаких задокументированных данных не существует, весьма вероятно, что растительность на монолите Мюррей аналогична той, что зарегистрирована на монолите Скаллин.

Другие компоненты биоты

Комплексных исследований беспозвоночных на монолитах Скаллин и Мюррей не проводилось. Один морской леопард *Hydrurga leptonyx* был замечен во время посещения в 1936 г. и несколько тюленей Уэдделла Leptonychotes weddellii во время посещений в 1997 и 1998-м годах. Никаких сообщений о дальнейших наблюдениях биоты нет.

6(ii) Доступ в Район

В соответствии с Разделом 7(ii) настоящего Плана добраться в Район можно на маломерном судне, снегоходе или воздушным путём.

6(iii) Сооружения на территории или в окрестностях Района

На момент написания (март 2015 г.) на верхней юго-западной гряде монолита Скаллин (примерно 67°47'24" ю.ш., 66°41'38" в.д.) (карты B и D) находилось убежище типа «Яблоко» из стекловолокна. Здесь также находятся четыре 200-литровых бочки с горючим для вертолётов, одна пустая 200-литровая бочка и (согласно имеющимся сообщениям) остатки запасов провианта, созданных в 1985-86-м годах. При первой возможности все эти предметы будут вывезены из Района.

6(iv) Наличие других охраняемых территорий в непосредственной близости от Района

К западу от монолитов Скаллин и Мюррей находятся два ООРА: ООРА № 102 «Острова Рукери» (67°36'36" ю.ш., 62°32'01" в.д.) приблизительно в 180 км в западном направлении (около 20 км западнее станции Моусон) и ООРА № 101 «Гнездовье Тэйлор» (67°27' ю.ш.; 60°53' в.д.) приблизительно в 70 км к западу от ООРА № 102.

6(v) Особые зоны на территории Района

Никаких особых зон на территории Района нет.

7. Условия выдачи разрешений

7(i) Общие условия выдачи разрешений

Доступ в Район возможен только на основании разрешения, выданного компетентным национальным органом. Разрешение на посещение Района выдаётся на следующих общих условиях:

- Разрешение выдаётся только для выполнения неотложных научных задач, которые невозможно выполнить ни в одном другом месте, в частности, для проведения научных исследований орнитофауны и экосистемы Района или для осуществления важных мер управления, соответствующих целям настоящего Плана, таких как инспекция, техническое обслуживание или пересмотр настоящего Плана.

- Разрешённая деятельность осуществляется в соответствии с настоящим Планом управления и не поставит под угрозу ценности Района.

- Разрешение выдаётся на определённый срок.

- В течение периода размножения морских птиц на территории Района могут одновременно находиться не более 10 человек, в остальное время – не более 15 человек.

- Во время пребывания на территории Района необходимо иметь при себе само разрешение или его заверенную копию.

- После завершения деятельности, на которую было выдано разрешение, отчёт о посещении должен быть представлен в соответствующий национальный орган, указанный в разрешении.

- Соответствующий национальный орган должен быть проинформирован о любой предпринятой деятельности или принятых мерах, которые не были предусмотрены в официальном разрешении.

7(ii) Доступ в Район и передвижение по его территории

- Добраться в Район можно на маломерном судне, снегоходе или воздушным путём.

- При передвижении по территории Района и в его окрестностях следует соблюдать установленные минимальные расстояния до диких животных (Приложение 3); подходить к птицам на более близкое расстояние можно только на основании разрешения.

- Передвигаться по Району разрешается только пешком.

- При подходе к Району скорость передвижения на маломерных судах не должна превышать пяти узлов в пределах 500 м от берега.

- Посетителям, которым не разрешён вход на территорию Района, не рекомендуется приближаться к береговой линии ближе, чем на 50 м.

- Уровень шума, включая словесное общение, должен быть минимальным, чтобы как можно меньше беспокоить диких животных. В течение летнего сезона размножения морских птиц (с 1 октября по 31 марта) на территории Района запрещается использование инструментов с приводом от двигателя и любая другая деятельность, которая может стать источником шума и потревожить гнездящихся птиц.

Использование воздушных судов для посещения Района разрешается на следующих условиях:

- Воздушные суда не должны беспокоить колонии ни при каких обстоятельствах.

- В течение периода размножения (с 1 октября по 31 марта) двухмоторным вертолётам запрещаются полёты над Районом на высоте менее 1 500 м (5 000 футов), а одномоторным вертолётам и самолётам – на высоте менее 930 м (3 050 футов).

- Посадка на территории Района разрешена только одномоторным вертолётам на специально выделенной площадке на монолите Скаллин (карта D).

- Одномоторные вертолёты должны приближаться к посадочной площадке с юго-запада, придерживаясь установленного коридора для полётов (карта D).

- Во время периода размножения двухмоторным вертолётам запрещены посадка, взлёт и полёты на расстоянии менее 1 500 м от Района.

- В течение периода размножения самолётам запрещены посадка и взлёт на расстоянии менее 930 м от Района или полёты на расстоянии менее 750 м (2 500 футов) от Района.

- В течение периода размножения полёты воздушных судов в пределах амфитеатра монолита Скаллин не допускаются ни при каких условиях.

- Двухмоторным вертолётам разрешается совершать посадку на выделенной площадке за исключением периода размножения (с 1 октября по 31 марта).

- Дозаправка воздушных судов на территории Района запрещена.

7(iii) Осуществляемая или разрёшенная деятельность на территории Района, включая ограничения по срокам или месту

В период с 1 октября по 31 марта на территории Района могут осуществляться перечисленные далее виды деятельности, если это оговорено в разрешении:

- неотложные научные исследования, которые не могут быть проведены ни в одном другом месте, включая запуск или продолжение текущих программ мониторинга;

- научные исследования, соответствующие Плану управления данным ООРА, которые не наносят ущерба ценностям Района и не нарушают целостность его экосистемы.

7(iv) Установка, модификация и снос сооружений

На территории Района запрещено возводить какие-либо новые сооружения или устанавливать научное оборудование за исключением таких, которые необходимы для осуществления неотложной научной деятельности или мер управления, и на заранее установленный срок, указанный в Разрешении. Научные указатели и научное оборудование должны быть надёжно закреплены и должны поддерживаться в хорошем состоянии с чётким указанием страны, выдавшей разрешение, Ф.И.О. главного исследователя и года установки. Все они должны быть выполнены из материалов, представляющих минимальную опасность для фауны и флоры или как источники загрязнения Района.

Одним из условий выдачи Разрешения является то, что оборудование, связанное с осуществлением санкционированной деятельности, подлежит вывозу из Района сразу после или до завершения этой деятельности. Подробные сведения об указателях и оборудовании, которые остались на территории Района (указатели с данными GPS, описания, метки и т.д., а также предполагаемые сроки их удаления) направляются в орган, выдавший разрешение.

7(v) Расположение полевых лагерей

На территории Района допускается разбивка временных лагерей для полевых экспедиций, однако их следует размещать как можно дальше от колоний и гнездовий морских птиц при условии, что это не скажется на безопасности самих исследователей. Лагеря разбиваются на срок, минимально необходимый для проведения согласованной научной деятельности, и не должны оставаться на месте между сезонами размножения морских птиц.

7(vi) Ограничения на ввоз материалов и организмов в Район

- На территории Района разрешается хранить небольшое количество топлива для приготовления пищи в период пребывания на его территории полевых экспедиций. Во всех остальных случаях хранение топлива на территории Района запрещено.

- Запрещается ввоз на территорию Района продуктов из домашней птицы, включая сухие концентраты, содержащие яичный порошок.

- Ввоз гербицидов и пестицидов на территорию Района не допускается.

- Все химические вещества, необходимые в научных целях, должны быть оговорены в разрешении и подлежат вывозу из Района сразу после или до завершения разрешённых научных исследований.

Запрещается ввоз в Район и использование на его территории радионуклидов и стабильных изотопов.

- Преднамеренный ввоз на территорию Района животных, растительных материалов, микроорганизмов и нестерильной почвы запрещается. Должны приниматься самые строгие меры предосторожности по предотвращению непреднамеренного ввоза на территорию Района животных, растительных материалов, микроорганизмов и нестерильной почвы из других биологически отличающихся регионов (подпадающих и не подпадающих под действие Договора об Антарктике).

- Насколько это возможно, одежда, обувь и другое оборудование, используемые на территории Района или ввозимые в Район (включая рюкзаки, сумки и другое оборудование), должны быть тщательно очищены перед входом на территорию Района и после выхода из него.

- Обувь, пробоотборное или научное оборудование и указатели, которые соприкасаются с грунтом, должны быть продезинфицированы или очищены горячей водой с хлорной известью перед входом на территорию Района и после его посещения с целью предотвращения случайного попадания животных, растительных материалов, микроорганизмов и нестерильной почвы в Район. Чистку необходимо проводить на станции.

- Посетители должны также изучить и соответствующим образом соблюдать рекомендации, содержащиеся в Руководстве по неместным видам Комитета по охране окружающей среды (КООС, 2011 г.) и Экологическом кодексе поведения при проведении наземных полевых исследований в Антарктике (СКАР, 2009 г.).

7(vii) Изъятие или вредное вмешательство в жизнь местной флоры и фауны

Изъятие или вредное вмешательство в жизнь местной флоры и фауны допускаются только на основании разрешения. В случае изъятия или вредного воздействия на животных в качестве минимального стандарта следует руководствоваться *Кодексом поведения при использовании животных в научных целях в Антарктике, разработанным СКАР*. При любых обстоятельствах следует избегать нарушения жизни всех диких животных.

7(viii) Сбор и вывоз объектов, которые не были ввезены в Район держателем Разрешения

Материалы антропогенного происхождения, которые могут нанести ущерб ценностям Района и которые не были ввезены в Район держателем разрешения или санкционированы иным образом, могут быть вывезены из Района, за исключением ситуаций, когда существует вероятность того, что последствия вывоза превзойдут последствия пребывания материала на месте. При обнаружении таких материалов необходимо направить уведомление в орган, выдавший разрешение, и, если это возможно, пока полевая экспедиция ещё находится на территории Района.

Сбор и вывоз образцов природных материалов из Района допускается только в соответствии с разрешением и ограничивается минимумом, необходимым для выполнения научных задач или целей управления.

7(ix) Удаление отходов

Все отходы, включая отходы жизнедеятельности человека, подлежат вывозу из Района. Отходы, образовавшиеся в результате деятельности полевых экспедиций, подлежат хранению вплоть до того момента, когда они могут быть удалены или вывезены, причём порядок их хранения не должен допускать возможности их использования дикими животными (например, поморниками). Отходы подлежат вывозу не позднее отъезда самой полевой экспедиции. Отходы жизнедеятельности человека и бытовые сточные воды могут сбрасываться в море как можно дальше за пределами Района.

7 (x) Меры, необходимые для обеспечения возможности дальнейшего выполнения целей и задач Плана управления

- Разрешения на доступ в Район могут выдаваться для проведения биологического мониторинга и и мероприятий по инспектированию Района, что может предусматривать отбор для анализа или проверки.

- Высокая степень приоритетности должна отдаваться орнитологическим исследованиям, включая аэрофотосъёмку с целью проведения учёта численности птиц.

- Все данные GPS, а также данные исследований и подсчёта численности птиц, собранные полевыми экспедициями, посетившими Район, направляются в орган, выдавший разрешение, а также стороне, ответственной за разработку Плана управления (в случае, если это два разных органа).

- Эти данные размещаются в Генеральном каталоге антарктических данных.

- Посетители должны принимать особые меры предосторожности во избежание интродукции чужеродных организмов в Район. Особую опасность представляет интродукция патогенных организмов, микроорганизмов или растительности, перенесённых из почв, флоры или фауны других районов Антарктики, включая научные станции, или регионов за пределами Антарктики. С целью минимизации риска интродукции перед входом в Район следует тщательно очистить обувь и всё оборудование, которое будет использоваться на его территории, особенно пробоотборное оборудование и указатели.

7(xi) Требования к отчётности

Основной держатель разрешения должен сдавать отчёт о каждом посещении Района соответствующему национальному органу как можно скорее после посещения, но не позднее шести месяцев после такого посещения. Эти отчёты о посещении должны содержать, в зависимости от конкретного случая, информацию, указанную в форме отчёта о посещении, приведённой в *Руководстве по подготовке Планов управления Особо охраняемыми районами Антарктики*. В необходимых случаях национальный компетентный орган должен также направить копию отчёта о посещении Стороне, предложившей План управления, в целях оказания помощи в управлении Районом и пересмотре Плана управления. По возможности сторонам следует размещать оригиналы или копии таких отчётов о посещении в публичных архивах для организации учёта их использования, а также с целью дальнейшего пересмотра Плана управления и организации использования Района в научных целях.

Копия отчёта должна быть направлена Стороне, отвечающей за разработку Плана управления (Австралии), для оказания содействия в управлении Районом и мониторинга популяций птиц.

8. Подтверждающая документация

Alonso J.C., Johnstone G.W., Hindell M., Osborne P. & Guard R. (1987): Las aves del Monolito Scullin, Antártida oriental (67° 47'S, 66° 42'E). In: Castellvi J (ed) *Actas del Segundo symposium Espanol de estudios antarcticos*, pp. 375-386, Madrid.

Bergstrom, D.M., Seppelt, R.D. (1990): The lichen and bryophyte flora of Scullin Monolith Mac.Robertson Land. *Polar Record* 26, 44

Christensen L. (1938): My last expedition to the Antarctic 1936 - 1937. JG Tanum, Oslo. Christensen L 1939. Charting the Antarctic. *Polar Times* 8, 7-10.

Filson R.B. (1966): The lichens and mosses of Mac.Robertson Land. *ANARE Scientific Reports* B(II) Botany.

Funaki, M., Saito, K. (1992): Paleomagnetic and Ar-40/Ar-39 dating studies of the Mawson charnockite and some rocks from the Christensen Coast., In Y. Yoshida (ed) *Recent progress in Antarctic earth science*. pp191-201, Terra Scientific Publishing Company, Tokyo.

Lee J.E, Chown S.L. 2009: Breaching the dispersal barrier to invasion: quantification and management. *Ecological Applications* **19**: 1944-1959.

Johnstone, G. (1987): Visit to Scullin Monolith. *ANARE News*, June 1987, 3.

Klages, N. T.W., Gales, R., Pemberton, D. (1990): The stomach contents of Antarctic petrels Thalassoica antarctica feeding young chicks at Scullin Monolith, Mawson Coast, Antarctica. *Polar Biology* 10, 545-547

Rayner, G.W. & Tilley C.E. (1940): Rocks from Mac Robertson Land and Kemp Land, Antarctica. *Discovery Reports*, XIX, 165-184.

Southwell, C.J. & Emmerson, L.M. (2013) New counts of Adélie penguin populations at Scullin and Murray monoliths, Mac. Robertson Land, East Antarctica. *Antarctic Science* 25: 381-384.

Takigami, Y., Funaki M. & Tokieda K. (1992): 40Ar-39Ar geochronological studies on some paleomagnetic samples of East Antarctica. in Y. Yoshida et al. (editors) *Recent Progress in Antarctic Earth Science*, pp 61-66, Tokyo, Terra Scientific Publishing Co.

Tingey R.J. (1991): The regional geology of Archaean and Proterozoic rocks in Antarctica. In Tingey R.J. (ed) *The Geology of Antarctic*, pp 1-73, Oxford, Oxford Science Publications.

Whinam J, Chilcott N, Bergstrom D.M. 2005: Subantarctic hitchhikers: expeditioners as vectors for the introduction of alien organisms. *Biological Conservation* **121**: 207-219.

van Franeker J.A., Gavrilo M., Mehlum F., Veit R.R. & Woehler E.J. (1999): Distribution and abundance of the Antarctic Petrel. *Waterbirds* 22, 14-28.

Приложение 1. Подсчёт гнездовых популяций (пар) морских птиц на монолитах Скаллин и Мюррей

Вид	Монолит Скаллин	Монолит Мюррей
Пингвин Адели (*Pygoscelis adeliae*)	43 000	8 000
Серебристо-серый буревестник (*Fulmarus glacialoides*)	1 350	150
Антарктический буревестник (*Thalassoica antarctica*)	157 000	3 500
Капский буревестник (*Daption capense*)	14	Н/Д
Малый снежный буревестник (*Pagodroma nivea*)	1 200	Н/Д
Качурка Вильсона (*Oceanites oceanicus*)	Н/Д	Н/Д
Южнополярный поморник (*Catharacta maccormicki*)	30	Н/Д

Примечание. «Н/Д» означает отсутствие данных о численности.

Приложение 2. Растительность, обнаруженная на монолите Скаллин

Перечисленные далее таксоны были собраны на монолите Скаллин в 1972 г. (R Seppelt) и в 1987 г. (D Bergstrom). Эти данные опубликованы в работе Bergstrom a Seppelt 1990.

ЛИШАЙНИКИ **Acarosporaceae**	**Teloschistaceae**
Biatorella cerebriformis (Dodge) Filson	*Caloplaca citrina* (Hoffm.) Th. Fr.
*Acarosporagwynii*Dodge&Rudolph	*Xanthoriaelegans*(Link.)Th.Fr.
Lecanoraceae *Lecanora expectans* Darb *Rhizoplaca melanophthalma* (Ram.) Leuck.	*Xanthoria mawsonii* Dodge **Candelariaceae** *Candellariella hallettensis* Murray
Lecideaceae	**Umbilicariaceae**
Lecidea phillipsiana Filson	*Umbilicaria decussata* (Vill.) Zahlbr.
Lecidea woodberryi Filson **Physciaceae** *Physcia caesia* (Hoffm.) Hampe	**Usneaceae** *Usnea antarctica* Du Rietz *Pseudophebe miniscula* (Nyl. Ex Arnold) Brodo et Hawksw.
Buellia frigida Darb	
Buellia grimmiae Filson *Buellia lignoides* Filson	**БРИОФИТЫ**
Rinodina olivaceobrunnea Dodge & Baker	**Grimmiaceae** *Grimmia lawiana* Willis **Pottiaceae** *Sarconeurum glaciale (C.* Muell.) Card. Et Bryhn

Приложение 3. Минимальное расстояние (м), которое следует соблюдать при приближении к диким животным без специального разрешения

Вид	Пешеходы/ лыжники	Вездеход Quad/снегоход	Вездеход Hagglunds
Южный гигантский буревестник	100	150	250
Колонии императорских пингвинов	30		
Колонии других пингвинов Пингвины во время линьки Тюлени с детёнышами Детёныши тюленей без взрослых Китовые птички и буревестники на гнезде Южнополярные поморники на гнезде	15		
Пингвины на морском ледовом покрове Взрослые тюлени, не выводящие потомство	5		

Примечания:

1. Указанные расстояния даны в качестве ориентира, и, если вы поймёте, что ваша деятельность беспокоит животных, расстояние необходимо увеличить.

2. Категория «китовые птички и буревестники» включает капских буревестников, антарктических буревестников, качурок Вильсона, малых снежных буревестников и серебристо-серых буревестников.

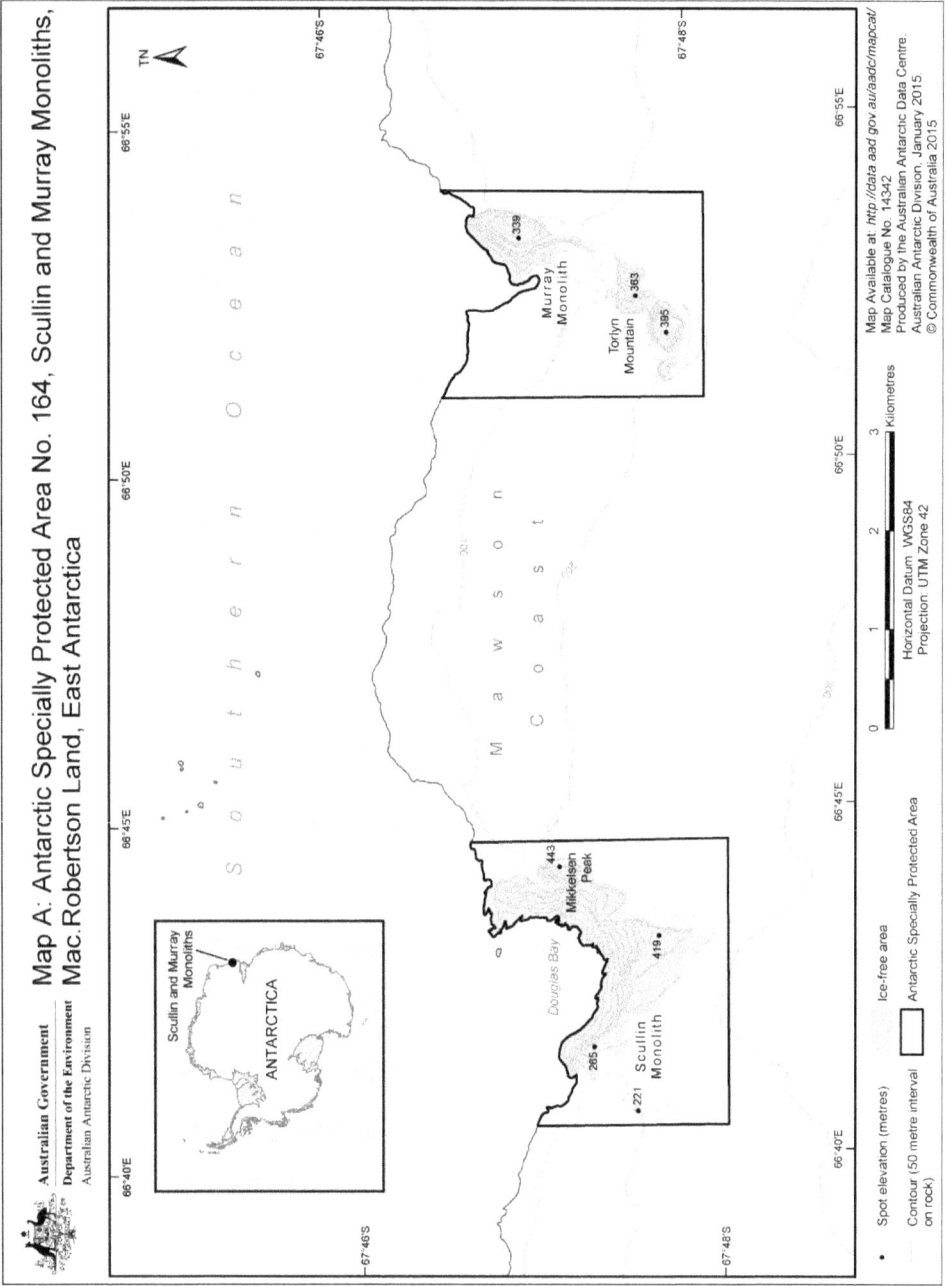

Map A: Antarctic Specially Protected Area No. 164, Scullin and Murray Monoliths, Mac.Robertson Land, East Antarctica

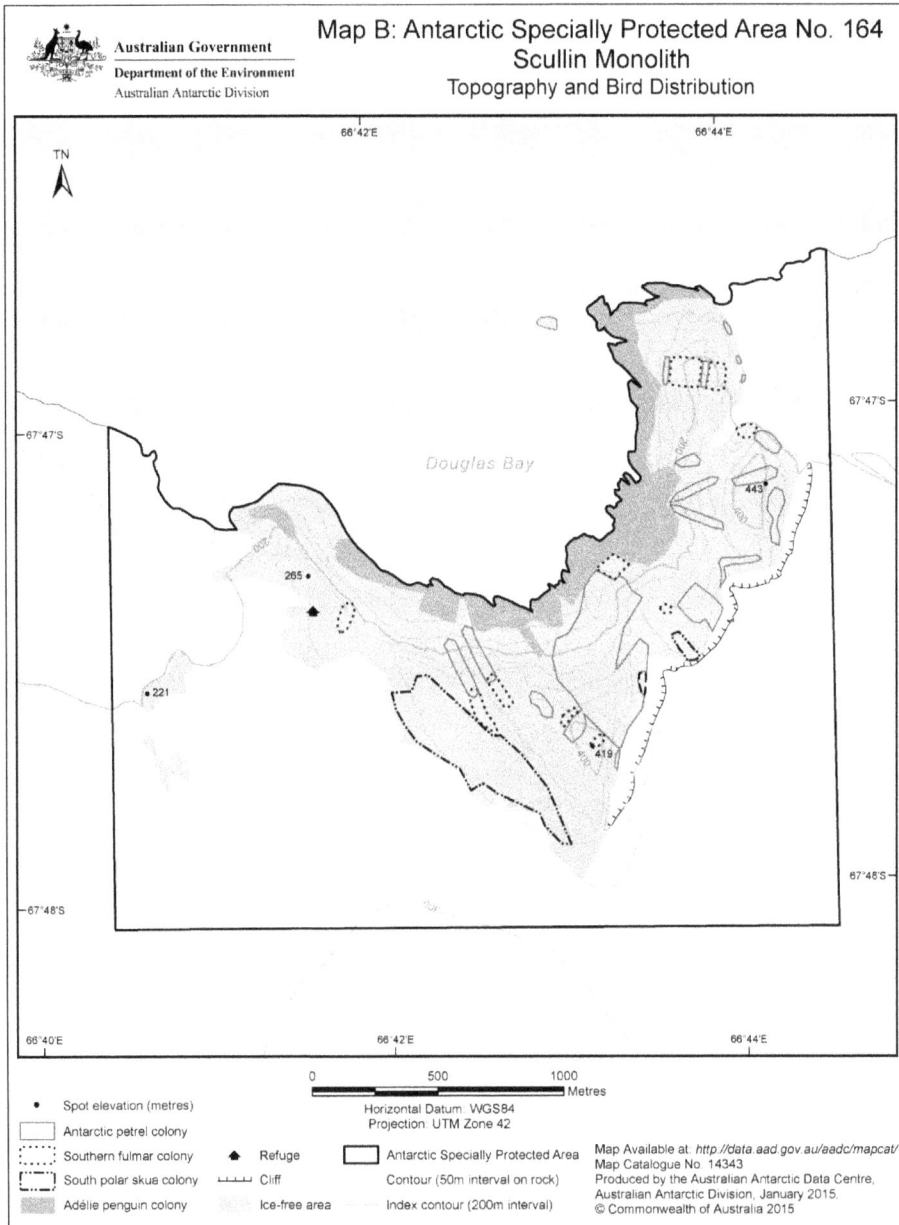

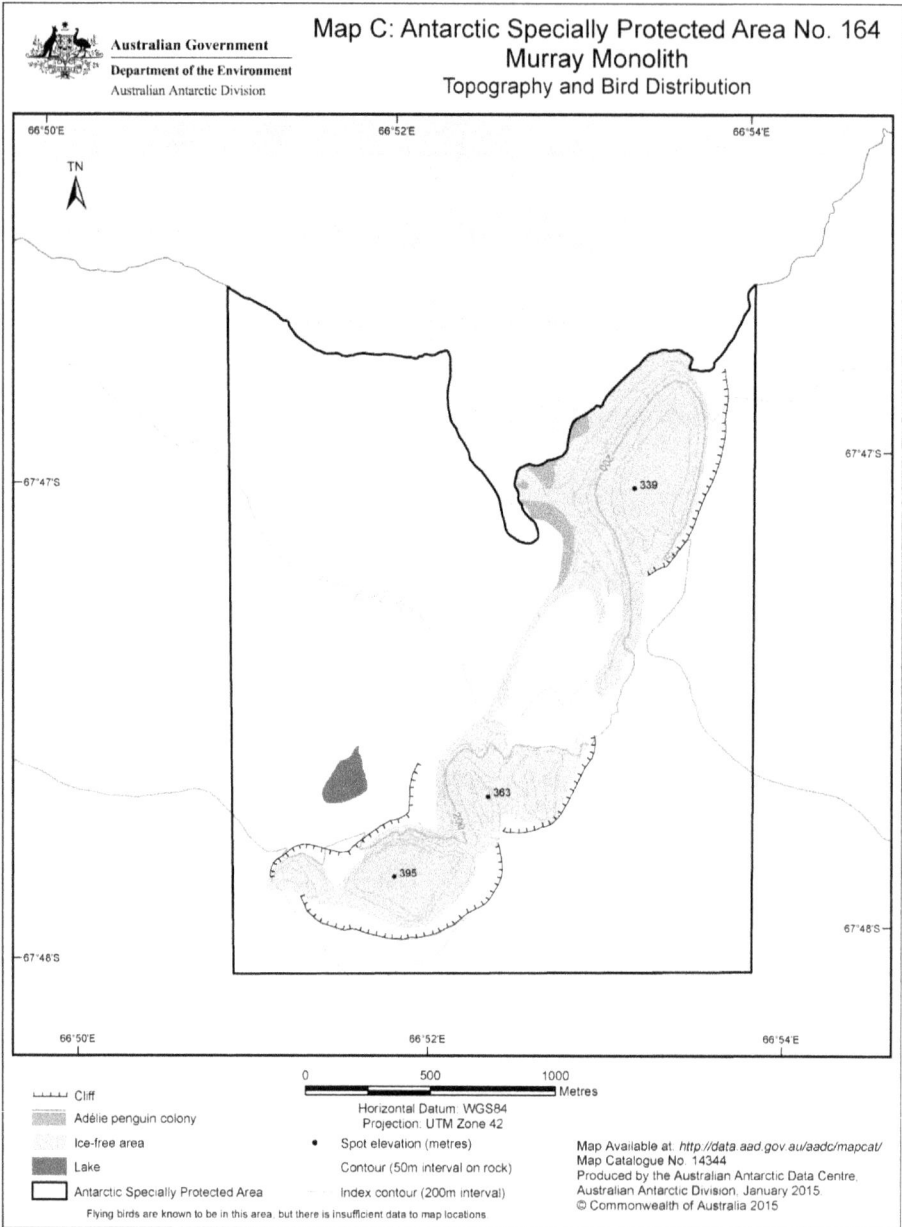

Map C: Antarctic Specially Protected Area No. 164
Murray Monolith
Topography and Bird Distribution

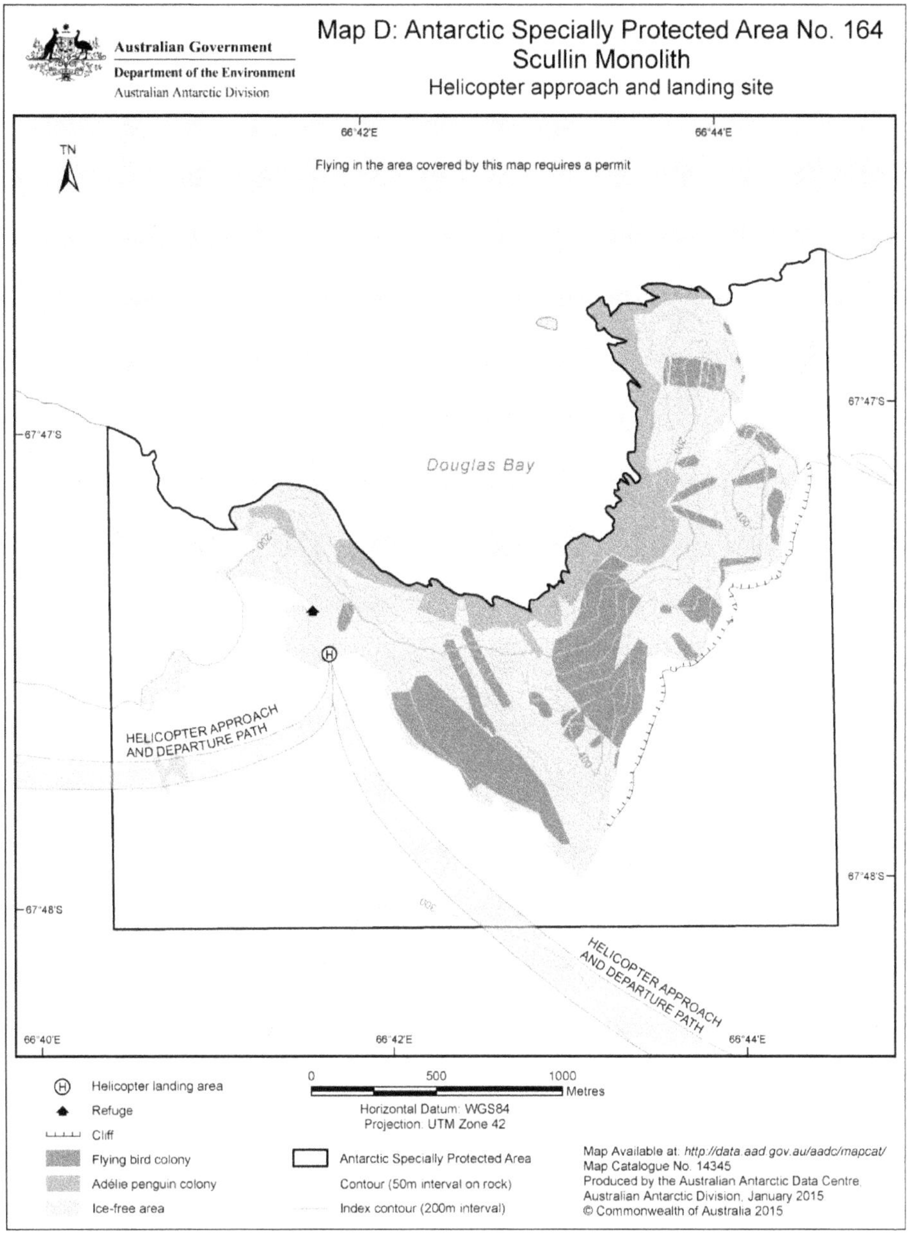
Australian Government
Department of the Environment
Australian Antarctic Division
Map D: Antarctic Specially Protected Area No. 164
Scullin Monolith
Helicopter approach and landing site
TN
66°42'E
66°44'E
Flying in the area covered by this map requires a permit
67°47'S
Douglas Bay
HELICOPTER APPROACH
AND DEPARTURE PATH
67°48'S
66°40'E
Helicopter landing area
Refuge
Cliff
Flying bird colony
Adélie penguin colony
Ice-free area
0
500
1000
Metres
Horizontal Datum: WGS84
Projection: UTM Zone 42
Antarctic Specially Protected Area
Contour (50m interval on rock)
Index contour (200m interval)
Map Available at: http://data.aad.gov.au/aadc/mapcat/
Map Catalogue No. 14345
Produced by the Australian Antarctic Data Centre,
Australian Antarctic Division, January 2015
© Commonwealth of Australia 2015

План управления

Особо охраняемым районом Антарктики № 168

«Гора Хардин» (горы Гров, Восточная Антарктида)

Введение

Горы Гров (72°20′ 73°10′ ю.ш., 73°50′ 75°40′ в.д.) находятся примерно в 400 км вглубь континента на юг от Холмов Ларсеманн на территории Земли Принцессы Елизаветы, Восточная Антарктида, на восточном откосе рифтовой зоны Ламберта (карта А). Гора Хардин (72°51′ 72°57′ ю.ш., 74°53′ 75°12′ в.д.) является самой крупной горой горного массива Гров; она расположена на участке центрального ядра гор Гров, внешне представляющего собой горно-долинный ландшафт, состоящий из нунатаков, тянущихся с северо-северо-востока на юго-юго-запад, а ее высота над поверхностью голубого льда составляет 200 м (карта В).

Главной причиной определения Района в качестве Особо охраняемого района Антарктики является охрана его уникальных геоморфологических особенностей для научных исследований эволюционной истории ледникового покрова Восточной Антарктиды (ЛПВА) при одновременном расширении системы охраняемых районов Антарктики.

Исследования эволюционной истории ЛПВА играют важную роль в реконструкции глобальных палеоклиматических событий. По сей день главной трудностью в понимании поведения ЛПВА является отсутствие прямых доказательств, характеризующих уровни поверхности ледникового покрова, для ограничения моделей ледникового покрова в периоды известных ледниковых максимумов и минимумов в течение последних 14 млн лет.

Следы колебаний уровня поверхности ледникового покрова, сохранившиеся вокруг горы Хардин, с большой степенью вероятности могут обеспечить получение важных прямых доказательств для реконструкции поведения ЛПВА. Здесь имеются очень редкие и крайне уязвимые объекты, представляющие собой внешние
проявления ледниковой и ветровой эрозии (например, пирамиды с ледяным ядром, ветрогранники и т.д.). Эти гляциально-геологические объекты представляют не только большую научную, но и огромную первозданную и эстетическую ценность, а неупорядоченная деятельность человека может нанести им необратимый и непоправимый ущерб.

В период с 1998 по 2014 гг. Китайская научно-исследовательская антарктическая экспедиция (ЧИНАРЭ) несколько раз посещала район гор Гров (и планирует посетить Район в предстоящем сезоне 2015/16 гг.), уделяя основное внимание исследованиям в области тектоники геологических структур, ледниковой геологии и ледникового ландшафта, метеорологии, изучению движения и баланса массы ледниковых шапок, проведению изысканий и картографии, особенно в отношении колебаний антарктической ледниковой шапки со времен плиоцена, и в результате этих исследований было сделано несколько новых открытий.

Несколько раз горы Гров посещала Австралийская антарктическая программа для проведения целого ряда геолого-геофизических и гляциологических исследований и технического обеспечения. В настоящее время Австралия эксплуатирует круглосуточно работающую станцию GPS в районе гряды Тяньхэ и планирует дальнейшие посещения региона в научно-исследовательских и эксплуатационных

целях. Кроме того, в 1958 и 1973 гг. эту территорию на короткое время посещала Российская научно-исследовательская антарктическая экспедиция, однако вопрос посещения экспедицией Района остается неясным.

1. Описание ценностей, нуждающихся в охране

На территории участка горы Хардин, определенного в качестве Особо охраняемого района Района (карта А), имеются сохранившиеся на ледниковом покрове континентальной Антарктики следы ледниковой эрозии, представляющие большую научную, эстетическую и первозданную ценность. Целью определения этого участка в качестве охраняемого является сохранение его научных, эстетических и первозданных ценностей.

1(i) Научные ценности

На горе Хардин сохранилось множество следов наступления и отступления ледникового покрова, являющихся прямым доказательством глобальных потеплений и похолоданий климата со времен плиоцена. В этом Районе ученые обнаружили редко встречающиеся почвы очень холодной пустыни, не до конца затвердевшие осадочные породы, которые сформировались в период неогена, а также ценные спорово-пыльцевые комплексы, сохранившиеся в этих палеопочвах и осадочных породах. Все это свидетельствует о наличии факта потепления климата в этом районе, в результате которого имело место крупномасштабное отступление ЛПВА, возможно даже за горы Гров, т.е. на 400 км к югу от нынешней линии ЛПВА.

К числу уникальных геоморфологических особенностей данного Района относятся цельные геолого-геоморфологические остатки и целый ряд особенностей ландшафта, таких как пирамиды с ледяным ядром, ветрогранники, морены с ледяным ядром (конечная и боковая морены), почва холодной пустыни, эрратические валуны осадочных пород, водоем с талой водой, «бараньи лбы» и т.д.

1(ii) Эстетические и первозданные ценности

На территории Района сохранились редкие по своей природе образцы рельефа, образовавшегося в результате ледяной эрозии: водоем с талой водой, висячая моренная дайка, пирамида с ледяным ядром, ветрогранник и т.д. (фотоснимки 1-6). Этот горно-ледниковый ландшафт ярко выделяется на фоне обширного покрова голубого льда, вызывая чувство исключительной величественности и красоты и представляя собой огромную эстетическую и первозданную ценность.

6. Цели и задачи

Управление ООРА «Гора Хардин» (горы Гров, Восточная Антарктида) осуществляется в следующих целях:

• содействие проведению долгосрочных научных исследований при недопущении нанесения прямого или кумулятивного ущерба уязвимым геоморфологическим ценностям Района;

• разрешение проведения неотложных научных исследований, которые не могут быть выполнены в каком-либо ином месте и не подвергают опасности ценности Района;

• разрешение осуществления научной деятельности в Районе, не противоречащей целям и задачам управления и не подвергающей опасности ценности Района;

• разрешение посещения Района для осуществвления мер, необходимых для реализации целей настоящего Плана управления;

• сведение к минимуму вероятности интродукции в Район чужеродных видов растений, животных и микроорганизмов.

1. Деятельность по управлению

• Копии настоящего Плана управления (вместе с картами) должны иметься в наличии на станциях Чжуншань (Китай), Дейвис (Австралия), и Прогресс (Россия), а карта охраняемого Района должна быть вывешена на видных местах на территории указанных выше станций. Персонал, находящийся вблизи Района, посещающий его или пролетающий над ним, должен надлежащим образом инструктироваться национальными программами относительно положений и содержания данного Плана управления

• Национальные антарктические программы, осуществляющие свою деятельность в Районе, должны проводить взаимные консультации с целью обеспечения реализации вышеуказанных мер управления.

• Посещения Района должны осуществляться по мере необходимости, но не реже одного раза в пять лет, для оценки соответствия Района целям, ради которых был определен, и достаточности принимаемых мер по его управлению.

• Настоящий План управления подлежит пересмотру не реже одного раза в пять лет с внесением оперативных сведений или изменений и дополнений в случае необходимости.

• Если антарктический ледниковый покров будет и дальше отступать, а на поверхности в окрестностях ООРА будут появляться новые следы наступления и отступления ЛПВА, что приведет к увеличению территории, где находятся такие следы, границы ООРА следует периодически пересматривать для включения в его состав новых обнажившихся следов наступления и отступления ледниковой шапки. Это следует учитывать при рассмотрении настоящего Плана управления.

2. Срок определения в качестве ООРА

 Определен на неограниченный срок.

3. Карты и фотоснимки

• Карта A, A1: местоположение гор Гров. A2: район гор Гров (Антарктида)

• Карта B, охраняемый район вокруг горы Хардин (горы Гров, Антарктида)

• Карта C, расположение нунатаков и направление движения льда вокруг горы Хардин (горы Гров, Антарктида).

•Фотоснимок № 1, ветрогранник

•Фотоснимок № 2, ветрогранник

•Фотоснимок № 3, пирамида с ледяным ядром

•Фотоснимок № 4, висячая моренная дайка

•Фотоснимок № 5, водоем с талой ледниковой водой

•Фотоснимок № 6, «Бараньи лбы»

4. Описание Района

6(i) Географические координаты, специальные знаки и характерные естественные признаки, определяющие границы Района

Район имеет неправильную форму, напоминающую прямоугольник. Его ширина с востока на запад составляет около 10 км, а длина с юга на север – около 12 км (карта А).

Предложенные границы ООРА были определены таким образом, чтобы обеспечить особую охрану всего комплекса уникальных геоморфологических объектов, сформированных при наступлении и отступлении ледникового покрова в районе горы Хардин.

Географические координаты

В состав Особо охраняемого района Антарктики «Гора Хардин» (горы Гров) входит зона открытого голубого льда от морены на западной стороне горы до восточной стороны гряды Захарова, а также целый ряд расположенных на его территории нунатаков, детритовых зон, морен и т.д (карта В). Район имеет следующие географические координаты: 72°51′ 72°57′ ю.ш., 74°53′ 75°12′ в.д.

Специальные знаки и характерные естественные признаки, определяющие границы района

Западной границей Района служит морена, расположенная на западной стороне горы Хардин. На северном конце морены граница поворачивает к востоку по направлению к открытому детритовому участку голубого льда на восточной стороне гряды Захарова. Она проходит через северный склон северной гряды горы Хардин и северную оконечность гряды Захарова, поворачивает на юг к северному концу нунатаков Дэйви, а оттуда идет на запад к южной оконечности морены озера Си, охватывая таким образом всю территорию Района. Географические координаты девяти контрольных точек, расположенных вдоль границы (приведены в направлении против часовой стрелки): 1. 74°57′ в.д., 72°51′ ю.ш., 2. 74°54′ в.д., 72°53′ ю.ш., 3. 74°53′ в.д., 72°55′ ю.ш., 4. 74°54′ в.д., 72°57′ ю.ш., 5. 75°00′ в.д., 72°57′ ю.ш., 6. 75°10′ в.д., 72°57′ ю.ш., 7. 75°12′ в.д., 72°55′ ю.ш., 8. 75°11′ в.д., 72°52′ ю.ш., 9. 75°08′ в.д., 72°51′ ю.ш..

Какие-либо указатели или знаки, определяющие границы Района, на данный момент отсутствуют.

Общие климатические условия в летний период

В горах Гров, средняя высота которых составляет более 2000 м, суточный диапазон температуры и частота возникновения сильных ветров превышают аналогичные параметры в районе станции Чжуншань. В период поступления теплых влажных потоков воздуха с севера в Районе постоянно идет снег, а при поступлении воздушных масс с востока наступает в основном солнечная погода. Тенденция суточного изменения скорости ветра более ярко выражена, чем на станции Чжуншань, где максимальная скорость ветра наблюдается примерно в 5 часов утра, а наименьшая скорость ветра наблюдается, как правило, около 5 часов вечера. В период с декабря 1998 г. по январь 1998 г. среднесуточная скорость ветра составляла 7,5 м/с. Так же, как и станция Чжуншань, район гор Гров находится под влиянием катабатических ветров, но здесь они сильнее, чем в районе станции Чжуншань.

В период с декабря 1998 г. по январь 1999 г. средняя максимальная и средняя минимальная температура
воздуха в районе гор Гров составляла соответственно -13,1°C и -22,6°C, а средние суточные колебания температуры достигали -9,5°C. В течение суток температура воздуха и снега
в этом районе (особенно в январе) заметно менялись: средняя температура воздуха составляла примерно -18,5°C, а средняя температура снежной поверхности – примерно -17,9°C, т.е. средняя температура снежного покрова была выше средней температуры воздуха.

Природные особенности

Гора Хардин, расположенная в центральной части гор Гров, имеет форму полумесяца, открытая часть которого обращена на северо-запад. Как северная, так южная оконечности этого полумесяца представляют собой крутые гребни, выступающие примерно на 200 м над поверхностью недавних образований ледникового покрова. Центральный участок гряды между двумя вершинами постепенно понижается, пока не сравнивается с поверхностью льда центральной седловины со свисающими остатками ледникового языка с подветренной стороны. Внутри полумесяца находится поле неподвижного голубого льда шириной в несколько десятков квадратных километров. Все эти объекты, отбрасывая друг на друга отблеск обширных просторов голубого льда, создают величественные и прекрасные формы рельефа ледяного поля, образовавшиеся в результате эрозионной деятельности льда.

Все нунатаки на территории этого района можно разделить на две группы. На западе расположены высокие нунатаки, представленные горой Хардин, а вторая группа, включая невысокую линейную цепь нунатаков гряды Захарова, занимает меньшую часть Района. На склонах скалистых нунатаков, обращенных навстречу движению ледника, видна гладкая абрадированная коренная порода, в которой изредка встречаются пятна эрратических моренных отложений. На подветренной и боковой сторонах нунатаки представляют собой, как правило, крутые утесы, образовавшиеся в результате как скоблящего действия при движении льда, так и его обрушения вдоль близких к вертикальным расщелинам. Нунатаки оставляют пару спутных следов из обломков породы, тянущихся на десятки километров по поверхности льда и указывающие на наличие и направление местного движения льда.

Верхняя часть более высоких нунатаков представляет собой, как правило, зубчатую гряду, на вершине которой находятся хорошо развитые ветрогранники, обращенные в сторону господствующего юго-восточного ветра. Немногочисленные следы эрозионной деятельности ледника, а также выветрелая на несколько метров в глубину твердая порода свидетельствуют о том, что эти более высокие части склонов были свободны от ледникового покрова в течение довольно длительного времени. Однако нижние части склонов, находящиеся на высоте менее 100 м над поверхностью льда, хранят следы недавней эрозионной деятельности ледника в виде свежих линий наибольшего продвижения ледника и эрратических валунов.

Некоторые более мелкие нунатаки представляют собой типичные «бараньи лбы», образовавшиеся в результате прошлого движения ледников по их поверхности. Считается, что эта местная граница между ветровой и ледниковой эрозией отражает прежнюю высоту поверхности льда после наступления определенного этапа (возможно с момента первых оледенений четвертичного периода), а более поздние подъемы поверхности льда не превышали этой высоты.

Гора Хардин является самым большим нунатаком в районе гор Гров. На западной стороне гряды, изогнутой в виде полумесяца, находится большой равнинный участок неподвижного голубого льда, по форме напоминающий озеро (Куньмин, Си), а в местах подхода ледяного озера к подножию скалистых нунатаков, имеется около дюжины пирамид с ледяным ядром (конусы с ледяным ядром).

К числу геологических и гляциологических объектов или ландшафтов, заслуживающих режима особой охраны (карта C),относятся ветрогранники (фотоснимки № 1 и № 2). В результате длительного воздействия сильных ветров и ветровой эрозии вокруг южной вершины горы Хардин образовалось множество ветрогранников необычной формы.

Эти ветрогранники являются типичными продуктами ветровой эрозии, которые редко встречаются на земле, а неупорядоченная деятельность человека может нанести им непоправимый ущерб..

Пирамиды с ледяным ядром (конусы с ледяным ядром, фотоснимок № 3). Вдоль северного и южного берегов «озера Куньмин» разбросано около дюжины пирамид с ледяным ядром. Эти пирамиды высотой 20-40 м имеют конусообразную форму и достигают 50-80 м в диаметре у основания. Эти пирамиды являются самыми лучшими ориентирами для непосредственного измерения выветривания голубого льда и имеют огромное значение для исследований баланса массы и эволюционной истории ЛПВ. Они крайне уязвимы, и любая попытка человека взобраться на них вызовет необратимые изменения и разрушения.

Висячая моренная дайка (фотоснимок № 4). На северо-западной стороне бассейна неподвижного голубого льда имеется несколько вытянутых плавающих морен. Морены достигают около 100 м в ширину, 25-35 м в высоту и несколько километров в длину. Поверхность морен покрыта слоем гравия толщиной 50-100 см, под которым находится голубой лед. Эта инородная породная масса является ценным исходным материалом для изучения тектоники подстилающих коренных пород ЛПВА. Спорово-пыльцевые комплексы, содержащиеся в вынесенных ледником осадочных породах, являются главным вещественным доказательством крупномасштабного отступления ЛПВА в период плиоцена. Хождение по этим моренам или попытки взобраться на них с большой степенью вероятности нанесут этим моренным дайкам непоправимый ущерб.

Почва холодной пустыни. На южном склоне горы Хардин выше местной эрозионной границы, находящейся на высоте 100 м, обнаружены несколько участков почвы холодной пустыни. Факт наличия этих почв также свидетельствует о том, что после почвообразования колебания поверхности ледникового покрова никогда не превышали этой границы, поскольку почвы были бы снесены льдом.

Микроокаменелости в эрратических валунах осадочных пород. В вынесенных валунах осадочных пород были обнаружены микроокаменелости более 25 видов растений неогенового периода. Эти спорово-пыльцевые комплексы дают ценную информацию об эволюции ЛПВА, поскольку они восходят к свите гляциогенных слоев, скрытых под ЛПВА. Большая часть пыльцы и спор связана с местными источниками, представлявшими континентальную флору.

Водоем с талой ледниковой водой (фотоснимок № 5). У подножия высоких нунатаков с подветренной стороны часто встречаются хорошо развитые большие и малые водоемы с талой ледниковой водой площадью от нескольких десятков до тысячи квадратных метров. Эти водоемы покрыты исключительно гладким и прозрачным льдом с высоким содержанием пузырьков воздуха по всей толщине. Наличие водоемов с талой ледниковой водой является свидетельством мегатермического явления.

Утесы из голубого льда. В восточной части охраняемого района находятся утесы или обрывы из голубого льда длиной несколько тысяч метров; они обычно достигают 30-50 м в высоту, а крутизна их склонов составляет от 40 до 70°.

«Бараньи лбы» (фотоснимок № 6). В восточной и южной частях охраняемого Района встречаются характерные «бараньи лбы». Они отличаются своеобразной формой, хранят на своей поверхности многочисленные следы движения льда и представляют огромную первозданную, эстетическую и научную ценность.

Осадочный палеобассейн (передний край ледникового покрова). Предполагается, что под бассейном из голубого льда на западной стороне горы Хардин находится ледяной палеоэрозинный бассейн, краевой слой осадочных пород которого в эпоху плиоцена располагался на переднем фронте ледникового покрова. Вероятно от представляет собой подледниковое озеро нового типа. Исследование осадочных палеобассейнов озер может дать ценные сведения об изменениях палеоклимата и окружающей среды этого района в эпоху плиоцена.

Геология

Нунатаки состоят, главным образом, из метаморфических пород верхнеамфиболитовых-гранулитовых фаций,гранита от синорогенического и позднеорогенического цикла, а также посттектонического гранодиоритового аплита и пегматита. Отсутствие активных тектонических структур и землетрясений, а также кайнозойского вулканизма говорит о том, что этот регион (как и залив Прюдс) оставался геологически стабильным как минимум с конца мезозойской эры. Новые геологические данные, полученные в этом районе, свидетельствуют о наличии во внутренней части Восточной Антарктиды огромной орогенической зоны «пан-африканской» стадии, охватывающей территорию от залива Прюдс и гор Гров до гор Принца Чарльза, которая, судя по всему является последней частью сутурной зоны Гондваны.

6(ii)   Доступ в Район

Доступ в Район может осуществляться по суше с использованием наземного транспорта или по воздуху с приземлением летательных аппаратов на покрытых снегом и льдом участках в пределах Района или на прилегающей территории.

6(iii) Места расположения сооружений в пределах и вблизи Района

Австралия эксплуатирует станцию GPS, расположенную в районе гряды Тяньхэ в точке с координатами 72°54'29.17479" ю.ш.,

74°54'36.43606" в.д. Оборудование станции состоит из GPS-антенны, установленной на стойке для геодинамических исследований, трех прочных контейнеров для размещения аккумуляторов и GPS-приемников, каркаса с четырьмя солнечными батареями и ветровой турбины. Кроме того, вокруг стойки с GPS-антенной на расстоянии около 20 м установлено три репера

Китайская научно-исследовательская антарктическая экспедиция (ЧИНАРЭ) эксплуатирует в Районе 1 опорный геодезический пункт с использованием двухчастотных GPS-приемников (№ Z003) в точке с координатами 72°53'55.07437" ю.ш., 75°02'14.00782" в.д. для спутникового картографирования.

6(iv) Местонахождение других близлежащих охраняемых районов

Другие охраняемые территории вблизи Района отсутствуют.

6(v) Особые зоны Района

Особые зоны на территории Района отсутствуют.

7. Условия выдачи разрешений для доступа

7(i) Общие условия выдачи разрешений

Доступ в Район возможен только на основании разрешения, выданного компетентным национальным органом. Условия выдачи разрешения для доступа в Район:

• разрешение выдается при наличии исключительной необходимости в научных целях, которая не может быть удовлетворена в любом другом районе, и по жизненно важным причинам, связанным с деятельностью по управлению Районом. Перед выдачей разрешения заявитель должен доказать соответствующему компетентному органу, что образцы и пробы, собранные и отобранные в других регионах мира, не могут полностью удовлетворить требования предлагаемого исследования;

• разрешаемая деятельность не противоречит положениям настоящего Плана управления;

• разрешаемая деятельность обеспечивает надлежащее встречное удовлетворение необходимости проведения оценки воздействия на окружающую среду для поддержания уровня охраны научных, эстетических и первозданных ценностей Района;

• разрешение или его надлежащая копия имеется при себе в период пребывания в Районе;

• разрешение выдается на определенный срок;

• отчет о посещении должен быть представлен в национальный орган, выдавший Разрешение и отвечающий за деятельность в полярных районах.

7(ii) Доступ в Район и передвижение в пределах Района и над ним

• При осуществлении доступа в Район с использованием наземного транспорта (например, снегоходов) или летательных аппаратов следует проявлять осторожность, чтобы не нарушить границу питания ледников, отделяющую область чистой абляции от континентальной области чистой аккумуляции, участки распространения палеопочв, ветрогранники, утесы из голубого льда, пирамиды с ледяным ядром и другие геологические и природные объекты, представляющие большую научную и экологическую ценность.

• Поскольку на территории Района на поверхности ледника имеется большое количество глубоких расщелин, при использовании снегоходов следует передвигаться по маршруту, по обеим сторонам которого в целях безопасности Китайской экспедицией установлены яркие шесты.

• При использовании летательных аппаратов следует помнить о гористом характере территории Района.

• Взбираться на пирамиды с ледяным ядром, ходить по висячим моренным дайкам и «бараньим лбам» строго запрещено.

7(iii) Разрешаемая деятельность в Районе

• Крайне необходимые научные исследования, которые не могут быть проведены в каком-либо другом месте и не представляют угрозы для ценностей Района.

• Жизненно важная деятельность по управлению, включая мониторинг, инспекции, техническое обслуживание или пересмотр Плана управления.

• Оперативная деятельность по технической поддержке научных исследований или управления внутри или за пределами Района, включая посещения для оценки эффективности Плана управления и деятельности по управлению.

7(iv) Возведение, реконструкция и удаление сооружений

• На территории Района запрещается возведение каких-либо сооружений или установка какого-либо научного оборудования за исключением случаев крайней научной необходимости или требований управления.

• Все возводимые или устанавливаемые на территории Района сооружения и оборудование должны быть оговорены в разрешении, выданном компетентным органом конкретной страны. По возможности следует избегать возведения сооружений и установки оборудования вблизи чувствительных геоморфологических объектов.

• На все установленные на территории Района объекты должно быть нанесено четкое опознавательное обозначение с указанием страны, имени главного исследователя или названия исследовательской организации и года установки. Все объекты должны быть выполнены из материалов, представляющих минимальную опасность загрязнения окружающей среды Района. Эти объекты подлежат удалению, как только в них отпадет необходимость, а также удалению в максимально возможной степени подлежат ненужное оборудование и материалы.

7(v) Размещение полевых лагерей

В целях соблюдения мер охраны площадки для размещения полевых лагерей следует выбирать таким образом, чтобы избежать разрушения или повреждения имеющих особое значение геологических и природных объектов.

Разбивка лагерей на территории Района допускается в случаях, когда это необходимо для достижения целей, соответствующих настоящему Плану управления, и если это указано в Разрешении, при условии, что это не нарушает местных или близлежащих геологических и природных объектов. Предпочтительными участками для разбивки лагерей на территории Района являются лагерная стоянка вблизи горы Хардин (№ 9) и лагерная стоянка вблизи гряды Захарова (№ 8), указанные на карте В. При разбивке лагеря следует выбирать участки, покрытые снегом, льдом или горными породами, и избегать участков с остатками ледникового покрова.

7(vi) Ограничения на ввоз в Район материальных ресурсов и организмов

• Оставление на территории Района запасов пищи или других припасов по истечении срока пребывания или деятельности, для которой они были предназначены, запрещается.

• Преднамеренный ввоз на территорию Района живых животных, растительных материалов и микроорганизмов запрещается. Следует принимать все необходимые меры предосторожности по предотвращению непреднамеренной интродукции.

• Ввоз всех материалов на территорию Района разрешается только на оговоренный срок, и они подлежат удалению к концу или ранее установленного срока, а способы хранения и обращения с ними должны обеспечивать сведение к минимуму их возможного воздействия на окружающую среду.

7(vii) Изъятие местной флоры и фауны или вредное воздействие на них

В Районе отсутствуют местная флора и фауна.

7(viii) Сбор и вывоз из Района предметов материального мира, не имеющих отношения к держателю разрешения

• Сбор и или вывоз материалов с территории Района разрешается только при наличии разрешения и ограничивается минимумом, необходимым для выполнения научных задач или достижения целей управления.

• Другие предметы деятельности человека, способные нанести ущерб ценностям Района и не доставленные на территорию Района держателем разрешения или по какому-либо другому разрешению, допускается удалять из Района при условии, что их удаление не будет сопряжено с большей степенью воздействия на окружающую среду, чем оставление их на месте. В этом случае необходимо проинформировать соответствующую национальную инстанцию и получить на это ее согласие.

7(ix) Удаление отходов

Все отходы, включая все отходы, образующиеся в результате жизнедеятельности человека, подлежат удалению в соответствии с требованиями Приложения III (в качестве обязательного минимума); при этом запрещается сброс отходов в пресноводные водотоки или озера, на свободные ото льда участки или участки, покрытые снегом или льдом, которые находятся в зоне интенсивной абляции.

7(x) Меры по поддержанию реализации целей и задач Плана управления

Отсутствуют

7(xi) Требования к отчетам

• По каждому посещению Района главный держатель разрешения должен представить отчет соответствующей национальной инстанции в максимально короткий срок, но не позднее шести месяцев от даты завершения посещения.

• В зависимости от конкретного случая в состав такого отчета должна входить информация, указанная в Форме отчета о посещении, приведенной в Руководстве по подготовке Планов управления Особо охраняемыми районами Антарктики. При необходимости, национальная инстанция должна направлять экземпляр отчета о посещении Стороне-инициатору Плана управления в качестве вспомогательного материала по управлению Районом и корректировке Плана управления.

• Во всех возможных случаях Стороны должны направлять оригиналы или копии оригиналов таких отчетов о посещении в общедоступные государственные архивы для ведения учета пользования в целях какого-либо пересмотра Плана управления и создания условий для использования материалов о Районе в научных целях.

5. Подтверждающая документация

Liu Xiaochun, Zhao Yue, Hu Jianmin, Liu Xiaohan, Qu Wei (2013). The Grove Mountains: A Typical Pan-African Metamorphic Terrane in the Prydz Belt, East Antarctica. Chinese Journal of Polar Research 25(1)7-24.

Xiaohan Liu, Feixin Huang, Ping Kong, Aimin Fang, Xiaoli Li, Yitai Ju (2010). History of ice sheet elevation in East Antarctica: Paleoclimatic implications. Earth and Planetary Science Letters 290 (2010): 281–288.

Xiaochun Liu, Jianmin Hu, Yue Zhao, Yuxing Lou, ChunjingWei, Xiaohan Liu (2009). Late Neoproterozoic /Cambrian high-pressure mafic granulites from the Grove Mountains, East Antarctica: *P–T–t* path, collisional orogeny and implications for assembly of East Gondwana. Precambrian Research 174 (2009) 181–199.

Australian Antarctic Division (AAD, 2007): Australian Antarctic Programme Approved Science Projects for season 2006/07, *http://its-db.aad.gov.au/proms/public/projects/ projects_by_program.cfm?season=0607&PG_ID=5.*

Report on the 22nd CHINARE Scientific Activity [2005/2006](2006), Chinese Arctic and Antarctic Administration.

Liu Xiaochun; Jahn Bor-ming, Zhao Yue, Li Miao, Li, Huimin; Liu Xiaohan (2006). Late Pan- African granitoids from the Grove Mountains, East Antarctica: Age, origin and tectonic implications. Precambrian Research, 145: 131-154.

Zhang Shengkai, E Dongchen, LiFei, et al (2006). The establishment of GPS network in Grove Mountains, East Antarctica. Chinese Journal of Polar Science 17(2):111-116.

ASPA 168: MOUNT HARDING

CHENG Xiao, ZHANG Yan-mei(2006). Detecting Ice Motion with Repeat-pass ENVISAT ASAR Interferometry over Nunataks Region in Grove Mountain, East Antarctic—The Preliminary Result, Journal of Remote Sensing 10(1):118-122.

IPY-ACE core program, 2006

Dongchen E, Chunzia Zhou, Mingsheng Liao(2005). Application of SAR interferometry in Grove Mountains, East Antarctica. SCAR Report, 2005, 23: 42-46.

Dongchen E., Shengkai Zhang, Li Yan, Fei Li (2005). The establishment of GPS control network and data analysis in the Grove Mountains, East Antarctica. SCAR Report, 2005, 23: 46-49.

Aimin Fang, Xiaohan Liu, Xiaoli Li, Feixin Huang, Liangjun Yu (2005). Cenozoic glaciogenic sedimentary record in the Grove Mountains of East Antarctica. Antarctic Science 17(2): 237-240.

J. Taylor, M. J. Siegert, A.J. Payne, M.J. Hambrey, P.E. O'Brien, A.K. Cooper, & G. Leitchenkov (2004). Topographic controls on post-Oligocene changes in ice-sheet dynamics, Prydz Bay,

East Antarctica, Geology 32 (3) :197-200.

Fang Aimin, Liu Xiaohan, Lee Jong Ik, Li Xiaoli, Huang Feixin (2004). Sedimentary environments of the Cenozoic sedimentary debris found in the moraines of the Grove Mountains, East Antarctica and its climatic implications. Progress in Natural Science 14(3): 223-234.

Huang Feixin, Liu Xiaohan, Kong Ping; Ju Yitai, Fang Aimin, Li Xiaoli, Na Chunguang (2004). Bedrock exposure ages in the Grove Mountains, interior East Antarctica. Chinese Journal of Polar Research 16(1):22-28.

Fang Aimin, Liu Xiaohan, Wang Weiming, Yu Liangjun, Li Xiaoli, Huang Feixin (2004). Preliminary study on the spore-pollen assemblages found in the cenozoic sedimentary rocks in Grove Mountains, East Antarctica. Quaternary Sciences 24(6):645-653.

Report on the 19th CHINARE Scientific Activity [2002/2003](2003), Chinese Arctic and Antarctic Administration.

X.H. Liu, Y, Zhao, X.C. Liu, & L.J. Yu, (2003) Geology of the Grove Mountains in East Antarctica-New Evidence for the Final Suture of Gondwana Land, Science in China (D), 46 (4): 305-319.

Zhao Y, Liu X H, Liu X C, Song B(2003). Pan-African events in Prydz Bay, East Antarctica, and their implications for East Gondwana tectonics. In: Yoshida M, Windley B F, Dasgupta S. (eds) Proterozoic East Gondwana: Supercontinent Assembly and Breakup. Geological Society, London, Special Publications, 206: 231-245.

Liu X, Zhao Z, Zhao Y, Chen J and Liu X H(2003). Pyroxene exsolution in mafic granulites from the Grove Mountains, East Antarctica: constraints on the Pan-African metamorphic conditions. European Journal of Mineralogy 15:55-65.

X.L. Li, X.H. Liu, Y.T. Ju & F.X. Huang(2003). Properties of soils in Grove Mountains, East Antarctica, Science in China (D) 46 (7):683-693.

Qin Xiang (2003). A brief introduction to research on the snow and ice of the Grove Mountains, Antarctica, during the Third Chinese research expedition. Bingchuan Dongtu, 25 (4): 477-478.

Cheng Xiao, Li Zhen, Massonnet, Didier [chairperson], Yu Shao, Zhang Yanmei(2003). Blue-ice domain discrimination using interferometric coherence in Antarctic Grove Mountains. 2003 EEE international geoscience and remote sensing symposium: July 21-25, 2003: Toulouse, France; International Geoscience and Remote Sensing Symposium, 2003, Volume 4: 2599-2601.

Fang Aimin, Liu Xiaohan, Lee Jong Ik, Li Xiaoli, Huang Feixin (2003). The significance of Cenozoic sedimentary rocks found in Grove Mountains, East Antarctica. Chinese Journal of Polar Research 15 (2): 138-150.

LI Xiaoli, LIU Xiaohan, FANG Aimin, JU Yitai, YAN Fuhua (2003). Pliocene sporopollen in the Grove Mountains, East Antarctica, Marine geology & Quaternary geology 23(1):35-39.

Johnston, Gary, Digney, Paul, Manning, John [editor](2002).Extension of the Australian Antarctic geodetic network in Grove Mountains. Third Antarctic geodesy symposium: July 18-20, 2001: Saint Petersburg, Russian Federation; SCAR Report 21: 34-37.

Whitehead J M & McKelvey B C(2002). Cenozoic glacigene sedimentation and erosion at the Menzies Range, southern Prince Charles Mountains, Antarctica. Journal of Glaciology 48 (2): 207-247.

Liu Xiaochun, Zhao Yue (2002). Geological aspects of the Grove Mountains, East Antarctica——New evidence for the final suture of Gondwana Land. Royal Society of New Zealand Bulletin 35:161-166.

Liu X H, Zhao Y, Liu X C, Yu L Z (2002). Geological aspects of the Grove Mountains, East Antarctica. Science in China (Series D) 32(6): 457-468.

Yu Liangjun, Liu Xiaohan, Zhao Yue, Ju Yitai (2002). Preliminary study on metamorphic mafic rocks in the Grove Mountains, East Antarctica. Chinese Journal of Polar Research 14 (2): 93-104.

Mikhalsky, E. V., Sheraton, J. W., Beliatsky, B. V.(2001). Preliminary U-Pb dating of Grove Mountains rocks: implications for the Proterozoic to Early Palaeozoic tectonic evolution of the Lambert Glacier-Prydz Bay area (East Antarctica). Terra Antarctica 8 (1): 3-10.

B.C. McKelvey, M.J. Hambrey, D.M. Harwood (2001). The Pagodroma Group - a Cenozoic record of the East Antarctic ice sheet in the northern Prince Charles Mountains, Antarctic Science, 13 (4) :455-468.

Liu X, Zhao Y and Liu X H(2001). The Pan-African granulite facies metamorphism and syn-tectonic magmatism in the Grove Mountains, East Antarctica. Journal of Conference Abstracts, Cambridge Publications, Cambridge, United Kingdom, 6:379.

Sun Jiabing, HuoDongmin, ZhouJunqi and SunZhaohui (2001). The digital mapping of satellite images by free of ground control and the analysis of land form blue ice and meteorites distribution in the Grove Mountains. Chinese Journal of Polar Science 13(1).

Report on the 16th CHINARE Scientific Activity [1999/2000](2000), Chinese Arctic and Antarctic Administration.

Cheng Yanjie, Lu Longhua, Bian Lingen, Liu Xiaohan (2000). Summer weather characteristics on the Grove Mountain of Antarctica. Chinese Journal of Polar Science11 (2): 123-130.

Report on the 15th CHINARE Scientific Activity [1998/1999](1999), Chinese Arctic and Antarctic Administration.

Cheng Yanjie, Lu Longhua, Bian Lingen, Liu Xiaohan (1999). Summer weather characteristics of Grove Mountain area in East Antarctica. Chinese Journal of Polar Research 11(4): 291- 300.

Cheng Yanjie, Lu Longhua and Bian Lingen (1999).Summer weather characteristics of Grove Mountain area in East Antarctica Chinese Journal of Polar Science 14(1):291-300.

Guide to the Preparation of Management Plans for Antarctic Specially Protected Areas – Appendix to Resolution 2(1998).

Domack E, et al (1998). Late Quaternary sediment facies in Prydz Bay, East Antarctica and their relationship to glacial advance onto the continental shelf. Antarctic Science 10(3):236^ÿ246.

Barker P F, et al. (1998). Ice sheet history from Antarctic continental margin sediments: the ANTOSTRAT approach. Terra Antarctica, 5:737-760.

D.E. Sugden, D.R. Marchant, Jr. N. Potter, R.A. Souchez, G.H. Denton, C.C. Swisher III, J.L. Tison (1995). Preservation of Miocene glacier ice in East Antarctica, Nature 376(3):412-414.

D.E. Sugden, D.R. Marchani, & G.H. Destos, The case for a stable East Antarctic Ice Sheet the background, Geografiska Annaler, 75A, (1993) 151-153.

Карта А1. Местоположение гор Гров

Параметры карты: Проекция: нормальная (полярная) стереографическая проекция, горизонтальный датум: WGS-84

Составитель карты: Китайский антарктический центр геодезии и картографии, Уханьский университет

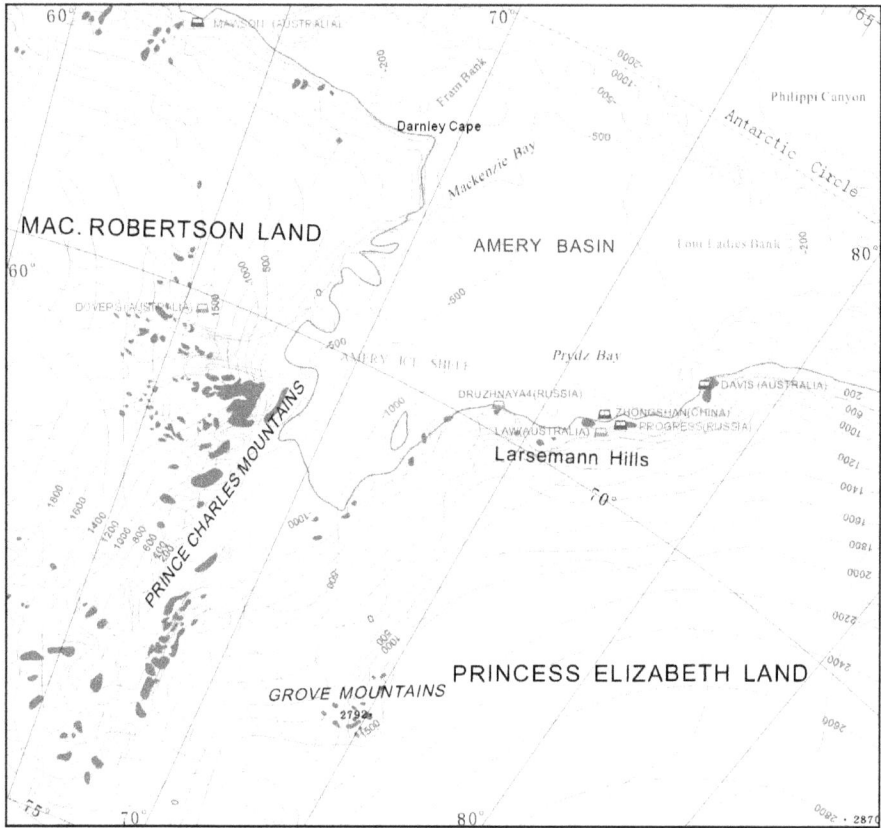

Карта А2. Район гор Гров (Антарктида)

Параметры карты: Проекция: ТМ, горизонтальный датум: WGS-84

Составитель карты: Китайский антарктический центр геодезии и картографии, Уханьский университет

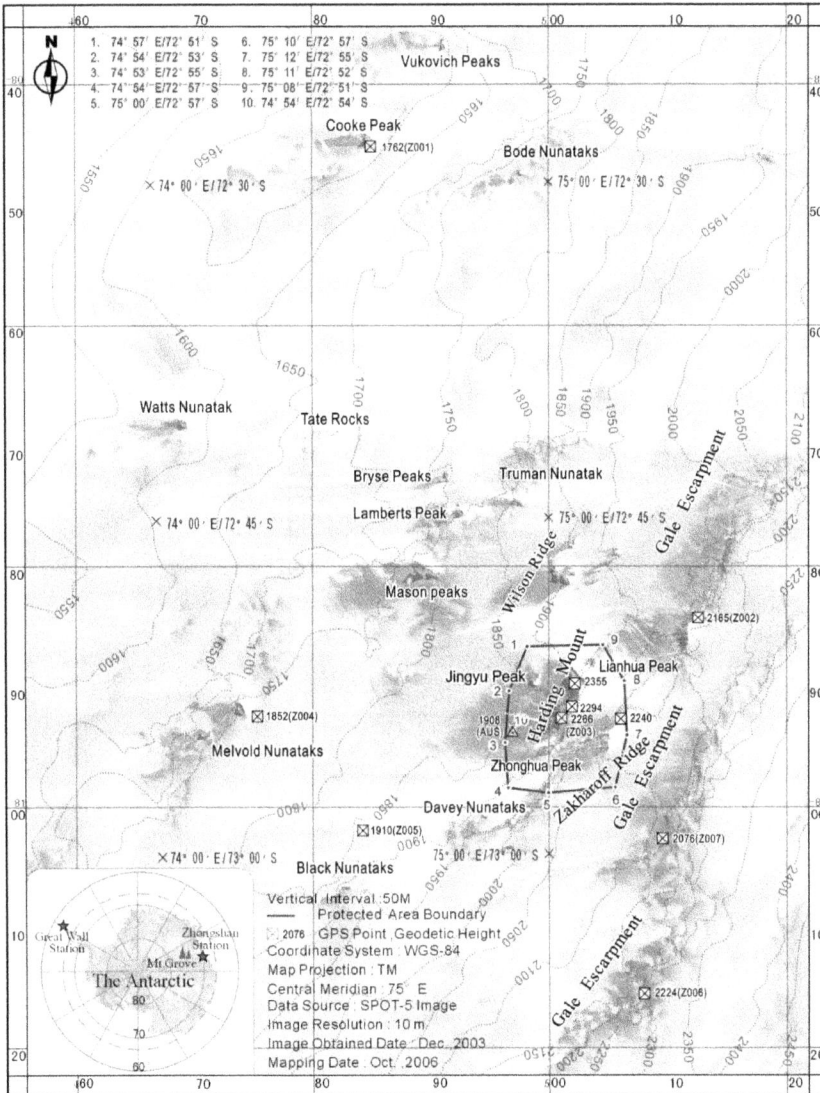

Карта В. Охраняемый район вокруг горы Хардин (горы Гров, Антарктида)

Параметры карты: Проекция: ТМ, горизонтальный датум: WGS-84

Составитель карты: Китайский антарктический центр геодезии и картографии, Уханьский университет

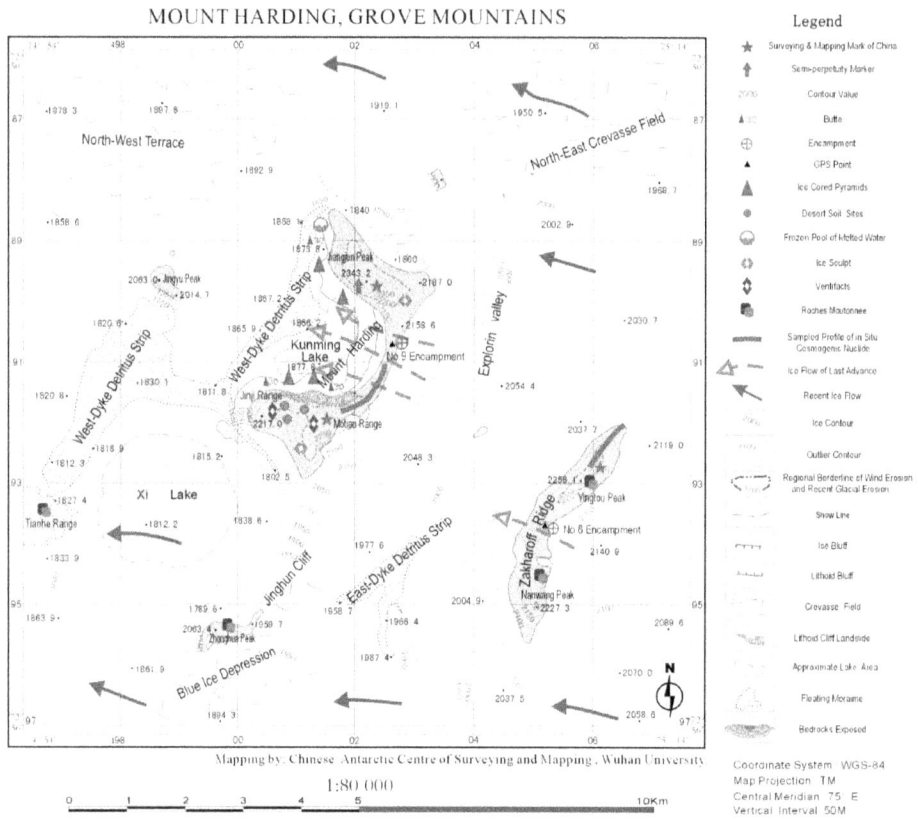

Карта С. Расположение нунатаков и направление движения льда вокруг горы Хардин (горы Гров, Антарктида)

Параметры карты: Проекция: ТМ, горизонтальный датум: WGS-84

Составитель карты: Институт геологии и геофизики Академии наук Китая

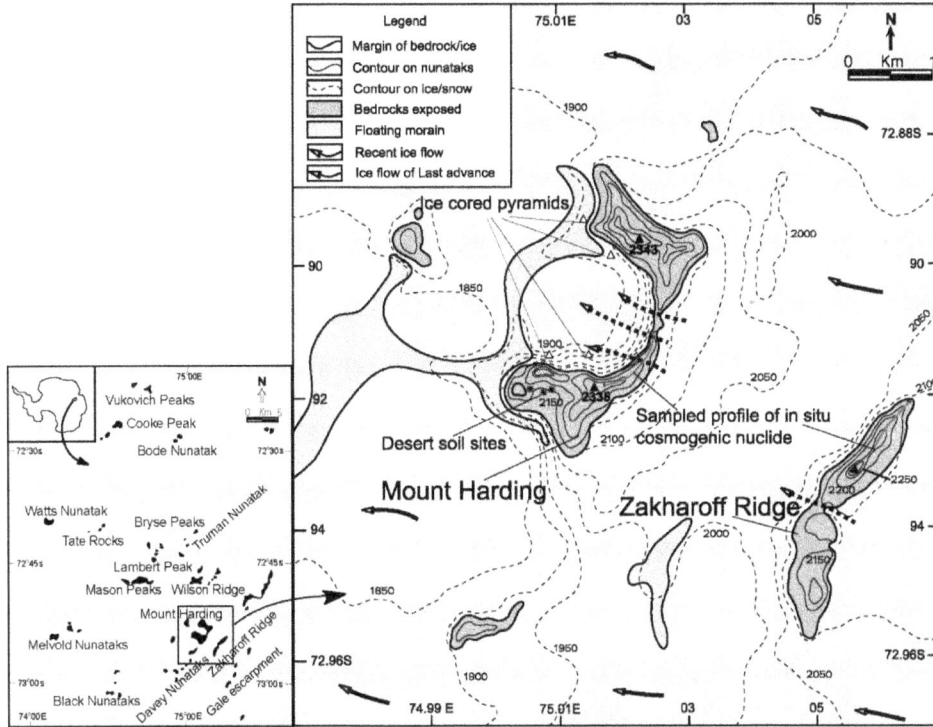

Фотоснимок № 1. Ветрогранник, снимок сделан 13 января 2003 г.

Фотоснимок № 2. Ветрогранник, снимок сделан 13 января 2003 г.

Фотоснимок № 3. Пирамида с ледяным ядром, снимок сделан 12 января 2003 г.

Фотоснимок № 4. Висячая моренная дайка, снимок сделан 14 января 2003 г.

Фотоснимок № 5. Водоем с талой ледниковой водой, снимок сделан 14 января 2003 г.

Фотоснимок № 6. «Бараньи лбы» снимок сделан 12 января 2003 г.

План управления
Особо управляемым районом Антарктики № 2

«СУХИЕ ДОЛИНЫ МАК-МЁРДО, ЮЖНАЯ ЧАСТЬ ЗЕМЛИ ВИКТОРИЯ»

Введение

Сухие долины Мак-Мёрдо – крупнейший относительно свободный ото льда регион в Антарктике: приблизительно тридцать процентов поверхности земли преимущественно свободны от снега и льда. Регион включает экосистему холодной пустыни, климат которой характеризуется не только холодными и чрезвычайно засушливыми условиями (в долине Райт среднегодовая температура составляет –19,8 °C, а среднегодовой объем осадков составляет менее 100 мм в водном эквиваленте), но и сильными ветрами. Ландшафт Района представлен горными хребтами, выступающими над ледниковой поверхностью образованиями горных пород – «нунатаками», ледниками, свободными ото льда долинами, береговой линией, покрытыми льдом озерами, водоемами, талыми ручьями, сухими структурными почвами и вечной мерзлотой, песчаными дюнами и взаимосвязанными водосборными системами. Эти водосборы оказывают региональное влияние на морскую экосистему пролива Мак-Мёрдо. Расположение Района, обусловливающее крупномасштабные сезонные изменения в водной фазе, имеет большое значение для исследования изменений климата. В результате длительных изменений водно-ледового баланса, приводивших к сокращению и расширению гидрологических объектов и скоплениям следов газов в древних снегах, ландшафт Сухих долин Мак-Мёрдо также содержит свидетельства изменений климата в прошлом. Экстремальные климатические условия региона являются важным аналогом климата древней Земли и современного климата на Марсе, где такие климатические условия могли играть доминирующую роль в эволюции ландшафта и биоты.

Данный Район был совместно предложен Соединенными Штатами Америки и Новой Зеландией и одобрен в Мере 1 (2004 г.). Настоящий План управления направлен на обеспечение долгосрочной защиты данной уникальной среды и сохранности ее ценностей для проведения научных исследований, образовательных программ и более общих форм ее анализа и наблюдения. Данный План управления устанавливает ценности, задачи и общие правила поведения внутри района, а также включает в себя несколько карт и приложений, которые содержат более конкретные указания относительно конкретных видов деятельности и зон, выделенных внутри Района.

План имеет следующую структуру:

ПРИЛОЖЕНИЕ А: Общие рекомендации по охране окружающей среды в Сухих долинах Мак-Мёрдо

ПРИЛОЖЕНИЕ В: Руководство по охране окружающей среды при проведении научных исследований

ПРИЛОЖЕНИЕ С. Перечень Зон сооружений

ПРИЛОЖЕНИЕ D: Руководство по осуществлению деятельности в Зонах научных исследований

ПРИЛОЖЕНИЕ Е: Руководство по осуществлению деятельностив Зонах ограниченного доступа

ПРИЛОЖЕНИЕ F: Руководство по охране окружающей среды в Зонах для посещений

1. 1. Охраняемые ценности и виды деятельности, подлежащие управлению

Район Сухих долин Мак-Мёрдо характеризуется наличием уникальных экосистем с низким общим уровнем макробиотического биоразнообразия и упрощенной пищевой цепью, хотя последние исследования выявили свидетельства наличия сильно различающихся микробиальных сообществ на территории относительно небольших участков, а также между долинами. Кроме того, будучи крупнейшей в Антарктике свободной ото льда областью, Сухие долины Мак-Мёрдо также включают относительно разнообразные среды обитания по сравнению с другими свободными ото льда районами. В Районе имеются необычные микросреды обитания и биологические сообщества (например, системы эндолитов и криоконитов), а также редкие гляциологические и геологические объекты (например, подледниковое озеро насыщенного соляно-рапного состава, самосадочные открытые озера, уникальные морские отложения и нетронутые панцирные образования пустынных почв). Эти гляциологические и геологические объекты представляют ценность, поскольку они содержат свидетельства чрезвычайно длительной истории природных явлений. В Сухих долинах Мак-Мёрдо имеются признаки прошлых и настоящих региональных климатических изменений, а также факторы, которые могут оказывать определенное влияние на изменения местного климата. В 1993 г. в долине Тейлора был создан Полигон Долгосрочных экологических исследований (LTER site), и уже почти двадцать лет каждый сезон в рамках программы проводятся важные исследования не только в самой долине Тейлора, но и на всей территории Сухих долин Мак-Мёрдо. Массивы данных долгосрочных экологических наблюдений, полученные в ходе реализации этой программы и ряда других научно-исследовательских инициатив в Сухих долинах Мак-Мёрдо, охватывают один из самых длительных периодов, изучавшихся в Антарктике. Эти научные ценности имеют как глобальное, так и региональное значение.

Район является одним из важных источников данных для понимания ландшафтных процессов и стабильности антарктических ледовых покровов. В Сухих долинах Мак-Мёрдо имеются уникальные поверхностные отложения, в том числе осадочные пласты, образованные и видоизмененные под влиянием ледников, песчаные дюны, панцирные образования пустынных почв, ледниково-озерные отложения и отложения морских фьордов, содержащие ценные свидетельства изменений планетарного масштаба. Почвы, горные породы, водная и ледовая среда и связанная с ними биота имеют научную ценность как модели экосистем, позволяющие глубже понять природные процессы, протекающие в биосфере. Наконец, виды, обитающие в Сухих долинах Мак-Мёрдо, представляют собой биологический ресурс для понимания процессов адаптации к экстремальным условиям окружающей среды и являются истинными конечными членами экологических континуумов.

Изоляция Сухих долин Мак-Мёрдо и экстремальные условия окружающей среды в целом защитили их от занесения человеком видов извне Антарктики. Многие части Района посещаются весьма редко, а одна из них (охраняемые зоны долин Барвик и Бэлем) были выделены в качестве эталонной зоны, доступ в которую строго контролируется в течение почти 40 лет, а пролеты над ней запрещены. Относительно первозданные условия Сухих долин Мак-Мёрдо, а также относительное отсутствие привнесенных видов, установленное внутри Района, редко наблюдаются где-либо еще в мире и имеют как высокое научное, так и экологическое значение, особенно для сравнительных исследований.

Также отмечены места, имеющие историческую ценность, которые связаны с ранним периодом исследований Района, такие как «Гранитный дом» в заливе Ботани,бухта Гранит, построенный членами Британской антарктической экспедиции 1910–1913 гг., который определен в качестве Исторического места № 67.

Сухие долины Мак-Мёрдо также имеют высокую ценность в силу своих эстетических и природных характеристик. Они представляют собой относительно первозданную среду, в основном нетронутую и не загрязненную человеческой деятельностью. Яркий пейзаж, сформированный крутыми горами, высокими горными хребтами и обширными долинами, образующими перемежающиеся слоистые геологические формации из темных долеритов на фоне светлых песчаников, и контрасты свободных ото льда и покрытых ледниками участков местности, создает уникальные виды большой эстетической ценности.

Деятельность, проводимая в Районе, включает в себя разнообразные научные исследования, мероприятия в поддержку пребывания представителей науки, средств массовой информации, искусства, образования и других официальных посетителей в рамках Национальных программ, а также в поддержку туризма.

Район нуждается в особом режиме управления для обеспечения защиты его научных, экологических, эстетических и первозданных природных ценностей, в том числе сохранения высокой ценности данных, собранных в Районе в течение последних 100 лет. Рост масштабов человеческой деятельности и возможность возникновения конфликта интересов обусловили необходимость повышения эффективности управления и координации действий на территории Района.

2. Цели и задачи

Цель данного Плана управления заключается в сохранении и защите уникальной и неповторимой среды Сухих долин Мак-Мёрдо путем управления и координации деятельности человека на территории Района, с тем чтобы сохранить и поддерживать в течение длительного времени ценности Сухих долин Мак-Мёрдо, особенно ценности собранных обширных научных данных..

Конкретные задачи управления Районом включают в себя следующее:

- содействие проведению научных исследований при сохранении разумного контроля состояния окружающей среды;

- содействие в планировании и координации всех видов человеческой деятельности в Сухих долинах Мак-Мёрдо в целях урегулирования существующих и возможных противоречий между различными ценностями (включая ценности, изучаемые в рамках разных направлений научных исследований), видами деятельности и операторами;

- обеспечение долгосрочной защиты научных, экологических, эстетических и других природных ценностей Района за счет минимизации воздействия или предупреждения ухудшения состояния этих ценностей, включая воздействие на природные особенности, фауну и флору, а также минимизации совокупного воздействия на окружающую среду в результате человеческой деятельности;

- предотвращение непреднамеренного внедрения в Район необоригенных растений, животных и микроорганизмов, а также по мере возможности минимизация непреднамеренного переноса аборигенных биологических видов в пределах Района;

- минимизация следов всех объектов и научных экспериментов на территории Района, включая рост числа и размеров полевых лагерей;

- минимизация какого бы то ни было физического воздействия, загрязнения и количества отходов, образующихся внутри Района, а также принятие всех практических мер для их ограничения, утилизации, очистки, удаления или восстановления как в случае образования в ходе осуществления обычной деятельности, так и непреднамеренно;

- стимулирование использования в Районе энергетических систем и способов передвижения, оказывающих наименьшее воздействие на окружающую среду, а также по мере возможности минимизация использования ископаемых видов топлива для осуществления деятельности на территории Района;

- углубление понимания результатов природных процессов и деятельности человека на территории Района, в том числе путем проведения программ мониторинга; а также

- содействие обмену информацией и сотрудничеству всех сторон, осуществляющих деятельность в Районе, в частности, путем распространения информации, касающейся данного Района, и применимых нормативных положений.

3. Деятельность по управлению

Для достижения целей и выполнения задач настоящего Плана управления должны быть предприняты следующие меры управления::

- В рамках действия на территории Района Национальных программ следует собирать по необходимости – по меньшей мере ежегодно – Координационную группу по вопросам управления Сухими долинами Мак-Мёрдо (в дальнейшем именуемую «Координационная группа») для осуществления надзора за координацией деятельности на территории Района, включая следующие задачи:

    - обеспечение эффективной коммуникации между сторонами, действующими в Районе или посещающими его;
    - организация форума для разрешения любых существующих или потенциальных конфликтов при осуществлении деятельности;
    - минимизация дублирования деятельности;
    - ведение учета видов деятельности и, по мере возможности, воздействий на среду Района;
    - разработка стратегий по выявлению совокупных воздействий и управлению ими;
    - распространение информации о Районе, в частности, о проводимой деятельности и мерах управления, применяемых на территории Района, включая предоставление данной информации в электронном виде на сайте http://www.mcmurdodryvalleys.aq/;
    - рассмотрение прошлой, текущей и будущей деятельности с оценкой эффективности мер управления; а также
    - выработка рекомендаций по осуществлению настоящего Плана управления.

- Национальные программы, действующие на территории Района, должны обеспечить наличие экземпляров настоящего Плана управления и вспомогательной документации на соответствующих станциях и исследовательских объектах, а также предоставление их в распоряжение всех лиц, находящихся на территории Района, в том числе и в электронном виде на сайте http://www.mcmurdodryvalleys.aq/.

- В рамках выполнения на территории Района Национальных программ и посещений, организуемых туроператорами, должны быть предусмотрены инструктажи для их персонала (включая сотрудников, членов экипажа, пассажиров, ученых и любых других посетителей) и ознакомление персонала с требованиями данного Плана управления, и в частности с *Общими рекомендациями по охране окружающей среды* (Приложение А) применительно к данному Району.

- Туроператоры и любая другая группа либо лицо, ответственные за планирование и/или проведение неправительственной деятельности на территории Района, обязаны заблаговременно координировать свою деятельность с Национальными программами, действующими на территории Района, для обеспечения отсутствия опасности для ценностей Района и соответствия требованиям Плана управления.

- В рамках выполнения на территории Района Национальных программ следует стремиться к разработке передовых методов для достижения целей настоящего Плана управления и к свободному обмену такими знаниями и информацией.

- Там, где это необходимо и целесообразно, следует устанавливать знаки, и/или указатели, обозначающие расположение или границы зон, мест проведения исследований, взлета и посадки или мест размещения лагерей на территории Района. Знаки и указатели должны быть установлены надежно, содержаться в хорошем состоянии и должны быть убраны при отсутствии дальнейшей необходимости в них.

- Посещать Район следует по мере необходимости (не реже одного раза в пять лет), чтобы оценить эффективность выполнения Плана управления и убедиться в достаточности и правильности принимаемых мер управления. План управления, Кодекс поведения и Руководства пересматриваются и корректируются по необходимости.

- В рамках Национальных программ, действующих на территории Района, должны быть предприняты необходимые и разумные меры по обеспечению соблюдения требований Плана управления.

4. Период действия статуса

Предоставлен на неограниченный срок.

5. Карты и фотографии

Таблица 1: Перечень карт, включенных в План управления

Карта	Наименование	Исходный масштаб	Расчетная погрешность (± м)
Общие			
Карта 1	Общая - ОУРА № 2 Сухие долины Мак-Мёрдо: границы и зоны	1:900 000	200
Карта 2	Общая - Сухие долины, центральная часть	1:400 000	200
Зоны сооружений			
Карта 3	Пещера Эксплорерс, Нью-Харбор	1:25 000	2
Врезка:	Зона сооружений лагеря Нью-Харбор	1:3000	2
Карта 4	Озеро Фрикселл – ледник Содружества	1:25 000	2
Врезка:	Зона сооружений лагеря F-6	1:3000	2
Карта 5	Озеро Фрикселл – ледник Канада	1:25 000	2
	Зона сооружений лагеря в районе озера		2
Врезка:	Фрикселл	1:3000	
Карта 6	Озеро Хор, ледник Канада	1:25 000	2
Карта 7	Зона сооружений лагеря в районе озера Хор	1:3000	2
Карта 8	Озеро Бонни, долина Тейлора	1:35 000	2
Врезка 1:	ООРА № 172, Кровавый водопад	1:10 000	2
Врезка 2:	Зона сооружений лагеря в районе озера Бонни	1:3000	2
Карта 9	Гора Ньюолл, хребет Асгорд	1:25 000	50
	Зона сооружений радиоретрансляционной		2
Врезка:	станции в районе горы Ньюолл	1:3000	
Карта 10	Мыс Марбл, пролив Мак-Мёрдо	1:35 000	5
Врезка:	Зона сооружений заправочной станции на мысе Марбл	1:5000	2
Карта 11	Низовья долины Райт	1:25 000	50
	Зона сооружений хижины в низовьях долины		2
Врезка:	Райт	1:3000	
Карта 12	Озеро Ванда, долина Райт	1:25 000	50
Врезка 1:	Зона сооружений у хижины на озере Ванда	1:3000	2
Врезка 2:	Зона сооружений у хижины в ущелье Булл	1:3000	2
Карта 13	Мыс Робертс, бухта Гранит	1:10 000	10
Врезка:	Зона сооружений у хижины на мысе Робертс	1:3000	10

Карта	Наименование	Исходный масштаб	Расчетная погрешность (± м)
Зоны научных исследований			
	Зона научных исследований, пещера		2
Карта 14	Эксплорерс	1:3000	
Карта 15	Панцирные почвы Боулдер, долина Райт	1:30 000	50
Врезка:	Зона научных исследований, панцирные почвы	1:10 000	50
Зоны ограниченного доступа			
	Зона ограниченного доступа, водосбор озера		10
Карта 16	Троф	1:70 000	
Карта 17	Гора Фезер – долина Бикон	1:130 000	50
Врезка:	Зона ограниченного доступа отложения Сириус на горе Фезер	1:25 000	50
Карта 18	Пруд Дон Хуан, долина Райт	1:50 000	50
Врезка:	Зона ограниченного доступа пруд Дон Хуан	1:10 000	2
Карта 19	Лощина Арго, долина Райт	1:30 000	50
Врезка:	Зона ограниченного доступа лощина Арго	1:3000	15
Карта 20	Столовая гора Проспект, долина Райт	1:30 000	50
	Зона ограниченного доступа Столовая гора		50
Врезка:	Проспект	1:5000	
Карта 21	Ледник Харта, долина Райт	1:25 000	50
	Зона ограниченного доступа зольные		50
Врезка:	отложения Харта	1:3000	
	Зона ограниченного доступа Песчаные дюны в		50
Карта 22	долине Виктории	1:50 000	
Карта 23	Зона ограниченного доступа мыс Бэттлшип	1:50 000	50
Зоны для посещений			
Карта 24	Долина Тейлора, озеро Фрикселл	1:25 000	2
Врезка:	Долина Тейлора, Зона для посещений	1:5 000	2

6. Описание Района

Сухие Долины Мак-Мёрдо расположены в южной части Земли Виктории вдоль западного берега пролива Мак-Мёрдо, южная часть моря Росса, с приблизительными координатами 77°30' южной широты, 162°00' восточной долготы. Район площадью приблизительно 17 500 км² определен в качестве Особо управляемого района Антарктики (далее «Район») в целях управления человеческой деятельностью в регионе и охраны научных, экологических, эстетических, исторических и природных ценностей.

По результатам Анализа экологических доменов антарктического континента (Резолюция 3 (2008 г.)), Сухие долины Мак-Мёрдо расположены на территории Среды S – Мак-Мёрдо – геологические структуры в южной части Земли Виктории. Согласно классификации Заповедных биогеографических регионов Антарктики (Резолюция 6 (2012 г.)) Район находится в пределах защищаемого района ACBR9 – южная часть Земли Виктории.

6(i) Географические координаты, указатели границ и природные особенности

Все географические координаты в данном Плане управления приведены в градусах и децимальных минутах в формате град мин, мин (dd mm.mm).

Границы Района определены преимущественно на основании гидрологических водосборов в Сухих долинах Мак-Мёрдо, включая всю территорию, свободную ото льдов, и прилегающие к ним области на территории этих водосборных бассейнов, всю гряду Конвой на севере, и ограничены ледником Кётлиц на юге (Карта 1). Прибрежные острова, за исключением острова Трипп на севере и острова

Хилд на юге, не включены в состав Района. В направлении по часовой стрелке с северо-востока граница Района определена следующим образом:

От северо-восточной оконечности острова Трипп (76°38,09' ю.ш., 162°42,90' в.д.) граница проходит на юг по береговой линии по среднему уровню малой воды до мыса ДеМастер (расположенного к востоку от долины Маршалла с координатами 78°04,20' ю.ш., 164°25,43' в.д.) на расстояние приблизительно 170 км. Затем граница проходит по северо-западной кромке ледника Кётлиц в юго-западном направлении приблизительно на 25 км к заливу Уолкотта и озеру Троф, включая в территорию Района все водотоки и озера вдоль кромки ледника (Карта 16). Затем граница проходит приблизительно по южной линии налегания кромки ледника Кётлиц в заливе Уолкотта на восток в направлении гряды Булварк и захватывая все озеро Троф. Затем граница продолжается на восток по ручью Булварк приблизительно на 1,5 км к северной оконечности Булварк. Затем граница проходит по прямой линии 3 км на северо-восток к северо-западной береговой линии острова Хилд, следуя по северной береговой линии к восточной крайности острова с координатами 78°15,00' ю.ш., 163°57,80' в.д.

Граница проходит от острова Хилд приблизительно 14,8 км на юго-запад к вершине Пирамиды (854 м) (78°20,64' ю.ш., 163°29,95' в.д.). Затем граница продолжается к юго-западу приблизительно на 13,3 км по направлению к подножью гребня Хайвей (78°23,97' ю.ш., 162°58,57' в.д.), откуда поднимается по линии хребта в северо-западном направлении приблизительно на 3,8 км к вершине Акульего плавника (2242 м, 78°22,11' ю.ш., 162°54,66' в.д.). От Акульего плавника граница проходит приблизительно 6,7 км к вершине горы Кемпа (3004 м) (78°19,35' ю.ш., 162°29,18' в.д.). Затем граница продолжается на северо-запад по прямой линии от вершины горы Кемпа приблизительно 83 км к вершине горы Виснески (2320 м) (77°57,65' ю.ш., 159°33,73' в.д.), которая является самым южным пиком гор Лэшли.

От горы Виснески граница проходит к северу приблизительно на 8,7 км к горе Крин (2550 м, 77°53,00' ю.ш., 159°30,66' в.д.), которая является самым высоким пиком гор Лэшли. Затем граница продолжается на 5,6 км к северу до вершины горы Когер (2450 м, 77°50,05' ю.ш., 159°33,09' в.д.), которая является самым северным пиком гор Лэшли.

Затем граница проходит на северо-восток приблизительно 15,3 км к нунатаку Депот (1980 м, 77°44,88' ю.ш., 160°03,19' в.д.), а затем на северо-запад приблизительно 19,6 км к западной оконечности свободной ото льдов территории у горы Хорсшу (77°34,52' ю.ш., 159°53,72' в.д.). Граница продолжается к северу приблизительно на 40 км к вершине горы ДеВитта (2190 м, 77°13,05' ю.ш., 159°50,30' в.д.), затем проходит на северо-запад приблизительно 38,4 км к вершине нунатака Карапейс (2321 м, 76°53,31' ю.ш., 159°23,76' в.д.) и продолжается еще на 39 км на север к вершине нунатака Бэтлментс (2128 м, 76°32,27' ю.ш., 159°21,41' в.д.).

Затем граница проходит на восток от нунатака Бэтлментс приблизительно на 51 км к вершине горы Дугласа (1750 м, 76°31,25' ю.ш., 161°18,64' в.д.), а затем приблизительно на 18 км в юго-восточном направлении к вершине горы Эндевор (1870 м, 76°32,49' ю.ш., 161°59,97' в.д.). Затем граница проходит на юго-восток от горы Эндевор приблизительно на 21,3 км к северо-восточной оконечности острова Трипп.

Принципиальной топографической основой для указанных выше координат является топографическая карта на цифровой основе Службы геологической съемки США (USGS)/LINZ 1:50 000, которая подготовлена для Сухих долин Мак-Мёрдо и имеет максимальную расчетную ошибку ±50 м. Поскольку данная карта не покрывает западную границу, координаты в этих зонах взяты с карты Службы геологической съемки США 1:250 000, имеющей максимальную расчетную ошибку ±200 м. Точное картографирование с максимальной ошибкой ±2 м имеется для ограниченного количества мест на территории Района (см. Таблицу 1), преимущественно в долине Тейлора, и точные координаты GPS имеются для определения только части границ. Масштабная шкала 1:50 000 была выбрана как базовая основа карты для координат границ, с тем чтобы обозначить их в системе координат по единому стандарту для большей части территории Района. По этим соображениям координаты GPS для границ могут отличаться от координат, приведенных выше, на величину до 50 м, а в западной части на величину до ~200 м.

6(ii) Зоны ограниченного доступа и особого управления на территории Района

Данный План управления устанавливает четыре типа зон внутри Района: Зоны сооружений, Зоны научных исследований, Зоны ограниченного доступа и Зоны для посещений. Цели управления различными типами зон приведены в Таблице 2. На Картах 1 и 2 показано расположение различных типов зон, а на Картах 3-24 (приведенных в соответствующих приложениях) показаны все зоны с их привязкой к географии окружающего ландшафта и подробными характеристиками объектов или инфраструктуры, имеющейся на каждом участке (обычно показанными на врезке). Новая зона или тип зоны могут быть рассмотрены Координационной группой по мере возникновения необходимости, а зоны, необходимость в которых далее отсутствует, могут быть исключены. Изменениям зонирования должно быть уделено особое внимание во время пересмотров Плана управления.

Таблица 2: Таблица 2. Зоны управления, выделенные на территории Района, и их целевые функции

Зоны управления	Целевые функции зоны	Приложение к Плану
Зона сооружений	Обеспечение размещения и управления объектами и оборудованием для научных исследований и связанной с ними человеческой деятельностью в пределах выделенных зон Района.	C
Зона научных исследований	Обеспечение информацией тех, кто выполняет планирование научной деятельности или логистики на территории Района, и всех лиц, посещающих Район, об участках, где проводятся текущие или долгосрочные научные исследования, которые могут быть чувствительны к вмешательству или иметь установленное чувствительное научное оборудование, для того чтобы их можно было учесть при планировании и проведении деятельности на территории Района.	D
Зона ограниченного доступа	Ограничение доступа в определенную часть Района и/или деятельности в этой его части по ряду аспектов управления или научных причин, например ввиду особой научной или экологической ценности, уязвимости природы, наличия опасных факторов, или же для ограничения выбросов или строительства сооружений на конкретном участке. Допуск в Зоны ограниченного доступа, как правило, осуществляется в случае крайней необходимости при невозможности решить задачу в любом другом месте Района.	E
Зона для посещений	Обеспечение управления деятельностью посетителей, включая персонал, работающий в рамках программ, и/или туристов, с целью ограничения их воздействия на среду и, при необходимости, контроля и управления таким воздействием.	F

Общие принципы, действующие внутри этих зон, представлены в разделах ниже, а руководящие принципы для конкретных зон по осуществлению деятельности в каждой зоне приведены в Приложениях D–F.

Зоны сооружений

Зоны сооружений установлены для размещения временных и полустационарных объектов в границах заблаговременно выделенных зон и тем самым для контроля их распределения и последствий деятельности. Зоны сооружений могут быть участками, на которых предполагается полупостоянное присутствие человека или присутствие на определенный период времени, в течение которого производится существенная деятельность. Они могут также представлять собой зоны, в которых предполагается регулярное присутствие человека и/или периодическая деятельность, такая как полевые лагеря. Устройство новых Зон сооружений должно обеспечивать минимизацию последствий деятельности объектов и использования сопутствующих материалов.

Для Зон сооружений должно быть обеспечено следующее:

- Объекты постоянного и периодического использования, места для размещения полевых лагерей, вертолетные площадки, объекты хранения материалов и комплектующих должны быть расположены внутри границ Зон сооружений.

- Там, где это целесообразно, следует повторно использовать существующую инфраструктуру, места размещения лагерей и хранения материальных ценностей в Зонах сооружений.

- Условия хранения и обращения с топливом в Зонах сооружений не должны противоречить требованиям, изложенным в *Общих рекомендациях по охране окружающей среды в Сухих долинах Мак-Мёрдо* (Приложение А), путем обеспечения вторичной герметизации, соответствующего оборудования для заправки, слива или обслуживания, безопасного хранения и надлежащей ликвидации разливов ГСМ.

- Альтернативные источники энергии и эффективность ее использования должны рассматриваться при планировании и проведении деятельности в Зонах сооружений.

- Минимизация количества отходов и правильное обращение с ними должны рассматриваться при планировании и проведении деятельности в Зонах сооружений; все отходы должны храниться надежно, а затем вывозиться.

- Необходимые планы действий в чрезвычайных ситуациях должны быть разработаны с учетом особенностей Зон сооружений.

Зоны сооружений запрещено располагать внутри Зон ограниченного доступа или Особо охраняемых районов Антарктики (ООРА) либо в местах, которые могут иным образом подвергнуть опасности ценности Района.

Зоны сооружений перечислены в Приложении С с картами и указанием мест расположения, границ и описания инфраструктуры и выделенных посадочных площадок.

Зоны научных исследований

Зоны научных исследований, перечисленные в Приложении D, установлены для обеспечения информацией лиц, посещающих Район, о площадках, где проводятся текущие или планируемые научные исследования, чтобы обеспечить отсутствие помех для важных научных ценностей или экспериментов. На доступ в Зоны научных исследований нет общеобязательных ограничений, но их посетители перед посещением или планированием работ в этих зонах должны ознакомиться с положениями Приложения D.

Зоны ограниченного доступа

Зоны ограниченного доступа установлены в местах высокой научной ценности, особо уязвимых к воздействию человека. Зоны ограниченного доступа указаны в Приложении Е с кратким описанием границ, характеристик, воздействий и всех конкретных руководящих принципов для доступа и деятельности. Допуск в Зоны ограниченного доступа осуществляется в случае крайней необходимости при невозможности решить задачу в любом другом месте Района, и все дополнительные меры обеспечения их защиты, указанные в Приложении Е, должны строго соблюдаться при посещениях.

Зоны для посещений

Зона для посещений «Долина Тейлора» (Taylor Valley) установлена для контроля посещений Района туристами или неправительственными экспедициями в пределах определенной зоны, в которой можно наблюдать исключительные исторические и природные ценности Сухих долин Мак-Мёрдо, и в то же время для обеспечения минимизации потенциального воздействия посещений туристов на другие ценности, расположенные на территории Района, в частности, научные и экологические ценности.

Зона для посещений «Долина Тейлора» расположена в долине Тейлора вблизи конца языка ледника Канада (Карта 24), в месте, где может быть обеспечен разумный, безопасный и относительно легкий доступ и перемещение с минимальным влиянием на научно-исследовательскую деятельность или на окружающую среду. Данная площадка была выбрана после консультаций между руководством Национальных программ, действующих в Районе, туроператорами и Международной ассоциацией антарктических туристических операторов (МААТО). Конкретные руководящие указания для проведения деятельности в Зоне для посещений включены в Приложение F как Руководство для посетителей в рамках Договора об Антарктике: долина Тейлора, южная часть Земли Виктории, море Росса.

6(iii) Сооружения на территории и в окрестностях Района

Основные сооружения на территории Района расположены в Зонах сооружений, установленных в центральной части Сухих долин Мак-Мёрдо (Карты 2 и 13). В долине Тейлора расположены пять полустационарных полевых лагерей (Карты 3-8), и три полустационарных полевых лагеря расположены в долине Райт (Карты 11 и 12). Наиболее значительные сооружения располагаются на заправочной станции на мысе Марбл (Карта 10), а здания также расположены у горы Ньюолл (Карта 9) и у мыса Робертс (Карта 13).

Имеется большое количество площадок для научной и рабочей аппаратуры, расположенных по всей территории Района вне Зон сооружений, наиболее значительные из которых приведены в Таблице 3. Другие сооружения, не указанные в Таблице, включают в себя несколько автоматических метеорологических станций (АМС), радиоретрансляторов (гора Серверас, гора Джей-Джей-Томпсон), станций водосливов и контроля баланса массы ледников.

Таблица 3: Сооружения на территории Района вне Зон сооружений

Наименование	ОС[1]	Местоположение[2]	Описание местоположения	Сооружения
Радиоретранслятор Маунт-Коутс	США	77°47,16' ю.ш. 161°58,23' в.д.	У вершины Маунт-Коутс (1894 м), Кукри-Хиллз. ~14 км от Зоны сооружений на озере Бонни, долина Тейлора.	Радиоретранслятор и вспомогательное оборудование в двух оранжевых пластиковых корпусах. Одна антенна на площадке.
Радиоретранслятор Юрт-Хилл	США	77°30,97' ю.ш. 163°37,22' в.д.	У вершины Юрт-Хилл (790 м) ~6 км от мыса Бернакки, к северо-востоку от пещеры Эксплорерс и долины Тейлора.	Радиоретранслятор и вспомогательное оборудование в небольшом укрытии (2,4 м х 2,6 м). Антенна установлена на укрытии.

1. Ответственная сторона
2. 2. Координаты приблизительные

Кроме того, в Сухих долинах Мак-Мёрдо имеется несколько площадок полустационарных лагерей, которые были выведены из эксплуатации и снесены (Таблица 4).

Таблица 4: Известные площадки выведенных из эксплуатации полустационарных лагерей.

Выведенная из эксплуатации площадка	ОС[1]	Географические координаты[2]

Выведенная из эксплуатации площадка	ОС[1]	Географические координаты[2]
Хижина Асгарда	Новая Зеландия	77°35' ю.ш., 161°36' в.д.
Хижина Браунуорта	Новая Зеландия	77°27' ю.ш., 162°53' в.д.
Хижина в ущелье Булл Зоны сооружений «Хижина в ущелье Булл»	Новая Зеландия	77°31,01' ю.ш., 161°51,08' в.д.
Лагерь на леднике Мезерв	США	77°30,8' ю.ш., 162°17' в.д.
Хижина в долине Миерс	Новая Зеландия	78°08' ю.ш., 163°50' в.д.
Старая хижина на озере Бонни	США	77°42,2' ю.ш., 162°30,6' в.д.
Хижина на озере Фрикселл	Новая Зеландия	77°37' ю.ш., 163°03' в.д.
Станция на озере Ванда (некоторые сооружения перенесены в Зону сооружений «Хижина на озере Ванда»)	Новая Зеландия	77°31,6' ю.ш., 161° 40,1' в.д.
Лагерь на леднике Содружества	Новая Зеландия	77° 34,94′ ю.ш., 163° 35.81′ в.д.
Лагерь «Старая хижина в Нью-Харбор»	США	77°34,5' ю.ш., 163°29,9' в.д.
Лагерь на леднике Оделла	США	76°40,86' ю.ш., 159°54,8' в.д.

1. 1. Ответственная сторона
2. 2. Координаты приблизительные

На восьми участках на территории Района проводилось бурение,. в рамках Проекта бурения в Сухих долинах Мак-Мёрдо (DVDP), осуществлявшегося в период с 1971 по 1975 год. Бурение в рамках проекта осуществлялось на следующих участках: озеро Ванда (DVDP 4, на глубину 85,8 м от поверхности льда), пруд Дон Хуан (DVDP 5, 3,4 м; DVDP 13, 75 м), бассейн Норт-Форк, долина Райт (DVDP 14, 78 м), озеро Вида (DVDP 6, 305,8 м; скважины бессрочно заглушены и запечатаны по Программе США в 2006–2007 гг. и в настоящее время их глубина составляет несколько метров от поверхности озера), озеро Фрикселл (DVDP 7, 11,1 м), Нью-Харбор (DVDP 8, 157,5 м; DVDP 9, 38,3 м; DVDP 10, 187 м), ледник Содружества (DVDP 11, 328 м) и озеро Хор (DVDP 12, 185 м).

6(iv) Местонахождение других охраняемых зон на территории Района

Доступ на территорию Особо охраняемых районов Антарктики (ООРА) осуществляется только на основании разрешения, выдаваемого национальными органами. На территории Района расположено четыре ООРА (Карты 1 и 2):

ООРА № 123: долины Барвик и Бэлем, южная часть Земли Виктории (Карты 1, 2);

ООРА № 131: ледник Канада, озеро Фрикселл, долина Тейлора, Земля Виктории (Карты 2, 5, 24);

ООРА № 138: терраса Линнея, хребет Асгорд, Земля Виктории (Карты 2, 18);

ООРА № 154: залив Ботани, мыс Геологии, Земля Виктории (Карта 1);

ООРА № 172: Низовья ледника Тейлора и Кровавый водопад, долина Тейлора, Сухие долины Мак-Мёрдо, Земля Виктории (Карты 1, 2, 8, 17).

7. Кодекс поведения

Кодекс поведения, приведенный в этом разделе, является главным инструментом регулирования деятельности, осуществляемой на территории Района. В нем изложены общие принципы управления и выполнения работ на территории Района.

Кроме того, дополнительные руководящие принципы представлены в *Общих рекомендациях по охране окружающей среды в Сухих долинах Мак-Мёрдо* (Приложение А), *Руководстве по охране окружающей среды при проведении научных исследований* (Приложение В), а также в Перечне Зон сооружений (Приложение С), Зон научных исследований (Приложение D), Зон ограниченного доступа (Приложение Е) и Зон для посещений (Приложение F). Все посетители Сухих долин Мак-Мёрдо до въезда на территорию Района должны быть ознакомлены как минимум с *Общими рекомендациями по охране окружающей среды,* изложенныmт в Приложении А.

7(i) Доступ в Район и передвижение по его территории

Район имеет большую площадь с многочисленными точками возможного доступа. Обычно доступ на территорию Района осуществляется на вертолете с острова Росс или по льду через Нью-Харбор или мыс Марбл. Для приземления вертолетов должны использоваться специально отведенные вертолетные площадки: они перечислены и показаны на картах в Приложениях С–F, описывающих зоны управления. Выделенные посадочные площадки в ООРА определены и показаны на картах в соответствующих Планах управления. Там, где выделенные посадочные площадки отсутствуют, по возможности следует использовать посадочные площадки, использовавшиеся ранее. В местах, где вертолеты предположительно будут использоваться многократно для обеспечения доступа в определенное место, следует предусмотреть организацию специальной посадочной площадки. Такие предложения должны направляться на рассмотрение Координационной группы. Ограничения на пролеты над территорией установлены для ООРА № 123 в долинах Барвик и Бэлем, ООРА № 131 в районе ледника Канада, ООРА № 154 в районе залива Ботани, а также над Зонами ограниченного доступа в районе пруда Дон Хуан и Песчаными дюнами в долине Виктории.

Использование всех пешеходных путей доступа и передвижение пешим порядком по территории Района должно осуществляться таким образом, чтобы свести к минимуму воздействие на почву и покрытые растительностью поверхности. В Районе предусмотрено несколько пешеходных маршрутов. В долине Тейлора это маршруты между лагерем F-6 и лагерем на озере Фрикселл, лагерем F-6 и лагерем на озере Хор, лагерем на озере Хор и лагерем на озере Фрикселл, а также между лагерем на озере Хор и лагерем на озере Бонни. Имеется маршрут от кромки озера Фрикселл до перемычки водослива на ручье Канада. Кроме того, предусмотрены маршруты, пролегающие за пределами ближайших окрестностей лагерей F-6 и лагерейна озерах Фрикселл, Бонни и Хор. Предусмотрен также маршрут для передвижения пешим порядком в Зоне для посещений «Долина Тейлора» (Приложение F). В долине Райт предусмотрен маршрут между перемычкой водослива и хижинами на озере Ванда. Существует условно определенный маршрут вдоль реки Оникс между озерами Ванда и Браунуорт, а местами сохранились следы колеи, оставленной наземными транспортными средствами, использовавшими этот маршрут в 1970-е годы.

В некоторых местах, где проводилась постоянная деятельность, в рыхлых моренных почвах были протоптаны тропы, образующие отчетливо выраженные маршруты, такие как в окрестностях Зон сооружений и на полевых площадках, например по северной кромке нижней части ледника Тейлора. В таких случаях пешеходы должны отдавать предпочтение существующим маршрутам, если не становится очевидным, что это небезопасно или приводит к большему воздействию на среду, чем альтернативный маршрут.

Использование наземных транспортных средств на территории Района должно ограничиваться участками озерного или морского льда, за исключением случаев, когда специально разрешена деятельность на суше в районах мыса Марбл (Карта 11), Нью-Харбор (Карты 3 и 14) и мыса Робертс (Карта 13), где наземные транспортные средства должны передвигаться по существующей колее.

Следует избегать входа в Зоны ограниченного доступа, за исключением случаев крайней необходимости. Это следует согласовывать с руководством Национальных программ, действующих в Районе.

Доступ туристов и неправительственных экспедиций должен осуществляться только в Зону для посещений «Долина Тейлора» в соответствии с указаниями, изложенными в Приложении F, и заблаговременно согласовываться с руководством Национальных программ, действующих в Районе.

К числу видов деятельности, разрешенных на территории Района, относятся научные исследования, деятельность в поддержку науки; визиты представителей СМИ, искусства, образования и других официальных представителей Национальных программ; меры управления, включая техническое обслуживание или снос сооружений, а также посещения туристами Зоны для посещений, где эта деятельность не наносит ущерба ценностям Района.

Все виды деятельности в Сухих долинах Мак-Мёрдо должны осуществляться таким образом, чтобы свести к минимуму воздействие на окружающую среду. В целях минимизации использования ископаемых видов топлива следует в максимально возможной степени использовать альтернативные источники энергии (например, солнечную и ветровую энергию, топливные элементы). Специальные указания по осуществлению деятельности в Районе изложены в Приложениях А–Е.

Туристическая деятельность и неправительственные экспедиции должны обеспечивать по возможности минимальное влияние на научно-исследовательскую работу на территории Района, а также выполняться в соответствии с Руководством для посетителей в рамках Договора об Антарктике: долина Тейлора (Приложение F).

7(iii) Возведение, реконструкция и снос сооружений

При выборе мест для сооружений и их установке необходимо проявлять осторожность, с тем чтобы свести к минимуму воздействие на окружающую среду. Следует предусматривать максимальное использование существующих объектов или их совместное использование с другими программами до сооружения новых объектов, а последствия установки всех объектов должны быть ограничены целесообразным минимумом. Места расположения сооружений должны в максимально возможной степени использоваться повторно. Как правило, установка стационарных и полустационарных сооружений запрещена за пределами Зон сооружений, за исключением случаев, когда они имеют малые размеры и не представляют значительной угрозы ценностям на территории Района (например, автоматические метеорологические станции (AMC) или малогабаритный радиоретранслятор с электропитанием от солнечных и аккумуляторных батарей и с минимальной инфраструктурой).

Все сооружения должны поддерживаться в рабочем состоянии на срок выполнения работ и демонтироваться при отсутствии дальнейшей необходимости в них. Сооружения должны быть зарегистрированы с указанием ответственной Национальной программы, фамилии главного исследователя и года установки. Типы сооружений и их координаты должны быть зарегистрированы с предоставлением информации в адрес ответственной Национальной программы с последующим ее распространением Координационной группой.

Ответственные органы Национальных программ должны через Координационную группу обмениваться информацией по предложениям относительно установки новых сооружений до их установки с целью координации деятельности и минимизации потребности в новых сооружениях, потенциально вызывающих нарушение экологического равновесия или дублирующих друг друга.

7(iv) Полевые лагеря

В Сухих долинах Мак-Мёрдо полевым лагерем считается небольшой временный лагерь, организуемый для проведения исследований в течение полевого сезона. Как правило, он может состоять из нескольких палаток и временных укрытий для лабораторных работ или приготовления пищи. Как правило, полевые лагеря должны разбиваться только тогда, когда для выполнения работ, для которых они предназначены, нецелесообразно осуществлять доступ из одной из Зон сооружений.

При выборе мест для полевых лагерей и во время их разбивки необходимо проявлять осторожность, чтобы свести к минимуму воздействие на окружающую среду. До сооружения новых полевых лагерей следует предусматривать максимальное использование старых или существующих площадок полевых лагерей или их совместное использование с другими программами, а последствия установки всех полевых лагерей должны быть ограничены целесообразным минимумом.

Все полевые лагеря должны поддерживаться в рабочем состоянии на срок выполнения работ и демонтироваться при отсутствии дальнейшей необходимости в них. Особое внимание следует уделять закреплению оборудования лагеря, чтобы его не разбросал ветер.

Координаты полевых лагерей должны быть зарегистрированы с предоставлением информации в адрес ответственной Национальной программы с последующим ее распространением Координационной группой.

Выделенные площадки полевых лагерей за пределами Зон сооружений или других зон на территории Района приведены в Таблице 5.

Таблица 5: Выделенные площадки полевых лагерей за пределами Зон сооружений или других зон на территории Района

Наименование	ОС[1]	Местоположение	Описание местоположения	Описание полевого лагеря
Площадка полевого лагеря в районе Кровавого водопада	США	77°43,24' ю. ш. 162°16,29' в. д. 1 вертолетная посадочная площадка выше лагеря	Северо-западный берег озера Бонни, ~100 м от конца языка ледника Тейлора и Кровавого водопада (см. Карту 8, Врезку 1).	Уклоны ~100 м выше по склону от береговой линии озера и ~200 м на северо-восток от ручья Лоусон к постоянному геодезическому знаку (ТР02) в ~20 м от берега озера. Места для палаток обозначены кругами из камней. Выделенная вертолетная посадочная площадка расположена вблизи группы мест для палаток в юго-западной части площадки полевого лагеря.

1. Ответственная сторона

7(v) Изъятие или вредное вмешательство в жизнь местной флоры и фауны

Изъятие или вредное вмешательство в жизнь местной флоры и фауны допускается только на основании разрешения, выданного в соответствии с положениями Статьи 3 Приложения II к Протоколу компетентным национальным органом специально для этой цели.. Если данная деятельность включает себя изъятие или вредное вмешательство в жизнь животных, в качестве минимального применяемого стандарта следует руководствоваться Кодексом поведения при использовании животных в научных целях в Антарктике, разработанным Научным комитетом по антарктическим исследованиям (СКАР).

Для обеспечения сохранения экологических и научных ценностей на территории Района, лица, посещающие Район, должны принимать особые меры предосторожности по предотвращению внедрения неаборигенных видов. Особое внимание следует уделять предотвращению их внедрения из других территорий Антарктики, включая станции, или из регионов за пределами Антарктики. Лица, посещающие Район, обязаны обеспечивать чистоту знаков, указателей и оборудования для отбора проб, ввозимых на территорию Района. Лица, посещающие Район, обязаны производить полную тщательную чистку всего оборудования (включая рюкзаки, вещевые мешки и палатки), одежды и обуви, прежде чем зайти на территорию Района. Посетители также должны быть предупреждены об опасности переноса биологических видов из одной части Сухих долин в другую, что может также повлиять на ценности Района. В частности, посетители должны стремиться минимизировать перемещение почв с одного места на другое на территории Сухих долин, тщательно очищая свое оборудование (например, оборудование для разбивки лагеря и отбора проб, транспортные средства, обувь) перед перемещением на другую площадку.

7(vi) Сбор и вывоз материальных объектов, обнаруженных на территории Района

Материальные объекты, не подпадающие под пункт 7(v) выше, могут собираться в Районе или вывозиться из него только в научных и связанных с ними образовательных целях или в важнейших целях управления, причем эта деятельность должна ограничиваться минимумом, необходимым для достижения указанных целей. Любые метеориты необходимо собирать и хранить в соответствии с принятыми научными стандартами, и они должны быть доступны для научно-исследовательских целей. Материалы антропогенного происхождения, которые могут нанести ущерб ценностям Района, должны быть вывезены из Района, за исключением ситуаций, когда существует вероятность того, что последствия вывоза будут более серьезными, чем если бы материал оставили на месте. В этом случае необходимо направить уведомление в соответствующий компетентный орган.

7(vii) Обращение с отходами

Все материалы, ввезенные в Район, должны в максимально возможной степени быть собраны и вывезены с территории Района, когда в них отпадет необходимость. Вода, используемая для любых нужд человека, в том числе в научных целях, должна вывозиться и/или обрабатываться в испарителе для «серых» бытовых сточных вод (а осадок должен вывозиться). Все отходы человеческой деятельности подлежат вывозу из Района, включая остатки, образующиеся при сжигании.

Согласно Статье 4 Приложения III к Протоколу отходы не должны утилизироваться на участках, свободных ото льда, сбрасываться в пресноводные системы, на участки, покрытые снегом или в ледовые ямы с выходом в свободные ото льда зоны, или в местах, характеризующихся высокой степенью опасности разрушения.

7(viii) Требования к отчетности

Координационная группа в максимально возможной степени должна вести отчетную документацию по деятельности, осуществляемой в Районе, и предоставлять ее в распоряжение всех Сторон.

В соответствии со Статьей 10 Приложения V к Протоколу необходимо принять меры для сбора и обмена отчетами о посещениях с целью инспекции, а также о любых существенных изменениях или нанесении ущерба на территории Района.

Туроператоры должны вести учет посещений Района, включая данные о количестве и датах посещений и происшествиях на территории Района, и представлять эти данные в соответствии с процедурами отчетности об экспедициях, принятыми Сторонами-участниками Договора об Антарктике и МААТО.

8. Положения, касающиеся обмена информацией до начала предлагаемой деятельности

Помимо обычного обмена информацией в рамках ежегодных национальных отчетов перед Сторонами-участниками Договора об Антарктике, а также СКАР и Советом управляющих национальных антарктических программ (КОМНАП), Стороны, осуществляющие деятельность на территории Района, обязаны обмениваться информацией через Координационную группу.

9. Вспомогательная документация

Информация в электронном виде

В рамках выполнения на территории Района Национальных программ был создан веб-сайт для предоставления дополнительной информации и вспомогательной документации по тематике Сухих долин Мак-Мёрдо, включая новейшие руководящие документы, планы управления охраняемым Районом, карты, описания и правила осуществления деятельности. Данная информация доступна по адресу http://www.mcmurdodryvalleys.aq

Планы управления

План управления Особо охраняемым районом Антарктики № 123: долины Барвик и Бэлем, южная часть Земли Виктории.

План управления Особо охраняемым районом Антарктики № 131: ледник Канада, долина Тейлора, Земля Виктории.

План управления Особо охраняемым районом Антарктики № 138: терраса Линней, хребет Асгорд, Земля Виктории.

План управления Особо охраняемым районом Антарктики № 154: залив Ботани, мыс Геология, Земля Виктории.

План управления Особо охраняемым районом Антарктики № 172: ледник Тейлора и Кровавый водопад, долина Тейлора, Сухие долины Мак-Мёрдо, Земля Виктории.

ПРИЛОЖЕНИЕ A:

Общие рекомендации по охране окружающей среды в Сухих долинах Мак-Мёрдо

Почему Сухие долины Мак-Мёрдо считаются таким важным объектом? Экосистема Сухих долин Мак-Мёрдо обладает геологическими и биологическими элементами, возраст которых насчитывает от тысяч до миллионов лет. Человеческая деятельность легко может нанести необратимый ущерб многим из этих древних образований. Уникальность Сухим долинам Мак-Мёрдо придают и другие особенности: необычные сообщества микроскопических форм жизни, низкий уровень биоразнообразия, простые пищевые цепочки с ограниченной трофической конкуренцией, сильный температурный стресс, засушливость и ограниченный объем питательных веществ. Этот древний пустынный ландшафт и его биологические сообщества имеют очень ограниченные возможности для естественного восстановления после внешнего вмешательства. Исследования в таких системах должны обеспечивать минимальное вмешательство с целью защиты окружающей среды для будущих поколений.

Перед тем как отправиться в данный Район:

- Убедитесь, что запланированная деятельность соответствует требованиям изложенного в Плане управления Кодекса поведения, Руководству по охране окружающей среды в Приложениях А и В и всем специальным указаниям, применяемым в Зонах управления (Приложения C-F).

- Планируйте любые виды деятельности, например передвижение, разбивку лагеря, работы с топливом, обеспечение вторичной защитной оболочки и управление отходами (а также их минимизацию) с целью максимального сокращения воздействия на окружающую среду. Для обеспечения безопасности на территории Района отдельные посетители или группы должны в достаточном количестве приносить с собой оборудование аварийно-спасательного или иного назначения либо такое оборудование должно быть в наличии на месте.

- Для предотвращения непреднамеренного внедрения неместных видов в Сухие долины Мак-Мёрдо, тщательно очищайте оборудование (в т. ч. рюкзаки, сумки для переноски снаряжения и палатки), одежду и обувь перед посещением Района.

Передвижение и деятельность на территории Района:

- Для снижения риска переноса видов из одной части Сухих долин в другую очищайте оборудование, транспортные средства, одежду и обувь перед отправлением на другой участок.

- Помните о рекомендациях для конкретного района, изложенных в Приложениях C-F, и избегайте Зон ограниченного доступа, за исключением случаев крайней необходимости посещения таких зон при невозможности выполнить задачу в любом другом месте Района.

- Не следует пересекать водотоки; если же это необходимо, по возможности, пересекайте водотоки в специально отведенных местах.

- Избегайте плавать или нырять в озерах, за исключением случаев, когда это разрешено Национальной программой для научных целей.

- Избегайте нарушать мумифицированные тела тюленей или птиц.

- Запрещается сооружение в Районе пирамид из камней без разрешения Национальной программы.

- Не оставляйте на территории Района никакого походного оборудования (например, ледобуры, крюки).

Пешеходное передвижение:

- Некоторые биологические сообщества и геологические образования особенно уязвимы, даже если они скрыты снежным покровом; старайтесь избегать таких объектов при передвижении по Району. Например, избегайте передвигаться по покрытым растительностью зонам, в водотоках или по берегам водотоков, по дюнам, через места, где на протяжении длительного срока проводились пробы грунтов, по возвышенным поверхностям речных дельт, хрупким горным пластам или через другие экологически чувствительные образования.

- По мере возможности придерживайтесь установленных или назначенных маршрутов. Для получения дополнительных указаний обращайтесь к рекомендациям для конкретных Зон (Приложения C-F).

Использование транспортных средств:

- Передвижение транспортных средств ограничивается ледовыми поверхностями, за исключением случаев, когда имеется особое разрешение на использование других путей или при передвижении у мыса Марбл, мыса Робертс и бухты Нью-Харбор.

- Транспортные средства должны передвигаться по установленным маршрутам в любых местах, где таковые имеются.

- Транспортные средства всегда должны ставиться на стоянку с вторичной защитной оболочкой или поддонами (маслосборниками).

- Транспортные средства следует использовать на льду озера только при необходимости; в период летнего таяния парковку следует производить на постоянном, а не береговом льду (с канавками и углублениями с водой).

Использование вертолетов:

- Для посадки вертолетов должны использоваться (по возможности) специально отведенные вертолетные площадки. В противном случае при возможности следует использовать ранее известные посадочные площадки. Отведенные вертолетные площадки перечислены в Приложениях C-F и показаны на Картах 3-24.

- Отведенные вертолетные площадки должны иметь явно заметные с воздуха, долговечные и прочно закрепленные указатели.

- По мере возможности следует избегать посадки вертолетов на озера.

- При проведении вертолетных операций запрещается использование дымовых шашек, за исключением случаев, когда это требуется для обеспечения безопасности.

- Необходимо обеспечить надлежащее крепление подвешиваемых под вертолетом грузов. Эти операции должны проводиться под контролем обученного персонала.

Полевые лагеря: расположение и разбивка

- До введения новых лагерных стоянок, используйте назначенные бывшие или существующие лагерные стоянки или в максимально возможной степени совместно используйте стоянки, выделенные для других программ.

- Сведите к минимуму экологический след на всех лагерных стоянках.

- Лагерные стоянки по мере практической возможности должны располагаться как можно дальше от берегов озер, русл водотоков и мест, где на протяжении длительного срока проводятся пробы грунтов, во избежание повреждения или загрязнения окружающей среды. Запрещается устраивать лагерные стоянки в руслах водотоков, даже если они высушены.

- Камни, передвинутые с целью расчистки площадок под новые лагеря или для других операций в нетронутых ранее районах, по окончании работ должны по возможности быть приведены в первоначальное состояние и, как минимум, уложены солевыми отложениями вниз. Если стояночное место предназначено для многолетней деятельности, требуется получить дополнительные указания от соответствующей Национальной программы.

- Местоположение полевых лагерей должно быть зарегистрировано и представлено на рассмотрение соответствующей Национальной программе.

- Необходимо обеспечить постоянное надежное крепление оборудования, вспомогательных материалов и запасов во избежание их уноса сильным ветром.

Использование энергии:

- По мере возможности, используйте такие энергосистемы и способы передвижения в Районе, которые оказывают минимальное экологическое воздействие, а также сведите к минимуму использование ископаемого топлива.

Использование материалов:

- Все ввозимые в Район материалы должны быть вывезены из него и возвращены на соответствующую станцию Национальной программы для надлежащей обработки.

- Требуется избегать деятельности, которая может привести к рассеиванию инородных материалов (например, использования аэрозольной краски для нанесения знаков на горных породах), либо такие работы должны проводиться внутри хижины или палатки (например, все виды резания, пиления, распаковка грузов).

- На территории Района запрещается использование взрывчатых веществ за исключением случаев, когда это разрешено Национальной программой для реализации важных научных или управленческих целей.

- По возможности следует принимать меры к тому, чтобы не оставлять вмерзших в ледник, снег или лед озера веществ, которые могут разрушиться под воздействием воды и впоследствии вызвать загрязнение.

Топливо и химические вещества:

- По мере возможности избегайте пролития любых видов топлива и химических продуктов.

- Требуется принимать меры для предотвращения случайной утечки химических веществ, в т. ч. лабораторных реагентов и изотопов (стабильных или радиоактивных). При обращении со всеми видами химических веществ должны использоваться поддоны для капель или другие формы локализации. При использовании радиоизотопов необходимо строго соблюдать правила безопасности и инструкции по обращению с ними.

- При использовании химических веществ или топлива необходимо обеспечить наличие комплектов средств для устранения проливов и устройств вторичной локализации или вторичной защитной оболочки. Лица, работающие с топливом и химическими продуктами, должны знать правила их использования и процедуры устранения проливов.

- Контейнеры для химических продуктов и топлива должны быть надежно закреплены и снабжены крышками, особенно при нахождении на озерном льду.

- Все бочки для хранения топлива должны быть снабжены устройствами для вторичной локализации.

- При дозаправке генераторов должны использоваться канистры с носиком.

- Дозаправка генераторов и транспортных средств должна осуществляться с использованием поддонов для капель с абсорбирующими ковриками.

- Замена автомасел производится только с использованием поддона для капель.

Отходы и продукты утечки:

- Вода, используемая для ЛЮБЫХ нужд человека, подлежит вывозу и/или обработке в испарителе для «серой воды» (осадок должен вывозиться из Района).

- Все отходы человеческой жизнедеятельности подлежат сбору и вывозу из Района.

- Отдельные лица или группы посетителей всегда должны носить с собой соответствующие контейнеры для отходов человеческой жизнедеятельности и «серой воды», с тем чтобы обеспечить их надлежащую и безопасную транспортировку и удаление.

- Максимально тщательно очищайте любые пролитые и/или рассыпанные вещества и сообщайте их местоположение (местоположения) и координаты соответствующей Национальной программе.

ПРИЛОЖЕНИЕ B:

Руководство по охране окружающей среды при проведении научных исследований

Научная деятельность в Сухих долинах Мак-Мёрдо включает исследования климата, ледников, водотоков, озер, почв и местной геологии и морфологии. Нижеприведенные рекомендации по охране окружающей среды при проведении научных исследований направлены на уменьшение воздействия научной деятельности применительно к конкретным средам на территории Района. Руководство составлено на основе доклада «Озера Сухих долин Мак-Мёрдо: последствия исследовательской деятельности», Уортон Р. А. и Доран П. Т., 1998 г. (McMerdo Dry Valley Lakes: Impacts of Research Activities, Wharton, R.A. and Doran, P.T., 1998), подготовленного по итогам международного семинара ученых, осуществляющих исследования на территории Района.

Общие требования

- Перемещение или сбор образцов любого вида, включая ископаемые объекты, разрешается только при наличии разрешения на проведение работ в научных и связанных с ними образовательных целях.

- Местоположение участков отбора проб (в т.ч. биологических трансектов), бурения и изъятия грунта, а также любого оборудования (например, конструкций и приборов для контроля водотоков) должно быть зарегистрировано, а их координаты переданы соответствующей Национальной программе.

- Сооружения и оборудование должны представлять минимальный риск опасных выбросов в окружающую среду (например, следует использовать гелевые элементы или другие непротекающие батареи).

- Необходимо обеспечить надежное хранение всех сооружений, оборудования и материалов в период, когда они не используются. В том случае, когда исчезает необходимость их дальнейшего использования, они должны быть вывезены из Района.

- Любые установленные указатели должны быть долговечными и надежно закрепленными.

- Отчеты с собранными метаданными представляются на рассмотрение соответствующей Национальной программе и включаются в состав Генерального антарктического каталога.

Участки отбора проб и проведения экспериментов

- Все научное оборудование, в частности оборудование, используемое для отбора проб и бурения, должно быть очищено перед ввозом в Район и перед перевозкой на другие участки для повторного использования на территории Района.

- Требуется надежно закреплять все пробоотборное оборудование в тех местах, где существует обоснованный риск его безвозвратной потери.

- При отборе проб биомассы и небиологических материалов следует ограничивать их объем минимумом, необходимым для проведения запланированных анализов и архивирования.

- Участки отбора проб (например, во льду озера, на ледниках или в почве) должны поддерживаться в чистом состоянии.

- Сведите к минимуму и по возможности старайтесь избегать использования буровых растворов.

- Участки экспериментальных исследований или мониторинга, которые планируется использовать несколько сезонов, должны иметь четкое опознавательное обозначение с указанием страны, главного исследователя и года установки оборудования.

Научные сооружения

Правила, касающиеся научных сооружений, включая метеорологические станции, географические памятники, коммуникационные ретрансляторы, системы озерного мониторинга и измерители уровня:

- Сооружения должны быть рационально размещены, при необходимости иметь легкосъемную конструкцию и всегда надежно закреплены для того, чтобы их не унесло сильными ветрами.

- Все сооружения на территории Района должны иметь четкую идентификацию с указанием страны, главного исследователя и года установки.

- Сооружения должны быть максимально энергоэффективными и по возможности использовать возобновляемые источники энергии.

- Сооружения должны представлять минимальный риск опасных выбросов в окружающую среду (например, следует использовать гелевые элементы или другие непротекающие батареи).

- Требуется периодически проводить оценку сооружений и оборудования на предмет степени их загрязнения, пригодности и необходимости вывоза. Такая оценка проводится с периодичностью, зависящей от характеристик сооружений и объекта, хотя в большинстве случаев она проводится минимум один раз в 3-5 лет.

- Конструкция сооружений должна предусматривать возможность их вывода из эксплуатации и вывоза в конце использования.

Научное оборудование, топливо и материалы

- Следует свести к минимуму использование оборудования, работающего на ископаемом топливе, по возможности используя ручные устройства и приборы, работающие на солнечной энергии.

- В целях минимизации выбросов генераторы должны быть надлежащим образом отлажены и использоваться только в случае необходимости. Генераторы и канистры с топливом всегда должны помещаться на поддонах для капель.

- Необходимо проявлять осторожность при обращении с топливом, гликолем, химическими отходами и всеми прочими жидкими веществами во избежание их пролива.

- При дозаправке всегда необходимо использовать поддоны для капель.

- Требуется обеспечить постоянное наличие комплектов средств для устранения проливов на участке, где имеется жидкое топливо или жидкие отходы (в т. ч. химические вещества и вода, извлекаемая из озер).

- Следует избегать использования материалов, подверженных разрушению при низких температурах, например, многих пластмасс на основе полиэтилена. Аналогичным образом, следует избегать использования в полустационарных сооружениях компонентов из дерева и ткани, поскольку они подвержены воздействию ветровой эрозии и случайным повреждениям.

Водотоки

- Следует использовать наклонные желоба вместо запруд.

- Для постройки конструкций для замера и контроля воды используйте в максимально возможной степени местные материалы.

- Следует ограничить масштабы экспериментов с трассерами и манипуляций. Для применения экспериментальных результатов к другим водотокам и озерным бассейнам следует, по возможности, использовать методы моделирования.

- Следует использовать только природные трассеры и документировать их использование.

- При планировании экспериментов с использованием трассеров необходимо ограничить их движение в озерах. Дополнительный поток растворенного вещества, возникающий в результате эксперимента, должен быть пропорционально меньше суммарного среднегодового потока этого вещества, поступающего из водотоков. Для проведения экспериментов следует выбирать достаточно протяженные участки с тем, чтобы подобные реакции заканчивались в пределах участка.

- Для отбора проб биомассы необходимо выбирать конкретные участки и документировать их географическое расположение, масштабы и частоту пробоотбора.

- Следует разрабатывать и применять такие методы (например, спектральный анализ), которые не опираются на отбор проб для количественной оценки изменений биомассы в водотоках.

Озера

- Следует минимизировать размеры сооружений, располагаемых на льду, и продолжительность их пребывания на льду. При размещении сооружений на льду вблизи берега их следует располагать на многолетнем, а не береговом льду (который весьма подвержен быстрому таянию). Необходимо документировать географическое расположение сооружений на льду.

- Оборудование (например, двигатели, инструменты) должно быть отделено ото льда (например, поддонами для капель), с тем чтобы свести к минимуму возможное проникновение углеводородов в лед, а также физическое таяние поверхности льда.

- Необходимо документировать район и площадь, на которой производится извлечение льда, с указанием географических координат. Районы, которые использовались для отбора проб или оценки состояния озера, должны по возможности использоваться повторно.

- Следует свести к минимуму использование моторизованных наземных транспортных средств. Предпочтительно использовать внедорожные транспортные средства с четырехтактным двигателем вместо снегоходов с двухтактным двигателем (менее эффективное сгорание топлива в двухтактных двигателях приводит к повышенным выбросам углеводородов и частиц).

- При управлении моторизованными транспортными средствами необходимо проявлять чрезвычайную осторожность, с тем чтобы транспортное средство не скользило по льду и не провалилось под него.

- Удаляйте материалы, извлеченные из-подо льда. Запрещается сбрасывать или оставлять на озерном льду пробы воды и донных отложений.

- Необходимо сократить количество пролетов вертолетов над ледовой поверхностью после начала таяния и свести к минимуму посадки на озера.

- Следует избегать хранения материалов на ледовой поверхности озера.

- Во избежание перекрестного загрязнения для каждого озера по возможности должны использоваться отдельные пробоотборные устройства (например, коллекторы для воды, сети для планктона) и приборы. Устройства и приборы, использующиеся для отбора проб на нескольких озерах, должны быть тщательно очищены (если возможно, простерилизованы) перед повторным использованием на другом озере.

- Необходимо проявлять осторожность при обращении с «серой водой», извлекаемой из озер, во избежание проливов.

- В целях сохранения целостности биологических и химических свойств озер следует рассматривать возможность проведения в лабораторных условиях экспериментов с использованием радиоизотопов, стабильных изотопов или других трассеров как альтернативы проведению таких экспериментов на месте. Потенциальное воздействие экспериментов с использованием изотопов должно быть подтверждено предварительными расчетами. Необходимо документировать любое введение трассеров.

- В целях минимизации загрязнения озер металлами в протоколы пробоотбора следует включить использование не содержащих металл буксировочных канатов и пробоотборных контейнеров, например, батометров «go-flow».

- Необходимо способствовать применению экологически благоприятных заменителей гликоля для использования в тающих пробоотборных отверстиях (например, антифриза, поддающегося биохимическому разложению).

- Следует минимизировать количество «серых» сточных вод за счет использования воды и отложений в минимальном объеме, необходимом для научных целей.

- Лица, выполняющие работы на озерном льду, должны быть обучены мерам по уменьшению потерь оборудования в отверстиях во льду.

- Необходимо обеспечить соответствующее обучение исследователей-водолазов и вспомогательного персонала с тем, чтобы свести к минимуму их воздействие на окружающую среду озер.

- Перед проведением водолазных работ или использованием дистанционно управляемых подводных манипуляторов (ROV) на каком-либо озере необходимо изучить данные о водолазных работах, ранее проводившихся на предлагаемом участке, расстояние до других представляющих интерес районов и чувствительность водной толщи и бентоса к нарушениям. Такой же подход необходимо применять по отношению к другим видам деятельности в области отбора проб и измерений.

- Необходимо вести учет данных о проведении водолазных работ и исследований с использованием дистанционно управляемых подводных манипуляторов, включая сроки, интенсивность и продолжительность их осуществления.

- Необходимо использовать технологические разработки (например, изолирующие дыхательные аппараты, толкающе-буксирные системы), способствующие уменьшению воздействия водолазных работ на окружающую среду.

Почвы

- Необходимо минимизировать нарушение почвенной и подпочвенной экосистем в максимально возможной степени.

- После завершения работ необходимо максимально восстановить нарушенные поверхности до их естественного состояния. При осуществлении землеройных работ больших масштабов (на площади свыше 1 м^2) необходимо фотографировать поверхности до их нарушения, с тем чтобы иметь основу для последующего восстановления. Расположение восстановленного участка должно регистрироваться.

- Во время отбора проб извлеченную почву необходимо помещать на маты или подстилки.

- Все ямы должны быть вновь заполнены почвой с приблизительным восстановлением первоначального профиля поверхности и, по возможности, с восстановлением панцирных образований пустынных почв. Панцирные образования пустынных почв могут быть сняты с поверхности до начала земляных работ и отложены в сторону для последующего восстановления.

- При проведении экспериментов, предполагающих экзогенные изменения, необходимо проводить тщательную оценку воздействия предполагаемой деятельности на окружающую среду.

- Следует ограничить использование механического оборудования (например, буров Cobra, почвенных буров).

Ледники

- Необходимо свести к минимуму использование жидкой воды (например, в бурах, использующих горячую воду).

- Следует избегать использования на льду химических веществ и растворов.

- Если на ледник устанавливаются столбы или указатели, следует использовать минимальное количество столбов, необходимое для исследований; по возможности на них следует указывать номер исследования и продолжительность проекта.

- При крупных распилочных работах по возможности следует использовать электрические цепные пилы, работающие от четырехтактных генераторов (они приводят к меньшему загрязнению, чем пилы, работающие на двухтактных двигателях). При распиливании холодного льда не следует использовать смазочные вещества для полотна цепных пил.

- После завершения исследовательского проекта в целях минимизации загрязнения необходимо вывезти все заделанные в лед материалы (дерево, металл, датчики).

ПРИЛОЖЕНИЕ С.

Руководство по осуществлению деятельности в Зонах сооружений

Зоны сооружений включают в себя специально отведенные районы вокруг следующих сооружений, эксплуатируемых Национальными программами на территории Района:

- лагерь в Нью-Харбор, долина Тейлора;
- лагерь F-6, долина Тейлора;
- лагерь на озере Фрикселл, долина Тейлора;
- лагерь на озере Хор, долина Тейлора;
- лагерь на озере Бонни, долина Тейлора;
- ретрансляционная станция на горе Ньюолл, пик хребта Асгард;
- заправочная станция на мысе Марбл, мыс Марбл;
- лагерь в низовье долины Райт, долина Райт;
- хижина на озере Ванда, долина Райт;
- хижина в ущелье Булл, долина Райт;
- лагерь на мысе Робертс, бухта Гранит.

Координаты, границы, посадочные вертолетные площадки и инфраструктура в Зонах сооружений, а также наименование Обслуживающей стороны перечислены в Таблице С-1, после которой приводятся карты Зон сооружений и их географическое положение (Карты 3-13).

Заключительный отчет XXXVIII КСДА

Зона сооружений	№ карты	Описание границ	Координаты границ	Координаты вертолетных посадочных площадок	ОС[1]	Сооружения в зоне
Лагерь в Нью-Харбор	3	Граница проходит от точки к северо-западу от помещения для генератора (на краю отмели), на юго-запад за участком для погрузки подвесных грузов на вертолеты, на восток до точки южнее вертолетной площадки, на северо-восток до точки восточнее основных каркасных арктических палаток (КАП) Jamesway, на северо-запад до точки севернее здания лаборатории, на юго-запад до точки севернее старого бурового отверстия, затем на юго-запад вдоль края отмели назад до помещения для генератора.	77°34,66' ю.ш., 163°31,05' в.д. 77°34,71' ю.ш., 163°30,98' в.д. 77°34,70' ю.ш., 163°31,19' в.д. 77°34,67' ю.ш., 163°31,34' в.д. 77°34,63' ю.ш., 163°31,19' в.д. 77°34,64' ю.ш., 163°31,11' в.д.	77°34,692' ю.ш., 163°31,165' в.д. 1 вертолетная посадочная площадка и участок для погрузки подвесных грузов на вертолеты	США	Основное здание включает две соединенные деревянным коридором КАП Jamesway, площадью 42 кв. м (448 кв. фт.) и 30 кв. м (320 кв. фт.). Рядом с основным зданием расположены склад площадью 3 кв. м (32 кв. фт.) и бытовая постройка площадью 1,5 кв. м (16 кв. фт.). В лагере также имеется КАП Jamesway площадью 21 кв. м (224 кв. фт.), используемая как лаборатория, помещение для генератора площадью 8,9 кв. м (96 кв. фт.) и отсек для хранения водолазного оборудования площадью 1,5 кв. м (16 кв. фт.). Один бокс неприкосновенных запасов и один ветровой генератор башенного типа.
Лагерь F-6	4	Граница проходит от мыса к юго-западу от вертолетной площадки на северо-восток до точки непосредственно к востоку от склада неприкосновенных запасов, на север вокруг самой крайней на северо-востоке палаточной площадки, на запад до точки северо-западнее палаточных площадок (у	77°6,53' ю.ш., 163°15,32' в.д. 77°6,50' ю.ш., 163°15,43' в.д. 77°6,46' ю.ш., 163°15,46' в.д.	77°6,514' ю.ш., 163°15,343' в.д. 1 посадочная вертолетная площадка	США	Основное здание площадью 42 кв. м (448 кв. фт.) с примыкающей бытовой постройкой. Склад неприкосновенных запасов.

Зона сооружений	№ карты	Описание границ	Координаты границ	Координаты вертолетных посадочных площадок	ОС[1]	Сооружения в зоне
		озера), на юг вокруг запруды на ручье и на юго-восток к первоначальной точке у вертолетной площадки.	77°36,46' ю.ш., 163°15,40' в.д. 77°36,46' ю.ш., 163°15,21' в.д. 77°36,50' ю.ш., 163°15,19' в.д.			
Лагерь на озере Фрикселл	5	Граница повторяет линию юго-восточного края озера до точки юго-западнее вертолетной площадки, затем вверх до небольшого плато у подножия холма, за самой дальней палаточной площадкой в северо-западном углу, на восток к ручью, на юго-восток вдоль берега ручья к самой восточной палатке и назад на юг к первоначальной точке у озера.	77°36,38' ю.ш., 163°07,60'в.д. 77°36,40' ю.ш., 163° 07.37'в.д. 77°36,34' ю.ш., 163°07,31' в.д. 77°36,34' ю.ш., 163°07,26' в.д. 77°36,29' ю.ш., 163°07,27' в.д. 77°36,29' ю.ш., 163°07,51' в.д. 77°36,31' ю.ш., 163°07,59' в.д. 77°36,38' ю.ш., 163°07,60'в.д.	77°36,33' ю.ш., 163°07,428' в.д.	США	КАП Jamesway площадью 62,7 кв. м. (675 кв. фт) (основное здание), четыре лаборатории площадью 13,9 кв. м (150 кв. фт.) и одно помещение для генератора площадью 13,9 кв. м (150 кв. фт.). Ветровой генератор башенного типа, панель солнечных батарей и бытовая постройка. Склад неприкосновенных запасов. Показаны предложенные места расположения зданий, ветровой генератор башенного типа и солнечные панели.
Лагерь на озере Хор	6 и 7	Граница идет от каменистого участка к юго-востоку от вертолетных площадок,	77°37,40' ю.ш., 162°53,87 в.д.	77°37,372' ю.ш., 162°53,989' в.д.	США	Основное здание площадью 55,7 кв. м (600 кв. фт.), три

Заключительный отчет XXXVIII КСДА

Зона сооружений	№ карты	Описание границы	Координаты границ	Координаты вертолетных посадочных площадок	ОС[1]	Сооружения в зоне
		на север вокруг склада неприкосновенных запасов, на северо-восток до скалы северо-западнее самой западной палаточной площадки, на северо-восток до точки севернее еще одной палаточной площадки, вновь на северо-восток к крайней на северо-востоке палаточной площадке, на юг вдоль ручья и ледника до точки к востоку от старых сооружений на озере Хор (душевая и склад водолазного оборудования), на юго-запад до конца отмели, на северо-запад до пляжа ниже основного здания и на северо-запад до первоначальной точки у вертолетных площадок.	77°37,39' ю.ш., 162°53,86' в.д. 77°37,35' ю.ш., 162°53,87 в.д. 77°37,31' ю.ш., 162°53,96' в.д. 77°37,26' ю.ш., 162°54,28' в.д. 77°37,26' ю.ш., 162°54,35' в.д. 77°37,39' ю.ш., 162°54,40' в.д. 77°37,47' ю.ш., 162° 54,34' в.д. 77°37,41' ю.ш., 162°54,05' в.д.	2 вертолетные посадочные площадки и участок для погрузки подвесных грузов на вертолеты Вспомогательная площадка находится в 46 м к юго-западу от главной площадки.		лаборатории площадью 13,9 кв. м (150 кв. фт.), помещение для генератора (96 кв. фт.), помещение для инструментов (96 кв. фт.) и три бытовых постройки: две площадью 2,2 кв. м (24 кв. фт.) и одна площадью 1,7 кв. м (18 кв. фт.), а также КАП Jamesway площадью 49,3 кв. М (530 кв. фт.). Солнечные панели и склад неприкосновенных запасов.
Лагерь на озере Бонни	8	Граница идет от точки западнее помещения для генератора у озера, на юго-восток до валуна за палаточной площадкой, на северо-восток до холма над палаточной площадкой, на северо-восток до точки к северо-востоку от самой крайней на востоке палаточной площадки, на запад до береговой линии, на юго-запад вдоль береговой линии в северную сторону от вертолетной	77°42,96' ю.ш., 162°27,37' в.д. 77°42,99' ю.ш., 162°27,56' в.д. 77°42,97' ю.ш., 162°27,79' в.д. 77°42,95' ю.ш., 162°27,93' в.д.	77°42,95' ю.ш., 162°27,65' в.д. 1 посадочная вертолетная площадка	США	КАП Jamesway площадью 55,7 кв. м (600 кв. фт.), примыкающая бытовая постройка площадью 2,2 кв. м (24 кв. фт.), помещение для генератора площадью 8,9 кв. м (96 кв. фт.), научно-исследовательская лаборатория площадью 11 кв. м (118 кв. фт) и радиолокационная лаборатория. Солнечные панели и склад

Зона сооружений	№ карты	Описание границ	Координаты границ	Координаты вертолетных посадочных площадок	ОС[1]	Сооружения в зоне
		площадки, продолжается на юго-запад вдоль берега озера до точки к северо-западу от метеостанции и возвращается к первоначальной точке за помещением для генератора.	77°42,90' ю.ш., 162°27,73' в.д. 77°42,92' ю.ш., 162°27,61' в.д.			неприкосновенных запасов.
Радиоретранслятор на горе Ньюолл	9	Граница идет от крайней северо-восточной точки к северо-востоку от зеленого хранилища оборудования, на юго-запад вдоль северной стороны хребта вокруг зеленого хранилища оборудования, новозеландской ретрансляционной станции, ветровой турбины, хижины с AFTEC, антенны, хижины с неприкосновенными запасами, склада неприкосновенных запасов, вокруг вертолетной площадки, на северо-восток вдоль северо-западной стороны хребта вокруг лагерной хижины, антенны, хижины AFTEC, ветровой турбины, новозеландской ретрансляционной станции и зеленого хранилища оборудования, а затем назад до первоначальной точки.	77°30,23' ю.ш., 162°37,60' в.д. 77°30,25' ю.ш., 162°37,60' в.д. 77°30,26' ю.ш., 162°37,55' в.д. 77°30,27' ю.ш., 162°37,52' в.д. 77°30,27' ю.ш., 162°37,52' в.д. 77°30,29' ю.ш., 162°37,46' в.д. 77°30,31' ю.ш., 162°37,33' в.д. 77°30,29' ю.ш., 162°37,28' в.д. 77°30,28' ю.ш., 162°37,40' в.д. 77°30,26' ю.ш., 162°37,49' в.д.	77°30,295' ю.ш., 162°37,340' в.д. 1 посадочная вертолетная площадка	США и Новая Зеландия	На участке расположены радиоретрансляционные станции США и Новой Зеландии. Три хижины на горе Ньюолл, включая аварийную хижину площадью 8,9 кв. м (96 кв. фт.), помещение площадью 22,3 кв. м (240 кв. фт.), в котором расположена гибридная система электроснабжения (всё США), и зеленое хранилище оборудования площадью 2,2 кв. м (24 кв. фт.), в котором расположен ретранслятор Новой Зеландии. Ретранслятор США хранится в двух оранжевых пластмассовых кожухах. На участке имеются две антенны (одна США, другая Новой Зеландии) и ветровая турбина (США).

Зона сооружений	№ карты	Описание границ	Координаты границ	Координаты вертолетных посадочных площадок	ОС[1]	Сооружения в зоне
			77°30,23' ю.ш., 162°37,56' в.д.			
Заправочная станция на мысе Марбл	10	Граница проходит от самой восточной точки (к востоку от земляных ям), на северо-запад вокруг основных сооружений, на северо-запад вокруг цистерн для хранения топлива и трубопровода, на северо-запад вдоль дороги, на юго-запад вокруг конца дороги, на юго-восток вдоль дороги и вокруг вертолетных площадок, на юго-восток вокруг пруда и назад на северо-восток до точки восточнее земляных ям.	77°24,86' ю.ш., 163°41,41' в.д. 77°24,82' ю.ш., 163°41,22' в.д. 77°24,81' ю.ш., 163°41,02' в.д. 77°24,80' ю.ш., 163°40,81' в.д. 77°24,71' ю.ш., 163°40,25' в.д. 77°24,74' ю.ш., 163°40,15' в.д. 77°24,86' ю.ш., 163°40,74' в.д. 77°24,89' ю.ш., 163°41,27' в.д.	77°24,82' ю.ш., 163°40,76' в.д. 4 посадочные вертолетные площадки. Четыре площадки находятся в непосредственной близости (ок. 25-30 м друг от друга). Координаты даны для центральной площадки (второй от основных топливных баков).	США	Основное здание площадью 69,7 кв. м (750 кв. фт.), спальное помещение площадью 41,8 кв. м (450 кв. фт.), спальное помещение площадью 55,7 кв. м (600 кв. фт.), помещение для хранения топлива площадью 7,4 кв. м (80 кв. фт.), 6 контейнеров для хранения топлива (по 25 000 галлонов каждый), бытовая постройка и мусоросжигательная установка для твердых отходов площадью 2,2 кв. м (24 кв. фт.), хранилище площадью 1,9 кв. м (20 кв. фт.), помещение для генератора площадью 21 кв. м (224 кв. фт.), мастерская и склад площадью 27 кв. м (288 кв. фт.), метеорологическая станция автоматизированной системы наземного наблюдения площадью 7 кв. м (76 кв. фт.). Топливный склад и бытовая постройка около заправочной станции.

Зона сооружений	№ карты	Описание границ	Координаты границ	Координаты вертолетных посадочных площадок	ОС[1]	Сооружения в зоне
Хижина в низовьях долины Райт	11	Зона включает хижину, размеченную вертолетную площадку и склад неприкосновенных запасов. Границы образованы возвышающимися склонами долины с западной и восточной сторон, большой трещиной на поверхности у южного края и каменистыми участками с северного края. Метеорологический экран и запруда расположены за границами зоны в пределах пешей досягаемости.	77°26,56' ю.ш., 162°39,04' в.д. 77°26,53' ю.ш., 162°39,02' в.д. 77°26,53' ю.ш., 162°39,13' в.д. 77°26,55' ю.ш., 162°39,15' в.д.	77°26,537' ю.ш., 161°39,070' в.д. 1 посадочная вертолетная площадка	Новая Зеландия	Одна небольшая хижина, рассчитанная на 2 человек площадью 6 кв. м (65 кв. фт.). Склад неприкосновенных запасов.
Хижины на озере Ванда	12 Вкладка 1	Граница идет вдоль края плоской площадки, на которой расположены хижины, автоматическая метеорологическая станция (АМС), размеченная вертолетная площадка и палаточные площадки.	77°31,42' ю.ш., 161°41,15' в.д. 77°31,40' ю.ш., 161°41,17' в.д. 77°31,34' ю.ш., 161°41,45' в.д. 77°31,34' ю.ш., 161°41,51' в.д. 77°31,36' ю.ш., 161°41,51' в.д. 77°37,41' ю.ш., 161°41,25' в.д.	77°31,361' ю.ш., 161°41,442' в.д. 1 посадочная вертолетная площадка	Новая Зеландия	Три соединенных между собой хижины общей площадью 30 кв. м (323 кв. фт.). Автоматическая метеорологическая станция (АМС).
Хижина в ущелье Булл	12 Вклад	Зона представляет собой плоский, покрытый галькой участок, на котором расположены хижины и палаточные	77°31,09' ю.ш., 161°51,23' в.д.	77°31,056' ю.ш., 161°51,048' в.д.	США	На этом участке расположено два убежища, одно для оборудования, а другое

Зона сооружений	№ карты	Описание границ	Координаты границ	Координаты вертолетных посадочных площадок	ОС¹	Сооружения в зоне
	ка 2	площадки, с севера ограниченный большим валуном, с востока и запада – небольшими горными хребтами и линией между краями хребтов – с юга. На значительном удалении к западу от границы зоны расположена АМС.	77°31,07' ю.ш., 161°50,96' в.д. 77°30,98' ю.ш., 161°51,11' в.д. 77°31,00' ю.ш., 161°51,35' в.д.	1 посадочная вертолетная площадка		экологического назначения площадью около 28,7 кв. м (290 кв. фт.), в котором размещена гибридная электростанция. Склад неприкосновенных запасов.
Лагерь на мысе Робертс	13	Зона включает весь плоский участок между северным и южным пляжами на мысе Робертс с расположенными на нем двумя хижинами и стеллажом для хранения топлива. Юго-восточный угол Зоны расположен у стеллажа для хранения топлива, граница продолжается на север вдоль края каменистого склона, на запад – вдоль края скалистого участка, а на юг края проходит за хижинами вдоль края еще одного горного склона. С юга границы Зоны повторяют береговую линию небольшой бухты.	77°2,08' ю.ш., 163°10,73' в.д. 77°2,08' ю.ш., 163°10,79' в.д. 77°2,09' ю.ш., 163°10,84' в.д. 77°2,16' ю.ш., 163°10,79' в.д.	Вертолетные посадочные площадки отсутствуют.	Новая Зеландия	Две хижины на свободном ото льда участке на мысе Робертс, рассчитанных на четверых человек (около 10 кв. м), а также жилая хижина площадью 19 кв. м (205 кв. фт.). На этом участке также расположен стеллаж для хранения топлива в бочках.

ПРИЛОЖЕНИЕ D:

Руководство по осуществлению деятельности в Зонах научных исследований

На территории Района выделены следующие Зоны научных исследований:

- Пещера Эксплорерс в Нью-Харбор, долина Тейлора;
- «Валунная мостовая», долина Райт.

К документу прилагаются краткие описания, правила проведения научных работ в каждой Зоне научных исследований и Карты 14 и 15, на которых показаны границы зон.

Зона научных исследований
Пещера Эксплорерс

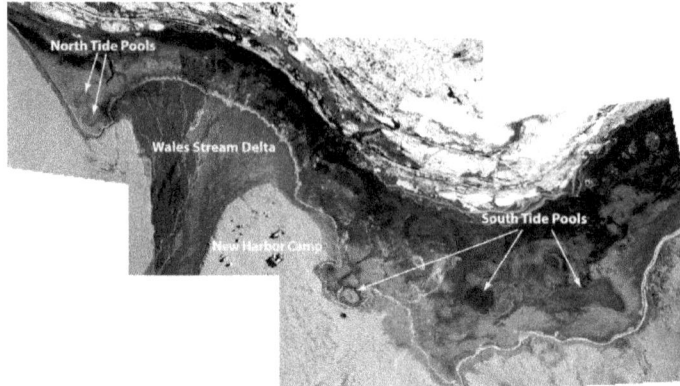

Местоположение: Нью-Харбор, долина Тейлора

Включает два компонента:

Северные приливные водоемы (490 м^2):

77°34,57' ю.ш., 163°30,79' в.д.; и

Южные приливные водоемы (4360 м^2):

77°34,66' ю.ш., 163°31,82' в.д.

Цель
Предотвращение нарушения местной морской экосреды, которая является предметом долгосрочных научных исследований.

Описание

Площадь Зоны:
4850 м^2

Фотомонтаж: С. Боузер (S. Bowser), Антарктическая программа США (28 января 2005 г.)

Данная Зона научных исследований включает две системы заполняемых приливом водоемов на побережье пещеры Эксплорерс. Оба водоема расположены вблизи Зоны сооружений лагеря в Нью-Харбор и простираются приблизительно на 75-100 м от берега в море (Карта 14). Южный компонент лежит непосредственно к востоку от лагеря в Нью-Харбор, простираясь вдоль берега приблизительно на 500 м. Небольшой северный компонент лежит приблизительно в 200 м к северо-западу от лагеря в Нью-Харбор, непосредственно к западу от дельты водотока Уэльс, и простирается вдоль побережья приблизительно на 100 м. Эти затопляемые приливами песчаные отмели имеют приливные водоемы, содержащие бентические сообщества диатомей и цианобактерий – важный источник питательных веществ для прибрежной морской экосистемы пещеры Эксплорер.

Границы
Береговая граница обоих приливных водоемов проходит по отметке среднего уровня полной воды, а морская граница тянется параллельно берегу, следуя вдоль линии торосов (при их наличии) на расстоянии приблизительно 75-100 м от берега (см. Карту 14).

Южные приливные водоемы: Западная граница тянется на 100 м на северо-восток от побережья северо-восточного угла Зоны сооружений лагеря в Нью-Харбор. Восточной пограничной точкой Зоны научных исследований служит небольшая пирамида из камней на берегу небольшого мыса, лежащего на расстоянии приблизительно 500 м к востоку от Зоны сооружений. От этой пирамиды восточная граница тянется прямо на север в море на расстояние приблизительно 30 м.

Северные приливные водоемы: Западная граница тянется на 100 м вдоль береговой линии от небольшой бухты к западу от дельты водотока Уэльс. Оттуда северная граница простирается от побережья приблизительно на 80 м прямо на восток, а восточная граница – на 70 м прямо на север от побережья на краю дельты водотока Уэльс.

Воздействие

ИЗВЕСТНЫЕ ВОЗДЕЙСТВИЯ	Отсутствуют.
ВОЗМОЖНЫЕ ВОЗДЕЙСТВИЯ	Прибрежные морские отложения имеют мягкую структуру и легко повреждаются в незамерзшем состоянии.

Требования к доступу

ДОСТУП ДЛЯ ВЕРТОЛЕТОВ	Требуется использовать выделенную посадочную вертолетную площадку в Зоне сооружений в Нью-Харбор: 77°34,692' ю.ш., 163°31,165' в.д.; и

НАЗЕМНЫЙ ДОСТУП	Маршрут к Зоне сооружений в Нью-Харбор может проходить по морскому льду через южный компонент Зоны научных исследований.

Специальные указания для Зоны

• Следует избегать передвижения по Зоне (особенно по талому льду) за исключением случаев, когда в ней проводятся научные исследования.

• Стерилизуйте все пробоотборное оборудование перед отбором проб на участке, чтобы предотвратить интродукцию неместных видов.

Основная справочная литература

Gooday, A.J., Bowser, S.S. & Bernhard, J.M. 1996. Benthic foraminiferal assemblages in Explorers Cove, Antarctica: A shallow-water site with deep-sea characteristics. *Progress in Oceanography* **37**: 117-66.

Карта Зоны – Карта 14.

Зона научных исследований
«Валунная мостовая»

Местоположение: на реке Оникс, центр долины Райт, 4 км к востоку вверх по течению от озера Ванда:
77°31'33" ю.ш., 161°54' 58" в.д.;

«Валунная мостовая»: Н. Билетникофф (N. Biletnikoff), Антарктическая программа США (29 января 2009 г.)

Цель
Предотвращение нарушения обширных микробиальных матов и экологии, являющихся предметом долгосрочных научных исследований.

Описание   Площадь Зоны: 0,47 км^2

Зона научных исследований включает часть реки Оникс, которая разветвляется и медленно течет через обширную и относительно плоскую, покрытую валунами равнину с условиями, благоприятными для развития планктонных водорослей и цианобактерий, образуя наиболее многочисленные микробиальные маты в долине Райт и служа биологическим фильтром для озера Ванда.

Границы
Границы Зоны научных исследований проходят по периметру обширной, плоской, покрытой валунами территории, обычно затопляемой рекой Оникс. Размеры Зоны составляют приблизительно 0,8 км в ширину и 1,5 км в длину (Карта 15).

Воздействие
ИЗВЕСТНЫЕ ВОЗДЕЙСТВИЯ   Отсутствуют.

ВОЗМОЖНЫЕ ВОЗДЕЙСТВИЯ   В результате вытаптывания могут пострадать микробиальные маты. На замерзшем участке идентификация матов может быть затруднена. Деятельность на территории Зоны повышает риск интродукции неместных видов.

Требования к доступу
ДОСТУП ДЛЯ ВЕРТОЛЕТОВ   Следует избегать посадок вертолетов на территории данной Зоны научных исследований. По мере возможности посетители должны использовать выделенные вертолетные посадочные площадки Зоны сооружений у хижины на озере Ванда (77°31,361' ю.ш.; 161°41,442' в.д.) или Зоны сооружений у хижины в ущелье Булл (77°31,056' ю.ш., 161°51,048' в.д.) (Карты 12 и 15).

НАЗЕМНЫЙ ДОСТУП   Для Зоны предусмотрен пеший доступ. Следует избегать передвижения в данном районе, за исключением случаев, когда это необходимо в научных или управленческих целях.

Специальные указания для Зоны
- Избегайте пересечения Зоны научных исследований за исключением тех случаев, когда это необходимо в научных целях, например для отбора образцов.
- Следует передвигаться только по скалам, избегая наступать на микробиальные маты.
- Избегайте интродукции неместных видов, стерилизуя все пробоотборное оборудование перед его использованием в Зоне.

Основная справочная литература

Howard-Williams, C., Vincent, C.L., Broady, P.A. & Vincent, W.F. 1986. Antarctic stream ecosystems: variability in environmental properties and algal community structure. *International Revue der gesamten Hydrobiologie und Hydrographie* **71**(4): 511-44.

Howard-Williams, C., Hawes, I., Schwarz, A.M. & Hall, J.A. 1997. Sources and sinks of nutrients in a polar desert stream, the Onyx River, Antarctica. In: Lyons, W.B., Howard-Williams, C. & Hawes, I. (Eds) *Ecosystem processes in Antarctic ice-free landscapes*. Proceedings of an International Workshop on Polar Desert Ecosystems, Christchurch, New Zealand: 155-70.

Green, W.J., Stage, B.R., Preston, A., Wagers, S., Shacat, J. & Newell, S. 2005. Geochemical processes in the Onyx River, Wright Valley, Antarctica: major ions, nutrients, trace metals. *Geochimica et Cosmochimica Acta* **69**(4): 839-50.

Карта Зоны – Карта 15.

ПРИЛОЖЕНИЕ Е:

Руководство по осуществлению деятельности в Зонах ограниченного доступа

Следующие участки в пределах Района признаны Зонами ограниченного доступа:

- Водосбор озера Троф, Пирамида Троф, хребет Королевского географического сообщества (хребет Ройял-Сосайети);
- Отложения Сириус на горе Фезер, гора Фезер;
- Пруд Дон Хуан, Саус Форк, долина Райт;
- Лощина Арго, озеро Ванда, долина Райт;
- Столовая гора Проспект, долина Райт;
- Отложения золы, долина Райт;
- Песчаные дюны долины Виктория, долина Виктория;
- Мыс Бэттлшип, долина Алатна, гряда Конвой.

В приложении дано краткое описание участков, рекомендации по осуществлению деятельности в каждой Зоне ограниченного доступа и карты границ зон (Карты 16-23).

Зона ограниченного доступа

Водосбор озера Троф

Местоположение

Водосбор озера Троф, хребет Королевского географического сообщества, находится в нескольких километрах к северо-западу от ледника Кётлиц и юго-западу от залива Уолкотт: 78°18,17' ю.ш., 163°20,57' в.д.

Цель

Свести к минимуму вмешательство в первозданный гидрологический комплекс и его экологию, сохранить эстетические ценности и нетронутость территории.

Пирамида Троф: К. Харрис, ERA/Американская антарктическая программа (USAP) (09 декабря 2009 г.)

Описание   Площадь Зоны: 79,8 км²

Водосбор озера Троф окружен горой Дромедари (2485 м), Пирамидой (854 м), Булварк (~ 600 м) и Сихорс (1008 м), и включает сеть из четырех основных дренажных систем, снабжающих водой озеро Троф (Карта 16). В русле долины Пирамиды Троф находятся имеющие важное значение заболоченные земли, которые включают множество запруженных и потоковых мест обитания в ограниченной зоне, содержащей ряд богатых биологических сообществ - представителей данного региона. Присутствуют редкие сообщества мхов и лишайников. У этого водосбора есть и другие особенности – наиболее значительным является наличие групп сине-зеленых водорослей, которые редко встречаются в других заболоченных местностях региона. Кроме обычных сине-зеленых водорослей рода Осциллатория, микробные маты в запруженных и потоковых местах содержат *Dichothrix* и *Schizothrix*, а также ряд коккавидных таксонов. По сравнению с другими местами в Сухих долинах, водосбор озера Троф посещается нечасто, и экосистема находится практически в первозданном виде.

Границы

Граница Зоны ограниченного доступа очерчивается водосбором озера Троф. По часовой стрелке от Пирамиды граница пересекает маленький язык ледника Кётлиц, простирающегося вглубь водосбора, оттуда она идет вдоль горного хребта Бэкдроп к безымянному пику (1618 м) на вершине горного хребта Вест Айзел, затем на северо-запад вдоль гряды до горы Дромедари, откуда она идет вдоль гряды на северо-восток до Сихорс. Затем граница идет вдоль горного хребта на восток и спускается к заливу Уолкотт. Далее граница тянется прямо на восток примерно 800 м от береговой линии залива Уолкотт до приблизительной наземной линии ледника Кётлиц, откуда идет вдоль границы ОУРА до потока Булварк, к подножью северо-восточной гряды Булварк. После этого граница тянется на юг вдоль гребня гряды Булварк, пересекает верховье реки Альфа и идет вдоль границы ледника Кётлиц, затем спускается к северо-восточной гряде Пирамиды.

Воздействие

ИЗВЕСТНЫЕ ВОЗДЕЙСТВИЯ	Передвинуты камни на месте разбивки лагеря, где в точке с координатами 78°17,17' ю.ш., 163°27,83' в.д. (18 м) установлен железный геодезический знак. В ряде озер водосбора были взяты пробы.
ВОЗМОЖНЫЕ ВОЗДЕЙСТВИЯ	Вмешательство в водные массы, экологию земных организмов и чувствительные почвы по причине отбора проб или вытаптывания. Интродукция неместных видов.

Требования к доступу

ДОСТУП ДЛЯ ВЕРТОЛЕТОВ	Место для посадки вертолетов на участке: 78°17,16' ю. ш., 163°27,84' в. д. (11 м).
НАЗЕМНЫЙ ДОСТУП	Передвижение по территории зоны, как правило, должно осуществляться пешком. При необходимости перемещения к участкам, куда невозможно добраться пешком из лагеря, можно использовать вертолеты.

Специальные указания для Зоны

- Посещение данного водосбора должно быть сведено к минимуму, не разрешается устанавливать полустационарные сооружения на территории зоны.
- Избегать занесения неместных видов, для чего необходимо стерилизовать оборудование для отбора проб перед посещением данной местности.

- Лагерная стоянка в Зоне ограниченного доступа должна находиться на ранее использованном месте (рядом с указанным местом посадки вертолета): 78°17,15' ю.ш., 163°27,79' в.д. (11 м).

Основная справочная литература

Chinn, T.J.H. 1993. Physical hydrology of Dry Valleys lakes. *Antarctic Research Series* **59**: 1 –51.

Hendy, C.H. & Hall, B.L. 2006. The radiocarbon reservoir effect in proglacial lakes: examples from Antarctica. *Earth and Planetary Science Letters* **241**: 413-21.

Hawes, I., Webster-Brown, J., Wood, S. & Jungblut, A. 2010. A brief survey of aquatic habitats in the Pyramid Trough region, Antarctica. Unpublished report prepared for USAP on the aquatic ecology of the Trough Lake catchment.

Карта участка – Карта 16

Зона ограниченного доступа
Отложения Сириус на горе Фезер

Местоположение

Северо-восточная сторона горы Фезер (3011 м) между ледником Лэшли и верхней частью ледника Феррар:
77°56,05' ю.ш., 160°26,30' в.д.

Цель

Не допустить вмешательства или повреждения участка отложений Сириус, представляющих большую научную ценность.

Описание   **Площадь Зоны:** 0,57 км²

Гора Фезер: К.Харрис, ERA/Американская антарктическая программа (USAP) (11 декабря 2009 г.)

Отложения на горе Фезер представляют собой участок с полуокаменевшими покрытыми льдом отложениями, входящими в группу Сириус на верхней части ледника Феррар, примерно в 3 км на северо-восток от горы Фезер (3011 км) (Карта 17). Отложения залегают на возвышении между ~2400-2650 м, простираясь по земле относительно небольшого уклона возле горного хребта и выходя на поверхность на крутых восточных скалах массива горы Фезер над долиной Фридманн и ледником Феррар. Поверхность отложений имеет четкие стоки талой воды недалеко от ее периметра и на крутых склонах. Отложения, площадью ~1,5 км х 1 км, содержат микроокаменелости и другие находки, представляющие высокую научную ценность, поскольку позволяют получить информацию об истории ледникового неогенового периода в Сухих долинах и во всем ледниковом покрове восточной Антарктики.

Границы

Граница Зоны ограниченного доступа (Карта 17) определена на основании протяженности отложений на горе Фезер, как отображено на карте Уилсоном и др. (2002: Рис.1). Из-за пределов погрешности карт этого региона, граница является приблизительной, оценочная погрешность, как минимум, ± 100 м.

Воздействие

ИЗВЕСТНЫЕ ВОЗДЕЙСТВИЯ	Были взяты пробы скал. С участка получены, по меньшей мере, четыре образца породы на небольшой глубине (глубина 3,2 м или менее), растворы для бурения не применялись.
ВОЗМОЖНЫЕ ВОЗДЕЙСТВИЯ	Бурильные работы, особенно работы с использование жидкостей для бурения. Отбор проб и вмешательство в процесс отложения осадков.

Требования к доступу

ДОСТУП ДЛЯ ВЕРТОЛЕТОВ	Использование вертолетов на данном участке затруднительно вследствие высоты и ветров, место посадки вертолетов еще не определено.
НАЗЕМНЫЙ ДОСТУП	Передвижение по территории Зоны ограниченного доступа должно осуществляться пешком.

Специальные указания для Зоны

- Запрещается перемещать отложения, камни и валуны, кроме случаев, когда это необходимо для научных целей, также следует избегать нарушения или изменения процесса отложения осадков и стоков талой воды.
- Лагерная стоянка должна находиться на ранее использованном месте на прилегающих снежных покровах: 77°55,93' ю.ш., 160°25,66' в.д.

Основная справочная литература

Wilson, G.S., Barron, J.A., Ashworth, A.C., Askin, R.A., Carter, J.A., Curren, M.G., Dalhuisen, D.H., Friedmann, E.I., Fyodorov-Davidov, D.G., Gilichinsky, D.A., Harper, M.A., Harwood, D.M., Hiemstra, J.F., Janecek, T.R, Licht, K.J., Ostroumov, V.E., Powell, R.D., Rivkina, E.M., Rose, S.A., Stroeven, A.P., Stroeven, P., van der Meer, J.J.M., and Wizevich M.C. 2002. The Mount Feather Diamicton of the Sirius Group: an accumulation of indicators of Neogene Antarctic glacial and climatic history. *Palaeogeography, Palaeoclimatology, Palaeoecology* **182**: 117-31.

Карта участка – Карта 17

Зона ограниченного доступа

Пруд Дон Хуан

Местоположение

У подножья каменного потока в Саут Форк, долина Райт, в закрытом бассейне на возвышении в 118 м под платформой Деис, ~ 7,5 км от озера Ванда:

77°33,77' ю.ш., 161°11,32' в.д.

Цель

Не допустить нарушения и повреждения редкой и чувствительной гиперсоленой системы, обладающей высокой научной ценностью.

Описание

Площадь Зоны: 23 га.

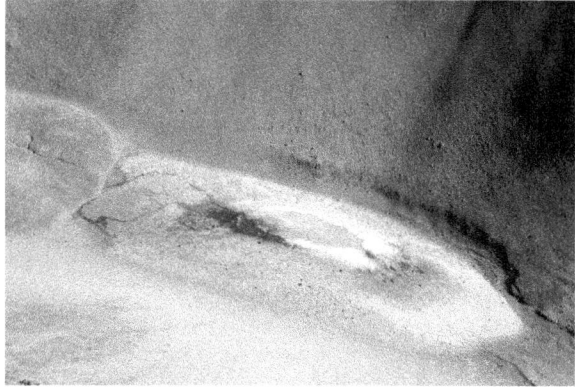

Пруд Дон Хуан: К. Харрис, ERA/Американская антарктическая программа (USAP) (14 декабря 2009 г.)

Пруд Дон Хуан – небольшое гиперсоленое озеро, размер которого в настоящий момент составляет ~400 x 150 м, содержит соленую воду, обогащенную хлористым кальцием, со степенью солености ~40 %, что делает его природным источником с самой соленой водой на земле. Уровень воды менялся в течение времени, в последнее время глубина пруда составляла ~10 см. С изменением уровня воды Зона ограниченного доступа увеличивается до края соляных отложений на дне пруда (Карта 18). В пруду была обнаружена микробная жизнь, включая многочисленные гетеротрофные бактерии и дрожжи. По краям пруда, там, где уменьшается концентрация хлористого кальция, обнаружен слой из минеральной воды и детрита, скрепленный органическим материалом, так называемые, Солевые отложения пруда Дон Хуан. Пруд Дон Хуан - это место, где впервые было найдено природное месторождение гигроскопического бесцветного минерала антрактицита (CaCl$_2$ 6H20).

Границы

Граница Зоны ограниченного доступа определяется внешней кромкой Соляных отложений пруда Дон Хуан, которая идет до края ложа пруда, занимая площадь ~750 x 300 м (Карта 18).

Воздействие

ИЗВЕСТНЫЕ ВОЗДЕЙСТВИЯ	Во время осуществления проекта бурения в Сухих долинах было сделано два буровых отверстия на дне Пруда Дон Хуан: DVDP 5 (глубина 3,5 м) and DVDP 13 (глубина 75 м), расположенных в зоне соляных отложений ~60 м и ~110 м соответственно, на восток от каменного потока. DVDP 13 остается в наличии как железная труба (заглушена), выступающая на ~ 1 м над высохшим ложем пруда (Карта 18). В декабре 2009 года на землях ~50-100 м на юг и восток от Зоны ограниченного доступа было обнаружено небольшое количество мусора (например, ржавые банки), вероятнее всего, они остались от прошлых лагерей, расположенных недалеко от участка.
ВОЗМОЖНЫЕ ВОЗДЕЙСТВИЯ	Вмешательство в водные массы, солевые отложения и чувствительные земли по причине отбора проб или вытаптывания.

Требования к доступу

ДОСТУП ДЛЯ ВЕРТОЛЕТОВ	Вертолеты должны приземляться на **Главной** вертолетной площадке (ВП), обозначенной выложенными по кругу камнями и расположенной примерно в 180 м на восток от солевых отложений пруда Дон Хуан (77°33,783' ю.ш., 161°12,930' в.д.).Посадки на Вспомогательной ВП (Карта 18) разрешается совершать только для реализации важных научных или управленческих целей, которых невозможно достичь, используя Главную ВП. Рекомендуется избегать перелета на высоте ниже 50 м над уровнем земли в Зоне ограниченного доступа.
НАЗЕМНЫЙ ДОСТУП	Доступ и передвижение по территории Зоны ограниченного доступа должны осуществляться пешком.

Специальные указания для Зоны

- Избегать ходьбы в ложе пруда и по окружающим его солевым отложениям кроме случаев, когда это необходимо для научных или управленческих целей.
- Ходить аккуратно для сведения к минимуму нарушения солевых отложений и окружающего мягкого грунта и чувствительных склонов.

- Не передвигать валуны.
- Запрещается разбивать лагерь на территории Зоны ограниченного доступа. Лагерь следует разбивать в установленном месте, обозначенном выложенными по кругу камнями, примерно в 40 м к югу от Главной ВП: 77°31,795' ю.ш., 161°12,950' в.д.

Основная справочная литература

Harris, H.J.H. & Cartwright, K. 1981. Hydrology of the Don Juan Basin, Wright Valley, Antarctica. *Antarctic Research Series* **33**: 161-84.

Chinn, T.J. 1993. Physical hydrology of the Dry Valley lakes. *Antarctic Research Series* **59**: 1-51.

Samarkin, V.A., Madigan, M.T., Bowles, M.W., Casciotti, K.L., Priscu, J.C., McKay, C.P. & Joye, S.B. 2010. Abiotic nitrous oxide emission from the hypersaline Don Juan Pond in Antarctica. *Nature Geoscience* Online: 25 April 2010. DOI: 10.1038/NGEO847.

Карта участка – Карта 18

Зона ограниченного доступа

Лощина Арго

Местоположение

Северо-восточный берег озера Ванда, долина Райт, ниже горы Ясон, на возвышении между 104 м и 235 м:

77°31,09' ю. ш., 161°38,77' в.д.

Цель

Не допустить повреждения открытых слоистых отложений в водостоке, содержащих морские окаменелости, представляющих большую научную ценность.

Лощина Арго: К. Петтвэй, Американская антарктическая программа (USAP) (31 января 2011 г.)

Описание   Площадь   Зоны: 4800 м²

Часть нижнего течения хорошо заметного русла реки в лощине Арго, ниже горы Ясон (1 920 м), горный хребет Олимп (Карта 19), содержит выдающиеся слои (до 2,8 м толщиной) массивных ледяных алевролитов с большим содержанием морских диатомовых водорослей и вышележащих отложений диктиохофициевых водорослей. По имеющимся данным, в верхних двух сантиметрах отложений были найдены фрагменты раковин морских гребешков. Отслоение залежей идет горизонтально, что контрастирует с лежащими ниже отложениями. Над твердыми отложениями располагаются дельтовые пески, ил и гравий, занесенные потоком в лощину Арго. Отложения указывают на то, что долина Райт была ранее мелководным морским фьордом и датируется эпохой среднего миоцена. Весь размер отложений под залегающим осадком неизвестен, периодическое его вскрытие вдоль канала меняется со временем в результате природной эрозии.

Границы

Зона ограниченного доступа простирается от первой хорошо заметной намывной полосы (возвышение 104 м) и ~140 метров от берега озера Ванда, 175 метров вверх по руслу реки до возвышения ~135 м. Зона простирается на 25 метров в обе стороны от русла реки (Карта 19).

Воздействие

ИЗВЕСТНЫЕ ВОЗДЕЙСТВИЯ	Отсутствуют.
ВОЗМОЖНЫЕ ВОЗДЕЙСТВИЯ	Отложения находятся в состоянии вечной мерзлоты, но поверхность постепенно оседает по причине таяния многолетнемёрзлых пород. При прикосновении поверхность отложения рассыпается.

Требования к доступу

ДОСТУП ДЛЯ ВЕРТОЛЕТОВ	Место приземления вертолетов находится в Зоне сооружений у хижины возле озера Ванда ~1,2 км на восток: 77°31,361' ю.ш., 161°41,442' в.д.
НАЗЕМНЫЙ ДОСТУП	Доступ и передвижение по территории Зоны ограниченного доступа должны осуществляться пешком.

Специальные указания для Зоны

- Избегать ходьбы по краю лощины или по находящимся выше пластам, выходящим на поверхность.
- Свести к минимуму воздействие на седименты, окружающие отложения.
- Избегать прикосновения к выходящим на поверхность пластам, кроме случаев проведения научных исследований.

Основная справочная литература

Brady, H.T. 1980. Palaeoenvironmental and biostratigraphic studies in the McMurdo and Ross Sea regions, Antarctica. Unpublished PhD thesis, Macquarie University, Australia.

Brady, H.T. 1979. A diatom report on DVDP cores 3, 4a, 12, 14, 15 and other related surface sections. In: Nagatta, T. (Ed) *Proceedings of the Seminar III on Dry Valley Drilling Project, 1978.* Memoirs of National Institute of Polar Research, Special Issue 13: 165-75.

Карта участка – Карта 19

Зона ограниченного доступа

Столовая гора Проспект

Местоположение

Ниже ущелья Булл в ~250 м на север от реки Оникс, долина Райт:
77°31,33' ю.ш.; 161° 54,58' в.д.

Цель

Не допустить повреждения хрупкого отложения окаменелых раковин вымерших морских гребешков одного вида.

Описание   **Площадь Зоны:**
4,76 га

Столовая гора Проспект: К. Харрис, ERA/Американская антарктическая программа (USAP) (15 декабря 2009 г.)

Столовая гора Проспект является отложением содержащего окаменелости гравия, лежащего поверх отложения, в котором все еще содержится большое количество хорошо сохранившихся окаменелых раковин вымерших морских гребешков одного вида *Chlamys (Zygochlamys) tuftsensi*, семейство Гребешки. Это единственное известное место обнаружения данного вида. Слоистый пласт песка и гравия, лежащего поверх отложений, заносится в лощину потоком, протекающим из ущелья Булл в нескольких сотнях метров от места его соединения с рекой Оникс (Карта 20). Точный возраст отложения неизвестен, хотя наличие сочлененных раковин, большого количества целых раковин, отсутствие абразии, аналогичность внутренней и внешней матрицы, отсутствие значительной сегрегации, и, в общем, очень слабая отборка обломков породы говорит о том, что окаменелости находятся на том месте, где были оставлены, в морском фьорде. Также встречаются иглы губок, радиолярий и несколько фрагментов остракод, но наиболее часто встречающейся и разнообразной группой микроокаменелостей является фораминифера.

Границы

Граница Зоны ограниченного доступа проходит вокруг двух граничащих столовых гор, меньшая из которых тянется на ~100 м к северу от основного массива. Граница идет вдоль хорошо заметного северо-восточного берега реки, спускающейся из ущелья Булл на юго-запад зоны, а затем проходит вокруг основания склонов, очерчивающих две горы (Карта 20).

Воздействие

ИЗВЕСТНЫЕ ВОЗДЕЙСТВИЯ	На юго-западном склоне столовой горы (см. фото) видны следы от проведения раскопок предыдущими экспедициями, место у подножия отмечено шестом.
ВОЗМОЖНЫЕ ВОЗДЕЙСТВИЯ	Очень сложно извлечь целые фрагменты морских гребешков. Вмешательство или повреждение осадочных отложений может привести к повреждению окаменелостей.

Требования к доступу

ДОСТУП ДЛЯ ВЕРТОЛЕТОВ	Запрещается посадка вертолетов на территории Зоны ограниченного доступа. Для посадки вертолета следует использовать участок в Зоне сооружений у хижины возле ущелья Булл: 77°31,056' ю.ш., 161°51,048' в.д.
НАЗЕМНЫЙ ДОСТУП	Доступ и передвижение по территории Зоны ограниченного доступа должны осуществляться пешком.

Специальные указания для Зоны

- Избегать ходьбы по верху столовой горы.
- Передвижение должно осуществляться аккуратно для сведения к минимуму повреждения хрупких осадочных пород, отложений и склонов.
- Запрещается разбивать лагерь на территории Зоны ограниченного доступа.

Основная справочная литература

Turner, R.D. 1967. A new species of fossil Chlamys from Wright Valley, McMurdo Sound, Antarctica. *New Zealand Journal of Geology and Geophysics* **10**: 446-55.

Vucetich, C.G. & Topping, W.W. 1972. A fjord origin for the pecten deposits, Wright Valley, Antarctica. *New Zealand Journal of Geology and Geophysics* **15**(4): 660-73.

Webb, P.N. 1972. Wright fjord, Pliocene marine invasion of an Antarctic Dry Valley. *Antarctic Journal of the United States* **7**: 227-34.

Prentice, M.L., Bockheim, J.G., Wilson, S.C., Burckle, L.H., Jodell, D.A., Schluchter, C. & Kellogg, D.E. 1993. Late

Neogene Antarctic glacial history: evidence from central Wright Valley. *Antarctic Research Series* **60**: 207-50.

Карта участка – Карта 20

Зона ограниченного доступа

Отложение золы

Местоположение

На относительно ровном склоне между ледниками Гудспид и Харт, долина Райт, на возвышении ~400 м:
77°29,76' ю.ш., 162°22,35' в. д.

Отложение золы: Дж. Айслаби
НЗ коллекция видов Антарктики (2005 г)

Цель

Не допустить повреждения отложения в естественном залегании вулканической золы тефра, представляющей большую научную ценность.

Описание

Площадь Зоны: 1,8 га

Отложение золы представляет собой сохранившееся в естественном залегании отложение вулканической золы тефра, защищенное слоем гравия. Поверхность гравия, защищающая слой золы, имеет большую пространственную протяженность, и зола не видна без снятия слоя гравия, что усложняет идентификацию в полевых условиях. Полная протяженность отложения золы неизвестна, ее максимальный оценочный размер составляет ~100 x 100 м (Карта 21). Отложение золы, датирующееся 3,9 ± 0,3 миллиона лет назад, представляет большую научную ценность для определения палеоклимата Сухих долин Мак-Мёрдо.

Границы

По причине недостатка хорошо заметных наземных ориентиров, граница Зоны ограниченного доступа определяется как зона 150 м x 120 м по широте и долготе (Карта 21) от координат:
Верхняя левая точка: 77°29,72' ю.ш., 162°22,2' в.д.
Нижняя правая точка: 77°29,8' ю.ш., 162°22,5' в.д.

Воздействие

ИЗВЕСТНЫЕ ВОЗДЕЙСТВИЯ	Отсутствуют.
ВОЗМОЖНЫЕ ВОЗДЕЙСТВИЯ	Отложение покрыто тонким слоем пустынной корки гравия, который легко повредить при ходьбе. В случае повреждения пустынной корки быстро произойдет ветровая эрозия отложений золы.

Требования к доступу

ДОСТУП ДЛЯ ВЕРТОЛЕТОВ	Рекомендуется избегать посадки вертолетов в Зоне ограниченного доступа и избегать перелета на высоте ниже 50 м над уровнем земли. Место посадки вертолетов должно находиться, как минимум, в 100 м от границы.
НАЗЕМНЫЙ ДОСТУП	Доступ и передвижение по территории Зоны ограниченного доступа должны осуществляться пешком.

Специальные указания для Зоны

- Избегать ходьбы по пустынной корке, покрывающей отложения золы, кроме случаев, когда это необходимо для научных или управленческих целей, в таком случае нужно ходить аккуратно для сведения повреждений к минимуму.
- В случае необходимости удаления пустынной корки для соответствующих научных целей, обеспечьте ее возвращение на место для защиты объекта.
- Запрещается разбивать лагерь на территории Зоны ограниченного доступа.

Основная справочная литература

Hall, B.L., Denton, G.H., Lux, D.R. & Bockheim, J. 1993. Late tertiary Antarctic paleoclimate and ice-sheet dynamics inferred from surficial deposits in Wright Valley. *Geografiska Annaler* **75A**(4): 239-67.

Morgan, D.J., Putkonen, J., Balco, G. & Stone, J. 2008. Colluvium erosion rates in the McMurdo Dry Valleys, Antarctica. Proceedings of the American Geophysical Union, Fall Meeting, 2008.

Schiller, M., Dickinson, W., Ditchburn, R.G., Graham, I.J. & Zondervan, A. 2009. Atmospheric 10Be in an Antarctic soil: implications for climate change. *Journal of Geophysical Research* **114**, FO1033.

Карта участка – Карта 21

Зона ограниченного доступа

Песчаные дюны долины Виктория

Местоположение

Две основные группы между озером Вида и нижним ледником Виктория, ~ 1 км на юг от конца ледника Пакард, долина Виктория:
77°22,19' ю.ш., 162°12,45' в.д.

Цель

Не допустить повреждения хрупкой системы песчаных дюн, представляющей большую научную ценность.

Описание   Площадь Зоны: 3,16 км²

Песчаные дюны долины Виктория (восточная группа ниже ледника Пакард)
Х. МакГован, НЗ коллекция видов Антарктики (декабрь 2004 г.).

Обширная система песчаных дюн долины Виктория включает две характерные зоны, состоящие из полукруглых, поперечных и горбатых дюн и многочисленных песчаных холмов (Карта 22). Самая большая группа дюн - на западе, она простирается более чем на ~6 км и достигает в ширину от 200 до 800 метров, общая площадь составляет ~1,9 км². Самая маленькая группа дюн — на востоке, она разделяется течением Пакард и ограничивается на юге рекой Кайт, простирается более чем на ~3 км и достигает в ширину от 300 до 600 м, общая площадь ~1,3 км². Источником отложений является поверхность и границы нижней части ледника Виктория, а также моренный покров, переносимый на запад к озеру Вида преобладающим восточным ветром и потоками талой воды. Это единственное место в Антарктике с литологическими осадками песка, отложенными под действием ветра. Дюны отличаются от обычных пустынных и прибрежных формирований, поскольку песок в этих дюнах перемешан с утрамбованным снегом и многолетнемёрзлыми породами.

Границы

Граница Зоны ограниченного доступа определяется внешним краем основной системы песчаных дюн в долине Виктория, которая тянется двумя группами на расстояние ~9 км, ширина варьируется от 200 до 800 м (Карта 22).

Воздействие

ИЗВЕСТНЫЕ ВОЗДЕЙСТВИЯ	Отсутствуют
ВОЗМОЖНЫЕ ВОЗДЕЙСТВИЯ	Тонкий поверхностный слой песчаных дюн подвижен и динамичен. Повреждение или разрушение многолетнемёрзлых пород, содержащихся в дюнах, может повлиять на целостность структуры песчаных дюн.

Требования к доступу

ДОСТУП ДЛЯ ВЕРТОЛЕТОВ	Рекомендуется избегать посадки вертолетов в Зоне ограниченного доступа и избегать перелета на высоте ниже 50 м над уровнем земли. Предусмотренная вертолетная площадка расположена в месте разбивки лагеря у течения Пакард: 77°22,077' ю.ш., 162°12,292' в.д.
НАЗЕМНЫЙ ДОСТУП	Доступ и передвижение по территории Зоны ограниченного доступа должны осуществляться пешком.

Специальные указания для Зоны

- Избегать ходьбы по дюнам, кроме случаев, когда это необходимо для научных или управленческих целей.
- Передвижение должно осуществляться аккуратно для сведения к минимуму повреждения уязвимых поверхностей и склонов дюн. Избегать повреждения многолетнемёрзлых пород и структуры песчаных дюн.
- Запрещается разбивать лагерь на территории Зоны ограниченного доступа. Лагерь следует разбивать в установленном месте обозначенном выложенными по кругу камнями, у течения Пакард к северу от восточной группы песчаных дюн: 77°31,077' ю.ш., 162°12.292' в.д.

Основная справочная литература

Lindsay, J.F. 1973. Reversing barchans dunes in Lower Victoria Valley, Antarctica. *Geological Society of America Bulletin* **84**: 1799-1806.

Calkin, P.E. & Rutford, R.H. 1974. The sand dunes of Victoria Valley, Antarctica. *The Geographical Review* **64**(2): 189-216.

Selby, M.J., Rains, R.B. & Palmer, R.W.P. 1974. Eolian deposits of the ice-free Victoria Valley, Southern Victoria Land, Antarctica. *New Zealand Journal of Geology and Geophysics* **17**(3): 543-62.

Speirs, H.C., McGowan, J.A. & Neil, D.T. 2008. Meteorological controls on sand transport and dune morphology in a polar-desert: Victoria Valley, Antarctica. *Earth Surface Processes and Landforms* **33**: 1875-91.

Карта участка – Карта 22

Зона ограниченного доступа

Мыс Бэттлшип

Местоположение

Юго-запад, долина Алатна, гряда Конвой, ~1 км на запад от ледника Бенсон:
76°55,17' ю.ш., 161°02,77' в.д.

Цель

Не допустить повреждения хрупких формирований песчаника, содержащего микробные сообщества, обеспечить сохранение вида и нетронутости участка.

а) Вид с воздуха на долину Алатна. b) Вид с пруда Карго.
К. Харрис ERA/Американская антарктическая программа (USAP) (16 декабря 2009 г.)

Описание   Площадь Зоны: 4,31 км²

Мыс Бэттлшип – район колоссальных выходов пластов песчаника, возвышающихся над юго-западным руслом долины Алатна, возле пруда Карго (Карта 23). Длина скалы ~5 км, ширина составляет 0,4 – 1,2 км. Высота мыса – примерно 300 м на возвышении ~900-1200 м на западе и ~1050-1350 м на востоке. Выступающие пласты красно-коричневого и белого песчаника сильно выветрились и превратились в удивительные остроконечные верхушки, выступы и эродированные вымоины со скоплениями темных валунов и отложений лежащего выше крупнокристаллического базальта в результате его выветривания сверху. Окружающая среда содержит богатые микробные сообщества, включающие лишайники, сине-зеленые водоросли, нефотосинтезирующие бактерии и грибки; это самое большое биологическое разнообразие микробов, обнаруженное в Сухих долинах. Криптоэндолитические микробные сообщества обитают в пористых пустотах песчаника, лишайники и сине-зеленые водоросли врастают на глубину до 10 мм под поверхностью. Это чрезвычайно медленно растущие сообщества, а скалы, на которых они живут, подвержены разрушению.

Границы

Границы Зоны ограниченного доступа включают основной участок обнажения пород песчаника у мыса Бэттлшип, простираются от нескольких небольших озер, включая их, у подножья формирования до его максимального верхнего предела (Карта 23).

Воздействие

ИЗВЕСТНЫЕ ВОЗДЕЙСТВИЯ	Ранее в скалах были установлены небольшие устройства для измерений на месте, а также было взято небольшое количество образцов породы. Место посадки вертолета помечено тканевыми флажками, закрепленными в скалах, некоторые из которых были выбраны для того, чтобы предотвратить их использование учеными в будущем, поскольку они подверглись изменению в результате ранее проведенного эксперимента (И. Фридманн, лич. сооб./E. Friedmann, pers. comm.) 1994 г.). Использование дымовых шашек для обеспечения безопасности воздушного движения на участке привело к засорению, поэтому эта практика была прекращена в 1990-х гг.
ВОЗМОЖНЫЕ ВОЗДЕЙСТВИЯ	Повреждение хрупких скалистых формирований, чрезмерный отбор проб, интродукция неместных видов.

Требования к доступу

ДОСТУП ДЛЯ ВЕРТОЛЕТОВ	Место для посадки вертолетов на участке: 76°55,35' ю.ш., 161° 04,80' в.д. (1296 м). В случае необходимости высадки у подножья скалы или в частях зоны, куда невозможно добраться пешком, необходимо избегать посадки вертолета на песчаник и озера или пруды.
НАЗЕМНЫЙ ДОСТУП	Передвижение по территории Зоны ограниченного доступа должно осуществляться пешком.

Специальные указания для Зоны

- Передвижение должно осуществляться аккуратно для сведения повреждений к минимуму, запрещается передвигать камни и валуны, ломать хрупкие формирования песчаника.
- Лагерная стоянка в Зоне ограниченного доступа должна находиться на ранее использованном месте, рядом с указанной территорией посадки вертолета: 76°55,31' ю.ш., 161°04,80' в.д. (1294 м).

Основная справочная литература

Friedmann, E.I., Hua, M.S., Ocampo-Friedmann, R. 1988. Cryptoendolithic lichen and cyanobacterial communities of the Ross Desert, Antarctica. *Polarforschung* **58**: 251-59.

Johnston, C.G. & Vestal, J.R. 1991. Photosynthetic carbon incorporation and turnover in Antarctic cryptoendolithic microbial communities: are they the slowest-growing communities on Earth? *Applied & Environmental Microbiology* **57**(8): 2308-11.

Карта участка – Карта 23

ПРИЛОЖЕНИЕ F:

Руководство по охране окружающей среды в Зонах для посещений

На территории Района выделена следующая Зона для посещений:

- Долина Тейлора

Зона для посещений расположена в низовьях долины Тейлора вблизи ледника Канада. Местоположение, границы, вертолетная посадочная площадка и характеристики Зоны для посещений показаны на Карте 24.

Граница Зоны для посещений проходит следующим образом: двигаясь по часовой стрелке, граница идет от самой северной точки Зоны на небольшой возвышенности с координатами 77°37,523' ю.ш., 163°03,189' в.д., далее – 225 м на юго-восток, мимо назначенной вертолетной посадочной площадки до точки на моренных почвах с координатами 77°37,609' ю.ш., 163°03,585' в.д., затем тянется 175 м к югу, поднимаясь на вершину небольшого холма (высотой 60 м) с координатами 77°37,702' ю.ш., 163°03,512' в.д. С этого небольшого холма граница тянется на 305 м на северо-запад ко второму небольшому холму, проходя через него на другую сторону (с вершиной на высоте 56 м, отмеченной лежащей поблизости пирамидой из камней и старым геодезическим знаком), проходя по линии приблизительно в 30 м к югу от главного хребта, соединяющего два холма, прямо к точке (77°37,637' ю.ш., 163°02,808' в.д.) на западном хребте этого второго небольшого холма. С этого хребта граница тянется 80 м на северо-восток прямо к западной поверхности выступающего валуна, расположенного в точке с координатами 77°37,603' ю.ш., 163°02,933' в.д., к северо-западу от пирамиды из камней на холме на расстоянии приблизительно 70 м. Затем граница тянется 130 м к северо-востоку, спускаясь параллельно обозначенному пешеходному маршруту (повторяющему линию низкой моренной гряды), к точке около ручья Боулз (77°37,531' ю.ш., 163°,03,031' в.д.). Здесь, рядом с небольшим покрытым мхами участком, находится мумифицированный (усохший) тюлень. Затем граница тянется на 65 м к востоку и возвращается к самой северной точке Зоны с координатами 77°37,523' ю.ш., 163°03,189' в.д.

Особые правила для осуществления деятельности в Зоне для посещений:

- Туроператоры должны принять меры к тому, чтобы все посетители Зоны для посещений, за которых они несут ответственность, обеспечили себе чистую обувь и оборудование перед посещением Зоны;

- Посадка и высадка туристических экспедиций должна производиться на выделенной посадочной площадке с координатами 77°37,588' ю.ш., 163°03,419' в.д. (на высоте 34 м.);

- Туроператоры должны принять меры, направленные на то, чтобы пешеходные маршруты на территории Зоны для посещений были четко обозначены и чтобы посетители использовали только эти маршруты. Указатели для разметки туристических маршрутов и достопримечательностей должны безопасно устанавливаться и убираться перед окончанием каждого посещения;

- Палатки можно разбивать только на специально отведенной палаточной площадке в целях защиты здоровья и обеспечения безопасности; туристические группы могут устраивать лагеря в Зоне для посещений только по соображениям безопасности;

- Туристы должны передвигаться по территории Зоны для посещений небольшими организованными группами с проводником;

- Не следует ходить по руслам водотоков и прудов;

- Деятельность, планируемая и осуществляемая в Зоне для посещений, должна соответствовать положениям Рекомендации XVIII-1 КСДА.

Дополнительные указания, регулирующие деятельность на территории данной Зоны для посещений, приводятся в приложении «Руководство для посетителей в рамках Договорам об Антарктике»: Долина Тейлор, юг Земли Виктории, море Росса (доступно на сайте Секретариата Договора об Антарктике http://www.ats.aq/siteguidelines/documents/Taylor_r.pdf и http://www.mcmurdodryvalleys.aq).

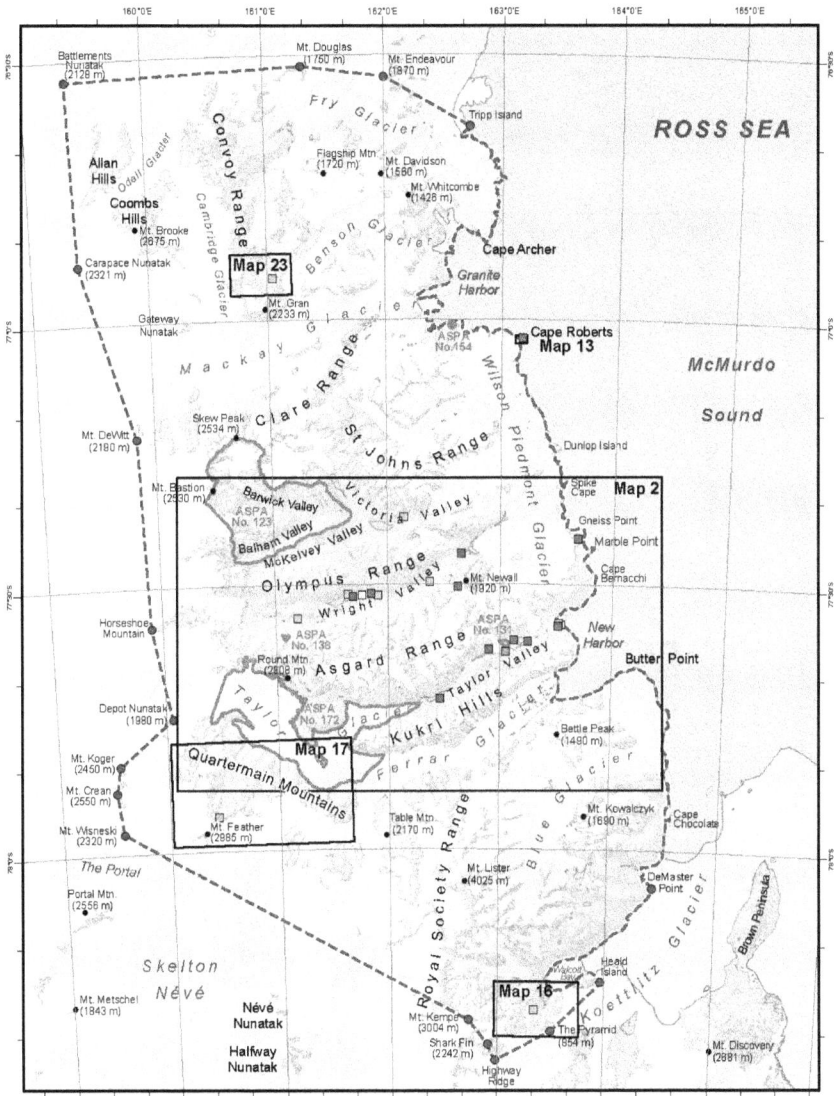

Map 1: Overview
ASMA No. 2 McMurdo Dry Valleys: boundary & zones

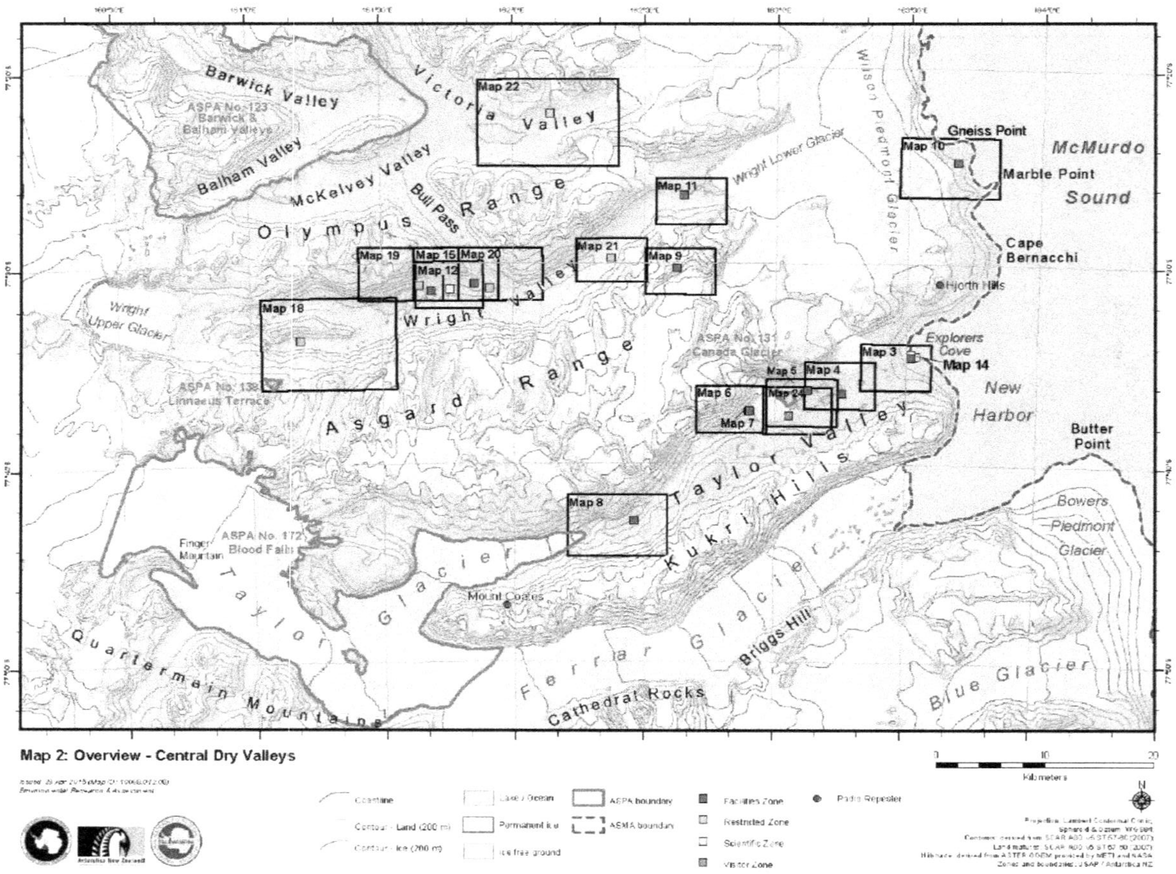

Map 2: Overview - Central Dry Valleys

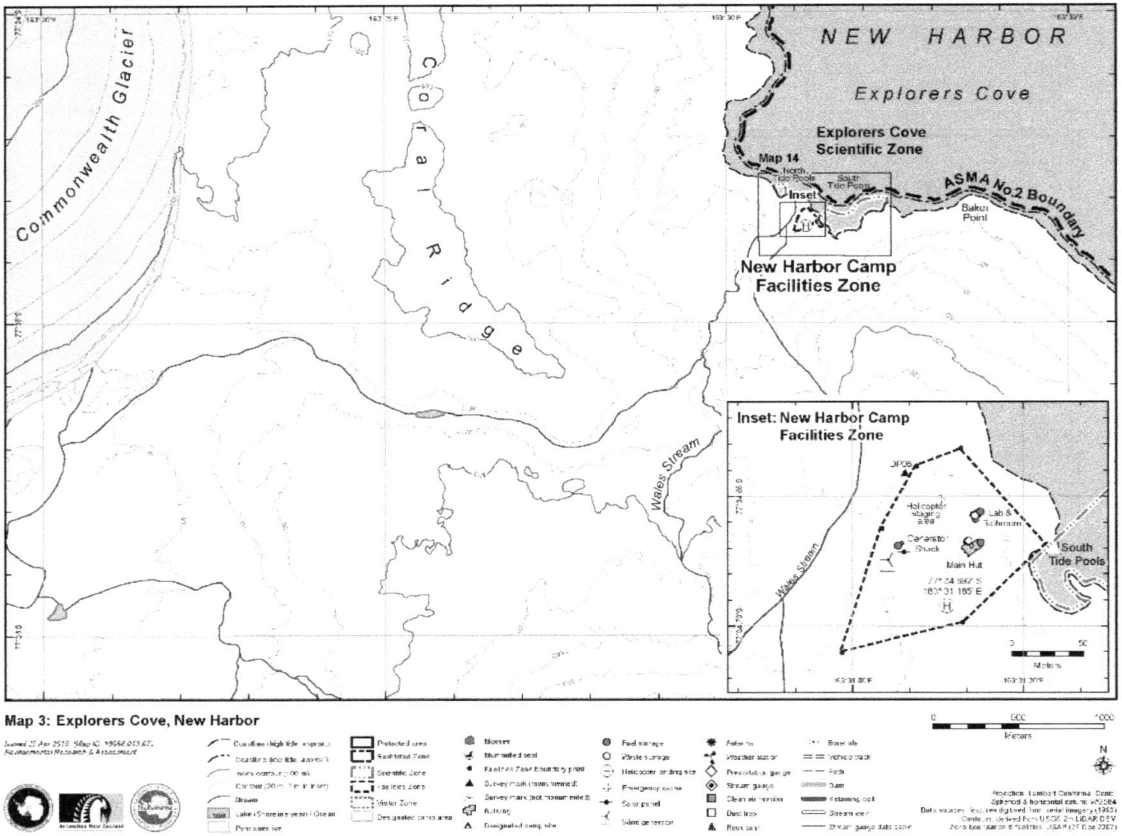

Map 3: Explorers Cove, New Harbor

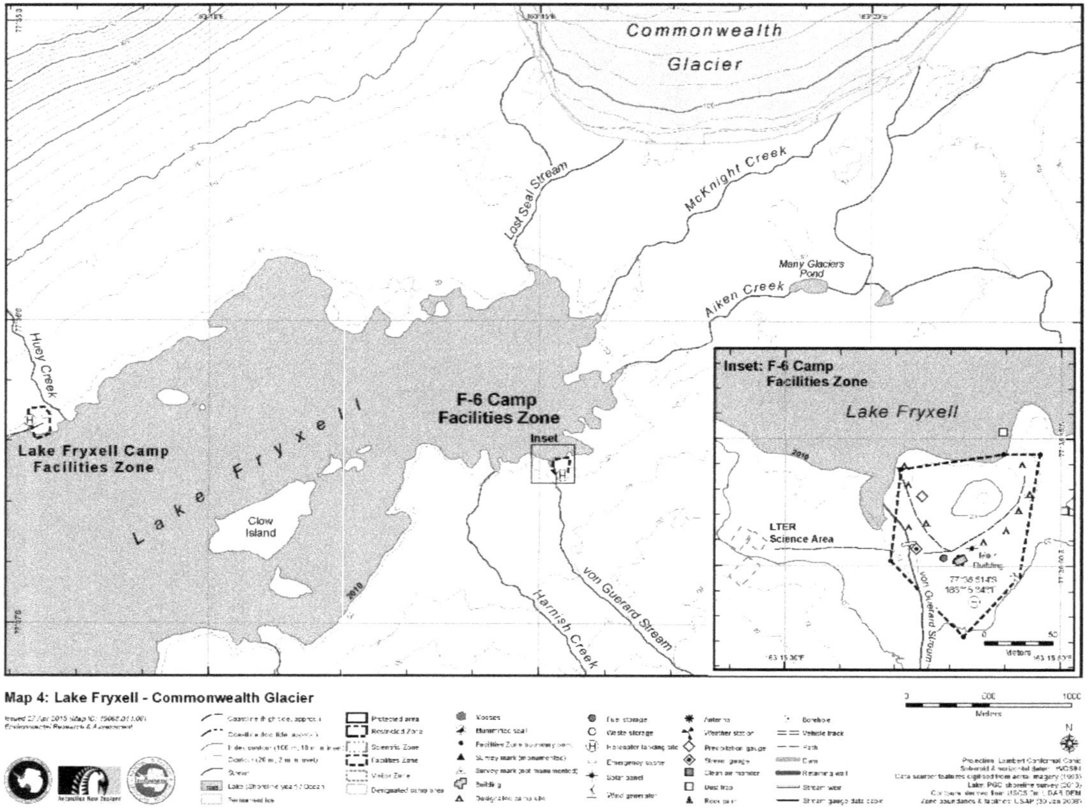
Commonwealth
Glacier
Lost Seal Stream
McKnight Creek
Many Glaciers Pond
Aiken Creek
Huey Creek
Lake Fryxell Camp
Facilities Zone
Lake Fryxell
Clow Island
F-6 Camp
Facilities Zone
Inset
von Guerard Stream
Harnish Creek
Inset: F-6 Camp
Facilities Zone
Lake Fryxell
LTER
Science Area
Map 4: Lake Fryxell - Commonwealth Glacier
Meters

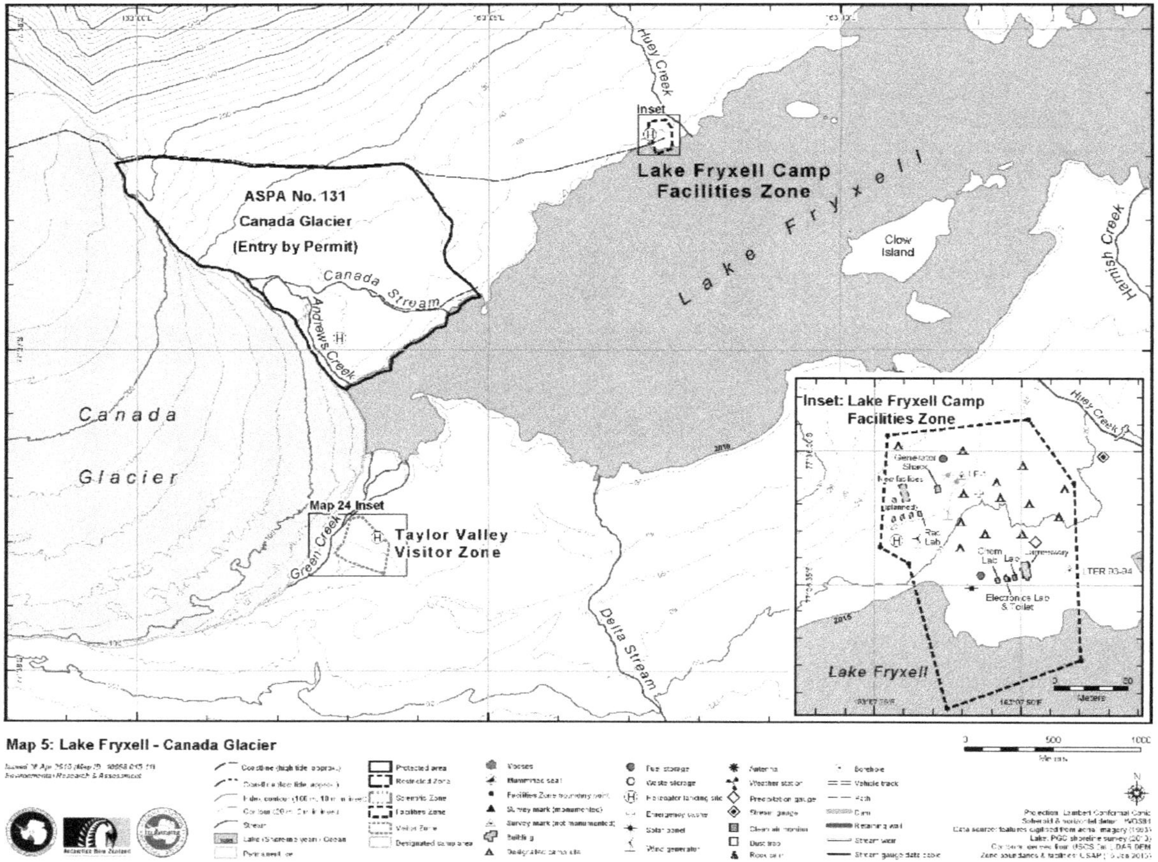

Заключительный отчет XXXVIII КСДА

Map 5: Lake Fryxell - Canada Glacier

331

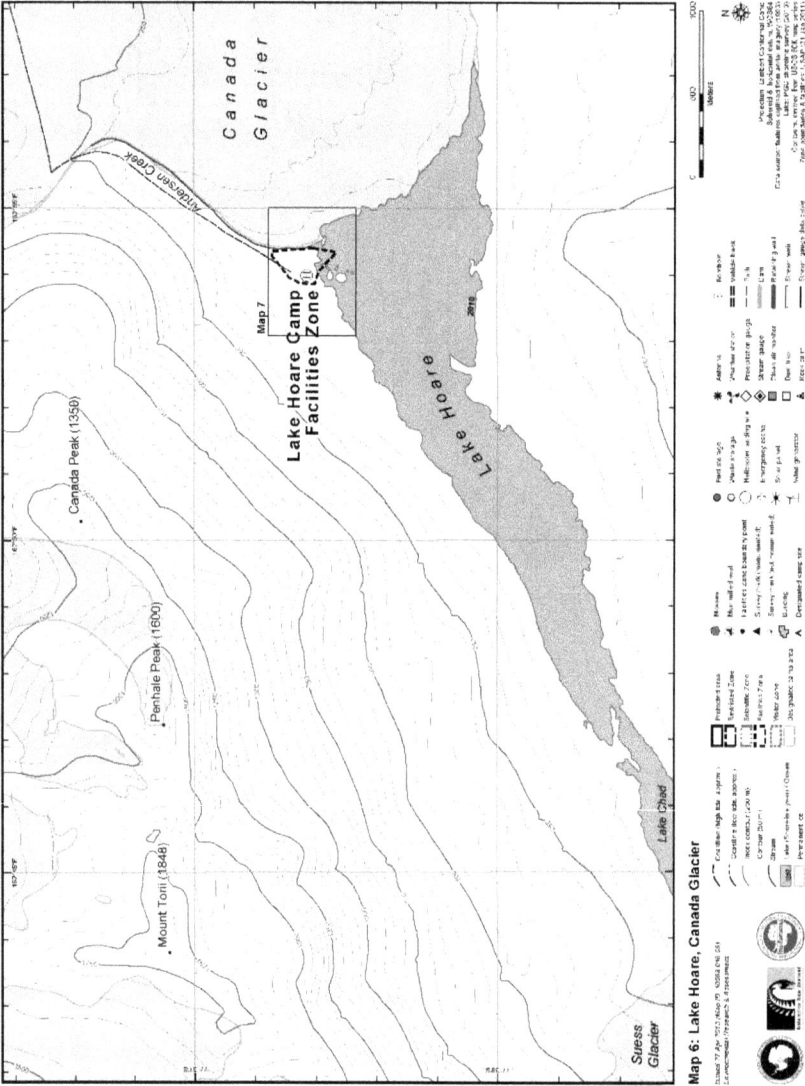

Map 6: Lake Hoare, Canada Glacier

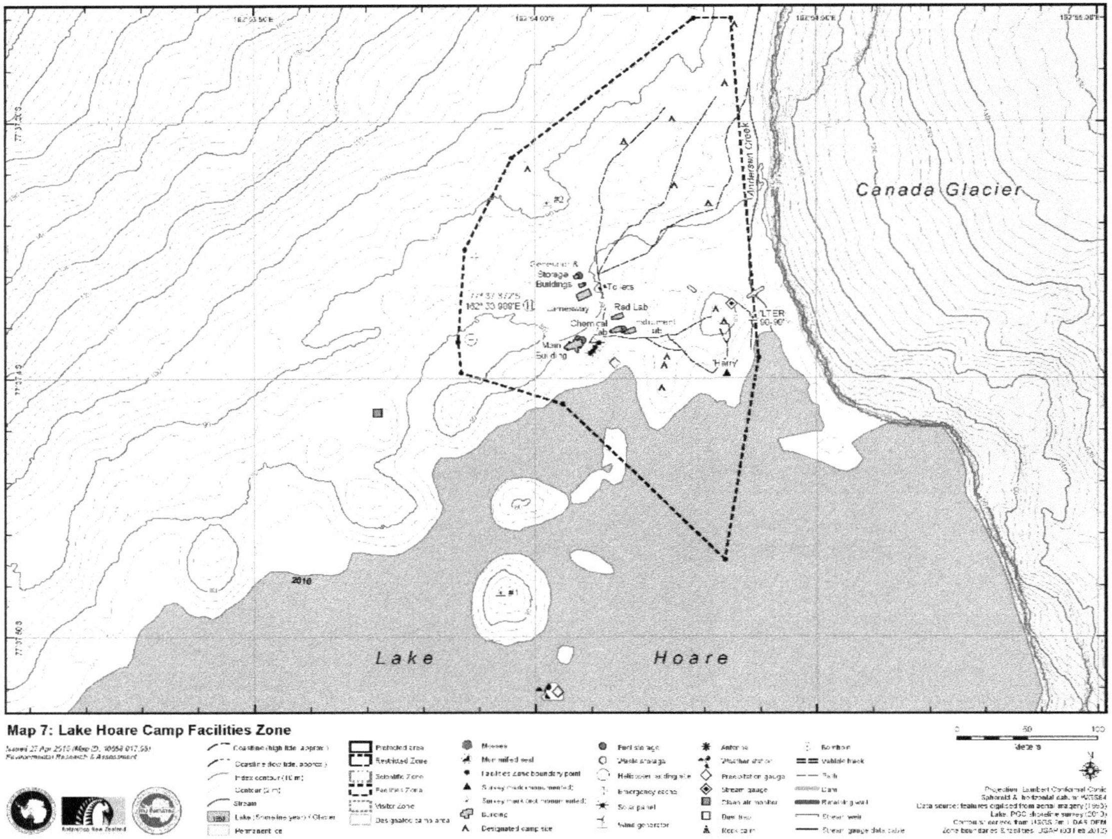
Canada Glacier
Lake Hoare
Andersen Creek
Main Building
Chemical Lab
Red Lab
Toilets
Generator & Storage Buildings
Jamesway
LTER
Harry
2010
Map 7: Lake Hoare Camp Facilities Zone
Stream
Survey mark (monumented)
Designated camp site
Fuel storage
Helicopter landing site
Stream gauge
Rock cairn
Vehicle track
Projection: Lambert Conformal Conic

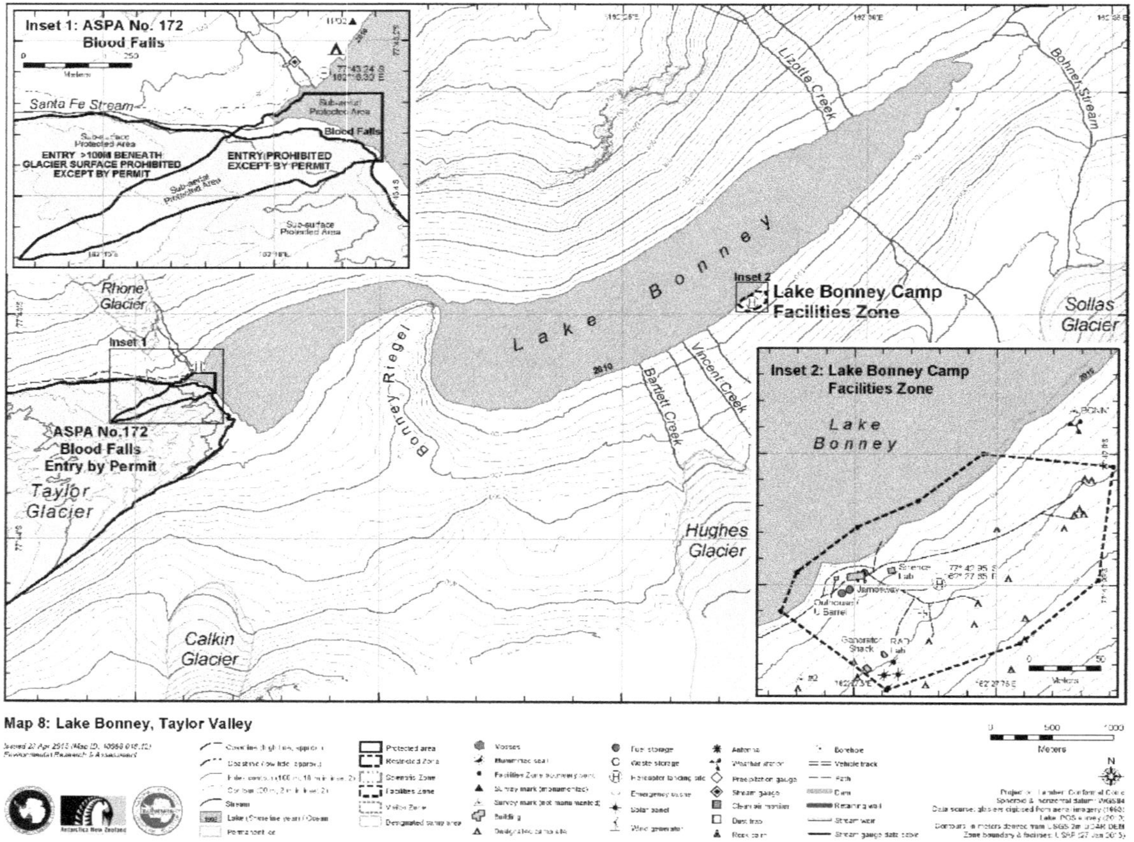

Map 8: Lake Bonney, Taylor Valley

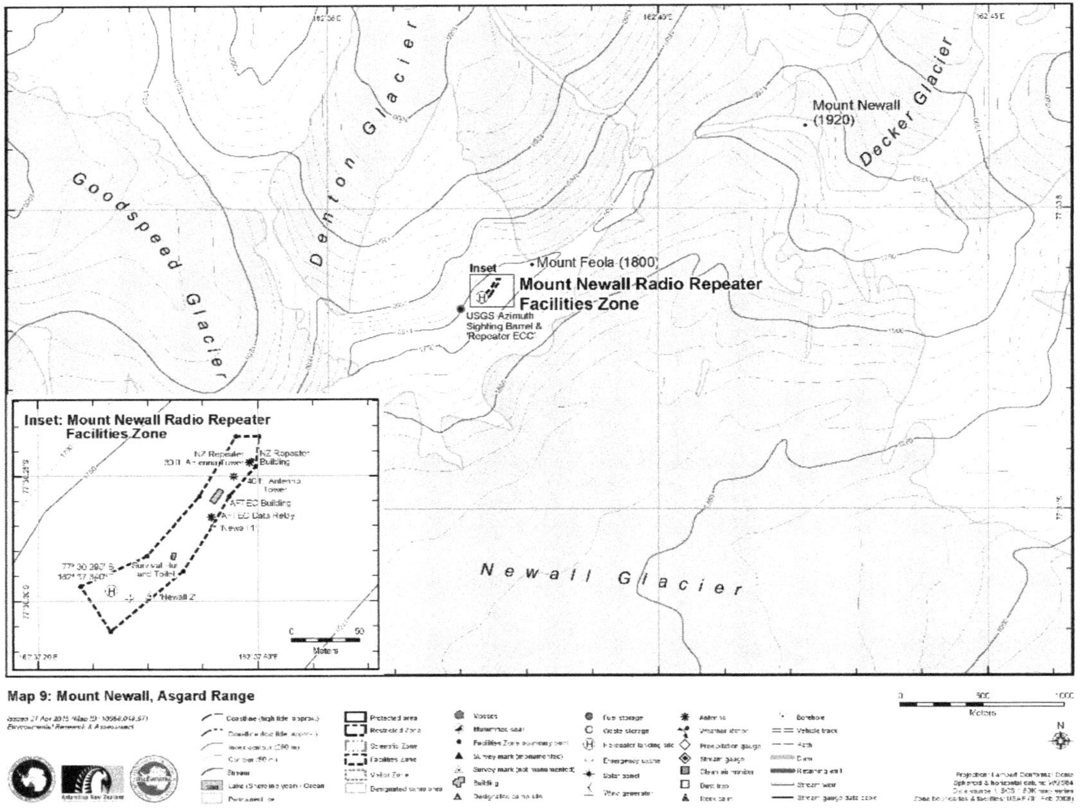
Goodspeed Glacier
Denton Glacier
Decker Glacier
Mount Newall
(1920)
Inset
Mount Feola (1800)
Mount Newall Radio Repeater
Facilities Zone
USGS Azimuth
Sighting Barrel &
'Repeater ECC'
Newall Glacier
Inset: Mount Newall Radio Repeater
Facilities Zone
NZ Repeater Building
AFTEC Building
Newall Z
Map 9: Mount Newall, Asgard Range
Metres
N

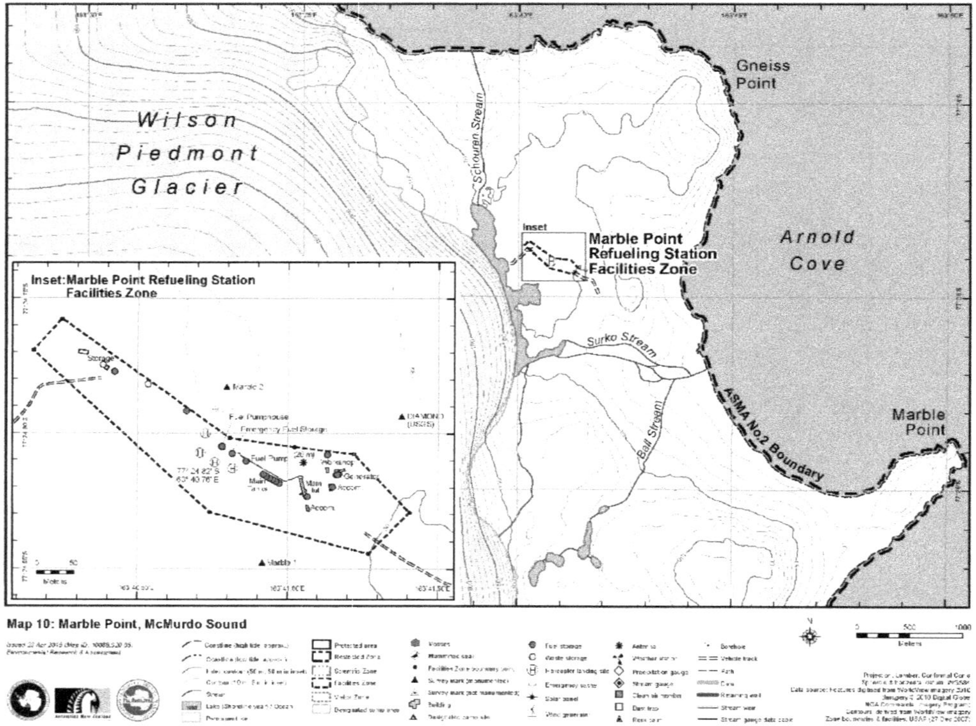
Wilson
Piedmont
Glacier
Gneiss
Point
Schouren Stream
Inset
Marble Point
Refueling Station
Facilities Zone
Arnold
Cove
Surko Stream
Ball Stream
ASMA No2 Boundary
Marble
Point
Inset:Marble Point Refueling Station
Facilities Zone
Storage
Fuel Pumphouse
Emergency Fuel Storage
Fuel Pump
Main
Hut
Generator
Main
Tanks
77°24.82'S
163°40.76'E
Marble 2
Marble 1
DIAMOND
(USGS)
Meters
Map 10: Marble Point, McMurdo Sound
Meters

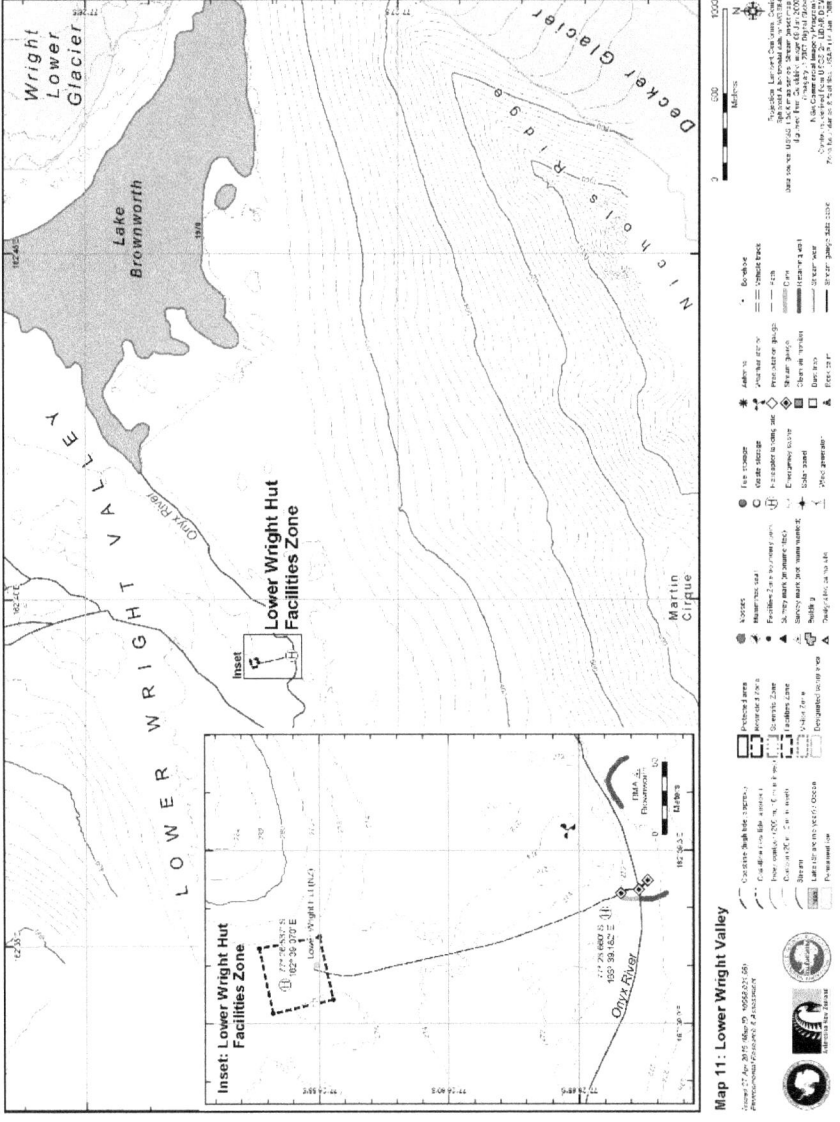

Map 11: Lower Wright Valley

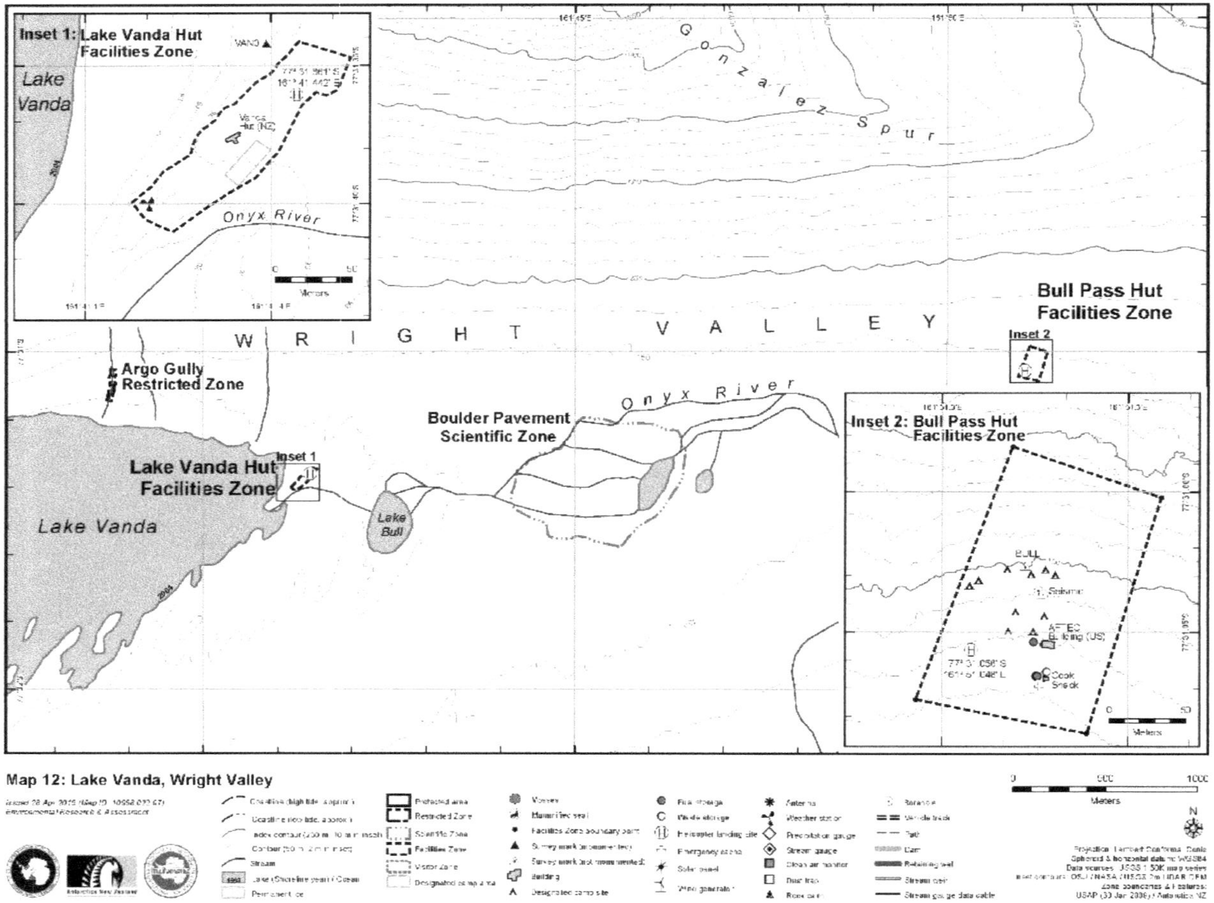

ОУРА № 2 «Сухие долины Мак-Мёрдо»

Map 12: Lake Vanda, Wright Valley

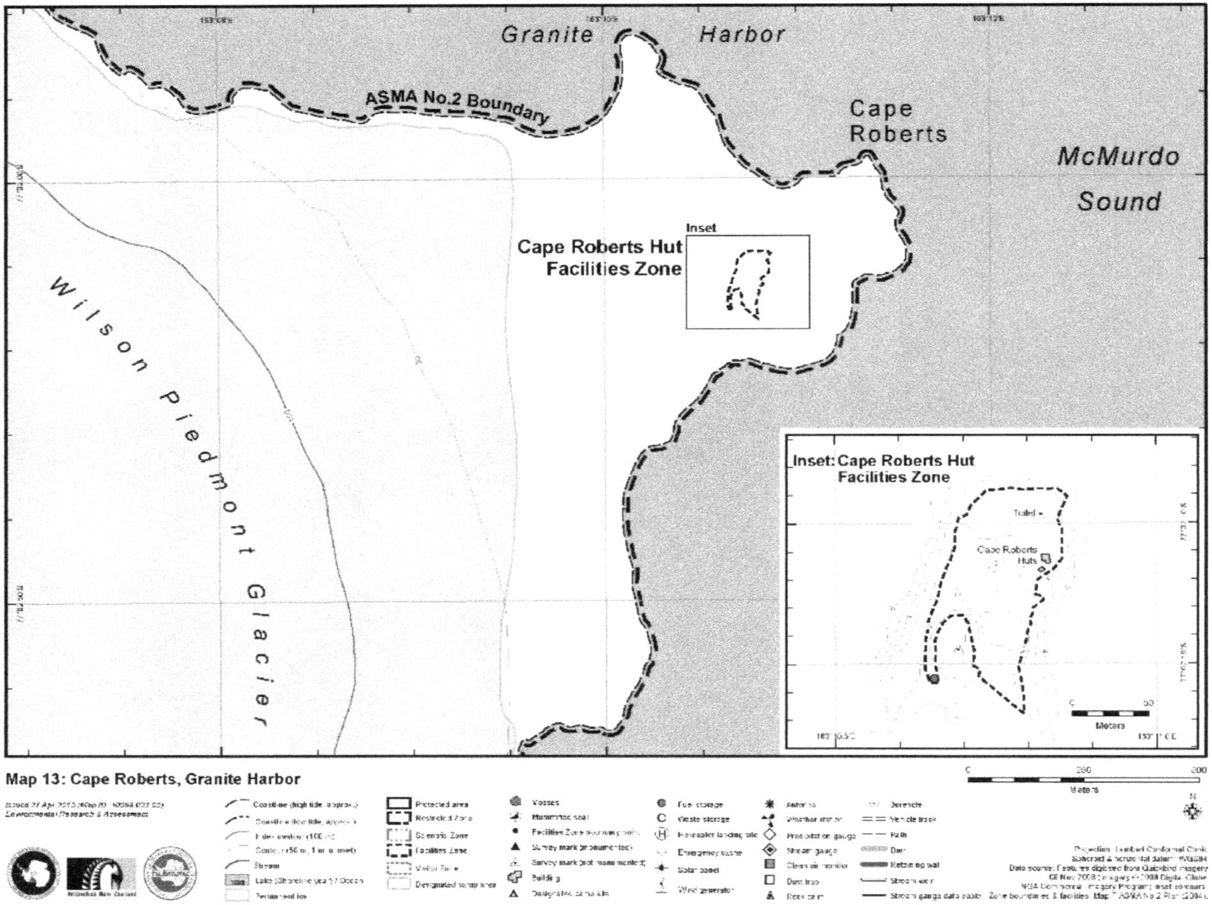
Granite
Harbor
ASMA No.2 Boundary
Cape
Roberts
McMurdo
Sound
Inset
Cape Roberts Hut
Facilities Zone
Wilson Piedmont Glacier
Inset: Cape Roberts Hut
Facilities Zone
Cape Roberts
Huts
Meters
Map 13: Cape Roberts, Granite Harbor
Meters

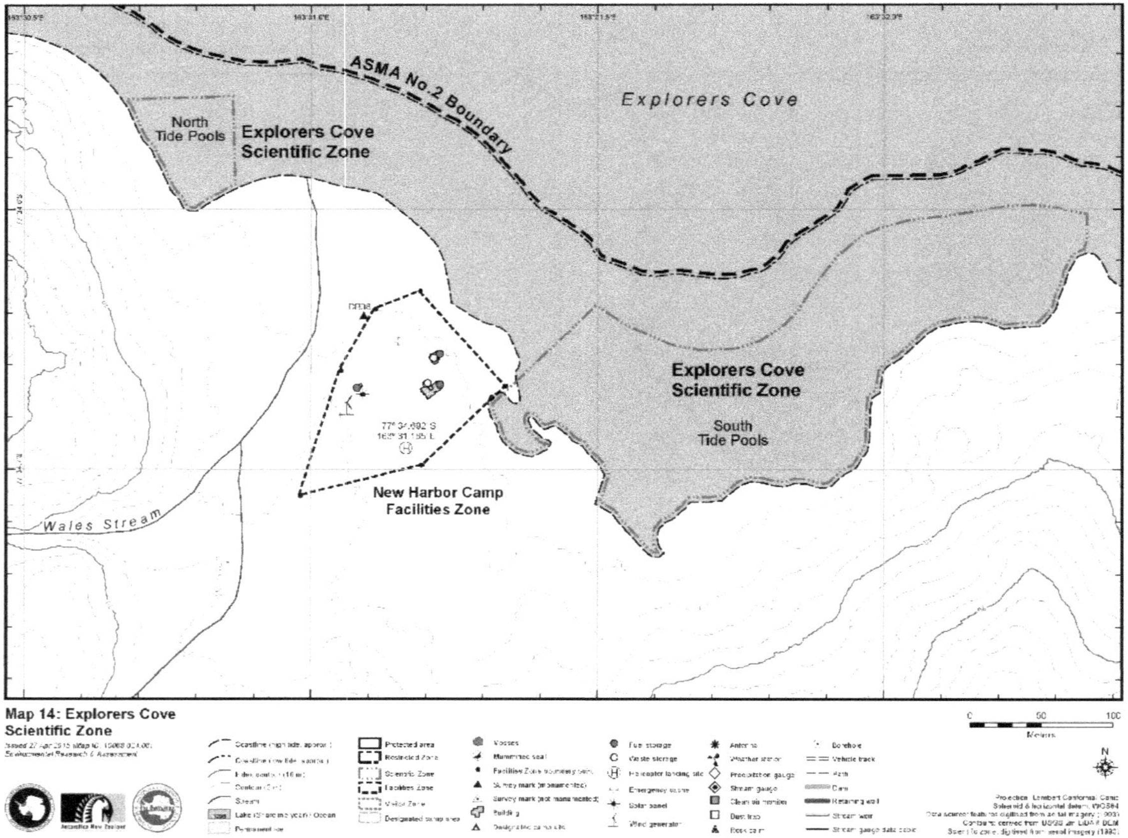
Explorers Cove
ASMA No.2 Boundary
North Tide Pools
Explorers Cove Scientific Zone
Explorers Cove Scientific Zone
South Tide Pools
New Harbor Camp Facilities Zone
Wales Stream
Map 14: Explorers Cove Scientific Zone

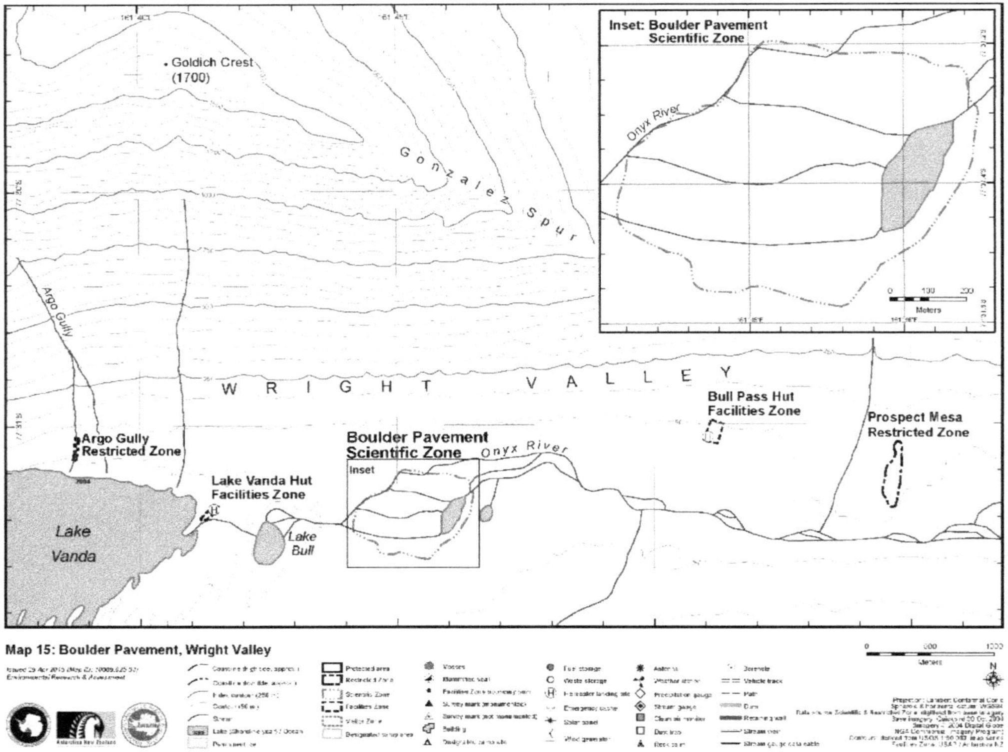
Map 15: Boulder Pavement, Wright Valley
Inset: Boulder Pavement Scientific Zone
Onyx River
Meters
Goldich Crest
(1700)
Gonzalez Spur
Argo Gully
WRIGHT VALLEY
Bull Pass Hut
Facilities Zone
Prospect Mesa
Restricted Zone
Argo Gully
Restricted Zone
Boulder Pavement
Scientific Zone
Onyx River
Inset
Lake Vanda Hut
Facilities Zone
Lake
Vanda
Lake
Bull

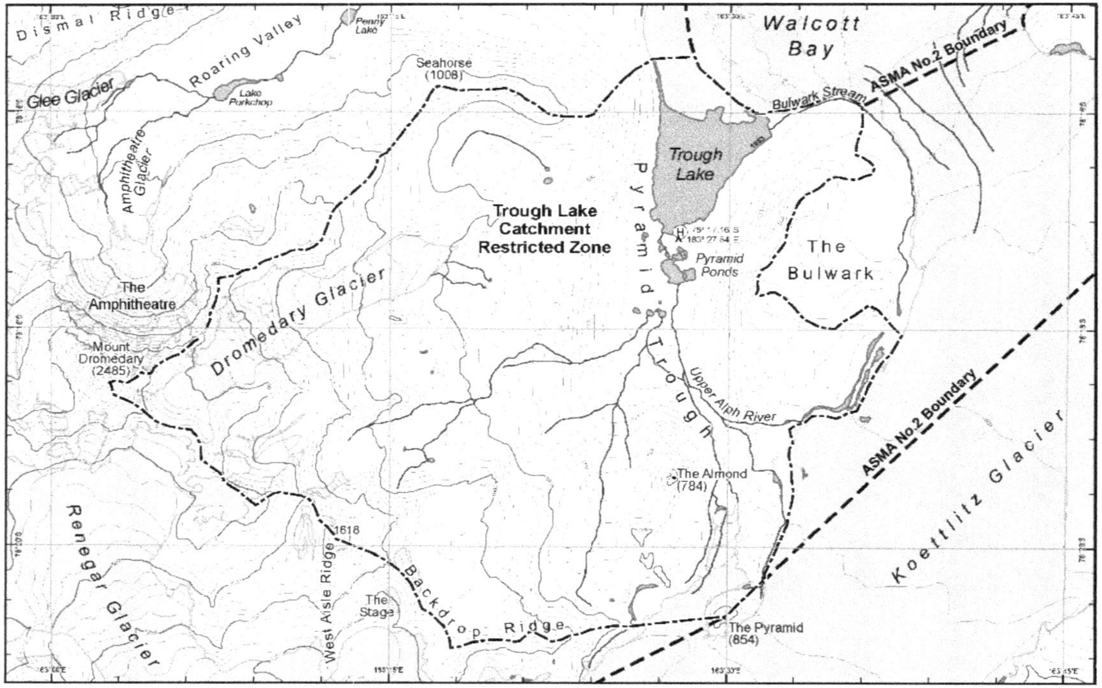

ОУРА № 2 «Сухие долины Мак-Мёрдо»

Map 16: Trough Lake Catchment Restricted Zone

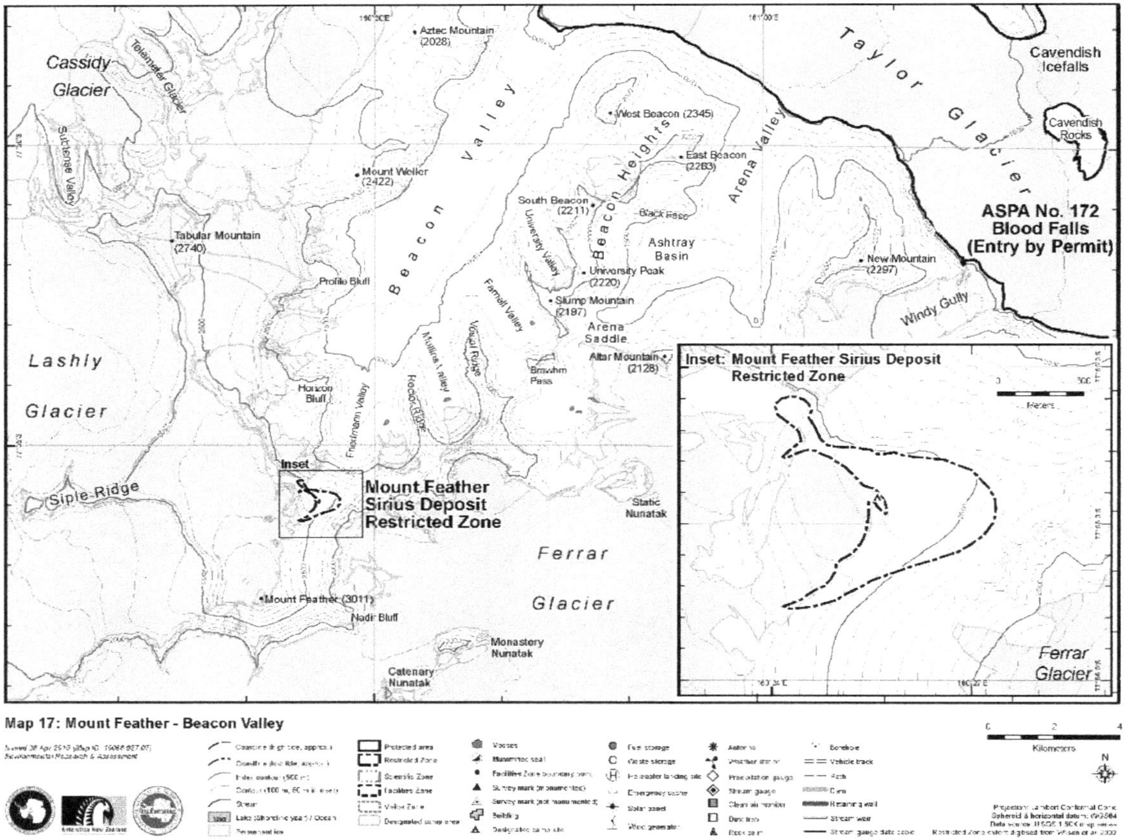

Map 17: Mount Feather - Beacon Valley

OYPA № 2 «Сухие долины Мак-Мёрдо»

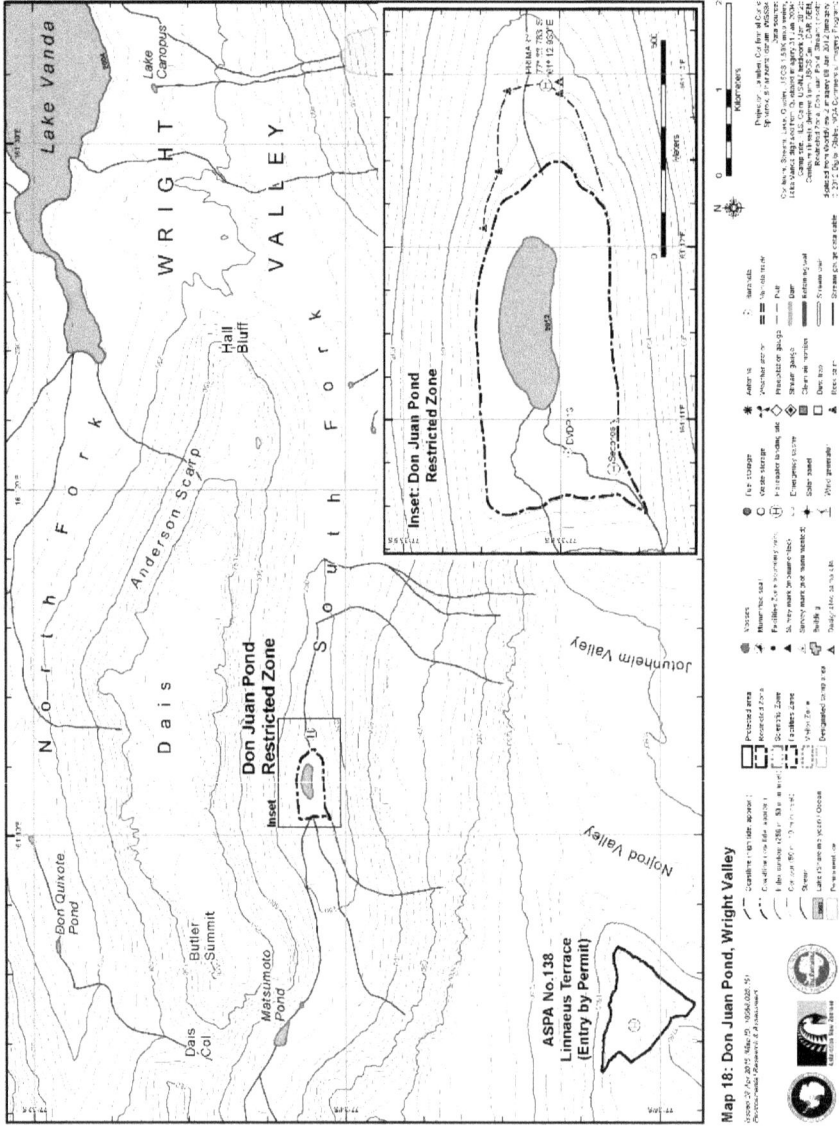

Map 18: Don Juan Pond, Wright Valley

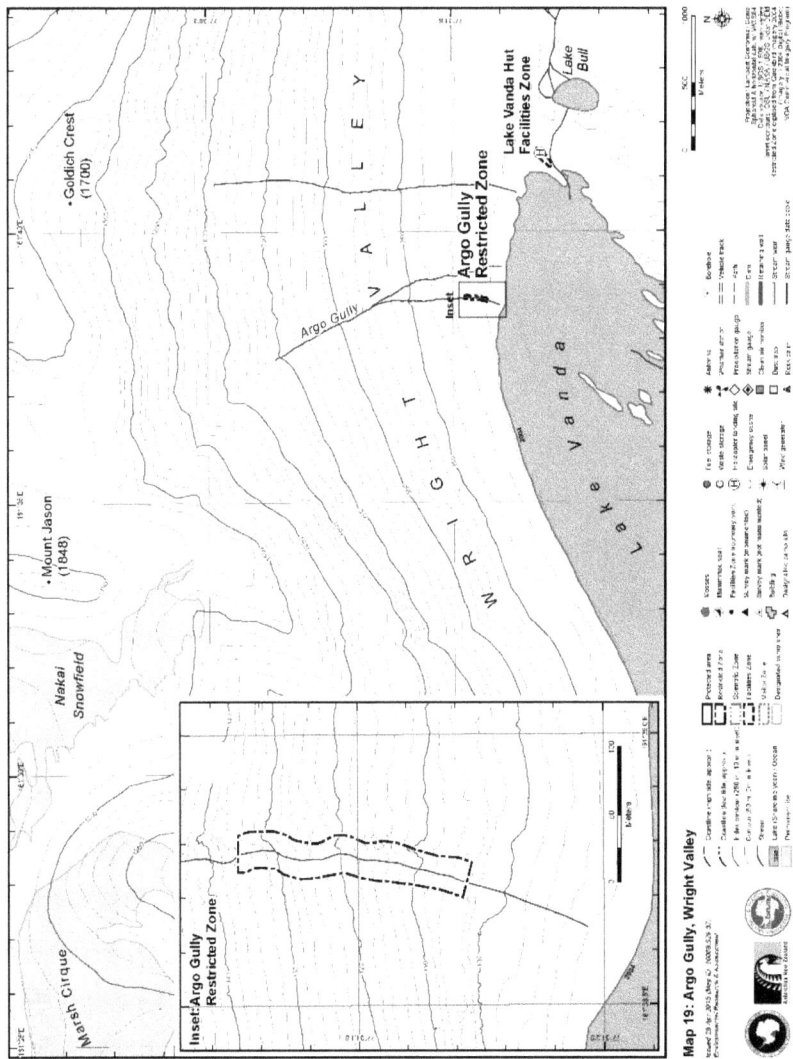

Map 19: Argo Gully, Wright Valley

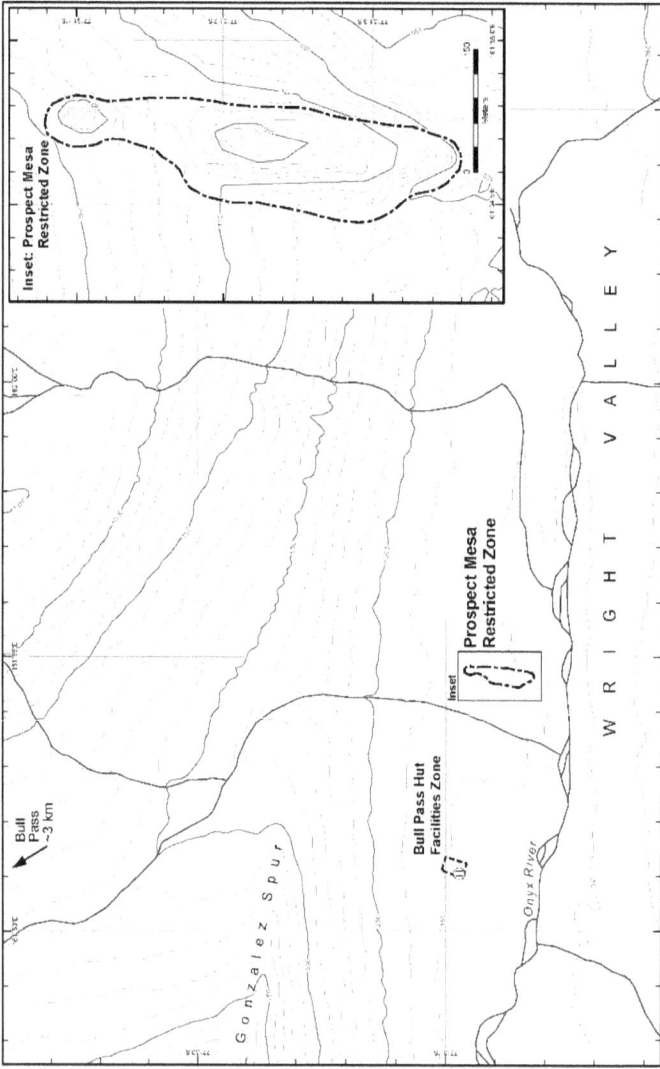

Map 20: Prospect Mesa, Wright Valley

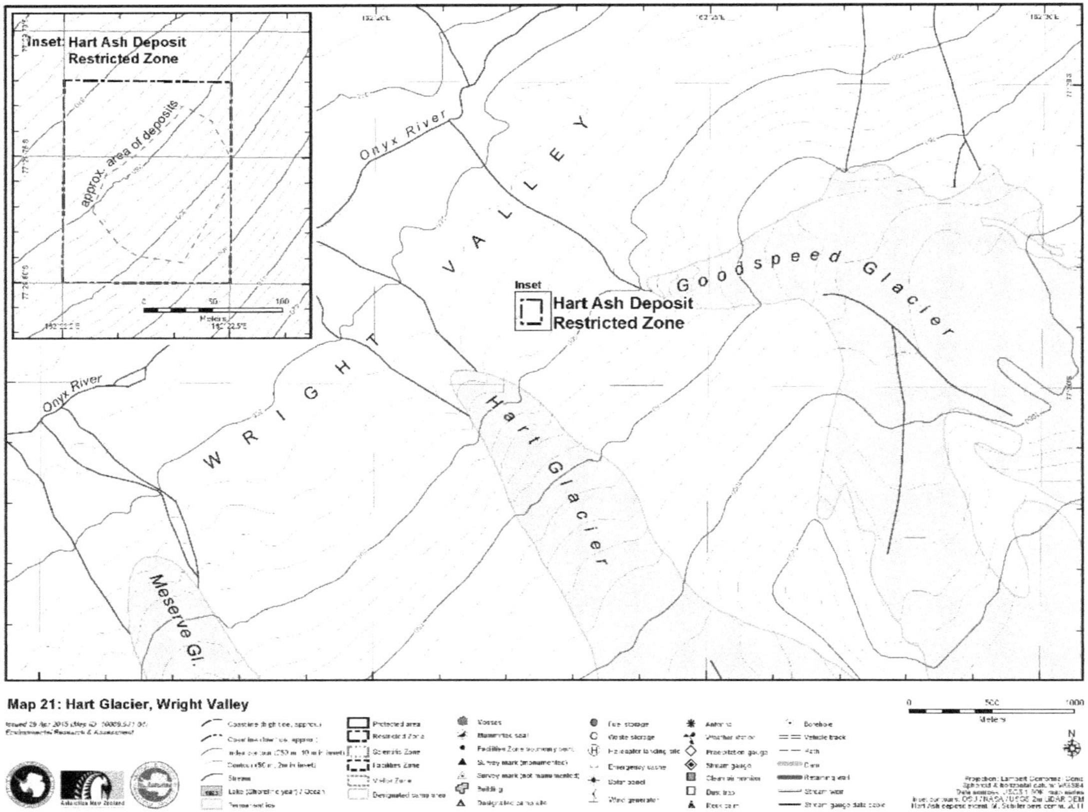

Inset: Hart Ash Deposit Restricted Zone
approx. area of deposits
Meters
Onyx River
V A L L E Y
W R I G H T
Inset
Hart Ash Deposit Restricted Zone
Goodspeed Glacier
Hart Glacier
Meserve Gl.
Map 21: Hart Glacier, Wright Valley
Meters
N

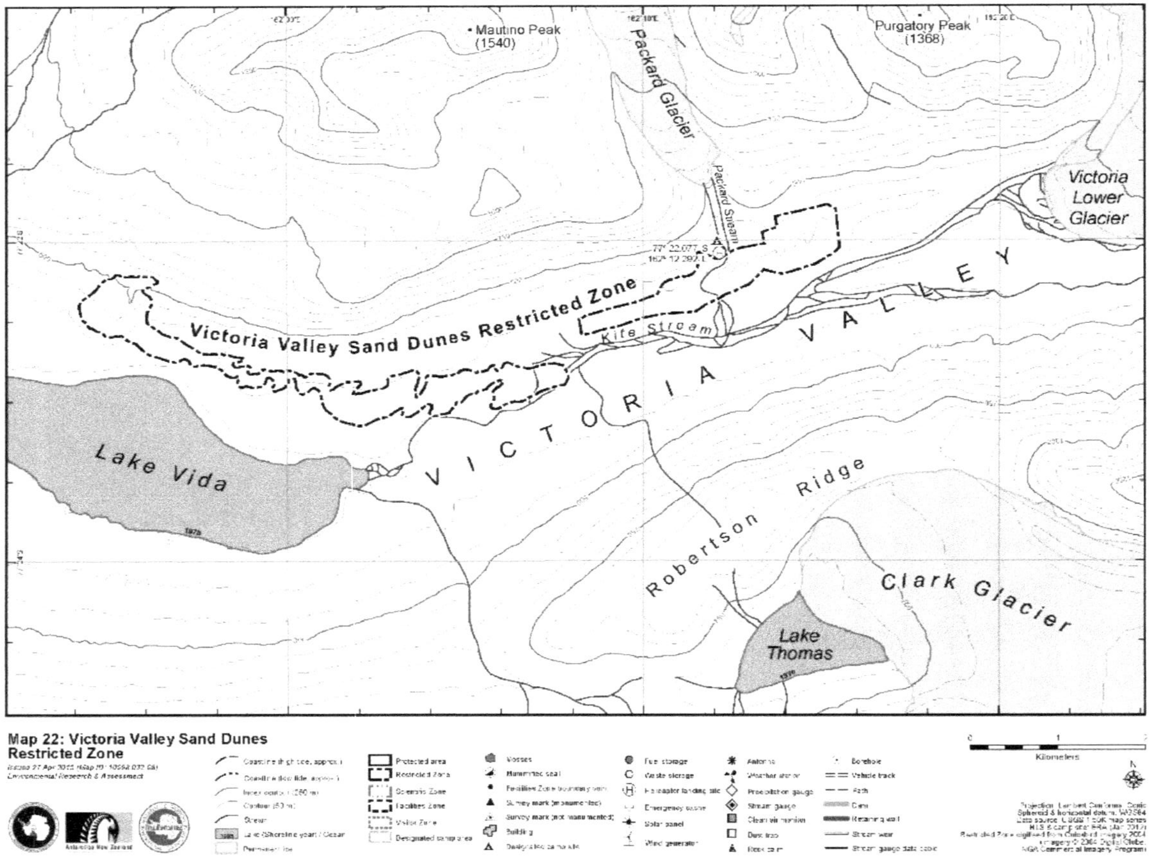

Map 22: Victoria Valley Sand Dunes Restricted Zone

Заключительный отчет XXXVIII КСДА

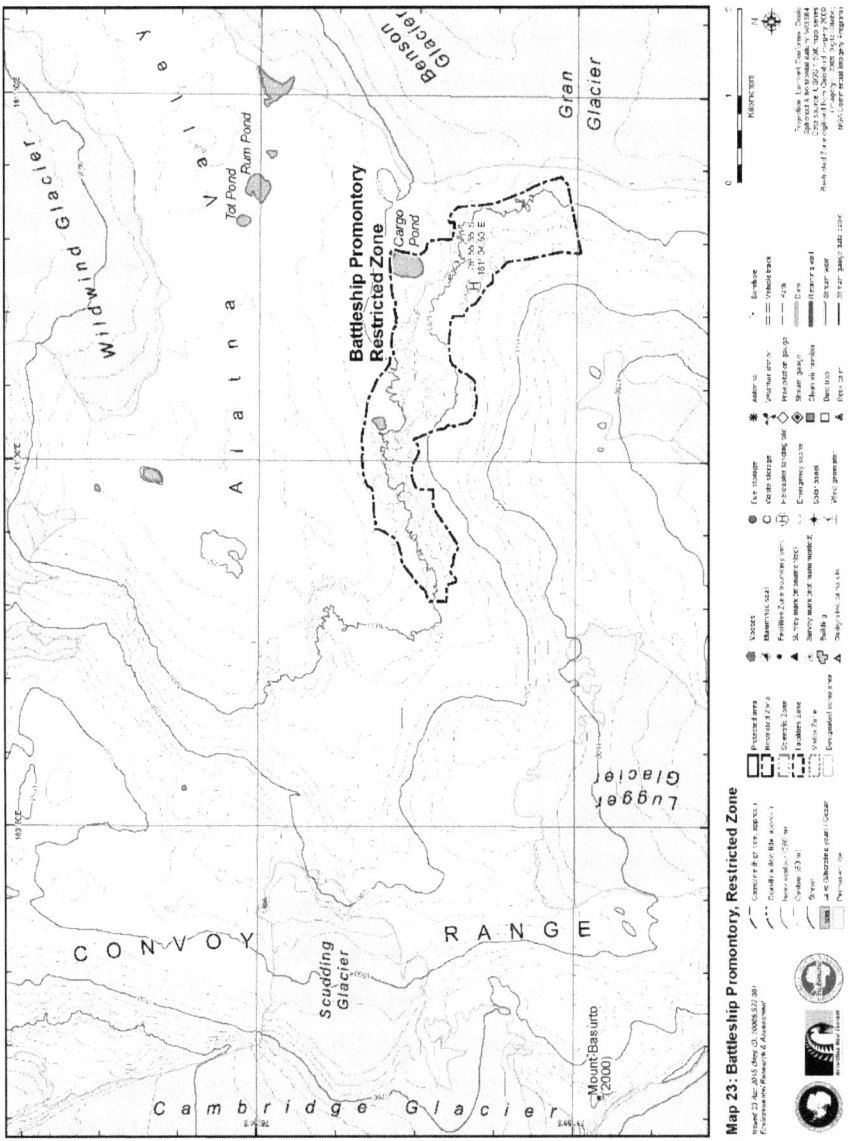

Map 23: Battleship Promontory, Restricted Zone

349

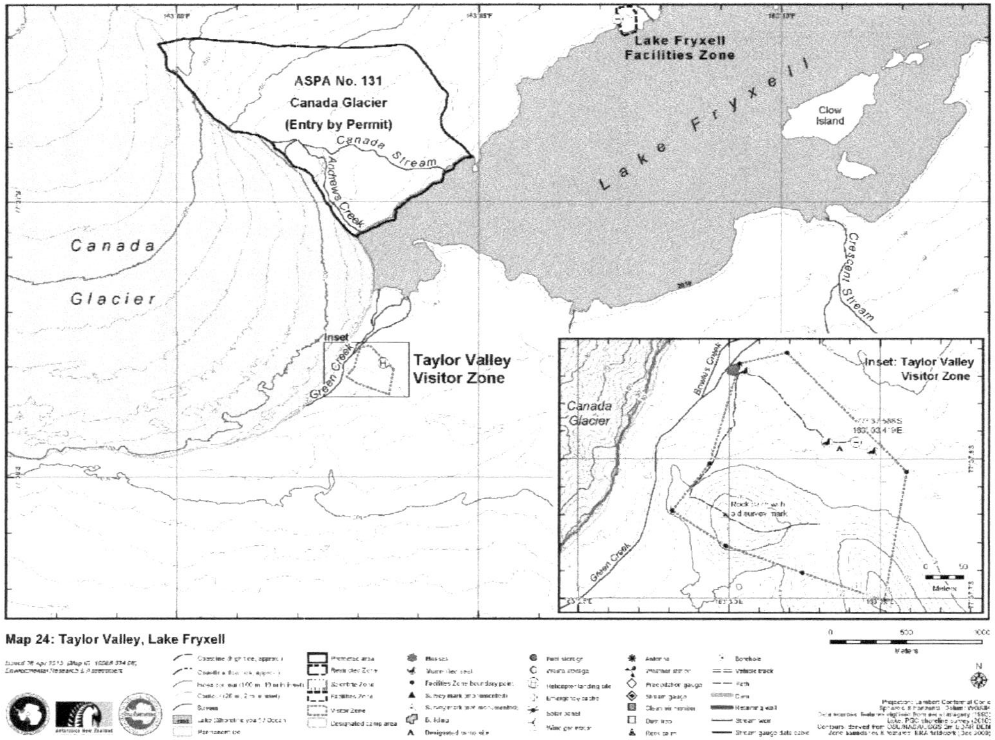
Lake Fryxell
Facilities Zone
ASPA No. 131
Canada Glacier
(Entry by Permit)
Canada Stream
Andrews Creek
Lake Fryxell
Clow Island
Crescent Stream
Canada
Glacier
Inset
Green Creek
Taylor Valley
Visitor Zone
Inset: Taylor Valley
Visitor Zone
Bowles Creek
Canada
Glacier
Green Creek
Map 24: Taylor Valley, Lake Fryxell

ЧАСТЬ III

Выступления на открытии и закрытии, отчеты и доклады

1. Выступления на открытии и закрытии

Приветственная речь Президента Болгарии г-на Росена Плевнелиева

1 июня, Национальный дворец культуры, г. София

Уважаемый г-н Райчев!
Дамы и господа Министры!
Ваши превосходительства!
Дамы и господа делегаты!
Уважаемые научные работники!

Добро пожаловать в Болгарию. Приветствую Вас в стране роз и самого полезного йогурта, в стране, где живут талантливые и гостеприимные люди, и где более 1300 лет назад было создано одно из древнейших государств Европы. Мы считаем за честь выпавшее нам право организации сегодняшней конференции. Наша страна ратифицировала Договор об Антарктике в 1978 году, а с 1998 года она является полноправным членом Договора. Я горжусь тем, что Болгария является одной из немногих стран Восточной Европы, у которых есть собственная научно-исследовательская станция на ледяном континенте. Наша станция расположена на острове Ливингстон, и там наши ученые работают вместе со своими многочисленными коллегами из других стран в период каждого полярного сезона.

38-е Консультативное совещание, которое мы открываем сегодня в Софии, проводится всего лишь через несколько недель после того, как мы отметили 55-летнюю годовщину подписания Договора об Антарктике. Этот Договор имеет важное историческое значение для сохранения одного из ценнейших для человечества заповедных регионов земли – Антарктики. Страны-участники Договора имеют различные правовые системы и формы правления, разные национальные, религиозные и культурные трации. Но нас всех объединяет одна общая задача – свободно проводить исследования в Антарктике во имя науки и благополучия во всем мире.

С помощью международных документов, принятых в рамках системы Договора об Антарктике, и ее специальных органов управления деятельностью удалось достичь уникального результата – создать наиболее эффективный механизм управления научно-исследовательской деятельностью, а также систему, открытую для реализации научно-исследовательских проектов командами специалистов из различных отраслей науки, чтобы они могли делиться друг с другом результатами своей работы. В то же время необходимо разработать сеть для совместной работы и обмена научно-исследовательской информацией. Это даст возможность делать революционные открытия, которые являются базой для развития новых технологий, основанных на смелых решениях и концепциях, и на результатах, достигнутых по итогам реализации проектов. На ледяном континенте необходимо проводить деятельность, которая обеспечит экологическую безопасность и сохранение удивительных ценностей природы на планете Земля.

Система Договора об Антарктике является одним из самых ярких примеров успешного международного сотрудничества. К основополагающим ценностям

Договора относится, прежде всего, использование Антарктики в мирных целях, демилитаризация Южного полюса и международное сотрудничество, которое обеспечит полную свободу проведения научных исследований и обмена информацией, а также поможет сделать этот континент единственным местом на нашей планете, где не проводятся военные мероприятия и где основной задачей является научно-исследовательская работа, направленная на охрану природной среды и уникальных экосистем.

Изменение климата – одна из важнейших проблем современного мира, которая вместе с проблемой нехватки ресурсов и вопросами внедрения новых, безвредных для окружающей среды технологий, стоит сейчас перед мировым сообществом. Природа постоянно напоминает нам о том, что пришло время принимать серьезные меры. Мы должны пересмотреть свои приоритеты, учитывая состояние нашей планеты, и в интересах наших детей. Осенью 2014 года на заседании Генеральной Ассамблеи ООН я процитировал слова одного мудреца: «Мы не получили этот мир в наследство от наших предков, мы взяли его взаймы у наших детей». Сегодня эти слова более чем актуальны. Перед нами стоят серьезные задачи, и мы не имеем права ждать, откладывать или оставлять их решение будущим правительствам и грядущим поколениям. Мы сможем добиться устойчивого прогресса, только если будем работать вместе, если объединим наши усилия ради единой цели.

Антарктика – регион стратегического значения. Большинство Сторон Договора об Антарктике – это страны с наиболее развитой в мире экономикой, промышленностью и наукой. Вклад каждой страны очень важен, независимо от ее размеров, от уровня развития и устойчивости ее экономики. Этот вклад имеет неоценимое значение для достижения нашей общей цели – сделать возможным поддержание чистоты окружающей среды и сохранение животного и растительного мира с помощью инновационных методов.

В последнее время совместная работа уже не вопрос выбора, а необходимость. Ни одна из стран, независимо от своей политической воли и экономического благополучия, не может в одиночку справиться с глобальными задачами и проблемами. Для углубления сотрудничества необходима единая долгосрочная концепция и общие цели. А совместные мероприятия, такие как Консультативное совещание по Договору об Антарктике и заседание Комитета по охране окружающей среды, обладают не только потенциалом, но и силой для выработки эффективных и приемлемых решений для всех Сторон.

Республика Болгария является активным полноправным членом Договора об Антарктике. Команды 23 болгарских полярных экспедиций работали вместе с учеными из ведущих стран, подписавших Договор в далеком 1959 году. Наша страна имеет хорошую репутацию и является надежным партнером в реализации всех международных научно-исследовательских программ.

Исследования на болгарской полярной станции Святой Климент Охридский проводятся не только силами Болгарского антарктического института. На нашей станции вместе с болгарскими коллегами над реализацией совместных международных проектов работали ученые из Аргентины, Германии, Испании,

Канады, Люксембурга, Монголии, Португалии, Республики Македония, Соединенных Штатов Америки, Турции, Чили, Южной Кореи и Японии.

Результаты этой работы имеют большое значение не только для настоящего, но и для будущего нашей планеты. Открытия, которые были сделаны в рамках научно-исследовательских проектов по изучению глобального изменения климата, имеют большую ценность с точки зрения работы по приоритетным направлениям различных отраслей науки. Большое значение в международном масштабе также имеют результаты работы по вопросам локального изменения климата. Сейсмологические и геоморфологические исследования, проведенные на болгарской станции, дали возможность сформулировать новые общие закономерности геологической эволюции континента Гондвана. Множество статей было опубликовано в известных научных журналах и изданиях. Многие болгарские геологи, геоморфологи, геофизики, биологи и гляциологи приняли участие в национальных и международных научных проектах, посвященных преимущественно исследованиям в области изменения климата. Болгарские ученые внесли большой вклад в решение глобальных научных задач.

Для меня как для Президента представляется большой честью и ответственностью право присвоения наименований географическим объектам ледяного континента. Более 535 географических объектов в Антарктике носят болгарские имена и названия. Многие из них уникальны.

Исключительно важным достижением не только для болгарского, но и для мирового альпинизма является восхождение и точное измерение высоты пика Большая игла горы Тангра на острове Ливингстон, которое состоялось во время последнего антарктического сезона. Не менее большое значение имеет восхождение и точное измерение высоты пика, названного в честь столицы Болгарии, прекрасного города София, совершенного альпинистами Дойчином Бояновым, Николаем Петковым и Александром Шоповым во время 23-й болгарской экспедиции на ледовый континент. Результаты, полученные по итогам 23-й болгарской экспедиции (2014-2015 гг.) в рамках реализации международного проекта по изучению мерзлотных почв, являются важным шагом вперед для лучшего понимания процессов изменения климата.

Как глава государства я активно поддерживаю болгарскую научную антарктическую программу. Руководствуясь целью развития нашей страны и всего региона, я поддерживаю ученых и организации, которые работают над решением глобальных проблем. Я рад видеть сегодня среди вас так много молодых и амбициозных министров, представляющих болгарское Правительство, которые выражают его видение и стремление содействовать этим исследованиям. Участникам болгарских полярных экспедиций оказывается всесторонняя поддержка от лица возглавляемого мной органа власти, а также от других государственных органов и учреждений. Я горжусь достижениями наших ученых, и каждый год осенью я вручаю наш государственный флаг профессору Пимпиреву для новой экспедиции.

Уважаемые дамы и господа!

Республика Болгария будет расширять сотрудничество с другими командами ученых и продолжит активно участвовать в научной антарктической программе. Нашим приоритетом является обеспечение тесного сотрудничества со всеми странами и оказание активного содействия реализации целей Договора об Антарктике для развития науки, осуществления исследований и обеспечения устойчивого прогресса.

Я убежден, что нас всех объединяет общая цель – сохранить этот уникальный континент. Поэтому я горжусь тем, что сегодняшняя конференция проходит в Болгарии. И это является признанием успехов болгарской научной антарктической программы и высокой ценности достигнутых результатов. Эта конференция также является воплощением мечты одного из величайших моих соотечественников, крупнейшего болгарского полярного исследователя, профессора Пимпирева, председателя и основателя Болгарского антарктического института и руководителя болгарских антарктических экспедиций. Великого ученого с большим сердцем и любовью к планете Земля и ее необыкновенно красивому ледяному континенту.

Желаю вам успешной и конструктивной работы!

2. Доклады Депозитариев и Наблюдателей

Доклад Правительства-депозитария Договора об Антарктике и его Протокола в соответствии с Рекомендацией XIII-2

Информационный документ, представленный Соединенными Штатами Америки

Настоящий отчет охватывает события, связанные с Договором об Антарктике и Протоколом по охране окружающей среды.

За последний год какие-либо присоединения к Договору или Протоколу отсутствуют. На данный момент насчитывается пятьдесят (50) Сторон Договора и тридцать пять (35) Сторон Протокола.

Нижеперечисленные страны предоставили уведомление о том, что они назначили лиц, принятых к сведению в качестве Арбитров в соответствии со Статьей 2(1) Дополнения к Протоколу:

Болгария	Г-жа Генка Белева (Guenka Beleva)	30 июля 2004 г.
Чили	Пос. Мария Тереза Инфанте (María Teresa Infante)	июнь 2005 г.
	Пос. Хорхе Бергуньо (Jorge Berguño)	июнь 2005 г.
	Д-р Франциско Оррего (Francisco Orrego)	июнь 2005 г.
Финляндия	Пос. Хольгер Бертил Роткирч (Holger Bertil Rotkirch)	14 июня 2006 г.
Индия	Проф. Упендра Бакси (Upendra Baxi)	6 октября 2004 г.
	Г-н Аджай Саксена (Ajai Saxena)	6 октября 2004 г.
	Д-р Н. Харе (N. Khare)	6 октября 2004 г.
Япония	Судья Шунджи Янай (Shunji Yanai)	18 июля 2008 г.
Республика Корея	Проф. Пак Ки Габ (Park Ki Gab)	21 октября 2008 г.
США	Проф. Дэниел Бодански (Daniel Bodansky)	1 мая 2008 г.
	Г-н Дэвид Колсон (David Colson)	1 мая 2008 г.

Перечни Сторон Договора, Протокола и Рекомендаций / Мер, а также их одобрения прилагаются.

Дата последней деятельности: 1 марта 2012 г.

Договор об Антарктике

Заключен: Вашингтон; 1 декабря 1959 г.

Вступление в силу: 23 июня 1961 г.

Согласно Статье XIII Договор подлежал ратификации подписавшими его Странами и открыт для присоединения любой Страны, являющейся Членом ООН, или любой другой Страны, которая может получить приглашение присоединится к Договору с согласия всех Сторон Договора, чьи представители уполномочены принимать участие в совещаниях согласно Статье IX Договора; документы о ратификации и документы о присоединении должны храниться у Правительства Соединенных Штатов Америки. После регистрации документов о ратификации всеми подписавшими Сторонами Договор вступил в силу для этих Стран, а также для Стран, зарегистрировавших документы о присоединении к Договору. Договор вступает в силу для каждой Страны после регистрации ее документа о присоединении.

Обозначения: (нет отметки) = ратификация; a = присоединение; d = преемственность; w = выход или аналогичное действие

Участник	Дата подписания	Согласие на обязательность Договора		Другие действия	Прим ечани я
Аргентина	1 декабря 1959 г.	23 июня 1961 г.			
Австралия	1 декабря 1959 г.	23 июня 1961 г.			
Австрия		25 августа 1987 г.	a		
Беларусь		27 декабря 2006 г.	a		
Бельгия	1 декабря 1959 г.	26 июля 1960 г.			
Бразилия		16 мая 1975 г.	a		
Болгария		11 сентября 1978 г.	a		
Канада		4 мая 1988 г.	a		
Чили	1 декабря 1959 г.	23 июня 1961 г.			
Китай		8 июня 1983 г.	a		
Колумбия		31 января 1989 г.	a		
Куба		16 августа 1984 г.	a		
Чехия		1 января 1993 г.	d		1
Дания		20 мая 1965 г.	a		
Эквадор		15 сентября 1987 г.	a		
Эстония		17 мая 2001 г.	a		
Финляндия		15 мая 1984 г.	a		
Франция	1 декабря 1959 г.	16 сентября 1960 г.			
Германия		5 февраля 1979 г.	a		2

Греция		8 января 1987 г.	a		
Гватемала		31 июля 1991 г.	a		
Венгрия		27 января 1984 г.	a		
Индия		19 августа 1983 г.	a		
Италия		18 марта 1981 г.	a		
Япония	1 декабря 1959 г.	4 августа 1960 г.			
Корея (КНДР)		21 января 1987 г.	a		
Корея (РК)		28 ноября 1986 г.	a		
Малайзия		31 октября 2011 г.	a		
Монако		31 мая 2008 г.	a		
Нидерланды		30 марта 1967 г.	a		3
Новая Зеландия	1 декабря 1959 г.	1 ноября 1960 г.			
Норвегия	1 декабря 1959 г.	24 августа 1960 г.			
Пакистан		1 марта 2012 г.	a		
Папуа-Новая Гвинея		16 марта 1981 г.	d		4
Перу		10 апреля 1981 г.	a		
Польша		8 июня 1961 г.	a		
Португалия		29 января 2010 г.	a		
Румыния		15 сентября 1971 г.	a		5
Российская Федерация	1 декабря 1959 г.	2 ноября 1960 г.			6
Словацкая Республика		1 января 1993 г.	d		7
ЮАР	1 декабря 1959 г.	21 июня 1960 г.			
Испания		31 марта 1982 г.	a		
Швеция		24 апреля 1984 г.	a		
Швейцария		15 ноября 1990 г.	a		
Турция		24 января 1996 г.	a		
Украина		28 октября 1992 г.	a		
Великобритания	01 декабря 1959 г.	31 мая 1960 г.			
Соединенные Штаты Америки	1 декабря 1959 г.	18 августа 1960 г.			
Уругвай		11 января 1980 г.	a		8
Венесуэла		24 марта 1999 г.	a		

[1] Дата вступления в силу права наследования Чешской Республикой. Чехословакия зарегистрировала документ о присоединении к Договору 14 июня 1962 г. В полночь 31 декабря 1992 года Чехословакия прекратила свое существование и распалась на два отдельных и независимых государства – Чешскую Республику и Словацкую Республику.

[2] Посольство Федеративной Республики Германия в Вашингтоне передало в Министерство иностранных дел следующую дипломатическую ноту от 2 октября 1990 г.:

«Посольство Федеративной Республики Германия свидетельствует свое почтение Министерству иностранных дел и имеет честь сообщить Правительству Соединенных Штатов Америки, как депозитарию Правительства Договора об Антарктике, о вхождении Германской Демократической Республики в состав Федеративной Республики Германия, с 3 октября 1990 г. два немецких государства будут объединены в одно независимое государство, которое, являясь стороной Договора об Антарктике, будет продолжать выполнять положения Договора и рекомендации, принятые на 15 консультативных совещаниях, одобренных Федеративной Республикой Германия. С момента объединения Германии Федеративная Республика Германия будет называться Германия в пределах Антарктической системы.

Посольство было бы признательно Правительству Соединенных Штатов Америки за уведомление всех сторон Договора об Антарктике о содержании этой ноты.

Посольство Федеративной Республики Германия пользуется случаем, чтобы возобновить Министерству иностранных дел уверения в своем высоком уважении».

До объединения Германская Демократическая Республика 19 ноября 1974 г. зарегистрировала документ о присоединении к Договору, сопровождаемый декларацией, которая в переводе Министерства иностранных дел на английский язык выглядит следующим образом:

«Германская Демократическая Республика придерживается мнения о том, что пункт 1 Статьи XIII Договора не соответствует принципу, согласно которому все Страны, которые руководствуются в своей политике целями и принципами Устава Организации Объединенных Наций, имеют право стать сторонами договоров, затрагивающих интересы всех Стран».

Впоследствии, 5 февраля 1979 г. Федеративная Республика Германия зарегистрировала документ о присоединении к Договору, сопровождаемый декларацией, которая в переводе Посольства Федеративной Республики Германия на английский язык выглядит следующим образом:

«Уважаемый господин Секретарь,

В связи с тем, что сегодня зарегистрирован документ о присоединении к Договору об Антарктике, заключенному в Вашингтоне 1 декабря 1959 г., имею честь заявить от имени Федеративной Республики Германия, что начиная с даты, на которую Договор вступает в действие для Федеративной Республики Германия, Договор также будет распространяться на Западный Берлин с учетом прав и обязанностей Французской Республики, Соединенного Королевства Великобритании и Северной Ирландии и Соединенных Штатов Америки, включая права и обязанности, относящиеся к разоружению и демилитаризации.

Прошу Вас, Ваше Превосходительство, принять уверения в моем самом высоком уважении».

[3] В документе о присоединении Нидерландов к Договору говорится о присоединении Королевства в Европе, Республики Суринам и Нидерландских Антильских островов.

Суринам стал независимым государством 25 ноября 1975 г.

Посольство Королевства Нидерланды в Вашингтоне передало в Министерство иностранных дел следующую дипломатическую ноту от 9 января 1986 г.:

«Посольство Королевства Нидерланды свидетельствует свое почтение Государственному Департаменту и имеет честь просить внимания Департамента к следующим вопросам в его компетентности как депозитария [Договора об Антарктике].

Начиная с 1 января 1986 г. остров Аруба – бывшая часть Нидерландских Антильских островов – получил внутреннюю автономию в качестве страны в составе Королевства Нидерланды. Соответственно, с 1 января 1986 г. Королевство Нидерланды состоит из трех стран, а именно: Нидерланды, Нидерландские Антильские острова и Аруба.

Так как вышеупомянутый случай касается только изменения во внутренних конституционных отношениях Королевства Нидерланды и поскольку Королевство как таковое в соответствии с международным правом остается субъектом, с которым заключены договоры, вышеупомянутое изменение не будет иметь никаких последствий в международном праве относительно соглашений, заключенных Королевством, применение которых (соглашений) было распространено на Нидерландские Антильские острова, включая Арубу.

Такие соглашения, таким образом, останутся применимыми для Арубы в его новом статусе как автономной страны в составе Королевства Нидерланды с 1 января 1986 г.

Следовательно [Договор об Антарктике], Стороной которого является Королевство Нидерланды и который [был] дополнен Нидерландскими Антильскими островами, с 1 января 1986 г. распространяется на все три страны Королевства Нидерланды.

Посольство будет весьма признательным, если другие заинтересованные Стороны примут вышеупомянутое к сведению.

Посольство Королевства Нидерланды пользуется случаем, чтобы возобновить Государственному Департаменту уверения в своем глубочайшем уважении».

Посольство Королевства Нидерланды в Вашингтоне передало в Государственный Департамент следующую дипломатическую ноту от 6 октября 2010 г.:

«Королевство Нидерланды в настоящее время состоит из трех частей: Нидерланды, Нидерландские Антильские острова и Аруба. Нидерландские Антильские острова включают в себя острова Кюрасао, Синт-Маартен, Бонайре, Синт-Эустатиус и Саба.

Начиная с 10 октября 2010 г. Нидерландские Антильские острова прекратят существование как часть Королевства Нидерланды. С этого момента Королевство будет состоять из четырех частей: Нидерланды, Аруба, Кюрасао и Синт-Маартен. Кюрасао и Синт-Маартен будут иметь внутреннее самоуправлением в составе Королевства, как Аруба и Нидерландские Антильские острова до 10 октября 2010 г.

Эти изменения составляют модификацию внутренних конституционных отношений в Нидерландах. Королевство Нидерланды, соответственно, останется субъектом международного права, с которым заключены соглашения. Поэтому изменение структуры Королевства не будет затрагивать законность международных соглашений, ратифицированных Королевством для Нидерландских Антильских островов; эти соглашения продолжат относиться к Кюрасао и Синт-Маартен.

Другие острова, которые до сих пор являлись частью Нидерландских Антильских островов – Бонайре, Син-Эустатиус и Саба, – станут частью Нидерландов, образуя, таким образом, «Карибскую часть Нидерландов». Соглашения, которые теперь относятся к Нидерландским Антильским островам, будут также распространяться на эти острова, однако правительство Нидерландов теперь будет нести ответственность за осуществление этих соглашений».

[4] Дата регистрации уведомления о праве преемственности Папуа – Новой Гвинеей: вступает в силу с 16 сентября 1975 г., с даты ее независимости.

[5] Документ о присоединении Румынии к Договору сопровождался нотой Посла Социалистической Республики Румыния к Соединенным Штатам Америки от 15 сентября 1971 г.:
«Уважаемый господин Секретарь:
При подаче документа о присоединении Социалистической Республики Румыния к Договору об Антарктике, подписанному 1 декабря 1959 г., я имею честь сообщить Вам следующее:
Государственный Совет Социалистической Республики Румыния заявляет, что положения первого пункта Статьи XIII Договора об Антарктике не соответствуют принципам, согласно которым многосторонние договоры, цели и задачи которых касаются международного сообщества, в целом должны быть открытыми для всеобщего участия.
Прошу Вас, господин Секретарь, направить всем соответствующим сторонам текст документа о присоединении Румынии к Договору об Антарктике, а также текст данного письма, содержащего вышеуказанное заявление Правительства Румынии.
Пользуясь случаем, выражаю Вам, господин Секретарь, уверения в моем высоком уважении».

Копии письма Посла и документа о присоединении Румынии к Договору были переданы сторонам Договора об Антарктике в циркулярной ноте Государственного Секретаря от 1 октября 1971 г.

[6] Договор был подписан и ратифицирован бывшим Союзом Советских Социалистических Республик. В ноте от 13 января 1992 г. Российская Федерация сообщила Правительству Соединенных Штатов Америки о том, что она «продолжает сохранять права и выполнять обязательства по международным соглашениям, подписанным Союзом Советских Социалистических Республик».

[7] Дата вступления в силу права наследования Словацкой Республикой. Чехословакия зарегистрировала документ о присоединении к Договору 14 июня 1962 г. В полночь 31 декабря 1992 года Чехословакия прекратила свое существование и распалась на два отдельных и независимых государства – Чешскую Республику и Словацкую Республику.

[8] Документ о присоединении Уругвая к Договору сопровождался декларацией, в переводе Министерства иностранных дел на английский язык она выглядит следующим образом:

«Правительство Восточной Республики Уругвай считает, что ее присоединение к Договору об Антарктике, подписанному в Вашингтоне (Соединенные Штаты Америки) 1 декабря 1959 г., будет содействовать укреплению принципов использования Антарктики исключительно в мирных целях, препятствию ядерных взрывов и утилизации радиоактивных отходов в данном районе, обеспечению свободы научных исследований в Антарктике во имя человечества, международному сотрудничеству для достижения этих целей, указанных в вышеупомянутом Договоре.

Для обеспечения этих принципов Уругвай предлагает, используя процедуру, основанную на юридическом равенстве, создать всеобщий и исчерпывающий устав по Антарктике, который, учитывая права Государств согласно международному праву, включает интересы всех Государств и международного сообщества на основании всеобщего равноправия.

Решение Правительства Уругвая присоединиться к Договору об Антарктике основано не только на заинтересованности, как и у всех членов международного сообщества, Уругвая в Антарктике, но также на особой, непосредственной и материальной заинтересованности, связанной с ее географическим положением, расположением атлантической береговой линии напротив Антарктического континента, оказанием влияния на ее климат, экологию, морскую биологию, историческими связями, берущими начало от первых экспедиций, отважившихся на исследование этого континента и его вод, а также принятыми обязательствами согласно Межамериканскому договору о взаимной помощи, который касается части территории Антарктики, описанной в Статье 4, на основании которого Уругвай разделяет ответственность за защиту района.

Сообщая о своем решении присоединиться к Договору об Антарктике, Правительство Восточной Республики Уругвай заявляет о сохранении своих прав в Антарктике согласно международному законодательству».

ПРОТОКОЛ ПО ОХРАНЕ ОКРУЖАЮЩЕЙ СРЕДЫ К ДОГОВОРУ ОБ АНТАРКТИКЕ

Подписан в Мадриде 4 октября 1991 г. *

Государство	Дата подписания	Дата рег. док-тов о ратификации, принятия (А) или одобрении (АА)	Дата рег. док-тов о присоединении	Дата вступления в силу	Дата принятия ПРИЛОЖЕНИЯ V**	Дата вступления в силу Приложения V
КОНСУЛЬТАТИВНЫЕ СТОРОНЫ						
Аргентина	4 окт. 1991 г.	28 окт. 1993 г. [3]		14 янв. 1998 г.	8 сент. 2000 г. (А) / 4 авг. 1995 г. (В)	24 мая 2002 г.
Австралия	4 окт. 1991 г.	6 апр. 1994 г.		14 янв. 1998 г.	6 апр. 1994 г. (А) / 7 июня 1995 г. (В)	24 мая 2002 г.
Австрия	4 окт. 1991 г.	26 апр. 1996 г.		14 янв. 1998 г.	26 апр. 1996 г. (А) / 23 окт. 2000 г. (В)	24 мая 2002 г.
Бразилия	4 окт. 1991 г.	15 авг. 1995 г.		14 янв. 1998 г.	20 мая 1998 г. (В)	24 мая 2002 г.
Болгария	4 окт. 1991 г.		21 апр. 1998 г.	21 мая 1998 г.	5 мая 1999 г. (АВ)	24 мая 2002 г.
Чили	4 окт. 1991 г.	11 янв. 1995 г.		14 янв. 1998 г.	25 марта 1998 г. (В)	24 мая 2002 г.
Китай	4 окт. 1991 г.	2 авг. 1994 г.		14 янв. 1998 г.	26 янв. 1995 г. (АВ)	24 мая 2002 г.
Чешская Респ. [1,2]	1 янв. 1993 г.	25 авг. 2004 г. [4]		24 сент. 2004 г.		
Эквадор	4 окт. 1991 г.	4 янв. 1993 г.		14 янв. 1998 г.	11 мая 2001 г. (А) / 15 ноября 2001 г. (В)	24 мая 2002 г.
Финляндия	4 окт. 1991 г.	1 ноября 1996 г. (А)		14 янв. 1998 г.	1 ноября 1996 г. (А) / 2 апр. 1997 г. (В)	24 мая 2002 г.
Франция	4 окт. 1991 г.	5 февр. 1993 г. (АА)		14 янв. 1998 г.	26 апр. 1995 г. (В)	24 мая 2002 г.
Германия	4 окт. 1991 г.	25 ноября 1994 г.		14 янв. 1998 г.	18 ноября 1998 г. (А) / 25 ноября 1994 г. (А) / 1 сент. 1998 г. (В)	24 мая 2002 г.
Индия	2 июля 1992 г.	26 авг. 1996 г.		14 янв. 1998 г.	24 мая 2002 г. (В)	24 мая 2002 г.
Италия	4 окт. 1991 г.	31 марта 1995 г.		14 янв. 1998 г.	31 мая 1995 г. (А) / 11 февр. 1998 г. (В)	24 мая 2002 г.
Япония	29 сент. 1992 г.	15 дек 1997 г. (А)		14 янв. 1998 г.	15 дек. 1997 г. (АВ)	24 мая 2002 г.
Республика Корея	2 июля 1992 г.	2 янв. 1996 г.		14 янв. 1998 г.	5 июня 1996 г. (В)	24 мая 2002 г.
Нидерланды	4 окт. 1991 г.	14 апр. 1994 г. [6]		14 янв. 1998 г.	18 марта 1998 г. (В)	24 мая 2002 г.
Новая Зеландия	4 окт. 1991 г.	22 дек. 1994 г.		14 янв. 1998 г.	21 окт. 1992 г. (В)	24 мая 2002 г.
Норвегия	4 окт. 1991 г.	16 июня 1993 г.		14 янв. 1998 г.	13 окт. 1993 г. (В)	24 мая 2002 г.
Перу	4 окт. 1991 г.	8 марта 1993 г.		14 янв. 1998 г.	8 марта 1993 г. (А) / 17 марта 1999 г. (В)	24 мая 2002 г.
Польша	4 окт. 1991 г.	1 ноября 1995 г.		14 янв. 1998 г.	20 сент. 1995 г. (В)	24 мая 2002 г.
Российская Федерация	4 окт. 1991 г.	6 авг. 1997 г.		14 янв. 1998 г.	19 июня 2001 г. (В)	24 мая 2002 г.

Заключительный отчет XXXVIII КСДА

ЮАР	4 окт. 1991 г.	3 авг. 1995 г.		14 янв. 1998 г.	14 июня 1995 г. (B)	24 мая 2002 г.
Испания	4 окт. 1991 г.	1 июля 1992 г.		14 янв. 1998 г.	8 дек. 1993 г. (A) 18 февр. 2000 г. (B)	24 мая 2002 г.
Швеция	4 окт. 1991 г.	30 марта 1994 г.		14 янв. 1998 г.	30 марта 1994 г. (A) 7 апр. 1994 г. (B)	24 мая 2002 г.
Украина			25 мая 2001 г.	24 июня 2001 г.	25 мая 2001 г. (A)	24 мая 2002 г.
Великобритания	4 окт. 1991 г.	25 апр. 1995 г. [5]		14 янв. 1998 г.	21 мая 1996 г. (B)	24 мая 2002 г.
США	4 окт. 1991 г.	17 апр. 1997 г.		14 янв. 1998 г.	17 апр. 1997 г. (A) 6 мая 1998 г. (B)	24 мая 2002 г.
Уругвай	4 окт. 1991 г.	11 янв. 1995 г.		14 янв. 1998 г.	15 мая 1995 г. (B)	24 мая 2002 г.

** Следующие символы обозначают дату, относящуюся
к принятию Приложения V или одобрению Рекомендации XVI-10
(A) Принятие Приложения V   (B) Одобрение Рекомендации XVI-10

-2-

НЕКОНСУЛЬТАТИВНЫЕ СТОРОНЫ

Государство	Дата подписания	Дата рег. док-тов о ратификации принятия или одобрении	Дата рег. док-тов о присоединении	Дата вступления в силу	Дата принятия ПРИЛОЖЕНИЯ V**	Дата вступления в силу Приложения V
Австрия	4 окт. 1991 г.					
Беларусь			16 июля 2008 г.	15 авг. 2008 г.		
Канада		13 ноября 2003 г.		13 дек. 2003 г.		
Колумбия						
Куба						
Дания	2 июля 1992 г.					
Эстония						
Греция	4 окт. 1991 г.	23 мая 1995 г.		14 янв. 1998 г.		
Гватемала						
Венгрия	4 окт. 1991 г.					
КНДР	4 окт. 1991 г.					
Малайзия						
Монако			1 июля 2009 г.	31 июля 2009 г.		
Пакистан			1 марта 2012 г.	31 марта 2012 г.		
Папуа-Новая Гвинея						
Португалия						
Румыния	4 окт. 1991 г.	3 февр. 2003 г.		5 марта 2003 г.	3 февр. 2003 г.	5 марта 2003 г.
Словацкая Респ.[1,2]	1 янв. 1993 г.					
Швейцария	4 окт. 1991 г.					
Турция						
Венесуэла						

* Подписан в Мадриде 4 октября 1991 г.; в дальнейшем в Вашингтоне до 3 октября 1992 г.
Протокол вступит в силу на тридцатый день после даты регистрации документов о ратификации, принятии, одобрении или присоединении всех Стран, являвшихся Консультативными Сторонами Договора об Антарктике на дату принятия настоящего Протокола. (Статья 23)

**Принят к Бонне 17 октября 1991 г. на XVI Консультативном совещании по Договору об Антарктике.

1. Подписан Чехословацкой Федеративной Республикой 2 октября 1992 г., Чехословакия принимает юрисдикцию Международного суда и Арбитражного суда при разрешении споров в соответствии с пунктом 1 Статьи. В полночь 31 декабря 1992 г. Чехословакия прекратила свое существование и распалась на два отдельных и независимых государства – Чешскую Республику и Словацкую Республику.

2. Дата вступления в силу права наследования касательно подписания Чехословакией подлежит ратификации Чешской Республикой и Словацкой Республикой.

3. Сопровождается декларацией, неофициальный перевод которой представлен Посольством Аргентины: «Аргентинская Республика заявляет, что поскольку Протокол по охране окружающей среды к Договору об Антарктике является Взаимодополняемым соглашением к Договору об Антарктике и поскольку Статья 4 полностью соответствует сказанному в Статье IV, Подраздел 1, пункт A) указанного Договора, ни одно из его положений не должно трактоваться или использоваться для оказания влияния на её права на основании прав владения, действий в осуществление владения, сопредельности или геологической непрерывности района южнее 60-й параллели, в котором была провозглашена и поддержана её независимость.

4. Сопровождается декларацией, неофициальный перевод которой представлен посольством Чешской Республики: «Чешская Республика принимает юрисдикцию Международного суда и Арбитражного суда согласно Статье 19, пункт 1 Протокола по охране окружающей среды к Договору об Антарктике, подписанного в Мадриде 4 октября 1991 г.

5. Ратификация от имени Соединённого Королевства Великобритании и Северной Ирландии, острова Джерси, острова Гернси, острова Мэн, острова Ангилья, Бермудских островов, Британской антарктической территории, Каймановых островов, Фолклендских островов, острова Монтсеррат, острова Св. Елены и зависимых островов, острова Южная Георгия и Южных Сандвичевых островов, островов Тёркс и Кайкос, Британских Виргинских островов.

6. Принятие для Королевства в Европе. Во время принятия Королевством Нидерландов о принятии Протокола для Нидерландских Антильских островов было представлено 27 октября 2004 г. вместе с заявлением, подтверждающим выбор обоих способов разрешения споров, указанных в пункте 1 Статьи 19 Протокола, то есть Международный суд и Арбитражный суд

Заявление Королевства Нидерландов о принятии Протокола для Нидерландских Антильских островов было представлено 27 октября 2004 г. вместе с заявлением, подтверждающим выбор обоих способов разрешения споров, указанных в пункте 1 Статьи 19 Протокола.

• Посольство Королевства Нидерландов в Вашингтоне передало в Государственный Департамент следующую дипломатическую ноту от 6 октября 2010 г.:

• «Королевство Нидерландов в настоящее время состоит из трёх частей: Нидерланды, Нидерландские Антильские острова и Аруба. Нидерландские Антильские острова включают в себя острова Кюрасао, Синт-Маартен, Бонайре, Синт-Эустатиус и Саба.

• Начиная с 10 октября 2010 г. Нидерландские Антильские острова прекратят существование как часть Королевства Нидерланды. С этого момента Королевство будет состоять из четырёх частей: Нидерланды, Аруба, Кюрасао и Синт-Маартен. Кюрасао и Синт-Маартен будут иметь внутреннее самоуправлением в составе Королевства, как Аруба и Нидерландские Антильские острова до 10 октября 2010 г.

• Эти изменения составляют модификацию внутренних конституционных отношений в Нидерландах. Королевство Нидерланды, соответственно, останется субъектом международного права, с которым заключены соглашения. Поэтому изменение структуры Королевства не будет затрагивать законность международных соглашений, ратифицированных Королевством для Нидерландских Антильских островов: эти соглашения продолжат относиться к Кюрасао и Синт-Маартен.

• Другие острова, которые до сих пор являлись частью Нидерландских Антильских островов – Бонайре, Синт-Эустатиус и Саба, – станут частью Нидерландов, образуя таким образом «Карибскую часть Нидерландов». Соглашения, которые теперь относятся к Нидерландским Антильским островам, будут также распространяться на эти острова, однако правительство Нидерландов теперь будет нести ответственность за осуществление этих соглашений».

Министерство иностранных дел,
Вашингтон, 27 марта 2014 г.

Одобрение, согласно уведомлению Правительства Соединенных Штатов Америки мер, касающихся соблюдения принципов и достижения целей Договора об Антарктике

	16 рекомендаций, принятых на Первом Совещании (Канберра, 1961 г.) Одобрено	10 рекомендаций, принятых на Втором Совещании (Буэнос-Айрес, 1962 г.) Одобрено	11 рекомендаций, принятых на Третьем Совещании (Брюссель, 1964 г.) Одобрено	28 рекомендаций, принятых на Четвертом Совещании (Сантьяго, 1966 г.) Одобрено	9 рекомендаций, принятых на Пятом Совещании (Париж, 1968 г.) Одобрено	15 рекомендаций, принятых на Шестом Совещании (Токио, 1970 г.) Одобрено
Аргентина	ВСЕ	ВСЕ	ВСЕ	ВСЕ	ВСЕ	ВСЕ
Австралия	ВСЕ	ВСЕ	ВСЕ	ВСЕ	ВСЕ	ВСЕ
Бельгия	ВСЕ	ВСЕ	ВСЕ	ВСЕ	ВСЕ	ВСЕ
Бразилия (1983)+	ВСЕ	ВСЕ	ВСЕ	ВСЕ	ВСЕ	ВСЕ (кроме 10)
Болгария (1998)+						
Чили	ВСЕ	ВСЕ	ВСЕ	ВСЕ	ВСЕ	ВСЕ
Китай (1985)+	ВСЕ	ВСЕ	ВСЕ	ВСЕ	ВСЕ	ВСЕ (кроме 10)
Чешская Республика (2014)+						
Эквадор (1990)+						
Финляндия (1989)+						
Франция	ВСЕ	ВСЕ	ВСЕ	ВСЕ	ВСЕ	ВСЕ
Германия (1981)+	ВСЕ	ВСЕ	ВСЕ (кроме 8)	ВСЕ (кроме 16-19)	ВСЕ (кроме 6)	ВСЕ (кроме 9)
Индия (1983)+	ВСЕ	ВСЕ	ВСЕ (кроме 8***)	ВСЕ (кроме 18)	ВСЕ	ВСЕ (кроме 9 и 10)
Италия (1987)+	ВСЕ	ВСЕ	ВСЕ	ВСЕ	ВСЕ	ВСЕ
Япония	ВСЕ	ВСЕ	ВСЕ	ВСЕ	ВСЕ	ВСЕ
Республика Корея (1989)+	ВСЕ	ВСЕ	ВСЕ	ВСЕ	ВСЕ	ВСЕ
Нидерланды (1990)+	ВСЕ (кроме 11 и 15)	ВСЕ (кроме 3, 5, 8 и 10)	ВСЕ (кроме 3, 4, 6 и 9)	ВСЕ (кроме 20, 25, 26 и 28)	ВСЕ (кроме 1, 8 и 9)	ВСЕ (кроме 15)
Новая Зеландия	ВСЕ	ВСЕ	ВСЕ	ВСЕ	ВСЕ	ВСЕ
Норвегия	ВСЕ	ВСЕ	ВСЕ	ВСЕ	ВСЕ	ВСЕ
Перу (1989)+	ВСЕ	ВСЕ	ВСЕ	ВСЕ	ВСЕ	ВСЕ
Польша (1977)+	ВСЕ	ВСЕ	ВСЕ	ВСЕ	ВСЕ	ВСЕ
Россия	ВСЕ	ВСЕ	ВСЕ	ВСЕ	ВСЕ	ВСЕ
ЮАР	ВСЕ	ВСЕ	ВСЕ	ВСЕ	ВСЕ	ВСЕ
Испания (1988)+						
Швеция (1988)+						
Великобритания	ВСЕ	ВСЕ	ВСЕ	ВСЕ	ВСЕ	ВСЕ
Уругвай (1985)+	ВСЕ	ВСЕ	ВСЕ	ВСЕ	ВСЕ	ВСЕ
США	ВСЕ	ВСЕ	ВСЕ	ВСЕ	ВСЕ	ВСЕ

* IV-6, IV-10, IV-12 и V-5 аннулированы VIII-2

*** Принят в качестве временных правил

+ Год, когда был получен Консультативный Статус. С этого года и в дальнейшем для вступления в силу Рекомендаций или Мер совещаний необходимо одобрение Страны.

Заключительный отчет XXXVIII КСДА

Одобрение, согласно уведомлению Правительства Соединенных штатов Америки, мер касающихся соблюдения принципов и достижения целей Договора об Антарктике

	9 рекомендаций, принятых на Седьмом Совещании (Веллингтон, 1972 г.) Одобрено	14 рекомендаций, принятых на Восьмом Совещании (Осло, 1975 г.) Одобрено	6 рекомендаций, принятых на Девятом Совещании (Лондон, 1977 г.) Одобрено	9 рекомендаций, принятых на Десятом Совещании (Вашингтон, 1979 г.) Одобрено	3 рекомендаций, принятых на Одиннадцатом Совещании (Буэнос-Айрес, 1981 г.) Одобрено	8 рекомендаций, принятых на Двенадцатом Совещании (Канберра, 1983 г.) Одобрено
Аргентина	ВСЕ	ВСЕ	ВСЕ	ВСЕ	ВСЕ	ВСЕ
Австралия	ВСЕ	ВСЕ	ВСЕ	ВСЕ	ВСЕ	ВСЕ
Бельгия	ВСЕ	ВСЕ	ВСЕ	ВСЕ	ВСЕ	ВСЕ
Бразилия (1983)+	ВСЕ (кроме 5)	ВСЕ	ВСЕ	ВСЕ	ВСЕ	ВСЕ
Болгария (1998)+						
Чили	ВСЕ	ВСЕ	ВСЕ	ВСЕ	ВСЕ	ВСЕ
Китай (1985)+	ВСЕ (кроме 5)	ВСЕ	ВСЕ	ВСЕ	ВСЕ	ВСЕ
Чешская Республика (2014)+						
Эквадор (1990)+						
Финляндия (1989)+						
Франция	ВСЕ	ВСЕ	ВСЕ	ВСЕ	ВСЕ	ВСЕ
Германия (1981)+	ВСЕ (кроме 5)	ВСЕ (кроме 2 и 5)	ВСЕ	ВСЕ	ВСЕ	ВСЕ
Индия (1983)+	ВСЕ	ВСЕ	ВСЕ	ВСЕ (кроме 1 и 9)	ВСЕ	ВСЕ
Италия (1987)+	ВСЕ (кроме 5)	ВСЕ	ВСЕ	ВСЕ (кроме 1 и 9)		ВСЕ
Япония	ВСЕ	ВСЕ	ВСЕ	ВСЕ	ВСЕ	ВСЕ
Республика Корея (1989)+	ВСЕ	ВСЕ	ВСЕ	ВСЕ	ВСЕ	ВСЕ
Нидерланды (1990)+	ВСЕ	ВСЕ	ВСЕ (кроме 3)	ВСЕ (кроме 9)	ВСЕ (кроме 2)	ВСЕ
Новая Зеландия	ВСЕ	ВСЕ	ВСЕ	ВСЕ	ВСЕ	ВСЕ
Норвегия	ВСЕ	ВСЕ	ВСЕ	ВСЕ	ВСЕ	ВСЕ
Перу (1989)+	ВСЕ	ВСЕ	ВСЕ	ВСЕ	ВСЕ	ВСЕ
Польша (1977)+	ВСЕ	ВСЕ	ВСЕ	ВСЕ	ВСЕ	ВСЕ
Россия	ВСЕ	ВСЕ	ВСЕ	ВСЕ	ВСЕ	ВСЕ
ЮАР	ВСЕ	ВСЕ	ВСЕ	ВСЕ	ВСЕ	ВСЕ
Испания (1988)+	ВСЕ	ВСЕ	ВСЕ	ВСЕ (кроме 1 и 9)	ВСЕ (кроме 1)	ВСЕ
Швеция (1988)+	ВСЕ	ВСЕ	ВСЕ	ВСЕ	ВСЕ	ВСЕ
Великобритания	ВСЕ	ВСЕ	ВСЕ	ВСЕ	ВСЕ	ВСЕ
Уругвай (1985)+	ВСЕ	ВСЕ	ВСЕ	ВСЕ	ВСЕ	ВСЕ
США	ВСЕ	ВСЕ	ВСЕ	ВСЕ	ВСЕ	ВСЕ

* IV-6, IV-10, IV-12 и V-5 аннулированы VIII-2

*** Принят в качестве временных правил

+ Год, когда был получен Консультативный Статус. С этого года и в дальнейшем для вступления в силу Рекомендаций или Мер совещании необходимо одобрение Страны.

Одобрение, согласно уведомлению Правительства Соединенных штатов Америки, мер касающихся соблюдения принципов и достижения целей Договора об Антарктике

	16 рекомендаций, принятых на Тринадцатом Совещании (Брюссель, 1985 г.) Одобрено	10 рекомендаций, принятых на Четырнадцатом Совещании (Рио-де-Жанейро, 1987 г.) Одобрено	22 рекомендации, принятые на Пятнадцатом Совещании (Париж, 1989 г.) Одобрено	13 рекомендаций, принятых на Шестнадцатом Совещании (Бонн, 1991 г.) Одобрено	4 рекомендации, принятые на Семнадцатом Совещании (Венеция, 1992 г.) Одобрено	1 рекомендация, принятая на Восемнадцатом Совещании (Киото, 1994 г.) Одобрено
Аргентина	ВСЕ	ВСЕ		ВСЕ	ВСЕ	ВСЕ
Австралия	ВСЕ	ВСЕ		ВСЕ	ВСЕ	ВСЕ
Бельгия	ВСЕ	ВСЕ		ВСЕ	ВСЕ	ВСЕ
Бразилия (1983)+	ВСЕ	ВСЕ		ВСЕ	ВСЕ	ВСЕ
Болгария (1998)+						
Чили	ВСЕ	ВСЕ		XVI-10	ВСЕ	ВСЕ
Китай (1985)+	ВСЕ	ВСЕ		ВСЕ	ВСЕ	ВСЕ
Чешская Республика (2014)+						
Эквадор (1990)+				XVI-10		
Финляндия (1989)+			ВСЕ	ВСЕ	ВСЕ	ВСЕ
Франция	ВСЕ	ВСЕ	ВСЕ (кроме 3, 8, 10, 11 и 22)	ВСЕ	ВСЕ	ВСЕ
Германия (1981)+	ВСЕ	ВСЕ	ВСЕ	ВСЕ	ВСЕ	ВСЕ
Индия (1983)+	ВСЕ	ВСЕ	ВСЕ	ВСЕ	ВСЕ	ВСЕ
Италия (1987)+		ВСЕ	ВСЕ	ВСЕ	ВСЕ	ВСЕ
Япония	ВСЕ	ВСЕ	ВСЕ (кроме 1-11, 16, 18, 19)	ВСЕ (кроме 1, 3-9, 12 и 13)	ВСЕ (кроме 1-2 и 4)	ВСЕ
Республика Корея (1989)+	ВСЕ	ВСЕ (кроме 9)	ВСЕ (кроме 22)	ВСЕ (кроме 12)	ВСЕ (кроме 1)	ВСЕ
Нидерланды (1990)+	ВСЕ	ВСЕ	ВСЕ	ВСЕ	ВСЕ	ВСЕ
Новая Зеландия	ВСЕ	ВСЕ	ВСЕ	ВСЕ	ВСЕ	ВСЕ
Норвегия	ВСЕ	ВСЕ	ВСЕ (кроме 22)	ВСЕ	ВСЕ	ВСЕ
Перу (1989)+				ВСЕ (кроме 13)	ВСЕ	ВСЕ
Польша (1977)+	ВСЕ	ВСЕ	ВСЕ	ВСЕ	ВСЕ	ВСЕ
Россия	ВСЕ	ВСЕ	ВСЕ	ВСЕ	ВСЕ	ВСЕ
ЮАР	ВСЕ	ВСЕ	ВСЕ	ВСЕ	ВСЕ	ВСЕ
Испания (1988)+				ВСЕ	ВСЕ	ВСЕ
Швеция (1988)+				ВСЕ	ВСЕ	ВСЕ
Великобритания	ВСЕ	ВСЕ (кроме 2)	ВСЕ (кроме 3, 4, 8, 10, 11)	ВСЕ (кроме 4, 6, 8 и 9)	ВСЕ	ВСЕ
Уругвай (1985)+	ВСЕ	ВСЕ	ВСЕ	ВСЕ	ВСЕ	ВСЕ
США	ВСЕ	ВСЕ	ВСЕ (кроме 1-4, 10, 11)	ВСЕ	ВСЕ	ВСЕ

* IV-6, IV-10, IV-12 и V-5 аннулированы VIII-2

*** Принято в качестве временных правил

+ Год, когда был получен Консультативный Статус. С этого года и в дальнейшем для вступления в силу Рекомендаций или Мер совещаний необходимо одобрение Страны.

Одобрение, согласно уведомлению Правительства Соединенных штатов Америки, мер касающихся соблюдения принципов и достижения целей Договора об Антарктике

	5 Мер принятых на Девятнадцатом Совещании (Сеул, 1995 г.) Одобрено	2 Меры принятые на Двадцатом Совещании (Утрехт, 1996 г.) Одобрено	5 Мер принятых на Двадцать первом Совещании (Крайстчерч, 1997 г.) Одобрено	2 Меры принятые на Двадцать втором Совещании (Тромсо, 1998 г.) Одобрено	1 Мера, принятая на Двадцать третьем Совещании (Лима, 1999 г.) Одобрено
Аргентина	ВСЕ	ВСЕ	ВСЕ	ВСЕ	ВСЕ
Австралия	ВСЕ	ВСЕ	ВСЕ	ВСЕ	ВСЕ
Бельгия	ВСЕ	ВСЕ	ВСЕ	ВСЕ	ВСЕ
Бразилия (1983)+	ВСЕ	ВСЕ	ВСЕ	ВСЕ	ВСЕ
Болгария (1998)+					
Чили	ВСЕ	ВСЕ	ВСЕ	ВСЕ	ВСЕ
Китай (1985)+	ВСЕ	ВСЕ	ВСЕ	ВСЕ	ВСЕ
Чешская Республика (2014)+					
Эквадор (1990)+					
Финляндия (1989)+	ВСЕ	ВСЕ	ВСЕ	ВСЕ	ВСЕ
Франция	ВСЕ	ВСЕ	ВСЕ	ВСЕ	ВСЕ
Германия (1981)+	ВСЕ	ВСЕ	ВСЕ	ВСЕ	ВСЕ
Индия (1983)+	ВСЕ	ВСЕ	ВСЕ	ВСЕ	ВСЕ
Италия (1987)+	ВСЕ	ВСЕ	ВСЕ	ВСЕ	ВСЕ
Япония	ВСЕ (кроме 2 и 5)	ВСЕ (кроме 1)	ВСЕ (кроме 1-2 и 5)		
Республика Корея (1989)+ (1989)+	ВСЕ	ВСЕ	ВСЕ	ВСЕ	ВСЕ
Нидерланды (1990)+	ВСЕ	ВСЕ	ВСЕ	ВСЕ	ВСЕ
Новая Зеландия	ВСЕ	ВСЕ	ВСЕ	ВСЕ	ВСЕ
Норвегия	ВСЕ	ВСЕ	ВСЕ	ВСЕ	ВСЕ
Перу (1989)+	ВСЕ	ВСЕ	ВСЕ	ВСЕ	ВСЕ
Польша (1977)+	ВСЕ	ВСЕ	ВСЕ	ВСЕ	ВСЕ
Россия	ВСЕ	ВСЕ	ВСЕ	ВСЕ	ВСЕ
ЮАР	ВСЕ	ВСЕ	ВСЕ	ВСЕ	ВСЕ
Испания (1988)+	ВСЕ	ВСЕ	ВСЕ	ВСЕ	ВСЕ
Швеция (1988)+	ВСЕ	ВСЕ	ВСЕ	ВСЕ	ВСЕ
Великобритания	ВСЕ	ВСЕ	ВСЕ	ВСЕ	ВСЕ
Уругвай (1985)+	ВСЕ	ВСЕ	ВСЕ	ВСЕ	ВСЕ
США	ВСЕ	ВСЕ	ВСЕ	ВСЕ	ВСЕ

+ Год, когда был получен Консультативный Статус. С этого года и в дальнейшем для вступления в силу Рекомендаций или Мер совещаний необходимо одобрение Страны.

Одобрение, согласно уведомлению Правительства Соединенных штатов Америки, мер касающихся соблюдения принципов и достижения целей Договора об Антарктике

	2 Меры принятые на Двенадцатом Специальном Совещании (Гаага, 2000 г.) Одобрено	3 Меры принятые на Двадцать четвертом Совещании (Санкт-Петербург, 2001 г.) Одобрено	1 Мера принятая на Двадцать пятом Совещании (Варшава, 2002 г.) Одобрено	3 Меры принятые на Двадцать шестом Совещании (Мадрид, 2003 г.) Одобрено	4 Меры принятые на Двадцать седьмом Совещании (Кейптаун, 2004 г.) Одобрено
Аргентина	ВСЕ	ВСЕ	*	XXVI-1, XXVI-2 *, XXVI-3 **	XXVII-1 *, XXVII-2 *, XXVII-3 **
Австралия	ВСЕ	ВСЕ	ВСЕ	XXVI-1, XXVI-2 *, XXVI-3 **	XXVII-1 *, XXVII-2 *, XXVII-3 **
Бельгия	ВСЕ	ВСЕ	ВСЕ	ВСЕ	ВСЕ
Бразилия (1983)+	ВСЕ	ВСЕ	ВСЕ	ВСЕ	XXVII-1, XXVII-2, XXVII-3
Болгария (1998)+	ВСЕ	ВСЕ	*	XXVI-1, XXVI-2 *, XXVI-3 **	XXVII-1, XXVII-2 *, XXVII-3 **
Чили	ВСЕ	ВСЕ	ВСЕ	ВСЕ	ВСЕ
Китай (1985)+	ВСЕ	ВСЕ	ВСЕ	ВСЕ	ВСЕ
Чешская Республика (2014)+					
Эквадор (1990)+			*	XXVI-1, XXVI-2 *, XXVI-3 **	XXVII-1 *, XXVII-2 *, XXVII-3 **
Финляндия (1989)+	ВСЕ	ВСЕ	*	XXVI-1, XXVI-2 *, XXVI-3 **	XXVII-1 *, XXVII-2 *, XXVII-3 **, XXVII-4
Франция	ВСЕ (кроме СКСДА XII-2)	ВСЕ	*	XXVI-1, XXVI-2 *, XXVI-3 **	XXVII-1, XXVII-2 *, XXVII-3, XXVII-4
Германия (1981)+	ВСЕ	ВСЕ	ВСЕ	ВСЕ	XXVII-1 *, XXVII-2 *, XXVII-3 **
Индия (1983)+	ВСЕ	ВСЕ	ВСЕ	ВСЕ	XXVII-1 *, XXVII-2 *, XXVII-3 **
Италия (1987)+		ВСЕ	*	XXVI-1, XXVI-2 *, XXVI-3 **	XXVII-1 *, XXVII-2 *, XXVII-3 **, XXVII-4
Япония	ВСЕ	ВСЕ	*	XXVI-1, XXVI-2 *, XXVI-3 **	XXVII-1 *, XXVII-2 *, XXVII-3 **, XXVII-4
Республика Корея (1989)+ (1989)+	ВСЕ	ВСЕ	*	XXVI-1, XXVI-2 *, XXVI-3 **	XXVII-1 *, XXVII-2 *, XXVII-3 **
Нидерланды (1990)+	ВСЕ	ВСЕ	ВСЕ	ВСЕ	ВСЕ
Новая Зеландия	ВСЕ	ВСЕ	ВСЕ	ВСЕ	XXVII-1 *, XXVII-2 *, XXVII-3 **, XXVII-4
Норвегия		ВСЕ	*	ВСЕ	XXVII-1 *, XXVII-2 *, XXVII-3 **
Перу (1989)+	ВСЕ	ВСЕ	ВСЕ	XXVI-1, XXVI-2 *, XXVI-3 **	XXVII-1 *, XXVII-2 *, XXVII-3 **
Польша (1977)+		ВСЕ	ВСЕ	XXVI-1, XXVI-2 *, XXVI-3 **	ВСЕ
Россия	ВСЕ	ВСЕ	ВСЕ	ВСЕ	XXVII-1 *, XXVII-2 *, XXVII-3 **
ЮАР	ВСЕ	ВСЕ	*	XXVI-1, XXVI-2, XXVI-3 **	ВСЕ
Испания (1988)+	ВСЕ	ВСЕ	ВСЕ	XXVI-1, XXVI-2 *, XXVI-3 **	XXVII-1 *, XXVII-2 *, XXVII-3 **
Швеция (1988)+		ВСЕ			XXVII-1 *, XXVII-2 *, XXVII-3 **
Украина (2004)+					XXVII-1 *, XXVII-2 *, XXVII-3 **, XXVII-4
Великобритания	ВСЕ (кроме СКСДА XII-2)	ВСЕ (кроме XXIV-3)	ВСЕ	ВСЕ	XXVII-1 *, XXVII-2 *, XXVII-3 **
Уругвай (1985)+	ВСЕ	ВСЕ	*	XXVI-1, XXVI-2 *, XXVI-3	XXVII-1 *, XXVII-2 *, XXVII-3 **
США	ВСЕ	ВСЕ	*	XXVI-1, XXVI-2 *, XXVI-3 **	XXVII-1 *, XXVII-2 *, XXVII-3 **, XXVII-4

+ Год, когда был получен Консультативный Статус. С этого года и в дальнейшем для вступления в силу Рекомендаций или Мер совещаний необходимо одобрение Страны.

Заключительный отчет XXXVIII КСДА

* Планы управления, прилагаемые к настоящей Мере, должны были быть одобрены в соответствии со Статьей 6(1) Приложения V к Протоколу по охране окружающей среды к Договору об Антарктике и Мерой, не указывающей другой метод одобрения.

** Пересмотренный и обновленный Перечень исторических мест и памятников, прилагаемый к настоящей Мере, должен был быть одобрен в соответствии со Статьей 8(2) Приложения V к Протоколу по охране окружающей среды к Договору об Антарктике и Мерой, не указывающей другой метод одобрения.

Одобрение, согласно уведомлению Правительства Соединенных штатов Америки, мер, касающихся соблюдения принципов и достижения целей Договора об Антарктике

	5 Мер принятых на Двадцать восьмом Совещании (Стокгольм, 2005 г.) Одобрено	4 Меры принятые на Двадцать девятом Совещании (Эдинбург, 2006 г.) Одобрено	3 Меры принятые на Тридцатом Совещании (Нью-Дели, 2007 г.) Одобрено	14 Мер принятых на Тридцать первом Совещании (Киев, 2008 г.) Одобрено
Аргентина	XXVIII-2 *, XXVIII-3 *, XXVIII-4 *, XXVIII-5 **	XXIX-1 *, XXIX-2 *, XXIX-3 **, XXIX-4 ***	XXX-1 *, XXX-2 *, XXX-3 **	XXXI-1 - XXXI-14 *
Австралия	XXVIII-2 *, XXVIII-3 *, XXVIII-4 *, XXVIII-5 **	XXIX-1 *, XXIX-2 *, XXIX-3 **, XXIX-4 ***	XXX-1 *, XXX-2 *, XXX-3 **	XXXI-1 - XXXI-14 *
Бельгия	ВСЕ, кроме Меры 1	ВСЕ	ВСЕ	XXXI-1 - XXXI-14 *
Бразилия (1983)+	ВСЕ, кроме Меры 1	XXIX-1 *, XXIX-2 *, XXIX-3 **, XXIX-4 ***	XXX-1 *, XXX-2 *, XXX-3 **	XXXI-1 - XXXI-14 *
Болгария (1998)+	XXVIII-2 *, XXVIII-3 *, XXVIII-4 *, XXVIII-5 **	XXIX-1 *, XXIX-2 *, XXIX-3 **, XXIX-4 ***	XXX-1 *, XXX-2 *, XXX-3 **	XXXI-1 - XXXI-14 *
Чили	ВСЕ, кроме Меры 1	XXIX-1 *, XXIX-2 *, XXIX-3 **, XXIX-4 ***	XXX-1 *, XXX-2 *, XXX-3 **	XXXI-1 - XXXI-14 *
Китай (1985)+	XXVIII-2 *, XXVIII-3 *, XXVIII-4 *, XXVIII-5 **	XXIX-1 *, XXIX-2 *, XXIX-3 **, XXIX-4 ***	XXX-1 *, XXX-2 *, XXX-3 **	XXXI-1 - XXXI-14 *
Чешская Республика (2014)+				
Эквадор (1990)+	XXVIII-2 *, XXVIII-3 *, XXVIII-4 *, XXVIII-5 **	XXIX-1 *, XXIX-2 *, XXIX-3 **, XXIX-4 ***	XXX-1 *, XXX-2 *, XXX-3 **	XXXI-1 - XXXI-14 *
Финляндия (1989)+	XXVIII-1, XXVIII-2 *, XXVIII-3 *, XXVIII-4 *, XXVIII-5 **	XXIX-1 *, XXIX-2 *, XXIX-3 **, XXIX-4 ***	XXX-1 *, XXX-2 *, XXX-3 **	XXXI-1 - XXXI-14 *
Франция	XXVIII-2 *, XXVIII-3 *, XXVIII-4 *, XXVIII-5 **	XXIX-1 *, XXIX-2 *, XXIX-3 **, XXIX-4 ***	XXX-1 *, XXX-2 *, XXX-3 **	XXXI-1 - XXXI-14 *
Германия (1981)+	XXVIII-2 *, XXVIII-3 *, XXVIII-4 *, XXVIII-5 **	XXIX-1 *, XXIX-2 *, XXIX-3 **, XXIX-4 ***	XXX-1 *, XXX-2 *, XXX-3 **	XXXI-1 - XXXI-14 *
Индия (1983)+	XXVIII-2 *, XXVIII-3 *, XXVIII-4 *, XXVIII-5 **	XXIX-1 *, XXIX-2 *, XXIX-3 **, XXIX-4 ***	XXX-1 *, XXX-2 *, XXX-3 **	XXXI-1 - XXXI-14 *
Италия (1987)+	XXVIII-2 *, XXVIII-3 *, XXVIII-4 *, XXVIII-5 **	XXIX-1 *, XXIX-2 *, XXIX-3 **, XXIX-4 ***	XXX-1 *, XXX-2 *, XXX-3 **	XXXI-1 - XXXI-14 *
Япония	XXVIII-2 *, XXVIII-3 *, XXVIII-4 *, XXVIII-5 **	XXIX-1 *, XXIX-2 *, XXIX-3 **, XXIX-4 ***	XXX-1 *, XXX-2 *, XXX-3 **	XXXI-1 - XXXI-14 *
Республика Корея (1989)+ (1989)+	XXVIII-2 *, XXVIII-3 *, XXVIII-4 *, XXVIII-5 **	XXIX-1 *, XXIX-2 *, XXIX-3 **, XXIX-4 ***	XXX-1 *, XXX-2 *, XXX-3 **	XXXI-1 - XXXI-14 *
Нидерланды (1990)+	ВСЕ, кроме Меры 1	ВСЕ	ВСЕ	ВСЕ
Новая Зеландия	XXVIII-1, XXVIII-2 *, XXVIII-3 *, XXVIII-4 *, XXVIII-5 **	XXIX-1 *, XXIX-2 *, XXIX-3 **, XXIX-4 ***	XXX-1 *, XXX-2 *, XXX-3 **	XXXI-1 - XXXI-14 *
Норвегия	XXVIII-1, XXVIII-2 *, XXVIII-3 *, XXVIII-4 *, XXVIII-5 **	XXIX-1 *, XXIX-2 *, XXIX-3 **, XXIX-4 ***	XXX-1 *, XXX-2 *, XXX-3 **	XXXI-1 - XXXI-14 *
Перу (1989)+	XXVIII-1, XXVIII-2 *, XXVIII-3 *, XXVIII-4 *, XXVIII-5 **	XXIX-1 *, XXIX-2 *, XXIX-3 **, XXIX-4 ***	XXX-1 *, XXX-2 *, XXX-3 **	XXXI-1 - XXXI-14 *
Польша (1977)+	XXVIII-2 *, XXVIII-3 *, XXVIII-4 *, XXVIII-5 **	ВСЕ	ВСЕ	XXXI-1 - XXXI-14 *
Россия	ВСЕ	XXIX-1 *, XXIX-2 *, XXIX-3 **, XXIX-4 ***	XXX-1 *, XXX-2 *, XXX-3 **	XXXI-1 - XXXI-14 *
ЮАР	XXVIII-1, XXVIII-2 *, XXVIII-3 *, XXVIII-4 *, XXVIII-5 **	ВСЕ	XXX-1 *, XXX-2 *, XXX-3 **	XXXI-1 - XXXI-14 *
Испания (1988)+	XXVIII-1, XXVIII-2 *, XXVIII-3 *, XXVIII-4 *, XXVIII-5 **	XXIX-1 *, XXIX-2 *, XXIX-3 **, XXIX-4 ***	XXX-1 *, XXX-2 *, XXX-3 **	XXXI-1 - XXXI-14 *
Швеция (1988)+	XXVIII-1, XXVIII-2 *, XXVIII-3 *, XXVIII-4 *, XXVIII-5 **	XXIX-1 *, XXIX-2 *, XXIX-3 **, XXIX-4 ***	XXX-1 *, XXX-2 *, XXX-3 **	XXXI-1 - XXXI-14 *
Украина (2004)+	XXVIII-2 *, XXVIII-3 *, XXVIII-4 *, XXVIII-5 **	XXIX-1 *, XXIX-2 *, XXIX-3 **, XXIX-4 ***	XXX-1 *, XXX-2 *, XXX-3 **	XXXI-1 - XXXI-14 *
Великобритания	XXVIII-1, XXVIII-2 *, XXVIII-3 *, XXVIII-4 *, XXVIII-5 **	XXIX-1 *, XXIX-2 *, XXIX-3 **, XXIX-4 ***	XXX-1 *, XXX-2 *, XXX-3 **	XXXI-1 - XXXI-14 *
Уругвай (1985)+	XXVIII-2 *, XXVIII-3 *, XXVIII-4 *, XXVIII-5 **	XXIX-1 *, XXIX-2 *, XXIX-3 **, XXIX-4 ***	XXX-1 *, XXX-2 *, XXX-3 **	XXXI-1 - XXXI-14 *
США	XXVIII-2 *, XXVIII-3 *, XXVIII-4 *, XXVIII-5 **	XXIX-1 *, XXIX-2 *, XXIX-3 **, XXIX-4 ***	XXX-1 *, XXX-2 *, XXX-3 **	XXXI-1 - XXXI-14 *

+ Год, когда был получен Консультативный Статус. С этого года и в дальнейшем для вступления в силу Рекомендаций или Мер совещаний необходимо одобрение Страны.

* Планы управления, прилагаемые к настоящей Мере, должны были быть одобрены в соответствии со Статьей 6(1) Приложения V к Протоколу по охране окружающей среды к Договору об Антарктике и Мерой, не указывающей другой метод одобрения.

** Пересмотренный и обновленный Перечень исторических мест и памятников, прилагаемый к настоящей Мере, должен был быть одобрен в соответствии со Статьей 8(2) Приложения V к Протоколу по охране окружающей среды к Договору об Антарктике и Мерой, не указывающей другой метод одобрения.

***Изменение Приложения А к Приложению II к Протоколу по охране окружающей среды к Договору об Антарктике должно было быть одобрено в соответствии со Статьей 9(1) Приложения II к Протоколу по охране окружающей среды к Договору об Антарктике и Мерой, не указывающей другой метод одобрения.

Одобрение, согласно уведомлению Правительства Соединенных штатов Америки, мер, касающихся соблюдения принципов и достижения целей Договора об Антарктике

	16 Мер принятых на Тридцать втором Совещании (Балтимор, 2009 г.) Одобрено	15 Мер принятых на Тридцать третьем Совещании (Пунта-дель-Эсте, 2010 г.) Одобрено	12 Мер принятых на Тридцать четвертом Совещании (Буэнос-Айрес, 2011 г.) Одобрено	11 Мер принятых на Тридцать пятом Совещании (Хобарт, 2012 г.) Одобрено	21 Мера принятая на Тридцать шестом Совещании (Брюссель, 2013 г.) Одобрено
Аргентина	XXXII-1 - XXXII-13* и XXXII-14**	XXXIII-1 - XXXIII-14* и XXXIII-15**	XXXIV-1 - XXXIV-10* и XXXIV-11 - XXXIV-12**	XXXV-1 - XXXV-10* и XXXV-11**	XXXVI-1 - XXXVI-17* и XXXVI-18 - XXXVI-21**
Австралия	XXXII-1 - XXXII-13* и XXXII-14**	XXXIII-1 - XXXIII-14* и XXXIII-15**	XXXIV-1 - XXXIV-10* и XXXIV-11 - XXXIV-12**	XXXV-1 - XXXV-10* и XXXV-11**	XXXVI-1 - XXXVI-17* и XXXVI-18 - XXXVI-21**
Бельгия	XXXII-1 - XXXII-13* и XXXII-14**	XXXIII-1 - XXXIII-14* и XXXIII-15**	XXXIV-1 - XXXIV-10* и XXXIV-11 - XXXIV-12**	XXXV-1 - XXXV-10* и XXXV-11**	XXXVI-1 - XXXVI-17* и XXXVI-18 - XXXVI-21**
Бразилия (1983)+	XXXII-1 - XXXII-13* и XXXII-14**	XXXIII-1 - XXXIII-14* и XXXIII-15**	XXXIV-1 - XXXIV-10* и XXXIV-11 - XXXIV-12**	XXXV-1 - XXXV-10* и XXXV-11**	XXXVI-1 - XXXVI-17* и XXXVI-18 - XXXVI-21**
Болгария (1998)+	XXXII-1 - XXXII-13* и XXXII-14**	XXXIII-1 - XXXIII-14* и XXXIII-15**	XXXIV-1 - XXXIV-10* и XXXIV-11 - XXXIV-12**	XXXV-1 - XXXV-10* и XXXV-11**	XXXVI-1 - XXXVI-17* и XXXVI-18 - XXXVI-21**
Чили	XXXII-1 - XXXII-13* и XXXII-14**	XXXIII-1 - XXXIII-14* и XXXIII-15**	XXXIV-1 - XXXIV-10* и XXXIV-11 - XXXIV-12**	XXXV-1 - XXXV-10* и XXXV-11**	XXXVI-1 - XXXVI-17* и XXXVI-18 - XXXVI-21**
Китай (1985)+	XXXII-1 - XXXII-13* и XXXII-14**	XXXIII-1 - XXXIII-14* и XXXIII-15**	XXXIV-1 - XXXIV-10* и XXXIV-11 - XXXIV-12**	XXXV-1 - XXXV-10* и XXXV-11**	XXXVI-1 - XXXVI-17* и XXXVI-18 - XXXVI-21**
Чешская Республика (2014)+					
Эквадор (1990)+	XXXII-1 - XXXII-13* и XXXII-14**	XXXIII-1 - XXXIII-14* и XXXIII-15**	XXXIV-1 - XXXIV-10* и XXXIV-11 - XXXIV-12**	XXXV-1 - XXXV-10* и XXXV-11**	XXXVI-1 - XXXVI-17* и XXXVI-18 - XXXVI-21**
Финляндия (1989)+	XXXII-1 - XXXII-13* и XXXII-14**, XXXII-16	XXXIII-1 - XXXIII-14* и XXXIII-15**	XXXIV-1 - XXXIV-10* и XXXIV-11 - XXXIV-12**	XXXV-1 - XXXV-10* и XXXV-11**	XXXVI-1 - XXXVI-17* и XXXVI-18 - XXXVI-21**
Франция	XXXII-1 - XXXII-13* и XXXII-14**, XXXII-15	XXXIII-1 - XXXIII-14* и XXXIII-15**	XXXIV-1 - XXXIV-10* и XXXIV-11 - XXXIV-12**	XXXV-1 - XXXV-10* и XXXV-11**	XXXVI-1 - XXXVI-17* и XXXVI-18 - XXXVI-21**
Германия (1981)+	XXXII-1 - XXXII-13* и XXXII-14**	XXXIII-1 - XXXIII-14* и XXXIII-15**	XXXIV-1 - XXXIV-10* и XXXIV-11 - XXXIV-12**	XXXV-1 - XXXV-10* и XXXV-11**	XXXVI-1 - XXXVI-17* и XXXVI-18 - XXXVI-21**
Индия (1983)+	XXXII-1 - XXXII-13* и XXXII-14**	XXXIII-1 - XXXIII-14* и XXXIII-15**	XXXIV-1 - XXXIV-10* и XXXIV-11 - XXXIV-12**	XXXV-1 - XXXV-10* и XXXV-11**	XXXVI-1 - XXXVI-17* и XXXVI-18 - XXXVI-21**
Италия (1987)+	XXXII-1 - XXXII-13* и XXXII-14**	XXXIII-1 - XXXIII-14* и XXXIII-15**	XXXIV-1 - XXXIV-10* и XXXIV-11 - XXXIV-12**	XXXV-1 - XXXV-10* и XXXV-11**	XXXVI-1 - XXXVI-17* и XXXVI-18 - XXXVI-21**
Япония	XXXII-1 - XXXII-13* и XXXII-14**, XXXII-15	XXXIII-1 - XXXIII-14* и XXXIII-15**	XXXIV-1 - XXXIV-10* и XXXIV-11 - XXXIV-12**	XXXV-1 - XXXV-10* и XXXV-11**	XXXVI-1 - XXXVI-17* и XXXVI-18 - XXXVI-21**
Республика Корея (1989)+	XXXII-1 - XXXII-13* и XXXII-14**, XXXII-15	XXXIII-1 - XXXIII-14* и XXXIII-15**	XXXIV-1 - XXXIV-10* и XXXIV-11 - XXXIV-12**	XXXV-1 - XXXV-10* и XXXV-11**	XXXVI-1 - XXXVI-17* и XXXVI-18 - XXXVI-21**
Нидерланды (1990)+	XXXII-1 - XXXII-13 и XXXII-14	ВСЕ	XXXIV-1 - XXXIV-10* и XXXIV-12**	ВСЕ	

379

Заключительный отчет XXXVIII КСДА

Новая Зеландия	XXXII-1 - XXXII-13* и XXXII-14**	XXXIII-1 - XXXIII-14* и XXXIII-15**	XXXIV-1 - XXXIV-10* и XXXIV-11- XXXIV-12**	XXXV-1 - XXXV-10* и XXXV-11**	XXXVI-1 - XXXVI-17* и XXXVI-18- XXXVI-21**
Норвегия	XXXII-1 - XXXII-13* и XXXII-14**	XXXIII-1 - XXXIII-14* и XXXIII-15**	XXXIV-1 - XXXIV-10* и XXXIV-11- XXXIV-12**	XXXV-1 - XXXV-10* и XXXV-11**	XXXVI-1 - XXXVI-17* и XXXVI-18- XXXVI-21**
Перу (1989)+	XXXII-1 - XXXII-13* и XXXII-14**	XXXIII-1 - XXXIII-14* и XXXIII-15**	XXXIV-1 - XXXIV-10* и XXXIV-11- XXXIV-12**	XXXV-1 - XXXV-10* и XXXV-11**	XXXVI-1 - XXXVI-17* и XXXVI-18- XXXVI-21**
Польша (1977)+	XXXII-1 - XXXII-13* и XXXII-14**	XXXIII-1 - XXXIII-14* и XXXIII-15**	XXXIV-1 - XXXIV-10* и XXXIV-11- XXXIV-12**	XXXV-1 - XXXV-10* и XXXV-11**	XXXVI-1 - XXXVI-17* и XXXVI-18- XXXVI-21**
Россия	XXXII-1 - XXXII-13* и XXXII-14**	XXXIII-1 - XXXIII-14* и XXXIII-15**	XXXIV-1 - XXXIV-10* и XXXIV-11- XXXIV-12**	XXXV-1 - XXXV-10* и XXXV-11**	XXXVI-1 - XXXVI-17* и XXXVI-18- XXXVI-21**
ЮАР	XXXII-1 - XXXII-13* и XXXII-14**	XXXIII-1 - XXXIII-14* и XXXIII-15**	XXXIV-1 - XXXIV-10* и XXXIV-11- XXXIV-12**	XXXV-1 - XXXV-10* и XXXV-11**	XXXVI-1 - XXXVI-17* и XXXVI-18- XXXVI-21**
Испания (1988)+	XXXII-1 - XXXII-13* и XXXII-14**	XXXIII-1 - XXXIII-14* и XXXIII-15**	XXXIV-1 - XXXIV-10* и XXXIV-11- XXXIV-12**	XXXV-1 - XXXV-10* и XXXV-11**	XXXVI-1 - XXXVI-17* и XXXVI-18- XXXVI-21**
Швеция (1988)+	XXXII-1 - XXXII-13* и XXXII-14**	XXXIII-1 - XXXIII-14* и XXXIII-15**	XXXIV-1 - XXXIV-10* и XXXIV-11- XXXIV-12**	XXXV-1 - XXXV-10* и XXXV-11**	XXXVI-1 - XXXVI-17* и XXXVI-18- XXXVI-21**
Украина (2004)+	XXXII-1 - XXXII-13* и XXXII-14**; XXXII-15 - XXXII-16	XXXIII-1 - XXXIII-14* и XXXIII-15**	XXXIV-1 - XXXIV-10* и XXXIV-11- XXXIV-12**	XXXV-1 - XXXV-10* и XXXV-11**	XXXVI-1 - XXXVI-17* и XXXVI-18- XXXVI-21**
Великобритания	XXXII-1 - XXXII-13* и XXXII-14**	XXXIII-1 - XXXIII-14* и XXXIII-15**	XXXIV-1 - XXXIV-10* и XXXIV-11- XXXIV-12**	XXXV-1 - XXXV-10* и XXXV-11**	XXXVI-1 - XXXVI-17* и XXXVI-18- XXXVI-21**
Уругвай (1985)+	XXXII-1 - XXXII-13* и XXXII-14**	XXXIII-1 - XXXIII-14* и XXXIII-15**	XXXIV-1 - XXXIV-10* и XXXIV-11- XXXIV-12**	XXXV-1 - XXXV-10* и XXXV-11**	XXXVI-1 - XXXVI-17* и XXXVI-18- XXXVI-21**
США	XXXII-1 - XXXII-13* и XXXII-14**	XXXIII-1 - XXXIII-14* и XXXIII-15**	XXXIV-1 - XXXIV-10* и XXXIV-11- XXXIV-12**	XXXV-1 - XXXV-10* и XXXV-11**	XXXVI-1 - XXXVI-17* и XXXVI-18- XXXVI-21**

+ Год, когда был получен Консультативный Статус. С этого года и в дальнейшем для вступления в силу Рекомендаций или Мер совещаний необходимо одобрение Страны.

* Планы управления, прилагаемые к настоящим Мерам, должны были быть одобрены в соответствии со Статьей 6(1) Приложения V к Протоколу по охране окружающей среды к Договору об Антарктике и Мерой, не указывающей другой метод одобрения.

** Изменения и (или) дополнения к Перечню исторических мест и памятников должны были быть одобрены в соответствии со Статьей 8(2) Приложения V к Протоколу по охране окружающей среды к Договору об Антарктике и Мерой, не указывающей другой метод одобрения.

Офис Помощника Юридического советника по делам, связанным с Договором
Министерство иностранных дел
г. Вашингтон, 27 марта 2014 г.

Одобрение, согласно уведомлению Правительства Соединенных штатов Америки, мер,
касающихся осуществления принципов и целей Договора об Антарктике
16 Мер,
принятых на Тридцать седьмом Совещании
(Бразилия 2014 г.)

	Одобрено
Аргентина	XXXVII-1 - XXXVII-16*
Австралия	XXXVII-1 - XXXVII-16*
Бельгия	XXXVII-1 - XXXVII-16*
Бразилия (1983)+	XXXVII-1 - XXXVII-16*
Болгария (1998)+	XXXVII-1 - XXXVII-16*
Чили	XXXVII-1 - XXXVII-16*
Китай (1985)+	XXXVII-1 - XXXVII-16*
Чешская Республика (2014)+	XXXVII-1 - XXXVII-16*
Эквадор (1990)+	XXXVII-1 - XXXVII-16*
Финляндия (1989)+	XXXVII-1 - XXXVII-16*
Франция	XXXVII-1 - XXXVII-16*
Германия (1981)+	XXXVII-1 - XXXVII-16*
Индия (1983)+	XXXVII-1 - XXXVII-16*
Италия (1987)+	XXXVII-1 - XXXVII-16*
Япония	XXXVII-1 - XXXVII-16*
Республика Корея (1989)+	XXXVII-1 - XXXVII-16*
Нидерланды (1990)+	XXXVII-1 - XXXVII-16*
Новая Зеландия	XXXVII-1 - XXXVII-16*
Норвегия	XXXVII-1 - XXXVII-16*
Перу (1989)+	XXXVII-1 - XXXVII-16*
Польша (1977)+	XXXVII-1 - XXXVII-16*
Россия	XXXVII-1 - XXXVII-16*
ЮАР	XXXVII-1 - XXXVII-16*
Испания (1988)+	XXXVII-1 - XXXVII-16*
Швеция (1988)+	XXXVII-1 - XXXVII-16*

Заключительный отчет XXXVIII КСДА

Украина (2004)+	XXXVII-1 - XXXVII-16*
Великобритания	XXXVII-1 - XXXVII-16*
Уругвай (1985)+	XXXVII-1 - XXXVII-16*
США	XXXVII-1 - XXXVII-16*

+ Год, когда был получен Консультативный Статус. С этого года и в дальнейшем для вступления в силу Рекомендаций или Мер совещаний необходимо одобрение Страны.

* Планы управления, прилагаемые к настоящим Мерам, должны были быть одобрены в соответствии со Статьей 6(1) Приложения V к Протоколу по охране окружающей среды к Договору об Антарктике и Мерой, не указывающей другой метод одобрения.

** Изменения и (или) дополнения к Перечню исторических мест и памятников должны были быть одобрены в соответствии со Статьей 8(2) Приложения V к Протоколу по охране окружающей среды к Договору об Антарктике и Мерой,
не указывающей другой метод одобрения.

Офис Помощника Юридического советника по делам, связанным с Договором
Министерство иностранных дел
Вашингтон, 3 апреля 2015 г.

2. Доклады Депозитариев и Наблюдателей

Доклад Правительства-депозитария Конвенции о сохранении морских живых ресурсов Антарктики (АНТКОМ)

Информационный документ представлен Австралией

Резюме

Доклад представлен Австралией как Депозитарием Конвенции о сохранении морских живых ресурсов Антарктики (1980 г.)

История вопроса

Австралия, являясь Депозитарием Конвенции о сохранении морских живых ресурсов Антарктики (1980 г.) (Конвенция), информирует о статусе Конвенции на тридцать седьмом Консультативном совещании по Договору об Антарктике (XXXVII КСДА).

Австралия сообщает Сторонам Договора об Антарктике об отсутствии какой-либо депозитарной деятельности с момента проведения тридцать шестого Консультативного совещания по Договору об Антарктике (XXXVI КСДА).

Копия списка статусов Конвенции доступна в Интернете в Австралийской базе данных договоров по следующей ссылке:

http://www.austlii.edu.au/au/other/dfat/treaty_list/depository/CCAMLR.html

Список статусов также можно получить, отправив запрос в Секретариат Договоров Министерства иностранных дел и внешней торговли Австралии. Запросы можно передать через дипломатические миссии Австралии.

Доклад Правительства-депозитария Соглашения о сохранении альбатросов и буревестников (АКАП)

Информационный документ представлен Австралией

Резюме

Доклад представлен Австралией как Депозитарием Соглашения о сохранении альбатросов и буревестников (2001 г.).

История вопроса

Австралия, являясь Депозитарием Соглашения о сохранении альбатросов и буревестников (2001 г.) (Соглашение), представляет доклад о статусе Соглашения на тридцать седьмом Консультативном совещании по Договору об Антарктике (XXXVII КСДА).

Австралия сообщает Сторонам Договора об Антарктике, что ни одно государство не подписало Соглашение с момента проведения тридцать шестого Консультативного совещания по Договору об Антарктике (XXXVI КСДА).

Копия списка статусов Соглашения доступна в Интернете в Австралийской базе данных договоров по следующей ссылке:

http://www.austlii.edu.au/au/other/dfat/treaty_list/depository/consalbnpet.html

Список статусов также можно получить, отправив запрос в Секретариат Договоров Министерства иностранных дел и внешней торговли Австралии. Запросы можно передать через дипломатические миссии Австралии.

Отчет Правительства-депозитария Конвенции о сохранении тюленей Антарктики в соответствии с Рекомендацией XIII-2, параграф 2(D)

Отчет представлен Великобританией

Новые присоединения к КОАТ

С момента последнего Отчета, XXXVI КСДА/IP013, заявок о присоединении к КОАТ не поступало.

После заявки Испании в 2012 году все Договаривающиеся стороны подтвердили согласие, в соответствии с положениями Статьи 12 Конвенции, с официальным приглашением правительства Испании зарегистрировать документ о присоединении. Великобритания сообщила об этом правительству Испании 25 марта 2013 года. Однако до сегодняшнего дня документ о присоединении Испании не был получен. Испания должна была официально присоединиться к Конвенции через 30 дней после получения такого документа о присоединении Великобританией.

Полный список стран, которые были первоначальными подписантами Конвенции, и стран, которые присоединились позже, прилагается к этому отчету (Приложение A).

Годовой отчет КОАТ 2012/2013 гг.

В Приложении B перечислены все данные по отлову и забою тюленей Антарктики Договаривающимися Сторонами КОАТ за отчетный год с 1 марта 2012 года по 28 февраля 2013 года. Во всех заявленных случаях отлов был произведен в научных целях.

Следующий годовой отчет КОАТ

Договаривающимся сторонам КОАТ напомнили еще раз, что Обмен информацией, упомянутый в параграфе 6(a) Приложения к Конвенции, за отчетный период с 1 марта 2013 года по 28 февраля 2014 года должен быть осуществлен до **30 июня 2014 года**. Стороны КОАТ должны предоставить декларации, включая нулевые декларации, Великобритании и СКАР. Великобритания хотела бы попросить все Договаривающиеся Стороны подать информацию вовремя.

Отчет КОАТ за отчетный период 2013/2014 гг. будет подан на XXXVII КСДА, после окончания конечного срока обмена информацией в июне 2014 года.

ПРИЛОЖЕНИЕ A

СТОРОНЫ КОНВЕНЦИИ О СОХРАНЕНИИ ТЮЛЕНЕЙ АНТАРКТИКИ (КОАТ)

Лондон, 1 июня – 31 декабря 1972 г.
(Конвенция вступила в силу 11 марта 1978 года)

Страна	Дата подписания	Дата регистрации (ратификации или приемки)
Аргентина[1]	9 июня 1972 г. г.	7 марта 1978 г.
Австралия	5 октября 1972 г.	1 июля 1987 г.
Бельгия	9 июня 1972 г.	9 февраля 1978 г.
Чили[1]	28 декабря 1972 г.	7 февраля 1980 г.
Франция[2]	19 декабря 1972 г.	19 февраля 1975 г.
Япония	28 декабря 1972 г.	28 августа 1980 г.
Норвегия	9 июня 1972 г.	10 декабря 1973 г.
Россия[1,2,4]	9 июня 1972 г.	8 февраля 1978 г.
ЮАР	9 июня 1972 г.	15 августа 1972 г.
Великобритания[2]	9 июня 1972 г.	10 сентября 1974 г.[3]
Соединенные Штаты Америки[2]	28 июня 1972 г.	19 января 1977 г.

ПРИСОЕДИНЕНИЯ

Страна	Дата регистрации документа о присоединении
Бразилия	11 февраля 1991 г.
Канада	4 октября 1990 г.
Германия[1]	30 сентября 1987 г.
Италия	2 апреля 1992 г.
Польша	15 августа 1980 г.
Пакистан	25 марта 2013 г.

[1] Декларация или Оговорка

[2] Возражение

[3] Документ о ратификации, включающий Нормандские острова и остров Мэн

ПРИЛОЖЕНИЕ B

ГОДОВОЙ ОТЧЕТ КОАТ 2012/2013 гг.

Краткое содержание отчета согласно Статье 5 и Приложению к Конвенции: отлов и забой тюленей в период с 1 марта 2012 г. по 28 февраля 2013 г.

Сторона Договора	Отловлено тюленей Антарктики	Забито тюленей Антарктики
Аргентина	317 (a)	0
Австралия	0	0
Бельгия	0	0
Бразилия	0	0
Канада	0	0
Чили	73 (b)	0
Франция	53 (c)	0
Германия	0	0
Италия	0	0
Япония	0	0
Норвегия	0	0
Польша	0	0
Россия	Информация еще не получена	
ЮАР	0	0
Великобритания	0	0
Соединенные Штаты Америки	1575 (d)	2 (e)

(a) **6** взрослых самцов морского слона, **44** взрослых и молодых особей морского слона неизвестного пола.
197 щенков южного морского слона, **16** повторно отловленных молодых и взрослых особей южного морского слона, **6** морских леопардов, **48** неопознанных тюленей (смесь морского леопарда, тюленя Уэдделла и тюленя-крабоеда).

(b) **24** самки антарктического морского котика, **15** южных морских слонов, **16** тюленей Уэдделла, **15** морских леопардов, **3** тюленя-крабоеда.

(c) **8** взрослых или почти взрослых тюленей Уэдделла и **45** молодых особей тюленя Уэдделла.

(d) **228** взрослых самок тюленя Уэдделла, **122** взрослых самца тюленя Уэдделла, **14** неназванных взрослых особей тюленя Уэдделла, **1** молодая самка тюленя Уэдделла, **2** молодых самца тюленя Уэдделла, **4** молодых тюленя Уэдделла неизвестного пола, **314** щенков тюленя Уэдделла, **278** щенков самцов тюленя Уэдделла, **33** щенка тюленя Уэдделла неизвестного пола, **29** тюленей Уэдделла неизвестного возраста и пола, **41** взрослый антарктический морской котик, **9** молодых антарктических морских котиков, **442** щенка антарктического морского котика, **21** взрослый морской леопард, **1** молодой антарктический морской котик, **11** взрослых южных антарктических слонов и **25** щенков южного морского слона.

(e) Смерть **1** щенка самца тюленя Уэдделла рассмотрена в отчетном году (и показана на рисунке) и смерть **1** взрослой самки тюленя Уэдделла не рассмотрена в отчетном году (и не включена в декларацию КОАТ за 2011-2012 гг.). Обе смерти были, скорее всего, вызваны природными причинами, возникшими намного позже отлова.

Во всех заявленных случаях отлов был произведен в научных целях.

Отчет наблюдателя АНТКОМ на XXXVII Консультативном совещании по Договору об Антарктике

Краткое изложение отчета XXXII совещания Комиссии[1]

Хобарт, Австралия
23.10.2013-01.11.2013 г.

1.   Тридцать второе совещание Комиссии по сохранению морских живых ресурсов Антарктики (АНТКОМ-XXXII) проходило под председательством Лешека Дибьеца (Польша). В нем приняли участие 25 стран-членов, Нидерланды, Вануату, а также представители НПО и промышленности. Копия Отчета АНТКОМ-XXXII имеется в открытом доступе на веб-сайте http://www.ccamlr.org/ru/node/77552.

СТАТУС КОНВЕНЦИИ

2.   Австралия, являющаяся Депозитарием Конвенции, рекомендовала присоединить Республику Панама к Конвенции 20 марта 2013 г. Решение о присоединении к Конвенции вступило в силу для Панамы 19 апреля 2013 г. Членство в Комиссии осталось без изменений.

ВНЕДРЕНИЕ И СООТВЕТСТВИЕ ТРЕБОВАНИЯМ

3.   Комиссия одобрила пересмотр Схемы документации вылова и согласилась объявить тендер на разработку новой системы мониторинга судов. Она впервые успешно внедрила процедуру оценки соблюдения и приняла Список   ННН   судов   Недоговаривающихся   Сторон (http://www.ccamlr.org/en/compliance/illegal-unreported-and-unregulated-iuu-fishing).

ФИНАНСЫ И АДМИНИСТРАЦИЯ

4.   Комиссия утвердила проводимые работы по развитию стратегии устойчивого финансирования. Она потребовала от Секретариата пересмотреть текущий стратегический план (2012–2014 гг.), соответствующим образом модифицировать его для периода 2015–2017 гг. и внести на рассмотрение АНТКОМ-XXXIII.

---

[1] Подготовлено Секретариатом АНТКОМ

НАУЧНЫЙ КОМИТЕТ

Ресурсы криля

5.	В 2012–2013 гг. пять стран-участниц выловили 217 000 тонн криля в Подрайонах 48.1 (154 000 т), 48.2 (31 000 т) и 48.3 (32 000 т)[2]. Для сравнения, общий зарегистрированный вылов криля в 2011–2012 гг. составил 161 000 т, полученные в подрайонах 481 (76 000 т), 48.2 (29 000 т) и 48.3 (56 000 т) (см. Табл. 2, НК-АНТКОМ-XXXII).

6.	Уведомления о промысле криля в 2013–2014 гг. были получены от шести стран-членов и включали 19 судов, все в Районе 48 (НК-АНТКОМ-XXXII, пункт 3.3); уведомлений об исследовательском промысле криля не поступало.

7.	Комиссия отметила пересмотр Научным комитетом рабочего плана и временных рамок внедрения процесса управления с обратной связью для управления крилевым промыслом. Комиссия приветствовала организацию новых площадок СЕМП Польшей и Украиной и сотрудничество с крилевым промыслом в отношении сбора акустических данных и проведения экологических исследований на коммерческих судах.

Ресурсы рыбы

8.	В 2012-2013 гг. 11 стран-членов вели промысел клыкача (*Dissostichus eleginoides* и/или *D. mawsoni*) в Подрайонах 48.3, 48.4, 48.6, 58.6, 58.7, 88.1 и 88.2 и на Участках 58.4.1, 58.4.2, 58.4.3a, 58.5.1 и 58.5.2; страны-участницы также проводили исследовательский лов видов*Dissostichus* в Подрайоне 48.5 и на Участке 58.4.4b. Общий зарегистрированный вылов вида *Dissostichus* составил 12 900. Для сравнения, общий зарегистрированный вылов клыкача в 2011–2012 гг. составил 14 702 т (см. Табл. 2, НК-АНТКОМ-XXXII). Комиссия отметила, что в 2013 г. Секретариат закрыл промысел клыкача в Подрайонах 48.4N, 88.1 и 88.2 ввиду достижения пределов вылова.

9.	Комиссия отметила случаи вылова *D. eleginoides* за пределами района действия Конвенции, включая регионы за пределами ИЭЗ, о которых было доложено странами-членами в Схеме документации вылова, (см. Табл. 3, НК-АНТКОМ-XXXII).

10.	В 2012–2013 гг. две страны-участницы вели направленный промысел ледяной рыбы (*Champsocephalus gunnari*) в Подрайоне 48.3 и одна страна-участница вела направленный промысел ледяной рыбы на Участке 58.5.2; также об этих видах сообщалось как о прилове в крилевом промысле. Общий зарегистрированный вылов *C. gunnari* составил 2 000 т; для сравнения, общий зарегистрированный вылов ледяной рыбы в 2011–2012 гг. составил 1 011 т (см. Табл 1, НК-АНТКОМ-XXXII).

---

[2] Цифры по улову для всех промыслов были обновлены после заключения АНТКОМ-XXXII, чтобы отразить предварительные показатели на конец сезона (30 ноября 2013 г.).

Поисковые промыслы

11. Семь стран-участниц предоставили уведомления о проведении поисковых промыслов на Участках 58.4.1, 58.4.2 и 58.4.3a и Подрайонах 48.6, 88.1 и 88.2 (НК-АНТКОМ-XXXII, пункт 3.145). Четыре страны-участницы предоставили уведомления о проведении исследовательского лова в закрытых

районах на Участках 58.4.4a и 58.4.4b и в Подрайонах 48.2 и 48.5. Не было подано уведомлений о новом промысле на 2013–2014 гг. Поданные уведомления были утверждены Комиссией с пересмотренными пределами вылова, установленными в природоохранных мерах, принятых АНТКОМ-XXXII (http://www.ccamlr.org/ru/node/74549).

Прилов рыбы и беспозвоночных

12. Рекомендации Научного комитета, касающиеся вопросов прилова, включали требование об изучении прилова рыб по всему крилевому флоту для судов, применяющих все типы тралов, а также разработку основанного на риске метода устойчивого управления с учетом воздействия промысла клыкача на скатов.

Оценка и избежание побочной смертности

13. Комиссия отметила общие сообщения Научного комитета о побочной смертности морских птиц и морских млекопитающих (НК-АНТКОМ-XXXII, пункты 4.1. и 4.4), в частности об общей экстраполированной смертности морских птиц в районе действия Конвенции, которая составила 141 случай (минимальный зарегистрированный уровень на сегодняшний день).

Донный промысел и уязвимые морские экосистемы

14. Комиссия отметила, что:

(i) За 2013 г. не было зарегистрировано новых УМЭ в реестре УМЭ. На текущий момент в реестре содержится 46 УМЭ: Подрайоны 48.1 (22 УМЭ), 48.2 (13 УМЭ) и 88.1 (9 УМЭ), а также Участок 58.4.1 (2 УМЭ). Указанные УЭМ были обнаружены при помощи полевой фотосъемки и отбора донных образцов.

(ii) Было получено пять сообщений об обнаружении потенциальных УМЭ во время поискового донного промысла в 2012–2013 гг. с одной новой зоной риска образования УМЭ в Подрайоне 88.1 в 2013 г. (НК-АНТКОМ-XXXII, Приложение 6, пнкт 7.13; АНТКОМ-XXXII/BG/06 ред.. 1), и с 64 зонами риска образования УМЭ, закрытыми для рыбного промысла после введения охранной меры в 2008–2009 гг.

Морские охраняемые районы

15. Комиссия отметила прогресс в организации системы представительства МОР в районе действия Конвенции в Домене 1 (западный регион Антарктического полуострова – Южно-Антильский хребет), подготовительную работу в Домене 3 (море Уэдделла) и южной части Домена 4 (Буве-Мод) до 20°E. Комиссия поддержала предложение о проведении международного семинара в

Бремерхафене, Германия, в апреле 2014 г. по ходу научных работы в МОР моря Уэдделла. Комиссия также отметила, что Норвегия провела

предварительные дискуссии о значимости процесса планирования МОР вокруг острова Буве (южная часть Домена 4).

16. Комиссия отметила рассмотрение Научным комитетом особо управляемых (ОУРА) и особо охраняемых районов Антарктики (ООРА) и пришла к выводу, что рекомендация АНТКОМ в зоне действия Конвенции и согласилась, что предоставление рекомендаций АНТКОМ для КСДА с целью учета таких рекомендаций при принятии решения соответствовало духу сотрудничества и согласованности между АНТКОМ и КСДА.

Изменение климата

17. Комиссия потребовала, чтобы данный вопрос был в числе приоритетных на повестке дня на совещании в следующем году.

Административные вопросы

18. Стипендия АНТКОМ 2013 г. была присуждена доктору Анне Панасюк-Сходнице (Anna Panasiuk-Chodnicka), Гданьский университет, Польша. Она стала четвертым стипендиатом. Ранее стипендии получили ученые из Чили, Аргентины и Китая.

СИСТЕМА МЕЖДУНАРОДНОГО НАУЧНОГО НАБЛЮДЕНИЯ

19. Комиссия отметила, что СМНН была пересмотрена в 2013 г. и что детальный анализ результатов этого пересмотра следует провести в межсессионный период с предоставлением отчета на совещании в 2014 г.

ПРИРОДООХРАННЫЕ МЕРЫ

Предложения о МОР и особых районах

20. На основании дискуссий, состоявшихся в рамках Особого совещания Комиссии в Бремерхафене 11–16 июля 2013 г., Австралия, Франция и ЕС представили пересмотренное предложение по организации системы представительства МОР в Области планирования в восточной Антарктике (ВАРСМОР; АНТКОМ-XXXII/34 ред. 1), а Новая Зеландия и США представили пересмотренное предложение по организации МОР в районе моря Росса (АНТКОМ-XXXII/27). На АНТКОМ-XXXII был рассмотрен широкий круг вопросов, связанных с обоими предложениями, включая:

- текст преамбулы;
- границы и район;
- сроки действия и интервалы между пересмотрами;
- положения о рыбном промысле и иных видах деятельности;
- порядок проведения исследований и мониторинга, а также
- согласование с Общими принципами формирования МОР АНТКОМ.

21.   Комиссия не смогла достичь консенсуса в отношении внедрения какого-либо из двух предложений по МОР.

Обязанности Договаривающихся Сторон в отношении лицензирования и осмотра

22.   Комиссия утвердила рекомендацию SCIC пересмотреть МС 10-02 для уточнения обязанностей Договаривающихся Сторон в отношении лицензирования и осмотра касательно их судов, работающих в районе действия Конвенции, и постановила, что для всех судов, работающих в районе действия Конвенции, будут обязательными номера ИМО.

23.   После обсуждений, проведенных в Рабочей группе по поисково-спасательным операциям, организованной XXXV КСДА, Комиссия постановила требовать информацию по средствам связи всех судов для облегчения использования СМС АНТКОМ для поддержки поисково-спасательных операций в районе действия Конвенции и для развития Меморандума о намерениях между АНТКОМ и морским координационным центрам поиска и спасания с целью облегчения проведения указанных операций.

Портовые инспекции промысловых судов

24.   Комиссия утвердила рекомендацию SCIC внести изменения в МС 10-03 и установить требование предоставлять обязательные отчеты портовых инспекций государству регистрации прошедшего инспекцию судна.

Общие вопросы рыбного промысла
Уведомления

25.   Комиссия пересмотрела требования к уведомлениям о промысле криля с целью предоставления более подробной информации о переработке криля, о конфигурации сетей и устройствах исключения млекопитающих, используемых на борту судов (Приложение 21-03/А), и далее ужесточила требования по предоставлению отчетов с целью оценки массы выловленного криля в сыром виде (Приложение 21-03/В). Требования к уведомлениям были также расширены с целью включения в них информации о сборе акустических данных (НК-АНТКОМ-XXX, пункт 2.10).

26.   Комиссия утвердила природоохранные меры, касающиеся промысловых сезонов, территорий, закрытых для посещения, запретов на промысел, пределов прилова, пределов вылова, требований к проведению научных исследований, связанных с недостаточно изученными поисковыми промыслами, и управления рыбопромысловой деятельностью в случае недоступности патагонского клыкача (*D. eleginoides),* антарктического клыкача (*D. mawsoni)* и ледяной рыбы

(Champsocephalus gunnari) для промыслов АНТКОМ по причине ледовой обстановки.

27. Принятые на АНТКОМ-XXXII меры по сохранению и резолюции опубликованы в *Списке природоохранных мер, действующих в 2013–2014 гг. http://www.ccamlr.org/en/conservation-and-management/conservation-measures*

РЕАЛИЗАЦИЯ ЦЕЛЕЙ КОНВЕНЦИИ

Мероприятия, последовавшие за Оценкой эффективности АНТКОМ в 2008 г.

28. Комиссия постановила начать процесс определения потенциального круга вопросов второй Оценки эффективности АНТКОМ.

СОТРУДНИЧЕСТВО С СИСТЕМОЙ ДОГОВОРА ОБ АНТАРКТИКЕ И МЕЖДУНАРОДНЫМИ ОРГАНИЗАЦИЯМИ

Сотрудничество со СКАР

29. Комиссия отметила сообщение Научного комитета о преимуществах более стратегического подхода к взаимоотношениям между АНТКОМ и СКАР и, в частности, о результатах работы совещания инициативной группы СКАР и АНТКОМ, прошедшего в Брюсселе, Бельгия, и связанного с XXXVI КСДА.

ПРОЧИЕ ВОПРОСЫ

Время и место проведения следующего совещания

30. Тридцать третье Совещание будет проведено в штаб квартире АНТКОМ в Хобарте с 20 по 31 октября 2014 г. Тридцать третье Совещание Научного комитета будет проведено в Хобарте с 20 по 24 октября 2014 г.

Ежегодный отчет Научного комитета по антарктическим исследованиям (СКАР) за 2013-2014 гг.

1. История вопроса

Научный комитет по антарктическим исследованиям (СКАР) является неправительственным междисциплинарным органом Международного совета научных союзов (МСНС), а также наблюдательной организацией Договора об Антарктике и Рамочной конвенции ООН об изменении климата.

Миссия СКАР заключается в том, чтобы в качестве ведущей независимой неправительственной организации поддерживать высокий уровень научных исследований Антарктики и Южного океана, координировать и пропагандировать такие исследования. Еще одной миссией СКАР является предоставление независимых, рациональных и научно обоснованных консультаций Системе Договора об Антарктике и другим директивным органам, в том числе относительно использования науки для выявления возникающих тенденций, и привлечение к этим вопросам внимания лиц, определяющих политику.

2. Введение

Научные исследования СКАР повышают ценность усилий, предпринимаемых государствами, давая возможность исследователям из разных стран сотрудничать в крупномасштабных научных программах для достижения целей, которые являются трудновыполнимыми для любой отдельно взятой страны. В настоящее время членами СКАР являются научные академии 37 государств и 9 научных союзов МСНС.

Успех работы СКАР зависит от качества и своевременности результатов его научной деятельности. Описание исследовательских программ и результаты научной деятельности СКАР представлены на сайте www.scar.org. С настоящим документом следует ознакомиться вместе с отельным Справочным документом, в котором особо отмечены современные научные статьи, опубликованные со времени последнего совещания Договора.

СКАР публикует электронный ежеквартальный бюллетень, освещающий важные научные вопросы и другие аспекты деятельности СКАР. Отправьте сообщение по электронной почте по адресу: info@scar.org, если вы хотите, чтобы вас включили в список рассылки. Кроме сайта (www.scar.org), СКАР также представлен в социальных сетях Facebook, LinkedIn, Google+ и Twitter.

3. Основные аспекты деятельности СКАР (2013-2014 гг.)

В настоящем документе мы приводим примеры деятельности СКАР, которая, на наш взгляд, будет представлять особый интерес для Сторон Договора об Антарктике. Дополнительная информация приведена по адресу www.scar.org.

Состояние антарктической экосистемы (AntEco) *www.scar.org/srp/anteco*

Научно-исследовательская программа AntEco была разработана для изучения разнообразных форм жизни наземной, лимнологической, ледовой и морской сред обитания в антарктическом и субантарктическом регионах и в регионе

Южного океана, а также для получения научных знаний о биологическом разнообразии, которые также могут быть использованы в целях его сохранения и управления. Основным итогом этой программы должны стать рекомендации по управлению Антарктикой и ее сохранению.

Антарктические пороги – устойчивость и адаптация экосистемы (AnT-ERA) www.scar.org/srp/ant-era

Научно-исследовательская программа AnT-ERA предполагает изучение текущих биологических процессов в экосистемах Антарктики с целью определения их порогов и последующей оценки сопротивляемости и устойчивости к изменениям. Процессы, происходящие в полярных экосистемах, дают основную информацию для широкой экологической дискуссии о природе стабильности и изменения экосистем. Цель программы заключается в определении вероятности катаклизмических сдвигов или «переломных моментов» в экосистемах Антарктики.

Изменение климата Антарктики в XXI веке (AntClim[21]) *www.scar.org/srp/antclim21*

Цели научно-исследовательской программы AntClim[21] заключаются в том, чтобы выработать более точные региональные прогнозы ключевых параметров атмосферы, океана и криосферы Антарктики на последующие 20–200 лет и понять ответные реакции физических и биологических систем на воздействие естественных и антропогенных факторов. Для проверки точности модели применительно к антарктическому региону будет использоваться палеореконструкция отдельных периодов времени, считающихся существовавшими в прошлом аналогами для прогнозов относительно климата в будущем.

Окисление Южного океана *www.scar.org/ssg/physical-sciences/acidification*

СКАР синтезирует научное понимание окисления Южного океана. Инициативная группа по вопросам окисления Южного океана состоит из международной междисциплинарной команды экспертов по окислению океана, являющихся представителями следующих отраслей: химия морских карбонатов, глобальное и региональное моделирование, морская экология, экотоксикология/физиология и палеоокеанология. Заключительный отчет будет опубликован в августе 2014 г., и копии отчета будут предоставлены Сторонам Договора об Антарктике.

Ценности геонаследия *www.scar.org/ssg/geosciences/geoheritage*

СКАР сформировал новую Инициативную группу, занимающуюся ценностями геонаследия, их сохранением и управлением. В данном контексте геологические ценности будут относиться к таким аспектам, как уникальные места нахождения минералов или ископаемых и элементы ландшафта или выходы породы особого значения. Результаты обсуждений, проведенных Сторонами Договора об

Антарктике, будут учитываться при обсуждении Технического Задания и плана будущих работ данной группы на рабочих заседаниях СКАР в августе 2014 г.

Информатика об антарктическом биоразнообразии www.scar.org/ssg/life-sciences/abi

Информатика о биоразнообразии – применение методов информатики к информации о биоразнообразии для усовершенствования управления, представления, обнаружения, исследования и анализа. Данная Экспертная группа будет координировать деятельность по информатике о биоразнообразии в рамках СКАР в целях исследования, управления, сохранения и мониторинга и обеспечивать свободный и открытый доступ.

Загрязнение окружающей среды в Антарктике www.scar.org/ssg/life-sciences/eca

Основные задачи Инициативной группы по вопросам загрязнения окружающей среды в Антарктике: анализ и сравнение национальных исследовательских проектов, координация исследований по загрязнению окружающей среды в полярных регионах и определение новых исследований по данному направлению.

Баланс масс ледяного покрова и уровень моря www.scar.org/ssg/physical-sciences/ismass

Цель работы Экспертной группы СКАР/МАНК/КлиК по наблюдению за балансом масс ледяного покрова и уровнем моря заключается в улучшении оценки баланса масс

ледяного покрова и их влияния на уровень моря, обеспечении координации различных международных усилий, сосредоточенных на данной области исследований, предложении направлений для будущих исследований в этом районе, объединении наблюдений и результатов моделирования, а также распространении и архивировании соответствующих данных и привлечении нового поколения ученых в данную область исследований.

Фактические метеорологические условия в Антарктике www.scar.org/ssg/physical-sciences/opmet

Деятельность данной Экспертной группы сосредоточена на установлении связей между группами, работающими в одном и том же районе метеорологических условий в Антарктике, в частности, с группой экспертов по полярным наблюдениям, исследованиям и услугам ВМО.

Дистанционное зондирование www.scar.org/ssg/life-sciences/remotesensing

Была сформирована Инициативная группа СКАР по дистанционному зондированию (полное наименование «Разработка подхода спутникового дистанционного зондирования Антарктики для мониторинга популяций птиц и животных»), цель деятельности которой заключается в рассмотрении темы «Наблюдение за животными посредством дистанционного зондирования».

Система наблюдения за Южным океаном www.soos.aq

Задача системы наблюдения за Южным океаном СКАР/СКОР заключается в *организации многопрофильной системы наблюдения для обеспечения*

непрерывного наблюдения за Южным океаном. В Австралии был организован офис международного проекта по системе наблюдения за Южным океаном, поддерживаемый Институтом морских и антарктических исследований при Университете Тасмании в Хобарте и Антарктической службой Новой Зеландии.

Это является важным шагом в реализации системы наблюдения за Южным океаном.

Изменение климата Антарктики и окружающая среда www.scar.org/othergroups/acce

Климатические, физические и биологические свойства Антарктики и Южного океана тесно связаны с другими частями глобальной окружающей среды посредством океанов и атмосферы. В 2009 г. СКАР опубликовал знаменательный отчет по изменению климата Антарктики и окружающей среде и с тех пор публикует ежегодные обновления. См. отдельный Информационный документ по изменению климата Антарктики и окружающей среде.

Научное сканирование горизонта силами СКАР www.scar.org/horizonscanning/

После краудсорсинга более 850 уникальных научных вопросов и номинации почти 500 ведущих ученых СКАР 1-е Научное сканирование горизонта Антарктики и Южного океана силами СКАР собрало более 70 мировых ведущих ученых, занимающих вопросами Антарктики, политических деятелей и разработчиков стратегий (включая множество молодых ученых) в Куинстауне, Новая Зеландия, в апреле текущего года. Их задача заключалась в выявлении наиболее важных научных вопросов. Данные вопросы необходимо будет рассмотреть в исследованиях, проводимых в южных полярных регионах и из южных полярных регионов в течение следующих двух десятилетий. Решения Сканирования помогут отрегулировать международные программы, проекты и источники для эффективного проведения научных исследований по проблемам Антарктики и Южного океана в ближайшие годы. Полный отчет будет предоставлен до проведения Консультативного совещания по Договору об Антарктике в 2015 г.

Сохранение Антарктики в XXI веке www.scar.org/antarctic-treaty-system/scats

СКАР совместно с несколькими партнерами разработали стратегию под названием "Сохранение Антарктики в 21 веке". Проводимая деятельность поощряет участие всех заинтересованных сторон в этом регионе. В рамках этого подхода к решению пройдет структуризация для согласования Протокола по охране окружающей среды к Договору об Антарктике и Пятилетнего плана работы Комитета по охране окружающей среды. Стратегия сохранения Антарктики тесно связана с Порталом окружающей среды Антарктики. См. также Рабочий документ КОМНАП-СКАР под названием «Стратегия сохранения Антарктики: семинар по практическим решениям». Учтите, что симпозиум по сохранению будет проводиться во время Открытой научной конференции СКАР в августе 2014 г. в рамках данного процесса.

Управление данными по Антарктике www.scar.org/data-products

СКАР способствует свободному и неограниченному доступу к данным и информации по Антарктике путем обеспечения открытого и доступного архивирования через свой Постоянный комитет по управлению антарктическими данными (SCADM) и географической информации по

Антарктике (SCAGI). Кроме того, у СКАР имеется несколько Продуктов, которые могут быть использованы сообществом, занимающимся вопросами Антарктики.

4. Стипендии и премии СКАР

Для расширения возможностей всех своих членов СКАР осуществляет проведение нескольких Проектов стипендий и премий (www.scar.awards):

- *Стипендии СКАР/КОМНАП* предназначены для поддержки молодых ученых и инженеров в области научных исследований Антарктики, а также для установления новых связей и дальнейшего укрепления международного потенциала и сотрудничества в исследованиях Антарктики. Стипендии запускаются вместе со Стипендиями АНТКОМ.

- *Премия им. Марты Т. Мьюз для научных исследований и политики в Антарктике,* финансируемая Фондом Тинкера, – это премия в размере 100 000 долларов США без каких-либо ограничений, предоставляемая отдельному лицу в областях научных исследований и политики в Антарктике. Информация или сопроводительная документация находятся по адресу: www.museprize.org.

- *Проект СКАР для приглашенных профессоров* предоставляет им возможность кратковременного визита в учреждения стран-участников СКАР или в организации, работающие под руководством СКАР.

5. СКАР получает премию Prix Biodiversité 2013 Фонда Принца Монако Альбера II

СКАР получил премию Prix Biodiversité 2013 Фонда Принца Монако Альбера II в качестве признания его вклада в науку и его работы по углублению нашего понимания окружающей среды.

6. Будущие совещания СКАР

СКАР примет участие в нескольких крупных совещаниях (www.scar.org/events/), включая:

- *XXXIII Совещания и Открытая научная конференция СКАР.* 22 августа - 3 сентября 2014 г., Окленд, Новая Зеландия. Открытая научная конференция СКАР будет проводиться с 25 по 29 августа. Информация или сопроводительная документация находятся по адресу: http://www.scar2014.com.

- *XII Международный симпозиум по исследованиям территории Антарктики (ISAES) 2015 г.* 13-17 июля 2015 г., Гоа, Индия. http://www.ncaor.gov.in/files/ISAES-2015Flyer1.pdf

Ежегодный отчет Совета управляющих национальных антарктических программ (КОМНАП) за 2013 г.

КОМНАП – это организация национальных антарктических программ, которая объединяет, в частности, управляющих этих программ, т. е. должностных лиц в различных государствах, несущих ответственность за планирование, проведение и управление поддержкой научной деятельности в Антарктике от лица соответствующих правительств, всех Консультативных Сторон Договора об Антарктике.

КОМНАП был создан в сентябре 1988 года, и, следовательно, в 2013 году отмечается 25-я годовщина нашей ассоциации. В честь празднования годовщины КОМНАП издал книгу «*История антарктического сотрудничества: 25 лет работы Совета управляющих национальных антарктических программ*». Копии бесплатно распространялись среди членов КОМНАП, передавались в библиотеки, и по одной копии вкладывалось в каждый ящик делегации КСДА. Дополнительные копии можно получить по запросу.

В 2013 г. национальная антарктическая программа Чешской Республики стала членом КОМНАП. Таким образом, КОМНАП превратился в международную ассоциацию, членами которой являются 29 национальных антарктических программ государств, являющихся Консультативными сторонами Договора об Антарктике: Аргентины, Австралии, Бельгии, Бразилии, Болгарии, Чили, Китая, Чешской Республики, Эквадора, Финляндии, Франции, Германии, Индии, Италии, Японии, Республики Корея, Нидерландов, Новой Зеландии, Норвегии, Перу, Польши, Российской Федерации, ЮАР, Испании, Швеции, Великобритании, Украины, Уругвая и США. В настоящее время организация Республики Беларусь, занимающаяся национальной антарктической программой, является организацией-наблюдателем КОМНАП.

В уставе КОМНАП заявлена цель организации: развивать и продвигать передовой опыт управления поддержкой научно-исследовательской деятельности в Антарктике. Как организация, КОМНАП работает в целях повышения эффективности усилий национальных антарктических программ, являясь площадкой для развития методов повышения эффективности деятельности на основе принципов экологической ответственности, координируя и поддерживая международное партнерство, а также обеспечивая возможности и системы для обмена информацией.

КОМНАП стремится предоставлять Системе Договора об Антарктике объективные, полезные консультации технического и неполитического характера, основанные на обширном объединенном опыте национальных антарктических программ и знаниях об Антарктике, полученных из первых рук. Полный перечень документов КОМНАП можно найти в «*Обзоре Рабочих документов и Информационных документов КОМНАП, представленных на КСДА с 1988 по 2011 гг.*» КСДА XXXIV IP007.

Лед морей Антарктики становится толще в некоторых прибрежных антарктических областях. В то же время в других областях потепление приносит изменения в области и связанную с ними инфраструктуру. Данные меняющиеся условия создают для национальных антарктических программ проблемы в доставке предметов снабжения и персонала на станции и,

следовательно, угрожают срывом сроков научных исследований и результатов работ. Данные проблемы формируют потребность в сотрудничестве. Такое

сотрудничество осуществляется каждый год в соответствии с запланированными мероприятиями по принятым Меморандумам о намерениях или по краткосрочным требованиям к работам и научным исследованиям. Иногда сотрудничество необходимо для урегулирования незапланированной ситуации или непредвиденных обстоятельств. Исследование КОМНАП по международному сотрудничеству четко демонстрирует, что национальные антарктические программы поддерживают высокий уровень международного сотрудничества.

КОМНАП принимал участие в совещаниях в течение последних двенадцати месяцев в качестве приглашенного наблюдателя и хочет поблагодарить АНТКОМ, ФАРО, ГКА и МААТО за данную возможность. Председатель и исполнительный секретарь КОМНАП также участвовал в выездном семинаре СКАР по научному сканированию, также как и несколько управляющих национальных антарктических программ. КОМНАП был рад оказать спонсорскую поддержку в процессу научного сканирования горизонта СКАР.

Ежегодное общее совещание КОМНАП, проводимое KOPRI, проводилось в июле 2013 г. в г. Сеуле, Республика Корея. Генрих Миллер (AWI) по-прежнему остается председателем КОМНАП, а Мишель Роган-Финнемор – исполнительным секретарем.

Основные вехи и достижения КОМНАП в 2013 г.

Книга КОМНАП

Для того чтобы отметить 25 годовщину, КОМНАП издал книгу – «История антарктического сотрудничества: 25 лет работы Совета управляющих национальных антарктических программ» (ISBN 978-0-473-24776-8). Книга посвящена огромному вкладу, который организация внесла в развитие антарктического сообщества. Автор, бывший председатель КОМНАП, Джиллиан Вратт, написала книгу, которая является справочником по работе, которую КОМНАП проделал за свою относительно короткую историю.

Семинар по проблемам сохранения Антарктики

Джон Ширс (БАС) и Кевин Хьюз (БАС) от лица КОМНАП и СКАР провели данный семинар в Кембридже (24-25 сентября 2013 г.) для того, чтобы определить практические лучшие решения задач сохранения Антарктики, предлагаемые национальными антарктическими программами (см. Chown et al., 2012 г.). Результаты семинара были направлены на информирование о разработке проекта СКАР касательно стратегии сохранения Антарктики. Окончательный отчет семинара можно найти в совместном Информационном документе КОМНАП-СКАР, подготовленном к текущему КСДА. Открытый семинар по проблемам сохранения Антарктики будет проведен OSC СКАР 26 августа 2014 г. в г. Окленде, Новая Зеландия.

Семинар «Ледокол»

Генрих Миллер (Председатель КОМНАП) провел семинар «Ледокол» КОМНАП 21-23 октября 2013 г. в г. Кейптауне, Южная Африка. Открытый

семинар был проведен на борту нового исследовательского судна *S.A. Agulhus II* и стал возможным благодаря широкой организаторской поддержке от SANAP. Семинар предоставил возможность национальным антарктическим программам обсудить требования и планы в отношении новых ледоколов. Более подробная

информация приведена в Информационном документе КОМНАП *семинара «Ледокол»*, представленного на данном совещании.

Семинар «Система наблюдения за Южным океаном (СНЮО)»

Роб Вудинг (ААП) провел семинар КОМНАП «Система наблюдения за Южным океаном» 7 июля 2013 г. в конце ЕОС КОМНАП в г. Сеуле, Республика Корея, при поддержке Луиза Ньюмана (офис проекта SOOS). Основные докладчики: Оскар Шофилд (США), Эндрю Констебл (Австралия) и Анна Валин (Швеция). Кроме того, национальные антарктические программы показали вдохновляющие презентации по приоритетам в океанологии, графикам перевозок и вместительности судов. Презентации доступны на сайте: www.comnap.aq/Publications/SitePages/Home.aspx. В результате семинара и после обсуждения в ЕОС КОМНАП КОМНАП создал «Научно-исследовательский центр SOOS» для национальных антарктических программ с целью обмена информацией, которая может быть полезна для поддержки проекта SOOS.

Стипендиальная программа КОМНАП для проведения антарктических исследований

КОМНАП установил стипендиальную программу для проведения антарктических исследований в 2011 г. Для 2013 г. КОМНАП смог предложить полную стипендию Шарлотте Хаверманс (Бельгия) для выполнения исследований в AWI, касающихся влияния изменений окружающей среды на разноногих ракообразных Themisto gaudichaudii. И КОМНАП, и СКАР предложили по половине стипендии Луису Родригесу (Испания) для работы в ААП по моделированию экологической ниши, как средства для инвазивной оценки рисков антарктических сосудистых растений. КОМНАП и СКАР договорились снова предложить стипендию на 2014 г. Обе организации также работают с АНТКОМ для того, чтобы продвигать их стипендии. Заявки для всех трех схем на данный момент открыты и Стипендиат программы антарктических исследований КОМНАП на 2014 г. будет объявлен в августе 2014 г. в ходе ЕОС КОМНАП в г. Крайстчерче, Новая Зеландия. Отчеты КОМНАП по стипендиатам приведены на сайте: www.comnap.aq/SitePages/fellowships.aspx.

Продукты и инструменты КОМНАП

Веб-страница системы поисково-спасательных операций (ПСО):

В результате Резолюции 4 КСДА (2013 г.), принятой после обсуждения ПСО-РГ КСДА КОМНАП создал сайт ПСО после согласования с СКЦ: www.comnap.aq/membersonly/SitePages/SAR.aspx. См. также Информационный документ КОМНАП по данному совещанию под заголовком: *Обновление сайта КОМНАП ПСО.*

Сообщение данных об авариях, происшествиях и опасных ситуациях (AINMR)

Обмен информацией о проблемах, возникающих в Антарктике, происходит постоянно. Договоренность об этом была достигнута на самом первом совещании КСДА и отражена в Рекомендации I-VII «Обмен информацией о

проблемах логистики» (вступившей в силу 30 апреля 1962 г.). Ежегодные общие совещания КОМНАП предоставляют участникам возможность обмениваться такой информацией. Кроме того, имеется интерактивная комплексная система AINMR, которая доступна на веб-сайте КОМНАП в разделе для

зарегистрированных пользователей. Основной целью системы AINMR является регистрация общей информации о событиях, которые имели или могли иметь серьезные последствия, и (или) которые служат уроком на будущее, и (или) которые являются новыми, очень необычными событиями. На веб-сайте могут также размещаться полные отчеты об авариях, которые поддаются обсуждению и рассмотрению. Таким образом, национальные антарктические программы могут обмениваться опытом в целях снижения риска серьезных последствий, возникающих в ходе их деятельности.
www.comnap.aq/membersonly/AINMR/SitePages/Home.aspx.

Система сообщения координат судна (SPRS) КОМНАП

Система SPRS (www.comnap.aq/sprs) является дополнительной добровольной системой для обмена информацией об операциях судов национальных антарктических программ. Ее первоочередная цель – облегчение сотрудничества Кроме того, она может внести очень весомый вклад в обеспечение безопасности всей информации SPRS, предоставляемой спасательным координационным центрам, в качестве еще одного источника информации, дополняющего все другие существующие национальные и международные системы. Информация о местонахождении передается по электронной почте и может быть графически отображена в картографическом сервисе Google Earth. В среднем 21 судно регулярно выдает отчеты во время антарктических экспедиций в этом сезоне.

Руководство по полетной информации для Антарктики (AFIM)

AFIM это руководство по аэронавигационной информации, изданное КОМНАП в качестве инструмента для содействия безопасности воздушного движения в Антарктике в соответствии с Рекомендацией XV-20 КСДА и обновленное в соответствии с Резолюцией 1 (2013 г.). КОМНАП вступил в фазу испытаний электронной версии AFIM. В дальнейшем руководство AFIM будет обновляться на основании информации, поступающей из национальных антарктических программ. Пакет самых последних пересмотренных версий руководства AFIM был подготовлен и разослан держателям руководства AFIM 21 февраля 2014 г.

Руководство для операторов телесвязи в Антарктике (ATOM)

Руководство ATOM разработано на основе справочника по практике телесвязи, о котором говорится в Рекомендации КСДА X-3 *«Улучшение телесвязи в Антарктике, сбор и распространение метеорологических данных по Антарктике»*. Участники КОМНАП и поисково-спасательные службы имеют доступ к последней версии (февраль 2014 г.) через веб-сайт КОМНАП.

Более подробная информация представлена на сайте: www.comnap.aq или по электронной почте: info@comnap.aq.

Также смотри Приложение 1 и Приложение 2 к данному ежегодному отчету.

Appendix 1.   COMNAP officers, projects and expert groups

Executive Committee (EXCOM)

The COMNAP Chair and Vice-Chairs are elected officers of COMNAP. The elected officers plus the Executive Secretary, compose the COMNAP Executive Committee as follows:

Position	Officer	Term expires
Chair	Heinrich Miller (AWI) heinrich.miller@awi.de	AGM 2014
Vice-Chairs	Hyoung Chul Shin (KOPRI) hcshin@kopri.re.kr	AGM 2016
	John Hall (BAS) jhal@bas.ac.uk	AGM 2016
	Juan Jose Dañobeitia (CSIC) jjdanobeitia@cmima.csic.es	AGM 2014
	Brian Stone (USAP/NSF) bstone@nsf.gov	AGM 2014
	Jose Olmedo (INAE) jolmedo@midena.gob.ec	AGM 2015
Executive Secretary	Michelle Rogan-Finnemore michelle.finnemore@comnap.aq	

Table 1 – COMNAP Executive Committee.

Projects

Project	Project Manager	EXCOM officer (oversight)
Antarctic Flight Information Manual (AFIM) – Implementation of new format	Paul Morin	Brian Stone
Antarctic Glossary	Valery Lukin	John Hall
Antarctic Peninsula Advanced Science Information (APASI)	Jose Retamales	Heinrich Miller
Conservation Challenges	John Hall	Heinrich Miller
Fuel Tank Automated Warning System	Oleksandr Kuzko	Brian Stone
Hydroponics Survey (Update)	Sandra Potter	Hyoung Chul Shin
SAR Webpage Development	Michelle Rogan-Finnemore	Heinrich Miller
Suppliers Database	David Blake	Juan Jose Dañobeitia
Symposium "Success through International Cooperation"	John Hall	Heinrich Miller
Telemedicine Workshop	Jeff Ayton	John Hall
Waste Water Workshop	Sandra Potter/Jose Retamales	Hyoung Chul Shin

Table 2 – COMNAP Projects currently in progress.

Expert Groups

Expert Group (topic)	Expert Group leader	EXCOM officer (oversight)
Air	Giuseppe De Rossi	Brian Stone
Energy & Technology	David Blake	Juan Jose Dañobeitia
Environment	Sandra Potter	Hyoung Chul Shin
Medical	Jeff Ayton	John Hall
Outreach	Eva Gronlund	EXCOM All
Safety	Henrik Tornberg	Jose Olmedo
Science	Jose Retamales	Heinrich Miller
Shipping	Miguel Ojeda	Juan Jose Dañobeitia
Training	Veronica Vlasich	Brian Stone

Table 3 – COMNAP Expert Groups.

Appendix 2. Meetings

Previous 12 months

7 July 2013, COMNAP SOOS Workshop (jointly convened with SCAR), Seoul, Republic of Korea.

8–10 July 2013, COMNAP Annual General Meeting (COMNAP XXV), hosted by KOPRI, Seoul, Republic of Korea.

25–26 September 2013, Antarctic Conservation Challenges Scoping Workshop (jointly convened with SCAR), Cambridge, UK.

24 and 27 September 2013, COMNAP EXCOM Meeting, BAS, Cambridge, UK.

21–23 October 2013, COMNAP Icebreaker Workshop, (onboard) SA Agulhas II, Capetown, South Africa.

Upcoming 12 months

24 August, COMNAP SCAR joint Executive Meeting, Auckland, New Zealand.

25 August 2014, COMNAP Symposium "Success through International Co-operation", Auckland, New Zealand.

26 August 2014, Antarctic Conservation Challenges Symposium (jointly with SCAR), Auckland, New Zealand.

27–29 August 2014, COMNAP Annual General Meeting (COMNAP XXVI), hosted by Antarctica New Zealand, Christchurch, New Zealand (includes a Safety Workshop and Waste Water Workshop on 28 August 2014).

3. Доклады экспертов

Доклад Международной гидрографической организации

Состояние гидрографических обследований и картирования вод Антарктики

Введение

Международная гидрографическая организация (МГО) является межправительственной консультативной и технической организацией. В ее состав входит 82 страны-участницы. Представителем каждого государства, как правило, является глава национальной гидрографической службы.

МГО на международном уровне координирует разработку стандартов для выработки гидрографических данных и предоставление гидрографических услуг с целью содействия безопасной навигации, а также охране и рациональному использованию морской среды. Основной целью МГО является обеспечение проведения обследований и картирования морей, океанов и судоходных вод по всему миру.

Что такое гидрография

Гидрография – это отрасль прикладной науки, которая занимается измерением и описанием физических свойств океанов, морей, прибрежных районов, озер и рек, а также прогнозированием их изменения с течением времени с основной целью обеспечения безопасности навигации, а также для поддержки всех иных видов морской деятельности, включая экономическое развитие, безопасность и оборону, научные исследования и защиту окружающей среды.

Важность гидрографической деятельности в Антарктике

Гидрографическая информация является базовой предпосылкой для развития успешной и экологически устойчивой деятельности человека в морях и океанах. К сожалению, по ряду регионов мира, в особенности по Антарктике, имеется мало гидрографической информации или она совсем отсутствует.

Состояние гидрографических обследований и картографирования вод Антарктики

На данный момент более 90% антарктических вод пока не исследовано в гидрографическом плане. Многие районы еще не нанесены на карту, а данные по картографированным районам имеют ограниченное применение из-за недостатка достоверной информации о глубине вод. Случаи посадки на мель судов, работающих в Антарктике вне традиционных морских путей, не являются редкостью.

Гидрографическое обследование вод Антарктики является очень дорогостоящим и проблематичным. Это обстоятельство вызвано неблагоприятным и непредсказуемым состоянием моря, короткой продолжительностью сезонов, во время которых проводятся обследования, и длинными логистическими цепочками, используемыми для обеспечения морских судов и оборудования. Нет никаких признаков, указывающих на существенное повышение уровня гидрографических обследований, проводимых в Антарктике. Более того, в докладе МГО отмечено, что объем спонсируемой правительством исследовательской деятельности в Антарктике фактически сокращается из-за финансовых затруднений и наличия конкурирующих приоритетов в освоении национальных вод.

Тот факт, что более 90 процентов вод Антарктики остаются неисследованными, должен вызывать особую обеспокоенность КСДА.

Гидрографический комитет МГО по Антарктике

Гидрографический комитет МГО по Антарктике (ГКА МГО) призван улучшить качество, уровень покрытия и доступность навигационного картографирования и других охватывающих регион гидрографических сведений и услуг. В ГКА входят 23 страны-участницы МГО (Аргентина, Австралия, Бразилия, Чили, Китай, Эквадор, Франция, Германия, Греция, Индия, Италия, Япония, Республика Корея, Новая Зеландия, Норвегия, Перу, Российская Федерация, Южная Африка, Испания, Великобритания, Уругвай, США, Венесуэла), они все присоединились к Договору об Антарктике и, следовательно, также непосредственно представлены на КСДА.

ГКА МГО работает в тесном контакте с заинтересованными организациями. В Гидрографическом комитете МГО по Антарктике и его работе участвуют: СДА, КОМНАП, МААТО, СКАР, ИМО и МОК.

XIII ежегодное совещание ГКА МГО состоялось в декабре 2013 г. в Испании. ГКА рассмотрел состояние дел в области картографирования и обследования и обновил свои планы по координированному производству навигационных карт и связанных с ними публикаций.

Отчет о состоянии гидрографических обследований в Антарктике

Большая часть антарктических вод остается неисследованной в гидрографическом плане. Было выполнено мало систематических обследований. Проведенные обследования были главным образом сосредоточены на некоторых антарктических базах и вокруг Антарктического полуострова.

Отчет о состоянии картографирования Антарктики

Бумажные карты Из 111 карт, выпуск которых предусматривается планом составления бумажных карт ГКА МГО, была выпущена 71 карта. В ближайшие два года пданируется выпуск еще 18 карт.

Электронные навигационные карты (ЭНК). В соответствии с международными требованиями (СОЛАС) в настоящее время все пассажирские суда и все больше судов иных типов должны быть оборудованы ЭНК. На сегодняшний день было выпущено только 87 ЭНК Антарктики примерно из 170 карт, предусмотренных требованиями.

Процесс подготовки ЭНК Антарктики чрезвычайно затруднен из-за недостатка данных, плохого состояния соответствующих бумажных карт, а также производственных и финансовых приоритетов стран, добровольно принявших на себя обязательства по составлению ЭНК.

Реальные варианты улучшения гидрографической деятельности и навигационного картографирования в Антарктике

Ввиду значительной нехватки данных о глубине вод для создания надежных и достоверных навигационных карт вод Антарктики, МГО в лице ГКА рассматривает необходимость многостороннего междисциплинарного подхода к сбору подходящих данных о глубине воды для расширения традиционных систематических, полностью регулируемых обследований.

Традиционные высокоразрешающие обследования при помощи специализированных гидрографических судов и самолетов

Специализированные гидрографические суда и самолеты обеспечивают высокое качество и максимальную надежность данных о глубине воды для картографирования и иных специальных целей, но по сути являются дорогостоящими средствами. По этой причине оптимальным является размещение специализированных судов, катеров или самолетов в определенных районах с высоким приоритетом, чей потенциал в качестве морских путей или значимость для иных специальных целей уже был подтвержден.

Поддержка, оказываемая на основе коммерческого договора

Все больше национальных гидрографических служб в мире пользуются услугами коммерческих подрядчиков с целью расширения их собственных усилий. Такие подрядчики осуществляют сбор высококачественных данных о глубине вод от имени правительств с использованием гидрографических судов и самолетов, оснащенных бортовыми лазерными (лидарными) системами. Лидарные системы успешно применяются в условиях Арктики.

В 2013 г. ГКА МГО принял Декларацию, которая признает и призывает к взаимовыгодному сотрудничеству между коммерческими поставщиками гидрографических услуг и правительствами.

Привлечение подрядчиков, использующих бортовые датчики для батиметрической съемки, является привлекательным и экономически выгодным вариантом в регионах, наподобие Антарктики, особенно при эксплуатации существующих объектов стран-членов КСДА.

Батиметрия с использованием метода краудсорсинга

Сбор данных о глубине вод при помощи *судов, попутно выполняющих наблюдения*, называется *батиметрией с использованием метода краудсорсинга*. В зависимости от качества и надежности батиметрия с использованием метода краудсорсинга может использоваться для подтверждения существующих данных, нанесенных на карты, определения новых приоритетных направлений обследований, а иногда для непосредственного повышения качества карты. При помощи батиметрии с использованием метода краудсорсинга было собрано ограниченное количество данных, причем сбор осуществлялся преимущественно вокруг Антарктического полуострова, где работает большинство коммерческих судов, в том числе круизных. Сбор данных проводился в сотрудничестве с рядом правительственных, промышленных и частных партнеров, включая МААТО.

Кроме того, в настоящее время действуют различные коммерческие инициативы, использующие метод краудсорсинга, касающиеся, в частности, рыбопромысловой деятельности. Для улучшения качества навигационных карт необходимо открыть доступ к данным, полученным в рамках подобных коммерческих программ.

МГО рекомендует расширить применение метода краудсорсинга для сбора данных о глубине вод по всему миру. МГО предлагает расширить всемирную программу по картированию океана GEBCO, проводимую МГО-МОК, позволив Центру сбора и обработки данных цифровой батиметрии (DCDB) МГО принимать некоммерческие данные батиметрии с использованием краудсорсинга, находящиеся в открытом доступе. Это облегчит сбор данных с использованием краудсорсинга и позволит гидрографическим службам оценивать данные для повышения точности карт. МГО уже определила оборудование судов для выполнения указанных задач с минимальными затратами.

КСДА следует рассмотреть способы, которыми можно поощрять или обязать все суда с профессиональными командами и управлением, работающие в Антарктике, осуществлять сбор данных зондирования с минимальными затратами с целью улучшения качества навигационных карт.

Кроме того,

КСДА следует рассмотреть способы поощрения многоцелевого междисциплинарного сбора данных о состоянии окружающей среды с использованием обычных наблюдательных платформ.

Спутниковая батиметрия

Посредством анализа изображений, полученных с многоспектральных спутниковых датчиков, в чистых водах можно определить глубину и другие параметры водяного столба на глубине до 20 м. МГО содействует дальнейшему развитию метода, который стоит намного дешевле, чем традиционные методы обследования, и в определенных случаях является экономически привлекательным вариантом определения несудоходных районов. Тем не менее этот метод вряд ли сможет заменить измерения глубин с судов или самолетов или измерения, необходимые для обеспечения безопасности мореплавания в тех местах (например, в судовых ходах ограниченной ширины или в районах проводки судов лоцманами), где глубина вод является критической для навигационной безопасности.

Сбор данных

За годы работы в рамках более широких научных исследований в Антарктике были собраны значительные объемы данных о глубине вод, но соответствующая гидрографическая служба не знала об их существовании, или же ей не был предоставлен доступ к этим данным для улучшения качества навигационных карт. Для нахождения этих потенциально полезных данных и получения к ним доступа необходимо провести комплекс мероприятий.

КСДА следует рассмотреть способы содействия доступу к существующим данным о глубине вод, полученным в рамках научных исследований Антарктики, независимо от государственной принадлежности судна или исследовательской экспедиции.

Заключение

Состояние гидрографического обследования и навигационного картографирования Антарктики создает серьезные риски для безопасности мореплавания, а также препятствует проведению большинства действий, осуществляемых в прилегающих морях и океанах.

Ряд стран-участниц МГО пытаются улучшить ситуацию посредством вовлечения собственных национальных гидрографических служб. Тем не менее ресурсы ограничены, и в ближайшем будущем, очевидно, отсутствуют перспективы значительного улучшения, если правительства и КСДА не примут новые меры в области политики.

Существует ряд ***Рекомендаций*** КСДА по оперативным вопросам, которые непосредственно связаны с проблемами гидрографии и навигационного картографирования (см. Рабочий документ XXVII КСДА WP1 *Отчет по изучению рекомендаций КСДА по оперативным вопросам*). Все возможные способы улучшения ситуации, предложенные МГО, полностью согласовываются с данными Рекомендациями.

МГО выражает желание, чтобы КСДА и государства-члены решительно претворяли в жизнь собственные рекомендации по оперативным вопросам и, в частности, разработали практические меры, связанные с:

- наложением на суда обязанностей по сбору данных зондирования и предоставлению полученных данных о глубине вод соответствующим картографическим учреждениям;

- продвижением инициатив, предусматривающих коммерческую гидрографическую поддержку, с целью расширения национальных программ обследования, а также программ КСДА и ГКА МГО;

- концепцией многоцелевого междисциплинарного сбора данных с использованием обычных наблюдательных платформ, а также

- получением гидрографическими службами доступа к данным о глубине вод, собранным в рамках научных исследований, проводимых в Антарктике.

Отчет Коалиции по Антарктике и Южному океану

1. *Введение*

АСОК рада присутствовать в Бразилии на XXXVII Консультативном совещании по Договору об Антарктике. В настоящем отчете представлено краткое описание работы АСОК на протяжении прошлого года и дано краткое изложение некоторых ключевых вопросов для данного КСДА.

Секретариат АСОК находится в Вашингтоне (округ Колумбия, США), вебсайт Коалиции находится по адресу: http://www.asoc.org. АСОК имеет 24 групп полноправных членов в 10 странах и вспомогательные группы в этих же и нескольких других странах. Кампании АСОК проводятся группами экспертов в Австралии, Аргентине, Великобритании, Германии, Испании, Китае, Нидерландах, Новой Зеландии, Норвегии, России, США, Украине, Франции, ЮАР, Южной Корее и Японии.

2. *Деятельность в межсессионный период*

Начиная с XXXVI КСДА, АСОК и представители групп ее членов принимали активное участие в межсессионных дискуссиях комитетов КСДА и КООС, включая МКГ по продвижению улучшения сотрудничества в Антарктике (под председательством Чили); применение юрисдикции в зоне действия Договора об Антарктике (под председательством Франции); обсуждения по проекту ВООС для двух новых предлагаемых станций (каждая под председательством Австралии и США); изменение климата (под председательством Великобритании и Норвегии); неформальные обсуждения по туризму и риску введения инородных организмов (под председательством Германии); неформальные обсуждения по контролю ценностей живой природы в ООРА для пересмотренных Планов управления (под председательством Российской Федерации). АСОК также контролирует оставшиеся МКГ.

Кроме того, АСОК и представители групп ее членов присутствовали на ряде мероприятий, посвященных охране окружающей среды Антарктики, таких как совещание АНТКОМ в Бремерхафене, XXXII совещание АНТКОМ, встреча со Вспомогательными органами в Бонне и 19-ая конференция сторон в Варшаве Рамочной конвенции ООН об изменении климата (РКИК ООН), десятый мировой конгресс, посвященный дикой природе, а также ряд совещаний Международной морской организации касательно Полярного кодекса. АСОК также участвовала в научном сканировании горизонта силами СКАР, на котором эксперты АСОК внесли свой вклад в виде исследовательских проблем по ключевым вопросам.

3. *Документы для XXXVII КСДА*

АСОК представила 7 Информационных документов. Эти документы касаются ключевых проблем экологии и содержат рекомендации для КСДА и КООС, которые будут способствовать обеспечению более эффективной охраны окружающей среды и сохранения Антарктики.

Доклад по изменению климата в Антарктике 2014 (IP 68) – АСОК подытожила некоторые научные выводы, связанные с изменением климата, которые были опубликованы в межсессионный период. Данные выводы дополняют существующие важные доказательства того, что изменение климата уже оказывает

значительное влияние на Антарктику, и это будет продолжаться дальше. Хотя изменение климата является глобальной проблемой, Консультативные стороны Договора об Антарктике имеют уникальную возможность поднять вопросы по Антарктике на других форумах, где обсуждается изменение климата, в дополнение к шагам в рамках Системы Договора об Антарктике, как например, увеличение финансирования научных исследований.

Резолюция об Антарктике на 10-м мировом конгрессе, посвященном дикой природе (IP 69) – десятый мировой конгресс, посвященный дикой природе, проводился в октябре 2013 г. в Саламанке, Испания. Профильные специалисты из национальных, региональных и местных правительств, национальные и международные неправительственные местные участники, студенты и исследователи встретились, чтобы обсудить то, как их сообщества и программы защищают дикую природу. Делегаты конгресса WILD10 передали резолюцию по Антарктике. Члены конгресса вновь заявили о своих обязательствах предпринять меры по защите всей зоны Договора об Антарктике, как зоны дикой природы, к 2016 г., 25 годовщине подписания Протокола, и согласовали принятие конкретных мер по предотвращению дальнейшего увеличения следов человеческой деятельности в Антарктике. Мы призываем Стороны предпринимать практические шаги по реализации данной резолюции.

Управление судами в районе действия Договора об Антарктике (IP 70) – в данном документе АСОК рассматривает три недавних инцидента с судами в Южном океане и соответствие данных инцидентов предыдущим рекомендациям АСОК с точки зрения важности всестороннего предоставления отчетов об инцидентах с судами с целью информирования о развитии новой политики и правил. Данный документ также подчеркивает важность расширения гидрографических исследований в регионе, а также ограничения доступа в зоны с ограниченным объемом топогеодезических данных до того момента, пока не станут доступными обновленные данные гидрографической съемки. Данный документ продолжает рассмотрение аспектов Полярного кодекса, привлекает дополнительное внимание и призывает к усилению кодекса перед его принятием позднее в 2014 г.

Управление следами человеческой деятельности, охрана дикой природы: Возможные варианты действий (IP 71) – Окружающая среда Антарктики подвергается разнообразным антропогенным воздействиям. С учетом этого КООС начал работу, которая поможет управлять следами человеческой деятельности и защитить ценности дикой природы и, таким образом, уникальные характеристики континента. На протяжении последних нескольких лет Стороны выполнили значительный объем работ по данным вопросам и представили существенный объем документов в КООС. КООС продемонстрировал важность своевременного решения данных вопросов путем включения соответствующих элементов в свой план работы. В данном документе мы просматриваем данную работу и рекомендуем последующие шаги для немедленных действий с тем, чтобы КООС мог заранее начать работу по данным вопросам до празднования 25-ой годовщины Протокола в 2016 г.

Краткосрочное влияние сажи и короткоживущих климатических поллютантов на Антарктику (IP 72) – Предшествующее моделирующее влияния короткоживущих климатических поллютантов не включало Антарктику в значительной степени из-за отдаленности региона от более

крупных источников антропогенной сажи. Недавний доклад, опубликованный Мировым банком совместно с организацией-членом АСОК, Международным институтом по климату криосферы (МИКК), в ноябре 2013 г., выявил неожиданный уровень преимуществ для климата Антарктики от снижения выбросов сажи и метана, равный приблизительно двум третям выбросов в Антарктике. АСОК призывает КСДА начать выполнение инвентаризации источников выбросов сажи в Антарктике, используя модель Антарктического совета, а также начать работу по снижению сажи и других короткоживущих климатических поллютантов из других источников Южного полушария.

Новые антарктические станции: Являются ли они оправданными? (IP 73) – Основываясь на различных оценках в литературе, прошедшей экспертную оценку, данный Информационный документ противопоставляет результаты научных исследований Консультативных сторон Договора об Антарктике 1980-2004 гг. с инфраструктурой, которая существовала в 2004 г. Фактически между рядом станций в Антарктике, эксплуатируемых определенной Стороной, и результатами научно-исследовательской деятельности Стороны не существует серьезной взаимосвязи. Похоже, что отчеты официальных проверок в 2004-2014 гг. подтверждают данную оценку. В данном контексте АСОК также дает несколько практических рекомендаций с целью увеличения международного сотрудничества, количества и качества научных исследований и снижения влияния на окружающую среду, а также рекомендует тщательно рассматривать заранее все альтернативы строительству новой станции.

Западно-Антарктический ледовой щит в Пятом оценочном отчете Межправительственной группы экспертов по изменению климата (МГЭИК): основная опасность, основная неопределенность (IP 74) – Данный информационный документ касается одной из самых неопределенных и наиболее подходящих с глобальной точки зрения оценочных тем МГЭИК: поднятие уровня моря, а именно вклад ледяного покрова и особенно неустойчивого Западно-Антарктического ледового щита. С учетом данной информации в этом отчете, включая более высокую проекцию поднятия уровня моря, АСОК призывает все КСДА прекратить постоянно меняющиеся "дебаты" об изменении климата и начать реализовывать предупредительные и практические стратегии управления мерами смягчения воздействий. Кроме того, программы антарктических исследований поддерживают некоторые самые важные исследования климата, которые проводятся в данный момент. АСОК призывает поддерживать исследования климата на текущем или более высоком уровне.

4. *Другие важные вопросы для XXXVII КСДА*

Туризм – развитие долгосрочной стратегии по управлению туризмом остается критически важным вопросом. АСОК призывает Стороны сосредоточиться на более крупном охвате туризма в дополнение к решению новых вопросов, таких как использование БПЛА. С учетом динамического характера коммерческого туризма КСДА не может полагаться только на инициирование дискуссий о конкретных аспектах туризма после того, как появились новые виды туризма (включая, *помимо прочего,* те, которые появляются в результате использования новых видов деятельности, новых транспортных средств или новых мест). Предпочтительнее проводить стратегические обсуждения перед реализацией новых разработок.

Охрана морской среды в районе действия Договора об Антарктике – Большинство вопросов, обсуждавшихся здесь, имеют отношение к морской среде, что требует внимания со стороны КСДА в соответствии с требованиями Протокола и в качестве дополнения к параллельно выполняемой работе АНТКОМ, включая развитие сети морских охраняемых районов. Дальнейшая гармонизация работы данных двух органов (а также КООС и НК-АНТКОМ) будет становиться все более и более важной в последующие годы в результате увеличения местного, регионального и глобального воздействия на окружающую среду.

Биологическая разведка – По мнению АСОК КСДА необходимо выработать лучшее понимание объема биологической разведки в Антарктике и ее воздействия на научные исследования, а также сотрудничество в сфере окружающей среды.

Многолетний стратегический план работы – С целью рассмотрения текущих и вновь возникающих вопросов в отношении Антарктики КСДА должны применять активный, стратегический и упреждающий подход. Многолетний стратегический план работы должен как можно раньше разрабатываться и эффективно исполняться.

5. *Заключение*

Сейчас наступает важный период для Антарктики и подходящее время для рассмотрения КСДА текущих и вновь возникающих вопросов со стратегической точки зрения. АСОК призывает КСДА предпринять быстрые, решительные меры по всем вопросам, касающимся защиты окружающей среды Антарктики, с целью обеспечения полной защиты последнего мирового ареала дикой природы.

Доклад Международной ассоциации антарктических туроператоров за 2013-2014 гг.

Согласно Статье III (2) Договора об Антарктике

Введение

Международная ассоциация антарктических туристических операторов (МААТО) рада представившейся возможности проинформировать XXXVII КСДА об итогах своей деятельности в соответствии со Статьей III (2) Договора об Антарктике.

Как и раньше, вся деятельность МААТО направлена на реализацию стоящих перед ней задач по поддержке, содействию и осуществлению безопасных и экологически ответственных поездок частных лиц в Антарктику, обеспечивая:

  • ежедневной эффективной координации деятельности членов организации в Антарктике;
  • информационно-просветительской деятельности, включая научное сотрудничество;
  • развития и продвижения туризма в Антарктике.

Подробная информация о МААТО, ее задачах, основных видах деятельности и последних событиях в деятельности организации изложена в Информационном бюллетене сезона 2014-2015 гг., а также на сайте МААТО: www.iaato.org.

Членство в МААТО и функции членов

МААТО насчитывает 118 Членов, Ассоциированных членов и Аффилированных членов. Представительства Членов Ассоциации имеются по всему миру, представляя 61% Консультативных Сторон Договора об Антарктике и ежегодно осуществляя перевозки в Антарктику граждан почти всех Сторон Договора.

График XXXVII КСДА не позволяет провести компиляцию и анализ статистических данных отчетов о посещении в только что завершившемся сезоне 2013-2014 гг. Тем не менее, предварительные цифры указывают на то, что общая картина представляется аналогичной прогнозу в информационном документе XXXVI КСДА IP103 *"Обзор МААТО по антарктическому туризму: сезон 2012-2013 гг. и предварительный прогноз на сезон 2013-2014 гг.".*

Предполагается, что подробная информация по сезону 2013-2014 гг., включая данные относительно мест высадки, будет доступна в июне 2014 г. Она будет представлена на веб-сайте МААТО (www.iaato.org) в разделе "Руководства и ресурсы, туристическая статистика".

Подробная информация относительно предполагаемой туристической статистики на сезон 2014-2015 гг. изложена в информационном документе XXXVII КСДА IP45 *"Обзор МААТО по антарктическому туризму: предварительный прогноз на 2014-2015 гг.".* Эти цифры относятся только к туристам, пользовавшимся услугами компаний-членов МААТО. Справочник Членов МААТО и дополнительные статистические данные о деятельности Членов МААТО представлены на сайте *www.iaato.org*.

Оперативная информация о деятельности МААТО

За прошедший год был предпринят ряд инициатив, в том числе:

- усиление управленческой структуры и организационной защищенности Ассоциации. Сюда входит пересмотр антимонопольной политики и политики в области обязательств, создание

- новой должности Помощника по управлению и связям в Секретариате, а также перенос офиса из Провиденс в Ньюпорт, штат Род-Айленд.

- В феврале 2014 г. два оператора МААТО провели учения по связи при поисково-спасательных операциях совместно с МСКЦ в Ушуайя и МААТО. Подробная информация о данных учениях изложена в в информационном документе XXXVII КСДА IP79 "*SAR Communication Exercise: Argentina – IAATO*" (Аргентина и МААТО)

- Программа "Dockside Observer" для яхт МААТО (новый компонент расширенной системы наблюдателей ассоциации) успешно прошла испытания. Фактические наблюдения за деятельностью яхт МААТО проводились впервые.

- Программа оперативной системы оценки и сертификации персонала на местах продолжает совершенствоваться посредством включения в нее данных результатов анализа персонала на объектах. В общей сложности 383 сотрудника прошли как минимум одну из оценок, при наличии более 243 успешных участников только за прошедший сезон. Это отражает рост степени участия на 17% и 13% соответственно. Помимо этого, Информационный бюллетень МААТО для персонала на объектах, содержащий новости и свежую информацию со всего континента, продолжает обеспечивать обсуждение общих вопросов, задач и возможностей для персонала на объектах, включая обмен передовым опытом и обсуждения ситуационного руководства и оценок риска.

- Проведен полный обзор руководств по дикой природе, а также рекомендаций по мытью обуви и загрязнениям, включая поиски рекомендаций независимых экспертов по методам управления.

- Информационный лист МААТО, *"Понимание климатических изменений в Антарктике"*, которым располагают все члены для распространения среди своих клиентов, обновлен с учетом последней информации из отчета АССЕ, представленного СКАР. Помимо этого, среди всех операторов распространен перечень мероприятий, которые могут предпринять члены МААТО для сведения к минимуму углеродного следа.

- Продолжается обновление гидрографических данных на испытательной и конъюнктурной основе рядом операторов судов МААТО. Сюда входят:

    1. Проект по привлечению широкой общественности ("краудсорсинг") с участием Гидрографической службы и прочих частных поставщиков услуг; и

    2. Сотрудничество между членом МААТО и Французской гидрографической службой (SHOM), которые исследовали, обработали и в дальнейшем составили семь карт ранее плохо исследованных каналов и якорных стоянок на полуострове.

- Морской комитет МААТО, а также Аккредитационный и исполнительный комитеты в течение года проводили совместные совещания, направленные на продвижение работы по инициативам, таким как расширенная система наблюдателей и методика анализа происшествий.

- Сотрудничество с коллегами МААТО на севере, Ассоциацией операторов арктических экспедиционных круизов (AECO), по вопросам обоюдного характера, включая обучение персонала на объектах, а также вопросы по технике безопасности и охране окружающей среды.

Ежегодное совещании МААТО и участие в других совещаниях в 2013-2014 гг.

Сотрудники Секретариата МААТО и представители Членов Ассоциации приняли участие во внутренних и внешних совещаниях, поддерживали тесный контакт со Сторонами национальных

антарктических программ, правительственными, научными, экологическими и туристическими организациями.

- Участие в XXV КОМНАП в Сеуле, Корея (июль 2013 г.). МААТО придает большое значение тесному взаимодействию и плодотворному сотрудничеству между Членами МААТО и Сторонами национальных антарктических программ.

- МААТО приветствовали возможность принять участие в чилийском курсе обучения плавания судов во льдах, организованном CIMAR в Вальпараисо (Чили) в октябре 2013 г.

- Представитель МААТО принял участие в 13-м совещании Международной гидрографической организации / Гидрографической комиссии по Антарктике (МГО/ГКА) в Кадисе, Испания (декабрь 2013 г.). МААТО остается убежденным сторонником проводящихся работ ГКА и продолжит сотрудничество с ГО и ГКА в области развития системы сбора гидрографических данных на базе краудсорсинга.

- Являясь консультантом Международной ассоциации круизных компаний (CLIA), МААТО продолжает принимать активное участие в разработке обязательного к исполнению Полярного кодекса, разрабатываемого Международной морской организацией (ИМО), путем участия в совещаниях различных комитетов и подкомитетов ИМО, MSC КЗМС, а также рабочих группах.

- В перспективе, 25-е совещание МААТО состоится с 27-го по 29-е мая 2014 г. в Провиденс, штат Род-Айленд, США. В дополнение к упомянутым выше инициативам, на совещании будет также рассматриваться:
    - развитие базы данных по происшествиям, авариям и опасным ситуациям потенциально с участием AECO;
    - руководства по использованию дистанционно управляемых летательных аппаратов или квадрокоптеров для аэрофотосъемки; а также
    - специальная сессия, посвященная управлению ростом туризма.

Непосредственно после окончания 25-го совещания МААТО состоится полдневное совещание рабочей группы по приключенческому туризму с рассмотрением как глобальных, так и вспомогательных или новых мероприятий, которые проводятся с платформ на судах или яхтах. Совещание рабочей группы будет включать круглый стол, в котором участвуют разные операторы и представители Сторон Договора, а также отдельные группы, рассматривающие конкретные исследования с точки зрения управления рисками и экологических факторов.

В предыдущие годы представители Стороны Договора приглашались принять участие в открытых сессиях совещания МААТО и соответствующих рабочих группах. Дополнительная информация представлена на http://iaato.org/iaato-25th-annual-meeting.

Мониторинг окружающей среды

МААТО продолжает предоставлять КСДА и КООС подробную информацию о деятельности Членов Ассоциации в Антарктике. Как указано выше, статистические данные на сезон 2013-2014 гг. будут доступны в июне 2014 г. на веб-сайте МААТО.

МААТО продолжает совместную работу с научными учреждениями, особенно в области мониторинга окружающей среды и образовательных программ. Примерами этого является сотрудничество с проектом Инвентаризации антарктических территорий, лабораторией Линча в университете Стоуни-Брук и Зоологическим обществом Лондонского/Оксфордского университета. Помимо этого, операторы МААТО ведут наблюдение за рыболовецкими судами для последующих отчетов в АНТКОМ в рамках поддержки деятельности против незаконного, нерегулируемого и неучтенного вылова рыбы.

МААТО приветствует возможности расширения сотрудничества с другими организациями.

Происшествия, связанные с туризмом в 2013-2014 гг.

МААТО продолжает проводить политику обнародования информации о происшествиях в целях осознания рисков и извлечения соответствующих уроков всеми операторами, осуществляющими деятельность в Антарктике. До настоящего момента в число происшествий с участием операторов МААТО в течение сезона 2013-2014 гг., о которых было сообщено, вошли:

- В ноябре при трех последовательных эвакуациях через залив Максвелл потребовалась поддержка со стороны Национальных антарктических программ, две эвакуации через станцию Беллинсгаузен (РАЭ) и одна через станцию «Великая стена» (ЧИНАРЭ). МААТО и участвовавшие операторы Членов признательны за оказанную помощь. В результате этих событий всему персоналу на объектах было разослано напоминание относительно важности самообеспечения. Последующие эвакуации были проведены без какой-либо помощи со стороны Национальных антарктических программ.

- В ходе лыжной экспедиции через Южный полюс не соблюдались нормы, указанные в Разрешении на обращение с отходами. Оператор МААТО, курирующий данную экспедицию, обсудил ситуацию с ННФ США и участниками экспедиции, в результате чего следующая экспедиция провела уборку отходов. Данное происшествие станет предметом обсуждения на 25-м совещании МААТО с целью разработки более жестких норм.

- 20-го февраля на т/х «Орион» возникла техническая проблема с охладительной системой двигателя. Судно использовало вспомогательные системы до тех пор пока проблема не была решена спустя несколько часов. Опасность для жизни или окружающей среды отсутствовала.

Поддержка научной и природоохранной деятельности

В течение сезона 2013-2014 гг. Членами МААТО на условиях оптимальных затрат или безвозмездно было перевезено на станции, участки и в перевалочные порты и обратно свыше 125 научных работников, технического персонала и специалистов по сохранению культурного наследия, а также оборудования и снабжения для них. Сюда вошли:

- переброски научных работников между станциями;
- несрочные медицинские эвакуации;
- сбор научных образцов и прочих данных для исследовательских программ (при наличии разрешений);
- транспортировка научного оборудования с/на станции.

В первичных отчетах указано, что операторы МААТО и перевозимые ими пассажиры также внесли более 400 тыс. долларов США в фонд научных и природоохранных организаций, осуществляющих деятельность в Антарктике и Субантарктике (таких как Фонд спасения альбатросов (Save the Albatross), Фонд антарктического наследия (Antarctic Heritage Trust), Фонд "Последний океан" (Last Ocean), Фонд хижин Маусона (Mawson's Huts Foundation), Фонд Oceanites, занимающийся учетом фауны и флоры в Антарктике, и Всемирный фонд дикой природы (World Wildlife Fund)).

За последние девять лет общая сумма пожертвований наличными превысила 3,5 млн. долларов США.

Выражение признательности

МААТО выражает глубокую признательность за возможность сотрудничества со Сторонами Договора об Антарктике, КОМНАП, СКАР, АНТКОМ, МГО/ГКА, АСОК и другими организациями в решении вопросов долгосрочной охраны ценностей Антарктики.

ЧАСТЬ IV

ДОПОЛНИТЕЛЬНЫЕ ДОКУМЕНТЫ XXXVIII КСДА

1. Резюме лекции СКАР

Резюме лекции СКАР: Закисление Южного океана

Ричард Беллерби (Richard Bellerby), Норвежский институт изучения водной среды, г. Берген, Норвегия, и Главная государственная лаборатория по изучению эстуарийной и прибрежной среды, Восточно-китайский педагогический университет, Китай, от лица Инициативной группы СКАР по вопросам закисления океана

Уровень pH и карбонатная система Южного океана претерпевает изменения вследствие увеличения содержания двуокиси углерода (CO_2) по причине повышения концентрации CO_2 в атмосфере. Этот процесс, называемый закислением океана, может существенно повлиять на океанические функции. Климатическая функция Южного океана по поглощению атмосферного CO_2 может быть нарушена из-за ослабления этой способности океанического бассейна, и в будущем все большие концентрации выбросов CO_2 будут оставаться в атмосфере, усугубляя проблему глобального потепления. Еще одной причиной изменения функций экосистемы может быть дерегуляция структуры биологических систем океана, что приведет к изменениям в текущей производительности экосистемы, ее богатств и биоразнообразия, а также к потенциальному исчезновению местных ключевых видов.

В этом докладе описываются изменения в химическом составе карбонатных структур, которые наблюдаются в течение последних десятилетий в Южном океане, а также представлены новейшие проекции относительно закисления океана в будущем, с учетом различных сценариев выбросов CO_2. Мы продемонстрируем глубоко региональную природу проблемы закисления Южного океана, когда одни районы претерпевают незначительные изменения, в то время как другие демонстрируют показатели, превышающие существующие значения в пределах всего мирового океана. Мы также покажем, как различные виды, обитающие в Южном океане, будут реагировать на такие сценарии закисления океана, в условиях контролируемого эксперимента. К факторам, которые могут подвергнуться влиянию, относятся репродуктивное здоровье, развитие и физиология организма, состав и распространение видов, структура трофической сети и поток питательных веществ. И наконец, мы представим краткий обзор основных результатов исследований, включенных в Отчет СКАР по вопросам закисления океана.

2. Перечень документов

2. Перечень документов

Рабочие документы

N°	Пункты повестки дня	Название	Кем представлен	А	Ф	Р	И	Вложения
WP001	КООС 9a	Пересмотренный план управления Особо охраняемым районом Антарктики № 106 «Мыс Халлетт» (северная часть Земли Виктории, море Росса)	Соединенные Штаты Америки	⬇	⬇	⬇	⬇	ASPA 106 Map 1 ASPA 106 Map 2 ASPA 106 Map 3 ASPA 106 Map 4 Пересмотренный План управления ООРА № 106
WP002	КООС 9a	Пересмотренный План управления Особо охраняемым районом Антарктики № 119 «Долина Дэвис и озеро Форлидас, массив Дюфека, горы Пенсакола»	Соединенные Штаты Америки	⬇	⬇	⬇	⬇	ASPA 119 Map 1 ASPA 119 Map 2 Пересмотренный План управления ООРА № 119
WP003	КООС 9a	Пересмотренный План управления Особо охраняемым районом Антарктики № 152 «Западная часть пролива Брансфилд»	Соединенные Штаты Америки	⬇	⬇	⬇	⬇	ASPA 152 Map 1 Пересмотренный План управления ООРА № 152
WP004	КООС 9a	Пересмотренный план управления Особо охраняемым районом Антарктики № 153 «Восточная часть залива Даллманн»	Соединенные Штаты Америки	⬇	⬇	⬇	⬇	ASPA 153 Map 1 Пересмотренный План управления ООРА № 153
WP005	КООС 3	Пятилетний план работы, принятый на 17-м заседании Комитета по охране окружающей среды (КООС XVII)	Австралия	⬇	⬇	⬇	⬇	Пятилетний план работы КООС XVII
WP006	КООС 5	Предлагаемый совместный семинар КООС/НК-АНТКОМ (2016 г.) по вопросам изменения климата и мониторинга	Соединенные Штаты Америки Великобритания	⬇	⬇	⬇	⬇	
WP007	КСДА 5	Приведение ссылок на Меры, Решения и Резолюции КСДА	Великобритания	⬇	⬇	⬇	⬇	
WP008	КООС 9a	Обновленные План управления и карты для Особо управляемого района Антарктики № 2 «Сухие долины Мак-Мёрдо»	Новая Зеландия Соединенные Штаты Америки	⬇	⬇	⬇	⬇	ASMA 2 Maps 1 to 6 ASMA 2 Maps 13 to18 ASMA 2 Maps 19 to 24 ASMA 2 Maps 7 to 12 Пересмотренный План управления ОУРА № 2
WP009	КООС 9a	Пересмотр Плана управления Особо охраняемым районом Антарктики (ООРА) № 103 «Остров Ардери и остров Одберт» (Берег Бадда, Земля Уилкса, Восточная Антарктика)	Австралия	⬇	⬇	⬇	⬇	ASPA 103 Map A ASPA 103 Map B ASPA 103 Map C ASPA 103 Map D Пересмотренный План управления ООРА № 103
WP010	КООС 9a	Пересмотр Плана управления Особо охраняемым районом	Австралия	⬇	⬇	⬇	⬇	ASPA 101 Map A ASPA 101 Map B

Рабочие документы

N°	Пункты повестки дня	Название	Кем представлен	А	Ф	Р	И	Вложения
		Антарктики (ООРА) № 101 «Гнездовье Тейлор» (Земля Мак-Робертсона)						ASPA 101 Map C ASPA 101 Map D Пересмотренный План управления ООРА № 101
WP011	КООС 9a	Пересмотр Плана управления Особо охраняемым районом Антарктики (ООРА) № 164 «Монолиты Скаллин и Мюррей» (Земля Мак-Робертсона)	Австралия	⏷	⏷	⏷	⏷	ASPA 164 Map A ASPA 164 Map B ASPA 164 Map C ASPA 164 Map D Пересмотренный План управления ООРА № 164
WP012	КООС 9a	Пересмотр Плана управления Особо охраняемым районом Антарктики (ООРА) № 102 «Острова Рукери» (залив Холм, Земля Мак-Робертсона)	Австралия	⏷	⏷	⏷	⏷	ASPA 102 Map A ASPA 102 Map B ASPA 102 Map C Пересмотренный План управления ООРА № 102
WP013	КООС 8b	Первичный отчет Межсессионной контактной группы по пересмотру Руководства по оценке воздействия на окружающую среду в Антарктике	Австралия Великобритания	⏷	⏷	⏷	⏷	
WP014	КСДА 16 КООС 4	Отчет Межсессионной контактной группы по пересмотру требований к обмену информацией	Австралия	⏷	⏷	⏷	⏷	
WP015	КООС 9a	Отчет о работе Вспомогательной группы по планам управления в межсессионный период 2014/15 гг.	Норвегия	⏷	⏷	⏷	⏷	
WP016	КСДА 13	Роль Антарктики в процессах глобального изменения климата	Великобритания Норвегия	⏷	⏷	⏷	⏷	
WP017	КООС 9b	Предложение добавить Хромоногую хижину на болгарской станции Святой Климент Охридский на острове Ливингстон в Перечень Исторических мест и памятников	Болгария	⏷	⏷	⏷	⏷	
WP018	КСДА 11	Инспекция яхт по Договору об Антарктике и Протоколу по охране окружающей среды	Великобритания	⏷	⏷	⏷	⏷	
WP019 rev.1	КСДА 12 КООС 12	Общие рекомендации по результатам совместных инспекций проведенных Великобританией, и Чешской Республикой в соответствии со Статьей VII Договора об Антарктике и Статьей 14 Протокола по охране окружающей среды	Великобритания Чешская Республика	⏷	⏷	⏷	⏷	
WP020	КООС 9d	Концепция «выдающихся ценностей» в морской среде согласно Приложению V к Протоколу	Бельгия	⏷	⏷	⏷	⏷	

Рабочие документы

№	Пункты повестки дня	Название	Кем представлен	А	Ф	Р	И	Вложения
WP021	КООС 3	Портал окружающей среды Антарктики: завершение проекта и дальнейшие шаги	Австралия Бельгия Новая Зеландия Норвегия СКАР	⬇	⬇	⬇	⬇	
WP022	КСДА 10 КООС 8b	Применение БПЛА в Антарктике — факторы риска и преимущества	КОМНАП	⬇	⬇	⬇	⬇	
WP023	КООС 9b	Проект по сохранению наследия моря Росса: модель сохранения ценностей, являющихся объектами наследия, в Особо охраняемых районах Антарктики	Новая Зеландия	⬇	⬇	⬇	⬇	
WP024	КСДА 11	Принятие стратегического подхода к экологически обоснованному управлению туризмом и неправительственной деятельностью в Антарктике	Новая Зеландия Великобритания Нидерланды Норвегия	⬇	⬇	⬇	⬇	
WP025	КООС 9a	Пересмотр Плана управления Особо охраняемым районом Антарктики (ООРА) № 104 «Остров Сабрина», острова Баллени	Новая Зеландия	⬇	⬇	⬇	⬇	ASPA 104 Map 1 ASPA 104 Map 2 Пересмотренный План управления ООРА № 104
WP026	КООС 9a	Пересмотр планов управления Особо охраняемыми районами Антарктики (ООРА) № 105, 155, 157, 158 и 159	Новая Зеландия	⬇	⬇	⬇	⬇	ASPA 105 Map A ASPA 105 Map B ASPA 105 Map C ASPA 155 Map A ASPA 155 Map B ASPA 157 Map 1 ASPA 157 Map 2 ASPA 158 Map A ASPA 158 Map B ASPA 159 Map A ASPA 159 Map B Пересмотренный План управления ООРА № 105 Пересмотренный План управления ООРА № 155 Пересмотренный План управления ООРА № 157 Пересмотренный План управления ООРА № 158 Пересмотренный План управления ООРА № 159
WP027	КСДА 13 КООС 10c	Расстояния приближения к диким животным в Антарктике	СКАР	⬇	⬇	⬇	⬇	
WP028	КООС 10a	Пересмотр Руководства по неместным видам, разработанного КООС (издание 2011 г.)	Великобритания Франция Новая Зеландия	⬇	⬇	⬇	⬇	Attachment A Attachment B
WP029	КООС 9e	Предлагаемый порядок	Норвегия	⬇	⬇	⬇	⬇	

Рабочие документы

№	Пункты повестки дня	Название	Кем представлен	А	Ф	Р	И	Вложения
		проведения предварительной оценки ООРА/ОУРА						
WP030	КООС 8a	К вопросу о разработке проекта Всесторонней оценки окружающей среды в связи со строительством и эксплуатацией взлетно-посадочной полосы с гравийным покрытием в районе станции Марио Дзуккелли, Земля Виктории, Антарктика	Италия	🔒	🔒	🔒	🔒	Proposed construction and operation of a gravel runway in the area of Mario Zucchelli Station, Victoria Land, Antarctica
WP031 rev.1	КООС 9b	Предложение о включении снегоходного тяжелого тягача «Харьковчанка», использовавшегося в Антарктиде с 1959 по 2010 гг., в перечень исторических мест и памятников	Российская Федерация	🔒	🔒	🔒	🔒	
WP032	КСДА 11	О возможностях мониторинга экстремального туризма и неправительственных экспедиций в Антарктике	Российская Федерация	🔒	🔒	🔒	🔒	
WP033	КСДА 9	О проблемах одобрения Приложения 6 «Материальная ответственность в случае наступления чрезвычайных экологических происшествий» Протокола по охране окружающей среды к Договору об Антарктике	Российская Федерация	🔒	🔒	🔒	🔒	
WP034	КООС 9a	Пересмотренный План управления Особо охраняемым районом Антарктики (ООРА) № 148 «Гора Флора» (Залив Хоуп, Антарктический полуостров)	Великобритания Аргентина	🔒	🔒	🔒	🔒	Пересмотренный План управления ООРА № 148
WP035	КООС 9e	Кодекс поведения при осуществлении деятельности на наземных участках геотермической активности в Антарктике	Новая Зеландия Испания Великобритания Соединенные Штаты Америки	🔒	🔒	🔒	🔒	Проект Кодекса поведения при осуществлении деятельности на наземных участках геотермической активности в Антарктике
WP036	КСДА 9	Приложение VI к Протоколу по охране окружающей среды к Договору об Антарктике. Следующие шаги	Новая Зеландия Финляндия Нидерланды Швеция	🔒	🔒	🔒	🔒	
WP037	КООС 7	Отчет МКГ по вопросам изменения климата	Норвегия Великобритания	🔒	🔒	🔒	🔒	Проект обсуждения в КООС: Рабочая программа ответных мер в отношении изменения климата
WP038	КООС 7	Применение инструмента планирования сохранения по методу RACER (Быстрой оценки устойчивости арктической экосистемы) к району острова Джеймса Росса	Великобритания Чешская Республика	🔒	🔒	🔒	🔒	

Рабочие документы

N°	Пункты повестки дня	Название	Кем представлен	А	Ф	Р	И	Вложения
WP039	КСДА 14 КООС 7	Общие приоритеты научных исследований и сотрудничества: систематические наблюдения и моделирование в Южном океане	Соединенные Штаты Америки Австралия					
WP040	КООС 10с	Крупные зоны расселения птиц (КЗРП) в Антарктике	Австралия Новая Зеландия Норвегия Великобритания Соединенные Штаты Америки					
WP041	КООС 9а	Пересмотр Плана управления Особо охраняемым районом Антарктики (ООРА) № 168 «Гора Хардин» (горы Гров, Восточная Антарктида)	Китай					Пересмотренный План управления ООРА № 168
WP042	КООС 9а	Пересмотр Плана управления Особо охраняемым районом Антарктики (ООРА) № 163 «Ледник Дакшин Гангопри», Земля королевы Мод	Индия					ASPA 163 Figure 1 ASPA 163 Map 1 ASPA 163 Map 2 ASPA 163 Map 3 ASPA 163 Map 4 ASPA 163 Map 5 ASPA 163 Map 6 Пересмотренный План управления ООРА № 163
WP043	КСДА 5	Отчет Межсессионной контактной группы по вопросам расширения и развития антарктического сотрудничества	Чили					
WP044	КСДА 5 КООС 3	Симпозиум, посвященный празднованию 25-й годовщины Протокола по охране окружающей среды к Договору об Антарктике	Норвегия Австралия Чили Франция Новая Зеландия Великобритания					
WP045	КСДА 6	Об уплате частями взносов Консультативными Сторонами в Секретариат Договора об Антарктике	Украина					
WP046	КООС 10а	Исследование с целью определения случаев интродукции неместных видов в Антарктику естественными путями	Аргентина					
WP047	КСДА 15 КООС 3	Семинар по вопросам образовательной и просветительской деятельности: отчет об итогах неформальных дискуссий по подготовке публикации, посвященной 25-й годовщине Мадридского Протокола	Аргентина					
WP048	КООС 9а	Отчет о неформальном обсуждении предложения об определении нового Особо управляемого района Антарктики «Китайская антарктическая станция Куньлунь» (Купол А) в течение	Китай					Краткий обзор комментариев и ответов в рамках второго раунда дискуссий

Рабочие документы

№	Пункты повестки дня	Название	Кем представлен	А	Ф	Р	И	Вложения
		еще одного межсессионного периода						
WP049	КООС 6	Мониторинг окружающей среды в Антарктике	Бразилия Аргентина	⬇	⬇	⬇	⬇	
WP050	КООС 9e	Результаты специальных обследований, связанных с охраной ископаемых остатков в Антарктике. Возможные планы действий для будущего обсуждения	Аргентина	⬇	⬇	⬇	⬇	
WP051	КСДА 11	Как заняться решением проблемы коммерческих туристических судов, плавающих под флагом третьей стороны в районе действия Договора об Антарктике	Эквадор	⬇	⬇	⬇	⬇	
WP052	КСДА 13	Доклад сопредседателей семинара по вопросам образовательной деятельности, София, Болгария, май 2015 года	Болгария Бельгия Бразилия Чили Португалия Великобритания	⬇	⬇	⬇	⬇	

Информационные документы

N°	Пункты повестки дня	Название	Кем представлен	А	Ф	Р	И	Вложения
IP001	КСДА 4	Отчет наблюдателя АНТКОМ для Тридцать восьмого Консультативного совещания по Договору об Антарктике	АНТКОМ	⬇	⬇	⬇	⬇	
IP002	КСДА 15	Workshop on Education and Outreach - Portugal's Antarctic Education and Outreach Activities	Португалия	⬇				
IP003	КСДА 13	Portugal's Antarctic Science and Policy Activities: a Review	Португалия	⬇				
IP004	КСДА 11	Special WG on Competent Authorities issues: Summary of the United Kingdom's Antarctic Permitting Process	Великобритания	⬇				
IP005	КСДА 4	Отчет Правительства-депозитария Конвенции о сохранении тюленей Антарктики (КОАТ) в соответствии с Рекомендацией XIII-2, параграф 2(D)	Великобритания	⬇	⬇	⬇	⬇	
IP006 rev.1	КСДА 11	Special WG on Competent Authorities issues: Summary of Japan's Certification Process of Antarctic Activity	Япония	⬇				
IP007	КСДА 4	О деятельности Республики Беларусь в Антарктике в 2007-2014 годах и на современном этапе	Беларусь	⬇		⬇		
IP008	КСДА 4 КООС 5	Ежегодный отчет Совета управляющих национальных антарктических программ (КОМНАП) за 2014/15 гг.	КОМНАП	⬇	⬇	⬇	⬇	
IP009 rev.1	КСДА 15	Workshop on Education and Outreach - Making an Impact: National Antarctic Program Activities which Facilitate Education and Outreach	КОМНАП	⬇				Compilation of national Antarctic program information on education and outreach activities.
IP010	КООС 9d	The concept of "outstanding values" in the marine environment under Annex V of the Protocol	Бельгия	⬇				
IP011	КООС 3	Antarctic Environmental Portal content development and editorial process	Австралия Бельгия Новая Зеландия Норвегия СКАР	⬇				
IP012	КООС 5	Report by the SC-CAMLR Observer	АНТКОМ	⬇				
IP013	КООС 9b	Supporting Images for Working Paper: Ross Sea	Новая Зеландия	⬇				

Информационные документы

№	Пункты повестки дня	Название	Кем представлен	А	Ф	Р	И	Вложения
		Heritage Restoration Project: A model for conserving heritage values in Antarctic Specially Protected Areas						
IP014	КСДА 13	Research Activity Report. Czech Antarctic Expedition to James Ross Island Jan-Feb 2015	Чешская Республика	⬇				
IP015	КСДА 13 КООС 8b	Proposed routes for all-terrain vehicles based on impact on deglaciated area of James Ross Island	Чешская Республика	⬇				
IP016	КООС 6	Bioremediation on the Brazilian Antarctic Station area	Бразилия	⬇				
IP017	КСДА 15	Workshop on Education and Outreach - APECS-Brazil E&O activities during the XXXVII Antarctic Treaty Consultative Meeting (ATCM)	Бразилия	⬇				
IP018	КСДА 15	Workshop on Education and Outreach - Cultural Contest - "Brasil in Antarctica"	Бразилия	⬇				
IP019 rev.1	КСДА 4 КООС 5	Ежегодный отчет Научного комитета по антарктическим исследованиям (СКАР) за 2014–2015 гг.	СКАР	⬇	⬇	⬇	⬇	
IP020	КСДА 13 КООС 13	Outcomes of the 1st SCAR Antarctic and Southern Ocean Science Horizon Scan	СКАР	⬇				A roadmap for Antarctic and Southern Ocean science for the next two decades and beyond
IP021	КСДА 4	Доклад Правительства-депозитария Соглашения о сохранении альбатросов и буревестников (АКАП)	Австралия	⬇	⬇	⬇	⬇	
IP022	КСДА 4	Доклад Правительства-депозитария Конвенции о сохранении морских живых ресурсов Антарктики (АНТКОМ)	Австралия	⬇	⬇	⬇	⬇	
IP023	КСДА 13	First Colombian Scientific Expedition to Antarctica 2014/2015	Колумбия	⬇			⬇	
IP024	КООС 9e	Code of Conduct for Activities within Terrestrial Geothermal Environments in Antarctica	Новая Зеландия Испания Великобритания Соединенные Штаты Америки	⬇				
IP025	КСДА 13	Finland's Antarctic Research Strategy 2014	Финляндия	⬇				
IP026	КСДА 13	Antarctic Scientific Agenda of Colombia 2014 - 2035	Колумбия	⬇			⬇	

Информационные документы

N°	Пункты повестки дня	Название	Кем представлен	А	Ф	Р	И	Вложения
IP027	КООС 10c	Important Bird Areas (IBAs) in Antarctica	Австралия Новая Зеландия Норвегия Великобритания Соединенные Штаты Америки	🗋		·		Important Bird Areas in Antarctica 2015: Summary
IP028	КСДА 10	Contribution of Colombia to the Maritime Safety in Antarctica	Колумбия	🗋			🗋	
IP029	КООС 10a	The successful eradication of Poa pratensis from Cierva Point, Danco Coast, Antarctic Peninsula	Аргентина Испания Великобритания	🗋				
IP030	КСДА 13	Japan's Antarctic Research Highlights 2014–15	Япония	🗋				
IP031	КСДА 15	Workshop on Education and Outreach - UK's Antarctic Education and Public Engagement Programmes	Великобритания	🗋				
IP032	КСДА 13	Document withdrawn	Великобритания	🗋				
IP033	КСДА 10 КСДА 4	The role of the United Kingdom in charting the waters of the Antarctic	Великобритания	🗋				
IP034	КООС 7	Results of RACER workshop focused on James Ross Island	Великобритания Чешская Республика	🗋				Results of RACER workshop focused on James Ross Island
IP035	КСДА 11	Special WG on Competent Authorities session - French issues and experiences of relevance to the paragraphs III to VII of the agenda	Франция	🗋				
IP036	КСДА 11	Special WG on Competent Authorities session - Brief summary of the French competent authority domestic process	Франция	🗋				
IP037	КСДА 11	French measures to increase the security of tourism and non-governmental activities in the Antarctic	Франция	🗋	🗋			
IP038	КСДА 11	Special WG on Competent Authorities Issues - Summary of South Africa's Antarctic Authorisation Process	Южная Африка	🗋				
IP039	КООС 8a	Строительство и функционирование Белорусской антарктической станции на горе Вечерняя, Земля Эндерби Окончательная	Беларусь	🗋			🗋	Окончательная Всесторонняя оценка окружающей среды

Информационные документы

N°	Пункты повестки дня	Название	Кем представлен	А	Ф	Р	И	Вложения
		Всесторонняя оценка окружающей среды						
IP040	КСДА 4	Доклад Правительства-депозитария Договора об Антарктике и его Протокола в соответствии с Рекомендацией XIII-2	Соединенные Штаты Америки	🔒	🔒	🔒	🔒	Перечень Рекомендаций/Мер и их утверждений Таблица статуса Договора об Антарктике Таблица статуса Протокола
IP041	КООС 6	Remediation and Closure of Dry Valley Drilling Project Boreholes in Response to Rising Lake Levels	Соединенные Штаты Америки	🔒				
IP042	КООС 11	EIA Field Reviews of Science, Operations, and Camps	Соединенные Штаты Америки	🔒				USAP Field Camp Review Checklist
IP043	КСДА 15	Workshop on Education and Outreach - Education and Outreach Activities of the United States Antarctic Program (USAP)	Соединенные Штаты Америки	🔒				
IP044	КСДА 10	Australia's Antarctic Hydrographic Surveys	Австралия	🔒				
IP045 rev.1	КСДА 4	Australia's Approval of Measure 4 (2004), Measure 1 (2005), and Measure 15 (2009)	Австралия	🔒				
IP046	КООС 10a	Colonisation status of known non-native species in the Antarctic terrestrial environment: a review	Великобритания Чили Испания	🔒				Attachment A: Biological invasions in terrestrial Antarctica: what is the current status and how can we spond? Attachment B: Supplementary information
IP047	КСДА 13	VIII Campaña Venezolana a la Antártida 2014-2015	Венецуэла				🔒	
IP048	КСДА 15	Taller sobre Educación y Difusión - Proyecto Libro Digital Juguemos en la Antártida	Венецуэла				🔒	Juguemos en la Antártida. Guía para el estudiante Juguemos en la Antártida. Manual del docente La aventura de un osito polar perdido en la Antártida
IP049	КСДА 11	The unauthorised voyage of the SV Infinity (2014): Next Steps	Новая Зеландия Германия	🔒				
IP050	КСДА 10 КООС 9b	Damage to the Observation Hill Cross (HSM 20)	Новая Зеландия	🔒				

Информационные документы

N°	Пункты повестки дня	Название	Кем представлен	А	Ф	Р	И	Вложения
IP051	КСДА 10	Search and Rescue Incident: Antarctic Chieftain (2015)	Новая Зеландия	🔽				
IP052	КСДА 10	Joint Search and Rescue Exercise in the Antarctic	МААТО Новая Зеландия	🔽				
IP053	КСДА 11	IAATO Overview of Antarctic Tourism	МААТО	🔽				
IP054	КСДА 11	Special WG on Competent Authorities Issues - Agenda Item V - Development of Domestic Guidance on Emergency Preparedness, Response Planning and Insurance Requirements (Measure 4 (2004))	Новая Зеландия	🔽				
IP055	КСДА 10	Antarctic Flight Information Manual (AFIM)	КОМНАП	🔽				
IP056	КСДА 10	COMNAP Sea Ice Challenges Workshop	КОМНАП	🔽				
IP057	КСДА 12 КООС 12	Report of the Joint Inspections undertaken by the United Kingdom and the Czech Republic under Article VII of the Antarctic Treaty and Article 14 of the Environmental Protocol	Великобритания Чешская Республика	🔽				UK and Czech Republic Antarctic Treaty Inspection Report 2014-15
IP058	КСДА 11	Special Working Group on Competent Authorities issues - Examples and Issues from the United Kingdom	Великобритания	🔽				
IP059	КСДА 13	The COMNAP Antarctic Roadmap Challenges (ARC) project	КОМНАП	🔽				
IP060	КСДА 10	COMNAP Search & Rescue Workshop III - Advance notice of workshop plans	КОМНАП	🔽				
IP061	КСДА 10	Improving Sea Ice Information in Antarctica	Германия	🔽				
IP062	КСДА 15	Workshop on Education and Outreach - Whom, how and what do we reach with Antarctic education and outreach?	Германия	🔽				
IP063	КСДА 13	EU-PolarNet – Connecting Science with Society	Германия Бельгия Болгария Франция Португалия	🔽				

Информационные документы

№	Пункты повестки дня	Название	Кем представлен	А	Ф	Р	И	Вложения
IP064 rev.1	КСДА 11	The yacht Sarah W. Vorwerk within the Antarctic Treaty area during the season 2014/2015	Германия Аргентина	📄				
IP065	КСДА 11	Alleged solo Expedition to the South Pole by a German National	Германия	📄				
IP066	КСДА 11	Special Working Group on Competent Authorities session – German contribution	Германия	📄				
IP067	КСДА 13	Российские исследования подледникового озера Восток в сезоне 2014–2015 гг.	Российская Федерация	📄		📄		
IP068	КСДА 16	Российско-американские работы по удалению радиоизотопных термоэлектрогенераторов из Антарктики	Российская Федерация Соединенные Штаты Америки	📄		📄		
IP069	КООС 10c	Update of the status of the rare moss formations on Caliente Hill (ASPA 140 – site C)	Испания	📄				
IP070	КСДА 13 КСДА 4	Report from Asian Forum of Polar Sciences to the ATCM XXXVIII	Корея; республика	📄				
IP071	КООС 11	Environmental Monitoring at Jang-Bogo Station, Terra Nova Bay	Корея; республика	📄				
IP072	КСДА 11	Secial WG on Competent Authorities session - Authorisation Procedure for Non-Governmental Activities in Antarctica	Чили	📄			📄	
IP073	КСДА 15	Workshop on Education and Outreach - Key Dissemination and Education Activities in the Chilean Antarctic Science Programme	Чили	📄			📄	
IP074	КСДА 10 КООС 13	Waste Water Management in Antarctica COMNAP Workshop	КОМНАП	📄				COMNAP Waste Water Management Workshop 2014 Convenor's Report
IP075	КСДА 11	Special WG on Competent Authorities session - An illustration of successful cooperation between NCAs	Чили Франция	📄				
IP076	КСДА 15	Workshop on Education and Outreach - Antarctic Education & Outreach in Italy before and after the 4th International Polar Year	Италия	📄				
IP077	КООС 8b	UAV remote sensing of environmental changes on King George Island (South Shetland Islands):	Польша	📄				Supporting figures

Информационные документы

N°	Пункты повестки дня	Название	Кем представлен	А	Ф	Р	И	Вложения
		preliminary information on the results of the first field season 2014/2015						
IP078	КООС 10a	Eradication of a non-native grass Poa annua L. from ASPA No 128 Western Shore of Admiralty Bay. King George Island, South Shetland Islands	Польша	⬆				
IP079	КСДА 13	Chilean Antarctic Science Program: Evolution and challenges	Чили	⬆			⬆	
IP080	КООС 8b	South Africa's use of Unmanned Aerial Vehicles (UAV) in Antarctica	Южная Африка	⬆				
IP081	КСДА 11	Special WG on Competent Authorities issues - Summary of the United States Framework for Regulation of Antarctic Tourism	Соединенные Штаты Америки	⬆				
IP082	КСДА 10 КООС 8b	A risk-based approach to safe operations of unmanned aircraft systems in the United States Antarctic Program (USAP)	Соединенные Штаты Америки	⬆				General UAS Risk Assessment
IP083	КСДА 10 КООС 8b	Guidance on unmanned aerial system (UAS) use in Antarctica developed for applications to scientific studies on penguins and seals	Соединенные Штаты Америки	⬆				Michael E. Goebel et al. Polar Biology.
IP084	КСДА 4	Доклад Международной ассоциации антарктических туроператоров за 2014/15 г.	МААТО	⬆	⬆	⬆	⬆	
IP085	КСДА 11 КООС 9c	Report on IAATO Operator Use of Antarctic Peninsula Landing Sites and ATCM Visitor Site Guidelines, 2013-14 and 2014-15 Season	МААТО	⬆				
IP086	КСДА 11	IAATO Guidelines for Sea Kayaking and Underwater activities	МААТО	⬆				
IP087	КСДА 15	Workshop on Education and Outreach - Using Education to Create a Task Force for Antarctic Conservation	МААТО	⬆				
IP088	КСДА 10 КООС 8b	IAATO Policies on the use of unmanned aerial vehicles (UAVs) in Antarctica	МААТО	⬆				
IP089	КСДА 15	Workshop on Education and Outreach – New Zealand Ice-Reach: Inspiring Communities to Connect with Antarctica	Новая Зеландия	⬆				

Информационные документы

N°	Пункты повестки дня	Название	Кем представлен	А	Ф	Р	И	Вложения
IP090	КСДА 15	Workshop on Education and Outreach - Education and Outreach in the Australian Antarctic Programme	Австралия	⬚				
IP091	КСДА 13	Cooperation between Romania and Korea (ROK) in Antarctica	Румыния	⬚				
IP092	КСДА 14 КООС 7	Antarctic Climate Change and the Environment – 2015 Update	СКАР	⬚				
IP093	КООС 10a	Monitoring biological invasion across the broader Antarctic: a baseline and indicator framework	СКАР	⬚				
IP094	КСДА 13 КООС 7	Climate Change in Antarctica	Великобритания	⬚				Patterns of Change in Antarctica
IP095	КСДА 11	Special WG on Competent Authorities session - Implementing the Madrid Protocol. Dutch experiences and questions for the ATCM workshop of Competent Authorities	Нидерланды	⬚				
IP096	КСДА 11	Data Collection and Reporting on Yachting Activity in Antarctica in 2014-15	Великобритания МААТО	⬚				
IP097	КСДА 15	Workshop on Education and Outreach – Examples of educational and outreach activities of the Belgian scientists, school teachers and associations in 2013-2015	Бельгия	⬚				
IP098	КСДА 13 КООС 11	Report on the 2014-2015 activities of the Southern Ocean Observing System (SOOS)	СКАР	⬚				
IP099	КСДА 13	Recent Developments in Indian Ice-core Drilling Program in Dronning Maud Land, East Antarctica	Индия	⬚				
IP100	КСДА 13	Antarctic Lakes and Global Climate Perspectives: The Indian Footprint	Индия	⬚				
IP101	КСДА 15 КООС 10a	COMNAP Practical Training Modules: Module 2 – Non-native Species	КОМНАП	⬚				COMNAP Training Module 2: Non-native Species
IP102	КСДА 11 КООС 9c	Antarctic Site Inventory: Results from long-term monitoring	Новая Зеландия Соединенные Штаты Америки	⬚				
IP103	КООС 11	A Methodology to Assess Site Sensitivity at Visitor Sites: Progress Report	Австралия Новая Зеландия Норвегия	⬚				

Информационные документы

N°	Пункты повестки дня	Название	Кем представлен	А	Ф	Р	И	Вложения
			Великобритания Соединенные Штаты Америки					
IP104 rev.1	КСДА 11	Towards a Comprehensive, Proactive and Effective Antarctic Tourism Policy: Turning Recommendations into Action	Индия	🔲				
IP105	КСДА 15	Workshop on Education and Outreach - Antarctic Education and Outreach activities in Bulgaria	Болгария	🔲				
IP106	КООС 5	Report by the CEP Observer to the XXXIII SCAR Delegates' Meeting	Чили	🔲			🔲	
IP107	КСДА 11	Special WG on Competent Authorities Issues - Recent Canadian Permitting Issues	Канада	🔲				
IP108	КСДА 11	Special WG on Competent Authorities Issues - Summary of Canada's Antarctic Permitting System	Канада	🔲				
IP109	КСДА 11 КООС 9e	Antarctic Tourism and Protected Areas	АСОК	🔲				
IP110	КСДА 14 КООС 7	Climate Change 2015: A Report Card	АСОК	🔲				
IP111	КООС 8b	Cumulative Impact Assessment	АСОК	🔲				
IP112	КООС 9e	Expanding Antarctica's Protected Areas System	АСОК	🔲				
IP113	КСДА 10	Next steps for Vessel Management in the Southern Ocean	АСОК	🔲				
IP114	КСДА 14 КООС 7	The Antarctic Treaty System, Climate Change and Strengthened Scientific Interface with Relevant Bodies of the United Nations Framework Convention on Climate Change (UNFCCC)	АСОК	🔲				
IP115	КСДА 13	Australian Antarctic Science Program: highlights of the 2014/15 season	Австралия	🔲				
IP116	КСДА 13	East Antarctic / Ross Sea Workshop on Collaborative Science	Австралия Китай	🔲				
IP117	КСДА 11	Special WG on Competent Authorities issues - Summary of Parties'	Норвегия	🔲				

Информационные документы

№	Пункты повестки дня	Название	Кем представлен	А	Ф	Р	И	Вложения
		competent authority domestic process						
IP118 rev.1	КСДА 15	Workshop on Education and Outreach - Norway's Antarctic Education and Outreach Activities	Норвегия	Д				
IP119	КООС 9c	National Antarctic Programme use of locations with Visitor Site Guidelines in 2014-15	Великобритания Аргентина Австралия Соединенные Штаты Америки	Д				
IP120	КСДА 15	Workshop on Education and Outreach - Summary of CCAMLR initiatives	АНТКОМ	Д				
IP121	КООС 4	Committee for Environmental Protection (CEP): summary of activities during the 2014/15 intersessional period	Австралия	Д				
IP122	КСДА 4	Доклад Международной гидрографической организации (МГО)	МГО	Д	Д	Д	Д	
IP123	КСДА 11	Special WG on competent Authorities session - Experiences and examples from the Norwegian competent authorities	Норвегия	Д				
IP124	КСДА 15	Workshop on Education and Outreach - South Africa's Antarctic Education and Outreach Activities	Южная Африка	Д				
IP125	КСДА 13	`From East to West` initiative	Уругвай	Д				
IP126	КСДА 11	Report on Antarctic tourist flows and cruise ships operating in Ushuaia during the 2014/2015 Austral summer season	Аргентина	Д			Д	
IP127 rev.1	КСДА 11	Non-commercial pleasure and/or sport vessels that travelled to Antarctica through Ushuaia during the 2014/2015 season	Аргентина	Д			Д	
IP128	КСДА 11	Areas of tourist interest in the Antarctic Peninsula and South Orkney Islands region. 2014/2015 austral summer season	Аргентина	Д			Д	
IP129	КСДА 15	Workshop on Education and Outreach - Argentina's Art Programme and International Cooperation: Art in Antarctica, a ten-year project	Аргентина	Д			Д	
IP130	КСДА 13	XXXIV SCAR Biennial Meetings including the 2016 Open Science Conference, 19-31 August, 2016, Kuala	Малайзия	Д				

Информационные документы

N°	Пункты повестки дня	Название	Кем представлен	А	Ф	Р	И	Вложения
		Lumpur, Malaysia						
IP131	КООС 9c	Политика управления туристической деятельностью на научной станции Браун	Аргентина	⬇	⬇	⬇	⬇	Правила поведения для посетителей станции Браун
IP132	КСДА 11	Туристическая деятельность на научной станции Браун. Оценка, анализ и меры управления	Аргентина	⬇	⬇	⬇	⬇	
IP133	КСДА 17	An Update on Status and Trends Biological Prospecting in Antarctica and Recent Policy Developments at the International Level	Нидерланды	⬇				
IP134	КСДА 13	Update on the Canadian Polar Commission and Canadian High Arctic Research Station (CHARS) Project	Канада	⬇	⬇			
IP135	КСДА 13	Cooperation of Romania with Australia in Antarctica	Румыния	⬇				
IP136	КСДА 13	Cooperation of Romania with Bulgaria in the Antarctic field	Румыния	⬇				
IP137	КСДА 4	Отчет Коалиции по Антарктике и Южному океану	АСОК	⬇	⬇	⬇	⬇	

Вспомогательными документы

N°	Пункты повестки дня	Название	Кем представлен	А	Ф	Р	И	Вложения
BP001	КСДА 13 КООС 7	Резюме лекции СКАР: закисление Южного океана	СКАР	☑	☑	☑	☑	
BP002	КСДА 10	Cooperation Visit to Stations/ Bases Facilities in Antarctica	Бразилия	☑				
BP003	КСДА 10	XXXIII Brazilian Antarctic Operation	Бразилия	☑				
BP004	КСДА 13 КООС 5	The Scientific Committee on Antarctic Research (SCAR) Selected Science Highlights for 2014/15	СКАР	☑				
BP005	КСДА 13	Action Plan: Development of the Brazilian Antarctic science	Бразилия	☑				
BP006	КООС 5	Submission to the CCAMLR CEMP database of Adélie penguin data from the Ross Sea region	Новая Зеландия	☑				
BP007	КСДА 15	Workshop on Education and Outreach – Poster Abstract on Education and Outreach Activities of the United States Antarctic Program (USAP)	Соединенные Штаты Америки	☑				
BP008	КСДА 13	Report from the Republic of Korea on Its Cooperation with the Consultative Parties and the Wider Polar Community	Корея; республика	☑				
BP009	КСДА 10	Polish Sailing Yacht Accident at King George Island (Antarctic Peninsula)	Польша	☑				
BP010	КСДА 13	Actividades del Programa Nacional Antártico Perú periodo 2014 – 2015	Перу				☑	
BP011	КСДА 10	Vigésima Tercera Expedición Científica del Perú a la Antártida (ANTAR XXIII)	Перу				☑	
BP012	КООС 6	Remediation of fuel-contaminated soil using biopile technology at Casey Station	Австралия	☑				
BP013	КООС 6	Remediation and reuse of soil from a fuel spill near Lake Dingle, Vestfold Hills	Австралия	☑				
BP014	КООС 12	Follow-up to the Recommendations of the	Индия	☑				

Вспомогательными документы

N°	Пункты повестки дня	Название	Кем представлен	А	Ф	Р	И	Вложения
		Inspection Teams to Maitri Station						
BP015	КСДА 13	Síntesis de biodiesel a partir de aceite producido por microalgas antárticas	Эквадор				🗋	
BP016	КСДА 10	Desarrollo y aplicación de eco-materiales para un prototipo habitable de emergencia en la Antártida	Эквадор				🗋	
BP017	КООС 13	Manejo de residuos sólidos en la XIX Expedición Ecuatoriana	Эквадор				🗋	
BP018	КСДА 10	Results of an Investigation into the Aircraft Incident Mount Elizabeth, Antarctica on January 23, 2013	Канада	🗋				
BP019	КСДА 15	El tema antártico en los textos del nivel secundario del Ecuador	Эквадор				🗋	
BP020	КСДА 15	Uruguayan Antarctic Institute: Outreach, Culture and Education Program	Уругвай	🗋			🗋	
BP021	КСДА 15	Workshop on Education and Outreach – Poster Abstract on Education and Outreach Activities of Bulgarian Antarctic Institute (BAI)	Болгария	🗋				
BP022	КСДА 13 КООС 10c	A meta-analysis of human disturbance impacts on Antarctic wildlife	СКАР	🗋				
BP023	КСДА 15	Workshop on Education and Outreach - First Uruguayan Antarctic Research School: training the next generation of Uruguayan Antarctic researchers	Уругвай	🗋				
BP024	КСДА 13	Determinación del marco de referencia geodésico oficial de la Estación Maldonado	Эквадор				🗋	
BP025	КСДА 13	Implementación de UAV's en la generación de cartografía oficial de la Estación Maldonado	Эквадор				🗋	
BP026	КСДА 15	Report on the ATCM XXXVIII Workshop on Education and Outreach	Болгария Бельгия Бразилия Чили Португалия Великобритания	🗋				

Документы Секретариата

№	Пункты повестки дня	Название	Кем представлен	А	Ф	Р	И	Вложения
SP001 rev.4	КСДА 3 КООС 2	Повестка дня и график работы XXXVIII КСДА и КООС XVIII	СДА	🔒	🔒	🔒	🔒	Многолетний стратегический план работы КСДА
SP002	КСДА 6	Отчёт Секретариата за 2014/15 г.	СДА	🔒	🔒	🔒	🔒	Дополнение 1. Проверенный Финансовый отчёт за 2013/14 г. - Аудиторское заключение Дополнение 1. Проверенный Финансовый отчёт за 2013/14 г. - финансовый отчёт Дополнение 2. Предварительный Финансовый отчёт за 2014/15 г. Дополнение 3. Взносы, полученные Секретариатом Договора об Антарктике в 2014/15 г.
SP003	КСДА 6	Программа Секретариата на 2015/16 г.	СДА	🔒	🔒	🔒	🔒	Дополнение 1. Предварительный отчет за 2014/15 Финансовый год, Бюджет на 2015/16 Финансовый год и Проект бюджета на 2016/17 Финансовый год Дополнение 2. Шкала взносов на 2016/17 г Дополнение 2. Шкала заработной платы на 2015/16 г.
SP004	КСДА 6	Пятилетний финансовый план бюджета на 2015 – 2019 гг.	СДА	🔒	🔒	🔒	🔒	Пятилетний финансовый план бюджета на 2015 – 2019 гг.
SP005	КООС 8b	Ежегодный перечень Первоначальных оценок окружающей среды (ПООС) и Всесторонних оценок окружающей среды (ВООС), подготовленных в период с 1 апреля 2014 г. по 31 марта 2015 г.	СДА	🔒	🔒	🔒	🔒	
SP007	КСДА 14 КООС 7	Меры, принятые КООС и КСДА в ответ на рекомендации СЭДА по изменению климата	СДА	🔒	🔒	🔒	🔒	
SP008	КСДА 5	Рекомендации по оперативным вопросам, подлежащие пересмотру	СДА	🔒	🔒	🔒	🔒	Review of recommendations (From ATCM36/WP1 attachment 004)

Документы Секретариата

N°	Пункты повестки дня	Название	Кем представлен	А	Ф	Р	И	Вложения
SP012	КООС 2	CEP XVIII Summary of Papers	СДА	🗎				CEP XVIII Annotated Agenda
SP013	КСДА 16 КСДА 17 КСДА 5 КСДА 6 КСДА 7 КСДА 9	WG on Legal and Institutional Matters - Summary of papers	СДА	🗎				
SP014 rev.2	КСДА 10 КСДА 12 КСДА 13 КСДА 14 КСДА 15	WG on Operational Matters - Summary of Papers	СДА	🗎				Operations WG work programme
SP015 rev.1	КСДА 11	WG on Tourism and Non-governmental Activities - Summary of papers	СДА	🗎				
SP016 rev.1	КСДА 11	Special Working Group on competent authorities issues relating to tourism and non-governmental activities in Antarctica - Agenda and Summary of Papers	СДА	🗎				
SP017	КСДА 15	Workshop on Education and Outreach - Summary of Papers	СДА	🗎				

3. Список участников

3. Список участников

Консультативные стороны				
Сторона	Имя	Должность	Дата прибытия	Дата отъезда
Аргентина	Азрак, Гильермо Azrak, Guillermo	Делегат	30.05.2015	11.06.2015
Аргентина	Капирро, Андреа Capurro, Andrea	Делегат	29.05.2015	11.06.2015
Аргентина	Кориа, Нестор Coria, Nestor	Делегат	30.05.2015	11.06.2015
Аргентина	Джудичи, Томас Мартин Giudici, Tomás Martín	Делегат	30.05.2015	07.06.2015
Аргентина	Гоуланд, Максимо Gowland, Máximo	Заместитель	30.05.2015	11.06.2015
Аргентина	Хумаран, Адольфо Эрнесто Humarán, Adolfo Ernesto	Советник	30.05.2015	11.06.2015
Аргентина	Лопес Кросет, Фаусто López Crozet, Fausto	Глава делегации	30.05.2015	11.06.2015
Аргентина	Метолли, Мариано А. Memolli, Mariano A.	Представитель КООС	30.05.2015	11.06.2015
Аргентина	Ортусар, Патрисия Ortúzar, Patricia	Делегат	30.05.2015	11.06.2015
Аргентина	Ребулл, Фернанда Rebull, Fernanda	Делегат	30.05.2015	11.06.2015
Аргентина	Сартор, Хорхе Sartor, Jorge	Делегат	30.05.2015	11.06.2015
Аргентина	Сотело, Эмануэль Sotelo, Emanuel	Советник	30.05.2015	11.06.2015
Аргентина	Тарапов, Марсело Кристиан Tarapow, Marcelo Cristian	Советник	30.05.2015	11.06.2015
Аргентина	Вереда, Марисоль Vereda, Marisol	Советник	30.05.2015	11.06.2015
Аргентина	Власич, Вероника Vlasich, Verónica	Делегат	30.05.2015	11.06.2015
Австралия	Бурк, Дебора Bourke, Deborah	Делегат	28.05.2015	08.06.2015
Австралия	Купер, Катрина Cooper, Katrina	Глава делегации	31.05.2015	10.06.2015
Австралия	Флеминг, Тони Fleming, Tony	Заместитель	30.05.2015	10.06.2015
Австралия	Гейлз, Николас Gales, Nicholas	Делегат	31.05.2015	10.06.2015
Австралия	Голдсуорси, Лин Goldsworthy, Lyn	Советник	30.05.2015	10.06.2015
Австралия	Лиз, Александра Lees, Alexandra	Делегат	01.06.2015	10.06.2015
Австралия	МакАйвор, Юэн McIvor, Ewan	Делегат	28.05.2015	11.06.2015
Австралия	Миллер, Дензил Miller, Denzil	Советник	30.05.2015	09.06.2015
Австралия	Манди, Джейсон Mundy, Jason	Делегат	30.05.2015	11.06.2015
Австралия	Скотт-Кеммис, Кэри Scott-Kemmis, Cary	Делегат	30.05.2015	10.06.2015
Австралия	Трейси, Филлип Tracey, Phillip	Представитель КООС	29.05.2015	11.06.2015
Бельгия	Андре, Франсуа André, François	Представитель КООС	30.05.2015	12.06.2015
Бельгия	Бадре, Ренука	Делегат	04.06.2015	09.06.2015

Консультативные стороны				
Сторона	Имя	Должность	Дата прибытия	Дата отъезда
	Badhe, Renuka			
Бельгия	Тузани, Рашид Touzani, Rachid	Делегат	01.06.2015	10.06.2015
Бельгия	Ванкаувенберге, Маайке Vancauwenberghe, Maaike	Заместитель	31.05.2015	05.06.2015
Бельгия	Ванден Билке, Кристиан Vanden Bilcke, Christian	Глава делегации	06.06.2015	10.06.2015
Бельгия	Wilmotte, Annick	Делегат	29.05.2015	06.06.2015
Бразилия	Буэно, Родриго Bueno, Rodrigo	Делегат	30.05.2015	11.06.2015
Бразилия	Хаим Маттос, Бьянка Chaim Mattos, Bianca	Делегат	01.06.2015	06.06.2015
Бразилия	Фонтес Фариа, Мария Рита Fontes Faria, Maria Rita	Глава делегации	29.05.2015	11.06.2015
Бразилия	Гуэрра де Араухо, Рикардо Guerra De Araujo, Ricardo	Советник	01.06.2015	10.06.2015
Бразилия	Лейте, Марсио, Leite, Márcio	Делегат	30.05.2015	11.06.2015
Бразилия	Шнайдер Коста, Эрли Schneider Costa, Erli	Делегат	30.05.2015	11.06.2015
Бразилия	Сильва Родригес, Маркос Silva Rodrigues, Marcos	Делегат	30.05.2015	11.06.2015
Болгария	Антов, Григор Antov, Grigor	Участник семинара	31.05.2015	31.05.2015
Болгария	Асенова, Мина Asenova, Mina	Советник	01.06.2015	10.06.2015
Болгария	Чакаров, Данаил Chakarov, Danail	Глава делегации	31.05.2015	10.06.2015
Болгария	Чипев, Нешо Chipev, Nesho	Делегат	20.05.2015	12.06.2015
Болгария	Чиркова, Россина Chirkova, Rossina	Советник	01.06.2015	10.06.2015
Болгария	Димитрова, Лора Dimitrova, Lora	Советник	01.06.2015	10.06.2015
Болгария	Дончева, Светла Doncheva, Svetla	Участник семинара	01.06.2015	04.06.2015
Болгария	Драгоев, Петар Dragoev, Petar	Советник	01.06.2015	10.06.2015
Болгария	Иванов, Любомир Ivanov, Lyubomir	Делегат	20.05.2015	12.06.2015
Болгария	Живко, Христо Jivkov, Christo	Заместитель	31.05.2015	10.06.2015
Болгария	Конакчийска, Калиопа Konakchiyska, Kaliopa	Советник	01.06.2015	10.06.2015
Болгария	Котларов, Борислав Kotlarov, Borislav	Сотрудник	01.06.2015	06.06.2015
Болгария	Котларова, Сивилиана Kotlarova, Siviliana	Сотрудник	01.06.2015	01.06.2015
Болгария	Кучев, Юрий Kuchev, Yuriy	Делегат	20.05.2015	12.06.2015
Болгария	Манолова, Екатерина Manolova, Ekaterina	Советник	01.06.2015	10.06.2015
Болгария	Матвеев, Драгомир Mateev, Dragomir	Делегат	25.05.2015	11.06.2015
Болгария	Михайлова, Елизавета Mihaylova, Elisaveta	Советник	01.06.2015	10.06.2015
Болгария	Михайлова, Иванка Mihaylova, Ivanka	Советник	01.06.2015	10.06.2015

Консультативные стороны				
Сторона	Имя	Должность	Дата прибытия	Дата отъезда
Болгария	Натова, Анна Natova, Anna	Делегат	01.06.2015	10.06.2015
Болгария	Павлова, Верадина Pavlova, Veradina	Советник	01.06.2015	10.06.2015
Болгария	Пейчева, Детелина Peicheva, Detelina	Делегат	30.05.2015	10.06.2015
Болгария	Петрова, Теодора Petrova, Teodora	Советник	01.06.2015	10.06.2015
Болгария	Пимпирев, Христо Pimpirev, Christo	Заместитель	20.05.2015	12.06.2015
Болгария	Райчева, Саши Raycheva, Sasha	Делегат	30.05.2015	10.06.2015
Болгария	Райчев, Райко Raytchev, Rayko	Председатель КСДА	31.05.2015	10.06.2015
Болгария	Романска, Цветы Romanska, Tsvety	Заместитель	31.05.2015	10.06.2015
Болгария	Стойтчев, Тихомир Stoytchev, Tihomir	Делегат	01.06.2015	10.06.2015
Болгария	Тагаринска, Вера Tagarinska, Vera	Делегат	01.06.2015	10.06.2015
Болгария	Ткоткорков, Лачазар Tcotcorkov, Lachazar	Делегат	30.05.2015	10.06.2015
Болгария	Тодорова, Русиана Todorova, Rusiana	Советник	01.06.2015	10.06.2015
Болгария	Тодорова-Якимова, Мария Todorova-Yakimova, Mariya	Советник	01.06.2015	10.06.2015
Болгария	Трассиева, Албена Trassieva, Albena	Делегат	01.06.2015	10.06.2015
Болгария	Трендафилов, Валерий Trendafilov, Valeri	Советник	01.06.2015	10.06.2015
Болгария	Трифонова, Иглика Trifonova, Iglika	Советник	20.05.2015	12.06.2015
Болгария	Вергиев, Стоян Vergiev, Stoyan	Советник	01.06.2015	10.06.2015
Болгария	Виденова, Галина Videnova, Galina	Советник	20.05.2015	12.06.2015
Болгария	Йорданов, Йордан Yordanov, Yordan	Делегат	20.05.2015	12.06.2015
Болгария	Замфиров, Йордан Zamfirov, Yordan	Советник	01.06.2015	10.06.2015
Чили	Ариас, Герман Arias, Germán	Советник	31.05.2015	11.06.2015
Чили	Бартисевич, Элиас Barticevic, Elías	Делегат	29.05.2015	04.06.2015
Чили	Бергуньо, Франциско Berguño, Francisco	Глава делегации	25.05.2015	11.06.2015
Чили	Касиция, Клаудио Casiccia, Claudio	Советник	31.05.2015	11.06.2015
Чили	Эчеверриа, Эдуардо Echeverría, Eduardo	Советник	31.05.2015	11.06.2015
Чили	Эспиноза, Луис Espinoza, Luis	Советник	05.06.2015	11.06.2015
Чили	Фигероа, Мигель Figueroa, Miguel	Советник	31.05.2015	11.06.2015
Чили	Мадрид, Сантьяго Madrid, Santiago	Советник	31.05.2015	11.06.2015
Чили	Майорга, Педро Mayorga, Pedro	Советник	31.05.2015	11.06.2015

457

Консультативные стороны				
Сторона	Имя	Должность	Дата прибытия	Дата отъезда
Чили	Сардинья, Химена Sardiña, Jimena	Делегат	04.06.2015	11.06.2015
Чили	Вальехос, Вероника Vallejos, Verónica	Представитель КООС	31.05.2015	11.06.2015
Чили	Веласкес, Рикардо Velasquez, Ricardo	Советник	31.05.2015	11.06.2015
Чили	Виллалон, Джильберто Villalón, Gilberto	Советник	31.05.2015	11.06.2015
Чили	Виллануева, Тамара Villanueva, Tamara	Заместитель	25.05.2015	11.06.2015
Китай	ФАНГ, ЛИЮН FANG, LIJUN	Делегат	31.05.2015	11.06.2015
Китай	ХАН, ДЗЫСЮАНЬ HAN, ZIXUAN	Делегат	31.05.2015	11.06.2015
Китай	ЛИУ, ЯНГ LIU, YANG	Делегат	30.05.2015	11.06.2015
Китай	КИН, ВЕЙЙА QIN, WEIJIA	Делегат	31.05.2015	06.06.2015
Китай	ЧУ, ВЕНШЕНГ QU, WENSHENG	Глава делегации	30.05.2015	11.06.2015
Китай	ХУ, ШЕН XU, CHEN	Делегат	31.05.2015	06.06.2015
Китай	ШЕНГ, ЧЕНГ ZHENG, CHENG	Делегат	30.05.2015	11.06.2015
Чешская Республика	Бартак, Милос Bartak, Milos	Делегат	31.05.2015	05.06.2015
Чешская Республика	Филиппова, Мартина Filippiova, Martina	Заместитель	31.05.2015	11.06.2015
Чешская Республика	Каплер, Павел Kapler, Pavel	Делегат	31.05.2015	05.06.2015
Чешская Республика	Нывлт, Даниэл Nyvlt, Daniel	Представитель КООС	31.05.2015	05.06.2015
Чешская Республика	Просек, Павел Prošek, Pavel	Делегат	31.05.2015	05.06.2015
Чешская Республика	Сладкий, Павел Sladký, Pavel	Делегат	04.06.2015	11.06.2015
Чешская Республика	Штепанек, Пьемысл Št?pánek, P?emysl	Заместитель	01.06.2015	10.06.2015
Чешская Республика	Валек, Петр Válek, Petr	Глава делегации	30.05.2015	02.06.2015
Чешская Республика	Венера, Зденек Venera, Zdenek	Представитель КООС	31.05.2015	05.06.2015
Эквадор	Борбор Кордова, Мерси Джулия Borbor Córdova, Mercy Julia	Представитель КООС	30.05.2015	11.06.2015
Эквадор	Проаньо Сильва, Марио Ренато Proaño Silva, Mario Renato	Делегат	30.05.2015	11.06.2015
Эквадор	Веластеги Геррера, Марсела Velastegui Herrera, Marcela	Глава делегации	01.06.2015	11.06.2015
Финляндия	Яарвенпаа, Йессе Jarvenpaa, Jesse	Делегат	01.06.2015	10.06.2015
Финляндия	Мяхёнен, Оути Mähönen, Outi	Представитель КООС	31.05.2015	06.06.2015
Финляндия	Вальенто, Лииса Valjento, Liisa	Глава делегации	30.05.2015	10.06.2015
Франция	Белна, Стефани Belna, Stéphanie	Представитель КООС	31.05.2015	05.06.2015

Консультативные стороны				
Сторона	Имя	Должность	Дата прибытия	Дата отъезда
Франция	Шоке, Анн Choquet, Anne	Советник	03.06.2015	10.06.2015
Франция	Френо, Ив Frenot, Yves	Представитель КООС	30.05.2015	10.06.2015
Франция	Гуйомар, Анн-Изабель Guyomard, Ann-Isabelle	Делегат	30.05.2015	11.06.2015
Франция	Гуйонварш, Оливье Guyonvarch, Olivier	Глава делегации	31.05.2015	10.06.2015
Франция	Лебувье, Марк Lebouvier, Marc	Представитель КООС	30.05.2015	10.06.2015
Франция	Лоррен, Монклар Lorraine, Monclar	Сотрудник	01.06.2015	10.06.2015
Франция	Майе, Лоран Mayet, Laurent	Делегат	31.05.2015	02.06.2015
Франция	Поццо ди Борго, Сесиль Pozzo di Borgo, Cécile	Делегат	07.06.2015	09.06.2015
Франция	Рокар, Мишель Rocard, Michel	Делегат	31.05.2015	02.06.2015
Франция	Руньо, Фабьенн Runyo, Fabienne	Заместитель	31.05.2015	10.06.2015
Германия	Дуэбнер, Вальтер Duebner, Walter	Делегат	08.06.2015	10.06.2015
Германия	Фабрис, Рита Fabris, Rita	Делегат	03.06.2015	10.06.2015
Германия	Гэдике, Кристоф Gaedicke, Christoph	Делегат	01.06.2015	06.06.2015
Германия	Гатти, Сузанна Gatti, Susanne	Участник семинара	31.05.2015	01.06.2015
Германия	Гурецкая, Анастасия Guretskaya, Anastasia	Делегат	31.05.2015	10.06.2015
Германия	Хайн, Штефан Hain, Stefan	Делегат	30.05.2015	10.06.2015
Германия	Херата, Хайке Herata, Heike	Делегат	31.05.2015	10.06.2015
Германия	Гертель, Фриц Hertel, Fritz	Делегат	01.06.2015	06.06.2015
Германия	Хейн, Андреа Heyn, Andrea	Делегат	01.06.2015	08.06.2015
Германия	Гильберт, Жаклин Hilbert, Jacqueline	Делегат	06.06.2015	09.06.2015
Германия	Лассиг, Райнер Lassig, Rainer	Глава делегации	31.05.2015	10.06.2015
Германия	Лойфер, Андреас Läufer, Andreas	Делегат	01.06.2015	06.06.2015
Германия	Либшнер, Александер Liebschner, Alexander	Делегат	31.05.2015	06.06.2015
Германия	Миллер, Генрих Miller, Heinrich	Делегат	31.05.2015	06.06.2015
Германия	Никсдорф, Увэ Nixdorf, Uwe	Делегат	01.06.2015	09.06.2015
Германия	Шульц, Кристиан Schulz, Christian	Глава делегации	09.06.2015	10.06.2015
Германия	Свен, Мисслинг Sven, Missling	Делегат	31.05.2015	11.06.2015
Германия	Вонки, Силья Vöneky, Silja	Делегат	03.06.2015	10.06.2015
Германия	Винтерхофф, Эстер Winterhoff, Esther	Делегат	08.06.2015	10.06.2015

Консультативные стороны				
Сторона	Имя	Должность	Дата прибытия	Дата отъезда
Индия	Чатурведи, Санджей Chaturvedi, Sanjay	Делегат	30.05.2015	11.06.2015
Индия	Мохан, Рахул Mohan, Rahul	Глава делегации	30.05.2015	11.06.2015
Индия	Редди, А Судхалара Reddy, A Sudhakara	Делегат	31.05.2015	11.06.2015
Индия	Тивари, Ануп Кумар Tiwari, Anoop Kumar	Представитель КООС	30.05.2015	11.06.2015
Италия	Бьянки Фазани, Джанлука Bianchi Fasani, Gianluca	Советник	01.06.2015	05.06.2015
Италия	Каттадори, Маттео Cattadori, Matteo	Делегат	30.05.2015	01.06.2015
Италия	Де Росси, Джузеппе De Rossi, Giuseppe	Советник	01.06.2015	05.06.2015
Италия	Фьоретти, Анна Fioretti, Anna	Делегат	31.05.2015	11.06.2015
Италия	Згро, Эудженио Sgrò, Eugenio	Глава делегации	30.05.2015	11.06.2015
Италия	Томаселли, Мария Стефания Tomaselli, Maria Stefania	Делегат	30.05.2015	06.06.2015
Италия	Торчини, Сандро Torcini, Sandro	Представитель КООС	30.05.2015	11.06.2015
Япония	Хирано, Джун Hirano, Jun	Советник	30.05.2015	11.06.2015
Япония	Миямори, Йодзи	Глава делегации	30.05.2015	10.06.2015
Япония	Шираиши, Казуюки Shiraishi, Kazuyuki	Советник	30.05.2015	06.06.2015
Япония	Такеда, Саяко Takeda, Sayako	Советник	31.05.2015	10.06.2015
Япония	Танака, Кеничиро Tanaka, Kenichiro	Советник	30.05.2015	10.06.2015
Япония	Терамура, Сатоши Teramura, Satoshi	Советник	30.05.2015	11.06.2015
Япония	Ватанабе, Кентаро Watanabe, Kentaro	Советник	30.05.2015	11.06.2015
Корея (РК)	Чун, Рэ-кван Chung, Rae-kwang	Делегат	31.05.2015	09.06.2015
Корея (РК)	Го, Сон Чжу Go, Song Ju	Делегат	31.05.2015	05.06.2015
Корея (РК)	Ким, Чжи Хи Kim, Ji Hee	Представитель КООС	30.05.2015	09.06.2015
Корея (РК)	Ким, Едон Kim, Yeadong	Советник	03.06.2015	07.06.2015
Корея (РК)	Ли, сангмин Lee, sangmin	Делегат	30.05.2015	09.06.2015
Корея (РК)	Ли, Вон Ёун Lee, Won Young	Делегат	30.05.2015	09.06.2015
Корея (РК)	Мун, Чжихе	Делегат	31.05.2015	11.06.2015
Корея (РК)	Сео, вон-сан Seo, won-sang	Делегат	31.05.2015	09.06.2015
Корея (РК)	Шин, Хён Чул Shin, Hyoung Chul	Делегат	31.05.2015	06.06.2015
Нидерланды	Бастмейер, Кес Bastmeijer, Kees	Советник	01.06.2015	10.06.2015
Нидерланды	Элстгеест, Марлинда Elstgeest, Marlynda	Советник	03.06.2015	11.06.2015
Нидерланды	Гернаус, Региналд Hernaus, Reginald	Представитель КООС	31.05.2015	08.06.2015

Консультативные стороны				
Сторона	**Имя**	**Должность**	**Дата прибытия**	**Дата отъезда**
Нидерланды	Круф, ван дер, Дик А. Kroef, van der, Dick A.	Советник	31.05.2015	08.06.2015
Нидерланды	Лефебер, Рене́ Й.М. Lefeber, René J.M.	Глава делегации	31.05.2015	10.06.2015
Нидерланды	Люббе, Сюзанне Lubbe, Suzanne	Участник семинара	07.06.2015	09.06.2015
Нидерланды	Малгербе, Рене Malherbe, René	Участник семинара	30.05.2015	02.06.2015
Нидерланды	Пейс, Мартейн Peijs, Martijn	Делегат	31.05.2015	10.06.2015
Новая Зеландия	Беггс, Питер Beggs, Peter	Советник	30.05.2015	11.06.2015
Новая Зеландия	Демпстер, Джиллиан Dempster, Jillian	Глава делегации	30.05.2015	11.06.2015
Новая Зеландия	Ист, Пол East, Paul	Делегат	01.06.2015	04.06.2015
Новая Зеландия	Гилберт, Нейл Gilbert, Neil	Представитель КООС	30.05.2015	07.06.2015
Новая Зеландия	Кендал, Рейчел Kendall, Rachel	Советник	30.05.2015	11.06.2015
Новая Зеландия	Морган, Фрейзер Morgan, Fraser	Советник	01.06.2015	08.06.2015
Новая Зеландия	Пуаро, Сейша Poirot, Ceisha	Советник	30.05.2015	11.06.2015
Новая Зеландия	Стент, Даниса Stent, Danica	Советник	30.05.2015	11.06.2015
Новая Зеландия	Тауненд, Эндрю Townend, Andrew	Советник	31.05.2015	05.06.2015
Новая Зеландия	Вибер, Бэрри Weeber, Barry	Советник	31.05.2015	11.06.2015
Норвегия	Эйкеланд, Эльзе Берит Eikeland, Else Berit	Глава делегации	31.05.2015	10.06.2015
Норвегия	Гаалаас, Сив Кристин Gaalaas, Siv Christin	Делегат	03.06.2015	10.06.2015
Норвегия	Гулдахл, Джон Е Guldahl, John E.	Делегат	03.06.2015	05.06.2015
Норвегия	Халфурсен, Свейн Туре Halvorsen, Svein Tore	Делегат	31.05.2015	06.06.2015
Норвегия	Хёгстел, Астрид Шарлотт Høgestøl, Astrid Charlotte	Делегат	31.05.2015	09.06.2015
Норвегия	Корсволл, Мари Хелен Korsvoll, Marie Helene	Делегат	04.06.2015	09.06.2015
Норвегия	Николайсен, Кристин Офтедал Nicolaisen, Kristine Oftedal	Делегат	07.06.2015	10.06.2015
Норвегия	Ньяастад Биргит Njaastad, Birgit	Представитель КООС	29.05.2015	10.06.2015
Норвегия	Сторвик, Кристин Storvik, Kristin	Советник	08.06.2015	09.06.2015
Норвегия	Стренгехаген, Метте Strengehagen, Mette	Заместитель	03.06.2015	10.06.2015
Перу	Гарсия Паредес, Гладис Мабель Garcia Paredes, Gladys Mabel	Глава делегации	31.05.2015	11.06.2015
Польша	Кидава, Анна Kidawa, Anna	Делегат	31.05.2015	10.06.2015
Польша	Кравчик-Гжесёвска, Джоанна Krawczyk-Grzesiowska, Joanna	Заместитель	31.05.2015	05.06.2015
Польша	Мишталь, Анджей	Глава делегации	08.06.2015	10.06.2015

Консультативные стороны				
Сторона	Имя	Должность	Дата прибытия	Дата отъезда
	Misztal, Andrzej			
Польша	Татур, Анджей Tatur, Andrzej	Представитель КООС	31.05.2015	10.06.2015
Российская Федерация	Чернышева, Лариса Chernysheva, Larisa	Делегат	31.05.2015	10.06.2015
Российская Федерация	Гончар, Дмитрий Gonchar, Dmitry	Глава делегации	31.05.2015	10.06.2015
Российская Федерация	Лукин, Валерий Lukin, Valery	Представитель КООС	29.05.2015	12.06.2015
Российская Федерация	Помелов, Виктор Pomelov, Victor	Делегат	29.05.2015	11.06.2015
Российская Федерация	Тарасенко, Сергей Tarasenko, Sergey	Делегат	29.05.2015	11.06.2015
ЮАР	Абадер, Моегамат Ишаам Abader, Moegamat Ishaam	Советник	30.05.2015	06.06.2015
ЮАР	Дварика, Йоланде Dwarika, Yolande	Глава делегации	30.05.2015	11.06.2015
ЮАР	Кингсли, Анджела Kingsley, Angela	Делегат	30.05.2015	11.06.2015
ЮАР	Малаза, Сабело Malaza, Sabelo	Советник	30.05.2015	06.06.2015
ЮАР	Мфепья, Джонас Mphepya, Jonas	Заместитель	31.05.2015	11.06.2015
ЮАР	Сико, Жильбер Siko, Gilbert	Советник	30.05.2015	11.06.2015
ЮАР	Скиннер, Ричард Skinner, Richard	Советник	30.05.2015	11.06.2015
ЮАР	Вэлентайн, Генри Valentine, Henry	Советник	30.05.2015	11.06.2015
Испания	Венайас, Хавьер Benayas, Javier	Советник	02.06.2015	04.06.2015
Испания	Каталан, Мануэль Catalan, Manuel	Представитель КООС	31.05.2015	10.06.2015
Испания	Муньос де Лаборде Бардин, Хуан Луис Muñoz de Laborde Bardin, Juan Luis	Глава делегации	31.05.2015	11.06.2015
Испания	Охеда, Мигель Анхель Ojeda, Miguel Angel	Делегат	02.06.2015	05.06.2015
Испания	Р. Пертьерра, Луис R. Pertierra, Luis	Советник	30.05.2015	04.06.2015
Испания	Рамос, Сония Ramos, Sonia	Делегат	30.05.2015	11.06.2015
Швеция	Эурен Хоглунд, Лиза Euren Hoglund, Lisa	Глава делегации	30.05.2015	10.06.2015
Швеция	Селберг, Сесилия Selberg, Cecilia	Представитель КООС	07.06.2015	10.06.2015
Швеция	Торнберг, Хенгик Tornberg, Henrik	Советник	02.06.2015	05.06.2015
Украина	Литвинов, Валерий Lytvynov, Valerii	Глава делегации	31.05.2015	06.06.2015
Украина	Терещенко, Артур Tereshchenko, Artur	Советник	31.05.2015	06.06.2015
Украина	Терещенко, Зоя Tereshchenko, Zoia	Советник	31.05.2015	06.06.2015
Великобритания	Бёрджесс, Генри Burgess, Henry	Представитель КООС	30.05.2015	11.06.2015
Великобритания	Кэппер, Линда	Делегат	30.05.2015	02.06.2015

Консультативные стороны				
Сторона	Имя	Должность	Дата прибытия	Дата отъезда
	Capper, Linda			
Великобритания	Кларк, Рейчел Clarke, Rachel	Делегат	30.05.2015	06.06.2015
Великобритания	Коулман, Джули Coleman, Julie	Делегат	07.06.2015	09.06.2015
Великобритания	Дауни, Род Downie, Rod	Советник	01.06.2015	05.06.2015
Великобритания	Фрэнсис, Джейн Francis, Jane	Делегат	31.05.2015	05.06.2015
Великобритания	Гриффитс, Лоури Griffiths, Lowri	Делегат	30.05.2015	11.06.2015
Великобритания	Холл, Джон Hall, John	Делегат	30.05.2015	11.06.2015
Великобритания	Хьюс, Кевин Hughes, Kevin	Делегат	30.05.2015	06.06.2015
Великобритания	Рамбл, Джейн Rumble, Jane	Глава делегации	30.05.2015	11.06.2015
Великобритания	Стокингс, Тим Stockings, Tim	Делегат	31.05.2015	05.06.2015
Соединенные Штаты Америки	Бергрманн, Триша Bergmann, Trisha	Советник	31.05.2015	10.06.2015
Соединенные Штаты Америки	Блум, Эван Т. Bloom, Evan T.	Глава делегации	31.05.2015	11.06.2015
Соединенные Штаты Америки	Эдвардс, Дэвид Edwards, David	Советник	31.05.2015	10.06.2015
Соединенные Штаты Америки	Фолкнер, Келли Falkner, Kelly	Делегат	31.05.2015	10.06.2015
Соединенные Штаты Америки	Хас, Она Hahs, Ona	Советник	31.05.2015	11.06.2015
Соединенные Штаты Америки	Хенг, Джастин Heung, Justin	Советник	02.06.2015	10.06.2015
Соединенные Штаты Америки	Каренц, Денеб Karentz, Deneb	Советник	31.05.2015	06.06.2015
Соединенные Штаты Америки	Навин, Рон Naveen, Ron	Советник	31.05.2015	10.06.2015
Соединенные Штаты Америки	Орайли, Джессика O'Reilly, Jessica	Советник	31.05.2015	10.06.2015
Соединенные Штаты Америки	Пенхейл, Полли А. Penhale, Polly A.	Представитель КООС	30.05.2015	11.06.2015
Соединенные Штаты Америки	Рудольф, Лоуренс Rudolph, Lawrence	Советник	31.05.2015	11.06.2015
Соединенные Штаты Америки	Шендлбауэр, Альфред Schandlbauer, Alfred	Заместитель	30.05.2015	11.06.2015
Соединенные Штаты Америки	Стоун, Брайан Stone, Brian	Советник	31.05.2015	05.06.2015
Соединенные Штаты Америки	Тонев, Данко Tonev, Danko	Советник	03.06.2015	10.06.2015
Соединенные Штаты Америки	Трайс, Джессика Trice, Jessica	Советник	31.05.2015	10.06.2015
Соединенные Штаты Америки	Уитли, Виктория Wheatley, Victoria	Советник	31.05.2015	11.06.2015
Уругвай	Кристина, Хуан Cristina, Juan	Участник семинара	29.05.2015	02.06.2015
Уругвай	Льюберас, Альберт Lluberas, Albert	Заместитель	29.05.2015	11.06.2015
Уругвай	Романо, Клаудио Romano, Claudio	Глава делегации	30.05.2015	11.06.2015
Уругвай	Виэйра, Мануэль	Делегат	30.05.2015	06.06.2015

Консультативные стороны				
Сторона	Имя	Должность	Дата прибытия	Дата отъезда
	Vieira, Manuel			
Уругвай	Виньяли, Даниель Vignali, Daniel	Советник	31.05.2015	11.06.2015

Неконсультативные стороны				
Сторона	Имя	Должность	Дата прибытия	Дата отъезда
Беларусь	Какарека, Сергей Kakareka, Sergey	Представитель КООС	31.05.2015	06.06.2015
Беларусь	Логинов, Владимир Ф. Loginov, Vladimir F.	Глава делегации	31.05.2015	10.06.2015
Беларусь	Снытин, Олег Snytin, Oleg	Делегат	07.06.2015	11.06.2015
Канада	Файл, Сьюзен File, Susan	Делегат	02.06.2015	07.06.2015
Канада	Тейллефер, Дэвид Taillefer, David	Глава делегации	31.05.2015	11.06.2015
Колумбия	Гонсалес Эрнандес, Сесар Фелипе González Hernández, César Felipe	Глава делегации	30.05.2015	07.06.2015
Колумбия	Мохика, Диего Фернандо Mojica, Diego Fernando	Делегат	31.05.2015	14.06.2015
Колумбия	Молано, Маурисио Molano, Mauricio	Советник	05.06.2015	10.06.2015
Колумбия	Моралес Бабра, Рикардо Molares Babra, Ricardo	Делегат	30.05.2015	11.06.2015
Колумбия	Плата, Хавьер Plata, Javier	Делегат	31.05.2015	11.06.2015
Колумбия	Санчес, Дания Лорена Sanchez, Dania Lorena	Делегат	31.05.2015	11.06.2015
Колумбия	Солтау, Хуан Мануэль Soltau, Juan Manuel	Делегат	31.05.2015	11.06.2015
Казахстан	Избастин, Темиртау Izbastin, Temirtay	Глава делегации	08.06.2015	10.06.2015
Казахстан	Сарсембеков, Бауржан Sarsembekov, Baurzhan	Советник	01.06.2015	10.06.2015
Малайзия	Абд Рахман, Мохд Насаруддин Abd Rahman, Mohd Nasaruddin	Делегат	31.05.2015	06.06.2015
Малайзия	Хо, Йун Шиан Ho, Yun Shiang	Делегат	31.05.2015	05.06.2015
Малайзия	Мохд Нор, Саллех Mohd Nor, Salleh	Делегат	31.05.2015	09.06.2015
Малайзия	Яхайя, Мохд Ажар Yahaya, Mohd Azhar	Советник	31.05.2015	05.06.2015
Монако	Импальяццо, Селин Impagliazzo, Céline	Представитель КООС	31.05.2015	05.06.2015
Монголия	Амартившин, Амгаланбаяр Amartuvshin, Amgalanbayar	Делегат	31.05.2015	10.06.2015
Монголия	Дугержав, Клхамсурен Dugerjav, Lkhamsuren	Глава делегации	24.05.2015	11.06.2015
Португалия	Ферраз, Луис Ferraz, Luís	Делегат	30.05.2015	11.06.2015
Португалия	Ксавье, Хосе Карлос Ситано Xavier, José Carlos Caetano	Глава делегации	29.05.2015	13.06.2015
Румыния	Андреea, Раду Andreea, Radu	Заместитель	31.05.2015	05.06.2015
Румыния	Котта, Михаэла Cotta, Mihaela	Советник	31.05.2015	05.06.2015
Румыния	Присекару, Тудор Prisecaru, Tudor	Глава делегации	01.06.2015	02.06.2015
Румыния	Сидорофф, Мануэла Элизабета Sidoroff, Manuela Elisabeta	Делегат	01.06.2015	03.06.2015
Швейцария	Денис, Кнобел Denis, Knobel	Делегат	31.05.2015	10.06.2015

Швейцария	Кребс, Мартин Krebs, Martin	Делегат	31.05.2015	11.06.2015
Швейцария	Сутер, Ив Suter, Yves	Делегат	31.05.2015	05.06.2015
Турция	Бозкурт, Ахмет Bozkurt, Ahmet	Сотрудник	01.06.2015	10.06.2015
Турция	Эвлидже, Онур	Делегат	30.05.2015	11.06.2015
Турция	Гёкдже, Сюлейман Gökce, Süleyman	Делегат	01.06.2015	10.06.2015
Турция	Орек, Хасан Örek, Hasan	Делегат	30.05.2015	06.06.2015
Турция	Озсой Чичек, Бурджу Özsoy Çiçek, Burcu	Делегат	30.05.2015	06.06.2015
Турция	Озтурк, Байрам Ozturk, Bayram	Делегат	30.05.2015	04.06.2015
Турция	?ахин, ?акир ?ahin, ?akir	Делегат	30.05.2015	11.06.2015
Турция	Табак, Халук Tabak, Haluk	Делегат	30.05.2015	11.06.2015
Турция	Тюркел, Мехмет Али Türkel, Mehmet Ali	Делегат	30.05.2015	11.06.2015
Турция	Тюркел Эбузер Türkel, Ebuzer	Делегат	30.05.2015	11.06.2015
Венесуэла	Карлось, Кастелланос Carlos, Castellanos	Делегат	29.05.2015	11.06.2015
Венесуэла	Хандт, Хельга Хелена Handt, Helga Helena	Делегат	29.05.2015	11.06.2015
Венесуэла	Перез, Джанли Perez, Janly	Советник	01.06.2015	10.06.2015
Венесуэла	Сира, Элой Sira, Eloy	Глава делегации	30.05.2015	11.06.2015

Наблюдатели, эксперты и гости				
Сторона	Имя	Должность	Дата прибытия	Дата отъезда
АНТКОМ	Джоунс, Кристофер Jones, Christopher	Советник	30.05.2015	11.06.2015
АНТКОМ	Рейд, Кит Reid, Keith	Советник	31.05.2015	11.06.2015
АНТКОМ	Райт, Эндрю Wright, Andrew	Глава делегации	29.05.2015	13.06.2015
КОМНАП	Роган-Финнемор, Мишель Rogan-Finnemore, Michelle	Глава делегации	30.05.2015	11.06.2015
СКАР	Беллерби, Ричард Bellerby, Richard	Делегат	02.06.2015	04.06.2015
СКАР	Чаун, Стивен Л. Chown, Steven L.	Делегат	30.05.2015	05.06.2015
СКАР	Лопес-Мартинес, Херонимо López-Martínez, Jerónimo	Глава делегации	30.05.2015	10.06.2015
СКАР	Тераудс, Алекс Terauds, Aleks	Представитель КООС	31.05.2015	06.06.2015
АСОК	Кристиан, Клэр Christian, Claire	Делегат	29.05.2015	10.06.2015
АСОК	Долан, Райан Dolan, Ryan	Делегат	30.05.2015	10.06.2015
АСОК	Эпштейн, Марк С. Epstein, Mark S.	Глава делегации	30.05.2015	10.06.2015
АСОК	Хепп, Джилл Hepp, Jill	Делегат	30.05.2015	10.06.2015
АСОК	Джонсон, Крис Johnson, Chris	Делегат	30.05.2015	06.06.2015
АСОК	Рура, Рикардо Roura, Ricardo	Представитель КООС	30.05.2015	10.06.2015
АСОК	Уоллас, Кэт Wallace, Cath	Делегат	30.05.2015	11.06.2015
АСОК	Уолш, Дейв Walsh, Dave	Делегат	08.06.2015	10.06.2015
АСОК	Вернер Кинкелин, Родольфо Werner Kinkelin, Rodolfo	Делегат	30.05.2015	10.06.2015
МААТО	Кросби, Ким Crosbie, Kim	Глава делегации	29.05.2015	11.06.2015
МААТО	Хон-Боуэн, Уте Hohn-Bowen, Ute	Делегат	03.06.2015	10.06.2015
МААТО	Линнс, Аманда Lynnes, Amanda	Представитель КООС	29.05.2015	11.06.2015
МААТО	Морган, Тюдор Morgan, Tudor	Заместитель	29.05.2015	11.06.2015
МААТО	Рутс, Девид Rootes, David	Советник	31.05.2015	10.06.2015
МААТО	Шиллат, Моника Schillat, Monika	Советник	31.05.2015	10.06.2015
ЮНЕП	Руис, Барбара Ruis, Barbara	Глава делегации	01.06.2015	05.06.2015

Секретариат принимающей страны				
Сторона	Имя	Должность	Дата прибытия	Дата отъезда
Секретариат ПС	Апостолова, Денитса Apostolova, Denitsa	Сотрудник	31.05.2015	10.06.2015
Секретариат ПС	Атанассова, Александра Atanassova, Alexandra	Сотрудник	21.05.2015	11.06.2015
Секретариат ПС	Бонев, Камен Bonev, Kamen	Сотрудник	01.06.2015	10.06.2015
Секретариат ПС	Вончев, Стефан Bontchev, Stephane	Сотрудник	21.05.2015	12.06.2015
Секретариат ПС	Червенакова, Дженовева Chervenakova, Genoveva	Сотрудник	21.05.2015	12.06.2015
Секретариат ПС	Чилев, Марио Chilev, Mario	Сотрудник	30.05.2015	10.06.2015
Секретариат ПС	Дахуд, Адриан Dahood, Adrian	Сотрудник	24.05.2015	11.06.2015
Секретариат ПС	Димитрова, Елена Dimitrova, Elena	Сотрудник	01.06.2015	10.06.2015
Секретариат ПС	Дочев, Дочо Dochev, Docho	Сотрудник	31.05.2015	10.06.2015
Секретариат ПС	Элиас-Пьера, Франсин Elias-Piera, Francyne	Сотрудник	02.06.2015	10.06.2015
Секретариат ПС	Эрсер, Дайен Erceg, Diane	Сотрудник	24.05.2015	11.06.2015
Секретариат ПС	Филипова, Людмила Filipova, Ludmila	Сотрудник	01.06.2015	10.06.2015
Секретариат ПС	Георгиев, Димитар Georgiev, Dimitar	Сотрудник	22.05.2015	12.06.2015
Секретариат ПС	Георгиев, Николай Georgiev, Nikolay	Сотрудник	28.05.2015	11.06.2015
Секретариат ПС	Гиуров, Виктор Giurov, Victor	Сотрудник	22.05.2015	12.06.2015
Секретариат ПС	Гонсалес Вайльянт, Хоакин González Vaillant, Joaquín	Сотрудник	24.05.2015	11.06.2015
Секретариат ПС	Ходгсон-Джонсон, Индиа Hodgson-Johnson, Indiah	Сотрудник	24.05.2015	11.06.2015
Секретариат ПС	Живкова, Ева Jivkova, Eva	Сотрудник	21.05.2015	12.06.2015
Секретариат ПС	Киоссемарлиев, Димитар Kiossemarliev, Dimitar	Сотрудник	21.05.2015	12.06.2015
Секретариат ПС	Клайн, Ласло Klayn, Laslo	Сотрудник	31.05.2015	10.06.2015
Секретариат ПС	Клайн, Стефания Klayn, Stefania	Сотрудник	31.05.2015	10.06.2015
Секретариат ПС	Крастев, Пламен Krastev, Plamen	Сотрудник	22.05.2015	12.06.2015
Секретариат ПС	Лаптева, Гергана Lapteva, Gergana	Сотрудник	01.06.2015	10.06.2015
Секретариат ПС	Минчев, Евгений Minchev, Evgeny	Сотрудник	24.05.2015	11.06.2015
Секретариат ПС	Младенов, Атанас Mladenov, Atanas	Сотрудник	31.05.2015	10.06.2015
Секретариат ПС	Мотева, Денитса Moteva, Denitsa	Сотрудник	25.05.2015	11.06.2015
Секретариат ПС	Мутафчиев, Румен Mutafchiev, Rumen	Сотрудник	22.05.2015	12.06.2015
Секретариат ПС	Пенев, Бойко Penev, Boyko	Сотрудник	22.05.2015	12.06.2015
Секретариат ПС	Петков, Никола	Сотрудник	31.05.2015	10.06.2015

	Petkov, Nikola			
Секретариат ПС	Филлипс, Эндрю Phillips, Andrew	Сотрудник	25.05.2015	11.06.2015
Секретариат ПС	Сабев, Атанас Sabev, Atanas	Сотрудник	24.05.2015	11.06.2015
Секретариат ПС	Славова, Албена Slavova, Albena	Сотрудник	24.05.2015	11.06.2015
Секретариат ПС	Стефанов, Ивелин Stefanov, Ivelin	Сотрудник	22.05.2015	12.06.2015
Секретариат ПС	Стоянова, Елена Stoianova, Elena	Сотрудник	31.05.2015	10.06.2015
Секретариат ПС	Стойнев, Светослав Stoynev, Svetoslav	Сотрудник	01.06.2015	10.06.2015
Секретариат ПС	Стойнова, Бориана Stoynova, Boriana	Сотрудник	22.05.2015	12.06.2015
Секретариат ПС	Томов, Явор Tomov, Yavor	Сотрудник	22.05.2015	12.06.2015
Секретариат ПС	Трифонова, Ида Trifonova, Ida	Сотрудник	21.05.2015	12.06.2015
Секретариат ПС	Тцанев, Николай Tzanev, Nicolay	Сотрудник	22.05.2015	12.06.2015
Секретариат ПС	Валчев, Весселин Valchev, Vesselin	Исполнительный секретарь ПС	22.05.2015	12.06.2015
Секретариат ПС	Ван дер Ватт, Сюзанна Van der Watt, Susanna	Сотрудник	25.05.2015	11.06.2015
Секретариат ПС	Веселинов, Красимир Veselinov, Krasimir	Сотрудник	30.05.2015	10.06.2015
Секретариат ПС	Зарков, Ангел Zarkov, Angel	Сотрудник	30.05.2015	10.06.2015
Секретариат ПС	Желязкова, Марина Zhelyazkova, Marina	Сотрудник	21.05.2015	10.06.2015

Секретариат Договора об Антарктике				
Сторона	Имя	Должность	Дата прибытия	Дата отъезда
СДА	Ацеро, Хосе Мариа Acero, José María	Заместитель	27.05.2015	12.06.2015
СДА	Аграс, Хосе Луис Agraz, José Luis	Сотрудник	24.05.2015	12.06.2015
СДА	Балок, Анна Balok, Anna	Сотрудник	27.05.2015	12.06.2015
СДА	Дэвис, Пол Davies, Paul	Сотрудник	28.05.2015	11.06.2015
СДА	Портелла Сампайо, Даниэла Portella Sampaio, Daniela	Сотрудник	27.05.2015	11.06.2015
СДА	Райнке, Манфред Reinke, Manfred	Глава делегации	24.05.2015	12.06.2015
СДА	Вайншенкер, Пабло Wainschenker, Pablo	Сотрудник	25.05.2015	12.06.2015
СДА	Уолтон, Дэвид У. Х. Walton, David W H	Сотрудник	25.05.2015	11.06.2015
СДА	Уайдлер, Диего Wydler, Diego	Сотрудник	24.05.2015	12.06.2015
Письменный и устный перевод	Алал, Сесилия Alal, Cecilia	Сотрудник	28.05.2015	11.06.2015
Письменный и устный перевод	Бабаев, Давид Babaev, David	Сотрудник	31.05.2015	11.06.2015
Письменный и устный перевод	Бури, Марджори Boury, Marjorie	Сотрудник	31.05.2015	11.06.2015
Письменный и устный перевод	Кук, Елена Cook, Elena	Сотрудник	31.05.2015	10.06.2015
Письменный и устный перевод	Куссёр, Жоэль Coussaert, Joelle	Сотрудник	31.05.2015	11.06.2015
Письменный и устный перевод	Фалалеев, Андрей Falaleyev, Andrey	Сотрудник	31.05.2015	11.06.2015
Письменный и устный перевод	Фернандес, Химена Fernandez, Jimena	Сотрудник	28.05.2015	11.06.2015
Письменный и устный перевод	Гартайзер, Клэр Garteiser, Claire	Сотрудник	31.05.2015	10.06.2015
Письменный и устный перевод	Хале, Сандра Hale, Sandra	Сотрудник	31.05.2015	11.06.2015
Письменный и устный перевод	Касимова, Катя Kasimova, Katya	Сотрудник	31.05.2015	10.06.2015
Письменный и устный перевод	Малмонте, Бенуа Malmontet, Benoit	Сотрудник	31.05.2015	11.06.2015
Письменный и устный перевод	Малофеева, Елена Malofeeva, Elena	Сотрудник	31.05.2015	11.06.2015
Письменный и устный перевод	Муллова, Людмила Mullova, Ludmila	Сотрудник	31.05.2015	11.06.2015
Письменный и устный перевод	Орландо, Марк Orlando, Marc	Сотрудник	31.05.2015	12.06.2015
Письменный и устный перевод	Перино, Мария дель Валле Perino, María del Valle	Сотрудник	31.05.2015	11.06.2015
Письменный и устный перевод	Специали, Мария Лаура Speziali, Maria Laura	Сотрудник	31.05.2015	11.06.2015
Письменный и устный перевод	Тангай, Филипп Tanguy, Philippe	Сотрудник	31.05.2015	11.06.2015
Письменный и устный перевод	Вигнал, Эдит Vignal, Edith	Сотрудник	31.05.2015	11.06.2015
Письменный и устный перевод	Уоллас, Рослин Wallace, Roslyn	Сотрудник	31.05.2015	11.06.2015

www.ingramcontent.com/pod-product-compliance
Lightning Source LLC
Chambersburg PA
CBHW051332200326
41519CB00026B/7393